BECK'SCHE SONDERAUSGABEN

Friedrich-Karl Kienitz

Völker im Schatten

Die Gegenspieler der Griechen und Römer
von 1200 v. Chr. – 200 v. Chr.

VERLAG C.H.BECK MÜNCHEN

Mit 20 Abbildungen auf Tafeln,
1 Textabbildung und 1 Karte

CIP-Kurztitelaufnahme der Deutschen Bibliothek

Kienitz, Friedrich-Karl:
Völker im Schatten: d. Gegenspieler d. Griechen
u. Römer von 1200 v. Chr. – 200 v. Chr./
Friedrich-Karl Kienitz. – München: Beck,
1981.
(Beck'sche Sonderausgaben)
ISBN 3 406 08258 0

ISBN 3 406 08258 0

© C. H. Beck'sche Verlagsbuchhandlung (Oscar Beck), München 1981
Satz und Druck: Georg Appl, Wemding
Printed in Germany

Inhaltsverzeichnis

Zweiter Teil
Neuanfang und Neugestaltung.
Die Jahrhunderte nach dem großen Völkersturm

Dritter Teil
Zeitgenossen und Gegenspieler der klassischen Griechen

Karthago und seine ältere Geschichte. − Die Seefahrten der Karthager auf dem Mittelmeer und dem Atlantik. − Ruinenstätten in Nordwestafrika. − Inschriften und Literatur der Karthager. − Das agrarwissenschaftliche Lehrbuch des Mago und die Seefahrtsbücher des Hanno und des Himilko. − Die Kämpfe zwischen Karthagern und Westgriechen. − König Pyrrhos von Epiros. − Die «Marsmänner» von Messana. − Der Ausbruch des «ersten Punischen Krieges». − Friedensschluß, Notlage Karthagos und Roms «Recht des Stärkeren». − Hamilkar Barkas und die Iberische Halbinsel. − Hannibals Knabenschwur. − Karthago, das Ptolemäerreich und die hellenistische Weltkultur. − Hellenistische Monarchen und die Barkiden. − Hamilkars Werk und seine Erben. − Roms erstes Fußfassen auf der Balkanhalbinsel und die Unterwerfung der Kelten der Po-Ebene. − Hannibal und der Ausbruch des «zweiten Punischen Krieges». − Hannibals Alpenübergang und die Befreiung der Kelten der Po-Ebene. − Hannibals Sieg am Trasimenischen See. − Die Selbstaufgabe der Etrusker. − Hannibals Marsch ins Picenum und nach Apulien. − Die große Vernichtungsschlacht bei Cannae und ihre politischen Folgen. − Die Erhebung der Völker Unteritaliens gegen Rom. − Der Sardenaufstand des Hampsicora. − Der Kriegseintritt des Königreiches Makedonien. − Jahre der Entscheidung. − Die Geldleute Karthagos. − Hannibals Verbündete und seine griechischen Zeitgenossen. − Hannibal und die römische Seeherrschaft. − Der Untergang des Sardenheeres Hampsicoras. − Marcus Claudius Marcellus auf Sizilien. − Der Fall von Casilinum, Capua und Tarent. − Der spanische Kriegsschauplatz. − Hasdrubals Alpenübergang und Tod. − Die Schlacht bei Zama und das Ende. − Die Vernichtung der Städte Karthago und Korinth durch die Römer. − Roms Triumph-Italiens Niedergang. − Roms politisches Leitmotiv. − König Mithridates VI. von Pontos. − Noch einmal «Schicksalsgrenze am Euphratfluß». − Innere Zersetzung und Selbstvernichtung der Römischen Republik. − Die Zeit der römischen Kaiser. − Kaiser Claudius und sein Werk über die Etrusker

Zur Einführung

Tausend Jahre Geschichte der alten Mittelmeerwelt «aus anderer Sicht»

Vom Völkersturm um 1200 v. Chr. bis zu Hannibals Krieg gegen die Aufrichtung der römischen Weltherrschaft. — Ägyptologie, Assyriologie, Hethitologie und ihre Ergebnisse. — Unser Bild von der Geschichte der Zeit seit 1200 v. Chr. — Die traditionelle Basis: Griechisch-römische Schriftsteller und antike Kunst. — Die Ausgrabungen seit Heinrich Schliemann. — Das Schema «Altertum-Mittelalter-Neuzeit» und die egozentrische Betrachtung des Altertums. — Die «europäisch-abendländische Kultur», kein «Endziel» der weltgeschichtlichen Entwicklung. — Europa und das Abendland heute. — Absage an die egozentrische Betrachtung des Altertums. — Das historische Quellenmaterial und die Zufallsbedingtheit seiner Erhaltung. — Griechische und lateinische Texte. — Texte in anderen alten Sprachen. — Die althebräische Literatur und das Alte Testament. — Verlorene Literatur anderer alter Völker? — Im Original erhaltene Texte aus dem Altertum. — Urkunden und Texte auf Papyrus und anderen vergänglichen Materialien. — Gebrannte und nicht gebrannte Tontafeln. — Steininschriften. — Schriftliche Quellen zur Geschichte der nicht-griechisch-römischen Mittelmeerwelt seit 1200 v. Chr. — Antike Gelehrsamkeit und Fremdsprachen. — Irrtümer, Mißverständnisse und feindliche Tendenzen. — Moderne Ausgrabungen und die Geschichte. — Die materielle Hinterlassenschaft alter Völker als Geschichtsquelle. — Vorläufiger Überblick über nicht-griechisch-römische Kulturvölker der Mittelmeerwelt in der Zeit von 1200 bis 200 v. Chr.

Dieses Buch ist der Geschichte, dem Schicksal und den kulturellen Leistungen von Völkern der alten Mittelmeerwelt gewidmet, die Zeitgenossen und vielfach auch Gegenspieler der Griechen und später der Römer waren. Behandelt wird eine Zeitspanne von tausend Jahren, an deren Anfang und Ende zwei Ereignisse standen, die jene Welt zutiefst erschütterten und ihr Gesicht veränderten.

Um 1200 v. Chr. versanken Südosteuropa, Kleinasien und alle Länder rund um das östliche Mittelmeer in einem von der Balkanhalbinsel her kommenden fürchterlichen Völkersturm. Hochragende Herrscherburgen und volkreiche Städte sanken in Schutt und Asche, ihre Bewohner — soweit sie nicht den Tod gefunden hatten — sahen sich zu einem Dasein in Not und Armut verdammt. Die bis dahin führenden Kulturstaaten verschwanden von der politischen Landkarte, das in den Weiten Anatoliens beheimatete mächtige Hethiterreich ebenso wie die Staaten der ägäi-

schen Welt, unter denen das Königreich von Mykene nur eines von mehreren gleichrangigen Machtgebilden war. Allein das Pharaonenreich
Ägypten überlebte den großen Völkersturm, war aber doch schwer angeschlagen. Sein weiterer Weg führte steil und immer steiler bergab, bis zu
dem Zeitpunkt, da der letzte Pharao ägyptischen Geblüts seinen Thron
verlor.

Doch als sich der große Sturm gelegt hatte, entstand allmählich aus
den Trümmern eine neue, eine andere Welt. Zu den Völkern, deren
künftiger Aufstieg sich in jenem «dunklen Zeitalter» anbahnte, gehören
die Griechen — es führt ein direkter Weg vom großen Völkersturm der
Zeit um 1200 v. Chr. zum Höhepunkt der klassisch-griechischen Kultur
siebenhundert Jahre später. Aber die Griechen waren nicht das einzige
Volk, für das um die Wende vom 2. zum 1. vorchristlichen Jahrtausend
etwas Neues begann. Von solchen anderen Völkern, ihren Schicksalen
und den von ihnen in verschiedensten Ländern zumal der östlichen und
zentralen Mittelmeerwelt vollbrachten Leistungen soll in diesem Buch die
Rede sein.

Rund tausend Jahre nach dem großen Völkersturm erlebte die Mittelmeerwelt abermals eine gewaltige Erschütterung. Diesmal war die Lage
eine völlig andere: es rannten nicht irgendwelche Wanderstämme gegen
große Kulturreiche an, sondern zwei mächtige Staaten massen sich jahrzehntelang in einem gewaltigen Ringen. Doch als 219 v. Chr. der junge
karthagische Feldherr Hannibal den entscheidenden «zweiten Punischen
Krieg» gegen die römische Republik eröffnete, ging es um weit mehr als
um die Frage, ob Rom oder Karthago die Vormacht im zentralen und
westlichen Mittelmeerraum sein sollte. Die Römer, geistig-kulturell wenig bedeutend, aber unübertroffen in ihrem harten, zähen Willen zur
staatlichen Macht, hatten bereits die bunte Welt der Völker und Kulturen
auf der Apennin-Halbinsel niedergetreten, auf den Inseln Sizilien und
Sardinien Fuß gefaßt und waren auf dem besten Wege, ihre Herrschaft
auch über andere Länder auszuweiten, als ihnen Hannibal entgegentrat.
Sein Ziel war es, die Aufrichtung der römischen Weltherrschaft zu verhindern, sein Krieg gegen Rom «ein Krieg für die Unabhängigkeit der
Völker und Staaten», wie es der große deutsche Althistoriker Eduard
Meyer formuliert hat. Hannibals Niederlage bedeutete, daß Roms weiterer Weg zur Herrschaft über die ganze Mittelmeerwelt nicht mehr aufzu-
halten war. Das Jahrhundert, das auf Hannibals Niederlage folgte und in
dem sich Roms Weltherrschaft vollendete, brachte eine beispiellose Ver-
elendung und kulturellen Niedergang für immer weitere Länder der alten
Welt mit sich. Erst die großen Einzelpersönlichkeiten der weiteren römischen Geschichte haben eine neue Entwicklung eingeleitet: die Cäsaren.

Dieses Buch spannt den Bogen von der Völkerwanderungszeit um
1200 v. Chr. bis zu jener weltgeschichtlichen Entscheidung, die Hanni-

bals Niederlage bedeutete. Was es von anderen Darstellungen über diese Zeit unterscheidet, ist vor allem die Tatsache, daß es nicht die «klassischen» Griechen und nicht die Römer in den Mittelpunkt der Betrachtung stellt. Hier geht es vielmehr um andere Völker und Kulturen, die oft weniger beachtet, mitunter womöglich sogar gering geschätzt werden. Und sie werden «aus anderer Sicht» betrachtet, das heißt nicht mit den Augen der Griechen und Römer, nicht von deren Warte aus, sondern um ihrer selbst willen gewürdigt.

Ein solches Vorhaben bedarf noch einer weiteren Erläuterung. Die wissenschaftliche Erforschung Altägyptens, eingeleitet durch Teilnehmer der Napoleonischen Expedition ins Nilland (1798 bis 1802 n. Chr.), die Entzifferung der Hieroglyphenschrift und das auf dieser Basis gewonnene Verständnis altägyptischer Texte haben eine fundierte Kenntnis der Pharaonenzeit ermöglicht, an die früher nicht zu denken war. In ähnlicher Weise erschlossen die Entzifferung der Keilschrift und die Fortschritte der Altorientalistik die Welt der Babylonier und Assyrer, später auch die der in noch früherer Zeit historisch hochbedeutenden Sumerer. In unserem Jahrhundert folgte die Wiederentdeckung der Geschichte und Kultur der kleinasiatischen Hethiter, die jahrtausendelang völlig in Vergessenheit geraten waren. Ägyptologie, Assyriologie und Hethitologie haben unser Bild von der Geschichte und den Kulturen des Altertums hinsichtlich von Zeit und Raum gewaltig erweitert und bereichert.

Dennoch steht die Betrachtung der alten Mittelmeerwelt in der Zeit seit etwa 1200 v. Chr. auch heute in der Regel noch immer weitgehend im Zeichen der Griechen und später der Römer. Dies ist um so mehr der Fall, weil die Zeit der mächtigen Reiche und hohen Kulturen des pharaonischen Ägyptens wie der Hethiter Kleinasiens im wesentlichen bereits abgelaufen war, ehe die «Geschichte des griechisch-römischen Altertums» überhaupt richtig begann. Das Zweistromland am Euphrat und Tigris hingegen liegt schon rein räumlich von der Mittelmeerwelt, dem Schauplatz der «griechisch-römischen Geschichte», weit entfernt.

Ausgangspunkt der geschichtlichen Betrachtung der antiken Mittelmeerwelt waren seit dem Zeitalter des Humanismus und sind weitgehend noch heute in erster Linie die Texte der griechischen und lateinischen Schriftsteller, das Arbeitsgebiet der klassischen Philologie. Dazu kommt seit den Tagen eines Johann Joachim Winckelmann, des Begründers der antiken Kunstgeschichte (1717–1768 n. Chr.), die Beschäftigung mit den erhaltenen Werken der Kunst vor allem der Griechen, aber auch der Römer. Klassische Literatur und klassische Kunst sind also die traditionelle Basis für die Erforschung der antiken Mittelmeerwelt. Auch als 1870 ein Heinrich Schliemann mit seinen ersten Ausgrabungen zu Hisarlik unweit der Dardanellen das Zeitalter der Spatenforschung einleitete, tat er das wegen der literarischen Schilderungen Homers von Troja und

dem Trojanischen Krieg. Auch seinen weiteren Ausgrabungen in Mykene, Tiryns, Orchomenos und auf Ithaka lag das gleiche Motiv zugrunde: die Begeisterung für Homers Epen. Andere Ausgrabungen an
anderen Plätzen erfolgten nicht im Hinblick auf die antike Literatur,
sondern im Rahmen der ästhetisierenden Kunstgeschichte: sie dienten
der Freilegung von Tempeln und Theatern, der Auffindung von Statuen
und Reliefs. Erst ganz allmählich wandte man sich bei Ausgrabungen
auch «profaneren» Dingen zu.

Klassische Literatur und klassische Kunst setzten auch die Maßstäbe
— vermeintlich absolut gültige Maßstäbe —, die von der Philologie oder
der Kunstgeschichte herkommende Althistoriker an nicht-griechisch-römische Völker und Kulturen anlegten und es nicht selten heute noch tun.
Dies vor allem dann, wenn es sich nicht nur um Zeitgenossen, sondern
auch um Kriegsgegner der Griechen oder der Römer handelt.

Dabei schlägt die Bewunderung der gewiß großartigen Leistungen der
«klassischen» Griechen und Römer noch heute oft in Schwärmerei um.
Einen Leser, der nicht dieser Schwärmerei verfallen ist, berührt es bei der
Lektüre auch eines wissenschaftlich fundierten Buches mitunter eigenartig, mit welcher Nachsicht und verbaler Zurückhaltung über Gewalttta-
ten aller Art berichtet wird, wenn nur die Täter Griechen oder Römer
waren — falls derartige Vorgänge in der Darstellung nicht überhaupt
ausgelassen werden. Etwa die Ermordung aller Männer einer eroberten
Stadt, Verkauf der Frauen und Kinder in die Sklaverei, bewußt herbeige-
führte Verödung ganzer Landschaften lesen sich dann sehr anders, je
nachdem, ob das klassische demokratische Athen, die Römische Republik oder aber «asiatische Barbaren», «orientalische Despoten» dafür
verantwortlich zeichneten. Wenn zwei das gleiche tun, so ist es nicht das
gleiche.

Es gibt aber noch ein weiteres sehr wichtiges Moment, das zu einer
ungleichen Bewertung der Griechen und Römer einerseits, sonstiger Völker und Kulturen andererseits führt. Nicht selten folgen Denkweise und
Darstellungen auch heute noch — offen ausgesprochen oder stillschwei-
gend — dem Schema «Altertum-Mittelalter-Neuzeit», dem gleichen
Schema, dessen Fragwürdigkeit ein Oswald Spengler schon vor sechs
Jahrzehnten in der Einleitung zum 1. Band seines «Untergang des Abendlandes» herausgearbeitet hat. Ob man dieses Schema insofern verfeinert,
daß man dem «griechisch-römischen Altertum» die «frühen Hochkulturen des alten Orients» voranstellt, ist dabei von untergeordneter Bedeutung. Entscheidend ist, daß dem besagten Schema letztenendes eine ego-
zentrisch-abendländische Auffassung zugrundeliegt, die von der eigenen
Zeit und der eigenen Kultur ausgeht, in dieser — auch ohne es offen
auszusprechen oder auch nur sich selbst einzugestehen — den Höhepunkt und das Ziel der weltgeschichtlichen Entwicklung überhaupt sieht.

Weil tatsächlich von der Welt der Griechen und Römer — weit mehr als von allen sonstigen alten Kulturen — wichtige Verbindungslinien zum «europäischen Abendland» führen, muß allein schon diese Tatsache eine Überbetonung der Rolle der Griechen und Römer gegenüber anderen Völkern und Kulturen auslösen.

Noch 1949 konnte ein führender Althistoriker unserer Zeit, der sich überdies — mit vollem Recht — zu einer universalhistorischen Auffassung des Altertums bekennt, folgende Sätze niederschreiben: «Die geistige Einheit der Alten Welt hat die Grundlagen zu der abendländischen Kultur gelegt, *die den Lebensinhalt der heutigen Welt bedeutet.* Der Alten Welt, und zwar den Griechen, verdankt *die moderne Menschheit* den Begriff und die Form der abendländischen Wissenschaft, dem Römertum dagegen die großartige, *für alle Zeiten vorbildliche* Schöpfung des römischen Rechts. Der Begriff einer europäischen Kultur ist in Griechenland zum ersten Male Wirklichkeit geworden ... Der staatsbildenden Kraft des Römertums blieb es vorbehalten, große Teile des heutigen Europa unter seiner Herrschaft zusammenzuschließen und dadurch den Grundstein zur politischen Gestaltung des Abendlandes zu legen ...»[1] «... Lebensinhalt der heutigen Welt ...», «... *die* moderne Menschheit ...», «... für alle Zeiten vorbildlich ...»? Eben das fragt sich. Oder besser gesagt, heute — drei Jahrzehnte nach der Niederschrift jener Sätze — fragt es sich nicht mehr; der weitere Gang der Weltgeschichte hat diese Auffassung mit erbarmungsloser Härte widerlegt.

Gäbe es nicht wenigstens Frankreich, oder besser gesagt das Erbe eines Charles de Gaulle, die Staaten des europäischen Abendlandes wären politisch den großen Mächten unserer Zeit gegenüber kaum noch mehr als ein Nichts. Aber auch so hat die vor einem Vierteljahrhundert so überzeugend wirkende Idee eines Vereinigten Europas — allen schönen Reden zum Trotz — in der Praxis kaum mehr zustandegebracht als den Aufbau riesiger, ebenso schwerfälliger wie kostspieliger Bürokratien. Die anfängliche Begeisterung ist längst der Ernüchterung und der Resignation gewichen. Und nur allzu bittere Wahrheit sind die 1933 von Oswald Spengler in seinen «Jahren der Entscheidung»[2] niedergeschriebenen Sätze geworden: «Die weißen Herrenvölker sind von ihrem einstigen Rang herabgestiegen. Sie verhandeln heute, wo sie gestern befahlen, und werden morgen schmeicheln müssen, um verhandeln zu dürfen.» Der Ausdruck «weiße Herrenvölker» entspricht nicht mehr dem heutigen Sprachgebrauch, der Ausdruck «dritte Welt» war dagegen noch nicht erfunden, als Oswald Spengler diese prophetischen Sätze niederschrieb. Doch aus dem «morgen» ist längst ein «heute» geworden, und das «Schmeicheln, um verhandeln zu dürfen» charakterisiert haargenau die sich von Tag zu Tag wiederholende Wirklichkeit im Verhältnis zwischen den Staaten des «europäischen Abendlandes» und den Ländern der «drit-

ten Welt». Und die Normen des «europäisch-abendländischen» Staats-
lebens wie der «europäisch-abendländischen» Rechtsordnung verlieren
in immer größeren Teilen der Welt zunehmend an Gültigkeit; auch da,
wo die Fassade noch steht, ist doch die Substanz rasch im Schwinden
begriffen.

Und die abendländische Wissenschaft, deren Begriff und Form «die
moderne Menschheit» den Griechen verdankt? Soweit es sich um Geisteswissenschaften handelt, sagen sie einem immer größeren Teil der
heutigen Menschheit nur wenig oder überhaupt nichts mehr, schon gar
nicht außerhalb Europas. Doch auch in Europa selbst verlieren sich die
Geisteswissenschaften immer mehr in untergeordnete Details, die außerhalb kleiner und immer kleiner werdender Kreise von Fachgelehrten
kaum noch jemand interessieren — wobei überdies die Kontakte auch
zwischen den Vertretern der verschiedenen Einzelfächer immer lockerer
werden. Und die Naturwissenschaften und die auf ihnen basierende
Technik nähern sich mit wachsender Geschwindigkeit dem Zeitpunkt,
wo sie die Mittel zu ihrer eigenen Vernichtung schaffen könnten und
nicht nur zu dieser. Schon hat der noch vor kurzem weithin herrschende
Glaube an den «Fortschritt» bei einer immer größeren Zahl von Menschen einer namenlosen Angst, einem unbestimmten Grauen vor dem
Kommenden Platz gemacht, und dies gerade in den Ländern des «europäischen Abendlandes».

Die «europäisch-abendländische Kultur» ist kein Endziel, auf dessen
Erreichung der Gang der Weltgeschichte ausgerichtet war. Sie ist eine
Kultur unter vielen anderen, mit Stärken und mit Schwächen. Und wenn
sie endgültig ausgespielt hat, wird die Weltgeschichte weitergehen, über
ihre Trümmer hinweg, so wie sie über viele andere Kulturen hinwegge-
schritten ist, deren Zeit abgelaufen war.

Diese Auffassung bedeutet auch die Absage an jede egozentrische Betrachtung des Altertums. Aus ihr folgt, daß auch die griechisch-römische
Kultur nur als eine unter anderen zu betrachten ist. Dabei sollen die
großen Leistungen der Griechen und Römer keineswegs in Abrede gestellt werden. Was aber abgelehnt wird, ist jede Schwärmerei und Schön-
färberei bei der Behandlung der Geschichte des «klassischen Altertums».
Abgelehnt wird weiter die Betrachtung anderer Völker aus der Sicht der
Griechen und Römer. Auch deren Zeitgenossen haben ein Recht darauf,
um ihrer selbst wegen gewürdigt zu werden. Genau das ist der Grundgedanke dieses Buches.

Aber dabei gibt es noch ein praktisches Problem. Die historische Erfassung aller Geschichte und jeder Kultur ist abhängig von dem vorhandenen Quellenmaterial. Welche und wieviele Quellen im Einzelfall vorlie-
gen, ist jedoch reiner Zufall. Die griechischen und lateinischen Schriftsteller kennen wir, weil ihre Texte nach dem Ende der römischen Kaiser-

zeit immer wieder abgeschrieben wurden. Die lateinische Sprache blieb in Westeuropa als Sprache der Kirche und der Staatsverwaltung erhalten, und in den Klöstern schrieben fleißige Mönche alte Texte stets von neuem ab. Die griechische Sprache hingegen wurde auch nach Ende des Altertums im Reich von Byzanz weiter gesprochen, und auch hier wurden in den Klöstern alte Texte immer erneut abgeschrieben. Besäßen wir lediglich die aus den Tagen des Altertums unmittelbar erhaltenen Originalhandschriften — Pergamente, Papyri und ähnliches — wir würden nur einen winzigen Bruchteil der antiken Texte kennen. Aber auch so ist uns unendlich viel Wertvolles verlorengegangen. Wurde aus irgendeinem Grund ein Text nicht mehr abgeschrieben, geriet er früher oder später in Vergessenheit. Ob das geschah oder nicht, beruht im wesentlichen auf reinen Zufällen. Es gibt zahlreiche Werke der griechischen und lateinischen Literatur, die uns nur in kleinen Bruchstücken oder gar nur dem Titel nach bekannt sind. Unter diesen verlorenen Texten gibt es solche, die — wenn wir sie besäßen — unser geschichtliches Wissen unendlich bereichern würden. Ein einziges Beispiel für viele andere: der römische Kaiser Claudius (41–54 n. Chr.) hat die zu seiner Zeit bereits ausgestorbene etruskische Sprache erlernt und ein auf gründlichen Studien basierendes Werk «Tyrrhenika» geschrieben. Es handelte sich um ein in griechischer Sprache abgefaßtes Werk über die Geschichte der Etrusker. Wäre es uns erhalten geblieben, würde unser geschichtliches Wissen über sie viel reicher sein, als es tatsächlich ist. Daß die «Tyrrhenika» des Kaisers Claudius nicht weiter abgeschrieben wurde, ist nichts als Zufall — aber dieser Zufall hat schwerwiegende Folgen für unsere Kenntnisse.

Weit schlechter als um Texte in lateinischer und griechischer Sprache steht es aber um vermutlich einst vorhandene Werke, die in Sprachen abgefaßt waren, die schon im Verlauf des Altertums ausgestorben sind und die später niemand mehr beherrschte. Hier war jedes weitere Abschreiben völlig ausgeschlossen. Was für Texte, die in solchen Sprachen abgefaßt waren, mag es einmal gegeben haben? Wir werden es niemals wissen, aber aller Wahrscheinlichkeit nach war es nicht wenig.

In diesem Zusammenhang ist ein überaus wichtiges Beispiel zu erwähnen. Wir wissen, daß die Stämme Altisraels und Altjudas seit dem 12. Jahrhundert v. Chr. eine vielseitige Literatur in althebräischer Sprache geschaffen haben. Diese althebräische Sprache war aber schon zur Zeit um Christi Geburt eine tote Sprache, an ihrer Stelle wurde das Aramäische, in den Städten Palästinas auch das Griechische gesprochen. Die althebräische Literatur umfaßte die verschiedensten Gattungen: alte Kriegs- und Stammesgesänge, bäuerliche Lieder, literarisch ausgestaltetes Sagengut, chronikartige Aufzeichnungen über die bedeutenden politischen und sonstigen Ereignisse jedes Jahres, Erzählungen von den oft bunt und wundersam ausgeschmückten Taten der Könige und ihrer Gro-

ßen, sogar eine echte Geschichtsschreibung, die das Schicksal von Volk,
Staat und führenden Persönlichkeiten anschaulich und dennoch sachlich
beschreibt, Mahnreden religiös begeisterter Männer, aber auch Romane
von ganz unterschiedlichem Niveau und anderes mehr. Diese ganze vielseitige Literatur wäre uns völlig verloren, ja wir wüßten kaum etwas von
ihrer einstigen Existenz, hätte sich nicht im 5. Jahrhundert v. Chr. auf
dem Boden des ganz Vorderasien umspannenden Reiches der persischen
Achämenidenkönige eine höchst eigentümliche, völlig unvorhersehbare
Entwicklung abgespielt.

Altisrael war schon im ausgehenden 8. Jahrhundert v. Chr. als Volk
und Staat zugrundegegangen, Altjuda ereilte ein ähnliches Schicksal im
beginnenden 6. Jahrhundert v. Chr. In der Achämenidenzeit entstand
eine ganz neuartige Gemeinschaft: das Judentum. Es basierte, was gar
nicht deutlich genug gesagt werden kann, anders als Altisrael und Altjuda nicht auf blutsmäßiger Herkunft, auf einem Stammesverband oder
Volkstum. Zur Gemeinschaft des Judentums gehörte vielmehr jeder, der
sich zur Religion des Gottes Jahwe bekannte und bereit war, sich den
mehr als 600 strengen Formalvorschriften der Jahwe-Religion zu unterwerfen; zu diesen Vorschriften gehört übrigens auch das Verbot der Ehe
zwischen Juden und Bekennern irgendeiner anderen Religion. Zum Beispiel der sich zu Jahwe bekennende Babylonier oder Syrer war genauso
ein Jude wie der Nachkomme einer Familie aus Altjerusalem. Mit Eifer
und Erfolg getriebene Mission und Übertritte von Menschen verschiedenster Zunge und sogar Hautfarbe zum Jahwe-Glauben erweiterten
dann die Gemeinschaft des Judentums immer mehr. Zu ihr gehören beispielsweise Westeuropäer altspanischer Muttersprache – die Spaniolen
–, Osteuropäer, kaukasische Bergjuden, deren Muttersprache die mit
dem Persischen verwandte Tat-Sprache ist, indische Juden, chinesische
Juden, sowie dunkelhäutige Juden in Abessinien, die Falascha, deren
Muttersprache ein Dialekt des in Nordostafrika bcheimateten Amhari-
schen ist. Nachkommen von Altisraeliten und Altjudäern stellen in der
Gemeinschaft des Judentums schon längst nur noch eine kleine Minderheit dar. Das einigende Band für diese nach Abstammung und Muttersprache so heterogene Gemeinschaft ist das religiöse Gesetz der Jahwe-
Religion mit den strengen Vorschriften seines Heiligen Buches, des Alten
Testaments. In den seit der Zeit um Christi Geburt unverändert gebliebenen Kanon dieses Heiligen Buches haben Texte der althebräischen Literatur Eingang gefunden, und zwar Texte ganz verschiedenen Inhalts und
ganz verschiedener Entstehungszeit. So stammt das urtümliche beduini-
sche Kriegslied einer Seherin namens Debora bereits aus dem 12. Jahrhundert v. Chr., während zum Beispiel das Buch Esther etwa tausend
Jahre jünger ist; inhaltlich handelt es sich bei diesem um einen etwas
schlüpfrigen Haremsroman, der am Hofe des Perserkönigs Xerxes spielt.

Auch sonst könnte der Inhalt der einzelnen Texte des Alten Testaments kaum unterschiedlicher sein. Da stehen neben den ergreifenden religiösen Mahnreden eines Amos, eines Jesajas, eines Jeremias die umfangreichen Sammlungen öder kultischer Formalvorschriften etwa in den Büchern Leviticus und Numeri, traditionell als 3. und 4. Buch Mose bezeichnet. Da gibt es aber auch die packenden, rein historischen Schilderungen von Sauls Kämpfen mit den Philistern oder von der blutigen Revolution des Fanatikers Jehu. Aber auch eine Sammlung schlichter bäuerlicher Hochzeitslieder hat Aufnahme in den Kanon gefunden, weil man sie aus Gott weiß welchem Grund als das «Hohelied Salomos» bezeichnet hat.

In unserem Zusammenhang entscheidend sind zwei Gesichtspunkte: einmal die Tatsache, daß das dank seiner Aufnahme in den Kanon des Alten Testaments erhaltene Literaturgut nur einen Bruchteil des einst Vorhandenen darstellt. Zum anderen die Erkenntnis, daß uns ohne die eigentümliche religionsgeschichtliche Entwicklung der Jahwe-Gemeinde und ohne ihr Heiliges Buch die gesamte reiche althebräische Literatur praktisch unbekannt geblieben wäre.

Da drängt sich fast von selbst die Frage auf, welche Schätze der Literatur anderer alter Völker uns für immer verloren gegangen sind, nur weil ihre Sprachen zu irgendeinem frühen Zeitpunkt ausgestorben sind und niemand mehr daran dachte, in diesen Sprachen abgefaßte alte Texte weiterhin abzuschreiben.

Wir müssen aber auch einen Blick auf solche Texte alter Kulturvölker werfen, die uns nicht dank späterer Abschreibertätigkeit erhalten geblieben sind, sondern im Original. Auch hier müssen wir uns darüber im Klaren sein, welchen Zufällen es zu verdanken ist, daß wir sie überhaupt kennen. So ist uns die reiche Literatur der alten Ägypter deshalb recht gut bekannt, weil im überaus trockenen Klima Oberägyptens Papyrusrollen zu tausenden erhalten geblieben sind. Doch schon im wesentlich feuchteren Unterägypten, im Nildelta, haben sich keine Papyri erhalten, obwohl es sie hier genauso gegeben hat wie im südlichen Landesteil. Dasselbe gilt − von ganz vereinzelten Ausnahmen abgesehen − für andere Länder, wo man ebenfalls auf Papyrus oder auch auf Leder, Leinen, Holz und ähnliches Material geschrieben hat. Allein die klimatischen Verhältnisse eines Landes sind also entscheidend dafür, ob sich auf derartig vergängliches Material geschriebene Texte in großer Zahl, in ganz vereinzelten Fällen oder überhaupt nicht erhalten haben. Unsere genauen und umfassenden Kenntnisse der Völker des Zweistromlandes verdanken wir der Tatsache, daß man hier auf Tontafeln geschrieben, diese in wichtigeren Fällen nach dem Beschreiben aber auch gebrannt hat. Eine gebrannte Tontafel ist aber so gut wie unzerstörbar, man kann sie zwar in Trümmer schlagen, jedoch kaum ganz vernichten. Wo man jedoch auf das Brennen der beschriebenen Tontafeln verzichtet hat, ist die Situation sofort eine völlig andere. Das war der Fall im alten Kreta sowie in den Archiven der Paläste des mykenezeitlichen Griechenlands. Dort haben sich nur diejenigen Tontafeltexte erhalten, die zufällig gerade zum Zeitpunkt einer Feuersbrunst vorlagen und auf diese Weise «unfreiwillig» gebrannt und damit konserviert wurden. So entscheidet bei Tontafeltexten weitgehend nur die Sitte, die Tafeln zu brennen oder auf das Brennen zu verzichten, darüber, ob und in welcher Anzahl sie auf unsere Tage gekommen sind.

Es bleiben die in Stein gehauenen Monumentalinschriften. Hier müssen wir zunächst feststellen, daß die verschiedenen Völker eine sehr unterschiedliche Freude an der Herstellung solcher Steininschriften an den Tag legten. Zum Beispiel die Ägypter der Pharaonenzeit empfanden einen wahren Abscheu vor kahlen Steinwänden ohne Inschriften und Reliefs, sie konnten einfach keine Fläche leer lassen. Dagegen haben die Menschen Altkretas niemals das Bedürfnis empfunden, Inschriften in Stein einzugravieren. Die Freude an der Abfassung von Steininschriften kann sogar bei ein und demselben Volk zu verschiedenen Zeiten sehr unterschiedlich ausgeprägt sein. So gibt es lateinische Inschriften aus der Zeit vor dem 1. vorchristlichen Jahrhundert nur in sehr geringer Zahl, aus der Kaiserzeit des 1. und 2. nachchristlichen Jahrhunderts dagegen zu vielen Tausenden. Vermerken wir noch, daß auch in den griechischsprachigen Provinzen des damaligen Römischen Kaiserreiches die Inschriften überaus zahlreich sind, daß sie aber zur Byzantinerzeit seit dem 6. Jahrhundert n. Chr. so gut wie keine Rolle mehr spielen. Ob wir also Kenntnisse aus Steininschriften gewinnen können oder nicht, hängt von der bei verschiedenen Völkern und zu verschiedenen Zeiten höchst unterschiedlichen Bereitschaft ab, derartige Inschriften einzugravieren. Und dann ist noch zu bedenken, daß zum Beispiel die Ägypter mit Vorliebe lange erzählende Texte zu Ehren der Götter und zum Ruhm der Pharaonen in Stein einmeißelten, während zum Beispiel die Etrusker zwar auch tausende von Steininschriften hinterlassen haben, ihr Inhalt sich aber in den weitaus meisten Fällen nur auf Grabinschriften und sonstige ganz kurze Texte beschränkt.

Schriftliche Quellen sind und bleiben aber das wichtigste Hilfsmittel, will man die Geschichte eines Volkes und einer Kultur erfassen. Und da müssen wir leider feststellen, daß wir hinsichtlich der nicht-griechisch-römischen Völker und Kulturen der Mittelmeerwelt in der Zeit seit dem großen Völkersturm um 1200 v. Chr. nicht gerade gut daran sind. Wir besitzen an aufschlußreichen Schriftdenkmälern aller Art sehr viel weniger, als uns aus den Ländern des alten Orients einschließlich Ägyptens in der Zeit des 3. und 2. vorchristlichen Jahrtausends vorliegt. Die auf vergängliches Material geschriebenen Texte jener Völker der Mittelmeerwelt aus der Zeit seit 1200 v. Chr. sind, von ganz wenigen Ausnahmen abgesehen, längst spurlos zugrundegegangen. Die beschriebene und anschließend gebrannte Tontafel spielte bei ihnen keine Rolle. Die Zahl der in Stein eingravierten Inschriften ist an sich schon nicht allzugroß, wobei überdies inhaltlich wirklich aufschlußreiche Inschriftentexte extrem selten vorkommen. Was wir von den nicht-griechisch-römischen Völkern der Mittelmeerwelt aus schriftlichen Quellen wissen, stammt zum allergrößten Teil aus Berichten der Griechen und Römer. Diese sind aber nur mit Zurückhaltung und Vorsicht zu gebrauchen, was nicht selten außer Acht gelassen wird. Denn die griechischen und lateinischen Berichte über andere Völker sind voll von Mißverständnissen und Fehlurteilen. Gar nicht nachdrücklich genug kann darauf hingewiesen werden, daß kein noch so berühmter griechischer Gelehrter fremde Sprachen, etwa Ägyptisch, Babylonisch oder Etruskisch, gelernt hat und auf der Basis solcher Fremdsprachenkenntnisse Quellenstudien getrieben hat. Urkunden und Texte, die nicht in griechischer oder lateinischer Sprache abgefaßt waren, waren für die Gelehrten der klassischen Antike einfach nicht vorhanden. Die erwähnten etruskischen Studien des Kaisers Claudius sind eine rühmliche, aber sehr seltene Ausnahme. Die Unlust und mangelnde Bereitschaft, fremde Sprachen zu erlernen und fremdsprachige Quellen zu studieren, ist eine der negativsten Erscheinungen des klassisch-antiken Geisteslebens; sie sollte uns vor seiner Überschätzung warnen. Weiterhin muß daran erinnert werden, daß kein Grieche oder Römer auf die Idee gekommen ist, durch Ausgrabungen alter Ruinenstätten das dort einstmals blühende Leben zu rekonstruieren. Auch auf dieses wichtige Hilfsmittel, wertvollste Erkenntnisse zu gewinnen, hat die antike Geschichtsforschung verzichtet. Es sind aber nicht nur mangelnde Forschungen und mangelhafte Kenntnisse, die den Wert griechisch-römischer Darstellungen fremder Völker und Kulturen immer wieder schwer beeinträchtigen. Vielfach steckt in ihnen auch ein gerütteltes Maß an Tendenz, in erster Linie feindlicher Tendenz gegenüber Kriegsgegnern. Es genügt, hier auf die Namen Etrusker und Karthager hinzuweisen. Hierzu bietet übrigens auch das Alte Testament eine Parallele, nämlich bei der Darstellung der alten, längere Zeit hindurch sehr erfolgreichen Gegenspieler Altisraels, der Philister.

Selbstverständlich kann auch in unserem Zusammenhang auf die Heranziehung griechischer und lateinischer Schriftsteller in keiner Weise verzichtet werden. Aber ihre Texte dürfen nicht die entscheidende Grundlage bei der Würdigung der Leistungen anderer Völker und Kulturen sein.

So wäre die Aufgabe, die sich dieses Buch gestellt hat, kaum lösbar, gäbe es nicht eine entscheidende Hilfe: die Ergebnisse moderner Ausgrabungen, die nicht mehr im Dienste der ästhetisierenden Kunstgeschichte durchgeführt wurden. Was in dieser Hinsicht vor allem auf der Apennin-Halbinsel nebst Sardinien, in der ägäischen Welt und in Anatolien geleistet worden ist, läßt die gestellte Aufgabe zwar immer noch als schwierig, aber nicht mehr als unlösbar erscheinen. Es genügt, auf die Unterschiede zwischen unserem früheren und unserem heutigen Wissen hinzuweisen, das sich auf die materielle Hinterlassenschaft zum Beispiel verschiedener altitalischer Völker oder der Erben der Hethiter in Kleinasien bezieht. Gerade bei Völkern und Kulturen, über die die schriftlichen Quellen nicht allzuviel, mitunter auch Fragwürdiges berichten, kommt es in ganz besonderem Maße darauf an, diese materielle Hinterlassenschaft als historische Quelle heranzuziehen. Bauten und Kunstwerke aller Art können sehr viel über die Geschichte ihrer Schöpfer aussagen, wenn man sie in diesem Sinne betrachtet.

Die Darstellung der in diesem Buch behandelten Völker und Kulturen setzt im 13. Jahrhundert v. Chr. ein mit einem Überblick über die damals führenden Kulturmächte. Hier geht es vor allem um das Neue Reich der Pharaonen, das mächtige Kulturreich der Hethiter als die damalige Führungsmacht Vorderasiens, schließlich um die verschiedenen Staaten in der ägäischen Welt, von denen die wichtigsten in verschiedenen Landschaften des süd- und mittelgriechischen Festlandes lagen. Neben den Staaten der Mykenezeit, in deren Zentren griechisch gesprochen wurde, die aber in mehr als einer Hinsicht eher den Staaten des vorderasiatischen Orients verwandt waren als denen der späteren griechischen Welt, standen im Nordosten der Ägäis auch nichtgriechische Staaten und Kulturzentren. Von ihnen wissen wir zwar nicht allzuviel, doch dürften auch sie nicht ganz unbedeutend gewesen sein.

Diese Kulturwelt des 13. Jahrhunderts v. Chr. erlag dem fürchterlichen Völkersturm der Zeit um 1200 v. Chr. Als dieser sich wieder gelegt hatte, begann die große Zeit eines Volkes, das – recht ungeistig und künstlerisch kaum schöpferisch begabt – doch zwei immense Leistungen vollbracht hat: Die Phöniker trieben eine in dieser Form bis dahin unbekannte Hochseeschiffahrt bis in den «fernen Westen», in Länder, die bis dahin abseits der großen Geschichte gestanden hatten. Und ein genialer Vertreter dieses Volkes erfand die alphabetische Buchstabenschrift, die später die ganze Welt erobert hat. Ein anderes Volk, klein aber tatkräftig, schuf in dem nach ihm benannten Land Palästina zum ersten Mal in der Geschichte ein Staatswesen von wirklichem Format: die Philister leisteten Großes auf militärisch-politischem Gebiet, bis ihnen schließlich die allzu geringe Zahl ihrer Männer zum Verhängnis wurde.

Ähnlich wie die Philister waren auch die Tyrsener, beheimatet irgendwo im ägäisch-westkleinasiatischen Raum, in den Strudel des großen Völkersturms hineingerissen worden. Ein Gruppe von ihnen gelangte dann über See an die Westküste Mittelitaliens. Dort vermischten sich die Einwanderer mit der ihnen an Zahl weit überlegenen einheimischen Bevölkerung. Das so neuentstandene Mischvolk der Tyrsener oder Etrusker führte dank seiner vielseitigen kulturellen Begabung weite Teile der bis dahin abseits des weltgeschichtlichen Geschehens stehenden Apennin-Halbinsel aus dem Halbdunkel der Vorgeschichte heraus. Den Etruskern verdankt der größte Teil Italiens die Entstehung von Städten und das Erwachen städtischer Lebensformen, erwiesen sich diese Etrusker doch auch als erfolgreiche Lehrmeister für verschiedene altitalische Völker bis tief ins Binnenland hinein. Gleichermaßen leisteten sie Großes als Städtebauer und als Landwirte, als Techniker und als Seefahrer. Doch würde man ihnen Unrecht tun, wenn man meint, die Leistungen der Etrusker hätten allein auf materieller Ebene gelegen. Wir wissen es heute besser, so begrenzt unsere Kenntnisse im Detail auch sind.

Die Insel Sardinien verdankt ihren Namen vermutlich einer anderen Einwanderergruppe aus dem Osten, den Schirdana. Die geheimnisvolle Nuraghen-Kultur mit ihren mächtigen Steinbauten ist zwar nicht erst von ihnen ins Leben gerufen, wahrscheinlich aber doch in ihrer Entwicklung vorangetrieben worden. Doch blieb Altsardinien schriftlos und entwikkelte auch kein Städtewesen. Außerdem verlor das Sardentum jedes Verhältnis zur See und zur Schiffahrt. Sein Verhängnis begann, als sich die seemächtigen Karthager an der Süd- und Westküste der Insel festsetzten. Das hat vielleicht eine sonst durchaus im Bereich des Möglichen gelegene eigenständige Weiterentwicklung der sardischen Kultur abgeschnitten. Die Festsetzung der Karthager auf der Insel war der erste Akt der bitteren sardischen Tragödie, die heute noch nicht ausgespielt ist.

Über die Adria und nördlich um sie herum kamen kleine Gruppen balkanischer Einwanderer an die Ostküste der Apennin-Halbinsel und in deren Hinterland. Sie lösten von Venezien im Norden bis nach Apulien im Süden den Aufstieg einer Reihe weiterer Kulturen aus. Seit dem 8. Jahrhundert v. Chr. entstanden in Venezien, Picenum, Daunia und Peucetia Kunstwerke von Rang. Die hier ansässigen Völker übernahmen auch — teils von den Etruskern, teils von den Griechen — die Schrift und entwickelten ein beachtliches geschichtliches Leben. Die eindrucksvollsten Zeugnisse dieser vorrömischen Geschichte im Osten Italiens finden sich in Apulien: es sind die oft kilometerlangen mächtigen Stadtmauerringe der Messapier. Daß die Griechen an der Ostküste der Apennin-Halbinsel anders als in Südwestitalien und auf Sizilien nur an ganz wenigen Punkten Fuß fassen konnten, hängt nicht zuletzt mit dem hochentwickelten staatlichen Eigenleben der dortigen Völker zusammen.

Etwa zur gleichen Zeit, in der sich in verschiedensten Teilen der Apennin-Halbinsel geschichtliches und kulturelles Leben entfaltete, entstand auch in der Westhälfte Kleinasiens ein mächtiges Reich. Seine Schöpfer waren die Phryger, ein Mischvolk aus balkanischen Einwanderern aus der Zeit des großen Völkersturms und den Alteinheimischen. Dieses Phrygerreich hätte sehr wohl die Nachfolge des alten Hethitergroßreiches antreten können, und seine Kultur war in der Zeit um 700 v. Chr. der des gleichzeitigen Griechenlands in mancher Hinsicht eher überlegen. Doch fand das Phrygerreich nach kurzer Blüte ein jähes Ende. Es fiel einem neuen Völkersturm zum Opfer, der diesmal vom Kaukasus her kam. Auch die phrygische Kultur konnte sich bald nicht weiter entfalten. An die Stelle der Phryger traten ihre westlichen Nachbarn, die sich in langen harten Kämpfen gegen die Wanderscharen behaupten konnten, denen das Phrygerreich erlegen war. Diesen Lydern ist eine Erfindung zu verdanken, die noch heute aus unserem Leben nicht fortzudenken ist: die Münze. Das Lyderreich übernahm kulturell viel von den ionischen Griechen Westkleinasiens, bewährte sich aber auch deren Städten gegenüber als staatliche Ordnungsmacht.

Im fast nur von See aus zugänglichen Küstengebiet im Südwesten Kleinasiens entwickelte das kleine Volk der Lykier eine beachtliche Städtekultur. Wenn auch die Schöpfungen der lykischen Kunst allmählich immer stärker dem griechischen Einfluß unterlagen, so blieb doch das Lykiervolk trotz seiner geringen Menschenzahl lange eine durchaus eigenständige Größe. Vor allem zeugen seine großartigen Totenhäuser und Felsgräber von einer geistigen Vorstellungswelt, die sich sehr deutlich von der der Griechen unterscheidet. Ähnliche Felsgräber entstanden auch bei den nordwestlichen Nachbarn der Lykier, den Karern. Leider wissen wir von ihnen immer noch wenig genug, zumal die einst als Seefahrer berühmten Karer früher und nachhaltiger als die Lykier im Griechentum aufgingen.

Ägypten hatte längere Zeit fast ganz außerhalb der Weltgeschichte gestanden, bis Herrscher nordsudanesischer Abkunft von der Stadt Napata unweit des vierten Nilkatarakts aus ein neues Pharaonenreich schufen. Doch wurde es von den kriegerischen Assyrern, der damaligen Vormacht in Vorderasien, wieder auf Nubien und den übrigen Nordsudan beschränkt. Zur Zeit der Kämpfe zwischen Nordsudanesen und Assyrern trat aber eine geniale Einzelpersönlichkeit libyscher Abstammung auf, Psammetich von Saïs. Er reihte kurz vor der Mitte des 7. Jahrhunderts v. Chr. das Nilland noch einmal in den Kreis der Großmächte seiner Zeit ein. Auf Psammetich und sein Haus ist eine regelrechte «Renaissance» des Pharaonenreiches zurückzuführen. Seine Politik öffnete das Land auch den Griechen, die der Pharao vor allem als Kriegerkolonisten brauchte. Doch obwohl seit Psammetichs Zeit Griechen in immer größerer Zahl das Land am unteren Nil selbst kennenlernten, haben sie doch das Ägypten ihrer Zeit und erst recht das der vorausgegangenen Jahrtausende niemals wirklich verstanden. Mitunter kam es sogar zu grotesk anmutenden Mißverständnissen. Psammetichs Staat war eine weltverbundene Macht, deren Herrscher eine fein gesponnene große Politik trieben. Aber er wurde nur von einer kleinen ihrer Herkunft nach nicht

ägyptischen Oberschicht getragen. Das Ägypten dieser Zeit zeigte ein
«Janusgesicht». Seine geistigen Exponenten, die Priester, standen hinter
einem Ideal, das in einer Jahrtausende zurückliegenden Vergangenheit
lag. Wie niemals zuvor und niemals danach irgendwo in der Welt kam es
im Ägypten der Saïtenzeit zu einer Wiederbelebung der eigenen Vergangenheit − aber abseits der großen Politik der Herrscher. Als es dieser
nicht mehr gelang, das Gleichgewicht zwischen den Staaten Vorderasiens
aufrechtzuerhalten, war auch das Schicksal des Pharaonenreiches besiegelt. Doch erlebte es in den letzten Jahren des 5. Jahrhunderts v. Chr. für
sechs Jahrzehnte nochmals eine Auferstehung, wiederum unter Pharaonen libyscher Abkunft. Libysche und nubische Elemente waren es auch,
die in der Zeit um 200 v. Chr. die letzten Versuche unternahmen, noch
einmal an die Traditionen der alten Pharaonenzeit anzuknüpfen.

Fast aus dem Nichts stieg um die Mitte des 6. Jahrhunderts v. Chr. der
Staat des Persers Kyros in kurzen Jahren zu einer weltumspannenden
Großmacht empor. Der wichtigste Organisator dieses Achämenidenreiches war Kyros' zweiter Nachfolger Dareios. Das Reich des Dareios und
seiner Nachfolger ist zum eigentlichen Gegenspieler der «klassischen»
Griechen geworden, und doch sollte man es nicht nur von deren Warte
aus sehen. Verwaltung und Steuersystem des Perserreiches waren gewiß
nicht immer ideal, dennoch aber allem weit überlegen, was es im früheren Orient gegeben hatte und in den gleichzeitigen griechischen Stadtstaaten gab. Am meisten aber beeindruckt, daß die Achämeniden ihren
vielen Untertanenvölkern nichts aufdrängten, was wir heute als «Ideologie» oder «ideologisch bedingtes System» bezeichnen würden. Im Gegenteil, ein Kyros und ein Dareios schlugen einen in der Weltgeschichte
selten beschrittenen Weg ein: sie unternahmen es, ihre Untertanen dadurch für sich zu gewinnen, daß sie sie weitgehend nach ihren eigenen
Traditionen leben ließen, ihre religiösen Vorstellungen nicht nur tolerier-
ten, sondern sogar großzügig förderten. Vor allem schenkte das Achämenidenreich, wenn es auch gewiß seine Schwächen besaß, der überwältigenden Mehrheit seiner nach vielen Millionen zählenden Untertanen eine
rund zweihundert Jahre während Friedenszeit. Das unterschied das Perserreich sehr zu seinem Vorteil von der Welt der griechischen Stadtstaaten mit ihren ewigen gegenseitigen Kriegen und internen Auseinandersetzungen. Diese endeten schließlich in einem Chaos, und das führte seit
dem ausgehenden 5. Jahrhundert v. Chr. dazu, daß immer mehr Griechen in die westlichen Provinzen des Achämenidenreiches auswanderten.
Hier gab es Raum auch für griechische Menschen und griechischen Lebensstil. Auch unter der Herrschaft der Perserkönige wäre die griechische
Kultur ein bedeutender Faktor in allen Ländern rund um das Ostmittelmeer herum geworden und weiterhin geblieben. Dazu hätte es nicht des
Eroberungszuges eines Alexander bedurft.

Dieser Alexander aber, ein Mann, der nichts von dem Sinn seines Vaters und Vorgängers Philipp für Maß und Grenzen besaß, gab dem Gang der Weltgeschichte eine neue Richtung. Besessen von der Idee der Herrschaft über die Welt bis an ihr äußerstes Ende handelte er in der entscheidenden «Schicksalsstunde der alten Welt» anders, als es Philipp von Makedonien in der gleichen Situation gewiß getan hätte. Er gab die Chance aus der Hand, ein großes, aber nicht übergroßes und auf solider Grundlage basierendes Reich rund um das Ostmittelmeer aufzubauen und gründlich durchzuorganisieren. Ein solches Reich hätte alle Aussicht gehabt, eine zukunftsreiche und auf lange Sicht dauerhafte Macht zu sein. Was Alexander tatsächlich schuf, zerfiel nicht deshalb so rasch, weil er in jungen Jahren starb. Sein Weltreich zerfiel, weil es der soliden Grundlage entbehrte, weil sein Schöpfer bis zu seiner letzten Stunde ganz von dem Gedanken an immer neue Eroberungen erfüllt war.

Im Iran aber wirkte auch nach dem Untergang des Achämenidenreiches die Gedankenwelt eines der größten Geistesheroen der Geschichte weiter: die Religion Zarathustras. Auf der Basis des Glauben an Gott Ahuramazda, der Verkörperung des Prinzips des Guten, der Wahrheit und des Lichtes, hatte der Perserbegriff schon seit der Achämenidenzeit eine allmähliche Wandlung erfahren. Einst waren «die Perser» die Angehörigen einer kleinen Stammesgruppe gewesen. Später war das Persertum die Gemeinschaft der Bekenner der Religion Zarathustras. So gut wie unbeachtet von den Erben Alexanders erwiesen sich die in der alten Stammlandschaft der Achämeniden beheimateten Fratadara, halb Fürsten und halb Priester, als treue «Hüter des heiligen Feuers». Über ein halbes Jahrtausend nach dem Tode des Welteroberers Alexander war die große Stunde eines späten Nachfahren aus dem Kreise der Fratadara gekommen: der Sasanide Ardaschir begründete auf der geistigen Grundlage der Religion Zarathustras ein neues Perserreich. Es war ein Bauwerk von in der Geschichte seltener Dauer. Länger als vierhundert Jahre blieb das Reich der Sasaniden eine politisch wie kulturell gleichermaßen führende Großmacht. Und als schließlich auch seine Stunde geschlagen hatte, blieb das Gedankengut des großen iranischen Propheten Zarathustra weiter wirksam. Nicht nur bei dem allmählich kleiner werdenden und heute zu einem Rest zusammengeschmolzenen Kreis der Bekenner Ahuramazdas. Unter der Oberfläche lebt es weiter in drei anderen großen Weltreligionen: weder das Judentum, noch das Christentum noch der Islam wären ohne Zarathustras Grundgedanken das geworden, was sie geworden sind.

Die Geschicke der Mittelmeerwelt, deren Zentrum und deren Westen zu erobern Alexanders letzter nicht mehr zur Ausführung gelangter Plan war, wurden schließlich von keinem der Erben des Weltenstürmers bestimmt. Das sollte vielmehr von der Apennin-Halbinsel aus geschehen, nicht aber durch die dortigen großen Kulturschöpfer, die Etrusker, deren Stern zur Zeit Alexanders längst im Sinken war. Die Macht der Zukunft war ein Ort, der wie soviele andere auf der Apennin-Halbinsel seine Stadtwerdung und seine Kultur den Etruskern verdankte, sich dann aber politisch gegen sie stellte: Rom. Zwar mußten sich die Römer nach einem ersten erfolgreichen Aufstand noch einmal der Kriegskunst des Etrusker-fürsten Porsenna von Chamars, dem heutigen Chiusi, beugen.

Als aber den Etruskern von einem anderen Gegner ein Schlag versetzt wurde, von dem sie sich nie mehr erholen konnten, entglitt Rom endgültig der etruskischen Oberhoheit. Eine Niederlage zur See, im Jahre 474 v. Chr. in den Gewässern vor Kyme bei Neapel gegen griechische Gegner, kostete die Etrusker für immer ihre große Stellung auf dem Wasser. Einen zweiten womöglich noch härteren Schlag für die Etrusker bedeutete ein dreiviertel Jahrhundert später der weite Teile Italiens verwüstende Keltensturm. Und nun können wir beobachten, wie die Etrusker auch in ihrer geistigen Haltung, ihrer Einstellung zum Leben sich wandelten. In ihrer großen Zeit hatten sie an sich und ihre Zukunft geglaubt. Das war nun vorbei. An die Stelle der alten Freude am Dasein, der frischfröhlichen Aktivität trat mehr und mehr eine dumpfe Ergebung in das übermächtige Fatum, das unerbittliche Schicksal. Düsternis breitete sich aus. Noch immer waren die Etrusker – und ähnlich andere Völker Altitaliens, die in ihre Schule gegangen waren – den Römern kulturell überlegen. In einer Hinsicht aber waren die Römer stärker: in ihrer Härte und Entschlossenheit, ihrem unbeirrbaren Willen zur staatlichen Macht. Und das gab schließlich den Ausschlag.

Die allmähliche Unterwerfung der bunten Völkerwelt Altitaliens durch die Macht der Römischen Republik, die um 280 v. Chr. im wesentlichen vollendet war, war nicht die Verwirklichung der Idee einer latent von Anfang an vorhandenen Einheit. Das war die unter dem Eindruck der «nationalen Einigungskriege» der eigenen Zeit gewonnene Ansicht des 19. Jahrhunderts, die teilweise bis in unsere Zeit hinein nachwirkt. Heute wissen wir, so mangelhaft unsere Kenntnisse im Detail auch sind, wie mannigfaltig das Völkerleben Altitaliens gewesen war und wieviel an kulturellen Werten durch Rom und die Römer zerstört worden ist.

Als der Karthager Hannibal, der nicht nur als Feldherr einer der genialsten Gestalten der Weltgeschichte war, nach seinem kühnen Zug über die Alpen in Italien einbrach und Rom noch einmal in einen Kampf auf Leben und Tod verwickelte, hätte es vielleicht noch einmal zu einer Renaissance altitalischer Staaten und Kulturen kommen können. Seine Niederlage besiegelte endgültig das Schicksal der individuellen Völker der Apennin-Halbinsel, an deren Stelle sich die lediglich durch Roms Siege zustandegekommene, allein auf politischer Grundlage beruhende neue Nation der «Italiker» herausbildete. Doch auch weit über die Apen-

nin-Halbinsel hinaus hatte sich das Schicksal der nicht-griechisch-römischen Kulturvölker der alten Mittelmeerwelt erfüllt, als Hannibal seinen
großen Kampf mit Rom verlor. Daß die Römer noch teilweise heftige
Kämpfe mit den bis dahin weitgehend abseits der großen Geschichte
stehenden Stämmen der Iberischen Halbinsel und Nordwestafrikas —
zumal Keltiberern und Numidern — zu bestehen hatten, kann darüber
nicht hinwegtäuschen. Auch für die Zukunft dieser Völker war Hannibals Niederlage entscheidend, ebenso wie für die hellenistischen Reiche
in der Osthälfte der Mittelmeerwelt.

Es lag und liegt nicht in der Absicht des Verfassers, ein vollständiges
Bild von der weiten nicht-griechisch-römischen Welt zwischen der Iberischen Halbinsel im Westen und dem Zweistromland am Euphrat und
Tigris im Osten zu zeichnen, sondern Schwerpunkte zu setzen. Nicht nur
die Auswahl dieser Schwerpunkte, sondern dieses Buch als ganzes und
die ihm zugrundeliegende Auffassung werden Widerspruch auslösen.
Sei's darum. Denn Widerspruch bedeutet Kenntnisnahme. Und das
genügt.

Erster Teil

Die Welt der Kulturmächte am Vorabend des großen Völkersturms und ihr Zusammenbruch

Erstes Kapitel

Das Pharaonenreich im Zeitalter Ramses' II

*Ramses II. und die Hethitermacht. — Die Schlacht bei Kadesch. — Friedens-
schluß und königliches Ehebündnis. — Das pharaonische Staatsgebiet. — Die
libyschen Grenzforts. — Das Pharaonenreich und die Mittelmeerinseln. — Ägyptens nubisches «Kolonialreich». — Die ägyptisch-hethitische Demarkationslinie.
— Sinai-Halbinsel, Kanaan, Libanon, Syrien. — Die Untertanen des Pharaos. —
Der ägyptische Bauer. — Stadtbevölkerung und Städte des Nillandes. — Das
Land Ägypten und der Nil. — Der Ablauf des altägyptischen Jahres. — Die
Flußschiffahrt und der Rhythmus des ägyptischen Lebens. — Der Ägypter und
das Ausland. — Ägyptisches Geschichtsbewußtsein. — Die Königsliste im Tempel
von Abydos. — Hyksossturm und Hyksosherrschaft. — Die Hyksos und das
Neue Reich der Pharaonen. — Die Revolution des Echnaton. — Echnaton und
die große Politik. — Echnatons Untergang und sein Erbe. — Die Ägypter und
ihre Götter in der Zeit nach Echnaton. — Licht- und Schattenseite der Epoche
Ramses' II.*

Keinem anderen Herrscher in der nach Jahrtausenden zählenden Geschichte des ägyptischen Niltals war jemals eine so lange Regentschaft
beschieden wie dem zweiten Träger des Namens Ramses, dem «Sohn des
Sonnengottes Re», dem «Liebling des Gottes Amon», wie er sich außerdem noch nannte. Als er um das Jahr 1224 v. Chr.[3] im hohen Alter die
Augen schloß, lag eine Regierungszeit von nicht weniger als 67 Jahren
hinter ihm. Kein zweiter Pharao hat auch nur annähernd soviele Denkmäler, Bauwerke, Statuen und Hieroglypheninschriften mit seinem Namen hinterlassen wie er. So gewaltig war der Glanz dieses Namens, daß
neun seiner Nachfolger sich ebenfalls Ramses nannten. Zweifellos war
Ramses II. sein Leben lang zutiefst davon überzeugt, der erste Mann
seiner Zeit, der Herrscher der politisch wie kulturell führenden Großmacht seines Jahrhunderts zu sein. Dabei hatte er zwei Jahrzehnte lang
hart um diesen Anspruch kämpfen müssen: gegen das in Kleinasien beheimatete, aber auch weite Teile Syriens umfassende Reich der Hethiter,
seit den Tagen eines Schuppiluljuma — des bedeutendsten aller hethitischen Könige (etwa 1370–1330 v. Chr.) — die führende Macht in Vorderasien. Verzweifelt genug für die pharaonische Armee hatte sich die
große Schlacht beim syrischen Kadesch am Orontes-Fluß angelassen, die
Ramses II. in seinem fünften Regierungsjahr den Hethitern lieferte. Das
ägyptische Heer stand vor der Vernichtung, als Ramses II. durch harte

Entschlossenheit und persönliche Tapferkeit das Schicksal des Tages wendete; so stellt wenigstens der Pharao selbst in den auf unsere Tage gekommenen Texten und Reliefdarstellungen den Gang der Dinge dar. Erst anderthalb Jahrzehnte nach dieser Schlacht bei Kadesch ging der große Krieg zwischen dem Pharaonenreich und der vorderasiatischen Großmacht zu Ende. Um das Jahr 1270 v. Chr. schlossen Ramses II. und der Hethiterkönig Chattuschili III. Frieden. Es war einer der in der Weltgeschichte nicht allzuhäufigen Vertragsschlüsse zwischen zwei Großmächten, der den Namen «Frieden» wirklich verdiente. Dreizehn Jahre nach diesen Abmachungen besiegelte ein symbolisches Ereignis die Aussöhnung zwischen den einstigen Gegnern: mit ungeheurem Prunk wurde die Hochzeit zwischen Ramses II. und einer hethitischen Königstochter gefeiert. Die kleinasiatische Prinzessin wurde unter dem von ihr angenommenen ägyptischen Namen Ma'at-Nefru-Re, «die Wahrheit ist die Schönheit des Sonnengottes Re», die hochgeehrte Hauptgemahlin des Pharaos. Seit dem Frieden, den Ramses II. und Chattuschili III. miteinander abschlossen, ist es niemals wieder zu einem Krieg zwischen ihren beiden Staaten gekommen. Einen Preis mußte Ramses II. allerdings bezahlen, ohne es der Welt und vermutlich auch sich selbst gegenüber jemals zuzugeben. Zur Zeit des größten Glanzes der Pharaonenmacht, während des ganzen 15. Jahrhunderts v. Chr. und noch bis ins beginnende 14. Jahrhundert hinein, hatten selbst die mächtigsten Fürsten Vorderasiens dem Pharao einen gewissen Vorrang eingeräumt. Der Wunsch, diese Verhältnisse zu erneuern, hatte den jungen Ramses II. bei seinem großen Kampf gegen die Hethiter beseelt. Er hat sein Ziel nicht erreicht: die Hethiterkönige wurden zwar schließlich Bündnispartner und Freunde des Pharaos, aber sie betrachteten sich ihm gegenüber als gleichrangig — und das mit vollem Recht.

Das Reich Pharao Ramses' II. erstreckte sich weit über das ägyptische Niltal hinaus, jenes Land, das mehr als anderthalb Jahrtausende zuvor der halblegendäre Menes erstmalig in einem Staat zusammengefaßt hatte. Schon dieses Gebiet hat vom Nilkatarakt bei Assuan an der nubischen Grenze bis zur Mittelmeerküste eine Nord-Süd-Ausdehnung von mehr als tausend Kilometer, wenn auch seine Breite, abgesehen vom Nildelta, nirgends mehr als etwa 15 Kilometer beträgt. Die Macht Ramses' II. reichte jedoch noch viel weiter. Zwar haben die Wüsten im Westen und Osten des oberägyptischen Flußtals, eine Trockenzone, die außerhalb einiger Oasen kaum einer Handvoll von Beduinen ein karges Leben gewährt, Ramses II. nicht mehr interessiert als einen anderen Pharao in der langen Kette seiner Vorfahren. Nur dort, wo es um die Ausbeutung von Steinbrüchen oder gar von Goldminen ging, lagen die Dinge selbstverständlich anders, sonst waren die Wüstenregionen wertloses Niemandsland. Auch die wenigstens nicht ganz so trostlosen libyschen

Gebiete westlich des Nildeltas haben die Pharaonen niemals zu einer Ausweitung ihrer Macht verlockt, obwohl die dortigen Stämme seit alters her durchaus im Gesichtskreis der Ägypter standen. Aus dieser Zeit Ramses' II. sind die Überreste einiger Grenzforts erhalten geblieben, so bei dem im zweiten Weltkrieg berühmt gewordenen El-Alamein und noch etwas weiter im Westen bei einem heute Sawjet-Umm-el-Racham genannten Platz. Es waren Anlagen zum Schutz gegen Vorstöße der libyschen Viehzüchternomaden nach dem Bauernland Ägypten. Aber sowenig wie irgendein früherer Pharao hat Ramses II. den Versuch unternommen, etwa das quellen- und regenreiche Hochland der Kyrenaika seinem Reich einzuverleiben. Desgleichen fehlen – nicht nur aus der Zeit Ramses II., sondern auch aus allen früheren Perioden – alle Nachrichten über Fahrten pharaonischer Flotten nach Westen entlang der nordafrikanischen Mittelmeerküste. Das steht in bemerkenswertem, aber gewiß nicht zufälligem Gegensatz zu den zahlreichen Berichten über entsprechende Seefahrten nach der Libanonküste und über das Rote Meer ins Weihrauchland Punt. Seefahrten nach Westen haben jedenfalls keine Rolle gespielt, lagen doch dort keine den Pharaonen lohnend erscheinenden Ziele. Schon gar nicht hat jemals ein Pharao ernsthaft daran denken können, eine Mittelmeerinsel – Kreta oder Cypern zum Beispiel – unter seine Kontrolle zu bringen. Zwar werden in verschiedenen Vornehmengräbern beim oberägyptischen Theben aus der Zeit um die Mitte des 2. vorchristlichen Jahrtausends Gesandte der Keftiu – das war der Name des alten hochkultivierten Kretavolkes – als «Tributbringer» dargestellt und bezeichnet. Doch das war bloße Prahlerei. In Wirklichkeit war die ägyptische Kriegsflotte niemals ein Machtinstrument, das geeignet war, irgendwelche Gebiete «in Übersee» in Abhängigkeit vom Pharaonenstaat zu bringen oder gar zu halten. Nicht nach Westen, nach Libyen, und nicht aufs Mittelmeer hinaus erstreckte sich der Machtbereich des Pharaos, sondern nach Süden und nach Nordosten.

In Nubien, der südlichen Nachbarlandschaft Oberägyptens, ist das Niltal noch weit schmäler, vielfach ist das anbaufähige Land nur einige wenige hundert Meter breit. Gleichwohl wäre Nubien nichts anderes als die unmittelbare Fortsetzung der ägyptischen Flußlandschaft, gäbe es nicht die sechs Kataraktengebiete. Das sind Zonen, wo sich der Nil durch ein Gewirr von Granitklippen, Felsen und Inselchen hindurcharbeiten muß und dabei zahllose Rinnsale und Stromschnellen bildet. Der nördlichste Katarakt bei Assuan an der Südgrenze Ägyptens war wenigstens bei hohem Wasserstand kein absolutes Hindernis für die Flußschiffahrt, wenn auch die Passage harte Arbeit kostete. Der nächste – von Norden her gezählt der zweite – Nilkatarakt südlich des heute im aufgestauten Nil versunkenen Städtchens Wadi Halfa, etwa 350 Kilometer von der ägyptisch-nubischen Landesgrenze entfernt, hat demgegenüber zu allen

Zeiten einen überaus mühsamen Landtransport der Schiffe durch die Wüste erfordert, um den sogenannten «Steinebauch» (Batn-el-Hagar) des Niltals zu umgehen. Nicht viel anders liegen die Verhältnisse nochmals 800 Kilometer weiter stromaufwärts beim vierten Katarakt unweit des südnubischen Ortes Kareima. Einen Teil des nördlichen Nubiens hatten schon die Pyramidenerbauer des 3. Jahrtausends v. Chr. ihrer Macht unterworfen. Die Pharaonen des Mittleren Reiches zu Beginn des 2. vorchristlichen Jahrtausends hatten sogar die Zone des «Steinebauches» beim zweiten Nilkatarakt okkupiert; bis zur Anlage des neuen Hochdammes bei Assuan waren bei den Orten Semne und Kumne noch die jetzt im aufgestauten Nil versunkenen Grenzforts der Pharaonen jener Zeit zu sehen. Noch viel weiter drang im ausgehenden 16. Jahrhundert v. Chr., nach Begründung des Neuen Reiches der Pharaonen, Thutmosis I. nach Süden vor. Die Reste eines von ihm erbauten Grenzforts liegen bei Abu Hammed zwischen dem vierten und fünften Katarakt, und unweit des vierten Katarakts entstand sogar eine regelrechte ägyptische Kolonialstadt, Napata am Fuße des «Heiligen Berges», des heutigen Dschebel Barkal. Die Nubier, ein dunkelhäutiges, aber nicht negroides Volk, waren nicht ohne Begabung und Aufgeschlossenheit für die Werte einer höheren Kultur. Den Ägyptern des 3. und 2. vorchristlichen Jahrtausends standen sie jedoch immer nur wie «Unterentwickelte» einem in jeder Hinsicht überlegenen «Kolonialherren» gegenüber. In Ägypten waren sie vor allem als Diener in den Haushaltungen der Vornehmen, als Wächter, Polizisten und bei sonstigen Dienstleistungen anzutreffen. Während der Schwächeperioden des Pharaonenstaates gegen Ende der Pyramidenzeit des Alten Reiches um 2200 v. Chr. oder in den Wirren des 18. Jahrhunderts v. Chr., als sich das Mittlere Reich der Pharaonen von innen heraus hoffnungslos zersetzte, brach auch die ägyptische Herrschaft in Nubien mehr oder minder zusammen. Niemals im Verlauf des 3. oder 2. vorchristlichen Jahrtausends entstand aber in Nubien ein Staat, der selbst einem stark geschwächten Pharaonenreich auch nur annähernd gleichrangig gegenübertreten konnte. Auch in Nubien war die Schriftsprache das Ägyptische, nicht einer der einheimischen Volksdialekte. Was an Bauten und Kunstwerken entstand, war ägyptisch; allenfalls wurden in den Tempeln, die von Ägyptern im ägyptischen Stil geschaffen und ägyptischen Gottheiten gewidmet waren, auch einheimische Göttergestalten mitverehrt. Kurz und gut: es gab noch keine eigene Geschichte des Nubierlandes, sondern nur eine solche der ägyptischen «Kolonialherrschaft» daselbst. Und für das Pharaonenreich waren die Probleme, die ihm aus dieser Herrschaft über Nubien erwuchsen, in keiner Weise entscheidend.

Völlig anders lagen die Dinge in Vorderasien. Der berühmte Friedensvertrag zwischen Ramses II. und dem Hethiterkönig Chattuschili III. ist uns bekannt, einmal durch zwei in der Hethiterhauptstadt Chattuscha (Bogazköy) gefundene Tontafelbruchstücke in babylonischer Sprache — damals die Sprache der internationalen Diplomatie —, zum anderen durch zwei Steininschriften aus dem oberägyptischen Theben mit einer ägyptischen Übersetzung des Textes. Die genaue Grenzziehung zwischen den beiden Großmächten wird dabei nicht erwähnt, doch werden wir kaum fehlgehen, wenn wir die Demarkationslinie am Nahr-el-Kelb, dem dicht nördlich von Beirut ins Mittelmeer mündenden «Hundsfluß», suchen. Zumindest können wir sagen, daß weder Ramses II. noch einer seiner Nachfolger diesen Fluß noch einmal überschritten hat. In jedem Fall blieb das Schlachtfeld von Kadesch wie das übrige Mittel- und Nordsyrien außerhalb der ägyptischen Einflußsphäre. Das war nicht immer so gewesen. Gegen Ende des 16. Jahrhunderts v. Chr. hatte Pharao Thutmosis I. mit seiner Armee den mittleren Euphrat überschritten und am jenseitigen Flußufer ein Siegesdenkmal errichtet. Einer seiner Nachfolger, sein Sohn Thutmosis III., hatte ihm später diese Leistung nachgemacht und seinerseits eine Siegesstele neben die seines Vaters gestellt. Schließlich ergab sich aus den im Verlauf zweier Jahrzehnte (etwa 1468–1448 v. Chr.) durchgeführten sechzehn syrischen Feldzügen dieses bedeutendsten Feldherrn der pharaonisch-ägyptischen Geschichte, daß der größte Teil Syriens mit Ausnahme der nördlichen Landesteile um die Stadt Aleppo herum für etwa hundert Jahre unter der Oberhoheit der Pharaonen blieb. Erst der totale Zusammenbruch der ägyptischen Macht zur Zeit des Reformer-Pharaos Echnaton (etwa 1364 bis 1347 v. Chr.) machte diesem Zustand ein Ende. Ramses II. hatte sich zum Ziel gesetzt, das Reich Thutmosis' III. und seiner Nachfolger zu erneuern. Aber dieses Ziel stellte sich als unerreichbar heraus, und sogar im Gebiet südlich der hethitisch-ägyptischen Demarkationslinie mußte Ramses II. im Kampf gegen verschiedene regionale Kräfte mühsam für eine Ordnung der Verhältnisse im ägyptischen Sinne sorgen. Gleichwohl umfaßte der Besitz des Pharaos auf dem Boden Vorderasiens noch einen gewaltigen Komplex: die Sinai-Halbinsel mit ihren Steinbrüchen und Bergwerken, das später Palästina genannte Land Kanaan, dazu einige Gebiete östlich des Jordan-Flusses, schließlich einen beträchtlichen Teil des Libanons mit seinen Hafenstädten und sogar das südliche Syrien mit der Stadt Damaskus. Ägyptisches «Kolonialgebiet» wie Nubien waren die vorderasiatischen Besitzungen des Pharaos indessen nicht; wie schon seinerzeit unter dem großen Thutmosis III. und seinen Nachfolgern trug die ägyptische Herrschaft auch jetzt einen mehr indirekten Charakter. Einheimische Fürsten verwalteten das Land als Vasallen des Pharaos und entrichteten lediglich Tribute; ägyptische Städte und ägyptische Tempel entstanden in Vorderasien fast nirgends, und der Einfluß der ägyptischen Kultur, Schrift und Sprache blieb von untergeordneter Bedeutung.

Nicht weniger als 3000 Kilometer trennen das südliche Syrien, wo
Ramses II. die Stadt Damaskus als seinen persönlichen Besitz bean-
spruchte, von der Stelle, wo auf dem Staatsgebiet des heutigen Sudans
das entfernteste Grenzfort der Pharaonen lag. Das entspricht etwa der
Entfernung zwischen Kopenhagen und Palermo. So grundverschiedene
Menschen wie die Kaufleute und Handwerker altsyrischer Städte und die
Hirten der Nubischen Wüste zählten zu Ramses' Untertanen. Doch der
entscheidende Kern dieses gewaltigen Imperiums war die Flußoasenlandschaft des ägyptischen Niltals, das den Staat tragende Volk, das mit
dieser Landschaft untrennbar verbundene ägyptische Bauerntum.

Bis in unsere Gegenwart hat sich dieses ägyptische Bauernvolk weit
weniger mit fremdem Blut vermischt als fast alle anderen geschichtlich
bedeutenden Völker. Zweimal haben die Ägypter seit den Tagen der
Pharaonen ihre Religion gewechselt, einmal ihre Sprache. Im ersten halben Jahrtausend unserer Zeitrechnung starb der alte Götterglauben und
machte dem Christentum Platz. Seit dem 7. Jahrhundert n. Chr. wandten
sich dann allmählich immer mehr Ägypter dem Islam zu, bis sich schließlich mehr als neunzig von hundert Menschen zur Religion des Propheten
Muhammed bekannten. Gleichzeitig gaben sie Zug um Zug die koptische
Sprache, die jüngste Form des Altägyptischen, zugunsten des Arabischen,
der Sprache des Korans, auf. Auch die heutige christliche Minderheit im
Lande spricht nur noch einen Dialekt des Arabischen, das Koptische ist
zu einer selbst von den Priestern nicht mehr verstandenen toten Kirchen-
sprache geworden. Doch dem zweimaligem Wechsel der Religion und
dem Wechsel der Sprache entspricht bei der großen Masse der Ägypter
keine nennenswerte Veränderung des Blutes, der körperlichen und seeli-
schen Eigentümlichkeiten. In dieser Hinsicht unterscheiden sich die Fellachen, die ägyptischen Bauern, noch heute kaum von ihren Vorfahren,
die vor Jahrtausenden beim Bau der Pyramiden mitgearbeitet haben.

Wir haben allen Anlaß zu der Vermutung, daß einmal in grauer Vorzeit Nachkommen von Viehzüchternomaden, die aus der Wüstensteppe
ins Niltal eingedrungen waren, das entscheidende Element bei der Entstehung des ältesten Pharaonenstaates gewesen sind. Doch schon bald nach
Beginn des 3. Jahrtausends v. Chr. war die Rolle dieser Viehzüchternomaden bei der Gestaltung der Geschicke Ägyptens ausgespielt. Damals
waren auch die in vorgeschichtlichen Zeiten mehr steppenartigen Landschaften im Westen und Osten des Niltals schon derartig ausgetrocknet,
daß sie nur noch ganz wenigen Menschen dürftige Lebensbedingungen
boten. Lediglich ganz vereinzelt kam es noch zu Blutsmischungen zwischen ägyptischen Bauern und Angehörigen von Nomadenstämmen.
Noch in unserer Zeit herrscht eine bemerkenswerte beiderseitige Abnei-
gung gegen Eheschließungen zwischen Fellachen einerseits und beduini-
schen Ababde, Bedscha bzw. Bischarin, aber auch Nubiern andererseits.

Die Menschen, die im Verlauf der Jahrtausende aus Vorderasien oder Europa nach Ägypten gelangt sind, haben sich ebenfalls nur in seltenen Fällen mit der ägyptischen Bauernbevölkerung vermischt. Seit dem 1. vorchristlichen Jahrtausend haben Vorderasiaten und Europäer in buntem Wechsel die politischen Geschicke des Nillandes bestimmt. Zahlenmäßig sind alle diese Gruppen immer nur kleine Minderheiten gewesen. Das gilt auch für die seit 640/1 n. Chr. als Eroberer nach Ägypten gekommenen Araber, obwohl sich ihre Religion und ihre Sprache im Nilland durchgesetzt haben. Gerade der Araber repräsentiert noch heute in seinen körperlichen und psychischen Eigenschaften einen ganz anderen Typus als der Ägypter, auch wenn dieser sich zum Islam bekennt und Arabisch als einzige Sprache spricht.

In den Städten Ägyptens, und da vor allem in den höheren sozialen Schichten, war die Situation schon zur Zeit des Pharaos Ramses II. eine andere. Schon seit Generationen wurden Prinzessinnen aus Babylonien, dem am mittleren Euphrat gelegenen Land Mitanni oder dem hethitischen Kleinasien mit prunkvollem Zeremoniell von den Pharaonen heimgeführt. Es gab weiterhin die mit ägyptischen Hofbeamten verheirateten jungen Damen aus dem Gefolge solcher vorderasiatischen Fürstentöchter, sowie die von ägyptischen Offizieren in Syrien erbeuteten weiblichen Kriegsgefangenen, von denen manche später zum Rang einer rechtmäßigen Ehefrau emporstieg. Schließlich wurden aus Phönikien Mädchen importiert, die wohlhabende Männer als Sklavinnen und Konkubinen kauften. Es gab aber auch in Ägypten ansässig gewordene fremde Kaufleute, die Ägypterinnen geheiratet hatten. Seit dem Aufstieg des Neuen Reiches der Pharaonen um die Mitte des 16. Jahrhunderts v. Chr. hatten also Verbindungen zwischen einem ägyptischen und einem nichtägyptischen Partner für Staat und Gesellschaft immer mehr an Bedeutung gewonnen. Aber auch in den Städten − selbst in den Orten mit Großstadtcharakter − betraf das kaum die unteren und mittleren Schichten. Zu diesen gehörte vor allem die Stadt Waset, «die Glänzende», von den Griechen später «das ägyptische Theben» genannt; an ihrer Stelle liegt heute das Touristenzentrum Luxor. Von hier war der Aufstieg des Neuen Reiches der Pharaonen ausgegangen, und seit Thutmosis I. (etwa 1506–1494 v. Chr.) fanden die Pharaonen ihre letzte Ruhestätte nicht weit entfernt von der «glänzenden Stadt» in der Einsamkeit des «Tales der Könige» (Biban-el-Muluk) mit seinen tief in die Felswand getriebenen Gräbern. Da aber die Probleme der vorderasiatischen Politik immer schwerwiegender wurden, residierten die Pharaonen seit der Mitte des 14. Jahrhunderts v. Chr. meist in einer anderen Großstadt, in der von den Griechen später Memphis genannten «Weißen Mauer» südwestlich des heutigen Kairo im Bereich der sogenannten «Waage der beiden Länder» Ober- und Unterägypten. Ramses II. verlegte seine Residenz sogar ins nordöstliche Nildelta, in die von den Griechen später Tanis genannte, von ihm glänzend ausgebaute «Ramsesstadt». Während vom alten Theben die gigantischen Tempelanlagen bei den heutigen Orten Luxor und Karnak sowie die auf dem Westufer des Nils gelegene ausgedehnte Totenstadt mit ihren tausenden von Grabanlagen auf unsere Zeit gekommen sind, sind die noch vorhandenen Ruinen von Memphis und «Ramsesstadt» dürftig. Da die Wohnhäuser und meist sogar die Königspaläste aus Flußschlammziegeln und nicht aus Steinquadern errichtet wurden, stehen uns die altägyptischen Städte nicht mehr vor Augen. Doch wissen wir immerhin genug von ihnen, um sie leidlich rekonstruieren zu können.

Jedes Land der Welt prägt mit seinen Eigentümlichkeiten den Lebensrhythmus und das Lebensgefühl seiner Bewohner. Am unteren Nil ist das jedoch in geradezu extremer Weise der Fall. Das Land Ägypten ist nicht mehr und nicht weniger als der schmale Streifen der Sahara-Wüste, den der alljährlich über seine Ufer tretende Fluß mit seinen Schlammablagerungen überzieht, dazu im Norden das Delta, eine ehemalige Meeresbucht, die der Nil allmählich mit seinen mitgeführten Erdmassen ausgefüllt hat. Vor fünftausend Jahren sah Ägypten noch wesentlich anders aus als später. Doch schon damals war es so, daß der Wasserstand des Flusses Anfang Juni jeden Jahres allmählich anstieg und dann zwischen dem 15. und dem 20. Juli rapide anschwoll, eine Folge der regelmäßig fallenden heftigen Frühjahrsregen im äquatorialen Afrika. Bald war das Land links und rechts des Flusses eine weite Wasserwüste, die in der ersten Oktoberhälfte ihre größte Ausdehnung erreichte. Dann begannen die Wasser sich wieder zu verlaufen und aus der Wasserwüste wurde ein Schlammsee, der nur ganz allmählich austrocknete. Im April, Mai und Anfang Juni führte der Fluß dann nur noch relativ wenig Wasser, bis die nächste Nilschwelle einsetzte und das alte, ewig gleiche Spiel von neuem begann. Aber in vorgeschichtlicher Zeit, als es noch keinen Pharaonenstaat gab, bot Ägypten das Bild einer chaotischen Urlandschaft, teils versumpft, teils versandet; Jahr für Jahr suchte sich das fließende Wasser neue Wege, hier ein Stück Land fortreißend, dort eine Düne anschwemmend. In einer solchen Landschaft, in der es noch dazu viele Monate des Jahres glutheiß ist und wo es fast nur im Deltagebiet Regenfälle gibt, ist der Kampf ums Dasein für den Menschen eine Höllenaufgabe. Der einzelne oder auch die kleine Gruppe stehen ihr fast hilflos gegenüber. Nur der organisierten Zusammenarbeit großer Massen gelang es, Ägypten zu einer Kulturlandschaft zu machen, die einer Millionenbevölkerung Nahrung zu geben vermag. Doch eine solche Zusammenarbeit konnte erst zustandekommen, als es den Pharaonenstaat gab. Irgendwann im Verlauf des 4. Jahrtausends v. Chr., als die Wüsten links und rechts des Niltals noch nicht ganz so ausgetrocknet waren wie später, müssen von dort aus Viehzüchternomaden ins langgestreckte oberägyptische Niltal eingedrungen sein. Dort unterwarfen sie die Feldbauern und übernahmen die Rolle einer Herrenschicht. Ihre Begabung, andere Menschen zu beherrschen, stand am Anfang des Weges zur Ausbildung der Pharaonenmacht. Aber erst als zu Beginn des 3. vorgeschichtlichen Jahrtausends ein genialer Kopf irgendwo im Nildelta die Entdeckung machte, daß sich Gedanken und Aussprüche festhalten lassen, das heißt die Kunst des Lesens und Schreibens erfand, konnte der Pharaonenstaat das grobschlächtige Niveau seiner Anfangszeit überwinden. Erst jetzt war die großartige einheitlich geleitete Zusammenarbeit vieler Menschen möglich, die das Kulturland mit seinen Kanälen, Schutzdämmen, Feldern und Bewässerungsmaschinen schuf. Hinter dieser ungeheuren Leistung stand die gleiche Organisation, die in den Monaten der Überschwemmungszeit, während der alle Feldarbeiten ruhen mußten, die riesigen Pyramidengräber entstehen ließ – Bauten, die nur im Zusammenhang mit den uns sehr fremden religiösen Vorstellungen jener Menschen zu verstehen sind.

Es mag merkwürdig klingen, doch heute existiert das alte Land Ägypten überhaupt nicht mehr. Nicht nur, weil im Nildelta das Bodenniveau vier bis fünf Meter höher liegt als zur Pharaonenzeit, und weil die Nilmündungsarme einen völlig anderen Verlauf haben als im Altertum. Auch nicht nur deshalb, weil die sprichwörtlich gewordenen Wappenpflanzen und manche Tiere des alten Ägypten verschwunden sind – Papyrusstauden, Lotusblumen und die für Oberägypten einst charakteristische Lilienart genauso wie Krokodile und Nilpferde. Heute dominieren Baumwolle und Mais, Wasserbüffel und Kamele, Pflanzen und Tiere, die zur Pharaonenzeit eine ganz untergeordnete Rolle spielten oder sogar völlig unbekannt waren. Auch sonst bot Unterägypten, das Deltagebiet, schon im 19. Jahrhundert einen gänzlich anderen Anblick als in früheren Zeiten. Als dann seit der Jahrhundertwende auch in Oberägypten, vor allem bei Assuan, große Staudämme errichtet wurden, änderte sich auch im Süden der Landescharakter von Grund auf. Nunmehr wurde das Wasser des Flusses aufgestaut und je nach Bedarf abgelassen und mit Hilfe von Kanälen, Becken und Pumpanlagen auf die Felder verteilt. Schließlich wurde im Jahre 1964 der neue Hochdamm bei Assuan, der berühmt-berüchtigte Sadd-el-Ali, geschlossen und das Flußtal südlich von ihm in einen mehr als 500 Kilometer langen Stausee verwandelt. Seither gibt es «den alten Vater Nil und sein Geschenk Ägypten» im Grunde genommen überhaupt nicht mehr, weil es in Ägypten weder die Nilschwelle noch eine Überschwemmungszeit gibt. Knapp fünf Jahrtausende nach der Zeit, in der die Pharaonen des Alten Reiches das chaotische Flußtal der vorgeschichtlichen Periode in eine bäuerliche Kulturlandschaft verwandelt haben, hat das Land Ägypten abermals sein Gesicht total verändert.

Aber auf dem, was das 20. Jahrhundert n. Chr. mit seinem oft allzu
blinden Glauben an moderne Wissenschaft und technischen Fortschritt
aus dem Land der Pharaonen gemacht hat, lastet der Fluch der uralten
Götter Ägyptens. Der solange vom Fluß mitgeführte Schlamm, der alljährlich in den Monaten der Überschwemmungszeit die Felder links und
rechts des Flusses überzog und auf dem das Geheimnis der Fruchtbarkeit
des Bodens beruhte, gelangt gar nicht mehr bis nach Ägypten. Er lagert
sich jetzt oberhalb des Hochdamms auf dem Boden des Riesenstausees
ab. Im klaren Wasser, das der Nil nunmehr führt, lauern tödliche Gefahren für die Fauna des Flusses; schon ist die vor kurzem noch so ertragrei-
che Fischerei an den Nilmündungen so gut wie vernichtet. Drohend erhebt sich das Gespenst einer fortschreitenden Versalzung des Ackerbo-
dens. Die veränderten Strömungsverhältnisse gefährden Uferböschun-
gen, Siedlungen und ganze Städte. Und hatte der Nil einstmals mit seinen
Schlammassen dem Mittelmeer das Deltaland abgerungen, so ist jetzt das
Meer seinerseits auf dem Vormarsch. Alljährlich frißt es sich um einige
Meter ins flache Küstengebiet hinein und verschlingt es langsam aber
sicher. In Oberägypten wiederum hat sich sogar das Klima verändert, seit
südlich von Assuan der riesige fünfhundert Kilometer lange Stausee existiert. So haben zum Beispiel Anfang 1975 im vormals praktisch regenlo-
sen Oberägypten wolkenbruchartige Regengüsse ganze Siedlungen hin-
weggeschwemmt. Hat womöglich das fortschrittsgläubige 20. Jahrhundert n. Chr. — auf längere Sicht betrachtet — das vernichtet, was einst
das Zeitalter der Pharaonen aus Ägypten gemacht hat?

In jedem Fall hat es das Land gründlich verändert, dessen Eigentümlichkeiten einstmals das ganze Dasein seiner Bewohner bestimmt und ihr
Wesen und Weltbild geprägt haben. «Wie der Himmel in Ägypten anders
ist als anderswo, wie der Strom anders ist als andere Ströme, so sind auch
die Sitten und Gebräuche der Ägypter fast in allen Stücken denen der
übrigen Völker entgegengesetzt», schrieb im 5. Jahrhundert v. Chr. der
Grieche Herodot von Halikarnass im 35. Kapitel des 2. Buches seines
Geschichtswerkes. Das begann schon beim altägyptischen Kalender, der
von Hause aus nicht vom Lauf der Sonne, des Mondes und der Sterne,
sondern vom Nilfluß bestimmt wurde. «Neujahr» war der Zeitpunkt, zu
welchem sich die Nilschwelle bemerkbar machte, das ägyptische Jahr
war also kein Sonnenjahr, sondern ein Niljahr. So stellte auch das Bildzeichen für den Begriff «Jahr» in der ägyptischen Hieroglyphenschrift
einen Pegelstab für die Messung des Wasserstandes dar. Die drei Jahreszeiten hießen «Überschwemmungszeit», «Zeit der Aussaat» und «Zeit
der Ernte». Sie waren in je vier Abschnitte zu je 30 Tagen eingeteilt —
wenn man sie als «Monate» bezeichnet, sollte man doch stets daran
denken, daß sie in keinem Zusammenhang mit den Phasen des Mondes
standen. Am Ende des Jahres folgten den drei «Jahreszeiten» noch fünf

Zusatztage. In jedem anderen Land der Welt wäre ein solcher Kalender völlig sinnlos, ja unvorstellbar gewesen; in Ägypten war er weit naheliegender als eine Rechnung nach «Sonnenjahren» oder nach «Mondmonaten». Alles und jedes hing ja vom Nil ab. An der Südgrenze Ägyptens belief sich der Unterschied zwischen dem jahreszeitlich bedingten höchsten und niedrigsten Wasserstand des Flusses durchschnittlich auf 15 Meter, beim oberägyptischen Theben auf 11–12 Meter, bei Memphis an der Grenze zwischen Ober- und Unterägypten auf 7–8 Meter. Blieb aber die Nilschwelle auch nur um einen einzigen Meter unter diesen Durchschnittswerten, so bedeutete das bereits Dürre und Hungersnot. Überstieg sie dagegen das Durchschnittsmaß um einen Meter, bestand höchste Gefahr für Dämme und Siedlungen. Solange der Pharaonenstaat auf der Höhe war, ließ sich durch großangelegte Speicher- und Vorratswirtschaft und die einheitlich geleitete Zusammenarbeit großer Menschenmassen das Schlimmste verhindern. Letztenendes aber hing Wohlstand oder Notlage des Landes vom Nilfluß und seinen Launen ab.

Aber auch jeglicher Verkehr im Lande Ägypten war ganz und gar auf den Wasserweg angewiesen. Seit vorgeschichtlicher Zeit hat die Flußschiffahrt auf dem Nil eine enorme Rolle gespielt. Auch im pharaonischen Ägypten konnte man zum Beispiel von Memphis nach Theben nur mit dem Nilboot reisen. Nicht nur zur Überschwemmungszeit, wenn das ganze Land unter Wasser stand, sondern auch in der darauf folgenden Schlammperiode war ein Verkehr auf dem Landweg so gut wie ausgeschlossen. Räderfahrzeuge und Zugtiere, selbst Tragtierkolonnen haben in Ägypten immer nur eine ganz untergeordnete Rolle gespielt. Straßen- und Wegebau waren für den Pharaonenstaat nicht von Belang. Zwar erforderte die Fahrt auf dem Nil allein schon wegen der sich von Tag zu Tag ändernden Fahrwasserverhältnisse und der zahllosen Untiefen Geschick und Können. Doch bot die Natur auch eine wichtige Hilfe: dank des ziemlich beständig wehenden Nordwindes konnte man fast immer gegen den Strom segeln, während man sich von Süden nach Norden einfach treiben ließ. Ein schnelles Verkehrsmittel war das Flußboot natürlich nicht; als Anhalt möge dienen, daß man Ende des vorigen Jahrhunderts für eine Touristenreise von Kairo nach Assuan und zurück mit der Segel-Dahabije etwa 60 Tage veranschlagte, 12 Ruhetage für Besichtigungen einbegriffen.[4] Nicht nur für alle wie immer gearteten Gebiete des praktischen Lebens war dieses langsame Verkehrstempo von immenser Bedeutung. Womöglich noch höher zu veranschlagen ist auch die Auswirkung einer solchen Gemächlichkeit auf die seelische Haltung, mit der die Menschen Altägyptens der Welt gegenübertraten. Einer der schwerwiegendsten Nachteile moderner Ägyptenreisen mit dem Schnellzug oder gar mit dem Flugzeug liegt darin, daß sie einen inneren Zugang zum Lebensgefühl der Ägypter der Pharaonenzeit nahezu ausschließen;

auch heute läßt lediglich eine Flußfahrt wenigstens einen Hauch von Rhythmus und Tempo altägyptischen Daseins verspüren.

Außerhalb seines heimatlichen Niltals war und blieb der Ägypter stets ein Fremder, der sich ganz und gar nicht wohlfühlte. Charakteristisch ist das Leitmotiv des beliebtesten aller altägyptischen Bücher, des autobiographischen Romans des Sinuhe. Das Werk ist gegen Anfang des 2. vorchristlichen Jahrtausends, zur Zeit des Mittleren Reiches, entstanden, wurde aber noch Jahrhunderte später gern gelesen und neu abgeschrieben — heute würden wir sagen, immer wieder neu aufgelegt. Der Hofbeamte Sinuhe wird nach dem Tode des Pharaos Amenemhet I. (1972 v. Chr.) in Intrigen verwickelt, die ihn zur Flucht nach Vorderasien zwingen. Dort kommt er bei einem Beduinenstamm zu Ansehen und Wohlstand, heiratet sogar eine Tochter des Schechs, und doch ist er nicht zufrieden, bis er schließlich nach Ägypten zurückkehren kann, dort «rehabilitiert» und vom neuen Pharao Sesostris I. in Gnaden aufgenommen wird. Zu keiner Zeit hat es — im extremem Gegensatz zum antiken wie zum neuzeitlichen Griechenland — eine nennenswerte Auswanderung aus Ägypten gegeben. Selbst heute, wo das Nilland unter einer katastrophalen Bevölkerungsexplosion leidet, wandern zwar alljährlich Hunderttausende von Fellachen aus ihren Dörfern nach Kairo oder Alexandria ab, aber, von Ausnahmen abgesehen, bleiben sie dann dort. Das Land Ägypten verlassen sie nur in seltenen Fällen, obwohl die ehemaligen Dörfler in aller Regel in den ägyptischen Großstädten keine Arbeit finden, dort vielmehr zu Millionen unter unvorstellbaren Verhältnissen in fürchterlichen Slums dahinvegetieren. Fremd und bedrohlich war und ist für den Ägypter auch die Wüste, wo nach Anschauung der Pharaonenzeit so unheimliche Götter hausten wie die löwenköpfige Sechmet, die Krieg, Seuchen und Tod brachte. Doch auch das Meer hat der Ägypter niemals geliebt. Zwar fuhren seit ältester Zeit pharaonische Flotten nach dem Libanon oder über das Rote Meer nach dem Weihrauchland Punt. Aber das war nur eine verlängerte Flußschiffahrt in Küstennähe, die man auf sich nahm, weil der Pharaonenstaat die Hölzer des Libanons und die exotischen Produkte aus Punt dringend benötigte. Dagegen kennen wir aus den zahlreichen uns bekannten Texten und bildlichen Darstellungen keine einzige Fahrt eines ägyptischen Schiffes, die den Charakter einer echten Hochseefahrt getragen hat. Auch hatte der Ägypter für fremde Völker und fremde Länder nur insoweit Interesse, als diese ihn selbst und sein Land unmittelbar praktisch etwas angingen. Wissenschaftliche Neugier im Sinne der klassischen Griechen, des Herodot von Halikarnass beispielsweise, lag dem Ägypter so weltenfern wie wikingerhafte Freude an Entdeckung und Abenteuer. Wiederum ist es kein Zufall, daß die ägyptischen Texte sehr unergiebige Quellen sind, wenn es um interne Verhältnisse in anderen Ländern geht. So sagen sie beispielsweise überhaupt nichts darüber aus, wie es auf der Insel Kreta aussah und zuging, auch nicht in der Zeit um die Mitte des 2. vorchristlichen Jahrtausends, als nachweislich Kreter nach Ägypten und wenigstens einzelne Ägypter nach Kreta gelangt sind. Jeglicher Bericht fehlt, obwohl die Pharaonen jener Zeit den Anschein zu erwecken suchten, Kreta sei von ihnen abhängig oder ihnen zumindest tributpflichtig.

Das alles schließt nicht aus, daß der Ägypter der Pharaonenzeit ein eminent «historischer», geschichtsbewußter Mensch war. Gewiß hat es keine ägyptische Geschichtsschreibung in unserem Sinne gegeben. Niemals hätte ein Ägypter etwas schreiben können, was auch nur annähernd so geklungen hätte wie die Einleitung des 1. Buches der «Historien» des Griechen Herodot: «Herodot von Halikarnass gibt hier eine Darlegung seiner Forschungen, damit bei der Nachwelt nicht in Vergessenheit gerate, was unter Menschen einst geschehen ist; auch soll das Andenken an große und wunderbare Taten nicht erlöschen, die die Hellenen und die Barbaren getan haben, besonders aber soll man die Ursachen wissen, weshalb sie gegeneinander Kriege führten.» Die Königslisten, Annalen und Chroniken der Ägypter, von denen uns einige in Steininschriften oder auf Papyrusurkunden vollständig oder wenigstens bruchstückweise erhalten sind, haben nichts mit «wissenschaftlicher Geschichtsschreibung» zu tun. Sie waren vielmehr zunächst und vor allem unentbehrliche Hilfsmittel für praktische Zwecke. So benötigte man Herrscherlisten schon deshalb, weil man nach Regierungsjahren der Könige rechnete; ein ägyptisches Kalenderdatum sah so aus: «Regierungsjahr 30 des Königs Amenemhet I., Monat 3 der Überschwemmungsjahreszeit, Tag 7». Man mußte also Listen der Könige und ihrer Regierungszeiten führen, um später den zeitlichen Abstand zwischen zwei Ereignissen feststellen zu können. Auch die Annalen und Chroniken waren für die Verwaltung unentbehrlich. Selbst die an den Wänden eines Saales im Amonstempel zu Karnak aufgezeichneten, in ihrer Art ganz einzig dastehenden Kriegsannalen des Pharaos Thutmosis III., die in erstaunlich nüchterner Art den Ablauf der sechzehn syrischen Feldzüge dieses Herrschers (durchgeführt etwa 1468–1448 v. Chr.) schildern, sind nur bedingt «Geschichtsschreibung». Nicht anders steht es um die bei den Ägyptern zu allen Zeiten sehr beliebten volkstümlichen Geschichten von den Erlebnissen und Taten aller möglichen Pharaonen und anderer Gestalten der Vergangenheit, in denen tatsächliches Geschehen nur den Kern phantasievoller Sagen und Märchen bildet, dieser Kern aber oft bis zur Unkenntlichkeit von allem möglichen Beiwerk überwuchert ist. Nicht das, was die Ägypter über ihre Vergangenheit niederschrieben, ist entscheidend, sondern die Art und Weise, wie die Ägypter in und mit ihrer Vergangenheit lebten.

Im Tempel, den Pharao Sethos I., der Vater und Vorgänger Ramses II., zu Ehren der großen Götter Osiris, Isis, Horus, Ptah, Harachte und

Amon im oberägyptischen Abydos erbaute, können wir an der Wand
eines langen Ganges noch heute eine wohlerhaltene Reliefdarstellung von
tiefer Symbolik sehen. Sie stellt Pharao Sethos I. mit einem Räuchergefäß
in der Hand dar. Vor ihm steht sein Sohn, der junge Kronprinz Ramses.
Dieser hält in seinen erhobenen Händen eine Papyrusrolle, aus der er
rezitiert. Dazu sagt eine Inschrift: «Verrichtung des Totengebetes durch
König Sethos; Ptah-Sokaris-Osiris, Herr des Grabes, der in dem Tempel
Sethos' wohnt, mehre die Gaben für die Könige von Ober- und Unterägypten; 1000 an Broten, 1000 an Bier, 1000 an Rindfleisch, 1000 an
Gänsefleisch, 1000 an Weihrauch. Für König Menes, für König Atoti, für
König …» 76 Königsnamen, beginnend mit Menes, dem ersten König der
1. Dynastie und Begründer des Pharaonenreiches, und endend mit Sethos
selbst, umfaßt die Liste. Den Herrschergestalten eines mehr als anderthalb Jahrtausende überspannenden Zeitraums der ägyptischen Geschichte bringt Pharao Sethos I. Opfer dar und verehrt ihr Andenken. In
diesem Fall ist die Königsliste weit mehr als nur ein Hilfsmittel für praktische Bedürfnisse der Zeitrechnung. Hier, im Tempel des Pharaos Sethos
zu Abydos, stehen wir vielmehr vor einem Bekenntnis zu Geschichte und
Tradition, wie es stärker und eindrucksvoller nicht sein könnte und wie
es bei keinem anderen Volk — zu welcher Zeit und auf welchem Kontinent auch immer — seinesgleichen hat. Im Bereich des pharaonischen
Ägyptens steht es aber nicht allein da, ganz im Gegenteil. Wohin wir
auch blicken, immer wieder stoßen wir auf eine unvorstellbar enge Ver-
bundenheit der Ägypter mit ihrer Vergangenheit. Solange es überhaupt
Pharaonen gab, galten sie genau wie schon die allerersten Begründer des
Reiches als die irdische Verkörperung des in Falkengestalt vom Himmel
herabgestiegenen Herrschergottes Horus, führten sie die im Verlauf der
Pyramidenzeit des Alten Reiches ausgebildete und seither unverändert
beibehaltene, aus fünf Bestandteilen zusammengesetzte Titulatur: «Horus der Leibhaftige, der Herr der Diademe, der Gold-Horus, der König
von Ober- und Unterägypten, der Sohn des Sonnengottes Re.» Durch die
Jahrtausende hindurch blieb das Bewußtsein lebendig, daß jeder Pharao
ein Glied in der Kette bildete, die so lang war wie die Geschichte des
Landes und des Staates selbst.

Dieses Traditionsbewußtsein beschränkte sich nicht auf die Pharaonen, sondern war charakteristisch für Ägypten überhaupt. Was einmal
war, wurde niemals völlig aufgegeben, keine Weiterentwicklung konnte
das Alte unbeachtet lassen, alles Neue mußte sich mit dem Vorhandenen
auseinandersetzen und irgendwie eine Vereinigung mit ihm suchen und
finden. In allen Bereichen des Lebens stoßen wir stets auf das gleiche
Phänomen: die ägyptische Kultur konnte nichts vergessen. Das war ihre
Stärke und gleichzeitig ihre Schwäche. Kein Ägypter hat jemals ein wis-
senschaftliches Geschichtswerk geschrieben. Aber jeder Ägypter lebte mit

seiner Geschichte. Die Pharaonen und die gebildeten Kreise ihrer Untertanen, zumal die Angehörigen der Priesterschaft, taten das voll oder
wenigstens halb bewußt. Aber auch der einfache Mann, der Fellache
etwa, dessen Leben ganz im Zeichen der Nöte und der kleinen Freuden
des Tages stand und der gewiß nicht über Probleme der historischen
Vergangenheit nachdachte, hatte die große Geschichte seines Landes und
seines Volkes im Blute.

So trug das Ägyptertum der Zeit des Pharaos Ramses II., in der wir uns
ja vorzugsweise umsehen wollen, schwer an zwei Erinnerungen, gewiß
weit schwerer, als es andere und andersgeartete Völker und Kulturen in
ähnlicher Lage getan hätten. Zum einen handelte es sich um den Einfall
der vorderasiatischen Scharen der Hyksos gegen Ende des 18. Jahrhunderts v. Chr. und ihre eine Reihe von Generationen andauernde Herrschaft über das Nilland. Womöglich noch schwerer wog aber eine Revolution, die das ganze Leben in seinen Grundfesten erschütterte. Ausgelöst
hatte sie ein Mann auf dem Pharaonenthron, der zunächst wie drei seiner
Vorgänger den Namen Amenophis — «Gott Amon ist zufrieden» —
geführt, sich dann aber zu Ehren des von ihm allein anerkannten Sonnengottes Aton Echnaton genannt hatte. Der Hyksossturm und die Revolution Echnatons waren die beiden großen Krisen, die das alte Ägypten nie
mehr vergessen und niemals wirklich überwinden konnte.

«... Da erkühnten sich wider Erwarten Leute unansehnlicher Herkunft
aus den östlichen Ländern, gegen Ägypten zu ziehen, und nahmen es
leicht ohne Kampf in Besitz. Sie brannten wie die Wilden unsere Städte
nieder, zerstörten die Tempel der Götter und mißhandelten alle Einwohner auf das feindseligste; manchen erschlugen sie, und die Frauen und
Kinder von anderen führten sie in die Knechtschaft.» So schilderte Manetho, ein ägyptischer Priester aus der Deltastadt Sebennytos, den Beginn
der Herrschaft der Hyksos — «der Hirtenkönige» — über Ägypten.
Dieser Manetho lebte in der ersten Hälfte des 3. vorchristlichen Jahrhunderts unter der Herrschaft der makedonischen Königsdynastie, die Ptolemaios, der Sohn des Lagos, begründet hatte, der Klügste unter den Mar-
schällen und Generälen des Welteroberers Alexander. Manetho hatte
sich über die Darstellungen der Vergangenheit seines Landes durch griechische Schriftsteller geärgert und wollte dieses in der Tat verzeichnete
Bild, das in den Köpfen der zu Herren des Nillandes emporgestiegenen
Makedonen und Griechen dominierte, korrigieren. Hierzu schrieb er ein
Werk in griechischer Sprache, ohne großen Erfolg beim griechischen
Leserpublikum zu haben. Kein Wunder, denn Manethos Schilderung basierte zwar auf genauer Kenntnis der alten Königslisten und aller möglichen einheimischen Überlieferungen, besaß aber nichts von der den Griechen vertrauten historischen Auffassung und der Darstellungskunst etwa
eines Herodot oder eines Thukydides. Wenn Manetho auch in griechi-

scher Sprache schrieb, so war er doch Ägypter und Vertreter der ägyptischen Geisteshaltung, zu der die Griechen niemals wirklich Zugang gefunden haben. Vielfach tragen Manethos Darlegungen einen mehr legendenartigen Charakter, und die moderne Wissenschaft hegt einige Zweifel, ob die Aufrichtung der Hyksosherrschaft über Ägypten sich in den Details wirklich so abgespielt hat, wie Manetho sie schildert. Fest steht aber, daß Manethos Darstellung ganz dem Bild entspricht, das sich die Ägypter späterer Generationen von der Hyksoszeit gemacht haben. Und in einem ganz entscheidenden Punkt entspricht dieses Bild eben doch dem tatsächlichen Geschehen: der Einbruch der Hyksos muß für die Ägypter ein fürchterlicher Schock gewesen sein.

Länger als ein Jahrtausend — seit den Anfängen des Alten Reiches der Pharaonen, bevor noch die ersten Pyramiden entstanden, bis tief ins 18. Jahrhundert v. Chr. hinein — war Ägypten durch die Geschichte gegangen, ohne daß irgendwelche Kräfte der Außenwelt nachhaltig in das Dasein des Staates und des Volkes am unteren Nil eingegriffen hätten. Wohl gab es Scharmützel der pharaonischen Truppen mit Beduinen der Wüstengebiete, zur Zeit des Mittleren Reiches auch Vorstöße der Ägypter bis nach Kanaan, dem späteren Palästina. Auch wurden Seefahrten nach der Libanonküste und dem Land Punt am Südausgang des Roten Meeres unternommen und es wurde Karawanenhandel mit den Ländern Vorderasiens getrieben. Doch das alles berührte den ägyptischen Staat und das ägyptische Volk nur ganz am Rande. Angriffe fremder Mächte auf Ägypten hatte es schon gar nicht gegeben[5] — so wenig, wie etwa ein Pyramidenerbauer oder ein Pharao des Mittleren Reiches daran dachte, große Eroberungen außerhalb des Nillandes zu machen und ein Imperium aufzubauen. Ob irgendwo in Vorderasien Reiche entstanden oder zerbrachen, Ägypten ging das nichts an. Was immer in Ägypten geschah oder nicht geschah, alles war allein auf innerägyptische Entwicklungen und Zeitströmungen zurückzuführen. Das gilt für den Aufstieg und die Hochblüte des Alten Reiches, die Zeit der großen Pyramidenerbauer, ebenso wie für den Zerfall des Staates gegen Ende des 23. Jahrhunderts v. Chr. und die Ausbildung selbständiger «Gaufürstentümer», nicht minder aber auch für die erneute Zusammenfassung des Landes durch die Pharaonen des Mittleren Reiches, der zweiten großen Blütezeit des alten Ägyptens mit ihrer «klassischen» Literatur und Kunst. Das gilt noch für den abermaligen Niedergang des Landes in den Wirren des 18. Jahrhunderts v. Chr.

Erst die Machtergreifung der Hyksos bedeutete etwas völlig Neues. Welches Blut auch immer in den Adern der «Hirtenkönige» geflossen sein mag — wahrscheinlich handelte es sich um bunt zusammengesetzte Scharen, zu denen Elemente ganz unterschiedlicher Abstammung gehörten —, es waren Menschen, die «nach einem völlig anderen Gesetz ange-

treten» waren als die Ägypter. Was auch immer einen Pharao, der sich
eine Pyramide erbauen ließ, von einem Fellachen unterschieden hatte, der
mit hunderttausenden seinesgleichen für dieses Bauwerk Steine
schleppte, ihr Lebensrhythmus und ihr Lebensgefühl basierten auf den
gleichen Grundlagen. Ganz anders war es bei den Hyksos, mochten sie
sich auch in Ägypten einheimische Frauen nehmen und äußerlich in den
Bannkreis der überlegenen ägyptischen Kultur geraten. Ihr ganzes Dasein
war von anderen Faktoren geprägt: vom Tempo ihrer Pferde und Streitwagen, die bis dahin in Ägypten praktisch unbekannt gewesen waren,
mochte man auch vielleicht «einmal von ihnen gehört haben». In ratlo-
sem Entsetzen müssen die ausschließlich zu Fuß kämpfenden Ägypter
den angreifenden Streitwagen ihrer Gegner gegenübergestanden haben.
Aber nicht nur technisch war die neuartige Waffe der Hyksos das Geheimnis ihres Erfolges. Krieg, Abenteuer und Eroberung, dem unkriegeri-
schen friedfertigen Bauernvolk Ägyptens so wesensfremd, waren der entscheidende Lebensinhalt der neuen Herren des Nillandes. Die Gemächlichkeit des Flußschiffes bestimmte den Rhythmus des ägyptischen Lebens, den Lebensstil der Hyksos hingegen Tempo und Beweglichkeit
ihrer Pferde.

Anderthalb Jahrhunderte nach ihrem Einbruch in Ägypten hatten die
Hyksos ihren Meister gefunden. Nach langen schweren Kämpfen hatten
die Fürsten aus dem oberägyptischen Theben über sie gesiegt. Aber es
wurde nie wieder so, wie es einmal gewesen war. Denn indem die Männer von Theben Pferd und Streitwagen von den Hyksos übernahmen,
verfielen sie, ob sie wollten oder nicht, dem Geist und der Haltung ihrer
Gegner. Zwei Generationen nach der endgültigen Vertreibung der Hyksos tat Pharao Thutmosis I. (etwa 1506 bis 1494 v. Chr.) den Schritt, den
kein Pyramidenerbauer und kein Pharao des Mittleren Reiches jemals
getan hatte: er ging an die Eroberung eines mächtigen Imperiums, das
vom nördlichen Syrien bis in den Sudan hinein reichte. Nach einer Zeit
des Schwankens, in der seine Tochter Hatschepsut offenkundig bereit
war, auf die Eroberungen ihres Vaters wieder zu verzichten, erneuerte
und festigte ihr feindlicher Halbbruder Thutmosis III. das Werk seines
Vaters. Er wurde der eigentliche Organisator der ägyptischen Großmacht, die für ein Jahrhundert die Führungsrolle in der damaligen Kulturwelt antrat. Ganz anders als in früheren Zeiten war Ägypten nun eine
Militärmacht, ganz anders als vor der Hyksosperiode stand der Pharaonenstaat im Mittelpunkt eines großangelegten diplomatischen Wechsel-
spiels zwischen den Fürstenhöfen der Welt bis hin nach Babylonien und
Kleinasien. Aber jetzt wurde Ägypten auch eng in alles Geschehen verstrickt, das sich irgendwo weit entfernt vom Niltal abspielte. Jeden Augenblick konnte irgendwo irgendetwas geschehen, was auch für Ägypten
schicksalsschwere Bedeutung erlangte. Jetzt mußten die Pharaonen stets

bereit sein, gegebenenfalls rasch und energisch zu reagieren. Mit den Hyksos hatte eine fremde Welt in das bis dahin von außen kaum gestörte Dasein Ägyptens eingegriffen. Sie ließ Ägypten nicht wieder los, auch als die Hyksos besiegt waren und für immer aus der Geschichte verschwanden.

Dieses Ägypten erlebte in der ersten Hälfte des 14. Jahrhunderts v. Chr. eine neue große Krise, schwerer und folgenreicher noch, als seinerzeit der Einfall der Hyksos. Ein Mann wagte, was kein Ägypter vor ihm getan hatte: den vollen Bruch mit allen Traditionen seines Landes. Dieser Mann war der gleichnamige Sohn und Nachfolger des um 1364 v. Chr. verstorbenen Pharaos Amenophis III. Er verwarf die in zwei Jahrtausenden gewachsene Glaubenswelt seines Volkes mit ihrem bunten Götterhimmel. Das Glaubensbekenntnis des Echnaton, wie er sich alsbald zu Ehren des von ihm allein verehrten Gottes Aton nannte, findet sich eingraviert an den Wänden des unbenutzt gebliebenen Grabmals eines seiner Anhänger bei der von Echnaton aus dem Boden gestampften Stadt «Horizont des Aton», wo heute das Fellachendorf Amarna liegt. Es feiert Aton, die Sonnenscheibe, als einzigen Schöpfer und Erhalter allen Lebens nicht nur im Lande des Nils, sondern überall auf der Welt: «Du einziger Gott, außer dem es keinen andern gibt! Du hast die Erde nach deinem Herzen geschaffen, du ganz allein, ... die Bergländer Syrien und Nubien und das Flachland Ägypten!» Niemals hatte ein Mann so großartige und kühne Gedanken geäußert wie dieser erste große religiöse Reformator der Weltgeschichte. Aber Echnatons Werk ging noch weiter. Es bedeutete eine Revolution auf allen Gebieten des Lebens. In Echnatons Umgebung entstanden Kunstwerke, die mit allen Traditionen und bis dahin selbstverständlichen Konventionen brachen, Statuen, Porträtköpfe, Reliefs und Wandmalereien. Was von ihnen auf unsere Tage gekommen ist, zeugt von einer ganz neuen Art, der Welt und dem Leben gegenüberzutreten. Die «klassische» Schriftsprache des Mittleren Reiches, der «Goethezeit» des pharaonischen Ägyptens, wurde als Sprache der Literatur wie der Inschriften und Urkunden aufgegeben zugunsten der gesprochenen Volkssprache; sie wird von der modernen Ägyptologie mit einem wenig glücklichen Ausdruck als «Neuägyptisch» bezeichnet. Bei allem und jedem war Echnaton persönlich die treibende Kraft, unterstützt von seiner schönen und energischen Gattin Nofretete. Anders als alle früheren Pharaonen ließen sich König und Königin auch in Szenen des ganz persönlichen Lebens darstellen, beim Spaziergang im Garten, beim Spiel mit ihren kleinen Töchtern. Mit Vorliebe umgaben sich Echnaton und Nofretete mit Leuten, die unter früheren Verhältnissen nicht daran hätten denken dürfen, Zugang zu den Hofkreisen zu gewinnen. Auch das gehörte zu ihrer «Revolution von oben», deren Schlüsselfiguren das Königspaar selbst waren.

Die entscheidende Frage war, ob und wieweit die Menschen seiner Zeit bereit waren, Echnaton auf seinem Weg zu folgen. Schwer wog, daß es der nach wie vor göttlich verehrte Pharao war, der das ganze Gewicht seines Ansehens und seiner Macht zugunsten des Neuen in die Waagschale warf. Aber nicht nur die von Echnaton auf das Schärfste herausgeforderten einflußreichen Priesterschaften der alten Götter, allen voran die des großen Gottes Amon von Theben, gegen den sich Echnatons Haß in besonderem Maße richtete, mußten zwangsläufig sein Werk bekämpfen. Kein Volk der Welt trennt sich ohne weiteres und leichten Herzens von dem, was ihm von seinen Vorfahren überkommen ist. Am wenigsten ein so traditionsbewußtes und mit seiner Geschichte so eng verbundenes Volk wie die Ägypter! Und trotz seiner hohen Geistigkeit machte es Echnaton den Ägyptern nicht leicht, ihm zu folgen. Nie hatte es in Ägypten Religionskriege oder Verfolgungen aus Glaubensgründen gegeben. Nun mußte man es, nachdem die ersten Regierungsjahre Echnatons noch einigermaßen ruhig verlaufen waren, bald erleben, daß Echnatons Leute in wildem Fanatismus die Statuen des Gottes Amon zerbrachen und in den Hieroglypheninschriften die Bildzeichen herausmeißelten, die den Gottesnamen Amon bezeichneten. Wahrhaft abstoßend wirkte es, wenn Echnaton bei diesem Zerstörungswerk nicht einmal vor den Namenszügen seines eigenen Vaters Halt machte, bedeutete doch dessen Name «Gott Amon ist zufrieden». Und wenn man vielleicht auch noch bereit war, die Verfehmung Amons, des großen Gottes des Staates und seiner Hauptstadt, hinzunehmen, von Osiris, dem guten hilfreichen Gott der Toten, von der liebenswerten mütterlichen Isis, von all den vielen göttlichen Wesen, an die sich gerade auch der einfache Mann und die schlichte Frau aus dem Volk in den tausend Nöten des Daseins hilfesuchend wandten, mochte man sich nicht trennen. Doch wenn auch diese volkstümlichen Gottheiten nicht den gleichen gewaltsamen Verfolgungen ausgesetzt waren wie Amon und einige andere große Götter, so bedrohte die Auffassung, Aton sei der einzige Gott, schließlich auch sie. Wie sollte aber die ferne unpersönliche Sonnenscheibe diese Volksgottheiten ersetzen? Doch zu Kompromissen war der Fanatiker Echnaton je länger, desto weniger bereit.

Bald ging ein tiefer Riß durch das ägyptische Volk: Gewalttätigkeit und Blutvergießen waren an der Tagesordnung, öffentliche Sicherheit gab es nicht mehr und Korruption zerfraß den Staatsapparat. Echnaton, der hochgeistige Reformator, legte eine unheimliche Blindheit an den Tag angesichts der servilen Karrieremacher, die sich an ihn herandrängten. Reliefs und Wandmalereien zeigen, daß selten in der Geschichte so tiefe Bücklinge vor einem Herrscher gemacht wurden wie vor Echnaton. Dem entsprach der Umgangston an seinem Hofe. Hermann Grapow, der 1967 verstorbene große Kenner der altägyptischen Sprache, mußte auf Grund

seiner genauen Kenntnis tausender Inschriften und Papyri feststellen:
«Man spricht in Amarna nicht zum König, man singt ihn an oder betet zu
ihm. Den Anreden an den König fehlt seitens der Sprechenden Haltung
und Selbstgefühl, seitens des Angesprochenen Geschmack und Urteil für
das Erträgliche. Manches erklärt sich aus der Seltsamkeit des Amarna-
herrschers und aus der ephemeren Entstehung des Hofes. Die Umgebung
des Königs besteht zum guten Teil aus Leuten, die sozusagen erst frisch
geadelt sind, die aus kleinen Verhältnissen zu hohen Beamtenstellungen
nicht durch sich selbst emporgestiegen sind, sondern von Königs Gnaden
emporgehoben wurden, und die sich nicht genug tun können, dem
«Herrscher, der sie zu Menschen machte», wie es in den Texten heißt,
ihre Dankbarkeit schon dadurch zu bezeigen, daß sie ihn anbetend anredeten … Wir haben nicht ein einziges Zeugnis für eine ruhige Unterhal-
tung des Königs mit seinen Getreuen und ähnliches dieser Art, was uns
doch in den Inschriften der Zeit vor und nach Amarna gut bekannt ist. Es
gibt keinen stärkeren Gegensatz in dieser Hinsicht als die klare, bestimmte Sprache der Texte seines Nachfolgers Haremheb gegenüber dem
schwärmerischen, dauernd begeisterten Gerede oder besser Gesinge der
Amarnatexte, von denen auch der Gottkönig selbst nicht frei ist«.[6]

Unter einem solchen Pharao stand es bald schlimm um das Land Ägypten. Noch schlimmer aber sah es aus in den vom Pharaonenreich abhängigen vorderasiatischen Gebieten. Schon zur Zeit von Echnatons Vater
und Vorgänger Amenophis III. waren die Beduinenstämme der Arabischen Halbinsel in Bewegung geraten, sie übten seither einen ständig
steigenden Druck auf die Kulturländer des «Fruchtbaren Halbmonds»
aus. Immer unsicherer wurden die Straßen in Kanaan und Syrien, immer
mehr Karawanen wurden überfallen und ausgeplündert. Schon waren
Dörfer und selbst kleinere Städte nicht mehr sicher. Ein immer katastro-
phalerer Zusammenbruch aller Ordnung zeichnete sich ab. Doch das
alles interessierte einen Echnaton wenig. Er hatte auch keinen Blick dafür, was es bedeutete, daß sein Zeitgenosse Schuppiluljuma (etwa
1370–1330 v. Chr.) das kleinasiatische Königreich der Hethiter zu einer
Großmacht emporhob, wie es sie seit langem nicht gegeben hatte.
Schließlich griff der Hethiter das seit Generationen mit Ägypten verbündete und befreundete Reich Mitanni am mittleren Euphrat an, warf es zu
Boden und setzte zum Angriff auf die ohnehin schon durch die Beduinen
Arabiens schwer bedrohten Vasallen des Pharaos an. Nein, für die große
Politik hatte Echnaton keinen Sinn. Verzweifelte Hilferufe der dem Pha-
rao treu ergebenen Fürsten im Libanon und in Kanaan empfand er nur
als lästig. «Zu den Füßen meines Herzens, meiner Sonne» – schrieb Fürst
Ribaddi von Byblos an der Libanonküste – «bin ich siebenmal und
siebenmal niedergefallen. Warum hast du mir nicht Antwort geschickt
…? Höre mich! Warum bist du nachlässig, so daß dein Land genommen

wird? ... Ich habe nach Truppen und Pferden geschrieben, aber sie wurden mir nicht geschickt ...». «Es gibt keine Wachen mehr» — heißt es in den Briefen des Stadtkönigs von Jerusalem —» der König kümmere sich um sein Land, ja es kümmere sich der König um sein Land! ... Verloren gehen die Länder des Königs. Ihr aber hört nicht auf mich ... Ja es sorge der König für die Truppen! ... Wenn in diesem Jahre Truppen da sind, so bleiben die Länder und die Stadtherren meinem Herrn König. Und wenn keine Truppen da sind, so bleibt kein Land und kein Stadtherr dem König ...»[7] Aber Echnaton brauchte seine Truppen in Ägypten, um dort die Gegner seiner Revolution niederzuhalten, und gerade er war der erste Pharao, der es für nötig hielt, seine Person durch eine aus Syrern, Libyern und Sudanesen gebildete Leibwache gegen sein eigenes Volk abzuschirmen. Niemals zuvor hatte ein ägyptischer Herrscher derartiges getan.

Echnaton kümmerte sich nicht um die Welt außerhalb Ägyptens, aber diese Welt griff nach ihm und seinem Land. Der Zusammenbruch der ägyptischen Macht in Syrien und im Lande Kanaan hatte auch schwere Rückwirkungen auf die Lage im Nilland selbst. In dem Jahrhundert der ägyptischen Großmachtzeit hatte man sich an die reichen Tribute gewöhnt, die die vorderasiatischen Vasallen Jahr für Jahr übersandten. Jetzt blieben sie aus. Das geschah obendrein zur gleichen Zeit, in der die für ein auch wirtschaftlich so zentralisiertes Land eminent wichtige Verwaltung zunehmend korrumpierte. Niedergang und Verarmung waren die unausbleibliche Folge, und gerade auch der kleine Mann in Ägypten bekam die Konsequenzen des revolutionären Tuns des Fanatikers auf dem Pharaonenthron bitter am eigenen Leibe zu spüren.

So scheiterte Echnaton — trotz seiner hochgeistigen Ideen und seines großartigen Wollens in erster Linie an sich selbst und aus eigener Schuld. Als er zwei Jahrzehnte nach seinem Regierungsantritt im Dunkel versank, hinterließ er einen nach außen zusammengebrochenen und im Inneren zerrütteten Staat, ein verarmtes, ängstlich und unsicher gewordenes Volk. Das Metropolitan Museum in New York besitzt eine der eindrucksvollsten Pharaonenstatuen, die es überhaupt gibt, eindrucksvoller vielleicht als alle Statuen und Porträtköpfe von Echnaton und Nofretete. Sie zeigt einen sitzenden Mann in der Haltung eines Verwaltungsbeamten, eine Papyrusrolle auf den Knien: Pharao Haremhab (etwa 1334–1309 v. Chr.). Ihm war die schwere Aufgabe zugefallen, einen Weg aus dem von Echnaton hinterlassenen Chaos zu finden. Wohl folgt dieses Sitzbild den alten Konventionen, die für die Darstellung eines Pharaos galten. Und doch läßt es einen Mann erkennen, der sich der ganzen Schwere der auf ihm lastenden Aufgaben bewußt ist, von tiefer Sorge erfüllt, aber auch von harter Energie. «Klar und bestimmt» nennt Hermann Grapow die Sprache dieses Pharaos, der sich gezwungen sah, mit drastischen Strafen — Verbannung, Verstümmelung und Tod — gegen

korrupte Beamte, erpresserische Steuereinnehmer und plündernde Soldaten vorzugehen. Wiederherstellung von «Ruhe und Ordnung» – was
diese so oft geschmähten Begriffe wert sind, weiß man immer erst dann,
wenn sie verlorengegangen sind – gelang Haremhab im wesentlichen.
Die Erneuerung der unter Echnaton total zusammengebrochenen Stellung des Pharaonenstaates in der Welt konnte Haremhab nur in Angriff
nehmen, nicht vollenden. Die Kämpfe gegen die Beduinenstämme auf der
Sinaihalbinsel wie im Lande Kanaan sowie gegen die Hethiter dauerten
Jahrzehnte. Erst unter Haremhabs drittem Nachfolger, Ramses II., kamen sie zum Abschluß. Und doch konnte auch dieser – wie wir gesehen
haben – das Pharaonenreich nicht in dem Umfang wiederherstellen, den
es vor der Echnatonzeit gehabt hatte.

Im Leben einzelner Menschen wie ganzer Völker und Kulturen gibt es
Krisen. Hier wie dort können sie unmittelbar und sofort tödlich sein. Sie
können aber auch, vielleicht gerade in einer bereits ausweglos scheinen-
den Lage, ungeahnte Kräfte mobilisieren. Dann kommt es nicht nur zur
Überwindung der Krise, sondern sogar zum Aufstieg auf vorher nicht
erreichte Höhen. Schließlich gibt es eine dritte Möglichkeit: äußerlich
wird die Krise bewältigt, alles scheint wieder in Ordnung zu sein, in
Wahrheit aber wird ein Mensch oder ein ganzes Volk mit seinen Erlebnissen niemals mehr wirklich fertig. So war es im Ägypten der Zeit nach
Echnaton. Es schien so, als ob die Krise überwunden war. Der Pharaonenstaat funktionierte wieder und war abermals eine von der Welt respektierte Großmacht. Pharao Haremhab hatte die alten Göttertempel
wiederherstellen, die zertrümmerten Götterbilder wiederaufrichten lassen, den von Echnaton beschlagnahmten Besitz der Priesterschaften zu-
rückerstattet. «Du, Amon, findest den, der gegen dich frevelt. Wehe dem,
der dich antastet! Deine Stadt (Theben) besteht, aber der dich antastete,
ist gefällt, Pfui über den, der gegen dich frevelt in irgendeinem Lande»,
heißt es in einem Lied aus der Zeit bald nach Echnatons Untergang.
Nicht nur äußerlich waren die alten Götter wieder die Herren im Lande.
Auch das innere Verhältnis der Menschen zu den Göttern, die man ihnen
hatte nehmen wollen, war sogar noch herzlicher geworden, als es früher
einmal gewesen war. Alexander Scharff, der Meister der ägyptischen
Archäologie mit seinem unerreichten Feingefühl für das, was die Kunstwerke des alten Nillandes verraten, gelangte angesichts der Wandmalereien in den Gräbern der Zeit nach Echnaton zu folgender Ansicht: «Die
Menschen (dieser Zeit) haben offenbar ein viel persönlicheres, innigeres
Verhältnis zu ihren Göttern gefunden als früher.»[8] In der Tat sprechen
viele Grabmalereien eine deutliche Sprache von der Liebe und dem Vertrauen, das die Ägypter gerade jetzt ihren Göttern entgegenbrachten. Da
sehen wir zum Beispiel den schakalsköpfigen Gott Anubis, wie er mit
aller Liebe und Sorgfalt die Mumie des Verstorbenen pflegt, um ihm das

ewige Weiterleben zu ermöglichen. Oder die mütterliche Isis und andere Gottheiten, wie sie als Lotsen am Bug einer Barke stehend dem Toten den Weg über ein Unterweltsgewässer zeigen. Solche und verwandte Darstellungen häufen sich gewiß nicht zufällig in der Zeit nach Echnaton.

Und doch war etwas in den Menschen zerbrochen. Früher war das Haften am Alten, Traditionsgeheiligten, das Nichts-vergessen-können, der Ausgleich alles Neuen mit dem Vorhandenen, eine auf innerer Sicherheit beruhende Selbstverständlichkeit gewesen. Jetzt herrschte, uneingestandenermaßen und unbewußt, aber deutlich spürbar, eine namenlose Furcht, es könnte noch einmal so kommen wie zur Zeit des «Ketzers von Amarna», als alles und jedes in Frage gestellt war. Da war es doch besser, lieber gleich allem Neuen aus dem Wege zu gehen, das Bestehende festzuhalten, einzugrenzen, abzukapseln. Diese aus Unsicherheit und Angst geborene Haltung aber bedeutete den Anfang vom Ende der altägyptischen Hochkultur.

Immer noch entstanden in Ägypten Kunstwerke von Format. Pharao Ramses II. war von einer wahren Bauwut besessen, die zwischen der «Ramsesstadt» im nordöstlichen Deltaland und Napata im südlichen Nubien Tempel auf Tempel entstehen ließ. Unter ihnen finden sich Werke, die keineswegs nur wegen ihrer riesigen Dimensionen beachtlich sind. Das gilt etwa für den unter Ramses II. vollendeten Säulensaal im Amonstempel von Karnak mit seinem Wald von 134 gigantischen Säulen, aufgestellt in 16 Reihen, die Säulen der beiden Mittelreihen 21 Meter, die übrigen 13 Meter hoch. Noch großartiger ist das Wunderwerk der beiden Felstempel von Abusimbel im unternubischen Niltal. In den 60er Jahren unseres Jahrhunderts hat eine großangelegte internationale Aktion diese prachtvollen Bauten davor bewahrt, für immer im aufgestauten Nil zu versinken. Sie wurden aus dem Felsen herausgeschnitten und auf einem höher gelegenen, vom Wasser nicht erreichten Platz wieder aufgebaut. So blicken die vier etwa 20 Meter hohen Kolossalstatuen Ramses' II. auch heute über den Fluß hinweg nach Osten, dorthin, wo die Sonne aufgeht. So stehen in der Pfeilerhalle im Inneren des großen Tempels die majestätischen Standbilder, die Ramses II. in der Haltung des Gottes Osiris zeigen, sitzen im Allerheiligsten tief im Inneren des Berges die großen Götter Ptah, Amon und Re-Harachte zusammen mit Ramses II. und warten weiter in feierlicher Ruhe auf den Jüngsten Tag. «Der Riesentempel von Abusimbel (ist) vielleicht das gigantischste Bauwerk der Erde. Keine Beschreibung und keine Abbildung vermag den Eindruck wiederzugeben, den es erzeugt ... Dem modernen Menschen erscheint es unfaßbar, wie in wenigen Jahrzehnten ein solches Werk geschaffen werden konnte, das für sich allein den unvergleichlichen Ruhmestitel jeder anderen Epoche bilden würde».[9] Und gäbe es nicht diesen Riesentempel, niemand würde das dicht benachbarte zweite Bauwerk Ramses' II., gewidmet der Göttin Hathor, mit seinen sechs über 10 Meter hohen Statuen des Königs und seiner Gattin Nefretere als den «kleinen» Tempel von Abusimbel bezeichnen.

Nicht minder bewunderungswürdig als diese Tempel sind die besten Werke der Reliefkunst jener Zeit, besonders eine Reihe von Bilderzyklen von den Taten des Pharaos im Krieg und auf der Jagd. So sehr sie den uns peinlich berührenden Charakter prahlerischer Selbstdarstellung tragen — genau wie die Texte Ramses' II. über seine persönlichen Leistungen, mit denen er die schon hoffnungslos verlorene Schlacht gegen die Hethiter bei Kadesch in einen glänzenden Sieg verwandelt haben will —, die erzählenden Bilder vom Lager des ägyptischen Heeres, von den Streitwagen und Fußtruppen auf dem Marsch, den entscheidenden Szenen bei Krieg und Belagerung, vor allem aber die treffend charakterisierten Fremdvölkertypen sind Meisterleistungen, wie sie die ägyptische Kunst aller früheren Epochen nicht geschaffen hat. Auch in der Kunst anderer Völker der alten Welt begegnen uns gleichrangige Werke nur ganz selten. Gesetzt den Fall, wir würden von der Zeit Ramses' II. nichts anderes wissen, als daß sie diese Bilderzyklen, die Felsentempel von Abusimbel und den großen Säulensaal im Tempelbezirk von Karnak geschaffen hat, wir würden diese Periode ohne Zögern als die größte Blütezeit altägyptischer Kunst und Kultur überhaupt bezeichnen und gewiß nichts von den Nachwirkungen einer nur scheinbar überwundenen Krise ahnen.

Aber wir wissen eben mehr. Es gibt nicht selten Beispiele für hastige lieblose Arbeit bei manchen Werken der Architektur, der Plastik und der Bildkunst, die sich die Beauftragten Ramses' II. zuschulden kommen ließen. Mitunter will es scheinen, als ob das Motto dieses Pharaos lautete: überall gleichzeitig tätig sein, um fast jeden Preis, auch um den der Qualität. Besonders abstoßend, aber ganz zu dieser Haltung passend, war, daß Ramses II. obendrein überall die Denkmäler früherer Pharaonen annektierte, ihre Namen in den Inschriften auf Bauwerken und Statuen durch seinen eigenen ersetzte. Der Vorwurf «maßloser Großmannssucht, die in der … Art, wie er seinen Namen auf die Denkmäler der Vorzeit setzte, geradezu in Rohheit entartete»,[10] trifft Ramses II. mit vollem Recht. War nicht auch diese Sucht Ramses' II., «der Größte sein zu wollen», ein Zeichen innerer Unsicherheit?

Und mehr als bedenklich war auch, mit welcher Rücksichtslosigkeit Ramses II. die finanziellen Mittel seines Staates wie die Arbeitskraft seiner Untertanen erschöpfte. Seinen Fähigkeiten und seinem Charakter als «Landesvater» stellt das kein gutes Zeugnis aus. Seit dem Friedensschluß mit dem Hethiterreich um das Jahr 1270 v. Chr. bis zu seinem Tod, knapp ein halbes Jahrhundert danach, blieb Ägypten jede weitere kriegerische Auseinandersetzung größeren Stils erspart. In aller Regel pflegt eine so lange Friedensperiode die Zeit eines allgemeinen Aufschwungs und zunehmenden Wohlstands zu sein. Die Zeit Ramses' II. war das nicht, trotz des Glorienscheins, der die Person des Pharaos umgab. Für die Masse seiner Untertanen haben sich die wirtschaftlichen und sozialen Verhältnisse sogar zusehends verschlechtert. Wohlhabender wurden nur die Tempel und ihre Priesterschaften; der reichste aller Tempel, der des Amon von Theben, nannte zwei Generationen nach Ramses II. etwa ein Zehntel des Kulturbodens Ägyptens, 81 322 Menschen und 421 362 Stück Vieh sein eigen. Wir wissen das aus einer zur Zeit des Todes Ramses' III. (um 1151 v. Chr.) erfolgten Zusammenstellung des Besitzes der größten Tempel des Landes, die auf dem im Britischen Museum befindlichen großen Papyrus Harris aufgezeichnet ist. Gewiß waren die Verhältnisse schon unter Ramses II. nicht wesentlich anders.

Noch leuchtete die Sonne über der großen Kultur des pharaonischen Ägyptens. Aber sie stand schon tief, lang waren bereits die Schatten, die Abenddämmerung kündigte sich an. Als Ramses II. hochbetagt verstarb, war auch Ägypten selbst alt und müde geworden.

Dieses Ägypten traf fünf Jahre nach dem Tode Ramses' II., als sein Sohn Merenptah regierte, der gefährlichste Ansturm eines äußeren Feindes, den das Land seit den Tagen der Hyksos erlebt hatte. Nordafrikanische Libyerstämme, dazu alle möglichen «aus den Ländern des Meeres gekommene» Gruppen mit Namen wie Akawascha, Turscha, Scheklesch, Schirdana und Lukka stießen gegen das Nilland vor. Für den überanstrengten Pharaonenstaat mit seinem schon längst überbelasteten Ägyptervolk begann ein Kampf ums Überleben. Gab es noch eine Chance, ihn zu gewinnen?

Zweites Kapitel

Vorderasiens Führungsmacht: Das Reich der Hethiter

Die Zeitgenossen Ramses' II. auf dem Hethiterthron. – Anatolien vor den Hethitern. – Das Auftreten der Hethiter und ihr Aufstieg zur führenden Macht Vorderasiens. – Anatolien, das Land der unendlichen Weite. – Menschen, Dörfer und Städte im hethitischen Inneranatolien. – Ochsenkarren und Streitwagen. – Die Vorstöße der Hethiter nach Südosten. – Vasallengebiete und Randzonen des Hethiterreiches. – Das Hethiterreich und das westliche Kleinasien. – Der «Hethitervater» von Karabel und die «Große Göttermutter» von Akpinar. – Das Hethiterreich und Troja. – Schrift, Literatur, Rechtswesen. – Götterhimmel und religiöses Zeremoniell. – Baukunst und Reliefdarstellungen. – Sprachen und Volksgruppen im Hethiterreich. – Das Felsheiligtum vor den Toren Chattuschas und das Frühlingsfest der «tausend Götter des Hethiterreiches». – Das Hethiterreich gegen Ende des 13. Jahrhunderts v. Chr.

Als der greise Pharao Ramses II. sein langes Leben beendete, weilte sein einstiger großer Gegner, Muwatalli, König der Hethiter, bereits seit mehr als fünfzig Jahren nicht mehr unter den Lebenden. Der Mann, dessen Armee in der schweren Schlacht bei Kadesch die ägyptischen Streitkräfte an den Rand des Untergangs gebracht hatte, war um das Jahr 1280 v. Chr. gestorben. Auch Muwatallis zweiter Nachfolger, Chattuschili III. (etwa 1275–1250 v. Chr.), der anderthalb Jahrzehnte nach der Kadesch-Schlacht den Ausgleich mit dem Pharaonenreich gefunden und später dem zweiten Ramses seine Tochter zur Ehe gesandt hatte, war lange vor seinem ägyptischen Schwiegersohn verschieden. Dieser Chattuschili III. war ein Bruder Muwatallis gewesen. Er hatte sieben Jahre nach dem Tode Muwatallis dessen Sohn und Nachfolger vom Thron gestoßen und selbst die Königswürde übernommen. Über den Machtkampf zwischen Onkel und Neffen besitzen wir übrigens einen autobiographischen Bericht des ersteren, der nicht zu Unrecht als ein Zeugnis «von einer unangenehmen Mischung von Ehrgeiz und Frömmelei» bezeichnet wird.[11] Chattuschilis Sohn und Nachfolger Tutchalija IV. (etwa 1250–1220 v. Chr.) war bereits der vierte Mann im Reigen der Könige, die zu Lebzeiten des Pharaos Ramses II. über das größte und mächtigste Reich Vorderasiens herrschten.

Nicht in Syrien, wo Hethiter und Ägypter aufeinander stießen, lag das Kerngebiet dieses Reiches, sondern in den weiten Steppenlandschaften Inneranatoliens, «im Herzen Kleinasiens». Lange Zeit hatte Anatolien keine führende Rolle gespielt, weder politisch noch kulturell. Die große schöpferische Leistung der Sumerer, die um die Wende vom 4. zum 3. vorchristlichen Jahrtausend noch etwas früher als die Ägypter eine Hochkultur, die älteste überhaupt, ins Leben gerufen hatten, war in der Südhälfte des Zweistromlandes Mesopotamien, im Tiefland am Euphrat und Tigris, erfolgt. Im Zweistromland, nicht in Anatolien, war auch das erste Großreich des Orients entstanden, das «Reich der vier Weltteile» des Akkaders Sargon und seiner Nachkommen (etwa 2350–2150 v. Chr.). Seit 1830 v. Chr. hatte dann der Aufstieg Babyloniens begonnen, das seine Hochblüte unter dem Gesetzgeberkönig Hammurabi (etwa 1728–1686 v. Chr.) erreichte. Schon früher, bereits seit dem ausgehenden 3. vorchristlichen Jahrtausend, hatte weiter im Nordosten des Zweistromlandes Assyrien von sich reden gemacht, auch wenn es noch lange Zeit eine recht zweitrangige Rolle spielte. Demgegenüber zählte Anatolien bis tief ins 2. vorchristliche Jahrtausend hinein in der Weltgeschichte kaum mit.

Zwar wissen wir seit Anfang der 60er Jahre, als James Mellaart die vielleicht bis ins 7. und 6. vorchristliche Jahrtausend zurückgehende Siedlung von Tschatal-Hüyük südöstlich von Konya entdeckte, daß in Inneranatolien schon viel eher seßhafte Bauern mit Feldbau und Viehzucht gelebt haben, als man bis dahin angenommen hatte. Doch das ändert nichts an der Tatsache, daß Anatolien erst seit dem halblegendären, im Prinzip aber doch historischen Zug des Großreichherrschers Sargon von Akkad (etwa 2350–2300 v. Chr.) über den Tauros hinweg den Anschluß an die Welt der großen Kulturen fand. Die Kunst des Lesens und Schreibens kam mit assyrischen Kaufleuten in den ersten Jahrhunderten des 2. Jahrtausends v. Chr., vielleicht schon gegen Ende des 3. Jahrtausends, nach Anatolien; diese Kaufleute aus dem Zweistromland unterhielten in Kleinasien eine Reihe von Handelsfaktoreien. Doch fand diese Schrift — es war die mesopotamische Keilschrift und man verwendete sie zur Schreibung der akkadischen (assyrisch-babylonischen) Sprache — über den Kreis jener Kaufleute hinaus in Anatolien damals noch keine weitere Verbreitung. Und politisch blieb Anatolien bis ins 2. Jahrtausend v. Chr. hinein das, was es auch früher gewesen war: ein Konglomerat vieler kleiner staatlicher Gebilde, die alle lediglich regionale Bedeutung besaßen.

Entscheidend änderte sich das erst mit dem Auftreten der Hethiter. Zwar sind sie nicht als fertig ausgebildetes Volk von außen nach Anatolien eingewandert, doch steht fest, daß ein Teil der Vorfahren der späteren Hethiter aus weiter Ferne nach Kleinasien gelangt ist. Dabei spricht alle Wahrscheinlichkeit dafür, daß diese Einwanderer aus Innerasien auf dem Weg zwischen Kaukasus und Kaspischem Meer und weiter über die ostanatolischen Pässe ins Land gekommen sind, nicht aus Südosteuropa

über die Meerengen des Bosporus und der Dardanellen. Sie sprachen
Dialekte, die zur Familie der indogermanischen Sprache gehörten. Zweifellos verfügten sie über ein in Altanatolien bis dahin unbekanntes hohes
Maß an staatenbildender Kraft. Im 16. Jahrhundert v. Chr. gab es zum
ersten Mal in der Geschichte Kleinasiens einen großen Staat, das althethitische Reich. Bald griff es sogar nach Südosten über den Tauros hinweg
nach Syrien und Mesopotamien aus, und um 1530 v. Chr. gelang dem
Hethiterkönig Murschili I. sogar die Einnahme von Babylon. Doch war
diese Blüte der althethitischen Macht nicht von längerer Dauer. Erst seit
den letzten Jahrzehnten des 15. Jahrhunderts setzte ein neuer Aufschwung ein. König Schuppiluljuma (etwa 1370–1330 v. Chr.), der Zeitgenosse des unglücklichen Echnaton, machte dann das Hethiterreich zum
führenden Staat Vorderasiens, mächtiger und nunmehr auch kulturell
bedeutender als die Königreiche Babylonien und Assyrien. Zum ersten
Mal in der Geschichte des alten Orients verlagerte sich das Schwerge-
wicht vom damals im Zeichen weitgehender Stagnation stehenden Tiefland am Euphrat und Tigris in die Hochlandsteppen Inneranatoliens.

Nach Kilometern gemessen hatte das Hethiterreich keine so gewaltigen
Entfernungen aufzuweisen wie das Neue Reich der Pharaonen, zwischen
dessen äußersten Grenzpunkten in Syrien und im Sudan rund 3000 Kilometer lagen. An Flächeninhalt hingegen übertraf das hethitische Staatsgebiet das langgestreckte, aber schmale Pharaonenreich um ein vielfaches.
Anatoliens Kernland, das Steppenhochland im Inneren der großen Halbinsel, ist die an Unendlichkeit gemahnende Weite. Im Gebiet um den
großen Salzsee nordöstlich von Konya liegt eine große Ebene, sonst aber
wird Inneranatolien durch die steinernen Wellen der hohen Gebirgszüge
beherrscht; es erinnert fast an ein erstarrtes ungeheures Meer. Größten-
teils ist es Natursteppe und war zur Hethiterzeit fast ebenso baumarm
oder sogar baumlos wie in unseren Tagen. Das Klima des im Durchschnitt 800 bis 1000 Meter über dem Meeresspiegel liegenden Landes ist
rauh, mit scharfen Temperaturschwankungen zwischen den heißen Som-
mern und den oft bitterkalten Wintern, aber auch zwischen Tag und
Nacht. Schwere Schneefälle in den Wintermonaten, seltene, aber dann
meist wolkenbruchartige Regen in den übrigen Zeiten des Jahres runden
das Bild ab. Wenn auch weite Gebiete nur als Steppenweide nutzbar sind,
so sorgen doch schon die zahlreichen Oasen und die vielen Wasserläufe
dafür, daß auch der seßhafte Feldbauer Lebensmöglichkeiten findet. Dieses Land hat einen anderen Bauerntypus geprägt als das ägyptische Niltal. Der Fellache ist auf Gedeih und Verderb auf enge, zentral von oben
geleitete Zusammenarbeit mit vielen anderen angewiesen, im Guten wie
im Bösen ist er ein Massenmensch. Der anatolische Bauer dagegen muß
sich immer wieder allein helfen, will er nicht zugrundegehen. Er ist härter, freier und stolzer als jener und längst nicht so unterwürfig, doch fehlt

ihm auch der Mutterwitz des Ägypters. Während bei den Fellachen trotz
aller Not und allem Elend auch heute immer wieder ein oft verblüffender
Sinn für Humor durchbricht, ist der türkische Landmann fast immer
ernst und verschlossen, selten zum Lachen geneigt; gewiß war das bei den
Menschen, die vor Jahrtausenden den Boden des Niltals und das anatolische Land bebauten, nicht anders. Das weite, dünn besiedelte Steppenhochland Inneranatoliens mit seinen Steppenweiden, verstreuten Dörfern
und Einzelgehöften, seinen Bauern und Hirten und dazu einem einflußreichen Landadel war der wichtigste Teil des großen Hethiterreiches.
Hier lagen auch seine bedeutendsten Städte: die von einer mächtigen,
schwer befestigten Königsresidenz überragte Hauptstadt Chattuscha
(heute Bogazköy oder Bogazkale) mit ihrem sechs Kilometer langen
Mauerring und mehreren großen Tempelanlagen, weiter die nordöstlich
von Chattuscha gelegene kleinere Stadt, deren antiken Namen wir nicht
mit Sicherheit kennen und die wir daher am besten mit dem modernen
türkischen Namen Alaca-Hüyük bezeichnen, schließlich die wesentlich
größere Stadt Kanisch (heutige Ortsbezeichnung Kültepe) weiter im Südosten und noch einige andere mehr. Das wichtigste Verkehrsmittel dieses
inneranatolischen Landes war der seit den Tagen der Hethiter bis in
unser Jahrhundert hinein so gut wie unverändert gebliebene zweirädrige
Ochsenkarren, mit einer dicken, sich mit den massiven Holzscheibenrä-
dern mitdrehenden Achse. Die Türken nennen ihn Kagni, und selbst in
unseren Tagen ist er noch nicht ganz vom Lastkraftwagen verdrängt
worden. Zäh und beharrlich legte der anatolische Bauer mit seinem Ochsenkarren oft große Strecken zurück, und er wußte genau, wohin er
wollte und wie weit sein Ziel entfernt war. Gebahnte Wege brauchte er
für seine Fahrt nicht. Doch wer den Herrn eines solchen Ochsenkarrens
nach irgendwelchen Entfernungen fragte, konnte sicher schon zur Hethiterzeit eine solche ohne Zögern gegebene Antwort hören wie die, welche
man noch vor fünfzig Jahren auf eine entsprechende Frage erhielt: «Nach
Konya sind es 65 Stunden, nach Kayseri 80 bis 82, nach Sivas 110 bis
115 Stunden.» Dann brauchte man die angegebene Zahl der Stunden nur
vervierfachen, und hatte mit erstaunlicher Korrektheit die Entfernung
des betreffenden Ortes in Kilometern − denn ein anatolischer Ochsenkarren legte etwa 4 Kilometer in einer Stunde zurück.[12] Das anatolische
Dorf war zur Hethiterzeit genauso wie noch unter den Osmanischen
Sultanen ein «kleines in sich abgeschlossenes und sich selbst genügendes
Reich»,[13] aber mit seinem Ochsenkarren kam der anatolische Bauer viel
weiter herum als der Bewohner des ungleich stärker in eine große Gemeinschaft eingebundenen Fellachendorfes am Nil, der selten über sein
engstes Heimatgebiet hinausgelangte.

   Doch der gemächlich über die Steppe rumpelnde Ochsenkarren des
Bauern war nur *ein* Symbol für den Lebensrhythmus Anatoliens. Wie-

derum schon zur Hethiterzeit galt, was 1923 n. Chr. der junge türkische Offizier Irfan dem großen Schweizer Historiker und Diplomaten Carl Jakob Burckhardt sagte: «Das ist Anatolien, das schönste Land der Welt, frei, kühn und nichts von mühsam gepflegtem Wachstum und neidischem Treiben und Überlisten, ein Land für Reiter und Herrscher, hervorzubrechen daraus in die fruchtbaren reichen Gefilde der andern und zurückzukehren in diese Weite ohne Namen, Gesetz und alte grämliche Kunde.»[14] Wenn auch zur Hethiterzeit das Pferd nur in Notfällen als Reittier benutzt wurde, so wurde es doch als Zugtier vor den leichten schnellen zweirädrigen Streitwagen gespannt. Nach Ägypten hatten erst die vorderasiatischen Hyksos das Pferd und den Streitwagen gebracht, und erst als Reaktion auf die Fremdherrschaft übernahmen die Ägypter die ihnen im Grunde genommen wesensfremde Waffe. Bei den Hethitern entsprach sie ganz und gar dem ihnen eigenen Lebensgefühl.

So brachen also die Hethiter aus Anatolien «hervor in die fruchtbaren reichen Gefilde der andern.» Vor allem in südöstlicher Richtung, durch die berühmte «Kilikische Pforte», damals wie heute die einzige brauchbare Verbindung über den Tauros von Inneranatolien nach der Kilikischen Ebene, jetzt Tschukurova genannt. Bereits Chattuschili I. und Murschili I., die bedeutendsten Könige der althethitischen Zeit des 16. Jahrhunderts v. Chr., zogen nach Aleppo und gegen Babylon. Später haben dann Schuppiluljuma und seine Nachfolger große Teile Syriens für längere Zeit der hethitischen Oberhoheit unterstellt. Ähnlich wie in den vom Pharao abhängigen Landschaften in Vorderasien trug auch die Hethiterherrschaft in Syrien und sogar in der damals Kizzuwatna genannten Kilikischen Ebene vielfach einen mehr indirekten Charakter: der Hethiterkönig war der Oberherr, dem die einheimischen Fürsten Tribute zu entrichten hatten. Das Verhältnis zwischen dem hethitischen Großkönig und dem Fürsten der wegen ihrer Lage zwischen Anatolien und Syrien besonders wichtigen Landschaft Kizzuwatna beleuchtet ein in hethitischer und akkadischer Sprache abgefaßter Vertrag aus der Zeit Schuppiluljumas (etwa 1370–1330 v. Chr.). Später heiratete Chattuschili III., der Vertragspartner und Schwiegervater Ramses' II., die Tochter eines in Kizzuwatna einflußreichen Priesters; ein Felsrelief bei Fraktin (etwa 50 Kilometer südlich von Kayseri) stellt König Chattuschili III. und Königin Puduchepa bei der Ausübung eines religiösen Zeremoniells dar. Im eigentlichen Syrien war besonders wichtig Ugarit (heute Ras Schamra nördlich von Latakia), dessen Hafen im 2. vorchristlichen Jahrtausend neben dem libanesischen Byblos der bedeutendste an der Ostküste des Mittelmeers überhaupt war. Im Archiv der Stadtkönige des von den Hethitern anscheinend niemals militärisch besetzten Ugarit haben sich Urkunden mit den Verträgen gefunden, die Schuppiluljuma mit seinem Vasallen Nikmadu II. von Ugarit abgeschlossen hat und die die Pflichten und Rechte des kleinen Küstenstaates festlegten. Im syrischen Binnenland war das relativ große Fürstentum Amurru mit seiner Hauptstadt Katna (heute Mischrife 20 Kilometer nordöstlich von Homs) zur Blütezeit des Neuen Reiches der Pharaonen ein Vasallenstaat Ägyptens gewesen. Doch der Zeitgenosse Echnatons, König Asiru von Amurru, war von höchst zweifelhafter Loyalität und verständigte sich schließlich mit dem hethitischen Großkönig Schuppiluljuma. Daß ein späterer König von Amurru namens Benteschina sich in den ersten Regierungsjahren Ramses' II. wieder dem Pharao unterstellte, blieb Episode. Nach dem für die Ägypter sehr fragwürdigen Ausgang der Schlacht bei Kadesch wurde Benteschina vom Hethiterkönig abgesetzt, und Amurrus neuer Fürst stand wieder unter hethitischer Oberhoheit. Das strategisch wichtige Karkemisch am mittleren Euphrat und Chalpa (Aleppo) trugen — anders als Ugarit oder Amurru — nicht den Charakter von Vasallenfürstentümern, sondern waren enger an das Hethiterreich angeschlossen, und zwar seit der Zeit Schuppiluljumas, der zwei seiner Söhne als Machthaber in Karkemisch und Chalpa eingesetzt hatte. Alles in allem läßt sich beobachten, daß die hethitische Kultur auf syrischem Boden erheblich mehr Einfluß gewann als die ägyptische Kultur in Kanaan oder im Libanon, vielleicht mit Ausnahme der seit der Pyramidenzeit besonders eng mit dem Pharaonenland verbundenen Hafenstadt Byblos. Insbesondere das nördliche Syrien wurde schließlich fast ein zweites Zentrum der hethitischen Kultur, auch wenn sich hier das hethitische Gut mit einheimisch-syrischem zu einer neuen Einheit vermengte.

Dagegen haben die rauhen Hochgebirgsländer Ostanatoliens — Armenien und Kurdistan also, heute der Ostteil des türkischen Staatsgebiets — für die Hethiter nur eine untergeordnete Rolle gespielt. Die Gegend südlich des Van-Sees gehörte noch zum Bereich des von Schuppiluljuma niedergeworfenen Staates Mitanni, dessen eigentlicher Schwerpunkt jedoch weiter im Süden, in den Landstrichen beiderseits des mittleren Euphrats, zu suchen ist. Weiter im Norden lag der wenig bekannte Staat Azzi, mit dem die Hethiter öfters in kriegerische Auseinandersetzungen verwickelt waren. Alles in allem traten die Hochgebirgsregionen Ostanatoliens erst aus dem geschichtlichen Halbdunkel heraus, als Anfang des 1. vorchristlichen Jahrtausends der Aufstieg des Reiches Urartu mit seiner Hauptstadt Tuschpa am Ostufer des Van-Sees begann.

Eine althethitische Erzählung berichtet, wie schon einer der ersten Großkönige sowohl nach Norden als auch nach Süden bis ans Meer vorgedrungen sei, und ein alter Segenswunsch sagt: «Das Land des Königs möge diesseits das Meer und jenseits das Meer als Grenze haben!» Doch diesem Ideal entsprach die Wirklichkeit nur ganz vorübergehend. Angesichts der großen Geländeschwierigkeiten in den mehrfach gestaffelten Ketten des Pontischen Gebirges im Norden gelang es den hethitischen

Truppen auf die Dauer nicht, mit den dort beheimateten, wenig kultivierten Stämmen der Kaschkäer fertig zu werden. Umgekehrt erwiesen sich die Raubzüge der Kaschkäer, die in ihrer gebirgigen Heimat nur schwer zum Kampfe zu stellen waren, für das inneranatolische Kernland der Hethiter selbst als lästig und mitunter sogar als gefährlich. So blieb die waldreiche Küstenzone am Schwarzen Meer außerhalb des Großreiches. Besser sah es für die Hethiter im Süden aus. Von der großen Ebene Kizzuwatna (Kilikien, Tschukurova) war bereits die Rede. Weiter im Westen, in der dort ganz schmalen, aber hinreißend schönen Zone zwischen dem bis zu Höhen von über 3000 Meter aufsteigendem schroffen Taurosgebirge und dem Mittelmeer, haben sich zwar keinerlei bauliche Überreste aus der Hethiterzeit erhalten. Doch lassen schriftliche Quellen erkennen, daß in dieser Gegend ansäßige zahlenmäßig wohl recht kleine Volksgruppen wenigstens in einem losen Vasallenverhältnis zum Hethiterkönig standen. Im einzelnen sind unsere Kenntnisse recht dürftig, mit einer Ausnahme: nicht nur in verschiedenen hethitischen Texten des 14. und 13. Jahrhunderts v. Chr., sondern auch in einer Urkunde aus dem Archiv des Pharaos Echnaton (etwa 1364–1347 v. Chr.) werden die Leute von Lukki bzw. Lukka erwähnt, Bewohner einer Küstenlandschaft im südwestlichen Kleinasien. Sie trieben Seefahrt und Seeraub, stellten auch dem Hethiterkönig Muwatalli in der Schlacht bei Kadesch ein Hilfstruppenkontingent. Mit an Sicherheit grenzender Wahrscheinlichkeit werden wir die Heimat dieser Leute an der Küste des später Lykien genannten Landes zu suchen haben, wenn sich auch vielleicht die Grenzen des Landes Lukka zur Hethiterzeit nicht ganz genau mit denen des späteren Lykiens gedeckt haben.

Nicht ausgeschlossen ist es, daß auch der König von Alaschia – das war der Name des an der Ostküste Cyperns gelegenen Hauptortes der Insel beim heutigen Enkomi sowie auch der ganzen Insel selbst – wenigstens zeitweise unter einer losen Oberhoheit des Hethiterkönigs gestanden hat. In jedem Fall bestanden sehr enge Beziehungen zwischen Cypern einerseits und den hethitischen Vasallengebieten Kizzuwatna (Kilikien) und Ugarit an den der Insel gegenüberliegenden Festlandsküsten andererseits.

Auf größte Schwierigkeiten stößt der Versuch, festzustellen, wieweit sich der Bereich des Hethiterreiches und seiner Vasallenstaaten nach Westen ausgedehnt hat. Zwischen dem inneranatolischen Steppenhochland und dem westkleinasiatischen Hinterland der ägäischen Meeresküste gibt es keine scharfe Grenze, sondern nur eine breite Zone des allmählichen Übergangs von einer Landschaft in die andere. Angesichts der leicht passierbaren natürlichen Verbindungslinien zwischen Inneranatolien und der Ägäislandschaft sollte man meinen, daß ein in Zentralanatolien erwachsener Großstaat von der Machtfülle des Hethiterreiches sich nach

1. Pharao Nektanebis I., lebensgroßer Kopf, 4. Jahrhundert

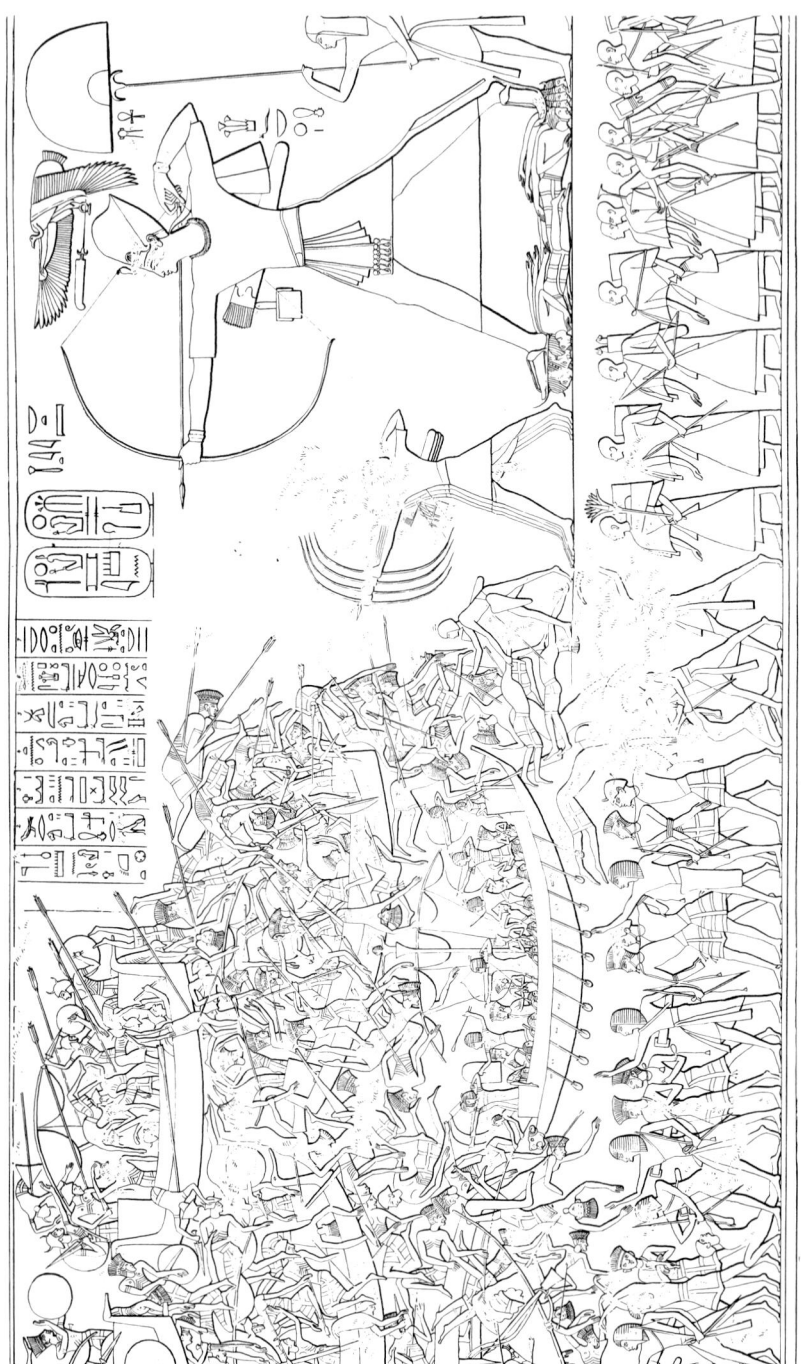

2. Schiffsschlacht Ramses' III. gegen die Seevölker im Nildelta

Westen bis an die Ägäis ausgebreitet hätte. Aber gerade das war nicht der Fall.

Von zwei noch zu besprechenden Ausnahmen abgesehen erstreckt sich das Gebiet, in dem wir Funde aus der Hethiterzeit gemacht haben, nicht über den Westrand der inneranatolischen Hochlandsteppe hinaus. Im wesentlichen bildet der Mittel- und Oberlauf des Sakarya-Flusses und das Gebiet der großen Seen in der im späteren Altertum Isaurien genannten Landschaft die Westgrenze der hethitischen Denkmäler. Wichtige, relativ weit im Westen gelegene Monumente der Hethiterzeit sind zum Beispiel die Burg Gavur-Kalesi bei Haymana, südwestlich von Ankara mit einer mehrere Gottheiten darstellenden Skulptur, weiter das von den Türken Eflatunpinar genannte, mit figürlichem Schmuck versehene Quellheiligtum etwa 15 Kilometer nordöstlich der kleinen Stadt Beyschehir am Südostufer des gleichnamigen großen Steppensees. Aber die ganze ausgedehnte Übergangszone zwischen der Hochlandsteppe des Landesinneren und dem Hinterland des Ägäischen Meeres weist keine hethitischen Denkmäler auf. Welche Nachbarn hatte das Hethiterreich im Westen?

Hethitische Texte aus verschiedenen Zeiten sprechen von den Ländern Arzawa, Mascha, Karkischa, Aschschuwa und Wiluscha. Vor allem Arzawa wird schon seit der althethitischen Periode des 16. Jahrhunderts v. Chr. mehrfach als Kriegsgegner erwähnt. Wo hat es gelegen? Man sucht es in so weit voneinander entfernten Gebieten wie dem «Rauhen Kilikien», also dem Tauros-Gebirgsland westlich der Kilikischen Ebene, und Südwestkleinasien nördlich von Lykien. Der Hethiterkönig Murschili II. (etwa 1330–1300 v. Chr.) berichtet in seinen Annalen im Zusammenhang mit Kämpfen in den Arzawa-Ländern in ziemlich dramatischer Weise, wie er das steile, ins Meer hinausragende Gebirge Arinnanda mit Fußtruppen stürmte, weil es für die pferdebespannten Streitwagen unzugänglich war. Lag dieses Arinnanda an der Küste der Ägäis oder an der kleinasiatischen Südküste? Wir haben wenigstens einige Anhaltspunkte dafür, daß Arzawa nicht allzuweit im Westen Kleinasiens gelegen hat. So berichtet Tutchalija III., der Vater des Großreichsgründers Schuppiluljuma, daß von der einen Seite die (in Nordanatolien beheimateten) Kaschkäer, von der anderen Seite «aus dem Unteren Land» der «Feind von Arzawa» die Hethiterländer heimsuchte; letzterer habe «Tuwanuwa und Uda zur Grenze gemacht». «Tuwanuwa» können wir aber mit einiger Sicherheit mit dem späteren Tyana identifizieren, dessen dürftige Ruinen bei Kemerhisar südlich der türkischen Stadt Nigde liegen, also ziemlich weit im Südosten. Das spricht eher für eine Lage der Arzawa-Länder im «Rauhen Kilikien» oder im sonstigen Südkleinasien als in Westkleinasien. Zu denken geben auch zwei Briefe des Pharaos Amenophis III. (etwa 1402–1364 v. Chr.), des Vaters und Vorgängers des Ech-

naton, aus dem Archiv von Amarna. Sie sind an einen König Tarchundaraba von Arzawa gerichtet, aber nicht abgesandt worden. Dieser diplomatische Kontakt zwischen dem Pharao und Arzawa ließe sich am ehesten erklären, wenn man annimmt, daß das Gebiet von Arzawa irgendwo
an die kleinasiatische Südküste herangereicht hat. Man vermutet heute
meist, daß der seit 1954 durch Seton Lloyd und James Mellaart ausgegrabene Platz bei Beycesultan im Quellgebiet des Mäander-Flusses, etwa
80 Kilometer südwestlich der inneranatolischen Stadt Afyon-Karahisar
im Arzawa-Land gelegen hat. Es handelt sich um eine im 3. und 2. Jahrtausend v. Chr. blühende Siedlung, dazu einen schon im Verlauf der
ersten Jahrhunderte des 2. Jahrtausends v. Chr. einer gewaltigen Feuersbrunst zum Opfer gefallenen Palast und einen jüngeren kleineren Palast
etwa aus der Zeit des 13. Jahrhunderts v. Chr. Leider hat sich zu Beycesultan keine einzige geschriebene Zeile gefunden. Wohl aber ist bemerkenswert, daß auch keinerlei mykenezeitlich-griechische Keramik entdeckte wurde,[15] obwohl es im 14. und 13. Jahrhundert v. Chr. am kleinasiatischen Ufer der Ägäis frühgriechische Siedlungen gegeben hat. Alles
zusammengenommen deutet doch darauf hin, daß Arzawa eher im Süden
als im Westen Kleinasiens ans Meer grenzte.

Bleibt schon Arzawa für uns ein verschwommener Begriff, so gilt das
erst recht für die anderen von den Hethitern genannten Gegenden Mascha, Karkischa, Aschschuwa und Wiluscha. Mehr, als daß sie irgendwo
in der Westhälfte Kleinasiens zu lokalisieren sind, läßt sich kaum sagen.
Man sollte auch sehr vorsichtig mit Versuchen sein, in diesen Landschaftsnamen solche wiedererkennen zu wollen, die uns aus späteren
Zeiten bekannt sind. Es mag immerhin sein, daß der Landschaftsname
Aschschuwa etwas mit «Asia» zu tun hat. Doch hat bekanntlich dieser
Begriff im Sprachgebrauch verschiedener Zeitalter Gebiete von höchst
unterschiedlicher Ausdehnung bezeichnet.

Einen Feldzug nach Aschschuwa unternahm einer der letzten Hethiterkönige, Tutchalija IV. (etwa 1250–1220 v. Chr.). Mit diesem Unternehmen bringt man in der Regel die beiden einzigen hethitischen Denkmäler
in Zusammenhang, die sich — hunderte von Kilometern von allen übrigen Hethitermonumenten entfernt — im ägäischen Kleinasien, im Hinterland des Golfes von Smyrna (Izmir), finden. Der Grieche Herodot, der
genausowenig wie irgendeiner seiner Zeitgenossen etwas von den Hethitern wußte, schreibt (Historien, II, 106): «Auch finden sich in Ionien
zwei in den Fels gehauene Bilder dieses Königs (des Pharaos Sesostris),
das eine an der Straße von Ephesos nach Phokaia, das andere an der
Straße von Sardes nach Smyrna. Beidemal ist es ein männliches Reliefbild
von viereinhalb Ellen Höhe. In der Rechten hält es die Lanze, in der
Linken einen Bogen, und dem entspricht die übrige Rüstung, die ägyptisch oder äthiopisch ist. Auf der Brust, von der einen Schulter zur ande-

ren, ist eine Inschrift in den heiligen Buchstaben der Ägypter eingehauen, die besagt: «Dieses Land haben meine Schultern erobert. Seinen Namen und sein Volk nennt er hier zwar nicht, aber an anderen Orten hat er das getan. Manche, die die Bilder gesehen haben, meinen, sie stellten den Memnon dar. Da sind sie aber weit von der Wahrheit entfernt.» Offensichtlich hat Herodot die Bilder nicht selbst gesehen, sondern beschreibt sie aufgrund der Auskünfte, die er von anderen erhalten hat.[16] Aber es steht fest, daß es sich bei einem der von Herodot genannten Bilder um jenes Felsrelief handelt, das um 1840 im Karabel-Paß östlich von Smyrna (Izmir) wieder entdeckt wurde. Es zeigt einen in allen Einzelheiten typisch hethitischen schreitenden fürstlichen Krieger oder Kriegsgott mit Lanze, Bogen und langem Dolch am Gurt, kurzem Leibrock, Schnabelschuhen und spitzer Kegelmütze; etwa 200 Meter weiter findet sich noch ein zweites kleineres Relief. Die Türken nennen die Figur des größeren Reliefs Eti-Baba, den «Hethiter-Vater».

Der zur römischen Kaiserzeit lebende Reiseschriftsteller Pausanias, der «Baedeker der Antike», spricht (III, 22, 4) von einem «Bild der Göttermutter, dem ältesten von allen», bei Magnesia am Sipylos. Auch dieses kennen wir. Die Angabe des Pausanias bezieht sich auf eine Nische in einer Felswand mit einem hohen Postament, das den heute stark verwitterten Kopf und Oberkörper einer Frau zeigt. Das von den Türken Tasch-Suret genannte Monument findet sich bei Akpinar wenige Kilometer östlich der Stadt Manisa, wie das antike Magnesia am Sipylos heute heißt. Diese Göttermutter von Akpinar und vor allem den «Hethiter-Vater» von Karabel hat man, wie gesagt, oft mit dem Feldzug Tutchalijas IV. nach Aschschuwa in Verbindung gebracht, und das Karabel-Relief etwa als Grenz- oder Siegesdenkmal Tutchalijas IV. gedeutet. Aber wirklich gesichert ist das nicht. So ist der Bogazköy-Ausgräber Kurt Bittel im Jahre 1967[17] von der früher auch von ihm vertretenen Ansicht abgerückt und schreibt nunmehr das Karabel-Felsrelief einem Lokalfürsten zu. Damit sieht die Sachlage so aus, daß man die beiden isolierten Denkmäler von Akpinar und Karabel wahrscheinlich nur als Zeugnisse einer im 13. Jahrhundert v. Chr. bis in diese Gegend reichenden Kulturausstrahlung werten darf. Aus ihrer Lage jedoch irgendwelche Schlüsse auf die politische Geschichte des Hethiterreiches zu ziehen, ist sehr fragwürdig.

Schließlich noch eine wichtige Feststellung: die eingehende Erforschung der berühmten Ruinenstätte von Troja südlich des Eingangs der Dardanellen hat nicht einmal bescheidenste Bruchstücke hethitischer Keramik zu Tage gefördert.[18] Dazu kommt, daß in den mehr als 20 000 uns bekannten Urkunden aus den Archiven der Hethiterhauptstadt Chattuscha (Bogazköy) auch nicht ein einziger Hinweis vorkommt, den man irgendwie auf Troja beziehen könnte. Somit ergibt sich mit einiger Sicherheit, daß der Nordwesten Anatoliens, die Landschaften Troas und

Aeolis, ganz außerhalb der hethitischen Einfluß- und Interessensphäre lagen.

Zusammenfassend müssen wir feststellen, daß der Kern des hethitischen Staatsgebietes das weite Steppenhochland Inneranatoliens war und daß seine wichtigsten Interessengebiete außerhalb dieses Kerngebietes im Südosten lagen. Nach Westkleinasien wurden zwar mehrfach Kriegszüge unternommen, doch ist es sehr fraglich, ob einer davon jemals die Küste der Ägäis erreichte.

Der Nordwesten Kleinasiens lag völlig außerhalb der hethitischen Einflußzone.

Die Hochkultur des alten Ägyptens ist von imponierender Geschlossenheit. *Ein* Volk hat sie geschaffen, *ein* Volk hat sie getragen. Die Kultur der Hethiter hingegen ist aus unterschiedlichsten Wurzeln heraus erwachsen. Vielfach wird sie durch ein oft unmittelbares Nebeneinander von übernommenem fremden Gut und eigenen Schöpfungen charakterisiert. Das gilt für die verschiedensten Lebensbereiche. Werfen wir zunächst einen Blick auf Schrift, Literatur und Rechtswesen. Die Hethiter übernahmen von Babylonien die Keilschrift, obwohl die von ihnen gesprochenen indogermanischen und sonstigen Sprachen und Dialekte gänzlich anders aufgebaut waren als das semitische Akkadisch. Mit der Keilschrift übernahmen die Hethiter einen guten Teil des mesopotamischen Geistesgutes. Das berühmte Gilgamesch-Epos zum Beispiel, das hervorragendste Werk der altmesopotamischen Literatur, wurde ins Hethitische übersetzt. Auf dem Gebiet des Rechtswesens wirken weite Teile des hethitischen Ehe-, Familien- und sonstigen Privatrechts einfach wie aus der Gesetzgebung des Königs Hammurabi von Babylon abgeschrieben. Aber unmittelbar neben den fast unverändert aus Mesopotamien übernommenen fremden Schöpfungen stehen autobiographische Berichte hethitischer Herrscher, wie sie dem Geistesleben des alten Zweistromlandes gänzlich fremd waren. Es gibt weiterhin ein von einem fast überhuman wirkenden Wiedergutmachungsprinzip getragenes hethitisches Strafrecht, das von einem ganz anderen Geist zeugt als von dem «Auge um Auge, Zahn um Zahn» der semitischsprachigen Völker des alten Orients. Und neben der Keilschrift, die man für Urkunden, literarische Texte, Rechtssatzungen, Korrespondenz usw. verwendete, gab es die in Anatolien selbst geschaffene Bilderschrift der sogenannten Hethiterhieroglyphen. Diese von der Keilschrift völlig verschiedenartige dekorative Schrift gebrauchte man für Monumentalinschriften und auf Siegeln; beide Schriftsysteme — Keilschrift und Hethiterhieroglyphen — wurden bis zum Ende der hethitischen Großreichszeit nebeneinander verwendet.

Was die religiösen Vorstellungen der Hethiter anbelangt, so finden sich unter den «Tausend Göttern des Hethiterreiches» in bunt zusammengesetzter Gesellschaft altkleinasiatische Sonnen-, Wetter- und Vegetationsgottheiten — sowohl «vorhethitische als auch eigentlich-hethitische» —, Gottheiten aus der churritischen und solche aus der sumerisch-akkadischen Vorstellungswelt. Ebenso wie dieses Pantheon sind auch religiöses Zeremoniell, Magie, Zauberglauben, Vorzeichenschau und anderes mehr aus ganz verschiedenen Wurzeln erwachsen.

Bei den volkreichen großen Städten des Hethiterreiches handelte es sich fast ausnahmslos um vorhethitische Gründungen. Manche von ihnen, darunter die spätere Hethiterhauptstadt Chattuscha, sind von den Hethitern der Frühzeit zunächst einmal zerstört, dann aber an der gleichen Stelle wieder aufgebaut worden. Von den Städten im Tiefland Mesopotamiens und nicht minder von den Städten Ägyptens unterscheiden sich die Städte in der weiträumigen Hochlandsteppe Anatoliens ihrem ganzen Wesen nach. Aber zum Beispiel die Sphinx-Figuren, die das wohl eindrucksvollste aller hethitischen Stadttore flankieren, das etwa um 1300 v. Chr. entstandene Haupttor von Alaca-Hüyük, sind ähnlich wie die Sphinx-Figuren am Südtor von Chattuscha-Bogazköy unverkennbar den Werken der ägyptischen Kunst nachempfunden; daß die hethitischen Sphinx-Gestalten anders als die ägyptischen weiblichen Geschlechts sind, ist dabei von untergeordneter Bedeutung. Dagegen stammt das Motiv des doppelköpfigen Adlers, wie er im Relief an der Innenseite des Sphinx-Tors von Alaca-Hüyük erscheint, aus Mesopotamien, wo es schon in altsumerischer Zeit vorkommt. Typisch ägyptisch ist wiederum das in anderen hethitischen Reliefdarstellungen und auf Siegeln häufig erscheinende Motiv der geflügelten Sonnenscheibe. Die Liste solcher aus Ägypten wie aus Mesopotamien übernommener Motive, die aber von den Hethitern oft in ganz anderem Zusammenhang verwendet wurden als in ihren Ursprungsländern, ließe sich noch fortsetzen.

Im krassen Gegensatz zu der Einwohnerschaft Ägyptens war die Bevölkerung des Hethiterreiches selbst im anatolischen Kerngebiet eine der blutsmäßig am meisten gemischten, die es in den Kulturländern der alten Welt irgendwo gegeben hat. Seit grauer Vorzeit trägt Anatolien den Charakter einer riesigen Brücke, über die von West nach Ost und von Ost nach West die Völkerwege führten. Gleichzeitig war dieses Land ein Schmelztiegel für Menschengruppen und Kulturen. Schon die Tatsache, daß die Eigennamen der kleinasiatischen Handelspartner der in Anatolien ansässig gewordenen assyrischen Kaufleute — nach Ausweis ihrer aus den ersten Jahrhunderten des 2. vorchristlichen Jahrtausends stammenden Urkunden — aus ganz unterschiedlichen Sprachen stammen, ist ein wichtiges Indiz für die bunte Zusammensetzung der anatolischen Bevölkerung schon in dieser frühen Epoche. Noch aufschlußreicher ist die Geschichte der Begriffe «Hethiter» und «Hethitisch». «Hethiter» war in der eigenen Beurkundung ebenso wie in den Zeugnissen der fremden Völker der Name für die das Großreich tragende Bevölkerung. In den zu

Bogazköy gefundenen Urkunden wurde jedoch der Ausdruck «chattisch» (= «hethitisch») von Hause aus als Bezeichnung für eine altkleinasiatische, nichtindogermanische Sprache verwendet. Ursprünglich bezeichnete der Hethitername also etwas anderes als das eine indogermanische Sprache sprechende Volk des Großreiches. In der modernen Wissenschaft hat man sich daran gewöhnt, die Begriffe «protochattisch» und «Protochattier» zu gebrauchen, doch ist das nur eine vielleicht unvermeidliche, aber doch wenig glückliche Verlegenheitslösung. Wie es in der Weltgeschichte auch sonst öfters vorgekommen ist, bezeichnete der gleiche Name einfach zu verschiedenen Zeiten unterschiedliche Begriffe. Die Nachkommen der als Einwanderer nach Anatolien gekommenen Menschen haben den Hethiternamen von einer älteren Bevölkerungsschicht übernommen, mit der sie sich nach ihrer Einwanderung vermischt haben. Die von Hause aus «nesisch» genannte Sprache der Hethiter – gemeint ist «Hethiter» im späteren Sinne des Wortes – war aber nicht die einzige in Kleinasien gesprochene indogermanische Sprache. In den Urkunden erscheint auch die sogenannte «palaische» Sprache, die vor allem im nördlichen Inneranatolien gesprochen wurde, weiter die «luwische» Sprache, die mehr im Süden Anatoliens zu Hause war. In den Landstrichen östlich und südöstlich des hethitischen Gebietes wurde die weder indogermanische noch semitische «churritische» Sprache gesprochen, die ebenfalls in den Urkunden der Bogazköy-Archive erscheint. Das semitische Akkadisch sowie das ganz isolierte Sumerisch wurden zwar nirgendswo in Anatolien gesprochen; ersteres war aber die Sprache der internationalen Diplomatie, letzteres, obschon längst zu einer toten Sprache geworden, spielte immer noch die Rolle einer Bildungs- und Gelehrtensprache. Schließlich können wir mit Sicherheit annehmen, daß in verschiedenen Teilen Anatoliens alle möglichen weiteren Sprachen und Dialekte gesprochen wurden, die nicht den Rang von Schriftsprachen erreichten, uns daher praktisch unbekannt sind. Selbst abgesehen von den Vasallengebieten an der Peripherie des Hethiterreiches war also die Bevölkerung dieses Staates von jeder sprachlichen Einheit weit entfernt. Doch diese Uneinheitlichkeit beschränkte sich nicht nur auf das Sprachliche. Die ägyptischen Künstler, die die großen Schlachtengemälde geschaffen haben, haben die hethitischen Gegner der Pharaonen nicht als einheitlichen Menschenschlag dargestellt, sondern Mann für Mann in ethnographisch verschiedener Weise. Gewiß haben sie dabei richtig gesehen.

Die Aufzählung der Unterschiede zwischen dem pharaonischen Ägypten und der Welt der Hethiter ließe sich noch weiter fortsetzen. Etwa indem man sich vor Augen führt, daß neben dem hethitischen Königtum ein einflußreicher Grundbesitzeradel stand und daß auch sonst ein hethitischer Großkönig in keiner Weise mit dem göttlich verehrten Pharao zu vergleichen ist. Der Staatsbau der Hethiter beruhte auf gänzlich anderen Grundlagen als das Pharaonenreich.

Schließlich sei noch auf etwas sehr Wichtiges hingewiesen. Auf dem Ägypten der Zeit Ramses' II. lastete trotz allen äußeren Glanzes schwer die Bürde einer nur scheinbar, in Wahrheit aber niemals wirklich überwundenen Krise. Immer stärker stand die ägyptische Hochkultur bereits unter dem Motto des «es war einmal» und immer weniger im Zeichen eines ungebrochenen Glaubens an sich selbst und an die Zukunft. Nichts dergleichen ist im Hethiterkleinasien des 13. Jahrhunderts v. Chr. zu verspüren.

Unter König Tutchalija IV., dem Zeitgenossen des alternden Ramses II., entstand eines der reifsten und schönsten Werke der hethitischen Kunst und Kultur. Damals wurde an den Wänden des vor den Toren der Hauptstadt Chattuscha (Bogazköy) gelegenen Felsenheiligtums, das die Türken Yazilikaya («Beschriebener Fels») nennen, ein großartiger Skulpturenschmuck herausgearbeitet. Er zeigt ein großes Frühlingsfest, zu dem sich «die tausend Götter des Hethiterreiches» im Haus des Wettergottes Teschup treffen. Teschups Partnerin ist die Sonnengöttin Hepat. Hinter seiner Mutter steht der Sohn des großen Götterpaares, der jugendliche Scharruma. Ihm folgt ein langer Zug weiblicher Gottheiten, alle bekleidet mit einem langen Faltenrock und gekrönt mit einer Tiaraförmigen Kopfbedeckung. Dem großen Wettergott Teschup folgen Vegetations-, Wasser-, Berg-, Sonnen-, Mond- und andere männliche Gottheiten, die meisten von ihnen mit einer spitzen Mütze auf dem Kopf, bekleidet mit einem kurzen Wams, an den Füßen Schnabelschuhe. «Dem Wettergotte wurde zum Jahresanfang ein großartiges Fest Himmels und der Erde gefeiert. Alle Götter versammelten sich und traten ein in das Haus des Wettergottes ... Nun eßt bei diesem Feste und trinkt! Sättigt euch und stillt euren Durst! Des Königs und der Königin Leben sprecht aus! Des Himmels und der Erde Leben sprecht aus! Des Getreides Gedeihen sprecht aus!»[19]

Sind die Segenswünsche der großen Götter in Erfüllung gegangen? Vor allem im Südwesten Kleinasiens mußten Tutchalija IV. und sein Nachfolger Arnuwanda III. (etwa 1220–1205 v. Chr.) militärische, vielleicht sogar recht ernsthafte Schlappen, hinnehmen. Doch auch in früheren Zeiten hatte das Hethiterreich mehr als einmal Rückschläge erlitten, und sie waren früher oder später wieder wettgemacht worden. Warum sollte es diesmal anders ausgehen? Nicht überbewerten sollte man auch einen Bericht des Pharaos Merenptah (etwa 1224 bis 1214 v. Chr.), er habe anläßlich einer Hungersnot im Hethiterreich ägyptisches Getreide dorthin verschiffen lassen; in diesen Zusammenhang gehört auch der Brief eines Hethiterkönigs an seinen Vasallen im nordsyrischen Ugarit, er solle Schiffsraum für den Getreidetransport bereitstellen. Wer Anatolien

kennt, weiß nämlich, daß bis tief in unser Jahrhundert hinein immer
wieder irgendwo im Lande Hungersnot herrschte, während gleichzeitig
wenige hundert Kilometer weiter Getreideüberschüsse verrotteten.[20] Angesichts der Natur des Landes kann es auch zur Hethiterzeit gar nicht
anders gewesen sein, als daß es häufig genug in Anatolien regionale
Mißernten und Hungersnöte gegeben hat, ohne daß das gleich eine Katastrophe für das ganze Land bedeutete. Es ist reiner Zufall, wenn uns über
solche Vorgänge einmal eine Nachricht vorliegt, wie im Falle des Pharaos
Merenptah. Bei einer Hungersnot in einer küstennahen Gegend Anatoliens, etwa in der dicht besiedelten Kilikischen Ebene, war es aber unendlich viel leichter, ägyptisches Getreide in ausreichender Menge über See
herbeizuschaffen, als es mit Ochsenwagen aus Inneranatolien heranzu-
karren, auch wenn dort im Steppenhochland die Ernte vielleicht gerade
besonders gut ausgefallen war.

In der Zeit des ausgehenden 13. Jahrhunderts v. Chr. wird kaum ein
Zeitgenosse daran gezweifelt haben, daß dem Hethiterreich und seiner
Kultur eine weitere Glanzzeit und ein weiterer Aufstieg bevorstanden,
allen vorübergehenden Rückschlägen zum Trotz. Aber die Götter haben
es anders gewollt.

Drittes Kapitel

Völker, Fürsten und Staaten in der ägäischen Welt

Die Hethiter und «Achchijawa». — «Homergläubigkeit» und das Trugbild eines mykenischen Großreiches. — Die frühgriechischen Staaten im 14. und 13. Jahrhundert v. Chr. — Burgen, Fürstengräber, Dörfer und Straßen auf dem griechischen Festland. — Die Griechen der Mykenezeit und das Meer. — Kreta, Kykladen, Dodekanes, Südwestkleinasien. — Der Nordostwinkel des Mittelmeers und die Insel Cypern. — Könige und Fürstenhöfe der Mykenezeit. — Homers Epen und die historische Welt der Mykenezeit. — Schrift, Palastarchive und Verwaltung. — Die Urkunden im «Haus des Ölhändlers» zu Mykene. — Literatur und Bücher in Altkreta und im mykenezeitlichen Griechenland? — Die Nichtgriechen in der ägäischen Welt der Mykenezeit. — Eteokreter und Eteokarpathier. — Der Nordosten der Ägäis und seine nichtgriechischen Kulturzentren. — Poliochni auf Lemnos, Thermi auf Lesbos, Emporio auf Chios. — Buruncuk nördlich von Izmir-Smyrna. — Troja und die Geschichte vom Trojanischen Krieg. — Der «Diskos von Phaistos»

Unter den verschiedenen Namen von Ländern im Westen und Südwesten, die in hethitischen Texten erwähnt werden, erscheint auch der Name Achchijawa; er wird in etwa 20 Urkunden der zweiten Hälfte des 14. und des 13. Jahrhunderts v. Chr. erwähnt. Zwischen Hethiterreich und Achchijawa bestanden anscheinend zunächst friedliche Beziehungen, doch kam es dann zu kriegerischen Auseinandersetzungen. Ihren Höhepunkt erreichten sie in der zweiten Hälfte des 13. Jahrhunderts v. Chr., unter Tutchalija IV. (etwa 1250–1220 v. Chr.) und Arnuwanda III. (etwa 1220–1205 v. Chr.). Die Kämpfe fanden zu Lande statt, doch unternahm zur Zeit des Königs Arnuwanda III. ein gewisser Attarischschija von Achchijawa auch einen Seezug gegen Alaschia, also gegen Cypern.

Seit über einem halben Jahrhundert ist über das «Achchijawa-Problem» eine Fülle gelehrter Abhandlungen geschrieben worden, ohne daß die zur Debatte stehenden Fragen eine allgemein anerkannte Lösung gefunden haben. Dabei lautet die Ausgangsfrage folgendermaßen: Hat «Achchijawa» sprachlich und sachlich etwas mit dem Begriff der «Achäer» zu tun, welcher seit den im 8. Jahrhundert v. Chr. niedergeschriebenen Epen Homers die Griechen der Mykenezeit bezeichnet? Ein Beweis ist bis heute weder im positiven noch im negativen Sinne zu führen, die Wahrscheinlichkeit spricht aber doch erheblich mehr für als gegen die Gleichsetzung der beiden Begriffe. Sollte sich aber diese immer-

hin hohe Wahrscheinlichkeit einmal zur Sicherheit erhärten, bleibt eine
Reihe womöglich noch weit wichtigerer Fragen offen. Vor allem: wo lag
das Reich Achchijawa — denn um einen auch im politischen Sinne zu
verstehenden Begriff handelte es sich bei den Angaben der Hethiter zweifellos — und welchen Umfang hat es gehabt?

Noch heute stehen manche Gelehrte und darüber hinaus zahlreiche
Freunde des klassischen Altertums bewußt oder unbewußt im Bann der
literarisch so faszinierenden Schilderungen Homers von dem mächtigen
Königreich des Agamemnon von Mykene. Hieraus resultiert die Vorstellung von einem weiten, von der Mykeneburg aus beherrschten Großreich. Eine solche «Homergläubigkeit» liegt auf einer ähnlichen Ebene
wie eine gerade in unseren Tagen fast zur Mode gewordene übertriebene
«Bibelgläubigkeit», wobei das Alte Testament mitunter sogar zu einer
nationalmythologischen Geschichtsausdeutung herhalten muß. Die
nüchterne Erforschung der Denkmäler der Mykenezeit, nicht zuletzt der
auf verschiedenen Herrschersitzen aufgefundenen, inzwischen wenigstens leidlich lesbaren Schrifttäfelchen, hat aber zu der Erkenntnis geführt, daß Homer und seine Zeit von den politischen, gesellschaftlichen,
geistigen und wirtschaftlichen Zuständen der Mykenezeit völlig verzerrte
Vorstellungen hegten. Aller Wahrscheinlichkeit nach haben die auf der
Burg von Mykene residierenden Herrscher noch nicht einmal über die
ganze Peloponnes geherrscht, geschweige denn über Attika oder Böotien
auf dem mittelgriechischen Festland oder gar über die ägäischen Inseln,
zum Beispiel Kreta oder Rhodos. Der Name «Achäer» könnte zwar
durchaus eine schon im 14. und 13. Jahrhundert v. Chr. weit verbreitete
Selbstbezeichnung gewesen sein. Aber daß die Hethiter von einem Reich
Achchijawa, also doch wohl von einem Achäerstaat, sprachen, darf nicht
zu dem Schluß verleiten, es habe ein Reich aller Achäer gegeben, zu dem
dann auch ein vom hethitischen Kleinasien so weit entferntes Gebiet wie
die Argolis mit der Fürstenburg von Mykene gehört habe. Der eine Reihe
von Jahrhunderten jüngere Begriff «Hellenen» hat auch nicht die Angehörigen einer politischen Gemeinschaft bezeichnet; ein «Hellas» genanntes Staatswesen gibt es erst seit dem 19. nachchristlichen Jahrhundert.[21]
So läuft die «Achchijawa Frage» vor allem darauf hinaus, daß es festzustellen gilt, wo die Hethiter nach Lage der Dinge im 14. und 13. Jahrhundert v. Chr. am ehesten mit «Achäern» in Berührung geraten sein
könnten.

Wo gab es damals Zentren der frühgriechischen Kultur, und welche
Ausdehnung hatten die verschiedenen Staaten? Mit Abstand am bekann-
testen ist die mächtige Fürstenburg von Mykene in der Argolis, so bekannt, daß sich der Ausdruck «mykenische Kultur» in einem sehr weitgespannten Sinne eingebürgert hat. So spricht man immer wieder von «mykenischer Keramik», wenn man entsprechende Funde aus dem betreffen-

den Zeitalter meint, die man zum Beispiel auf den Liparischen Inseln nordöstlich von Sizilien oder im westkleinasiatischen Milet oder auf der Insel Cypern gemacht hat. Doch diese Ausdrucksweise ist irreführend, und man sollte deshalb lieber von «mykenezeitlicher Kultur» sprechen. Zweifellos war die Landschaft Argolis in der nordöstlichen Peloponnes ein wichtiges kulturelles und politisches Zentrum. Mykene «im innersten Winkel der Argolis» trat zum ersten Mal um die Wende vom 17. zum 16. Jahrhundert v. Chr. hervor. Damals entstand dort eine Reihe von Schachtgräbern, umgeben von einem doppelten steinernen Mauerring; griechische Archäologen haben ihn Anfang der 50er Jahre dicht außerhalb der später erbauten Fürstenburg von Mykene gefunden. Etwa ein Jahrhundert jünger ist ein zweiter ganz ähnlicher Schachtgräberkreis, der in einer späteren Zeit in den Burgmauerring einbezogen wurde; ihn hat schon Heinrich Schliemann vor über hundert Jahren entdeckt. Aus diesen Fürstengräbern — denn um solche muß es sich gehandelt haben — stammen die berühmten goldenen Totenmasken und die anderen überwältigend reichen Grabbeigaben, die sich heute im Archäologischen Nationalmuseum zu Athen befinden. Jüngeren Datums als die Schachtgräberringe sind die gewaltigen Befestigungsmauern und der eher bescheiden zu nennende Herrscherpalast innerhalb dieser Burganlage. Seine Glanzzeit erlebte das hier residierende Königtum im 14. und vor allem im 13. Jahrhundert v. Chr.; den letzten großen Ausbau erfuhr die Burganlage im 13. Jahrhundert v. Chr., als der heute noch so eindrucksvoll erhaltene, etwa 900 Meter lange Mauerring und das mächtige Haupttor mit dem Löwenrelief über dem Eingang entstanden. Außerhalb ihres Herrschersitzes schufen sich die Fürsten ihre letzten Ruhestätten, jetzt in Form monumentaler Kuppelgräber mit steinplattengesäumtem Zugangsweg. Zwölf solcher Kuppelgräber sind uns in der Argolis bekannt, neun davon in Mykene selbst, drei in der weiteren Umgebung. Obwohl der Zugang zu einem solchen Kuppelgrab nach den Begräbnisfeierlichkeiten verschlossen und bei späteren Beisetzungen im gleichen Grabe dann erneut geöffnet und abermals versiegelt wurde, sind die Kuppelgräber bei Mykene später samt und sonders ihrer Schätze beraubt worden, die zweifellos in üppiger Fülle den Fürsten mitgegeben wurden. Das geschah viele Jahrhunderte, bevor sie der Wissenschaft bekannt wurden. Ohne Frage ist den Königen von Mykene niemals der Gedanke gekommen, ihre unmittelbar vor ihrer Herrscherburg angelegten Grabmäler könnten einmal schutzlos daliegen und von irgendwelchen Plünderern geöffnet und ausgeraubt werden. Als Erdhügel lagen ja diese Kuppelgräber genauso vor aller Augen wie die mächtigen Burgmauern, auch als es längst keine Fürsten von Mykene mehr gab.

Etwa 15 Kilometer südlich von Mykene liegt dicht am flachen Ufer des Argolischen Meeresgolfes auf einem niedrigen Hügel die kleinere, aber

noch dicker ummauerte Burg von Tiryns. Sie wurde etwa zur gleichen
Zeit erbaut wie die Anlage von Mykene und gehörte ohne jeden Zweifel
den gleichen Fürsten, etwa als eine am Wasser gelegene Nebenresidenz.
Außerdem gab es an verschiedenen anderen Punkten der Argolis noch
weitere kleinere Burgen; hier dürften adlige Gefolgsleute der Könige gesessen haben. Eine solche Burg lag nordöstlich von Tiryns zu Midea beim
heutigen Dorf Dendra; hier haben schwedische Archäologen neben einer
Reihe von Kammergräbern auch ein recht ansehnliches Kuppelgrab aufgedeckt. Eine weitere Anlage findet sich bei Asine an der Bucht von
Tolon, während die Halbinsel, auf der die im klassischen Altertum und
vor allem seit dem Mittelalter so wichtige Stadt Nauplion liegt, zur Mykenezeit keine Rolle spielte. Abgesehen von den Burgen kennen wir eine
größere Zahl von Siedlungen, die mitunter auch als «Städte» bezeichnet
werden; diesen Ausdruck sollte man jedoch besser vermeiden, da sie
bäuerlich-dörflichen Charakter trugen.

Oft kaum beachtet wird eine der interessantesten und wichtigsten
Schöpfungen der Herrscher von Mykene: das von ihnen angelegte Straßennetz. Die mächtige steinerne Schwelle des Löwentors von Mykene
weist zwei schienenartige Einschnitte auf, um den schnellen zweirädrigen
Streitwagen das Durchfahren zu erleichtern. Vom Löwentor Mykenes
gingen verschiedene Straßen aus. In den Ebenen ist nichts von ihnen
übriggeblieben, aber Felsabsprengungen und Aufschichtungen an manchen Bergabhängen lassen noch erkennen, daß man ein System von dreieinhalb Meter breiten Fahrwegen für die Streitwagen angelegt hatte. An
einer nach Osten in Richtung Epidauros führenden Straße hat sich etwa
14,5 Kilometer östlich von Nauplion sogar eine mächtige steinerne
Brücke erhalten; es läßt sich weiterhin noch eine ganze Reihe kleinerer
Überbrückungen von Wasserläufen feststellen. In nördlicher Richtung
kann man das Straßennetz mit Hilfe der erhaltenen Überreste bis an den
Isthmos von Korinth verfolgen. Erst die Römerzeit hat auf dem Boden
Griechenlands Straßenbauten geschaffen, die sich dem mykenischen System von Kriegswagenstraßen als gleichrangige Leistungen gegenüber-
stellen lassen.

Doch wie weit reichte die Macht der Könige von Mykene über die
nordöstliche Peloponnes hinaus? Wir tun gut daran, uns zu erinnern, daß
zur gleichen Zeit wie Mykene und Tiryns noch mehrere andere Herr-
scherzentren in Blüte standen. Das eine ist der seit 1939 ausgegrabene
Palast nordöstlich der großen Bucht von Navarino (Pylos) in der südwestlichen Peloponnes. Zwar fehlen hier die für Mykene und Tiryns so
charakteristischen dicken Festungsmauern, aber der eigentliche Palast-
komplex stellt die Anlagen auf den Argolisburgen eher noch in den
Schatten. Auch mehrere Kuppelgräber sind vorhanden, bis auf eine Ausnahme allerdings in sehr schlechtem Erhaltungszustand. Das am besten

erhaltene Grab liegt nur etwa 100 Meter außerhalb des Palastes; seine Kuppel ist 1957 wiederhergestellt worden, und so bietet sich auch für das Auge des Besuchers der Eindruck der letzten Ruhestätte eines mächtigen Herrschers. Wenigstens ein Teil der wertvollen Grabbeigaben, darunter solche aus Gold, ist den Plünderern entgangen und damit der Wissenschaft erhalten geblieben. Noch reicher sind die Goldfunde, darunter Becher mit prächtiger Reliefverzierung, die man in zwei Kuppelgräbern beim Dorfe Vaphio im Eurotas-Tal südlich von Sparta gemacht hat. Zwar sind die Gräber selbst heute fast vollständig zerstört, und der zweifellos zu ihnen gehörende Palast ist noch nicht aufgefunden. In jedem Fall gab es aber im Südwest- und Südteil der Peloponnes mindestens eines, wahrscheinlicher zwei auch machtpolitisch bedeutsame Zentren.

Ein weiterer Herrschersitz lag auf der Akropolis zu Athen; Stücke der hierzu gehörigen fünf Meter dicken Ringmauern sind heute noch zu erkennen. Zu Acharnai (Menidi) nördlich von Athen, im Vorstadtbereich der immer unförmiger anschwellenden griechischen Hauptstadt unserer Tage, ist auch ein Kuppelgrab erhalten geblieben. Genau wie im Falle des Palastes von Pylos und des noch nicht wieder aufgefundenen, aber sicher einstmals vorhanden gewesenen Herrschersitzes im Eurotas-Tal, berechtigt uns nichts zu der Annahme, daß die auf der Athener Akropolis residierenden Könige den Herrschern von Mykene in irgendeiner Weise untertan oder von ihnen abhängig gewesen sind.

Erst recht gilt das für die Männer, die in der mittelgriechischen Bauernlandschaft Böotien die Macht in der Hand hielten. Zumal an drei Orten haben sich eindrucksvolle Monumente ihrer Herrschaft erhalten. Einmal in Theben, wo sich auf dem Gelände der heutigen freundlichen Kleinstadt die Reste der mykenezeitlichen Burg und des Palastes gefunden haben. Obwohl sich die Ausgrabungen inmitten der heutigen Ortschaft aus naheliegenden Gründen als besonders schwierig erweisen, sind von ihnen auch in Zukunft überdurchschnittlich interessante Ergebnisse zu erwarten. Das zweite wichtige Zentrum des mykenezeitlichen Böotiens war das etwa 35 Kilometer nordwestlich von Theben gelegene Orchomenos. Dort lag eine große, weit in die vormykenezeitliche Vergangenheit zurückreichende Siedlung. Vor allem aber findet sich hier das trotz seines relativ schlechten Erhaltungszustandes wohl eindrucksvollste aller Kuppelgräber. Im klassischen Altertum wurde es «das Schatzhaus des Minyas» genannt; in allen Einzelheiten erinnert es so sehr an das etwa fünfhundert Meter südwestlich des Löwentors von Mykene gelegene sogenannte «Schatzhaus des Atreus», daß man mitunter sogar vermutet hat, beide Anlagen seien das Werk des gleichen Architekten. Wie dem auch sei, gewiß ist, daß der königliche Bauherr des großen Kuppelgrabes zu Orchomenos den bedeutendsten Herrschern von Mykene in keiner Weise nachgestanden hat. Womöglich noch eindrucksvoller als das

«Schatzhaus des Minyas» ist die etwa 20 Kilometer östlich von Orchomenos gelegene Riesenburg aus mykenischer Zeit, die wir mit dem mit-
telalterlich-albanischen Namen Gla oder neugriechisch als Paläo-Kastro
(«Alte Burg») bezeichnen. Ob die Anlage dem bei Homer erwähnten
Arne entspricht, ist so wenig gesichert, daß man diesen Namen besser
nicht verwenden sollte. Die Burg von Gla liegt auf einem 20 bis 70 Meter
aus der böotischen Kopais-Ebene emporragenden Hügel. Sie wird von
einem drei Kilometer langen ungeheuer dicken Mauerring umgeben, der
vier Tore aufweist, darunter ein mächtiges «Königstor» im Süden und ein
«Doppeltor» im Südosten. Der von diesem Mauerring umschlossene
Raum ist so groß, daß man die Burg von Mykene fast siebenmal in ihm
unterbringen könnte. An der höchsten Stelle des Burgbergs stand ein
großer Palast, dessen Räume in zwei rechtwinklig aufeinanderstoßenden
Flügeln, einem Süd- und einem Nordflügel, angeordnet waren. Hier waren, ebenso wie in anderen Palästen dieser Zeit, auch komplizierte Kana-
lisationsanlagen, Badezimmer und dergleichen vorhanden. Dabei sei
daran erinnert, daß das altgriechische Wort für «Badewanne» (Asaminthos) zusammen mit dem Gegenstand als solchem von irgendwelchen
Vorgriechen, vermutlich den Kretern der «minoischen» Zeit, übernommen worden ist. Der weitaus größte Teil des Geländes innerhalb des
Mauerrings von Gla war zu allen Zeiten unbebaut; er diente den Bauern
und Hirten der Umgebung mit ihren Herden als Zufluchtsort im Falle der
Gefahr. Seit der Zeit etwa um 1000 v. Chr. bis gegen Ende des 19.
nachchristlichen Jahrhunderts, etwa zweitausend Jahre lang also, ragte
der Hügel mit der Riesenburg von Gla als Insel aus einem flachen, wegen
seiner fetten Aale berühmten Sumpfsee hervor. Doch als man diesen
Kopais-See in den Jahren 1883 bis 1894 n. Chr. mit den Mitteln der
modernen Technik trockenlegte und dadurch etwa 25 000 Hektar fruchtbarsten Bodens gewann, zeigte es sich, daß das frühe Altertum die gleiche
Leistung schon einmal vollbracht hatte. Zum Vorschein kamen die Überreste der großen Steindämme und der Kanäle, mit deren Hilfe seinerzeit
für Be- und vor allem Entwässerung der Kopais-Ebene Sorge getragen
wurde. Das Wasser wurde mittels von der Natur geschaffener Katavothren, das heißt «Schlünde», durch den Gebirgszug im Osten der Ebene
zum Meer hin abgeleitet. Diese «Schlünde» — es handelt sich um typische Karsterscheinungen — mußten aber in steter Arbeit vor der Verstop-
fung durch Erdmassen und Schlamm bewahrt werden. Dafür sorgten die
Herrscher des alten Böotiens, denen die Riesenburg von Gla gehörte, und
so erhielt die Kopais-Landschaft den Charakter einer wohlangebauten
reichen Bauernlandschaft. Das war vielleicht die größte technische und
organisatorische Leistung, die das frühe Altertum außerhalb der Fluß-
oasenlandschaften am Nil, Euphrat und Tigris vollbrachte. Sie wird
heute viel zu wenig beachtet; sehr zu Unrecht steht das alte Böotien im

Schatten des «Minoischen» Kretas und des von Homer besungenen Mykenes. Erst als die Königsmacht auf der großen Burg von Gla der Vergangenheit angehörte, verkam auch die Kulturlandschaft in der Kopais-Ebene. Die Katavothren verstopften sich, die Ebene versumpfte und verwandelte sich schließlich in einen See, so wie er noch in Reiseberichten aus den siebziger Jahren des vorigen Jahrhunderts geschildert wird.

Ein weiterer Staat der Mykenezeit lag noch weiter im Norden, in Thessalien. Schon viel früher, in vorgeschichtlichen Jahrtausenden, gab es in dieser für griechische Verhältnisse ungewöhnlich großräumigen Landschaft auf künstlich errichteten Hügeln angelegte Siedlungen. Solche Siedlungshügel bezeichnet der Volksmund und auch die Wissenschaft mit dem slawischen Wort «Magula»; zwei solcher Magulen-Siedlungen im östlichen Thessalien — die schon in der Zeit vor 3000 v. Chr. blühende Siedlung beim heutigen Dorf Sesklo und die jüngere nicht weit von Sesklo gelegene Siedlung bei Dimini — sind wissenschaftlich gut erforscht und gehören zu den am besten bekannten Plätzen im vor- und frühgeschichtlichen Griechenland. Zur Mykenezeit war Thessaliens wichtigstes Zentrum die Burg von Jolkos, am westlichen Stadtrand der heutigen, oft von verheerenden Erdbeben heimgesuchten Hafenstadt Volos gelegen, am Nordufer des tief ins Land einschneidenden Pagasitischen Meeresgolfes. Von ihr sind zwar nur unscheinbare Trümmer erhalten geblieben, doch steht außer Frage, daß auch die zu Jolkos residierenden Herrscher eine beträchtliche Macht repräsentierten.

So gab es in der Zeit seit Mitte des 2. vorchristlichen Jahrtausends von der südlichen Peloponnes bis in die weite thessalische Ebene mindestens ein halbes Dutzend bedeutender Staaten, unter denen das Reich von Mykene nicht einmal das mächtigste gewesen sein muß. Zwar hat es unter ihnen kein dem Pharaonenstaat oder dem Großreich der Hethiter vergleichbares Staatsgebilde gegeben, wohl aber übertrafen die Königreiche der Mykenezeit an Ausdehnung und Bevölkerung die Polis-Staaten der späteren klassisch-griechischen Periode bei weitem.

Nördlich des tiefeingeschnittenen Tempe-Tals, durch das sich der aus Thessalien kommende Pinios-Fluß zwischen den Massiven des Ossa und des Niederen Olymps hindurch seinen Weg zum Ägäischen Meer gebahnt hat, lassen sich durchaus gewisse Kulturausstrahlungen des mykenezeitlichen Griechenlands feststellen. Aufs ganze gesehen, blieb Makedonien, Thessaliens nördliche Nachbarlandschaft, jedoch außerhalb der hochentwickelten Staatenwelt, wie sie weiter im Süden die Szene beherrschte. Im wesentlichen verharrte Makedonien noch in vorgeschichtlichen Zuständen. Dagegen hatten die Griechen der Mykenezeit, so meeresfremd und wohl auch meeresscheu ihre Vorfahren einmal gewesen waren, doch den Weg auf See hinaus gefunden.

Viele Ausdrücke in der griechischen Sprache, die mit Meer und Seefahrt zu tun haben, sind deutlich Fremdworte, die aus älteren vorgriechischen Sprachen übernommen worden sind. Sogar das Wort für «Meer» selbst, «Thalassa» bzw. «Thalatta», gehört dazu.[22] Die Menschen, die die frühesten Formen der griechischen Sprache gesprochen hatten, waren als Einwanderer aus binnenländischen Gebieten der Balkanhalbinsel nach Griechenland gekommen. Dort hatten sie sich mit der einheimischen vorgriechischen Bevölkerung vermischt und von ihnen alles mögliche übernommen und gelernt. Aber noch die Herren von Mykene oder die Könige von Böotien waren und blieben ihrem Wesen nach Bauern, ganz und gar keine Wikinger. Allein die Lage der von ihnen errichteten Burgen in der Landschaft zeigt das mit aller Deutlichkeit. Doch der Zwang, der von der Ägäis ausgeht, war auf die Dauer stärker als alle noch so tiefe Erdverbundenheit. Noch niemand hat sich ihm entziehen können, den das Schicksal in diesen Teil der Welt verschlug. So war es im frühen Altertum, und so war es noch im 16., 17. und 18. Jahrhundert n. Chr., als Nachkommen skipetarischer Einwanderer aus balkanischen Gebirgshirten zu den verwegensten und besten Seeleuten der Ägäis wurden.

Um die Mitte des 2. vorchristlichen Jahrtausends oder bald danach kamen Frühgriechen — ob aus der Argolis oder anderswoher, muß dahingestellt bleiben — nach Kreta. Vor wenigen Jahrzehnten noch schrieb man ihnen eine kriegerische Invasion zu, mit der sie die auf der Insel blühende, gemeinhin als «minoisch» bezeichnete Hochkultur zerstört hätten. Seit den Forschungen des griechischen Archäologen Spyridon Marinatos wissen wir, daß es anders war.

Irgendwann um 1500 v. Chr. oder nicht viel später — genau läßt sich der Zeitpunkt nicht bestimmen — ereignete sich im Inselmeer der Kykladen eine der fürchterlichsten Naturkatastrophen, die die Menschheit jemals erlebt hat. Der Vulkanausbruch von Krakatoa, einer Insel zwischen Java und Sumatra, der am 26. und 27. August 1883 erfolgte, gibt uns eine Vorstellung davon, was mehr als dreitausend Jahre zuvor in der Ägäis geschehen war. In jenen Sommertagen des Jahres 1883 fanden in wenigen Stunden mehr als 36 000 Menschen den Tod, wurde ein vor Sumatra ankernder Dampfer von einer etwa 30 Meter hohen Flutwelle erfaßt und drei Kilometer ins Binnenland hinein geworfen. Aschenwolken wurden bis in die Stratosphäre hinaufgeschleudert; noch drei Monate nach der Katastrophe wurde in Nordamerika mehrfach die Feuerwehr alarmiert, weil die Menschen den Dunst auf große Brände in der Nachbarschaft ihrer Städte zurückführten. Der Vulkanausbruch auf der Kykladeninsel Thera, seit dem Mittelalter auch Santorini genannt, muß nach modernen Berechnungen noch etwa viermal so heftig gewesen sein wie der Ausbruch auf Krakatoa. Die Insel wurde buchstäblich in Stücke gerissen, etwa 83 Quadratkilometer Land versanken im Meer. Für Jahrhunderte erlosch alles Leben auf Thera. Erst in unseren Tagen wird eine damals viele Meter tief verschüttete Stadt freigelegt. Ihre zwei-, mitunter vielleicht sogar dreistöckigen Gebäude, die Fresken an den Wänden mit Darstellungen von Landschaften, Pflanzen, Tieren, Menschen und einem ganze Flotten zeigenden «Seestück» sind wohl das eindrucksvollste Ausgrabungsergebnis in unseren Jahrzehnten überhaupt.

Nur ahnen können wir, was die Katastrophe von Thera auch für die Nachbarinseln bedeutet haben muß. Immerhin können wir feststellen, daß zum Beispiel die etwa 50 Seemeilen von Thera entfernt gelegene Insel Paros ebenfalls für einige Jahrhunderte verödete. Zu vermuten ist auch, daß die Waldarmut der meisten Kykladeninseln durch jene Katastrophe zwar vielleicht nicht verursacht, wohl aber wesentlich vorangetrieben worden ist. Schließlich geben uns die Ereignisse beim Ausbruch von Krakatoa eine Vorstellung davon, mit welcher Wucht die von Thera aus kommenden riesigen Flutwellen die Nordküste Kretas getroffen haben. Nahezu alle Menschen, die sich gerade im Küstenbereich aufgehalten haben, müssen ihnen zum Opfer gefallen sein, dazu alle Schiffe und alle in Küstennähe stehenden Bauwerke. Da eine Erdbebenkatastrophe erfahrungsgemäß selten allein kommt, ist überdies mit Sicherheit anzunehmen, daß der Explosion auf Thera auch auf Kreta selbst Erdbeben vorangegangen und nachgefolgt sind. Sie legten auch diejenigen Paläste, Städte und Dörfer in Trümmer, die von den Flutwellen der aufgewühlten Ägäis nicht erreicht wurden.

Die Mehrzahl der zerstörten Palastbauten und Villen, in denen die führenden Kreise der Inselbevölkerung, die Könige, Fürsten und sonstigen Vornehmen, gewohnt hatten, ist nach der Katastrophe nicht wieder aufgebaut worden. Zertrümmert und verlassen blieben die großen Palastanlagen von Phaistos in der südkretischen Messara-Ebene sowie die von Mallia nahe der Nordküste etwa 30 Kilometer östlich der heutigen Stadt Herakleion, desgleichen der Palast bei Kato Zakro im äußersten Osten der Insel und schließlich auch die Villen bei Tylissos, Amnisos oder Nirou Chani. Erloschen war und blieb auch das früher so lebhafte städtische Leben an Orten wie Gurnia unweit der Mirabello-Bucht oder Paläokastro in Ostkreta. Wiederaufgebaut wurde fast nur der Palast von Knossos, etwa fünf Kilometer von der Nordküste der Insel entfernt. Bei den Leuten, die Knossos wiederaufbauten, handelte es sich um Frühgriechen, die aller Wahrscheinlichkeit nach — genau läßt es sich nicht feststellen — erst nach der großen Erdbebenkatastrophe nach Kreta gekommen waren. Diese Frühgriechen führten das Leben zu Knossos weiter, äußerlich in den alten Formen, doch zeigt die Erstarrung und Leblosigkeit der in dieser Zeit entstandenen Kunstwerke deutlich genug, daß die altkretische Kultur auch innerlich am Ende war. Im übrigen ist es aufschlußreich, daß sich in verschiedenen aus dieser Periode stammenden Gräbern bei Knos-

sos Waffen als Grabbeigaben gefunden haben — bronzene Schwerter
und Helme. Früher war es auf Kreta nicht üblich gewesen, den Toten
Waffen ins Grab zu legen, und allein diese neuaufgekommene Gepflogenheit zeigt schon, daß die neuen Herren von Knossos andere Menschen
waren als vormals die Schöpfer und Träger der so heiter und liebenswür-
dig anmutenden großen Kultur, die nunmehr unwiderruflich der Vergangenheit angehörte. Wahrscheinlich um 1400 oder doch im Verlauf der
ersten Hälfte des 14. Jahrhunderts v. Chr. kam das Ende auch für den
nochmals wiederaufgebauten Palast von Knossos, ohne daß wir wissen,
was sich eigentlich ereignet hat. Was sich wenigstens in bescheidenen
Spuren von den Burgen und dörflichen Siedlungen der Frühgriechen auf
Kreta erhalten hat, zeigt, wie tief das Leben auf der Insel im 14. und
13. Jahrhundert v. Chr. unter das Niveau der alten «minoischen» Zeit
gesunken war. Auch mit den mykenezeitlichen Staaten auf dem griechischen Festland konnte das damalige Kreta schwerlich einen Vergleich
aushalten. Bis auf weiteres war die Rolle der Insel in der großen Geschichte ausgespielt.

Funde auf verschiedenen Inseln der Kykladengruppe zeigen, daß auch
hier Frühgriechen ansässig geworden sind, so auf dem nur 15 Meilen von
Kap Sunion entfernten schönen wasserreichen Keos, heute Kea oder auch
Tsia genannt. Auf dieser Insel, die schon im 3. vorchristlichen Jahrtausend ein wichtiges Zentrum der vorgriechischen Kykladenkultur gewesen
war, ist unter anderem eine aus der Mykenezeit stammende Gruppe
großer weiblicher Statuen gefunden worden, die in ihrer Art bisher völlig
allein stehen. Auf Delos sind uns mehrere Gräber bekannt; noch bemerkenswerter ist eine knapp 12 cm hohe Elfenbeinfigur eines mykenezeitlichen Kriegers.[23] Reste von mykenezeitlichen Siedlungen und Befesti-
gungsanlagen haben sich auf den Kykladen nicht gerade häufig erhalten.
Doch finden sich in der schon im 3. Jahrtausend v. Chr. blühenden und
auch zur minoisch-kretischen Zeit wichtigen Siedlung Phylakopi auf Me-
los (heute Milos) Überreste von Gebäuden und eine Befestigungsmauer
aus der Mykenezeit. Das um die Mitte des 2. Jahrtausends v. Chr. von
der Natur so fürchterlich heimgesuchte Thera (Santorini) blieb zur Mykenezeit unbewohnt, und das ebenfalls lange Zeit hindurch verödete
Paros wurde auch erst um 1300 v. Chr. von Frühgriechen neu besiedelt.
Auch auf dem benachbarten Naxos lassen sich frühgriechische Siedler
nachweisen. Bedeutender als auf den Kykladen war die Rolle der Frühgriechen auf den Inseln der Dodekanes-Gruppe in der südöstlichen Ägäis,
die jetzt zum ersten Mal in der Geschichte hervortraten. Auf dem kahlen
Kalymnos, in neuerer Zeit bekannt geworden als Heimat zahlreicher
Schwammfischer, ist bei Emporio nördlich von Chorio durch Zufall ein
mykenezeitliches Kuppelgrab gefunden worden. Auf der Kalymnos gegenüberliegenden größeren und weit fruchtbareren Nachbarinsel Kos

wurden bei Antimachia im Inselinneren mykenezeitliche Siedlungsreste entdeckt. Vor allem aber erlebte die trotz ihrer Größe und Fruchtbarkeit noch zur minoisch-kretischen Glanzzeit erstaunlich unbedeutende Insel Rhodos jetzt einen bemerkenswerten Aufstieg. Lassen sich dort erst für die Schlußphase der altkretischen Geschichte um 1500 v. Chr. einige kleine «minoische» Küstenniederlassungen nachweisen, so begann nunmehr eine offensichtlich recht intensive Besiedlung der Insel durch Frühgriechen. Vor allem erlebten Burg und Siedlung Achaia-Jalysos am Philerimos-Berg südwestlich der heutigen Inselhauptstadt einen beachtlichen Aufstieg. Wenn auch für das Auge des Besuchers nicht gerade viel aus der Mykenezeit zu bemerken ist, so haben wir doch allen Anlaß zu der Annahme, daß dort im 14. und 13. Jahrhundert v. Chr. wohl das Zentrum des vielleicht bedeutendsten frühgriechischen Staates gelegen hat, den es außerhalb des griechischen Festlands überhaupt gab.

Auch die Insel Samos nördlich der Dodekanes-Gruppe ist nach Ausweis der Funde von frühgriechischen Siedlern besetzt gewesen, und nicht anders war es an verschiedenen Plätzen der den Inseln in Sichtweite gegenüberliegenden kleinasiatischen Festlandsküste. Das gilt vor allem für das später so hochberühmte Milet. Ähnlich wie auf Rhodos hatte auch hier schon eine nicht gerade bedeutende minoisch-kretische Faktorei gelegen. Die im 14. und 13. Jahrhundert v. Chr. aufblühende frühgriechische Siedlung übertraf sie ganz erheblich. Ihre Reste liegen weit unter dem heutigen Grundwasserspiegel, und so hat erst der Einsatz modernster technischer Mittel das Vortreiben von Stichgrabungen bis in die entsprechenden Schichten ermöglicht. Weiter im Süden lag eine frühgriechische Siedlung zu Jasos, weiter im Norden eine andere zu Kolophon, und vermutlich hat es noch weitere gegeben. Was wir aber mit Sicherheit sagen können, ist, daß die Frühgriechen nicht tiefer ins Landesinnere vorgedrungen sind. Ihre Siedlungen lagen vielmehr alle im Küstenbereich; sie gehörten also ganz zur Welt des Ägäischen Meeres und strenggenommen nicht zu Anatolien. Daß keine hethitische Fundstätte frühgriechisch-mykenezeitliche Keramik aufweist, unterstreicht diese Feststellung mit allem Nachdruck.[24]

Zwar läßt es sich nicht beweisen, doch mit guten Gründen vermuten, daß nicht nur die verschiedenen Dodekanes-Inseln, sondern vielleicht auch Samos und die genannten kleinasiatischen Küstenplätze zu dem Staatswesen gehörten, dessen Zentrum auf Rhodos lag. Dieser Staat könnte dann am ehesten das «Achchijawa» gewesen sein, das die hethitischen Texte des ausgehenden 14. und des 13. Jahrhunderts v. Chr. erwähnen.[25]

Der alte, schon im 3. Jahrtausend v. Chr. wichtige Seeweg von der Ägäis entlang der kleinasiatischen Südküste in die Länder im Nordostwinkel des Mittelmeers erfuhr zur Mykenezeit eine weitere enorme Auf-

wertung. Zu Ugarit (Ras Schamra) an der nordsyrischen Küste, wo schon
die «minoischen» Kreter Handelsfaktoreien unterhalten hatten, entstand
etwa anderthalb Kilometer von der eigentlichen Stadt entfernt eine regelrechte Frühgriechenkolonie. Nicht ausgeschlossen ist es, daß auch im
Raum von Tarsos und Mersin frühgriechische Ansiedler seßhaft geworden sind. Wenn ein gewisser Abimelech, König der Phönikerstadt Tyros,
in der ersten Hälfte des 14. Jahrhunderts v. Chr. dem Pharao brieflich
mitteilt, der «König der Danuna» sei gestorben und sein Bruder sei ihm
auf dem Thron gefolgt, und wenn er im Anschluß daran über Ugarit und
Kadesch in Nordsyrien berichtet, so liegt es nahe, in dem genannten
Danuna-König einen danaischen – also frühgriechischen – Herrscher
irgendwo im Kilikischen Küstengebiet zu vermuten. Wann zuerst eine
nennenswerte Ansiedlung ägäischer Menschen auch auf Cypern erfolgt
ist, ob schon im 15., im 14. oder erst im 13. Jahrhundert v. Chr., muß
dahingestellt bleiben. Das gilt auch für die Frage, ob wenigstens in einigen Fällen Griechen der Mykenezeit auf Cypern politische Macht in die
Hand bekommen haben. Im Gegensatz zum hethitischen Anatolien, wo
– wie erwähnt – keinerlei frühgriechisch-mykenezeitliche Keramik gefunden worden ist, hat sich aber auf Cypern und an der nordsyrischen
Küste eine bemerkenswerte Mischkultur herausgebildet, zu der die mykenezeitliche Ägäis viel Wichtiges beigesteuert hat. Gefäße und Gefäßmale-
reien aus dem 14. und 13. Jahrhundert v. Chr., aufgefunden zu Enkomi
an der Ostküste der Insel und neuerdings auch zu Kition an der Südküste
(heute Larnaka), sprechen eine deutliche Sprache. Vielleicht noch bemerkenswerter sind in dieser Beziehung die Ergebnisse der jahrzehntelangen
von Claude-Frédéric Schaeffer mustergültig geleiteten Ausgrabungen in
und bei Ugarit. So ist etwa das Reliefbild einer Göttin, neben der sich
links und rechts zwei Ziegen emporrecken, auf dem Deckel einer Elfen-
beinbüchse[26] kunstgeschichtlich, vor allem aber auch in geistig-religiöser
Hinsicht, ein Zeugnis für die gegenseitige Durchdringung ägäisch-früh-
griechischer und vorderasiatisch-semitischer Elemente. Selbst bei der Pa-
lastarchitektur von Ugarit lassen sich verwandte Beobachtungen machen.
So hat die ägäische Kultur dieser Zeit bemerkenswerte Ausstrahlungen
bis in die Küstenstriche des Ostmittelmeers und damit in die Länder des
alten orientalischen Kulturkreises hinein gezeigt.

In nordwestlicher Richtung haben schon die Seefahrer des «minoischen» Kretas wenigstens gelegentlich die Seewege um Kap Matapan und
die Inseln vor Kap Akritas befahren und sind bis Sizilien und Unteritalien
gelangt. Das beweisen Keramikfunde aus der Zeit seit der Mitte des
16. Jahrhunderts v. Chr. auf den Liparischen Inseln nördlich von Sizilien.
Zur Mykenezeit haben solche Fahrten noch an Bedeutung gewonnen. Ob
es aber im zentralen Mittelmeerraum damals schon zu irgendwelchen
frühgriechischen Staatengründungen gekommen ist, scheint wenig wahr-

scheinlich. Anders war das auf den Ionischen Inseln. Bei Masarakata südlich von Kastro auf Kephallinia gibt es eine aus der Zeit um 1300 v. Chr. bzw. aus dem 13. Jahrhundert v. Chr. stammende große Nekropole mit insgesamt 83 Gräbern. Nach Anlage und Größe lassen sie wenigstens zum Teil auf fürstliche Bauherren schließen. Auch auf Ithaka haben Ausgrabungen spätmykenische Funde zu Tage gefördert, darunter auch die allerdings dürftigen Überreste eines Kastells. So wird man kaum fehlgehen in der Annahme, daß es im 13. Jahrhundert v. Chr. im Bereich der Ionischen Inseln einen nicht unbedeutenden frühgriechischen Staat gegeben hat.

Selbst die mächtigsten Staaten der Mykenezeit waren erheblich kleiner als das Pharaonenreich eines Ramses II. oder das Großreich seiner hethitischen Zeitgenossen, aber das Ausstrahlungsgebiet der frühgriechischen Kultur übertraf das der ägyptischen oder der hethitischen bei weitem. Das hängt entscheidend mit der Tatsache zusammen, daß die Frühgriechen, so meeresfremd ihre Vorfahren auch einst gewesen waren, sich zu Mittelmeermenschen entwickelt hatten. Ägypter und Hethiter hingegen blieben letztenendes immer Menschen des Binnenlandes, sei es der Flußoasenlandschaft am Nil, sei es der weiten Hochlandsteppe Inneranatoliens.

Die frühgriechische Welt hat nicht ein einziges Werk hinterlassen, das sich irgendwie mit einer der zahllosen Statuen und Porträtköpfe der Pharaonen oder altvorderasiatischen Herrscher vergleichen ließe, es gab keine der im alten Orient so häufigen Reliefdarstellungen, die den König als entscheidende Figur bei einem Kriegszug, auf der Jagd, beim Vollzug eines religiösen Zeremoniells vorführen. Und doch kann an dem monarchischen Charakter der mykenezeitlichen Staaten nicht der geringste Zweifel bestehen; denn nur Könige und Fürsten konnten Bauwerke errichten, wie wir sie in den mächtigen Burgen, vor allem aber in den monumentalen Gräbern mit ihren verschwenderisch reichen Beigaben heute noch vor Augen haben. Aber während wir manchen Pharao noch nach Jahrtausenden als Persönlichkeit begreifen können — den großen Kriegsmann und Organisator Thutmosis III. oder den hochgeistigen, aber blind-fanatischen Reformer und Revolutionär Echnaton beispielsweise —, desgleichen manchen König eines altvorderasiatischen Reiches — etwa den Gesetzgeber Hammurabi von Babylon —, können wir nicht einen einzigen frühgriechischen Herrscher in seiner Individualität fassen. Wohl besitzen wir die faszinierenden, die unheimlichen goldenen Totenmasken aus den frühmykenischen Schachtgräbern. So können wir diesen vor dreieinhalb Jahrtausenden verstorbenen Herrschern ins Gesicht sehen, aber von ihrem Leben, ihren Taten, ihren Schicksalen wissen wir nichts, geschweige denn von ihrem Charakter. Erst recht wissen wir nichts von den späteren Königen der mykenischen Glanzzeit des 14. und

13. Jahrhunderts v. Chr., rein gar nichts, nicht einmal irgendwelche Namen.

Es ist noch nicht allzu lange her, daß wir glaubten, mehr von ihnen zu wissen. Berichtete nicht Homer von einem Agamemnon, König von Mykene, von einem Achilleus, einem Patroklos, von dem listenreichen Odysseus von Ithaka, der treuen Penelope? Gab es nicht eine Klytaimnestra, einen Aigisthos, eine Kassandra, den abgeklärten weisen Nestor von Pylos? War nicht zumindest der Lebensstil dieser und vieler anderer Gestalten, so wie ihn die grandiosen Meisterwerke der altgriechischen Literatur vorführen, der Lebensstil, wie er tatsächlich auf den Herrschersitzen der Frühzeit üblich war? Und waren nicht die Ausgrabungsergebnisse eines Heinrich Schliemann, dieses leidenschaftlich von der historischen Wahrheit der homerischen Schilderungen überzeugten Mannes, der Beweis dafür?

Heute müssen wir eingestehen, daß Homers Zeitalter — ebenso wie die fahrenden Sänger der Homer vorausgegangenen Generationen, die den von ihm in seinen großartigen Epen verarbeiteten Stoff mündlich vortrugen — von der Welt der Mykenezeit nicht mehr viel wußten. Wohl kannte man die Orte, die seinerzeit von Bedeutung gewesen waren. Kein Wunder, denn die mächtigen Burgmauern und die zertrümmerten und niedergebrannten Palastanlagen lagen ja als Ruinen immer noch vor aller Augen, und auch die alten Kuppelgräber waren noch vorhanden. Diese Werke einer vergangenen Zeit mußten um so mehr das Staunen der Nachwelt erregen, als seit etwa 1200 v. Chr. nichts auch nur annähernd Vergleichbares mehr entstanden war. Paläste, die noch irgendjemand bewohnte, gab es nicht mehr, und was in den Jahrhunderten vor und nach der Jahrtausendwende an Befestigungen errichtet wurde, trug nur den Charakter dürftiger Gebilde aus Bruchsteinen und Erde. Mit den ungeheuren «kyklopischen» Mauern der Vergangenheit waren sie nicht in einem Atemzug zu nennen. Selbstverständlich haben die gewaltigen Werke der Mykenezeit die Phantasie der Nachwelt angeregt, gerade weil es unter den Griechen der Zeit Homers so geistig rege, mitunter geniale Menschen gab. Aber geistige Regsamkeit und literarische Schöpferkraft ist eine Sache, historisches Wissen eine ganz andere.

Nichts wußte Homers Epoche davon, daß zur Mykenezeit die Verarbeitung des Eisens zu Waffen und Geräten noch unbekannt gewesen war. Von der Taktik der seinerzeit so entscheidenden Streitwagenwaffe hatte sie keine auch nur einigermaßen zutreffende Vorstellung mehr. Daß damals niemand auf den Gedanken gekommen wäre, die Leichen der verstorbenen oder im Kampf gefallenen Fürsten einzuäschern, wußten Homer und seine Zeitgenossen auch nicht. Die bei Homer geschilderte Kleidung, der Schmuck, die Haar- und Barttracht widersprechen immer wieder dem, was die bei modernen Ausgrabungen zu Tage gekommenen

Malereien und aufgefundenen Schmuckstücke selbst uns lehren. Ganz allgemein muß — nach Ausweis der Funde auf den mykenezeitlichen Burgen — der tatsächliche Lebensstil der Fürsten und ihrer Gefolgsleute viel glänzender, vor allem viel feiner, ja raffinierter gewesen sein, als sich das die Griechen zur Homerischen Zeit vorstellten. Wir Heutigen wissen das, jene haben es nicht gewußt. Kein alter Grieche hat auch jemals den Versuch unternommen, eine vergangene Zeit zu rekonstruieren, indem er ihre materiellen Überreste ausgrub und sorgfältig durchmusterte. Doch nicht nur materiell, auch in jeder anderen Hinsicht ist das Bild Homers völlig verzeichnet, wenn wir es mit dem vergleichen, was wir heute vom Leben und Treiben an den Fürstenhöfen der Mykenezeit wirklich wissen. Die Sänger des alten Griechentums «konnten nicht eigentlich in der Vergangenheit denken», «die späteren Griechen hatten keinerlei Erinnerung an eine mykenische Kultur, die sich ihrem Wesen nach von ihrer eigenen unterschied und durch das dunkle Zeitalter von ihr getrennt war. Sie sahen in den Herrschern von Mykene und Pylos ihre unmittelbaren Ahnen und Vorgänger nicht nur in biologischer, sondern auch in gesellschaftlicher und geistiger Hinsicht, und darin irrten sie».[27]

Erst seit dem Jahre 1939 wissen wir von einem der fundamentalsten Unterschiede zwischen dem Bild, das Homer von den Fürsten der Frühzeit gezeichnet hat, und den tatsächlichen Verhältnissen an den Höfen zu Mykene, Pylos oder Theben. Die Vorstellung, einer der homerischen Helden habe die Kunst des Lesens und Schreibens beherrscht oder auch nur Verwaltungsbeamte in seinem Dienst gehabt, die das staatliche Geschehen schriftlich registrierten und bürokratisch lenkten, mußte geradezu grotesk erscheinen. Aber 1939 entdeckte Carl William Blegen bei seinen Ausgrabungen zu Pylos in der südwestlichen Peloponnes im sogenannten «Palast des Nestor» ein regelrechtes Archiv von etwa 600 Tontäfelchen; weitere 400 wurden in den Jahren 1952/1953 gefunden. Bis 1939 hatte das mykenezeitliche Griechenland — im Gegensatz zum «Minoischen» Kreta — als schriftlos gegolten; jetzt mußte dieses Bild gründlich revidiert werden. Inzwischen sind entsprechende Schrifttafelfunde auch zu Mykene und im böotischen Theben gemacht worden. Seither wissen wir, daß es reiner Zufall ist, ob in irgendeinem Zentrum der mykenezeitlichen Kultur bislang irgendwelche Schriftfunde gemacht worden sind oder nicht. Sogar auf den weit entfernten Liparischen Inseln nördlich von Sizilien sind einige Gefäßtrümmer gefunden worden, die Schriftzeichen des im mykenezeitlichen Griechenland gebrauchten Systems aufweisen.

Dieses Schriftsystem war keine Erfindung irgendwelcher Frühgriechen. Es handelte sich vielmehr um die Übernahme einer älteren, von den «minoischen» Kretern zur Schreibung ihrer — nichtgriechischen — Sprache erfundenen Schrift. Bei dieser Übernahme wurde sie für die Schreibung der ganz andersgearteten frühgriechischen Sprache modifiziert, wenn auch nicht mit allzugroßem Geschick. Heute spricht man von «Linear-Schrift A», wenn man die Täfelchen in altkretischer Sprache meint, bei den Täfelchen in frühgriechischer Sprache von «Linear-Schrift B». An Täfelchen und Tongefäßen, die Schriftzeichen des Systems A aufweisen, sind bisher knapp 4000 aus verschiedenen Plätzen der Insel Kreta bekannt. Schriftdenkmäler des Systems B sind auf Kreta nur zu Knossos, dort aber in weitaus größerer Zahl als alle Zeugnisse des Systems A zusammengenommen, gefunden worden, außerdem — wie gesagt — an verschiedenen Orten außerhalb Kretas. Die Idee, auf Tontafeln zu schreiben, stammt zweifellos aus dem Zweistromland Mesopotamien, mit dem Kreta über die Häfen an der syrischen Küste seit alters her in Kontakt stand. Doch in den Ländern am Euphrat und Tigris pflegte man einen Teil der Dokumente, wenn man auf ihre Aufbewahrung Wert legte, durch Brennen der Tontafeln so gut wie unzerstörbar zu machen. Das ist weder auf Kreta, noch im mykenezeitlichen Griechenland geschehen. Deshalb haben wir hier wie dort nur diejenigen Tontafeln in die Hand bekommen, die unabsichtlich, das heißt bei einer Feuersbrunst, gebrannt wurden. So können wir überall nur die Dokumente finden, die gerade zur Zeit einer entsprechenden Brandkatastrophe vorhanden waren, das heißt nur einen kleinen Bruchteil dessen, was es einst gegeben hat.

Seit der glänzenden Leistung der englischen Forscher Michael Ventris und John Chadwick, die 1952 zur Entzifferung der «Linear-Schrift B» geführt hat, können wir die erhaltenen Texte wenigstens leidlich lesen und verstehen, wenn auch im einzelnen manches unsicher bleibt. Eindeutig bestimmen können wir indessen den Inhalt der uns vorliegenden Texte. Was auf Gefäßen aufgeschrieben ist, läßt sich etwa mit den Etiketten auf unseren Konservenbüchsen vergleichen, während es sich bei den Tontafeltexten um Inventarlisten und ähnliche Aufzeichnungen handelt, die im Rahmen einer bürokratischen Verwaltung geführt wurden, Verzeichnisse von Menschen, Tieren, Pflanzen und Gegenständen, auch von Opfergaben für Götter und Göttinnen. Erzählende Texte aller Art, literarische Darstellungen, Rechtssatzungen usw. sind nicht dabei. Insofern ist der Aussagewert des erhaltenen Materials recht begrenzt. Immerhin genügt das, was wir wissen, schon zu der sicheren Erkenntnis, daß es an den betreffenden Fürstenhöfen völlig anders, viel «komplizierter», zugegangen sein muß, als man es sich früher an Hand der Homerischen Schilderungen vorgestellt hat.

Aber hat es seinerzeit wirklich nur Texte der uns allein erhalten gebliebenen Art gegeben? Im Jahre 1952 wurden dicht bei der Burg von Mykene, jedoch — und das ist in diesem Zusammenhang entscheidend — außerhalb des Mauerrings und damit außerhalb des Palastbezirks neununddreißig Tontafeln gefunden. Auch sie sind unabsichtlich, das heißt bei einer Feuersbrunst, gebrannt und dadurch konserviert worden. Das Gebäude, in dem man diese Tafeln gefunden hat, wird meist als «Haus des Ölhändlers» bezeichnet. Inhaltlich handelt es sich bei den betreffenden Texten um eine Art von geschäftlichen Urkunden. Ein Einzel- und Ausnahmefall? Gewiß nicht! Der Fund im «Haus des Ölhändlers» zu Mykene zwingt uns vielmehr dazu, umzudenken, die bislang herrschende Ansicht aufzugeben, die Schrift sei im mykenezeitlichen Griechenland ausschließlich im Dienste der Palastverwaltung verwendet worden. Ihr Anwendungsbereich muß vielmehr weit darüber hinausgegangen sein.

Diese Erkenntnis zieht die nächste Frage nach sich: Ist es überhaupt denkbar, daß so hochentwickelte Kulturen wie die des «Minoischen» Kretas und dann die des mykenezeitlichen Griechenlands die Kunst des Lesens und Schreibens zwar gekannt, ihre Anwendung aber allein auf Inventarlisten und Ähnliches beschränkt haben sollen? Es steht fest, daß das «Minoische» Kreta wie das mykenezeitliche Griechenland auf das Eingravieren von Monumentalinschriften in Stein verzichtet haben, sehr im Unterschied zum pharaonischen Ägypten, aber auch zu den Hethitern mit ihren Hieroglyphen. Doch dieser Verzicht hat seine deutliche Parallele im Fehlen aller Statuen, Porträtköpfe und Reliefdarstellungen von Königen und Fürsten. Hat es wirklich im «Minoischen» Kreta und im mykenezeitlichen Griechenland keinerlei Literatur gegeben, hat man auf das Buch verzichtet, kannte man keine geschriebenen Gesetze, schrieb man keine Briefe? Diese Frage zu stellen, heißt, sie zu verneinen. Was wir in unseren Tagen vom alten Kreta und vom mykenezeitlichen Griechenland wissen — und dieses Wissen ist heutzutage sehr viel größer, als es zu einer Zeit war, in der uns keine anderen Quellen als die Angaben der seit dem 8. Jahrhundert v. Chr. niedergeschriebenen griechischen Literatur zur Verfügung standen —, gibt uns eine Ahnung von dem, was es einstmals gegeben haben dürfte, was aber spurlos verloren gegangen ist. Alles, was vielleicht einmal auf Papyri, die man ja ohne weiteres aus Ägypten importieren konnte, auf Palmblättern, auf Leinenrollen, auf Holz- oder Wachstafeln, auf Leder oder ähnlichem Material geschrieben war, hatte angesichts der in der ägäischen Welt herrschenden klimatischen Verhältnisse keine Chance, die Zeiten zu überdauern. Wahrscheinlich werden wir niemals ein Schriftdenkmal dieser Art zu sehen bekommen. Aber die Annahme, es habe derartiges gegeben, ist gewiß besser begründet, als die vielfach herrschende Meinung, Altkreta und das mykenezeitliche Griechenland hätten zwar die Schrift gekannt, sie aber nur in geradezu lächerlich eingeschränkter Weise zur Anwendung gebracht.

Wohl das beste zusammenfassende Urteil über die Gesamtlage in der Ägäis zur Zeit vor 1200 v. Chr. hat ein führender Althistoriker unserer Zeit, M. I. Finley, formuliert: «Die alte mykenische Welt war, obwohl man in den Palästen griechisch sprach, viel näher verwandt mit den

damaligen hochzentralisierten und bürokratisierten Staaten weiter östlich, im nördlichen Syrien und in Mesopotamien. Die neue Welt, die
geschichtliche griechische Welt (seit den ersten Jahrhunderten des 1.
vorchristlichen Jahrtausends) war (und blieb) in ihrer Wirtschaft, Politik
und Kultur davon grundverschieden.»[28]

Was ist zur Mykenezeit aus den älteren vorgriechischen Völkern der
Ägäis geworden, zum Beispiel aus den «Minoern» auf Kreta oder den
Kykladenmenschen, die in noch früherer Zeit als jene, das heißt im
3. vorchristlichen Jahrtausend, die kulturelle Führungsrolle im ägäischen
Raum gespielt hatten? Gewiß haben beim Eindringen der primitiv-grob-
schlächtigen Vorfahren der Frühgriechen aus dem Inneren der Balkanhalbinsel nicht wenige Angehörige der vorgriechischen Bevölkerung ihr
Leben verloren. Aufs ganze gesehen ist es aber niemals zu einer Ausrottung der Vorgriechen gekommen, sondern zu einer allmählichen Vermischung von Alteinheimischen und Zuwanderern. Die griechische Sprache
setzte sich im Lauf der Zeit überall im Lande durch, aber sie nahm nicht
wenige Elemente aus den älteren Sprachen in sich auf. Dazu gehören
nicht nur viele Namen von Flüssen, Bergen, Inseln und Ortschaften,
sondern auch alle möglichen anderen Ausdrücke. Zu ihnen zählen z. B.
Begriffe aus der den griechisch sprechenden Einwanderern zunächst
fremden Welt des Seewesens und der Schiffahrt, aber auch Bezeichnungen von sonstigen Gegenständen, die man von der älteren Bevölkerung
übernahm. Bekannt ist das aus einer vorgriechischen Sprache ins Griechische eingedrungene Wort «Asaminthos», «die Badewanne»; die frühgriechischen Machthaber führten dieses Attribut einer verfeinerten Lebensweise nach kretischem Vorbild auch auf ihren Burgen ein und übernahmen dabei die alte Bezeichnung. Im einzelnen ist es oft unmöglich zu
unterscheiden, welches Kulturelement der Mykenezeit nun eigentlich
«vorgriechisch» und welches «frühgriechisch» ist. Das Entscheidende
war eben der ständig fortschreitende Vermischungsprozeß zwischen
Menschen, Sprachen und Elementen der Kultur.

Immerhin besitzen wir in einzelnen Fällen sogar noch aus weit späteren
Zeiten einige Angaben über vorgriechische Volksgruppen. Nicht nur in
Homers Odyssee, sondern noch in weit jüngeren Texten werden gelegentlich die Eteokreter, «die echten Kreter», erwähnt. Sie saßen im Ostteil der Insel, und zu Praisos südlich der erst zur Venezianerzeit entstandenen Hafenstadt Sitia haben sich sogar einige Inschriften dieser Eteokreter gefunden. Sie sind in den Buchstaben des griechischen Alphabets
geschrieben, aber in der alten vorgriechischen Sprache dieser Leute abgefaßt. In gewissen Angaben aus dem 5. Jahrhundert v. Chr. werden auch
die Eteokarpathier, «die echten Karpathier» genannt. Auch heute ist die
gebirgige, von See aus schwer zugängliche Bauerninsel Karpathos, zwischen Kreta und Rhodos, ein typisches Rückzugsgebiet. So finden wir

hier in manchen Dörfern selbst in unseren Tagen schöne alte Frauen-
volkstrachten, die sogar im Alltagsleben noch getragen werden. Auch
wird die griechische Sprache auf Karpathos in einer außerhalb der Insel
kaum verständlichen Form gesprochen, die viel mittelalterlich-byzantini-
sches Gut erhalten hat. Im Altertum gab es also auf Karpathos wie im
Osten Kretas viele Jahrhunderte nach Ende der Mykenezeit immer noch
einzelne vorgriechische Volksgruppen, doch haben weder die «echten
Kreter» noch die «echten Karpathier» eine irgendwie nennenswerte geschichtliche Rolle mehr gespielt.

Nur im Nordosten der ägäischen Welt, auf den Inseln und an den
ihnen gegenüberliegenden Festlandsküsten, trat das griechische Element
bis ans Ende der Mykenezeit und noch beträchtlich darüber hinaus auffällig zurück. Schon auf der Insel Chios sind frühgriechische Funde nicht
gerade reichlich, wenn auch vielleicht zu Emporio an der Südostküste der
Insel — eine dort aufgedeckte Siedlung reicht bis ins frühe 3. Jahrtausend
v. Chr. zurück — in spätmykenischer Zeit frühgriechische Siedler gesessen haben könnten. Noch krasser liegen die Dinge auf der nächsten Insel
weiter im Norden, auf Lesbos, heute nach dem Namen der Hauptstadt
meist Mytilene genannt. Was hier an frühgriechischen Funden aus der
Mykenezeit zu Tage gekommen ist, deutet zwar auf Handelsverbindungen hin, schließt aber die Annahme einer Besiedelung der Insel durch
Frühgriechen nahezu mit Sicherheit aus. Erst recht ist die allein schon
wegen ihrer Lage und ihres Buchtenreichtums für die Schiffahrt in der
nordöstlichen Ägäis so eminent wichtige Insel Lemnos — heute Limnos
genannt — völlig außerhalb der frühgriechischen Siedlungszone geblieben. Dasselbe gilt für die Inseln im äußersten Nordosten und Norden des
Ägäischen Meeres, Tenedos, Imbros, Samothrake (Samothraki) und Thasos. Nicht anders steht es um die nordwestlichen Abschnitte der kleinasiatischen Küste, die große Halbinsel westlich des tief ins Land einschneidenden Golfes von Smyrna (Izmir) und die Küsten der in späterer
Zeit Aeolis, Mysien und Troas genannten Landstriche weiter im Norden.

Das ist um so auffälliger, als die dortigen Inseln und Küsten gewiß
nicht unwirtlich sind. «Eines der dichtestbevölkerten und fruchtbarsten
Gebiete Griechenlands», nennt ein modernes Reisehandbuch die Insel
Lesbos (Mytilene), «die Kornkammer unter den Inseln» die Insel Lemnos
(Limnos)[29] — und das mit vollem Recht. Die Aeolis charakterisierte
schon Herodot[30] als einen Landstrich mit besserem Boden als das weiter
südlich gelegene Ionien, wenn es auch diesem im Klima nicht gleich
käme.

Tatsächlich hat der Nordosten der Ägäis schon in der frühgeschichtli-
chen Zeit des 3. vorchristlichen Jahrtausends eine beachtliche historische
Rolle gespielt, auch wenn diese uns nur in groben Umrissen bekannt ist.
Da gab es vor allem an der Kleinasien gegenüberliegenden Ostküste der

Insel Lemnos (Limnos) die bronzezeitliche Siedlung von Poliochni. Hier
erreichte das Leben schon im frühen 3. Jahrtausend v. Chr. ein erstaunlich hohes Niveau. Aus der dörflichen Hüttensiedlung der Anfangszeit
entwickelte sich bald eine kleine Stadt mit mächtigen Mauern, die später
mehrfach erneuert, erweitert und verstärkt worden sind. Ihre noch heute
sehr eindrucksvollen Überreste liegen auf einem flach aus der Ebene
emporragenden, zum Meer aber steil abfallenden Hügel. Auch außerhalb
des Mauerrings sind noch Überreste von Häusern erkennbar. Nach den
für die einzelnen Zeitabschnitte charakteristischen Funden teilt man die
Entwicklung der in den Jahren 1930 bis 1936 von Allessandro della Seta
und seit 1951 von Luigi Bernabo Brea ausgegrabenen Siedlung in sieben
Perioden ein. Sie werden mit den Farben «schwarz», «blau», «grün»,
«rot», «gelb», «braun» und «violett» bezeichnet. Seine höchste Blüte
erreichte Poliochni in den Perioden 2 bis 5, d. h. «blau» bis «gelb», die
sämtlich ins 3. vorchristliche Jahrtausend gehören. Damals unterhielt der
Platz lebhafte Handelsbeziehungen zum gegenüberliegenden Kleinasien
sowie zu den Kykladen, wo in dieser Zeit die vorgriechische Kykladenkultur die prachtvollen marmornen Statuen und Statuetten («Kykladen-
Idole») und die geheimnisvollen «Tonpfannen» schuf; einige der letzteren sind mit den Abbildungen vielrudriger seetüchtiger Wasserfahrzeuge
mit spornartig ausgebildetem Vordersteven, hoch emporgezogenem Achtersteven, zwei Steuerrudern und einer fischförmigen Verzierung am
Heck versehen. Das kleine, aber inhaltsreiche Museum zu Myrina auf
Limnos besitzt eine interessante Sammlung verschiedenartiger Gegenstände aus Keramik und Bronze sowie instruktives Kartenmaterial zur
Entwicklung von Poliochni. Im Jahre 1956 förderte der Zufall in den
Ruinen von Poliochni sogar einen prachtvollen Goldschmuck zu Tage,
darunter eine mit zwei Tierfiguren geschmückte Nadel, Ringe und Ohr-
gehänge. Leider wird dieser Goldschmuck heute nicht auf der Insel selbst
aufbewahrt, sondern ist nach Athen gebracht worden. Er stammt aus der
Periode 5 («gelb»), das heißt aus der zweiten Hälfte des 3. vorchristlichen Jahrtausends. Am Ende dieser Periode wurde die Stadt zerstört,
ganz offenkundig durch ein gewaltiges Erdbeben; nach ihrem Wiederaufbau erreichte sie nicht mehr die alte Blüte, bestand aber noch bis in die
Zeit um 1750 v. Chr. weiter. Das Ende der Siedlung von Poliochni bedeutete jedoch keineswegs das Ende der geschichtlichen Bedeutung der
Insel Lemnos als solcher.
    Sachlich und zeitlich in engem Zusammenhang mit Poliochni stand
eine in den Jahren 1929 bis 1933 von W. Lamb ausgegrabene Siedlung
bei Thermi an der Ostküste von Lesbos, neun Kilometer nördlich der
Inselhauptstadt Mytilene. Im Gegensatz zu Poliochni bietet der Platz, an
dem lange schmale Rechteckhäuser und ein Tor zwischen zwei Bastionen
ausgegraben wurden, dem Auge des Besuchers nichts, da die Ruinen

später wieder mit Erde überdeckt worden sind. Genau wie Poliochni und Thermi geht auch die bereits erwähnte Siedlung bei Emporio an der Südostküste von Chios bis ins frühe 3. Jahrtausend v. Chr. zurück; sie gehört zum gleichen Kulturkreis wie jene Plätze.

Dasselbe gilt auch für einen Ort gut 40 Kilometer nördlich von Izmir-Smyrna auf dem kleinasiatischen Festland. Seine Überreste finden sich bei Buruncuk (Burundschuk) dicht nördlich des auf griechisch Hermos, heute auf türkisch Gediz-Nehri genannten Flusses. Im Altertum lag der Platz näher am Meer als heute, der Fluß hat nämlich inzwischen mit seinen Anschwemmungen die Küstenlinie erheblich nach Westen verschoben. Die alte Siedlung wurde 1902 und dann wieder in den Jahren seit 1932 von schwedischen und deutschen Archäologen untersucht. Die aufgedeckten Ruinen stammen zumeist von einer erst um 800 v. Chr. gegründeten Griechenstadt, bei der es sich wahrscheinlich um Larissa in Aeolien, vielleicht aber auch um einen Kyllene genannten Nachbarort gehandelt hat. In unserem Zusammenhang ist aber wichtig, daß es hier bereits einen viel älteren Mauerring aus vorgriechischer Zeit gibt, dessen Ausdehnung den der Burgmauern von Mykene übertrifft. Er gehörte zu einem Ort, der bis ins 3. Jahrtausend v. Chr. zurückgeht, dessen Blütezeit jedoch ins 2. Jahrtausend v. Chr. zu datieren ist. Ebenfalls bis ins 3. Jahrtausend v. Chr. zurück führen Tonscherben, die zu Tschandarli an der Küste südwestlich von Pergamon (heute Bergama) gefunden worden sind. Die Ruinen dieses in klassisch-griechischer Zeit Pitane genannten Platzes fielen übrigens so gut wie vollständig dem Bau eines mittelalterlich-venezianischen Kastells zum Opfer. Vorgriechische Tonscherben wurden auch an einem Ort etwa 40 Kilometer westlich von Izmir-Smyrna gefunden, nicht weit von der Stelle, wo später ionische Griechen ihre Stadt Klazomenai gründeten.

Alles in allem ergibt sich, daß die nordöstliche Ägäis in frühgeschichtlicher Zeit nicht unerhebliche Bedeutung gehabt haben muß, daß aber die dortigen Inseln und Festlandsküsten ebenso außerhalb des hethitischen Großreiches wie außerhalb der frühgriechischen Siedlungszone der Mykenezeit lagen. Nur gibt es keine zeitgenössischen Schriftdenkmäler, die uns irgendwie in diese Gegend führen. Die mehrere Jahrhunderte jüngeren Berichte der Griechen, etwa über die Kämpfe der Aeolier im Zusammenhang mit ihren um 800 v. Chr. erfolgten Städtegründungen an der nordwestkleinasiatischen Küste, sind nicht geeignet, uns ein genaueres Bild von den Gegenspielern der Griechen zu verschaffen. Diese werden gern mit dem Namen «Pelasger» bezeichnet, doch ist dieser ein ausgesprochen schillernder Sammelbegriff zur Bezeichnung vorgriechischer Menschen in so weit voneinander entfernten Gegenden wie der Peloponnes, Thessalien, dem Epiros, verschiedenen Inseln zwischen der Nordägäis und Kreta und anderen Landstrichen mehr. Gewiß ist der Pelasger-

name keine Erfindung, aber welche Menschen in welcher Landschaft er
ursprünglich bezeichnet hat, ist so unsicher, daß man sich hier besser
aller Spekulationen enthält. Zum Vergleich sei an den Begriff «Hellenen»
erinnert, der seit dem 7. vorchristlichen Jahrhundert bis in unsere Gegenwart das gesamte von uns nach römischem Sprachgebrauch als «Griechen» bezeichnete Volk umfaßt, von dem wir aber wissen, daß er sich
von Hause aus nur auf einen bestimmten Stamm im südlichen Thessalien
bezogen hat. Ähnlich steht es um den Begriff «Alemannen», der eigentlich nur einen bestimmten germanischen Stamm bzw. eine Stammesgruppe, im Französischen, Spanischen, Portugiesischen und sogar im
Türkischen jedoch die Angehörigen des viel größeren Volkes bezeichnet,
die in anderen Sprachen Deutsche, Tedeschi, Tysk, Duitse, in wieder
anderen Germans, Germanoi und ähnlich genannt werden.

Ein Name aus der nordöstlichen Ägäis wurde bisher noch nicht genannt, obwohl er im Gegensatz zu Poliochni, Thermi oder Buruncuk
weithin bekannt ist: Troja. Hierzu sei mit aller Deutlichkeit eines festge-
stellt: Die Siedlung von Poliochni auf Lemnos war nicht nur älter als
Troja und hat dieses im 3. und beginnenden 2. vorchristlichen Jahrtausend an Bedeutung jedenfalls überragt, seine Ruinen sind auch für das
Auge des modernen Besuchers entschieden eindrucksvoller als die von
Troja. Der von Heinrich Schliemann zu Troja aufgefundene und von ihm
so benannte «Schatz des Priamos» hat seine Parallele in dem 1956 gefundenen Goldschmuck von Poliochni. Das Areal von Troja war kleiner als
jenes, das der Mauerring der vorgriechischen Siedlung von Buruncuk
umschloß. Im Bereich der Dardanellenmündung selbst war die beim heutigen Kumtepe gelegene kleine Siedlung älter als das früheste Troja. Daß
Troja gleichwohl so viel bekannter ist als alle anderen frühgeschichtlichen Plätze in der nordöstlichen Ägäis, beruht in erster Linie auf der
Rolle, die der Platz in einer der großartigsten Schöpfungen der Weltliteratur spielt: in Homers Ilias. Versuchen wir, nüchtern und realistisch ein
Bild von Troja im 3. und 2. vorchristlichen Jahrtausend zu gewinnen.

Um 3000 v. Chr. entstand auf einem Hügel in der Ebene, die der
Skamander-Fluß (heute Kütschük Menderes genannt) durchfließt, eine
kleine befestigte Siedlung, besser gesagt ein Herrensitz (Troja I). Ein
Hafenplatz war Troja nicht, lag es doch etwa eine Stunde weit entfernt
vom Eingang der Dardanellenstraße. Keramikfunde lassen Beziehungen
zum übrigen Nordwestkleinasien erkennen, desgleichen zu den Inseln
Lemnos und Lesbos und zu dem jenseits der Dardanellenstraße gelegenen
Thrakien. Um die Mitte des 3. Jahrtausends v. Chr. wurde Troja beträchtlich ausgebaut, doch betrug der Umfang des Mauerrings auch damals nur knapp 400 Meter, es fanden also lediglich einige hundert Menschen in seinem Inneren Platz (Troja II). Aus dieser Zeit stammt der von
Heinrich Schliemann gefundene sogenannte «Goldschatz des Priamos».

Starke Brandschichten lassen eindeutig erkennen, daß Troja II um 1900 v. Chr. ein gewaltsames Ende fand. Dieser Befund verleitete seinerzeit Heinrich Schliemann zu der Ansicht, Troja II sei «das homerische Troja», was — wie wir heute wissen — allein schon aus chronologischen Gründen völlig ausgeschlossen ist. Wer Troja II zerstörte, wissen wir nicht; wir können nicht einmal sagen, ob sein Untergang mit einem Eindringen balkanischer Stämme über die Meerenge der Dardanellen hinweg zusammenhing, oder ob es sich um ein mehr oder minder lokales Ereignis gehandelt hat. Das wiederaufgebaute Troja der nächsten Perioden (Troja III bis V) trug einen bescheideneren Charakter als Troja II, war aber aller Wahrscheinlichkeit nach von den Nachkommen der früheren Bewohner besiedelt, nicht von irgendwelchen Neuankömmlingen. In der Zeit von etwa 1700 bis 1300 v. Chr., das heißt in der Periode Troja VI, erreichte dann der Platz den Höhepunkt seiner Entwicklung. Doch ging der Mauerumfang auch damals nicht über 600 Meter hinaus, war also gewiß keine «glänzende große volkreiche Stadt» mit Zehntausenden von Bewohnern, wie sie bei Homer dargestellt wird. Zum Großreich der Hethiter lassen sich Beziehungen nicht nachweisen, dagegen deuten Keramikfunde auf gesteigerte Handelsverbindungen mit dem Griechenland der Mykenezeit hin. Zugrundegegangen ist Troja VI, wie die mit modernen Methoden durchgeführten Ausgrabungen des Amerikaners Carl Blegen erwiesen haben, nicht durch Menschenhand, sondern durch ein gewaltiges Erdbeben. Erst die bescheidene, ja geradezu dürftig zu nennende Siedlung des 13. Jahrhunderts v. Chr. (Troja VII A) fiel kriegerischer Gewalt zum Opfer. Erneut aufgebaut, erlebte der Ort auch im weiteren Verlauf der Jahrhunderte eine wechselvolle Geschichte, war aber niemals eine Stadt von besonderem Rang. Das blieb auch so, als seit dem 8. Jahrhundert v. Chr. griechische Seefahrer von der Ägäis ins Marmarameer und weiter ins Schwarze Meer vordrangen und überall an den Küsten neue Siedlungen gründeten. Erst damals erlangte der Seeweg durch die Dardanellenstraße geschichtliche Bedeutung. Doch blieb diese Fahrt wegen der starken, zu allen Jahreszeiten vom Marmarameer in die Ägäis fließenden Strömung und dem fast ständig von Nordosten her wehenden steifen Wind stets mit größter Mühe und härtesten Anstrengungen verbunden. Wichtig ist die Feststellung, daß uns jeglicher Hinweis dafür fehlt, Griechen der Mykenezeit oder andere frühe Seefahrer aus der Ägäis seien jemals die Dardanellen hinaufgefahren. Nachweisbar sind, wie gesagt, solche Fahrten erst seit dem 8. Jahrhundert v. Chr.

Mehrere Jahrhunderte, nachdem die Welt von Mykene untergegangen war, erzählten sich die Griechen von einem großen Kriegszug gegen Troja, angeführt von einem König Agamemnon von Mykene. Im 8. Jahrhundert v. Chr. hat Homer diesen Stoff in seiner «Ilias» verarbeitet. Wir wissen heute, daß Homers Schilderungen in allen möglichen Details den tatsächlichen Verhältnissen der Mykenezeit widersprechen; hiervon war bereits die Rede, als wir den Versuch machten, das Leben auf den Burgen jener Zeit zu rekonstruieren. Es bleibt die Frage, ob es überhaupt einen großangelegten Kriegszug mykenezeitlicher Griechen gegen Troja gegeben hat. Anders als das durch Erdbeben zerstörte Troja VI ist Troja VII A tatsächlich durch kriegerische Ereignisse vernichtet worden. Doch fällt dieser ins ausgehende 13. Jahrhundert v. Chr. zu datierende Vorgang bereits in eine Periode, in der das mykenezeitliche Griechenland selbst durch eine von Norden vorstoßende Einwandererwelle derartig bedroht war, daß man gewiß nicht mehr an ein Unternehmen gegen das ferne Troja hätte denken können. Eindeutig gegen die Annahme eines mykenisch-griechischen Kriegszuges gegen Troja spricht auch, daß die wegen ihrer Lage westlich der Dardanellenmündung so eminent wichtige Insel Lemnos außerhalb der frühgriechischen Einflußzone blieb, weiter auch die Tatsache, daß der Seeweg durch die Dardanellen zur Mykenezeit offensichtlich ohne alle Bedeutung war. Kurz und gut: So gut wie nichts spricht für ein großangelegtes Unternehmen von Mykene-Griechen gegen Troja, sehr viel aber entscheidend dagegen. Es ist gewiß begreiflich, daß angesichts der faszinierenden Schilderungen Homers auch namhafte Gelehrte davor zurückscheuen, seine Schilderungen als Quelle für die Geschichte der Mykenezeit ganz über Bord zu werfen.[31] Und dennoch muß der Satz gelten: «Wenn die Zeugnisse der Funde sich mit den griechischen Mythen nicht vereinen lassen, sind es die letzteren, nicht die ersteren, die der Historiker opfern muß.»[32]

Wahrscheinlich ist die Geschichte vom Trojanischen Krieg — und ebenso die Erzählung von der Fahrt des Schiffes Argo unter Jason von Jolkos nach Kolchis im Ostwinkel des Schwarzen Meeres und manche andere mehr — folgendermaßen entstanden: Als mehrere Jahrhunderte nach dem Untergang der Welt von Mykene die Fahrten griechischer Schiffe durch die Dardanellen ins Marmarameer und weiter durch den Bosporus ins Schwarze Meer begannen und immer mehr an Bedeutung gewannen, mußten die Seeleute oft lange Wochen, mitunter Monate am Eingang der Dardanellen warten, bis endlich einmal ein günstiger Wind die Passage ermöglichte. Noch zu Beginn unseres Jahrhunderts war es ein vertrautes Bild, daß oft hunderte kleinerer Fahrzeuge bei der Insel Tenedos versammelt waren, und genauso wird es auch im griechischen Altertum ausgesehen haben. Vor den Augen der Männer, die sich irgendwie die Zeit vertreiben mußten, lagen die Trümmer des alten Troja, die deutlich verrieten, daß der Platz früher einmal größere Bedeutung gehabt haben dürfte als in ihrer Gegenwart. Es war eine Situation, geradezu geschaffen für die Entstehung von Seemannssagen, und dann wurde das «Garn» immer weiter ausgesponnen. Daß dabei das Motiv nahe lag, die Zerstörungen des Ortes wenige Kilometer südlich vom Eingang der Dardanellenstraße auf einen großen Kriegszug der eigenen Vorfahren zurückzuführen, versteht sich nahezu von selbst. Die Annahme, daß die Geschichte vom Trojanischen Krieg auf diese Weise entstanden ist, läßt sich zwar nicht beweisen. Doch dürfte sie wesentlich realistischer sein als alle Versuche, aus Homers Epen doch etwas über historische Ereignisse herauslesen zu wollen, die sich zur Mykenezeit im äußersten Nordosten der ägäischen Welt tatsächlich abgespielt hätten.

Alles in allem können wir feststellen, daß die Inseln der nordöstlichen Ägäis und die ihnen gegenüberliegenden Festlandsküsten zwar mit dem mykenezeitlichen Griechenland Handelsbeziehungen unterhielten, im wesentlichen aber außerhalb der frühgriechischen Welt und auch außerhalb der Einflußzone des Hethitischen Großreiches lagen. Daß wir von dem dortigen historischen Geschehen im einzelnen so wenig wissen, hängt nicht zuletzt damit zusammen, daß bislang auch nicht ein einziges geschriebenes Wort aufgetaucht ist, das irgendwo im nordostägäischen Raum einschließlich Trojas im Verlauf des 3. und des 2. vorchristlichen Jahrtausends niedergeschrieben worden ist.

Oder doch? In den ersten Jahren unseres Jahrhunderts entdeckte Luigi Pernier, der italienische Ausgräber des Palastes von Phaistos in der südkretischen Messara-Ebene, ein Schriftdenkmal, das bis heute völlig allein dasteht. Es ist der berühmte «Diskos von Phaistos», eine auf beiden Seiten mit den Zeichen einer sonst unbekannten Bilderschrift bedeckte Tonscheibe. Nach den Fundumständen muß sie etwa dem 17. vorchristlichen Jahrhundert zugeschrieben werden. Die Bildzeichen der Schrift unterscheiden sich von denen aller anderen uns bislang bekannten Schriftsysteme: von den sonst auf Kreta entdeckten Schriftdenkmälern, von den auf den Burgen der Mykenezeit gefundenen Urkunden, deren Schrift von der alten Kretaschrift abgeleitet worden ist, von den «Hethiterhieroglyphen» Kleinasiens, von den Hieroglyphen des pharaonischen Ägyptens. Viele der Bildzeichen auf dem «Diskos von Phaistos» sind so prägnant, daß sich auf Anhieb erkennen läßt, was dargestellt ist: Männerköpfe mit einem eigentümlichen Federkopfputz, Figuren laufender Männer, eine Frau mit langen Haaren, runde Buckelschilde, hemdartige Kleidungsstücke, Kähne mit hochgezogenem Vor- und Achtersteven, Fische, Bäume, Rosetten und anderes mehr. Lesen können wir den Text nicht, doch liegt die Vermutung nahe, es handele sich um eine Namensliste.

Es ist völlig ausgeschlossen, daß der «Diskos von Phaistos» das einzige Denkmal gewesen sein sollte, auf dem diese Bilderschrift Verwendung gefunden hat. Wo aber ist sie beheimatet gewesen? Kaum auf Kreta selbst; ziemlich einhellig herrscht die Meinung, der «Diskos von Phaistos» sei von irgendwoher auf die Insel importiert worden. Woher aber? Die einzigen Anhaltspunkte, die wir überhaupt haben, sind einige Bildzeichen auf dem Diskos selbst. Da ist einmal der mehrfach abgebildete

Kahn. Sein steil hochgezogener Achtersteven erinnert ganz an die aus
dem 3. Jahrtausend v. Chr. stammenden Schiffsbilder auf einigen «Tonpfannen» von den Kykladen, vor allem aus Syros.[33] Dagegen hat der
Kahn auf dem Diskos eine hochgezogene Bugpartie, die sich deutlich von
dem niedrigen spornartig ausgebildeten Vordersteven der Schiffe auf den
Tonpfannen unterscheidet. Letztere zeigen auch eine ganze Anzahl von
Riemen und repräsentieren jedenfalls einen erheblich größeren Schiffsty-
pus als der auf dem Diskos abgebildete Kahn. Ähnliche Bug- und Heck-
formen wie bei diesem finden sich bei den Schiffen der «Seevölker», die
in den Reliefs im Tempel des Pharaos Ramses III. in Medinet Habu in
Oberägypten aus dem beginnenden 12. Jahrhundert v. Chr. abgebildet
sind. Doch handelt es sich bei diesen Schiffen, mit denen die «Seevölker»
sogar bis ins Nildelta eindrangen, um Segelschiffe mit Rahsegel, also
wieder um weit größere Fahrzeuge als den kleinen Kahn auf dem Diskos.
Immerhin weist ein Vergleich dieses Kahnes mit den älteren Kykladen-
ruderschiffen einerseits und den jüngeren «Seevölker»-Segelschiffen andererseits mit einiger Sicherheit darauf hin, daß der abgebildete Kahn
und damit der Diskos selbst aus der Welt der Ägäis stammt. Weiter: Das
Bild des runden Buckelschildes auf dem Diskos entspricht ganz den ägyptischen Darstellungen der Schilde der »Schirdana von den Inseln des
Meeres», die ebenfalls zu den «Seevölkern» gehörten. Diese Schirdana
haben zu Anfang der Regierungszeit Ramses' II. (etwa 1290–1224
v. Chr.) von See her einen Raubzug gegen Ägypten unternommen, und
knapp ein Jahrhundert später gehörten sie wiederum zu den gegen das
Nilland vordringenden Angreifern. Wir kennen die Schirdana aber auch
als Söldner der Pharaonen, und das bereits zur Zeit Amenophis' III. (etwa
1402 bis 1364 v. Chr.), als sie in vorderasiatischen Garnisonen Dienst
taten. Der Federkopfputz auf dem Bildzeichen des kahlgeschorenen und
bartlosen Männerkopfes, das häufig auf dem Diskos erscheint, begegnet
uns in gleicher Form ebenfalls in den ägyptischen Darstellungen aus der
Zeit um 1200 v. Chr.; hier tragen die zu den «Seevölkern» gehörenden
Peleset (Philister), Zakkari und Danauna eine entsprechende Kappe mit
Federkrone. Ganz ähnlich ist die Kopfbedeckung einer Gruppe von Krie-
gern, die auf einer dem späten 13. Jahrhundert v. Chr. angehörenden zu
Mykene gefundenen Vase dargestellt sind. Schließlich berichtet der allerdings erst im 5. Jahrhundert v. Chr. lebende Herodot von Halikarnass,[34]
daß die südwestkleinasiatischen Lykier rings mit Federn besetzte Filzmützen trugen. So begegnet uns auf dem Diskos also manches, was wir in
späterer Zeit bei Schirdana, Peleset (Philistern), Zakkari, Danauna und
Lykiern wiederfinden. Allerdings sind wir nicht in der Lage, den Diskos
einem bestimmten Volk unter den genannten Gruppen zuzuweisen. Denn
in der überaus turbulenten Völkerwanderungszeit um die Wende vom
13. zum 12. Jahrhundert v. Chr. ist es mit Sicherheit zu weitgehenden

Blutsvermischungen zwischen den verschiedenen «Seevölkern» gekommen, und auch die Gepflogenheit, einen bestimmten Schildtypus zu verwenden oder einen bestimmten Federkopfputz zu tragen, könnte durchaus von einer Gruppe auf die andere übergegangen sein. Fassen wir alles zusammen, so werden wir kaum umhinkommen, den etwa aus dem 17. Jahrhundert v. Chr. stammenden «Diskos von Phaistos» irgendwelchen Vorfahren jener genannten Volksgruppen zuzuschreiben, die irgendwo im ägäischen Raum, auf den Inseln oder an der kleinasiatischen Küste gelebt haben. Mehrfach hat man eine Herkunft des «Diskos von Phaistos» aus der südwestkleinasiatischen Küstenlandschaft Lykien angenommen, wo nach Herodots Zeugnis die Männer federbesetzte Filzmützen trugen. Dem steht aber entgegen, daß der Diskos etwa aus dem 17. Jahrhundert v. Chr. stammt, das Land «Lukki» und das Volk der «Lukka» jedoch aller Wahrscheinlichkeit nach erst seit dem 14. Jahrhundert v. Chr. eine geschichtliche Rolle spielten. Wir haben sogar allen Anlaß zu der Annahme, daß die «Lukka» bzw. Lykier über See nach «Lukki» bzw. Lykien gekommen und dort als Einwanderer seßhaft geworden sind. Diese Einwanderung ist aber jedenfalls erst zu einem späteren Zeitpunkt erfolgt als die Herstellung des «Diskos von Phaistos». In der Periode, in der dieser entstanden ist, war der später Lykien genannte Küstenstrich noch weitgehend oder sogar völlig menschenleer.[35] So drängt sich die Vermutung auf, daß der Diskos vielleicht auf einer der relativ großen fruchtbaren Inseln in der nordöstlichen Ägäis oder an der ihnen gegenüberliegenden Küste Kleinasiens entstanden sein könnte. Hier gab es ja — wie gesagt — schon lange vor der Entstehungszeit dieses eigentümlichen Schriftdenkmals Siedlungen von erheblichem kulturellen Niveau. Sollte sich die genannte Vermutung als richtig erweisen, ergibt sich zwangsläufig eine weitere Folgerung. Es müßte dann nämlich so gewesen sein, daß es in der auch zur Blütezeit der Mykenekultur weitgehend außerhalb der frühgriechischen Einflußzone gebliebenen Nordostägäis geistige Leistungen und schöpferische Taten gegeben hat, von denen wir nach Lage der Dinge keine Ahnung haben können. Denn der irgendwie nach Kreta gelangte «Diskos von Phaistos» war ganz gewiß nicht das einzige Erzeugnis dieser Schriftkultur.

In jedem Fall sah nicht nur die politische Landkarte der ägäischen Welt im 14. und 13. Jahrhundert v. Chr. viel bunter aus, als wir früher angenommen hatten. Auch das kulturelle Niveau war viel komplizierter, differenzierter und feiner. Dabei war der Abstand zwischen den Verhältnissen in der Ägäis und denen in den Ländern des vorderen Orients geringer, der Unterschied zum Griechenland der folgenden Jahrhunderte dagegen weit größer, als es früheren Annahmen entsprach. Beim großen Völkersturm um 1200 v. Chr. ging eine Welt zugrunde, und was später neu entstand, hatte mit dem zerstörten Alten nicht allzuviel gemeinsam.

Viertes Kapitel

Der große Völkersturm und der Zusammenbruch der Kulturwelt um 1200 v. Chr

Die Katastrophe der Königsburgen in Griechenland. — Der Untergang der Städte Anatoliens und das Ende des Hethiterreiches. — Verwüstungen in Kilikien, Syrien, Cypern. — Archäologischer Befund und geschichtliche Ereignisse. — Die Berichte der Pharaonen Merenptah und Ramses III. über die Angriffe der Libyer und «Seevölker» auf Ägypten. — Inschriften und Bilderzyklen zu Medinet Habu. — Die «Seevölker»: Schirdana, Lukka, Turscha, Peleset, Zeker, Akawascha, Danauna. — Das Pharaonenreich nach der Abwehr der großen Angriffe. — Verarmung und Räuberunwesen in Ägypten. — Die Auflösung des einheitlichen Pharaonenstaates. — Die friedliche Infiltration des Nillandes durch die Libyer und die Machtergreifung des Maschwesch-Generals Schoschenk. — Ägyptens weitere Geschichte — die Geschichte seiner fremdstämmigen Oberschicht

Vergessen wir für einen Augenblick, daß es niemals einen ägyptischen Herodot gegeben hat. Stellen wir uns stattdessen einmal vor, im Nilland habe ein Mann gelebt, der fremden Ländern und Völkern mit der Haltung eines Bildungsreisenden unserer Zeit gegenübergetreten wäre und der überdies die praktische Möglichkeit gehabt hätte, die Kulturländer seiner Zeit zu bereisen und sich überall frei und ungehindert umzusehen. Stellen wir uns weiter vor, der Betreffende hätte als junger Mann etwa zur Zeit des Todes Ramses' II. (um 1224 v. Chr.) das Gebiet der heutigen Staaten Griechenland, Türkei, Syrien und Libanon bereist und seine Eindrücke in Wort und Bild festgehalten. Einige Jahrzehnte später hätte unser Reisender, jetzt ein Mann in fortgeschrittenem Alter, seine Aufzeichnungen und Skizzen wieder in die Hand genommen. Dann hätte er feststellen müssen, daß sich die Welt im Verlauf eines einzigen Menschenalters noch krasser und einschneidender gewandelt hatte, als es im Europa unseres Jahrhunderts zwischen dem Sommer 1914 und dem Jahr 1945 der Fall war.

Von den mächtigen und kriegstüchtigen Königreichen Griechenlands war fast nur ein einziges übriggeblieben: der von der Akropolis zu Athen aus beherrschte Staat in Attika. Dorthin sowie auf die vom mittelgriechischen Festland nur durch den schmalen Euripos-Sund getrennte Insel Euboia ergossen sich ganze Ströme von Flüchtlingen mit den kläglichen Resten ihrer Habe. Die mächtigen Mauerringe der Herrscherburgen zu

Mykene, zu Tiryns, zu Theben, zu Gla in der Kopais-Ebene, zu Jolkos waren zwar noch da. Aber in ihrem Inneren lagen nur formlose Trümmer- und Schutthaufen, wo es noch kurz zuvor prächtige Paläste mit allem nur möglichen Luxus gegeben hatte. Die Könige, die schriftkundigen Verwaltungsbeamten, die Hofdamen, die im Dienst der Herrscher tätigen Künstler, die Diener und Dienerinnen der Großen waren totgeschlagen; bestenfalls hatten einige von ihnen das Glück gehabt, wenigstens ihr nacktes Leben zu retten, und nun verloren sie sich im Heer der namenlosen Flüchtlinge. Aufgebrochen und geplündert waren die mit verschwenderischem Reichtum ausgestatteten Kuppelgräber der Könige früherer Generationen; bald dienten einige dieser Bauwerke als Zufluchtsstätten für irgendwelche Hirten und ihre Tiere. Um das Straßennetz, das vom Löwentor zu Mykene ausging, kümmerte sich niemand mehr. Nicht anders stand es um die komplizierten Be- und Entwässerungsanlagen in der Kopais-Ebene. Schon bildeten sich erste Sumpfstellen, wo früher fruchtbare Felder gelegen hatten. Öffentliche Sicherheit gab es nicht mehr, überall herrschte das Chaos. Gewiß, das Leben ging weiter, soviele Menschen auch den Tod gefunden hatten. Aber jetzt handelte es sich nur noch darum, irgendwie die elementaren Bedürfnisse des Tages zu befriedigen, und das war oft schwer genug. Die komplizierte Kunst des Lesens und Schreibens zu erlernen, bemühte sich bald niemand mehr; wozu auch noch? Und für die Herstellung von Kunstwerken, schon gar solcher aus Edelmetall oder Elfenbein, fehlten alle wie immer gearteten Voraussetzungen. Was man noch anfertigte, waren Vorrats- und Küchengefäße, die mehr schlecht als recht an Formen früherer Zeiten anknüpften. (Die moderne Wissenschaft spricht hier vom «submykenischen Stil»). Alles in allem: Das Leben hatte jeden Glanz verloren, und weil es keine Könige, keine Hofbeamten, keine Vertreter der alten Oberschicht mehr gab, ging es den Hirten, Bauern und kleinen Handwerkern gewiß nicht besser als früher einmal ihren Großeltern.

Womöglich noch schlimmer als in Griechenland sah es in Kleinasien aus. Niedergebrannt war das nach der großen Erdbebenkatastrophe in bescheidener Form wiederaufgebaute Troja (Troja VII a) südlich vom Eingang der Dardanellenstraße. Weit bedeutsamer war indessen, daß das riesige Reich der Hethiter, bis dahin neben dem Pharaonenstaat die führende Großmacht überhaupt, völlig von der politischen Landkarte verschwunden war. Der hochragende Palast der hethitischen Großkönige oberhalb ihrer Hauptstadt Chattuscha war ein Trümmerhaufen, dessen Ruinen allmählich mit den Felsen des Bergrückens eins wurden. Auch die volkreiche Stadt unterhalb des Burgbergs — ihr etwa 6 Kilometer langer, mit Türmen und mehreren Toren bewehrter Mauerring umfaßte ein Areal von etwa 175 Hektar — bestand nicht mehr. Ihre Tempel, Magazine, Geschäfte und Wohnhäuser waren nur noch ein formloses Gewirr

von Steinen und Brandschutt; alles Wertvolle war geplündert und fortge-
schleppt. Niemand wohnte mehr an diesem trostlosen Ort, und das sollte
sich mindestens hundert Jahre lang nicht ändern. In keiner anderen Stadt
des hethitischen Anatoliens sah es besser aus als zu Chattuscha. Bauern
und Hirten fristeten auch jetzt noch in den Weiten des Steppenhochlan-
des ihr Dasein, aber jedes städtische Leben war erloschen. Weite Teile
Anatoliens sanken genau wie Griechenland auf das Niveau schriftloser
Länder zurück. Für lange Zeit schied die große Halbinsel völlig aus dem
Kreis der Kulturlandschaften aus.

Die Welle der Vernichtung hatte auch die Gebiete südöstlich der Kern-
landschaften des Hethiterreiches überspült. Zugrunde gegangen war die
in der Kilikischen Ebene beim späteren Tarsus gelegene Stadt, deren
Ruinenstätte heute auf Türkisch Gözlükule genannt wird. An der nordsyrischen Küste war die bis mindestens in die Zeit um die Wende vom 5.
zum 4. Jahrtausend v. Chr. zurückreichende Geschichte der Fürstenstadt
Ugarit (Ras Schamra) ein- für allemal zu Ende. Nicht anders war es dem
nordöstlich von Ugarit im Binnenland gelegenen Alalach (Tell Atschana)
gegangen. Auch das Ugarit gegenüberliegende Alaschia (Enkomi) an der
Ostküste Cyperns war der Zerstörung anheimgefallen; es wurde jedoch
anders als Ugarit und Alalach später wieder aufgebaut. Auch am Ostrand
des Mittelmeers südlich von Ugarit gelegene Küsten- und küstennahe
Plätze hatten vielfach erhebliche Zerstörungen erlitten, sogar Aschdod
und Askalon weit im Süden.

Wenn eine Fürstenburg oder eine Stadt auf dem Boden Griechenlands,
in Anatolien, im Bereich der Ostküste des Mittelmeers die turbulente Zeit
um 1200 v. Chr. leidlich unbeschädigt überstanden hatte, war das schon
fast eine Ausnahme. Niemals zuvor hatten die Kulturmenschen in so weit
voneinander entfernt gelegenen Gebieten fast gleichzeitig eine solche
Kette von fürchterlichen Katastrophen erleben müssen wie in jenen Jahren und Jahrzehnten.

Kein einziges geschriebenes Wort berichtet uns von dem, was sich
damals in Griechenland abspielte, und erst seit relativ kurzer Zeit kennen
wir wenigstens einzelne einheimische schriftliche Quellen, die die Ereignisse in Kleinasien, auf Cypern und in Nordsyrien betreffen. So berichtet
der letzte Hethiterkönig Schuppiluljuma II. – sogar die Existenz dieses
Mannes war uns noch Anfang der 50er Jahre völlig unbekannt – auf
einer zu Bogazköy aufgefundenen Tontafel, er habe vor Alaschia (Cypern) in einer Seeschlacht gesiegt und sei anschließend in Landkämpfe
verwickelt worden. Etwa aus den gleichen Jahren stammt ein Brief des
Königs von Alaschia an König Ammurapi von Ugarit, worin er dringend
vor einer – jedenfalls von Westen her – herannahenden Flotte warnt.
Ein Brief Ammurapis, wohl die Antwort darauf, sagt, «daß alle meine
Truppen im Chatti-Lande stationiert sind und alle meine Schiffe sich im

Lande Lukka befinden». Diese Texte sind kurz und würden uns, für sich allein genommen, wenig sagen. Aber die Ruinen der zerstörten Fürstenburgen, der niedergebrannten Städte sprechen eine überdeutliche Sprache. Keine noch so wortgewaltige Schilderung eines Historikers oder auch eines Dichters könnte uns eine so plastische Vorstellung von der grausigen Katastrophe vermitteln, die eines der eben noch von blühendem Leben erfüllten Kulturzentren nach dem anderen überkam.

Und doch kann uns kein noch so eindrucksvoller archäologischer Befund verraten, wer die Leute waren, die alle diese Zerstörungen verursachten. Daß der Völkersturm von der Balkanhalbinsel her ausging und von Norden her Griechenland, von Nordwesten her Kleinasien erreichte, steht eindeutig fest. Aber wir sollten uns vor der Versuchung hüten — manche Prähistoriker unterliegen ihr auch heute noch immer wieder —, aus rein archäologischen Indizien zuviel über Herkunft und Wanderwege irgendwelcher Stämme und Gruppen herauslesen zu wollen. Warnend sollte uns vor Augen stehen, daß wir uns etwa von Herkunft, Wanderwegen und Schicksalen der Hunnen, der Wandalen, der Goten, der Langobarden in der Zeit der Spätantike kein auch nur einigermaßen zutreffendes Bild machen könnten, wenn wir keine schriftlichen Berichte besäßen, sondern allein auf archäologisches Material angewiesen wären. Auch von der Rolle, die die Normannen im Verlauf des Mittelalters in den Ländern der Mittelmeerwelt oder auch im alten Rußland gespielt haben, würden wir uns keine brauchbare Vorstellung machen können. Wenn wir andererseits aus der Verteilung und gewissen Eigentümlichkeiten der Dialekte der griechischen Sprache einige Jahrhunderte nach dem Völkersturm von 1200 v. Chr. ableiten können, daß die das Dorische sprechenden Menschen eben damals nach Griechenland gelangt sein müssen, so steht dem gegenüber, daß wir die «Einwanderung der Dorer» nicht mit Hilfe archäologischer Indizien verfolgen können. Wenn schließlich in der Zeit des großen Völkersturms einzelne Schwerter unverkennbar mittel- bzw. nordeuropäischer Herkunft bis nach Ägypten gelangt sind, so heißt das nicht, daß sie von den gleichen Menschen dorthin gebracht worden sind, die sie angefertigt haben. Erinnert sei vielmehr an die kaum zu überschätzende Bedeutung des «Etappenhandels», der Weitergabe irgendwelcher Dinge von einer Gruppe zur anderen. Auf diese Weise ist ja auch zum Beispiel Bernstein bis ins mykenezeitliche Griechenland, nach Ägypten und ins Zweistromland Mesopotamien gekommen.

So müßten wir ehrlicherweise bekennen, daß wir sehr wenig über die an dem großen Völkersturm beteiligten Stämme sagen könnten, besäßen wir nicht eine Reihe von Inschriften und sogar bildlichen Darstellungen, die im Auftrag zweier Pharaonen angefertigt worden sind. Nur dürfen wir nicht vergessen, daß es sich hierbei nicht um «objektive wissenschaftliche Berichterstattung» handelt, sondern um eine Selbstverherrlichung

der eigenen pharaonischen Taten. Und natürlich wird alles und jedes
ganz vom ägyptischen Blickwinkel aus betrachtet.

Pharao Merenptah, der Sohn und Nachfolger Ramses' II., berichtet in
seinen Inschriften von einem großen Angriff, der in seinem 5. Regierungsjahr (um 1219 v. Chr.) das Nilland von Westen her traf. Angreifer
waren die libyschen Stämme der Libu und der Maschwesch unter einem
Fürsten namens Maraju. Die Libyerstämme Nordafrikas standen seit den
Tagen der Pyramidenerbauer im Gesichtskreis der Ägypter, hatten aber
als Viehzüchternomaden keinen Anteil an der bäuerlichen Kultur des
Nillands. Wenn sie auch nicht zum Kreis der Hochkulturvölker zählten,
waren sie doch keine Primitiven. Ramses II. hatte westlich des Nildeltas
einige Festungen zum Schutz gegen Vorstöße der Libyer gebaut. Doch
erst unter Merenptah wurden die Stämme des Westens für Ägypten wirklich gefährlich, und zwar um so mehr, weil sie nicht allein kamen. Mit
ihnen zusammen erschienen zahlreiche Akawascha, weiterhin Turscha,
Scheklesch, Schirdana und eine kleine Schar von Lukka. Das waren alles
Menschen, die nach ägyptischer Ausdrucksweise «aus den Ländern des
Meeres», «aus dem Norden», kamen. Dabei ist mit Nachdruck zu beto-
nen, daß von Ägypten aus betrachtet das Mittelmeer mit seinen Inseln
und Küsten «im Norden» liegt und der ägyptische Ausdruck «Nordleute» nichts mit weit entfernten Gebieten Nordeuropas zu tun hat. Die
genannten «Nordleute» müssen über See an die Küste der Kyrenaika
gefahren sein und sind dann gemeinsam mit den Libyern auf dem Landweg gegen Ägypten vorgestoßen. Wichtig ist dabei die Feststellung, daß
dieses Unternehmen sich bereits zu einem Zeitpunkt abgespielt hat, als
die Königreiche des mykenezeitlichen Griechenlands und das Großreich
der Hethiter noch bestanden. Brennend gern wüßten wir, was die
Stämme aus dem Norden zu ihrer Seefahrt ins Libyerland veranlaßt hat,
von wo die einzelnen Gruppen aufgebrochen sind, wie sie zueinander
standen und verschiedene weitere Details mehr. Doch das interessierte
den Pharao nicht. Für ihn war nur wichtig, daß er die Angreifer in einer
großen Schlacht besiegt hat und daß jene knapp 9000 Tote zu beklagen
hatten, darunter 6111 oder 6200 Libyer und 2370 Leute aus dem Norden. Insgesamt 9376 Männer und Frauen gerieten in ägyptische Gefangenschaft. Bei aller Ruhmredigkeit der Pharaonen machen diese Zahlen-
angaben doch einen leidlich vertrauenerweckenden Eindruck und lassen
Rückschlüsse auf die Gesamtzahl der Angreifer zu. Wenn wir daran
denken, daß die Zahl der Wandalen König Geiserichs bei ihrer Überfahrt
von Spanien nach Nordafrika im Jahre 429 n. Chr. etwa 80 000 Köpfe,
darunter etwa 16 000 waffenfähige Männer, betrug, haben wir einen
Vergleichsmaßstab zu den Dimensionen der germanischen Völkerwanderungszeit.

Weitere Berichte hat uns Pharao Ramses III. (etwa 1182–1151 v. Chr.)

Landmarsch der Seevölker mit Ochsenkarren

hinterlassen, und aus seiner Zeit besitzen wir außer den Inschriftstexten auch die überaus lebendigen Bilderzyklen der Reliefs an den Wänden des von Ramses III. zu Medinet Habu in Oberägypten errichteten Tempels. Bei ihnen handelt es sich um die wohl eindrucksvollsten Kriegsdarstellungen, die jemals im Auftrag eines Pharaos geschaffen worden sind. Was berichtet der Pharao?

Im 5. Regierungsjahr Ramses' III. (etwa 1178 v. Chr.) drangen die drei libyschen Stämme der Libu, der Maschwesch und der jetzt zum ersten Mal genannten Seped von Westen her bis tief ins Nildelta ein, wurden aber in einer großen Schlacht besiegt und verloren 12 535 Tote und zahlreiche Gefangene. Dabei kämpften auf ägyptischer Seite auch Schirdana, Turscha, Peleset und Zeker, das heißt Leute aus den Stämmen der «Seevölker aus dem Norden», die entweder als Söldner angeworben oder als ehemalige Kriegsgefangene dem pharaonischen Heer einverleibt worden waren. Drei Jahre später, im 8. Regierungsjahr Ramses' III. (etwa 1175 v. Chr.) folgte ein neuer großer Ansturm auf Ägypten, diesmal von Nordosten her. Zu Lande kamen die Angreifer mit pferdebespannten Streitwagen, denen Ochsenkarren mit Männern, Frauen und Kindern folgten, das typische Bild eines Volkes auf Wanderschaft. Mehr als eine der mitgeführten Frauen dürfte allerdings erst unterwegs als Sklavin erbeutet worden sein, war also von anderer Herkunft als die Männer. Von See her drang eine Flotte einmastiger Segelschiffe mit senkrecht emporgezogenen Bug- und Achtersteven ins Nildelta ein. Unter den Angreifern werden wie schon zur Zeit Merenptahs auch diesmal wieder Turscha, Schirdana und Scheklesch genannt, dazu jetzt auch Waschesch und Danauna, vor allem aber Peleset und Zeker. Die beiden letztgenannten

Stämme stellten das Hauptkontingent der Angreifer. «Kein Land konnte
vor ihren Armeen standhalten, vom Hethiterland an, Kedi (Kilikien/
Nordsyrien), Karkemisch (am mittleren Euphrat), Arwad (Arados an der
syrischen Küste), Alaschia (Cypern) wurden verwüstet. Sie lagerten an
einem Platz in Amurru (in Syrien im Raum von Homs) und plünderten
dessen Bevölkerung und Land bis zur Vernichtung. Sie zogen, mit der
Feuerflamme vor sich, vorwärts gegen Ägypten ...» So sagt Pharao Ramses III. in seinen Inschriften. In schweren Kämpfen, teils auf dem Land,
teils Schiff gegen Schiff in den Gewässern des Nildeltas, gelang es dem
Pharao mit seiner Armee und seiner Flotte, Ägypten vor dem Schicksal
des Hethiterlandes zu bewahren. Zahlreiche Gefangene fielen in die
Hände der Ägypter, ihr Schicksal war die Sklaverei oder der Dienst in der
pharaonischen Armee. Drei Jahre nach den genannten Ereignissen, im
11. Regierungsjahr Ramses' III. (etwa 1172 v. Chr.), griffen die Libyer
Ägypten noch einmal an. Schirdana und Peleset, von denen manche wohl
erst drei Jahre zuvor als Gefangene der ägyptischen Armee einverleibt
worden waren, trugen zum abermaligen Siege des Pharaos bei. Dabei
verloren die Libyer 2175 Tote, 2052 Männer, Frauen und Kinder gerieten in ägyptische Gefangenschaft. Diese Zahlen sind erheblich kleiner als
die der Toten und Gefangenen, die die Libyer bei ihren früheren Unternehmungen gegen Ägypten eingebüßt hatten. Im weiteren Verlauf der
Jahre kam es zwar wiederholt noch zu neuen Streifzügen libyscher Scharen, aber nicht mehr zu einer kriegerischen Invasion großen Stils. Ägypten war gerettet. Wenn aber Ramses III. zu Medinet Habu auch Inschriften und Reliefs anfertigen ließ, die die pharaonischen Truppen bei der
Erstürmung von Städten in Syrien und Kilikien vorführen, so hat das mit
tatsächlichen Vorgängen nichts zu tun. Es handelt sich vielmehr nur um
Kopien von − nicht auf unsere Tage gekommenen − Darstellungen und
Texten Ramses' II., ein Vorgehen, das Ramses III. auch sonst mehrfach
praktiziert hat. Unter anderem behauptet er, von Hethitern verteidigte
Städte eingenommen zu haben, die ebenso wie das Hethiterreich selbst
gar nicht mehr bestanden, weil sie von den «Seevölkern» bereits vor
ihrem Angriff auf Ägypten zerstört worden waren.[36] Hier erweist sich
Ramses III., der bei der Verteidigung Ägyptens gewiß Großes geleistet
hat, als ruhmrediger Prahlhans.

«Völker aus den Ländern des Meeres», «aus allen Ländern gekommene Nordleute», «Leute von den Inseln», «Leute von der See» sind die
von den Ägyptern verwendeten Sammelbezeichnungen für die Angreifer,
die neben den Libyern das Pharaonenreich bis an den Abgrund der Vernichtung gebracht haben. Untersuchen wir die angreifenden Stämme im
einzelnen, werden wir feststellen können, daß sie vielfach längst vor ihren
großen Angriffen auf das Nilland in den Gesichtskreis der Ägypter getreten waren. Die Schirdana, die sowohl zur Zeit Merenptahs als auch zur

Zeit Ramses' III. zu den Angreifern gehörten, aber auch im ägyptischen
Heer Dienst taten, waren den Ägyptern spätestens seit der Zeit des Pharaos Amenophis III. (etwa 1402–1364 v. Chr.) bekannt, in der sie als
Söldner in vorderasiatischen Garnisonen der Ägypter Dienst taten. Sie
kämpften aber auch unter den Hilfstruppen der Hethiter in der großen
Schlacht bei Kadesch (um 1286 v. Chr.); wenige Jahre vorher hatten sie
von See her einen Überfall gegen die ägyptische Küste durchgeführt. Der
für sie charakteristische runde Buckelschild erscheint als Schriftzeichen
bereits auf dem berühmten «Diskos von Phaistos». Das alles läßt eindeutig erkennen, daß die Schirdana lange vor dem großen Völkersturm um
1200 v. Chr. irgendwo im Ostmittelmeerraum gesessen haben müssen,
wahrscheinlich im ägäisch-westkleinasiatischen Raum. Nur am Rande
sei dabei die Frage aufgeworfen, ob vielleicht der Ortsname Sardes bzw.
Sardeis, der später im westkleinasiatischen Lyderland und noch heute auf
der Insel Lemnos (Limnos) belegt ist, irgendetwas mit dem alten Volks-
namen Schirdana zu tun hat. Die Lukka, von denen eine kleinere Schar
bei den Angreifern zur Zeit Merenptahs dabei war, kennen wir aus ägyptischen und hethitischen Texten als Seefahrt und auch Seeraub treibendes
Volk an der südwestkleinasiatischen Küste seit der Zeit Amenophis IV.
Echnaton, also seit der Mitte des 14. Jahrhunderts v. Chr. Genau wie die
Schirdana waren auch sie bei Kadesch als Hilfstruppen der Hethiter
dabei. Daß auch die Turscha für die Ägypter keine Unbekannten waren,
als sie unter den Angreifern der großen Völkerwanderungszeit auftauch-
ten, beweist der Name eines An-Turscha, der gewiß ein Angehöriger
dieses Volkes war, aber bereits im 13. Jahrhundert v. Chr. eine ägyptische Beamtenstellung bekleidete; sein Grab ist von Sir Flinders-Petrie im
Fayum, der großen Oasenlandschaft westlich des Niltals, ausgegraben
worden. Die Namen der Peleset und der Zeker werden zwar in der Zeit
vor dem großen Völkersturm noch nicht genannt; aber gerade sie werden
in den Reliefs von Medinet Habu mit der eigentümlichen Federkrone auf
dem Kopf dargestellt, die wir als Schriftzeichen auf dem «Diskos von
Phaistos» bereits kennengelernt haben, was die Träger dieser Kopfbedek-
kung in den altägäischen Kulturkreis verweist. Der Name der Peleset
erinnert übrigens auffällig an die Bezeichnung Pelasger, jenen von den
späteren Griechen gebrauchten, etwas verschwommenen Sammelbegriff
für vorgriechische Gruppen in verschiedenen Teilen der ägäischen Welt.
Bei den Namen Akawascha und Danauna bzw. Danuna hat die längst
schon geäußerte, wenn auch nicht sicher beweisbare Vermutung, es handele sich um ägyptische Wiedergaben der Namen der frühgriechischen
Achäer bzw. Danaer, alle Wahrscheinlichkeit für sich. Die Danuna werden übrigens schon in einem Brief erwähnt, den ein König der Phönikerstadt Tyros namens Abimelech in der ersten Hälfte des 14. Jahrhunderts
v. Chr. an den Pharao gerichtet hat. Er war von ihm beauftragt worden,

Mitteilung über die ihm bekannt gewordenen Neuigkeiten aus Kanaan
zu machen. Daraufhin schrieb er, der König von Danuna sei gestorben,
sein Bruder sei ihm auf dem Thron gefolgt und im Lande sei alles ruhig,
worauf er Angaben über Ugarit und Kadesch in Nordsyrien folgen läßt.
Das läßt darauf schließen, daß ein Herrscher der Danuna bzw. Danaer
im Raum Kilikien gemeint ist, wo wir auch aus anderen Gründen frühgriechische Siedlungen vermuten dürfen. In späterer Zeit, das heißt im
11. bis 9. Jahrhundert v. Chr., werden Danuna in verschiedenen Inschriften aus Assyrien, Kilikien und Nordsyrien als Bewohner von Küstengebieten im Nordostwinkel des Mittelmeers erwähnt, und der von den
Assyrern gebrauchte Name der Insel Cypern «Iadnana» bedeutet wahrscheinlich «Insel der Danuna». Kurz und gut: Wir haben eine Fülle von
Hinweisen darauf, daß es sich bei den von den Ägyptern unter den «Seevölkern aus dem Norden» im einzelnen genannten Gruppen um Stämme
– Nichtgriechen und Frühgriechen – gehandelt hat, die in der ägäisch-
kleinasiatischen Insel- und Küstenwelt zu Hause gewesen sein müssen.
  Doch das schließt ganz und gar nicht aus, daß sich auch Balkanier
unter ihnen befanden, die ihrerseits die ägäischen Stämme aufgescheucht
hatten. Zu dem Zeitpunkt, als die «Seevölker» gegen Ägypten anrannten,
war zweifellos die Blutsmischung zwischen den einzelnen, vom Schicksal
durcheinandergewirbelten Gruppen bereits weit vorangeschritten. So
wird es uns auch nicht gelingen, die verschiedenen «Seevölker» mit ganz
bestimmten Einzellandschaften in Verbindung zu bringen, mit Ausnahme
etwa der Lukka, die wir doch mit einiger Sicherheit in der später Lykien
genannten südwestkleinasiatischen Küstenlandschaft lokalisieren dürfen.
Gewiß sehen wir die Dinge richtig, wenn wir die gegen Ägypten anren-
nenden «Seevölker aus dem Norden» nicht nur als Angreifer und Zerstö-
rer, sondern auch als Opfer des großen Völkersturms betrachten. Auch
sie selbst sind durch einen Stoß von außen in ihren ehemaligen Wohnsitzen aufgescheucht worden. Mehr als einmal mögen ihre Angriffsunter-
nehmungen einer «Flucht nach vorne» gleichgekommen sein. Nur ahnen
können wir, wie die Menschen durcheinandergewirbelt wurden. Schließlich war es so weit, daß Angehörige ein- und desselben Stammes einmal
zusammen mit Libyern von Westen her gegen Ägypten anrannten, ein
anderes Mal mit Schiffen über See ins Nildelta eindrangen oder mit
Ochsenkarren rund um das Ostmittelmeer fahrend das Nilland erreichten, schließlich aber auch als Söldner der Pharaonen den ägyptischen
Staat verteidigten. Wieviele persönliche Tragödien mögen sich dabei abgespielt haben! Doch darüber liegt das große Schweigen der Geschichte.
Und wo der Ausgangspunkt der turbulenten Ereignisse zu suchen ist,
wird ein Geheimnis für uns bleiben. Selbst wenn er aber – was durchaus
möglich ist – in weiter Ferne gelegen haben sollte, heißt das ganz und
gar nicht, daß die Stämme, die gegen das Pharaonenreich anrannten, aus

dieser Ferne gekommen sein müssen. Eher ist das Bild eines gigantischen Billardspiels am Platze, bei dem der erste abgestoßene Ball mit anderen karamboliert, die dann ihrerseits in Bewegung geraten, obwohl sie zunächst weit entfernt vom Stock des Spielers auf dem Tisch lagen.

Trotz seiner Siege war auch das Pharaonenreich Ägypten schwer angeschlagen. Wie schwer, zeigte sich schon nach dem Tode Merenptahs, der den ersten großen Angriff der Libyer und Seevölker abgewehrt hatte. Damals gelangten in buntem Wechsel mehrere Herrscher auf den Thron, aber keiner von ihnen konnte sich länger als einige Jahre behaupten. Vorübergehend lag die Macht sogar in der Hand eines vorderasiatischen Usurpators. Offensichtlich war es auch zu inneren Unruhen im Lande gekommen. Erst Pharao Sethnacht (etwa 1184–1182 v. Chr.) gelang es, wieder leidlich geordnete Verhältnisse herbeizuführen. Gerade noch zur rechten Zeit, denn schon im 5. Regierungsjahr seines Sohnes und Nachfolgers Ramses III. begann die Serie der neuen Angriffe, bei denen es für Ägypten um Sein oder Nichtsein ging.

Ramses III. hat nach der Abwehr des letzten Ansturms noch zwei Jahrzehnte lang geherrscht. Außer dem Tempel von Medinet Habu mit seinen für uns so wichtigen Reliefs und Inschriften hat er noch mehrere andere errichten oder erneuern lassen. Den Besitzstand der Priesterschaften hat er noch weiter vermehrt, bis schließlich etwa 30% des ägyptischen Akkerbodens und 20% der ägyptischen Bevölkerung unmittelbar von jenen abhingen. Im übrigen war der dritte Ramses womöglich noch bedenkenloser als seinerzeit der zweite, wenn es darum ging, in irgendwelchen Inschriften den Namen eines früheren Herrschers durch den eigenen zu ersetzen, ältere Texte einfach zu kopieren, die Leistungen vergangener Zeiten sich selbst zuzuschreiben. Als Ramses III. um das Jahr 1151 v. Chr. einer Verschwörung in seinem eigenen Harem zum Opfer gefallen war, begann sein Sohn und Nachfolger Ramses IV. seine Regierung ganz im Stil seines Vaters. Doch seine Bauten kamen über die Grundmauern nicht mehr hinaus. Unter den weiteren Pharaonen, von denen einer nach dem anderen den ruhmreichen Namen Ramses annahm — bis hin zu Ramses XI. —, trat dann endgültig zu Tage, was die äußeren Erfolge und die großen Bauten Ramses III. noch einmal verdeckt hatten: der Pharaonenstaat war trotz seiner großen Siege innerlich am Ende.

Kein neues Bauwerk von nur einiger Bedeutung wurde noch in Angriff genommen; bestenfalls reichte es noch zu einigen Reparatur- und Ausbauarbeiten. Die eindrucksvollen Reliefdarstellungen von Medinet Habu blieben die letzten ihrer Art, die das pharaonische Ägypten geschaffen hat. Aber auch sonstige Kunstwerke von Format entstanden nicht mehr.

Wie kläglich es bald im Lande aussah, beleuchten schlaglichtartig einige Polizeiakten. Sie berichten, wie sogar die letzten Ruhestätten der großen Toten der Vergangenheit, die Pharaonengräber im «Tal der Könige», von Räuberbanden erbrochen und ausgeplündert wurden. Unter den späteren Ramessiden reichte die Macht des Staates also nicht einmal mehr dazu aus, um diese heiligen Stätten wirksam zu schützen. Und es gehört nicht viel Phantasie dazu, sich vorzustellen, wie in den einst so glänzenden, jetzt aber heruntergekommenen und verarmten Städten des Landes sich ein übles Proletariat breitmachte und Diebstähle verübte, wo immer noch etwas zu holen war.

Als im Zeitalter der Revolution des Echnaton die Machtstellung des Pharaonenreiches in Vorderasien zusammengebrochen war, hatten die Pharaonen der nächsten Generationen alle nur möglichen Anstrengungen unternommen, um sie erneut aufzurichten. Jetzt liefen die Dinge anders. Auf ihrem Zug rund um das Ostmittelmeer hatten die Seevölkerstämme mit ihren Streitwagen und Ochsenkarren die Wege unweit der Küste eingeschlagen. Das binnenländische Hochland Kanaans weiter im Osten ließen sie dabei links liegen, und dort blieb die ägyptische Herrschaft zunächst noch bestehen. So konnte Ramses III. zu Beisan (Tell-el-Hosn), etwa 20 Kilometer südlich vom Tiberias-See, nicht weit im Westen des Jordan-Flusses gelegen, noch ein Fort und sogar zwei Tempel, gewidmet der Astarte und anderen einheimischen Gottheiten, errichten bzw. erneuern. Aber diese zunächst noch fortdauernde Oberhoheit über das binnenländische Hochland Kanaans beruhte nur noch auf der Schwerkraft bestehender Verhältnisse in einem Gebiet, an dem der große Völkersturm im wesentlichen vorübergegangen war. Tatsächlich waren die Tage der ägyptischen Herrschaft überall in Kanaan gezählt. Sei es noch unter Ramses III., sei es unter einem seiner nächsten Nachfolger, fand sie ein für allemal ihr Ende. Wir erfahren noch nicht einmal etwas von einem Versuch, sie zu behaupten oder zu erneuern. Die bis ins 12. Jahrhundert v. Chr. zurückreichende Erinnerung der späteren Kinder Israel weiß nichts mehr davon, daß es jemals eine Oberhoheit der Pharaonen über Kanaan gegeben hat. Zu Megiddo in der Ebene Jesreel, wo einst der große Eroberer Thutmosis III. einen seiner stolzesten Siege errungen hatte, hat man die Basis einer Statue Ramses' VI. (etwa 1141–1134 v. Chr.) gefunden. Sie ist das letzte Monument, das einer der Pharaonen dieser Zeit im Lande Kanaan hinterlassen hat. Doch ist es mehr als fraglich, ob sie als Zeugnis für eine noch unter Ramses VI. fortbestehende ägyptische Oberhoheit über das Gebiet von Megiddo in Anspruch genommen werden darf. Wahrscheinlich ist die betreffende Statue auf irgendeinem Wege dorthin gelangt, obwohl der Pharao zu Megiddo längst nichts mehr zu sagen hatte. Schon um die Mitte des 12. Jahrhunderts v. Chr. war das nubische Niltal das einzige Land außerhalb Ägyptens, in dem das Gebot des Pharaos noch etwas galt.

Weiter ging es bergab. Seit etwa 1085 v. Chr., nach der Zeit Ramses' XI., des letzten Trägers dieses einst so glorreichen Namens, machte sich in Unterägypten eine neue Königsdynastie breit. Ihre Residenzstadt war Tanis im östlichen Nildelta, die frühere Ramsesstadt. Zu Theben, in der alten oberägyptischen Pharaonenhauptstadt, schaltete und waltete jedoch der Oberpriester des Gottes Amon, gestützt auf die immer noch reichen Mittel seines Tempels, praktisch unabhängig von den Pharaonen von Tanis. Etwa zur gleichen Zeit, als diese Priesterherrschaft entstand, wurde Nubien politisch unabhängig. Neben Tanis und Theben trat als drittes Zentrum die einstige ägyptische Kolonialstadt Napata unweit des 4. Nilkataraktes, deren führende Kreise kulturell damals weitgehend ägyptisiert waren. Für die Machthaber in Ägypten bedeutete die Unabhängigkeit Nubiens, daß nunmehr auch ihre letzte auswärtige Einnahmequelle, die Erträgnisse aus den Goldbergwerken im Gebiet zwischen dem nubischen Niltal und dem Roten Meer, verloren war.

So gab es, als das Jahrtausend zu Ende ging, zwar noch Pharaonen, aber keinen auch nur das untere Niltal einheitlich überspannenden Pharaonenstaat mehr.

Ramses III. hatte sich gegen den Ansturm aus West, Nord und Ost nur mit Hilfe angeworbener Söldner und in die eigene Armee gesteckter Kriegsgefangener behaupten können. Mit ägyptischen Soldaten allein hätte er vermutlich das große Spiel verloren. Hoch genug war der Preis, der zur Rettung auch nur des Kernlandes des Pharaonenreiches gezahlt werden mußte. Aber auch hier handelte es sich, wie so oft in ähnlich gelagerten Fällen, um eine längst in Gang befindliche Entwicklung, die nicht mehr rückgängig gemacht werden konnte. Im Gegenteil, sie setzte sich weiter fort.

Bei ihren gewaltsamen Versuchen, in Ägypten einzudringen, waren die Libyer gescheitert. Bald danach aber setzte eine friedliche Infiltration des Nillandes von Westen her ein. Einzeln und in kleinen Trupps kamen die Libyer, ließen sich für die ägyptische Armee anwerben, wurden in Ägypten seßhaft und zogen immer weitere Landsleute nach sich. Und mancher Libyer avancierte allmählich zu immer höheren Kommandostellungen, kam zu Macht und Besitz.

Schließlich, um die Mitte des 10. Jahrhunderts v. Chr., war es so weit, daß der Abkömmling einer der zahlreichen in Mittel- und Unterägypten ansässig gewordenen libyschen Familien das Pharaonenamt selbst in die eigene kräftige Hand nahm. Ein General namens Schoschenk, «Großfürst der Maschwesch», griff erfolgreich nach der höchsten Macht. Zu seiner Zeit war praktisch bereits das ganze Militärwesen Ägyptens eine Angelegenheit der Libyer geworden, jetzt übernahmen diese auch die politische Führung. Indem Schoschenk einen seiner Söhne als Hohepriester des Gottes Amon einsetzte, brachte er auch die alte Pharaonenstadt Theben und ihre weitere Umgebung wirksam unter Kontrolle. Zweihundert Jahre zuvor hatte Ramses III. die großen Angriffe der Libyer, darunter des Maschwesch-Stammes, abgewiesen. Jetzt war ein «Großfürst der Maschwesch» König von Ober- und Unterägypten, Pharao, geworden.

Immer noch war die uralte ägyptische Kultur so lebenskräftig, daß sie die Formen des Daseins im Land am unteren Nil weiterhin bestimmte. Aber das ägyptische Volk war von der Leitung der Geschicke seines Landes nunmehr ausgeschlossen. Jetzt mußte es Herrschern gehorchen, die — anders als ein Cheops, ein Thutmosis oder ein Ramses — keine Ägypter waren, auch wenn sie sich äußerlich in den Formen der ägyptischen Traditionen bewegten. Die Geschichte des Pharaonenstaates war mit der Machtergreifung des Libyers Schoschenk nicht zu Ende. Aber sie war von nun an, bei Lichte betrachtet, die Geschichte einer nichtägyptischen Oberschicht. Erst in der Mitte unseres Jahrhunderts haben Angehörige des ägyptischen Volkes wieder die Leitung des Staates am unteren Nil in die Hand genommen — 2900 Jahre, nachdem der letzte Pharao ägyptischen Geblüts dem Libyer Schoschenk weichen mußte.

So waren die von Merenptah und Ramses III. schwer geschlagenen Libyer schließlich doch die Sieger im großen Kampf um die Herrschaft über das Land Ägypten. Und gerade unter dem Libyer Schoschenk sollte der Pharaonenstaat erstmals wieder in der Welt außerhalb des Niltals ein Wort mitsprechen, was er unter keinem der ägyptischen Nachfolger Ramses' III. mehr getan hatte.

Die Libyer waren nicht das einzige von Ramses III. besiegte Volk, dessen große geschichtliche Stunde erst geraume Zeit nach ihrer scheinbar vernichtenden Niederlage schlug. Ähnlich erging es einigen der «Seevölker». Ganz besonders gilt das für die Peleset, die Philister, die in dem nach ihnen genannten Land Palästina Großes geleistet haben. Doch auch für ein Volk, das anders als die Philister schon seit langen Jahrhunderten an der Ostküste des Mittelmeers zu Hause war, bis dahin aber in der Weltgeschichte kaum mitgezählt hatte, begann gerade in der Zeit nach dem furchtbaren Völkersturm die Zeit des Aufstiegs und des Glanzes. Es waren die Phöniker, die durch ihre kühnen Seefahrten in den «fernen Westen» zum ersten Mal den zentralen und westlichen Mittelmeerraum mit den Ländern der altorientalischen Kulturen verbanden. Und mit der von ihnen erfundenen alphabetischen Buchstabenschrift schufen sie ein Kulturelement, das sich nach und nach die ganze Welt erobern sollte.

3. Pharao Sethos I. und Kronprinz Ramses II. vor der Königskartuschenliste („Ahnen-reihe"), Abydos

4. Diskos von Phaistos

5. Etruskische Rundgräber, Cerveteri

6. Etrusker auf dem Totenbett mit Buchrolle in der Hand (Sarkophag)

Zweiter Teil

Neuanfang und Neugestaltung
Die Jahrhunderte nach dem großen Völkersturm

Fünftes Kapitel

Die Phöniker, die Hochseeschiffahrt
und der Siegeszug der alphabetischen Buchstabenschrift

Die Stadtfürstentümer in Alt-Syrien und Kanaan. − Die Phöniker und ihre Küstenstädte. − Byblos, Hafen und Bauwerke. − Die anderen Phönikerstädte und ihre Überreste. − Die Phöniker vor 1200 v. Chr. und nach dem großen Völkersturm. − Die Reise des thebanischen Priesters Wen-Amon nach Byblos. − Das «Seeabenteuer» des Assyrerkönigs Tiglatpileser I. − Phönikisches Staatsleben. − Baukunst, Technik, Kunsthandwerk. − Literatur, Religiosität, Götterkultus. − Phönikische Hochseeschiffahrt. − Die Handelsfaktoreien im «fernen Westen» und die Tarschisch-Schiffe. − Megalith-Kulturen auf der Malta-Inselgruppe und im Westmittelmeerraum. − Die Phöniker, die Sprache und der Volkstyp der Malteser. − Die Phöniker und Cypern. − Die Phöniker in der Ägäis. − Die Ophir-Fahrten zur Zeit Chirams I. von Tyros und Salomos. − Die Erfindung der alphabetischen Buchstabenschrift. − Die Hieroglyphenschrift Ägyptens, die Sumerische Bilderschrift, die Keilschrift und andere alte Schriftsysteme. − Die alphabetische Buchstabenschrift der Phöniker und ihre Eroberung der Welt. − Die vom Phönikeralphabet abgeleiteten Schriften in Europa, Asien und Afrika. − Die Phöniker und die Großreiche der Assyrer, Neubabylonier und Perser. − Phöniker und Griechen

Alt-Syrien und sein südliches Nachbarland Kanaan, später Palästina genannt, waren seit früher Zeit ausgesprochen städtereiche Länder. Das von Frau Dr. Kathleen M. Kenyon ausgegrabene Jericho trug schon im 7. und 6. Jahrtausend v. Chr. den Charakter einer ummauerten Siedlung, auch wenn es damals wohl noch keine Stadt im strengen Sinne des Wortes war. Man schätzt seine Einwohnerzahl auf etwa 3000 Köpfe. Der Hafenort Byblos an der Mittelmeerküste zu Füßen des Libanongebirges bestand schon lange vor der Zeit, als die Flotten der ersten großen Pyramidenerbauer hier das wertvolle, im holzarmen Ägypten dringend benötigte Zedernholz an Bord nahmen. Weiter im Norden geht die Existenz von Ugarit, heute Ras Schamra, das «Feigenkap», genannt, mindestens bis in die Zeit um die Wende des 5. zum 4. Jahrtausend v. Chr. zurück. Kurz vor der Mitte des 15. Jahrhunderts v. Chr. stellte der große Eroberer-Pharao Thutmosis III. eine Liste von 118 gegen ihn verbündeter Ortschaften in Kanaan und Syrien auf. In den ein Jahrhundert jüngeren Urkunden des zu Tell-el-Amarna aufgefundenen Archivs werden mehr als 60 Stadtfürstentümer genannt; dabei ist es nichts als Zufall, ob der

Name einer solchen Stadt in den auf unsere Tage gekommenen Amarna-
Texten vorkommt oder nicht. Wenn auch die große Mehrzahl der Städte
in Kanaan und Syrien wesentlich kleiner und bevölkerungsärmer war als
das seit 1955 ausgegrabene Hasor (Hazor) in der Hule-Ebene nördlich
des Sees von Tiberias — Ober- und Unterstadt bedeckten zusammengenommen ein Areal von 820 000 Quadratmetern und man schätzt die
Zahl der um die Mitte des 2. Jahrtausends v. Chr. hier ansässigen Menschen auf etwa 40 000 —, so ergibt sich doch das Bild eines überall von
lebhaftem städtischen Leben erfüllten Gebietes.

Und dennoch drängt sich dem historischen Betrachter der Eindruck
einer inneren Leere auf. Das liegt nicht nur an dem schlechten Erhaltungszustand fast aller Ruinenstätten in jenem Teil der alten Welt, sondern hat tiefere Gründe. Vergebens halten wir Ausschau nach einer großen staatlich-politischen Idee, die irgendeinen maßgeblichen Mann in
einem der zahlreichen Stadtfürstentümer beseelt hat. Gewiß sind unsere
Kenntnisse weit dürftiger als das, was wir von der Geschichte Ägyptens,
der Staaten des Zweistromlandes, des Hethiterreiches wissen. Dennoch
geben uns die Berichte der Pharaonen, die im Archiv von Tell-el-Amarna
im Original erhaltenen Keilschrifturkunden in akkadischer Sprache —
die damals die Sprache der internationalen Diplomatie war —, weiter die
Angaben der Hethiterkönige, schließlich wenigstens einige in Syrien und
Kanaan gefundene Keilschrifttexte eine gewisse Vorstellung davon, wie
es in der Zeit zwischen 1500 und 1200 v. Chr. in den verschiedensten
Stadtfürstentümern zuging. Die Landesnatur Syriens und Kanaans be-
günstigt die politische Zersplitterung, reicht aber für sich allein genommen doch nicht aus, um den geradezu kleinlichen Zug zu erklären, der
immer wieder das Geschehen in jenen Stadtfürstentümern charakterisierte. Vergebens sehen wir uns auch nach großen Leistungen der Kunst
um. Wir können viel leichter die Ausstrahlungen der Kunst Ägyptens, des
Zweistromlandes, selbst der ägäischen Welt auf Syrien und Kanaan ana-
lysieren, als irgendwelche originalen Schöpfungen von Rang herauszu-
stellen. Wenn auch verschiedene Werke der Kleinkunst, speziell solche
aus dem Byblos des 2. vorchristlichen Jahrtausends, zeigen, daß es An-
satzpunkte für eine entsprechende Entwicklung gegeben hat, so ist doch
diese niemals zur Reife gelangt.

Alles bisher Gesagte gilt auch für die Küstenplätze an der Ostküste des
Mittelmeers, deren einstige Bewohner wir nach griechischem Sprachge-
brauch «Phöniker» nennen. Der Name bedeutet etwa «die Purpurmän-
ner» und geht auf das hochentwickelte Textilgewerbe und speziell die
Purpurfärberei zurück, in der jene Leute Meister waren. Sie selbst haben
sich als «Sidonier» bezeichnet — eine ihrer wichtigsten Städte hieß Sidon.
Wenn sie von ihrem Land sprachen, gebrauchten sie die Bezeichnung
«Kanaan», die an sich ein weit größeres Gebiet umfaßt als den von den

Griechen «Phönikien» genannten Küstenstreifen am Fuße des Libanon-Gebirges. In sprachlicher und sonstiger Hinsicht unterschieden sich die Phöniker, um bei der griechischen Bezeichnung zu bleiben, wenig oder gar nicht von anderen, weiter im Binnenland ansässigen Kanaanäern. Ihre Vorfahren waren in einer weit zurückliegenden Zeit als Einwanderer aus der Wüstensteppe der großen Arabischen Halbinsel nach Kanaan gekommen. Dort hatten sie sich mit den bereits ansässigen Menschen vermischt und waren aus Viehzüchternomaden zu seßhaften Stadtbewohnern geworden. Die Erinnerung daran war aber den Phönikern schon im Verlauf des 2. Jahrtausends v. Chr. verloren gegangen. Sie waren vielmehr der Meinung, ihre Ahnen seien von jeher in Kanaan zu Hause gewesen. Eine Besonderheit der phönikischen Städte war ihre Lage unmittelbar am Wasser. Akko, Sidon, Berytos und Byblos lagen in Küstenebenen oder auf ins Meer vorspringenden Landzungen, Tyros und Arados sogar auf kleinen der Küste vorgelagerten Inseln. Die Anfänge jener Orte gehen in sehr alte Zeit zurück, mindestens ein Teil von ihnen bestand schon vor der Einwanderung der aus der Arabischen Halbinsel stammenden Vorfahren der Kanaanäer.

Das gilt vor allem für *Byblos,* das heutige Jebail nördlich von Beirut. Sein Hafen war das übliche Ziel der pharaonischen Flotten, die hier ihre Holzfracht an Bord nahmen. Genaueres von einem solchen Unternehmen erfahren wir erstmals aus der Zeit des Pharao Snofru, eines der ersten großen Pyramidenerbauer (um 2600 v. Chr.), doch hat es ähnliche Fahrten gewiß schon früher gegeben. Byblos liegt prachtvoll schön in einer kleinen Küstenebene zu Füßen des hochragenden Libanongebirges. Seine heute versandete und nur noch für sehr kleine Fahrzeuge benutzbare Hafenbucht wird durch ein als Ruine erhaltenes Kastell aus der Kreuzritterzeit geschützt. Das Bild des heutigen Ortes selbst wird bestimmt durch Bauten aus fünf Jahrtausenden. Da gibt es die modernen Häuser eines freundlichen Kleinstädtchens mit ein paar tausend Einwohnern, ein mächtiges Kreuzritterkastell aus dem 12. Jahrhundert unserer Zeitrechnung, weiterhin die im Jahre 1115 n. Chr. gegründete, heute dem maronitisch-christlichen Gottesdienst gewidmete ehemalige Kreuzritterkirche St. Jean, ein kleines Theater, eine Reihe korinthischer Säulen und andere Ruinen aus der römischen Kaiserzeit, aber auch bemerkenswerte Überreste aus dem früheren Altertum. Aus dem 2. Jahrtausend v. Chr. stammen gut erhaltene Abschnitte der Stadtmauern. Auch vom Palast der Stadtkönige und von anderen Gebäuden sind einige Überreste erhalten geblieben. Am eindrucksvollsten sind jedoch die Ruinen zweier anderer Bautengruppen. Einmal handelt es sich um die unteren Mauerpartien mehrerer Tempel, gewidmet der Stadtgöttin, der «Herrin von Byblos», und dem Gotte Reschef. Diese Tempel, bei denen auch verschiedene Opfergaben, z. B. vergoldete Bronzestatuetten und wertvolle Prunkwaffen, gefunden wurden, gehen zum Teil sogar bis ins 3. Jahrtausend v. Chr. zurück. Am interessantesten ist der im 19./18. Jahrhundert v. Chr. an der Stelle eines zerstörten älteren Reschef-Heiligtums errichtete sogenannte «Obelisken-tempel», ein mit unbearbeiteten Monolithenobelisken ausgestatteter Bruchsteinmauerwerkbau. Vor einem der Tempel stand einst eine ins Museum von Beirut verbrachte Kolossalstatue, unverkennbar eine Nach-ahmung ägyptischer Pharaonenstatuen. Neben den Tempeln sind die Grabkammern der königlichen Nekropole mit ihren Sarkophagen und wertvollen Grabbeigaben von größter Bedeutung. Der älteste hier bestat-tete Fürst namens Ibischem oder Abischmu lebte bereits im ausgehenden 19. Jahrhundert v. Chr. Die in den Königsgräbern von Byblos gefunde-nen Beigaben sind ins Museum von Beirut gebracht worden, auch der aus dieser Nekropole stammende Sarkophag eines Königs Achiram, dessen zeitlicher Ansatz zwischen dem 13. Jahrhundert v. Chr. und der Zeit um 1000 v. Chr. schwankt.

Alles in allem gestatten die zu Byblos erhalten gebliebenen Monumente und die dort gemachten Funde, uns ein durchaus plastisches Bild von der Phönikerstadt des 2. vorchristlichen Jahrtausends zu machen. Wir dürfen dabei jedoch nicht übersehen, daß Byblos seit alters her ein überdurch-schnittlich enges Verhältnis zum Pharaonenreich unterhielt, wenn es auch immer von eigenen Stadtkönigen regiert wurde. Einer von diesen, Echnatons Zeitgenosse Ribaddi, ging, wie wir aus den Amarna-Briefen wissen, mit seiner Vasallentreue dem Pharao gegenüber bis an die Grenze der Selbstaufopferung. Doch auch kulturell waren die Bande, die Byblos mit Ägypten verknüpften sehr eng. Wir können daher nicht ohne weite-res das Bild des alten Byblos auf das der übrigen wichtigen Phöniker-städte übertragen.

Auf dem Boden dieser anderen Phönikerstädte hat sich an Monumen-ten aus der Zeit noch bis zur Mitte des 1. vorchristlichen Jahrtausends im Gegensatz zu Byblos sehr wenig erhalten. So können wir uns ein Bild von ihrem Aussehen fast nur aus literarischen Schilderungen machen. Die Altstadt von *Akko,* auf einer Landzunge an der gleichnamigen Bucht nördlich von Kap Karmel gelegen, bietet zwar — anders als die erst seit 1948 entstandene Neustadt mit ihren Industriebetrieben — ein reizvolles historisches Stadtbild. Aber dieses wird bestimmt durch die Bauten der Kreuzritter und vor allem durch die Moscheen, Basare und Karawan-seraien der osmanischen Sultanszeit; Glanzstück ist die Moschee des Ahmed-Dschessar-Pascha aus dem ausgehenden 18. Jahrhundert n. Chr., in der auch Materialien aus verschiedenen Stätten der Antike verbaut sind. Doch vom Akko des Altertums und schon gar der Phönikerzeit ist so gut wie nichts mehr zu sehen. — Einen noch krasseren Wandel hat das Stadtbild von *Tyros* — der Name bedeutet «der Fels» — erlebt. Heute liegt hier ein elendes Fischerstädtchen namens Sur auf einer Halbinsel.

Diese hat sich aber erst durch Anschwemmungen und Ablagerungen gebildet, seit der Welteroberer Alexander im Jahre 332 v. Chr. die von ihm monatelang zernierte Inselstadt *Tyros* durch einen Dammbau mit dem Festland verband, über diesen Damm vordrang und sie erstürmte, fürchterlich zerstörte und die überlebenden Einwohner in die Sklaverei verkaufte. Das altphönikische Tyros lag ursprünglich auf zwei Felseninseln, die vom Festland durch einen etwa 750 Meter breiten Meeresarm getrennt waren. Diese beiden Inseln wurden um die Mitte des 10. Jahrhunderts v. Chr. durch einen Stadtkönig namens Chiram mittels Aufschüttungen vereinigt, wodurch auch die Fläche des Stadtgebietes vergrößert wurde. «Ein Prachtschiff von vollendeter Schönheit, mitten im Meer», nannte der 597 v. Chr. von Jerusalem nach Babylon deportierte Priester Ezechiel[37] die Stadt Tyros, in der damals auf engem Raum dicht gedrängt etwa 40000 Menschen in vielstöckigen Hochhäusern gelebt haben dürften. Fürwahr, «ein Trockenplatz für Fischernetze» ist sie geworden, so wie es Ezechiel prophezeit hat. Auch von dem festländischen Vorort Usu, den die Griechen mit dem zu allerlei Mißverständnissen führenden Namen Palaityros, «Alttyros», belegten, ist nicht viel mehr erhalten als von der ehemaligen Inselstadt. Usus Stelle bezeichnet heute ein Tell Reschidije genannter Hügel; zu sehen ist wenig mehr als einige alte Grabhöhlen.

Nicht so tief wie Tyros ist *Sidon* gesunken. Es liegt etwa 40 Kilometer nördlich von der ehemaligen Inselstadt auf einem Vorgebirge. Ob sein Name, wie oft behauptet, «der Fischplatz» bedeutet, ist recht fraglich. Das an der Stelle des alten Sidon gelegene heutige Saida ist eine Mittelstadt, die noch vor wenigen Jahren, bevor die verworrenen inneren Kämpfe im Libanon einsetzten, im Neuaufschwung begriffen war. Vor der Stadt liegt eine Reihe von Inselchen und Klippen, auf einer haben die Kreuzritter zu Beginn des 13. Jahrhunderts n. Chr. ein eindrucksvolles, durch eine steinerne Brücke mit dem Festland verbundenes Seekastell errichtet. Noch heute ist es das Wahrzeichen der Stadt, in der sich auch die Reste einer weiteren Kreuzritterfestung, verschiedene kleinere und eine größere Moschee sowie zwei bemerkenswerte Karawanseraien finden. Aus altphönikischer Zeit haben sich aber nur in der weiteren Umgebung der Stadt gelegene Nekropolen mit zahlreichen Grabhöhlen erhalten, ferner die seit dem Jahre 1901 ausgegrabenen dürftigen Überreste eines mehrere Kilometer von Saida, dem alten Sidon, entfernten Tempels des Gottes Eschmun. Im neuzeitlichen *Beirut* erinnert überhaupt nur der levantinische Geschäftsgeist der modernen Libanesen an das altphönikische Berytos, dessen Bewohner es sicher ganz ähnlich getrieben haben. In jüngster Zeit ist überdies die turbulente geschäftstüchtige Metropole mit ihren Hochhausquartieren zu einer halbzertrümmerten Gespensterstadt geworden, in der Gewalttätigkeit, Raub und Mord die Szene beherrschen. Von dem etwa 40 Kilometer weiter im Norden gelegenen *Byblos* war bereits die Rede, jetzt soll ein Blick auf das nochmals gut 100 Kilometer weiter im Norden, bereits auf heute syrischem Staatsgebiet, zu suchende *Arados* folgen. Dieses Arados ist ähnlich, wie es das alte Tyros einst gewesen war, eine Inselstadt. Die heute Ruad genannte Insel liegt etwa 3 Kilometer von der Festlandsküste entfernt und ist noch erheblich kleiner, als es die Insel war, auf der einst Tyros lag. Ruad ist noch heute von mehreren tausend Menschen bewohnt, über und über mit Häusern bedeckt und besitzt an der dem Festland zugewandten Seite einen kleinen Fischerhafen. Aus altphönikischer Zeit sind noch Reste einer gewaltigen Zyklopenmauer aus großen unbehauenen Steinblöcken erhalten geblieben. Schriftsteller aus griechisch-römischer Zeit berichten, daß die Wasserversorgung von Alt-Arados durch eine unterseeische Süßwasserquelle erfolgte, deren Wasser man mit Röhren und Pumpen heraufholte und dann mit Kähnen in die Stadt brachte; das Ganze stellt der Findigkeit und dem technischen Können der Phöniker ein glänzendes Zeugnis aus. Die Inselstadt hat übrigens auch im Mittelalter und in der Neuzeit noch mehrfach eine geschichtliche Rolle gespielt. Einmal in den Jahren 1291 bis 1303 n. Chr., als nach dem Verlust der letzten Städte und Burgen im Heiligen Land eine Nachhut der Kreuzfahrer, eine Gruppe unerschütterlicher Templerritter, noch zwölf Jahre lang auf der Felseninsel ausharrte. Dann wieder im Ersten Weltkrieg, als eine französische Landungstruppe bereits 1914 die zum Osmanischen Reiche gehörende Insel besetzte und während des ganzen Krieges behauptete. Nicht in der alten Inselstadt, wohl aber einige Kilometer weiter südlich in einer festländischen Tochterstadt von Arados namens *Marathos* finden sich die mit Abstand eindrucksvollsten, weil gut erhaltenen Monumente, die die phönikische Baukunst überhaupt hinterlassen hat. Zu Amrit, wie die Ruinenstätte heute heißt, steht ein im Volksmund «El Ma'abed» genannter Tempel. Auf einer Anhöhe ist von oben ein 48 mal 55 Meter großer Hof in den Felsen hineingeschnitten worden. In der Mitte wurde ein über 3 Meter hoher viereckiger Steinblock mit einer Seitenlänge von $5^{1}/_{2}$ Meter stehengelassen, auf dem ein aus monumentalen Steinblöcken errichteter an der Vorderseite offener Tempel von $4^{1}/_{2}$ Meter Höhe aufgesetzt wurde. Dieser weist auf allen vier Seiten die typisch ägyptischen Bauelemente von Rundstab und Hohlkehlengesims auf. Außer diesem Tempel finden sich zu Amrit noch ein großartiges «Bordj-el-Bezzak» genanntes Mausoleum, die Trümmer eines umgestürzten Obelisken und zwei dicht nebeneinanderstehende aus großen Blöcken errichtete eindrucksvolle Grabmonumente, im Volksmund «Maghazil», «Spindeln», genannt. Bei dem einen sind auf einer viereckigen Steinplatte drei mächtige Zylinder von verschiedenem Durchmesser übereinander gesetzt, die beiden oberen Zylinder weisen abgetreppte Zinnenkränze auf, der oberste wird von einer

Halbkugel gekrönt. Am untersten Zylinder sind jeweils an den Ecken der viereckigen Grundplatte des Bauwerks die Vorderleiber von vier Löwen angebracht. Diese erinnern in mancher Hinsicht auffällig an hethitische Skulpturen aus weit älterer Zeit. Das ganze Bauwerk ist gut 7 Meter hoch. Das benachbarte Monument besteht aus einem 4 Meter hohen Zylinder, der von einer kleinen fünfseitigen Pyramide gekrönt ist. Wer alle diese Bauten errichtet hat, ist unbekannt, und auch die Erbauungszeit ist ungewiß. Es gibt Stimmen, die für die Zeit des letzten Jahrhunderts vor oder sogar des ersten Jahrhunderts nach Christi Geburt plädieren. Manche Erwägungen sprechen aber für eine frühere Erbauungszeit, etwa die frühhellenistische Periode oder sogar die Zeit der persischen Achämeniden-Könige des 5. und 4. Jahrhunderts v. Chr. Denn damals war Marathos eine blühende volkreiche Stadt, während es seit der Mitte des 2. vorchristlichen Jahrhunderts immer mehr an Bedeutung verlor. Doch selbst, wenn man die Entstehung der Bauten von Marathos-Amrit zeitlich soweit wie möglich zurückverlegt, so befindet man sich — vom Standpunkt der phönikischen Geschichte aus betrachtet — immer noch in einer sehr späten Phase. So darf man jene Bauwerke doch nur sehr bedingt zur Illustration der Verhältnisse in den Phönikerstädten der älteren Zeit heranziehen. Leider werden die eigenartigen, im Jahre 1860 von Ernest Renan erstmals näher untersuchten Monumente von Amrit selten besucht. Fachkundige Betrachter zeigten sich jedoch sehr beeindruckt von dem wuchtigen Ernst und der starken monumentalen Wirkung der dortigen Bauten, etwa der verdienstvolle Archäologe Theodor Wiegand, der sie im Mai des Jahres 1917, während des Ersten Weltkriegs, aufsuchte.[38]

Die Geschichte der phönikischen Stadtstaaten in der Zeit vor 1200 v. Chr. weist weder besondere Höhepunkte noch einschneidende Katastrophen auf. In der großen Zeit des Neuen Reiches der Pharaonen, besonders seit den erfolgreichen vorderasiatischen Feldzügen Thutmosis' III., erkannten die Phönikerstädte mit Ausnahme der weit im Norden gelegenen Inselstadt Arados die Oberhoheit der Pharaonen an. Diese war für sie wenig drückend, bot ihnen aber wirtschaftlich manchen Vorteil. Doch ist die Bedeutung der Phöniker für Handel und Seefahrt in der Zeit vor 1200 v. Chr. früher oft stark überschätzt worden. So lag die Schiffahrt zwischen ihren Häfen und Ägypten lange Zeit hindurch allein in ägyptischen Händen. Erst für die Zeit seit der Mitte des 2. Jahrtausends v. Chr. haben wir einige Zeugnisse dafür, daß sich auch phönikische Schiffe daran beteiligten. Eine 1895 durch den französischen Archäologen Daressy veröffentlichte, inzwischen leider total zerstörte Wandmalerei im Grab eines vornehmen Ägypters in der Totenstadt westlich des Nils gegenüber von Theben, die etwa aus dem Ende des 15. Jahrhunderts v. Chr. stammte, zeigte eine Gruppe fremder Schiffe in einem Nilhafen.

Die Besatzungen stammten nach Typus, Kleidung, Haar- und Barttracht aus Vorderasien, mit hoher Wahrscheinlichkeit aus Phönikien. Ihre Schiffe sind aber nach Form und Bauart deutlich den ägyptischen, ihrerseits von den Nilflußfahrzeugen abgeleiteten Seeschiffen nachgebildet; lediglich in Details sind sie konstruktiv weiterentwickelt. Deutlich läßt sich erkennen, daß hinsichtlich des Seewesens die Ägypter die Lehrmeister, die Phöniker dagegen die Schüler waren, nicht etwa umgekehrt. Außer der genannten heute nicht mehr vorhandenen Darstellung gibt es nur noch eine weitere dieser Art. Sie findet sich ebenfalls in einem Grab der Totenstadt von Theben, war aber bereits zum Zeitpunkt ihrer Entdeckung stark beschädigt. Weiterhin lassen einige schriftliche Angaben der Pharaonen des Neuen Reiches ebenfalls erkennen, daß es damals zwischen dem Nildelta und der phönikisch-syrischen Küste auch eine nichtägyptische Schiffahrt gab. Sie machen aber ihrerseits deutlich, daß die Schiffahrt der Phöniker und Syrer damals noch weit hinter der ägyptischen zurücktrat. Noch waren die Zeiten der weitausgreifenden kühnen Hochseefahrten der Phöniker nicht gekommen.

Als die ägyptische Machtstellung in Vorderasien im Zeitalter des unglückseligen Echnaton zusammenbrach, bedeutete das für die Phöniker nach Lage der Dinge keinen Gewinn. Im Gegenteil führte die unsichere Lage im Hinterland ihrer Städte vor allem für Byblos und wahrscheinlich auch für Berytos eine Notzeit herauf. Umgekehrt brachte der Wiederaufschwung der ägyptischen Macht unter Pharao Haremhab und seinen Nachfolgern und vor allem der spätere friedliche Ausgleich zwischen Ramses II. und dem Hethiterreich den Phönikerstädten eine Entlastung. Für die phönikischen Küstenstädte bedeutete die durch einen starken Pharaonenstaat gewährleistete Ruhe und Ordnung in ihrem Hinterland gesteigerten Wohlstand. Ohnehin entsprach es dem Charakter der Phöniker, daß sie lieber eine in den Formen nicht allzu drückende Oberhoheit einer fremden Großmacht akzeptierten, als sich mit Waffengewalt gegen eine solche zur Wehr zu setzen. Eine ähnliche Haltung, wie sie die Phönikerstädte bis hinauf nach Byblos den Pharaonen gegenüber einnahmen, hat wahrscheinlich die nördlichste von ihnen, die Inselstadt Arados, gegenüber dem Hethiterreich zur Zeit seiner größten Machtentfaltung an den Tag gelegt. Von der in mancher Hinsicht den Phönikerstädten recht verwandten nordsyrischen Hafenstadt Ugarit (Ras Schamra) wissen wir jedenfalls, daß sie es so gehalten hat.

Eine völlig neue Lage führte der große «Seevölkersturm» herbei. Damals erlitten auch einige Phönikerstädte Zerstörungen, insbesondere Arados und wohl auch Sidon, vielleicht auch Berytos, das in den folgenden Jahrhunderten an Bedeutung ganz zurücktrat. Doch Arados und Sidon wurden alsbald wieder aufgebaut, und Tyros hatte offensichtlich überhaupt nicht gelitten. Jetzt war eine Lage entstanden, in der es bis auf

weiteres keine politische Großmacht mehr gab, auf die die Phönikerstädte Rücksicht nehmen mußten. Das Hethiterreich war von der politischen Landkarte verschwunden. Das Pharaonenreich hatte zwar die gegen Ägypten vorgedrungenen «Seevölker» besiegt, was für die Phöniker
nur von Vorteil sein konnte. Es war aber seinerseits so geschwächt, daß
schon bald nach der Zeit Ramses' III. von einer noch so losen ägyptischen Oberhoheit über die Phönikerstädte nicht mehr die Rede war.
Auch verlor die ägyptische Seeschiffahrt rasch jede Bedeutung, wenige
Generationen nach Ramses III. war die Flagge des Pharaonenreiches vom
Mittelmeer praktisch verschwunden. Als um 1080 v. Chr. die pharaonische Regierung einen thebanischen Priester namens Wen-Amon in offi-
zieller Mission, das heißt zur Beschaffung des im Nilland nach wie vor so
dringend benötigten Zedernholzes, nach Byblos entsandte, konnte sie
ihm nicht einmal mehr ein ägyptisches Schiff zur Verfügung stellen. Wen-
Amon mußte sich auf einem fremden Kauffahrer einschiffen. Und der
Fürst von Byblos, das doch länger als anderthalb Jahrtausende fast eine
«ägyptische Kolonialstadt mit Selbstverwaltung durch eigene Fürsten»
gewesen war, ließ dem ägyptischen Priester nach seiner Ankunft mittei-
len: «Entferne dich aus meinem Hafen.» Erst nach 19 Tagen geruhte er
gnädigst, Wen-Amon zu empfangen. Aber er wies es ihm gegenüber weit
von sich, daß er Ägypten und dem Pharao irgendetwas schuldig sei.
Lieferung von Zedernholz für Gott Amon von Theben? Nun ja, aber nur
gegen Barzahlung! Die Zeiten hatten sich gründlich gewandelt. Allerdings erschien um das Jahr 1110 v. Chr. der Assyrerkönig Tiglatpileser I.
mit seiner Armee im Libanon. Die Stadt Arados nahm ihn in ihren Mauern auf, fuhr ihn mit seinem Gefolge alleruntertänigst auf dem Mittelmeer spazieren und arrangierte für ihn sogar das Abenteuer der Jagd auf
ein «Meeresungeheuer». Dieses Erlebnis machte dem assyrischen König,
einer typischen «Landratte», nach dessen eigenen inschriftlich überlieferten Worten gewaltigen Eindruck. Auf seine phönikischen Zeitgenossen
wird aber sein Gehabe einigermaßen lächerlich gewirkt haben. Es ist nur
schade, daß wir zwar die assyrischen Königsinschriften besitzen, aber
nicht wissen, ob vielleicht in den Straßen von Arados ein Couplet nach
Art der «Helgolandfahrt des Berliners» die Runde machte, sobald der
Assyrer die Stadt wieder verlassen hatte. Wenn schon neben Arados auch
Byblos und Sidon sich zu Tributzahlungen an Tiglatpileser I. bereiter-
klärten, so blieb das Ganze doch Episode. Vom Mittelmeer aus betrachtet versank die Assyrermacht bald wieder unter dem Horizont, und zwar
für mehr als zwei Jahrhunderte.

So gab es, von diesem assyrischen Zwischenspiel einmal abgesehen, für
längere Zeit keine in den Raum der Phönikerküste hineinwirkende Großmacht mehr, ebensowenig eine ernsthafte Konkurrenz auf See. Die phönikischen Stadtkönige ihrerseits haben aber keinen Versuch unternom-

men, einen das Hinterland ihrer Städte umfassenden größeren Staat aufzubauen. Niemals hat einer von ihnen zum Beispiel daran gedacht, die
jenseits des hochragenden, aber durchaus nicht unübersteigbaren Libanon-Gebirges gelegene fruchtbare Beka-Ebene dem eigenen Machtbereich einzuverleiben. Auch den Aufbau eines sämtliche Phönikerstädte
überspannenden einheitlichen Staates hat niemand von ihnen ernsthaft in
Angriff genommen, auch wenn die Könige von Tyros seit der Wende vom
2. zum 1. Jahrtausend v. Chr. eine beachtliche Machtstellung besaßen
und Akko und Sidon wohl wenigstens zeitweise unter ihrer Oberhoheit
standen.

War die staatenbildende Kraft des Phönikertums gering, so gehörte es
auch in seiner Glanzzeit nicht zu den kulturschöpferischen Völkern. Ihr
technisches Können war allerdings beachtlich; wenn wir auch nur noch
wenige ihrer Bauwerke vor Augen haben, so bietet doch die im Alten
Testament[39] beschriebene Rolle phönikischer Techniker und Bauleute
bei der Errichtung der großen Bauten Salomos zu Jerusalem einen gewissen Ersatz. Zwar ist auch von Salomos Tempel, dem Altar, den noch
gewaltigeren Verwaltungsgebäuden, dem prunkvollen Palast, dem riesigen Haremsbau, in dem Salomos «700 Gemahlinnen und 300 Neben-
frauen» aus aller Herren Länder wohnten, nichts erhalten geblieben.
Doch werden sie so genau beschrieben, daß wir teilweise bis ins Detail
gehende zeichnerische Rekonstruktionen anfertigen können.

Direkt vor Augen haben wir dagegen nicht wenig von den Produkten
der phönikischen Kunsthandwerke. Auch sie verraten oft ein meisterhaf-
tes technisches Können, besonders auf dem Gebiet der Metallverarbei-
tung, der Kunst des Treibens, Ziselierens und Gravierens. Doch schon für
das alte Byblos des 2. vorchristlichen Jahrtausends galt, daß «seine For-
mensprache in jedem seiner Zeitabschnitte vor allem ägyptisches Gepräge verrät, das nicht selten den Eindruck einer gröberen, provinziellen
Nachahmung erweckt ... Das phönikische Kunstschaffen besitzt — ohne
wirklich eigene formschöpferische Begabung — eine ungemeine Meisterschaft im Nachahmen und Kombinieren fremder Einflüsse», weiterhin
ein «oft erstaunlich differenziertes handwerkliches Können».[40] In der
großen Zeit des Phönikertums nach 1200 v. Chr. tritt das alles womöglich noch krasser zu Tage. «Diesen Verstandesmenschen fehlte ..., jede
Schwungkraft der Phantasie und damit der Antrieb zu selbständigem
Schaffen aus dem eigenen Innern heraus. Sie können rechnen und nachahmen, aber nicht frei gestalten ... Ein Versuch, [die von der Kunst
Ägyptens, Babyloniens und Assyriens, des hethitisch-kleinasiatischen Be-
reiches gelieferten Vorbilder] innerlich zu einer organischen Einheit zu
verbinden und sich selbst einen eigenen Stil zu schaffen, liegt den Phönikern völlig fern; was ihre Kunst charakterisiert und überhaupt erkennbar
macht, ist eben diese Stillosigkeit ... Die phönikischen Arbeiten sind

nicht Schöpfungen eines lebendigen Kunsttriebes und Ausdruck einer Idee, sondern Waren, die einen Absatz erwarten lassen.» Dieses vor einem halben Jahrhundert niedergeschriebene Urteil Eduard Meyers[41] hat auch nach dem heutigen Stand unserer Kenntnisse uneingeschränkt Gültigkeit.

Wenig genug ist von der phönikischen Literatur erhalten geblieben, und das wenige meist nur indirekt, das heißt in späteren Übersetzungen ins Griechische. Die auf unsere Tage gekommenen phönikischen Inschriften sind meist nur kurz und sachlich wenig ergiebig. Mit Sicherheit können wir annehmen, daß man längere Texte auf ägyptischem Papyros geschrieben hat, doch angesichts der klimatischen Verhältnisse im alten Phönikerland hatten solche Papyrostexte keine Aussicht, die Zeiten zu überdauern. Doch scheint es wenig wahrscheinlich, daß es in der verschollenen Literatur der Phöniker Werke vom Rang der besten Schöpfungen der Ägypter, Sumerer, Babylonier oder Hethiter gegeben hat. Wir kennen zwei griechische Übertragungen alter phönikischer Kosmogonien und Göttergeschichten, ein auf einen gewissen Sanchunjaton zurückgeführtes, um 100 n. Chr. von Philo von Byblos übersetztes und ein anderes, als «Sidonische Kosmogonie» bezeichnetes Werk. Ihr Inhalt ist verwandt mit dem religiöser Texte, die wir von Tontafelfunden aus der zweiten Hälfte des 2. vorchristlichen Jahrtausends, gefunden im nordsyrischen Ugarit (Ras Schamra), her kennen. Die genannten Texte sind gewiß nicht ohne Interesse, ob wir ihren Inhalt aber den wirklich großen religions- und geistesgeschichtlich bedeutsamen Schöpfungen anderer Völker des alten Orients an die Seite stellen dürfen, ist zumindest fraglich. Im übrigen weisen die phönikische Religiosität und der phönikische Götterkultus Züge auf, die uns wenig sympathisch berühren. Da ist vor allem der Blutdurst der Gottheiten und die auf dieser Vorstellung beruhenden schauerlichen Menschenopfer, die vor allem in Notzeiten oft große Ausmaße angenommen haben. Dann war es das gewöhnliche Schicksal des erstgeborenen Sohnes oder auch der Tochter eines Ehepaares, «zu Ehren und zur Versöhnung der Gottheit» abgeschlachtet und verbrannt zu werden. Auch die Sitte der sakralen Prostitution war der phönikischen Religion nicht fremd. Gewiß empfindet nicht nur ein moderner Mensch Aversion gegenüber einer solchen Art des Götterglaubens und der Gottesverehrung, auch ein Ägypter oder ein Hethiter hat ein derartiges Treiben seiner phönikischen Zeitgenossen gewiß als Entgleisung der Religiosität angesehen und abgelehnt. So tun wir kein Unrecht, wenn wir die Phöniker nicht zu dem Kreis der alten Kulturvölker zählen, die durch hochgeistige Gedankengänge und ein tiefempfundenes inniges Verhältnis zu ihren Göttern Wertvolles zur Religions- und Geistesgeschichte der Menschheit beigetragen haben. Religion und Kultus der Phöniker sind gewiß ein interessantes Thema für die wissenschaftliche

Forschung, innere Anteilnahme vermögen sie jedoch — anders als der
Götter- und Jenseitsglaube der Ägypter, der Sumerer oder der Hethiter
— kaum zu erwecken.

Gleichwohl verdienen die Phöniker mehr als nur das fachwissenschaft-
liche Interesse eines Spezialisten, freilich nicht als Schöpfer bedeutender
Staaten, nicht weil sie Kunstwerke von Rang geschaffen, nicht weil sie
tiefe Gedanken gedacht, nicht weil sie Wertvolles zur Religionsgeschichte
der Menschheit beigetragen haben. Während die Phöniker in diesen Bereichen des Lebens bestenfalls Mittelmäßiges geschaffen haben, leisteten
sie wahrhaft Großes bei der Hochseeschiffahrt und im überseeischen
Handel. Diesen Zielen haben sie seit dem 12. Jahrhundert v. Chr. alle
Energie und Aktivität gewidmet.

Wir besitzen nicht den leisesten Hinweis darauf, daß die Schiffe des
pharaonischen Ägyptens bis ins zentrale Mittelmeer gefahren sind, etwa
ins Seegebiet der Malta-Inselgruppe oder der nur rund 80 Seemeilen
breiten Pantelleria-Straße zwischen Südwestsizilien und dem tunesischen
Kap Bon. Wir haben vielmehr allen Anlaß zu der Annahme, daß solche
Fahrten niemals stattgefunden haben. Altkretische und frühgriechische
Schiffe mögen vereinzelt ins westliche Mittelmeerbecken gelangt sein,
fest steht aber, daß es eine planmäßige Seefahrt der Kreter und Frühgriechen dorthin nicht gegeben hat. Das wurde erst anders, als im 12. Jahrhundert v. Chr. die große Zeit der phönikischen Hochseeschiffahrt begann. Schon um 1100 v. Chr. passierten phönikische Schiffe die Straße
von Gibraltar und erreichten den Atlantischen Ozean, den noch kein
Seefahrer aus einem der alten Kulturländer des Ostmittelmeerraums jemals gesehen hatte. Auch wenn die betreffenden Nachrichten nicht sehr
präzise sind und in ihrer Richtigkeit mitunter angezweifelt wurden, steht
fest, daß bereits damals die ersten phönikischen Faktoreien im «fernen
Westen» entstanden sind. Zu ihnen zählten vor allem Gadir (Gades,
Cádiz), Tingis (Tanger) und Lixos (beim heutigen Larasch bzw. El-
Araisch an der marokkanischen Atlantikküste). Für die frühzeitige Gründung solcher Faktoreien im Bereich der Straße von Gibraltar bzw. jenseits derselben sprechen ganz entscheidend verschiedene Angaben im Alten Testament. Sie besagen, daß um die Mitte des 10. Jahrhunderts
v. Chr. unter König Chiram I. von Tyros, dem Zeitgenossen der Könige
David und Salomo von Israel, der Ausdruck Tarschisch-Schiffe für see-
gehende Schiffe auf großer Fahrt allgemein üblich war. Der Ausdruck
Tarschisch, griechisch Tartessos, bezeichnet aber einen Platz im Mündungsgebiet des Guadalquivir und gleichzeitig diesen Fluß selbst. So müssen wir daran festhalten, daß gerade die nicht weit von diesem Tar-
schisch-Tartessos gelegenen, von Phönikien aber am weitesten entfernten
Handelsfaktoreien zu den frühesten Gründungen gehörten. Die Mehrzahl der Zwischenstationen auf dem Wege von Phönikien in den «fernen

Westen» wurde dagegen erst nach und nach zur Erleichterung der weiten Fahrten angelegt. Zu den ältesten Gründungen gehörte dabei Utika an der Nordküste Tunesiens. Seine Gründung als tyrische Faktorei erfolgte «287 Jahre vor der von Karthago», das im Jahre 814/813 v. Chr. entstand; diese Angaben sind jedenfalls glaubwürdig, weil sie indirekt auf die zu Tyros geführten Annalen zurückgehen und diese als zuverlässig gelten müssen. Noch jünger als Karthago, das übrigens längere Zeit hindurch noch ziemlich unbedeutend blieb, sind fast alle phönikischen Niederlassungen an der Südküste Sardiniens und erst recht die auf den Pityusen und an der südspanischen Costa del Sol, wo es vor dem 6. oder gar dem 5. Jahrhundert v. Chr. lediglich einige kleine Landeplätze gegeben hat. Wesentlich älter waren dagegen die phönikischen Gründungen an der Süd- und Westküste Siziliens und auf den für die Fahrten zwischen Ost- und Westmittelmeer besonders wichtigen Inseln Malta und Gaulos (Gozo).

Von den phönikischen Handelsfaktoreien, die seit dem ausgehenden 2. Jahrtausend v. Chr. jenseits der Straße von Gibraltar, im westlichen oder zentralen Mittelmeergebiet entstanden, haben sich bestenfalls kärgliche Überreste erhalten. Diese Denkmälerarmut macht den 1980 bei Ausschachtungsarbeiten zu Palermo erfolgten Fund einer phönikischen Nekropole fast zu einer Sensation. Festzuhalten bleibt jedoch, daß es sich bei allen diesen Phönikergründungen um bevölkerungsarme Orte handelte, die lediglich als Stützpunkte für die Schiffe und als Plätze für den Warenaustausch mit den einheimischen Stämmen des jeweiligen Hinterlandes gedacht waren; andere Funktionen hatten sie von Hause aus nicht zu erfüllen. Sehr charakteristisch ist, daß man solche Faktoreien nach Möglichkeit gern auf Landzungen oder dem Festland vorgelagerten kleinen Inseln anlegte. Besonders typisch ist zum Beispiel die Lage von Gadir (Gades, Cádiz) auf der Spitze einer schmalen, sich 10 Kilometer weit in den Ozean hineinschiebenden Landzunge oder die von Motye – der Name bedeutet «die Spinnerei» – auf der heute San Pantaleo genannten Insel in der Lagune Stagnone nördlich von Marsala im äußersten Westen Siziliens. Auf San Pantaleone haben moderne Ausgrabungen die Überreste des Phönikerortes zu Tage gefördert. Doch stammen diese im wesentlichen nicht von dem alten, im Jahre 397 v. Chr. durch die Syrakusaner zerstörten Motye, sondern erst von dem in der Folgezeit durch die Karthager unter dem Namen Lilybaion wieder aufgebauten und nunmehr zu einer bedeutenden Stadt erweiterten Platz. Die recht beachtlichen Ruinen vermitteln also keineswegs das Bild der ursprünglichen kleinen Faktorei der alten Phönikerzeit. Auch an der Lage der meisten anderen alten Phönikergründungen läßt sich immer wieder erkennen, daß sie ganz und gar nicht dazu gedacht waren, als Ausgangspunkt für die Eroberung größerer Landmassen zu dienen.

Wenn sich irgendwelche Phönikerplätze im zentralen oder westlichen Mittelmeerraum doch schon in relativ früher Zeit zu stärker besiedelten Ortschaften entwickelten, dann handelte es sich nicht um eine der Faktoreien an den Küsten der Iberischen Halbinsel, Siziliens oder Nordafrikas — zunächst auch nicht Karthago —, sondern um die Inselorte auf Malta und Gaulos (Gozo). Die Malta-Inselgruppe hatte bereits eine bedeutende kulturelle Vergangenheit gehabt, lange bevor die Phöniker kamen. Schon im 3. Jahrtausend v. Chr. blühte auf Malta und auf Gozo eine jungsteinzeitliche Kultur, die Erstaunliches geschaffen hat. Da existiert eine Reihe von mächtigen Tempeln, die aus riesigen wohlbehauenen Blöcken errichtet und teilweise auch mit feinen Reliefs verziert sind. Staunend bewundert der Besucher die unterirdische, drei Stockwerke tief in den Felsen hinein gehauene Kultstätte zu Pawla (Hal Saflieni) südlich von Valetta mit ihren Hallen und Kammern, die 1902 durch Zufall entdeckt worden ist, dazu das in den Fels eingeschnittene Netz von Karrenschienen in der gleichen Gegend. Nicht minder eindrucksvoll sind die drei oberirdisch aus gewaltigen Steinplatten errichteten Tempel bei Tarxien nicht weit von Pawla mit ihren fein gearbeiteten Reliefs von Widdern, Schweinen und Ziegenböcken und einer Spiral- und Punktornamentik. Diesen Bauten verwandt sind die Tempelanlagen von Hagiar Kim und Mnaidra nahe der Südküste Maltas, die Tempel von Skorwa bei Mgarr im Westen der Insel und die Gigantija-Tempel auf Maltas kleinerer Nachbarinsel Gozo. Dazu kommen die in mehreren Tempeln aufgefundenen zum Teil überlebensgroßen, zum Teil relativ kleinen Statuen einer Fruchtbarkeitsgöttin, deren Kult im Zentrum der religiösen Vorstellungen der frühen Malteser gestanden hat. Außerdem gibt es eine Reihe von Friedhöfen, wo zahlreiche Skelettfunde gemacht worden sind. Befestigungen oder Wohnsiedlungen der Alt-Malteser hat man dagegen bis jetzt nicht aufgefunden. Was bei den zwischen der Mitte des 3. und der Mitte des 2. vorchristlichen Jahrtausends jeweils in generationenlanger Arbeit errichteten Megalithbauten am meisten erstaunt, ist die Tatsache, daß sie allein mit steinernen Werkzeugen errichtet worden sind. Die in den Kulturländern des Ostens längst übliche Verwendung von Kupfer und Bronze war den altmaltesischen Tempelbauern dagegen unbekannt. Allein diese Feststellung sollte vor den immer wieder auftauchenden Behauptungen warnen, es habe Beziehungen zwischen Alt-Malta und den frühen Hochkulturen im Ostmittelmeerraum gegeben, etwa dem «Minoischen» Kreta und dem frühmykenezeitlichen Griechenland. Tatsächlich können wir solche Verbindungen Alt-Maltas mit den Ländern des Ostmittelmeerraums erst seit dem großen Aufstieg der phönikischen Hochseeschiffahrt nachweisen, das heißt seit dem 12. Jahrhundert v. Chr. Damals gehörte aber die jungsteinzeitliche Kultur Alt-Maltas, die jene großen Bauten geschaffen hat, längst der Vergangenheit an. Denn nicht lange nach der Mitte des

2. vorchristlichen Jahrtausends, etwa im 15. Jahrhundert, allerspätestens um 1400 v. Chr. hatte diese Kultur ihr totales Ende gefunden. Als die Phöniker kamen, war das Leben auf der Malta-Inselgruppe auf ein ziemlich primitives Niveau zurückgesunken.

Nicht nur auf der Malta-Inselgruppe, sondern auch in verschiedenen Gebieten des Westmittelmeerraums hatten vorgeschichtliche Stämme «Megalith-Kulturen» entfaltet. Erinnert sei an die Sesi genannten niedrigen Rundtürme auf Pantelleria, die Nuraghen auf Sardinien, die Talayots auf den Balearen, die Megalith-Gräber im Süden und Westen der Iberischen Halbinsel. Die Zone solcher Megalith-Bauten erstreckt sich sogar auf weite Teile Nordwesteuropas bis hin zu den Orkney-Inseln. Doch abgesehen von den altsardischen Nuraghen-Erbauern, die später in folgenschwere Konflikte mit den Phönikern und vor allem den Karthagern gerieten, lassen sich historische Verbindungslinien zwischen den frühen Völkern des Westens und den Phönikern nur sehr bedingt nachzeichnen. Ihre Behandlung gehört auch nicht zu den Aufgaben, die sich dieses Buch gestellt hat.

Zurück nach Malta und Gozo. Was die Phöniker dort materiell hinterlassen haben, ist nicht eben viel und bleibt weit hinter dem Erbe der maltesischen Tempelerbauer der Jungsteinzeit zurück. Im wesentlichen beschränkt es sich auf Felsgrabhöhlen und dort gefundene Grabbeigaben. Viel wichtiger ist die auch heute auf der Inselgruppe gesprochene Sprache. Sie hat, obwohl sie später zahlreiche romanische und englische Worte in sich aufgenommen hat, ihren semitischen Grundaufbau behalten. Das ist um so beachtlicher, weil die Inselgruppe bereits im Jahre 218 v. Chr. unter römische Herrschaft geriet und seither mit Ausnahme der Araberzeit (870–1090 n. Chr.) immer unter der Herrschaft einer Oberschicht stand, die irgendeine indogermanische Sprache sprach – lateinisch, wandalisch, byzantinisch/griechisch, französisch oder englisch. So wird man wohl der Ansicht beipflichten können, daß auch der noch heute dominierende maltesische Volkstyp bereits in der Zeit seine entscheidende Prägung erfahren hat, als die Inselgruppe die Rolle der wichtigsten Zwischenstation der phönikischen Hochseefahrt zwischen dem äußersten Osten und dem äußersten Westen der Mittelmeerwelt übernommen und einen nicht unbeträchtlichen Prozentsatz phönikischer Siedler erhalten hatte.

Wie wenig das Motiv, einen Menschenüberschuß unterzubringen, jedoch bei der Gründung der weitaus meisten Phönikerplätze «in Übersee» mitspielte, zeigen mit aller Deutlichkeit die Verhältnisse auf Cypern. Obwohl diese Insel dem phönikischen Mutterland unmittelbar gegenüberliegt, kam es dort doch nur zur Gründung zweier phönikischer Städte. Einmal handelt es sich um das im 11. oder 10. Jahrhundert v. Chr. an der Stelle einer älteren Ortschaft gegründete Kition, auch «Kartchadascht»,

«Neustadt», genannt, das heutige Larnaka an der Südküste der Insel.
Hier haben ganz moderne, von V. Karageorghis geleitete Ausgrabungen
nicht nur die ältere, vorphönikische, von einer Ringmauer umgebene
Ortschaft aufgedeckt, sondern auch die Überreste eines Ende des 9. Jahrhundert v. Chr. erbauten phönikischen Tempels. Bei der anderen phönikischen Neugründung auf Cypern handelte es sich um Lapethos an der
Nordküste. Sonst gab es auf der Insel an Phönikerplätzen allenfalls nur
kleine Handelsfaktoreien.

Dasselbe gilt für die Inseln und Küsten des Ägäischen Meeres, doch
tappen wir hier ziemlich im Dunkeln. Archäologisch können wir die
Anwesenheit der Phöniker in diesem Gebiet nicht nachweisen, und die
Angaben griechischer Schriftsteller, diese oder jene Insel sei einst phöni-
kisch besiedelt gewesen, erscheinen im konkreten Einzelfall oft recht
zweifelhaft. Glaubwürdig wirkt dagegen Herodots Bericht[42] von den
Bergwerken auf der Insel Thasos im äußersten Norden der Ägäis: «Ich
habe diese Bergwerke selber gesehen; das erstaunlichste von den Bergwerken ist das von den Phönikern entdeckte, als sie ... diese Insel besiedelten ... Dieses phönikische Bergwerk auf Thasos liegt zwischen den
Orten Ainyra und Koinyra, gegenüber von Samothrake. Einen großen
Berg haben dort die Goldgräber umgewühlt.» Und an anderer Stelle[43]:
«So bin ich denn auch nach Thasos gekommen und habe dort ein von
den Phönikern gegründetes Heiligtum des ‹Herakles› (d. h. Melkart) gefunden.» Alles, was wir von Herodots Urteilsvermögen und Wahrheits-
liebe wissen, legt es nahe, ihm bei diesen Angaben über die nördlichste
Insel der Ägäis zu folgen; sie wurde übrigens erst um 680 v. Chr. von
Griechen, Leuten aus Paros, besiedelt. Akzeptieren wir aber Herodots
Bericht über Thasos, dann könnte auch eine andere griechische Angabe,
Phöniker hätten von der Insel Tenedos aus am Eingang der Dardanellenstraße Purpurschneckenfischerei getrieben, korrekt sein. Ferner dürfte
die Ableitung des Namens der besonders auf Samothrake und Lemnos im
Nordosten des Ägäischen Meeres verehrten «Großen Götter», der «Ka-
biren», von dem gleichlautenden phönikischen Wort «die Großen» das
Richtige treffen. Bei aller Mangelhaftigkeit unserer Kenntnisse werden
wir doch festhalten können, daß die Phöniker nicht nur an die Küsten des
«fernen Westens» gekommen sind, sondern auch im äußersten Norden
und Nordosten der Ägäis Seefahrt getrieben, Handelsfaktoreien gegründet und Bergwerke ausgebeutet haben.

Aber es gab phönikische Seefahrten auch noch in eine andere Himmelsrichtung. Als um die Mitte des 10. Jahrhunderts v. Chr. zu Tyros
König Chiram I. regierte — derselbe, der die beiden Inseln, auf denen
seine Stadt lag, durch Aufschüttungen vereinigte und dadurch das Stadtgebiet vergrößerte —, saß zu Jerusalem Salomo auf dem Thron des
Königreiches Israel. Beide Herrscher unterhielten enge Beziehungen zu-

einander. Zum Bau des berühmten Salomonischen Tempels und des Königspalastes zu Jerusalem sandte Chiram nicht nur das benötigte Zedern- und Zypressenholz gegen Lieferungen von Weizen und Öl, sondern er stellte auch die erforderlichen Spezialisten, qualifizierte Architekten und Bauhandwerker, zur Verfügung. Auch in anderer Hinsicht arbeiteten Tyros und Jerusalem eng zusammen. So heißt es im Alten Testament[44]: «Auch Schiffe baute König Salomo in Ezeon-Geber, das bei Elath liegt, am Ufer des Schilfmeeres im Lande Edom (d. h. am Nordende des Golfes von Akaba). Und Chiram sandte seine Leute, Schiffsleute, die das Meer kannten, zusammen mit den Leuten Salomos auf den Schiffen aus. Sie gelangten nach Ophir, holten von dort 420 Talente Gold (1 Talent etwa 135 000 Goldmark von 1914) und brachten sie König Salomo.» Dieses Unternehmen hatte nach der biblischen Darstellung auch den Besuch der Königin von Saba in Südarabien bei Salomo zur Folge, ein Ereignis, das zwar von allen möglichen Legenden überwuchert ist, dem aber doch ein geschichtlicher Kern innewohnen dürfte. Was aber der israelische Bericht nur andeutet, ist die Tatsache, daß die Ophir-Fahrt seemännisch ganz und gar eine phönikische Leistung war: *«Die Schiffe Chirams* aber, die Gold aus Ophir holten, brachten auch sehr viel Almuggimholz und Edelsteine.» Und weiter: «Denn der König (Salomo) hatte *ein* Tarschisch-Schiff auf dem Meer zusammen *mit Schiffen Chirams;* einmal in drei Jahren kam *das* Tarschisch-Schiff und brachte Gold und Silber, Elfenbein, Affen und Pfauen.» Wie wenig die Israeliten allein in der Lage gewesen wären, diese Seefahrten durchzuführen, beweist drastisch der ein Jahrhundert später von König Josaphat von Juda ohne phönikische Mitwirkung unternommene Versuch, auf eigene Faust solche Ophir-Fahrten wieder aufzunehmen. «Josaphat baute ein Tarschisch-Schiff, um nach Gold gen Ophir zu fahren. Es fuhr aber nicht, denn das Schiff zerschellte in Ezeon-Geber (das heißt bereits im Ausgangshafen).» Nichts beleuchtet die seemännische Meisterschaft der Phöniker so sehr wie der unterschiedliche Ausgang der Ophir-Fahrten zur Zeit Salomos und zur Zeit Josaphats: einmal, unter entscheidender phönikischer Mitwirkung, wurden sie ein glänzender Erfolg, das andere Mal, ohne die Phöniker, eine klägliche Blamage. Wo das geheimnisvolle Goldland Ophir eigentlich zu suchen ist, ist eine bis heute nicht sicher geklärte Frage. In jedem Fall muß es in weiter Ferne gelegen haben. Man hat es mit guten Gründen an der Küste des Somali-Landes oder an der Süd- und Ostküste Arabiens gesucht, hat aber auch an Indien, Ceylon oder Südafrika gedacht, wobei man sogar die großen Steinbauten von Zimbabwe in Süd-rhodesien mit dem Goldland Ophir des Alten Testaments in Verbindung bringen wollte; letzteres ist allerdings sicher verfehlt. Wo immer aber Ophir nun wirklich gelegen haben mag, fest steht, daß die besonders von Tyros ausgehende phönikische Schiffahrt zur gleichen Zeit so weltenfern entlegene Orte wie Gadir im Westen, Thasos im Norden und Ophir irgendwo im Süden oder Südosten erreicht hat.

Mit tiefer Bewunderung, ja fassungslosem Staunen steht der Betrachter rückschauend den seemännischen Leistungen, dem ungeheuren Unternehmungsgeist und Wagemut der Phöniker gegenüber. Sie waren Kaufleute, nüchterne Verstandesmenschen, aber was hinter ihren Seefahrten stand, war nicht allein rechnender Krämergeist, das war die große, verstandesmäßig nicht zu begründende Sehnsucht in die Ferne, der unbezähmbare Wunsch nach dem großen Abenteuer.

Die phönikischen Seefahrer fuhren nicht hinaus, weil sie als Eroberer in Übersee ein Reich gründen wollten. Sie waren auch keine Auswanderer, denen es zu Hause an Land und Erwerbsmöglichkeiten mangelte oder einfach nur zu eng geworden war, und die sich irgendwo in der Fremde als Kolonisten ansiedeln wollten. Wenn sie auch mehr waren als nur Krämer und Pfeffersäcke, so waren sie natürlich doch Kaufleute, die Handel treiben wollten. Sie holten Naturprodukte, Rohstoffe aller Art, gefangene oder von irgendwelchen Einheimischen eingetauschte Sklaven und brachten dafür Erzeugnisse des heimischen Handwerks und Gewerbes. In aller Regel handelte es sich bei diesen zwar um technisch gekonnt gemachte, sonst aber nicht besonders hochwertige Produkte. Durch ihre weltweiten Exporte haben aber die Phöniker entscheidend dazu beigetragen, daß die Kulturländer des Vorderen Orients gerade in dieser Zeit, die für sie alles andere als eine Blüteperiode war, weit entfernte Gebiete beeinflußten, mit denen sie zuvor niemals etwas zu tun gehabt hatten. Die kühnen Seefahrten der Phöniker hatten zur Folge, daß die Welt kleiner wurde, weil weit voneinander entfernte Gebiete einander näher rückten.

Schließlich hat gerade das an sich so wenig geistige Volk der Phöniker der Welt eine Erfindung geschenkt, ohne die auch heute das Leben einfach nicht vorstellbar wäre: die alphabetische Buchstabenschrift.

Die große Entdeckung, daß sich Aussprüche und Gedanken festhalten und bewahren lassen, die Kunst des Schreibens und Lesens also, ist unabhängig voneinander mehr als einmal gemacht worden. So erfolgte sie um die Wende vom 4. zum 3. vorchristlichen Jahrtausend irgendwo im ägyptischen Nildelta, und zwar — wie wir heute mit Sicherheit sagen können — ohne Anlehnung an ein fremdes Vorbild. Noch früher wurde die Schrift im Zweistromland am Euphrat und Tigris von den Sumerern geschaffen; ihre ältesten Schriftzeugnisse sind etwa ein Jahrhundert älter als die Ägyptens. Ob sie, wie in jüngster Zeit behauptet wird, noch ältere Vorläufer gehabt haben, sei hier nicht erörtert; eine erhebliche Skepsis diesen Angaben gegenüber soll aber nicht verschwiegen werden. Etwa um 2000 v. Chr. wurde auch auf der Insel Kreta eine Schrift geschaffen, in diesem Fall zwar in Kenntnis der in Ägypten und Vorderasien im

Gebrauch befindlichen älteren Systeme, aber doch in ganz anderer, eigenständiger Art. Von der Schrifterfindung in China und in der Neuen Welt Amerikas kann in diesem Zusammenhang abgesehen werden. Dagegen ist erwähnenswert, daß im kleinasiatisch-ägäischen Raum im 2. vorchristlichen Jahrtausend noch weitere Systeme entwickelt wurden, so die «Hethiterhieroglyphen» und die einzig und allein auf dem «Diskos von Phaistos» auf unsere Tage gekommenen Bildzeichen.

Werfen wir einen Blick zurück auf die Geschichte der Schrift in der Zeit vor der Erfindung der phönikischen Alphabetsschrift. Die *Hieroglyphenschrift Ägyptens,* entstanden um 3000 v. Chr. an einem Ort irgendwo im Nildelta, ist eine Schöpfung aus einem Guß. Sie ist nicht, wie man früher angenommen hat, im Zuge einer allmählichen Entwicklung «vom Bild zum Buchstaben» zustandegekommen, sondern in allen wesentlichen Punkten das Werk wenn nicht eines einzelnen Mannes, so doch einer zusammengehörigen Gruppe, vielleicht einer Priesterschaft. Die Schriftzeichen sind Bilder, und während der drei Jahrtausende, in denen diese Schrift im Gebrauch blieb, hat sie ihre Bildhaftigkeit niemals verleugnet. Ihrem ganzen Wesen nach hing diese Schrift untrennbar mit der altägyptischen Sprache, der Muttersprache der Schöpfer dieser Schrift, ebenso eng zusammen wie mit der Kunst und Religion des Nillandes. Schon die Schreibung einzelner nichtägyptischer Worte, etwa fremder Orts- und Eigennamen, brachte Probleme mit sich, und zur Schreibung einer anderen Sprache als des Altägyptischen war diese Schrift gänzlich ungeeignet. Die Bildzeichen der Hieroglyphenschrift umfassen Zeichen, die ein ganzes Wort, eine Silbe oder nur einen einzigen Konsonanten bedeuten; dazu gibt es Zeichen, die überhaupt nicht lautlich mitzulesen waren, sondern nur eine optische Lesehilfe zum Verständnis eines Wortes darstellen. Alle Zeichenarten sind immer nebeneinander verwendet worden, von den ältesten Zeiten bis ins ausgehende 4. Jahrhundert n. Chr. Da die altägyptische Sprache so aufgebaut war, daß ein Ägypter beim Lesen die Vokale ohne nachzudenken mitsprechen konnte, wurden in der Schrift nur die Konsonanten bezeichnet. Das machte einem Leser, dessen Muttersprache das Altägyptische war, keinerlei Schwierigkeiten. Solche Schwierigkeiten bestehen nur für den modernen Forscher, der ja — da das Altägyptische längst ausgestorben ist — keinen Menschen altägyptischer Zunge nach der richtigen Aussprache fragen kann. Wir können heute einen altägyptischen Text kaum schlechter verstehen und übersetzen als etwa einen altgriechischen oder lateinischen. Aber wir wissen nur, um ein Beispiel zu nennen, daß das altägyptische Wort «schön» die drei Konsonanten n.f.r hatte, nicht aber, ob im Einzelfall «nefer», «nofer», « nufer» oder ähnlich ausgesprochen wurde. Daher auch das Schwanken zwischen «Nofretete», «Nefretete», «Nefertiti» usw., wenn wir den bekannten Königinnennamen «Die Schöne ist es,

welche kommt» sprechen oder schreiben. Das ganze System der Hieroglyphenschrift erscheint nur dem Nichtkenner der altägyptischen Sprache als kompliziert, wer sich aber in Aufbau und Wortschatz dieser
Sprache hineinarbeitet, wird bald feststellen, wie gut das Schriftsystem zu
dieser Sprache paßt.

Erwähnt muß noch werden, daß die Schriftzeichen äußerlich ihre Bildhaftigkeit einbüßten, wenn man nicht Inschriften in Stein einmeißelte,
sondern Briefe, Verwaltungsurkunden, literarische Texte aller Art und
anderes mehr mit einer pinselartigen Schreibbinse und Tusche auf papier-
ähnliche Blätter schrieb. Der Unterschied zwischen der bei diesem aus
dem Schaft der Papyrospflanze hergestellten Material verwendeten sogenannten «hieratischen» Schrift und den Hieroglyphen der Steininschriften entspricht aber haargenau nur dem Unterschied zwischen unserer
handgeschriebenen und unserer gedruckten Schrift. Dabei gab es auch
bei den Ägyptern genau wie bei uns «mit viel Liebe sorgfältig gemalte»
Handschriften und hingeschmierte Augenblicksnotizen. Letztere schrieb
man übrigens, da Papyros relativ teuer war, gern auf alte Gefäßbruch-
stücke. Solche in der Wissenschaft als «Ostraka» bezeichnete Materialien
benutzte man, um Kosten zu sparen, auch im Schulunterricht, ähnlich
wie bei uns Schiefertafel und Griffel.

Ganz entscheidend sind zwei Dinge: Einmal die Tatsache, daß die
Verdrängung des alten ägyptischen Götterglaubens durch das Christentum auch den Untergang der eng mit jenem verbundenen Schrift bedeutete. In christlicher Zeit wurde die ägyptische Sprache, nunmehr «Kop-
tisch» genannt, mit den durch einige wenige andere Buchstaben ergänz-
ten Zeichen des griechischen Alphabets geschrieben. Zum anderen ist
wichtig, daß das ägyptische Schriftsystem überall dort so gut wie unver-
wendbar war, wo nicht ägyptisch gesprochen wurde. So hat sich auch
fast nur in Nubien und dem Nordsudan eine wirkliche «Tochterschrift»
entwickelt. Diese Gebiete standen lange Jahrhunderte, teilweise länger
als anderthalb Jahrtausende, unter der Oberhoheit der Pharaonen. Die
herrschende Kultur war die ägyptische, die Schriftsprache desgleichen.
Erst Jahrhunderte nach der Loslösung Nubiens von Ägypten und der
Ausbildung eines eigenen nordsudanesischen Pharaonenstaates mit der
Hauptstadt Napata am vierten Nilkatarakt wurde dort eine einheimische
Sprache anstelle des Ägyptischen zur Schriftsprache. Für ihre Schreibung
leitete man aus den ägyptischen Hieroglyphen die sogenannte «meroiti-
sche Hieroglyphenschrift» ab; der Name «meroitisch» bezieht sich dabei
auf die noch weiter im Süden gelegene Stadt Meroe, die später Napata als
Hauptstadt des nordsudanesischen Pharaonenreiches ablöste. Die Schöpfung dieser Schrift beruht darauf, daß die gesamte Kultur des nubisch-
nordsudanesischen Reiches ein Ableger der ägyptischen war.

Genau wie die ägyptische Schrift war auch die *Schrift der Sumerer,* der großen Kulturschöpfer im Zweistromland am Euphrat und Tigris, von Hause aus eine Bilderschrift. Doch gab es von Anfang an zwischen den beiden Schriftsystemen entscheidende Unterschiede, die beweisen, daß ihre Erfindung unabhängig voneinander erfolgt sein muß. Zu diesen Unterschieden gehört, daß die Sumererschrift nicht nur die Konsonanten, sondern auch die Vokale zum Ausdruck bringt. Die ganz anders als das Altägyptische aufgebaute sumerische Sprache macht das einfach erforderlich. Im übrigen verloren die sumerischen Schriftzeichen anders als die Hieroglyphen frühzeitig jede Bildhaftigkeit. Man schrieb im Zweistromland nur selten auf Stein, kannte auch den Papyros und das hieraus hergestellte «Papier» nicht, sondern kratzte die Schriftzeichen mit einem Griffel auf Tontafeln ein. Dabei wurde die Sumererschrift bald zu einem abstrakten Gebilde, dessen Zeichen nur aus Kombinationen einiger weniger Elemente bestanden, aus stehenden, liegenden oder schrägen «Keilen» und sogenannten «Winkelhaken». So entstand aus der altsumerischen Bilderschrift die «Keilschrift».

Auch sonst nahm die Entwicklung einen anderen Gang als bei den Hieroglyphen. Die abstrakte Keilschrift, die jede Bindung an eine Bildkunst verloren hatte, wurde bald auch zur Schreibung von Sprachen benutzt, die ganz anders aufgebaut waren als das Sumerische. So vor allem zur Schreibung der semitischen Sprache der Akkader, die im 24. Jahrhundert v. Chr. anstelle der Sumerer die Führungsrolle im Zweistromland übernahmen. Bei der Lektüre jedes akkadischen (assyrisch-babylonischen) Keilschrifttextes bemerkt man auf Schritt und Tritt, daß die Schrift nicht zur Schreibung einer semitischen Sprache erfunden worden ist. In Keilschrifttexten überwiegen bei weitem Silbenzeichen, wobei aber viele derselben zwei, drei oder sogar vier unterschiedliche Lautwerte haben. Welcher Lautwert jeweils gemeint ist, muß dann etwa nach Art eines modernen Silbenrätsels aus dem — oft ebenfalls mehrdeutigen — Lautwert des vorausgegangenen und des folgenden Zeichens erschlossen werden.

Im Hethiterreich wurde dann seit den ersten Jahrhunderten des 2. vorchristlichen Jahrtausends die *Keilschrift* auch zur Schreibung indogermanischer und abermals gänzlich anders gearteter altkleinasiatischer Sprachen verwendet. Auch hier blieb der Gebrauch der Keilschrift jedoch weitgehend an das Schreibmaterial von Tontafel und Griffel gebunden. Zur Schreibung auf irgendeinem Papier, auf Leder und ähnlichen Materialien war sie dagegen ganz ungeeignet. Auch für die Herstellung eindrucksvoller Monumentalinschriften auf Stein waren die Keilschriftzeichen nur sehr bedingt geeignet. Im wesentlichen spielten solche Steininschriften in Keilschrift erst im zu Beginn des 1. Jahrtausends v. Chr. aufsteigenden ostanatolischen Reich von Urartu eine Rolle, wobei ihre monumentale Wirkung doch recht zweifelhaft ist. Im Kleinasien der He-

thiterzeit erfand man dagegen für Monumentalinschriften und auch für
den Gebrauch auf Siegeln eine völlig anders geartete Bilderschrift, die
sogenannten «Hethiterhieroglyphen».

Ein anderes altes Kulturvolk hat sich dagegen von Anfang an strikt
geweigert, die ihnen von ihren Seefahrten nach Syrien und Phönikien her
wohlbekannte Keilschrift zu übernehmen: die «minoischen» *Kreter* haben, als sie sich um die Wende vom 3. zum 2. Jahrtausend v. Chr. ein
Schriftsystem schufen, eigene Wege beschritten. «Man kann zur Zeit
nicht beantworten, warum die Kreter sich weigerten, die Keilschrift zu
übernehmen («sich weigerten» trifft den Sachverhalt), die Tatsache
bleibt uns gegeben», schreibt Moses I. Finley dazu[45]. Vermutlich waren
sich die Kreter der Schwächen und Nachteile der Keilschrift bewußt, und
ihre Begabung und Phantasie reichten dazu aus, sich unter Benutzung
von der ägyptischen Schrift ausgehender Anregungen ein eigenständiges
Schriftsystem zu schaffen. Sicherlich entsprach es gut den Bedürfnissen
und Eigenarten der kretischen Sprache. Als später die frühen Griechen
der Mykenezeit ihrerseits die Schrift von den Kretern übernahmen, haben
sie keineswegs die gleiche Meisterschaft an den Tag gelegt; die Anpas-
sung der Kretaschrift an die Erfordernisse der frühgriechischen Sprache
erfolgte recht unvollkommen und ungeschickt. Bei der altkretischen
Schrift und ihrem frühgriechischen Ableger handelt es sich im Prinzip um
eine Silbenschrift, doch bereitet uns die Lesung zumal der ersteren noch
große Schwierigkeiten. Eine Silbenschrift ist auch die ihrerseits aus der
mykenezeitlichen Schrift abgeleitete Cypro-Mykenische oder Cypro-Mi-
noische Schrift. Sie wurde zur Schreibung einer uns genau wie das Altkretische noch nicht verständlichen altcyprischen Sprache benutzt, später
auch für Inschriften in griechischer Sprache, von denen die jüngsten aus
dem 3. Jahrhundert v. Chr. stammen.

Die in Keilschrift geschriebene babylonische Sprache spielte spätestens
seit der Mitte des 2. vorchristlichen Jahrtausends die Rolle einer internationalen Diplomatensprache. In ihr verkehrten nicht nur die Höfe der
mesopotamischen Staaten, sondern auch die Hethiterkönige, die Herrscher Cyperns und der kleinen Staaten Syriens und Kanaans miteinander,
sogar die Pharaonen mit den Königen und Fürsten in den Ländern Vorderasiens. Gerade in den zwischen Ägypten, Mesopotamien und Anatolien gelegenen Gebieten Syrien-Kanaan sind jedoch schon seit der Wende
vom 3. zum 2. Jahrtausend v. Chr. auch mehrere Versuche unternommen
worden, ein einfacheres und für praktische Zwecke geeigneteres Schriftsystem zu entwickeln. Zuerst geschah das in Byblos, der seit früher Zeit
am engsten mit dem pharaonischen Ägypten verbundenen Stadt auf vor-
derasiatischem Boden überhaupt. Dort schuf man eine Bilderschrift mit
etwas mehr als 100 aus den ägyptischen Hieroglyphen abgeleiteten Zeichen. Ein solcher Versuch ist nur aus den auch kulturell engen Kontakten

zwischen Byblos und dem Nilland zu erklären. Es ist aber auch bezeichnend, daß diesem Versuch kein über Byblos hinausreichender Erfolg beschieden war.

Rund ein halbes Jahrtausend später, etwa im 14. Jahrhundert v. Chr., ist auf der *Sinai-Halbinsel* ein ähnlicher Versuch gemacht worden. In der Umgebung alter Bergwerke, die im Auftrag der Pharaonen ausgebeutet wurden, hat man 1905 eine Reihe von Inschriften gefunden. Bei den Zeichen dieser Inschriften handelt es sich um einige dreißig aus ägyptischen Hieroglyphen abgeleitete und vereinfachte Bildzeichen. Offenkundig geht es dabei um eine Alphabetschrift, deren Erfinder Einheimische waren, die ihren semitischen Dialekt auf diese Weise schrieben. Ihre geistige Leistung ist um so erstaunlicher, wenn man die Abgeschiedenheit des Ortes in Betracht zieht, an dem sie vollbracht wurde. Eine über die Gegend ihrer Entstehung hinausreichende Wirkung ist von dieser Sinai-Schrift aber nicht ausgegangen. Vor allem ist sie nicht, wie öfters behauptet wird, die «Mutter» des phönikischen Buchstabenalphabets.

Wahrscheinlich schon einige Generationen früher als die Sinai-Schrift entstand in der nordsyrischen Hafenstadt Ugarit das sogenannte *Ras Schamra-Alphabet*. Ugarit stand räumlich und geistig der Heimat der Keilschrift weit näher als Byblos oder gar die Sinai-Halbinsel. So verwundert es auch nicht, daß das etwa um die Mitte des 15. Jahrhunderts v. Chr. oder nicht lange danach hier entstandene Alphabet auf der Basis einer vereinfachten Keilschrift beruhte. Seine nur 29 Zeichen entsprechen in ihrer äußeren Form ganz den akkadischen Keilschriftzeichen, repräsentieren aber jeweils nur einen einzigen Buchstaben. Die seit 1929 unter Leitung von Claude F. A. Schaeffer durchgeführten Ausgrabungen haben zahlreiche in dieser Schrift beschriebene Tontafeln aus dem 14. und 13. Jahrhundert v. Chr. mit Texten hauptsächlich kultischen und mythologischen Inhalts zu Tage gefördert, die in einer dem Phönikischen eng verwandten altwestsemitischen Sprache abgefaßt sind. Aber auch dieser an den Gebrauch der Tontafel gebundene Versuch, eine einfache und praktische Alphabetsschrift zu schaffen, hat über Ugarit hinaus keinen Erfolg gehabt.

Lag die Idee einer alphabetischen Buchstabenschrift also an ganz verschiedenen Orten in der Luft, so war ihr doch erst Erfolg beschieden, als man Zeichen verwendete, die weder mit den Hieroglyphen Ägyptens noch mit der Keilschrift etwas zu tun hatten. Entsprechende Versuche sind offensichtlich unabhängig voneinander an verschiedenen Orten gemacht worden. Wir kennen sie aus kurzen Inschriften auf Scherben von Tongefäßen, Plaketten, Gegenständen aus Bronze oder auch auf Stein. Fundorte sind verschiedene Plätze in Kanaan, auch der Tell Kamid-el-Loz in der Beka-Ebene zwischen den Gebirgszügen des Libanon und des Antilibanon, und sogar ein Ort namens El-Balu'a nördlich von dem we-

gen seiner mächtigen Kreuzritterfestung bekannten Kerak östlich des Toten Meeres. Bei den Zeichen aller dieser Inschriften handelt es sich nicht
um Ableitungen aus irgendwelchen Bildern, sondern um willkürliche
Kombinationen von Strichen.

Dieser Charakter der Buchstaben ist auch das Entscheidende bei der
Alphabetschrift, die schließlich alle anderen Versuche dieser Art beiseite
gedrängt und darüber hinaus einen weltweiten Siegeszug erlebt hat: dem
phönikischen Buchstabenalphabet. Ist auch die Erkenntnis, daß der
Wortschatz einer Sprache aus einer Kombination relativ weniger Laute
besteht und daß es daher genügt, nur mit einer die Zahl dieser Laute
nicht überschreitenden Anzahl von Buchstaben zu schreiben, nicht erst
den Phönikern gekommen, so steht ihnen doch der Ruhm zu, das brauch-
barste voll ausgebildete Buchstabenalphabet geschaffen zu haben. Es bestand zunächst aus 22 Zeichen für Konsonanten, denn auf die Wiedergabe der Vokale konnte man auch bei der Schreibung des Phönikischen
verzichten. Früher galt der 1923 zu Byblos gefundene Sarkophag eines
Königs Achiram, gestiftet von seinem Sohn und Nachfolger Ithoba'al, als
das älteste Zeugnis der vollentwickelten phönikischen Buchstabenschrift.
Er steht im Museum von Beirut, und die auf ihm befindliche Inschrift
beginnt mit den Worten: «Der Sarkophag, den gemacht hat Ithoba'al,
der Sohn Achirams, der König von Byblos, für Achiram, seinen Vater, als
seine Ruhestätte für ewig ...» Bis heute ist die Datierung des Sarkophags
und damit auch der auf ihm angebrachten Inschrift umstritten, die Ansätze schwanken zwischen dem 13. Jahrhundert v. Chr. und der Zeit um
1000 v. Chr. Dank verschiedener von M. Dunand zu Byblos gemachter
Funde kennen wir jetzt aber auch noch andere kurze Inschriften, die in
ihren Zeichenformen nur unwesentlich von denen der Achiram-Sarko-
phag-Inschrift abweichen, die aber älter sind, zum Teil mehrere Jahrhunderte. Alles in allem ist die Zahl der auf unsere Tage gekommenen altphönikischen Inschriften auch aus der Zeit nach 1000 v. Chr. gering. Das
Eingravieren der altphönikischen Buchstaben in Stein war an sich mehr
die Ausnahme als die Regel, war dieses Alphabet für monumentale Inschriften doch weder gedacht noch besonders geeignet. Das Einkratzen
dieser Zeichen auf Tontafeln war überhaupt nicht üblich. Man schrieb
vielmehr mit einer Schreibfeder auf Papyros, den man ja relativ leicht aus
Ägypten importieren konnte. Anders als in dem Trockenklima Mittel-
und Oberägyptens konnten sich aber Papyrusrollen unter den klimatischen Bedingungen Phönikiens oder anderer Mittelmeerländer nicht allzulange halten. So ist uns auch die gewiß einmal vorhandene phönikische
Literatur verloren gegangen, soweit nicht einzelne Werke später ins Griechische übersetzt worden sind.

Die phönikische Alphabetsschrift entspricht ganz der Seelenhaltung
ihrer Schöpfer. Mit irgendeiner Kunst oder Religion hat sie nichts zu tun.

Sie ist vielmehr ein praktisches Hilfsmittel für nüchterne Geschäftsleute, Aufzeichnungs- und Mitteilungsinstrument für die banalen Alltagsbedürfnisse des Kaufmanns. Eben deshalb hat sie weder völkische, noch geistig-kulturelle noch zeitliche Grenzen ihrer Verbreitung gefunden. Mit Ausnahme des ostasiatischen Raumes stammen alle heutzutage irgendwo in der Welt im Gebrauch befindlichen Schriftsysteme direkt oder indirekt von der Phönikischen Alphabetschrift ab.

Daß dieses Schriftsystem einen so überwältigenden Triumph erlebte, liegt vor allem an seiner Einfachheit, praktischen Brauchbarkeit und leichten Wandlungsfähigkeit. Dazu kam die Auswirkung der weltweiten Handelsverbindungen der Phöniker. Zur gleichen Zeit, als die phönikische Alphabetschrift ihre vollständige Ausbildung erfahren hatte, erreichte die phönikische Hochseeschiffahrt den «fernen Westen» bis in die Gewässer jenseits der Straße von Gibraltar und über das Rote Meer das geheimnisvolle Ophir, wo immer dieses nun gelegen haben mag. Aber auch zu Lande gab es intensive Handelsverbindungen nach Mesopotamien, das seinerseits mit den Ländern weiter im Osten Beziehungen unterhielt. Diese Weltverbundenheit des Phönikertums trug auch zur Verbreitung seines Schriftsystems bei. Dazu kam noch, daß die Länder rund um die Ägäis einschließlich des westlichen Kleinasiens als Folge der verheerenden Völkerstürme in der Zeit um 1200 v. Chr. einen tiefen Kultursturz erlebt hatten und wieder zu völlig schriftlosen Gebieten geworden waren. Als sich in den ersten Jahrhunderten des neuen Jahrtausends das kulturelle Niveau wieder hob, erwachte auch erneut der Wunsch, sich die Kunst des Lesens und Schreibens anzueignen. Das fiel zeitlich zusammen mit der Hochblüte des phönikischen Überseehandels. Die Länder rund um das zentrale und westliche Mittelmeer schließlich waren vor der Phönikerzeit immer schriftlos gewesen. Jetzt aber bereitete sich ihr Eintritt in die Geschichte vor, und damit mußte auch dort früher oder später der Drang lebendig werden, sich die Kunst des Lesens und Schreibens anzueignen. So war die Zeit reif für die Übernahme des Phönikeralphabets durch verschiedenste andere Völker.

Der erste ganz große Sieg, den die phönikische Schrift im Westen, im Mittelmeerraum, errang, war ihre Übernahme durch die Griechen. Hier sei nicht erörtert, ob das schon im 9. oder erst im beginnenden 8. Jahrhundert v. Chr. geschah. Bezeichnend ist aber, daß diese Schriftübernahme aller Wahrscheinlichkeit nach unabhängig voneinander an mehreren Stellen der griechischen Welt erfolgte. Gestalt und Buchstabennamen wurden dabei im wesentlichen beibehalten, aus dem phönikischen 'alf, bet, gaml, delt wurde das griechische alpha, beta, gamma, delta. Während aber die Phöniker bei der Schreibung ihrer eigenen semitischen Sprache eine Bezeichnung der Vokale nicht nötig hatten, weil sie sich beim Lesen ohne weiteres aus dem Zusammenhang ergaben, haben die

Griechen einige Buchstaben zu Vokalzeichen umfunktioniert. Andern-
falls wäre das phönikische Alphabet für sie ungeeignet gewesen, ergeben
sich doch beim Lesen des Griechischen und jeder anderen indogermanischen Sprache die Vokale keineswegs aus dem Zusammenhang. Denn
diese Sprachen sind ganz anders aufgebaut wie die semitischen Sprachen
und das wenigstens in mancher Hinsicht mit diesen verwandte Altägyptische. So machten die Griechen beispielsweise aus dem Zeichen, das im
Phönikischen einen schwach gehauchten Anlautkonsonanten ('alf) bezeichnet, die Bezeichnung für den Vokal a (alpha). In ähnlicher Weise
schufen sie sich Zeichen für die übrigen Vokale.

Von den Griechen der Ägäis fand die Schrift sehr bald in wiederum
leicht abgewandelten Formen den Weg zu den neuaufsteigenden Völkern
Westkleinasiens, den Lydern, Phrygern, Karern und Lykiern. Von den in
Unteritalien ansässig gewordenen Griechen gelangte die Schrift zu den
Etruskern, dem kommenden Hochkulturvolk Altitaliens. Teils von den
Etruskern, teils von den Griechen direkt kam die Schrift dann auch zu
anderen altitalischen Völkern. Einem von diesen altitalischen Alphabeten, die auf diese Weise entstanden sind, war eine ungeheure Zukunft
beschieden: der lateinischen Schrift. Von Italien aus ging der Siegeszug
der Schrift weiter nach Norden. Von den Etruskern führte der Weg zu
den Kelten, dann weiter sogar zu den Germanen, deren Runenschrift also
gewissermaßen als «Urenkelin» des Phönikeralphabets zu betrachten ist,
wie so viele andere Schriften auch.

Im Westen der Mittelmeerwelt, auf dem Boden der Iberischen Halbinsel, entstand einige Jahrhunderte nach den altitalischen Alphabeten das
sogenannte *Iberische Alphabet.* Das älteste uns bekannte Zeugnis ist die
Inschrift auf einer Bleiplatte, die in Alcoy in der Provinz Alicante gefunden wurde und etwa aus dem 4. oder 3. Jahrhundert v. Chr. stammt.
Wahrscheinlich sind die Zeichen dieses Iberischen Alphabets bereits unter dem Einfluß der griechischen Schrift entstanden, stammen also eher
indirekt als direkt von der Phönikerschrift ab.

In weit späterer Zeit gewissermaßen künstlich erfolgte Ableitungen aus
der griechischen Schrift sind das *Armenische* und das *Kyrillische Alphabet.* Ersteres wurde zu Beginn des 5. Jahrhunderts n. Chr. vom Kirchen-
lehrer Mesrop zur Schreibung der armenischen Sprache erdacht. Seine
Buchstabenformen weichen besonders stark von den griechischen ab,
doch beruht das System gleichwohl auf den Prinzipien der griechischen
und damit auch der phönikischen Schrift. Das nach dem Slawenapostel
Kyrillos benannte Kyrillische Alphabet wurde in der zweiten Hälfte des
9. Jahrhunderts n. Chr. zur leichteren Verbreitung des griechisch-ortho-
doxen Christentums unter slawisch-sprachigen Völkern erfunden; es ist
zur Schrift der Serben, Bulgaren und vor allem der Russen geworden.
Indirekt stammt also auch diese heute in weiten Teilen Europas und

Asiens bis hin nach Sibirien verbreitete Schrift von dem Phönikeralphabet ab.

Angesichts der weltweiten Ausstrahlungen der Phönikerschrift in westlicher und auch nördlicher Richtung vergißt man leicht, daß auch noch ganz andere Schriften vom phönikischen Alphabet abgeleitet sind. Zunächst haben die binnenländischen Nachbarn der Phöniker deren Schrift übernommen, unter anderem die Israeliten und Judäer. Ebenso machten es die seit dem ausgehenden 2. Jahrtausend v. Chr. aus Arabien in die Länder «des fruchtbaren Halbmonds» einwandernden Stämme der Aramäer, doch haben diese die phönikischen Buchstabenformen äußerlich abgewandelt. In den letzten vorchristlichen Jahrhunderten hat diese Aramäische Schrift auch bei den Juden die althebräische, mit der phönikischen nahezu identische Schrift abgelöst. Erhalten hat sich dagegen die alte Schrift bei den Samaritanern. Bei der kleinen Restgemeinde dieser Samaritaner, von denen noch in unserer Zeit einige hundert Menschen in der Stadt Nablus etwa 60 Kilometer nördlich von Jerusalem leben, hat sich ein altes Pentateuch-Manuskript in der von der altphönikischen kaum abweichenden *Samaritanischen Schrift* erhalten. Diese ist, wenn auch nur in geringem Umfang, noch bis heute im Gebrauch, während sonst überall in der Welt die altphönikischen Buchstabenformen von denen der als «Töchter», «Enkelinnen» und «Urenkelinnen» des Phönikeralphabets zu bezeichnenden Schriften verdrängt worden sind.

Es würde zu weit führen, jetzt die Entwicklung aller direkt oder indirekt von der Phönikerschrift abstammenden Alphabete zu besprechen, die in den verschiedensten Ländern Vorder- und Mittelasiens, aber auch Afrikas im Gebrauch waren oder heute noch sind. Besonders wichtig war die bereits genannte *Aramäische Schrift*. Seit der Mitte des 1. vorchristlichen Jahrtausends verdrängte sie allmählich sogar im Zweistromland des Euphrat und Tigris, der alten Heimat der Keilschrift, das dort Jahrtausende lang im Gebrauch befindliche Schriftsystem. Die letzten Keilschrifturkunden datieren etwa aus der Zeit um Christi Geburt. Aus der Aramäerschrift entwickelte sich die lange Jahrhunderte im Iran gebräuchliche *Zend- und Pehlewi-Schrift*. Diese mußte schließlich seit dem Siegeszug des Islams der heute noch in weiten Teilen der Welt verwendeten *Arabischen Schrift* weichen, die ihrerseits aus der Aramäischen Schrift abgeleitet, also ebenfalls eine «Enkelin» des Phönikeralphabets ist.

Von anderen «Enkelinnen» oder «Urenkelinnen» der Phönikerschrift seien nur noch einige weitere erwähnt. Einmal die im vorislamischen Altsüdarabien in zahlreichen Inschriften verwendeten Zeichen; die jüngste dieser Inschriften stammt aus dem 6. Jahrhundert n. Chr. Diese altsüdarabischen Inschriften finden sich im Jemen und im Hadramaut, wo lange vor Christi Geburt eine hochentwickelte bäuerliche und städtische

Kultur herrschte. Der legendenumwobene Besuch der Königin von Saba bei Salomo in Jerusalem sei in diesem Zusammenhang noch einmal erwähnt. Weiter genannt sei die *Äthiopische Schrift*. Aber auch die Alphabete Indiens und sogar Tibets stammen indirekt von der Phönikerschrift ab. Nicht anders steht es mit den Zeichen der Inschriften, die in den Jahren 731 und 734 n. Chr. am Flusse Orchon südlich des Baikalsees abgefaßt wurden, und zwar in einer alttürkischen Sprache. In ihren äußeren Formen erinnern diese Schriftzeichen merkwürdig an die Runen der Germanen, doch haben sie mit diesen nichts anderes zu tun, als daß sie eben von der gleichen «Urgroßmutter» abstammen. Nicht anders als mit diesem Alphabet der innerasiatischen Gök-Türken aus dem 8. Jahrhundert n. Chr. verhält es sich mit der jüngeren sog. *Mongolischen Schrift*. Die genannte Aufzählung ist dabei keineswegs vollzählig.

Heute ist es so, daß sämtliche in der «Alten» aber auch in der «Neuen Welt» einmal vorhandenen Schriftsysteme nach und nach vom Phönikeralphabet und den aus ihm abgeleiteten Alphabeten verdrängt worden sind. Einzige Ausnahme ist Ostasien, wo sich die chinesische Schrift, von der wiederum die Systeme der Japaner, Koreaner und Annamiten abgeleitet sind, behaupten konnte. Niemals vorher, aber auch niemals nachher, hat eine andere Erfindung die Welt so sehr verändert wie die des phönikischen Buchstabenalphabets.

Der weltweite Siegeszug der genialen phönikischen Schöpfung erfolgte großteils erst zu einer Zeit, in der die Hochblüte der Phönikerstädte bereits wieder der Vergangenheit angehörte. Seit dem 12. Jahrhundert v. Chr. hatte den an staatlicher Machtpolitik wenig interessierten Phönikern kein fremder Großstaat gegenübergestanden, der in ihre Interessensphäre hineingriff. Die Lage wandelte sich jedoch, als die im nordöstlichen Mesopotamien beheimatete Assyrermacht zu einer Bedrohung für die Phönikerstädte heranwuchs. Waren der Assyrervorstoß unter König Tiglatpileser I. ans Mittelmeer um das Jahr 1110 v. Chr. und die dadurch ausgelösten Tributzahlungen von Arados, Byblos und Sidon an Assyrien noch Episode geblieben, so wurde das anders seit der Zeit des Assyrerkönigs Assurnasirpal II. (884–858 v. Chr.). Solange die brutalen Herrscher des kriegerischen Assyrerreiches sich mit Tributzahlungen begnügten, ging es noch leidlich, traf das nicht den Lebensnerv des Phönikertums. Seit dem harten und dabei überaus konsequenten Eroberer Tiglatpileser III. (745–726 v. Chr.) verschlechterte sich die Lage jedoch zusehends. Jetzt wurde es immer fraglicher, ob und wielange sich durch Tributzahlungen noch ein gewisses Maß an Handlungsfreiheit bewahren ließ. Zur Zeit des Assyrerkönigs Sanherib (705–681 v. Chr.) erlebte dann Tyros, was seit den Tagen des großen Völkersturms keine Phönikerstadt mehr erlebt hatte: eine Belagerung durch fremde Truppen. Sie dauerte fünf Jahre, und wenn die Stadt dank ihrer Insellage auch noch einmal davonkam, so litten doch Schiffahrt und Handel schwer. Weit schlimmer noch als Tyros erging es Sidon, das 677 v. Chr. vom Assyrerkönig Assarhaddon (681–669 v. Chr.) erobert und zerstört wurde; nach dem Wiederaufbau erholte sich die Stadt nur langsam. Auch als das Assyrerreich, die fürchterliche «Gottesgeißel» für die Völker und Staaten des Vorderen Orients, im vorletzten Jahrzehnt des 7. Jahrhunderts v. Chr. zugrundeging, kehrte für die Phöniker «die gute alte Zeit» nicht zurück. 585 v. Chr. erlebte Tyros eine neue Belagerung, diesmal durch die Truppen des Chaldäerkönigs Nebukadnezar von Babylon (605–562 v. Chr.). Sie zog sich volle dreizehn Jahre hin, bis 573 v. Chr., mit allen negativen Folgen für Handel und Wandel. Schließlich begnügte sich Nebukadnezar mit einem Kompromiß: Tyros blieb Königsstadt, aber unter chaldäischer Oberhoheit. Als dann im Jahre 539 v. Chr. die Perser unter dem großen Achämenidenkönig Kyros dem Neubabylonischen Staat das Ende bereiteten, gerieten die Phönikerstädte fast automatisch unter persische Oberhoheit. Als Untertanen der in der Regel recht großzügigen Achämeniden erlebten sie dann während des ganzen 5. Jahrhunderts v. Chr. und noch zu Anfang des 4. Jahrhunderts keine schlechten Zeiten, ja sogar einen nochmaligen Aufschwung als Händler und Seefahrer. Aber nicht nur in Vorderasien, auch auf dem Mittelmeer hatte sich die Lage inzwischen gründlich verändert.

Der große Aufschwung der phönikischen Hochseeschiffahrt seit dem 12. Jahrhundert v. Chr. hatte auch damit zusammengehangen, daß es damals kaum eine Konkurrenz auf dem Wasser mehr gab. Fast zur gleichen Zeit, in der die Phöniker die Auswirkungen der Machtentfaltung neuaufsteigender vorderasiatischer Großreiche zu spüren begannen – zunächst die Bedrohung durch die Assyrer –, gewann die Schiffahrt der Griechen immer mehr an Bedeutung. Das geschah vor allem seit Beginn des 8. Jahrhunderts v. Chr. Die phönikischen Faktoreien und die Bergwerke im Bereich der Ägäis mußten Zug um Zug geräumt und aufgegeben werden, in aller Regel geschah das ohne Kampf. Als die überseeische Auswanderung der Griechen kurz vor der Mitte des 8. Jahrhunderts v. Chr. Sizilien und Unteritalien erreichte, mußten die Phöniker auch im zentralen Mittelmeer einen Platz nach dem anderen räumen. Auf Sizilien behaupteten sie bald nur noch einige Stützpunkte im äußersten Westen der Insel. Sogar im «fernen Westen» stießen die Phöniker im 7. Jahrhundert v. Chr. auf die Konkurrenz der Griechen, zumal der Leute von der Insel Samos und der westkleinasiatischen Küstenstadt Phokaia; letztere gründeten um 600 v. Chr. Massilia, das heutige Marseille. Jetzt knüpften die Griechen auch Beziehungen mit dem einheimisch-spanischen Tarschisch im Mündungsgebiet des Guadalquivir, von ihnen Tartessos genannt, an. Dessen Leute hatten schon längst weite Fahrten auf dem Atlantik bis nach Irland unternommen und waren alte Handelspartner der

Phöniker. Obwohl die Phöniker an Seemannschaft und Schiffbaukunst gegenüber den Griechen immer noch die Überlegenen waren, begann sich die Gefahr abzuzeichnen, daß sie auch ihre Stellung im «fernen Westen» allmählich einbüßten. Selbst wenn sie mehr Sinn und Begabung für ein entschlossenes, einheitlich geleitetes politisch-militärisches Auftreten gehabt hätten, wäre ein solches doch kaum möglich gewesen in einer Zeit, in der die Phönikerstädte des Mutterlandes so stark unter dem Druck der Großmächte der Assyrer und dann der Neubabylonier standen.

So wäre die Blütezeit der Phöniker im zentralen wie im westlichen Teil der Mittelmeerwelt wohl bald vorüber gewesen, hätte nicht seit dem 6. Jahrhundert v. Chr. eine bis dahin keineswegs besonders bedeutende Phönikergründung an der Küste Nordafrikas die Rolle übernommen, die Tyros oder Sidon nicht mehr spielen konnten. Das 814/813 v. Chr. von Tyros gegründete Kartchadascht, die «Neustadt», Karthago, entwickelte sich nicht nur zu einer großen Stadt, sondern auch zu einer Macht.

Hier aber müssen wir zunächst abbrechen. Weit haben wir uns entfernt von der Zeit des großen Völkersturms, der um 1200 v. Chr. das System der bis dahin die Szene beherrschenden Staaten und Kulturen zertrümmert, indirekt aber auch zum Aufstieg der Phöniker, ihrer Seefahrt und ihres Handels, beigetragen hatte. Jetzt müssen wir uns einem Volk zuwenden, das damals zu den Angreifern gehört hatte, die sogar das Pharaonenreich bis an den Abgrund der Vernichtung gebracht hatten, dann aber doch zurückgeschlagen worden waren. Es geht um die Leute, die von ihren ägyptischen Gegnern Peleset genannt wurden, uns aber nach biblischem Sprachgebrauch als Philister bekannt sind. Nicht zufällig haben sie einem großen Teil des alten Landes Kanaan einen neuen Namen gegeben. Es ist der Name eines heute wieder blutig umstrittenen Landes, der Name Palästina. Nichts anderes bedeutet er als «Land der Philister».

Sechstes Kapitel

Die Philister und die Staatsbildung in Palästina

Der ägyptische Priester Wen-Amon und die Zeker von Dor. — Die Peleset bzw. Philister. — Die Philister und das Alte Testament. — Sprache und Religion der Philister. — Südwestpalästina und die fünf Philisterstädte. — Staaten und Fürstentitel der Philister. — Die Gestalt des Goliath von Gath. — Kanaan seit dem Ende der ägyptischen Oberhoheit. — Die Schlacht am Bache Kison und Deboras Siegeslied. — Die Israeliten nach dem Sieg über den Kanaanäerkönig Sisera. — Die Philistersiege über Israel und die Herrschaft über das Westjordanland. — Der Palästinastaat und sein Aufbau. — Jonathans Aufstieg und das Königtum seines Vaters Saul. — Am Vorabend der großen Schlacht beim Gilboa-Berge. — Saul und die Hexe von Endor. — Sauls Untergang. — Der Aufstieg des Philistervasallen David. — Jerusalem und die Zions-Feste. — Die Philister in der Zeit nach dem Triumph Davids. — Das Königreich Davids und Salomos und sein Zerfall. — Die Teilstaaten Israel und Juda

Um das Jahr 1080 v. Chr. ging der uns bereits bekannte Priester Wen-Amon aus dem oberägyptischen Theben in einem Nildelta-Hafen an Bord eines — wahrscheinlich phönikischen — Schiffes, um seine Reise nach Byblos anzutreten. Unterwegs machte sein Schiff eine Zwischenlandung in der Stadt Dor an der Küste von Kanaan, etwa 20 Kilometer südlich des einst wegen seiner Steineichen- und Kiefernwälder berühmten Kaps Karmel. Dieses Dor, an dessen Stelle heute der Ort Tantura liegt, war ein altes Kanaanäerstädtchen. Damals aber herrschte hier ein gewisser Beder, Fürst der Zeker. Er empfing den Ägypter freundlich und ließ ihn mit Brot, Rindfleisch und Wein bewirten. Aber die gute Atmosphäre wurde bald getrübt. Ein Matrose des Schiffes, auf dem Wen-Amon unterwegs war, desertierte und nahm die Barschaft des ägyptischen Priesters mit. Wen-Amon verlangte von Fürst Beder Schadensersatz, weil sich der Diebstahl in dessen Hafen ereignet hatte. Aber er wurde abgewiesen, weil der Dieb kein Mann des Zeker-Volkes war, sondern zur Besatzung des fremden Schiffes gehörte. Als Wen-Amon dann auf der Weiterreise irgendwo zwischen Tyros und Byblos Angehörige des Zeker-Volkes traf, nahm er seinerseits diesen Leuten einen Beutel mit Silber weg, um sich für den Verlust schadlos zu halten. Während er zu Byblos seine schwierigen und langwierigen Verhandlungen führte, erschienen elf Schiffe der Zeker vor dem Hafen, um Wen-Amon beim Auslaufen abzufangen. Doch hatten sie damit kein Glück. Wen-Amon wurde vom Sturm nach Cypern verschlagen, aber leider bricht der Papyros, auf dem die ganze Geschichte aufgeschrieben ist, mitten in der Schilderung seiner Erlebnisse auf der Insel ab. So können wir nur noch raten, wie das ganze Abenteuer Wen-Amons schließlich ausgegangen ist.

Wir kennen die Zeker, waren sie doch eines der «Seevölker», die fast hundert Jahre vor der Reise Wen-Amons gegen Ägypten vorgestoßen, dann aber von Pharao Ramses III. in einer schweren, zu Lande und auf dem Wasser des Nildeltas ausgetragenen Schlacht besiegt worden waren. In seinen Berichten darüber bemühte sich der Pharao, die Dinge so darzustellen, als ob die angreifenden Stämme, soweit sie nicht als Gefangene in die Hände der Ägypter gefallen waren, den Untergang gefunden hätten. Aus Wen-Amons Reiseschilderung erfahren wir dann auf einmal, daß die Zeker zu Herren der Hafenstadt Dor geworden waren, dort von einem eigenen Fürsten regiert wurden, und in der Lage waren, mit einer Flottille von elf Schiffen vor dem Phönikerhafen Byblos aufzukreuzen. Wäre nicht die doch mehr zufallsbedingte Erwähnung der Zeker und ihres zu Dor regierenden Fürsten Beder durch Wen-Amon, so hätten wir nicht den leisesten Anhaltspunkt dafür, was aus den Zekern nach ihrem gescheiterten Vorstoß gegen Ägypten eigentlich geworden ist. Auch aus der Zeit nach Wen-Amons Reise erfahren wir über die Zeker nichts mehr; wir wissen nur aus dem Alten Testament,[46] daß ihre Stadt Dor zur Zeit des Königs Salomo, also um die Mitte des 10. Jahrhunderts v. Chr., zu dessen Königreich Israel gehörte.

So wenig wie über das Schicksal der Zeker berichtet uns irgendein Pharao etwas darüber, was aus den anderen Angreiferstämmen geworden ist, nachdem ihr Ansturm auf Ägypten zusammengebrochen war. Wieder einmal müssen wir erkennen, wie wenig die Berichte der Pharaonen etwas mit objektiver Geschichtsdarstellung zu tun haben; sie waren eben nichts anderes als ruhmredige Selbstdarstellung. Gelegentlich findet sich in ägyptischen Texten noch die eine oder andere Erwähnung von Angehörigen der «Seevölker», z. B. des Schirdana-Stammes, als in Ägypten angesiedelte Soldaten. Sonst erfahren wir aus ägyptischen Quellen nichts mehr von diesen Völkern.

Wären wir allein auf ägyptische Texte angewiesen, wüßten wir auch nicht das geringste davon, daß die «Peleset», eines der von Ramses III. zurückgeschlagenen «Seevölker», in dem auf ihre Niederlage folgenden Jahrhundert im Lande Kanaan ihre große Zeit erlebt und Leistungen von Format vollbracht haben. Uns sind diese Leute allerdings weniger als «Peleset», wie sie Ramses III. in seinen Texten nennt, bekannt. Wohl aber gehörte der Name «Philister» bei uns noch vor wenigen Jahrzehnten an allen Universitäten und nicht nur dort zum selbstverständlichen Wortschatz. «Philister», das war das negative Gegenstück zum «Burschen», dem flotten Studenten, das war der «Spießbürger», der «schwunglose

Pedant»; «philiströs» war gleichbedeutend mit «beschränkt» und «eng-
stirnig». «Sie zogen mit gesenktem Blick in das Philisterland zurück»,
hieß es im Studentenlied von der «alten Burschenherrlichkeit». «Krethi
und Plethi», was nichts anderes bedeutet als «Kreter und Philister», war
die verächtliche Bezeichnung für eine wenig angesehene Gesellschaft,
noch unfreundlicher und abschätziger als «Hinz und Kunz». Der Philister Goliath ist bis heute das Symbol für den grobschlächtigen großmäu-
ligen Schlagetot geblieben, den der kleine tapfere David besiegt. Und die
schöne Philisterin Delila ist die ruchlose Verräterin, die den heldenhaften
starken Simson heimtückisch zugrunderichtet; bis heute wird vor allem
auf französischen Opernbühnen das 1877 in Weimar uraufgeführte
Hauptwerk von Charles Camille Saint-Saëns «Samson und Dalila» gespielt.

Die Philister bieten das geradezu klassische Beispiel für ein Volk, das
uns so gut wie ausschließlich nur aus den Darstellungen seiner Gegner,
nein, seiner erbittertsten Feinde bekannt ist. Und das wirkt bis auf den
heutigen Tag nach. Was wir von den Philistern aus der Zeit nach ihrer
Besiegung durch Pharao Ramses III. wissen, verdanken wir praktisch
allein den Angaben des Alten Testaments. Seine Verfasser, die Kinder
Israel, haben mehrere Generationen lang auf Leben und Tod mit den
Philistern gekämpft. Aber sie haben von ihnen doch auch, ohne es jemals
zugeben zu wollen, Entscheidendes übernommen und gelernt.

Gewiß nicht die eminente geistig-literarische Begabung, die die
Stämme Israels und Judas von alters her auszeichnete. Von deren vielsei-
tiger Literatur, die seit dem 12. Jahrhundert v. Chr. entstanden ist, ist nur
ein kleiner Bruchteil auf unsere Tage gekommen. Es handelt sich dabei
um Werke ganz unterschiedlichen Inhalts und auch unterschiedlichen
Wertes, die im Laufe eines Jahrtausends entstanden sind. Bekannt ist uns
lediglich das, was aus irgendwelchen Gründen — in aller Regel handelt es
sich dabei um reine Zufälle — Eingang in den als Heilige Schrift des
Judentums (und nach ihm des Christentums) aufgefaßten Kanon des
Alten Testaments gefunden hat. Was alles für immer verloren gegangen
ist, können wir nur ahnen. Es muß ein Vielfaches dessen sein, was wir
besitzen. Und doch reicht das, was wir haben, aus, um eine Vorstellung
von der Meisterschaft altisraelitischer Schriftsteller zu gewinnen, selbst
wenn es im Alten Testament neben Hervorragendem auch Mittelmäßiges
und sogar Dürftiges gibt. Aber gerade die Meisterschaft jener Verfasser
macht es uns nicht leicht, ein gerechtes Urteil über das Volk der Philister
zu gewinnen.

Dies um so mehr, weil wir nicht einen einzigen Satz kennen, den ein
Philister niedergeschrieben hat. Uns sind nicht einmal mehr als rund ein
halbes Dutzend Worte ihrer Sprache bekannt. Unbekannt sind uns auch
die ursprünglichen religiösen Vorstellungen der Philister. Unter ihren

Göttern werden im Alten Testament allein kanaanäische Gestalten wie
Dagon, Astarte und Baal Sebub genannt. Auch wenn es so gewesen sein
mag, daß irgendwelche altphilistäische Gottheiten zunächst nur den Namen eines im Lande verehrten kanaanäischen Gottes bzw. einer Göttin
erhielten, so mußte das doch zur Folge haben, daß die betreffende altphilistäische Gottheit mit dem kanaanäischen Namen bald auch das Wesen
der kanaanäischen Göttergestalt angenommen hat. Sogar ihre Sprache
haben die Philister frühzeitig zugunsten des Kanaanäischen aufgegeben,
dieses dann um die Mitte des 1. Jahrtausends v. Chr. mit dem Aramäischen vertauscht.

Die Ausgrabungen auf dem Boden der alten Philisterstädte haben lange
Zeit hindurch nur wenig mehr erbracht als Funde von Keramikscherben;
diese ähneln spätmykenischen Erzeugnissen. Erst die 1962 begonnenen
Ausgrabungen zu Aschdod haben Reste von Häusern und einer Befesti-
gungsanlage zu Tage gefördert. Auch wurden Kriegergräber mit Waffen
und Geräten — aus Eisen — sowie Schmuckstücke gefunden. Gleichwohl
müssen wir feststellen, daß unsere Kenntnisse von Architektur und
Kunstwerken der Philister immer noch sehr gering sind. Alles in allem
wäre unser Wissen bis zum heutigen Tage jämmerlich genug, wären wir
allein auf das angewiesen, was die Philister selbst uns in irgendeiner
Hinsicht hinterlassen haben.

Wir finden die Philister seit dem 12. Jahrhundert v. Chr. im äußersten
Südwesten des Landes Palästina — von nun an dürfen wir diesen Namen
gebrauchen. Dieser Teil des Landes ist eine breite, von niedrigen Dünen
begleitete hafenlose Küstenebene, die zum Binnenland hin allmählich
ansteigt. Fünf Städte waren die eigentlichen Zentren des Philistervolkes,
Gaza, Askalon und Aschdod unweit der Küste, aber ohne natürliche
Hafenplätze, Gat (Gath) und Akkaron (Ekron) weiter im Binnenland.
Die drei erstgenannten Städte kennen wir als alte Kanaanäerplätze aus
der Vor-Philisterzeit, von Askalon und Aschdod wissen wir, daß sie beim
«Seevölkersturm» Zerstörungen erlitten. Daß wir von Gat und Akkaron
aus der Zeit vor den Philistern nichts wissen, mag lediglich Zufall sein.
Gaza besaß auch im späteren Altertum sowie in islamischer Zeit immer
erhebliche Bedeutung, vor allem als Zentrum des Karawanenhandels. Es
wurde während des ersten Weltkriegs weitgehend zerstört, dann wieder
aufgebaut und zählte 1948 etwa 20 000 Einwohner. Seitdem ist es durch
den Massenzustrom von arabischen Palästinaflüchtlingen unförmig an-
geschwollen. Askalon spielte ähnlich wie Gaza auch im späteren Altertum eine beträchtliche Rolle; hier wurde 37 v. Chr. Herodes d. Gr. gebo-
ren, und aus seiner Zeit sowie aus der der römischen Kaiser sind ansehn-
liche Überreste erhalten geblieben. Nach dem Kreuzzugszeitalter verlor
es seine Bedeutung, 1948 lag in der Nähe des alten Askalon das arabische
Landstädtchen El-Medschdel. Erst 1955 entstand die heutige rasch an-

wachsende Industriestadt Ashqelon. Wie Askalon war auch Aschdod noch zur römischen Kaiserzeit eine wichtige Stadt, erlebte dann aber im Mittelalter früher als Askalon seinen Niedergang. Auch hier wurde 1955 an der Stelle eines Araberdorfes eine ganz neue Stadt gegründet und seither zu einem künstlich angelegten Großhafen ausgebaut. Auch Akkaron (Ekron) wird noch zur Zeit der Kreuzzüge erwähnt, und ein Araberdorf Akir bewahrt seinen Namen; die Stelle der alten Philisterstadt bezeichnet der Tell-el-Mukanna. Dagegen wurde Gat (Gath) bereits um 800 v. Chr. durch die Aramäer zerstört und verschwand aus der Geschichte. Man vermutet seine Lage beim Dorfe Dhikrin oder — mit größerer Wahrscheinlichkeit — an der Stelle des Tell-es-Safi.

Die Philister sind zu Herren der fünf genannten Plätze geworden, nachdem ihr Angriff auf Ägypten abgeschlagen worden war. In derselben Weise bemächtigten sich die Zeker der Stadt Dor weiter im Norden. Oft wird behauptet, die Ansiedelung der Philister in Südwestpalästina sei mit pharaonischer Zustimmung erfolgt; mitunter wird gesagt, sie hätten in ihrer neuen Heimat die Rolle eines Werkzeugs der ägyptischen Herrschaft gespielt. Diese Ansicht kann sich jedoch nur darauf stützen, daß die Oberhoheit der Pharaonen über das binnenländische Hochland Kanaans nach der Abwehr des Angriffs der «Seevölker» noch eine Zeitlang andauerte. An diesem Gebiet war der große Völkersturm im wesentlichen vorüber gegangen, und so hat hier die Schwerkraft der bestehenden Verhältnisse noch weitergewirkt. Tatsächlich haben wir keinerlei Angabe darüber, daß die Pharaonen die Ansiedlung der Philister in der Küstenebene Südwestpalästinas genehmigt oder gar veranlaßt hätten. Wie bereits an anderer Stelle gesagt, sind auch die angeblichen Erfolge, die Ramses III. nach Abwehr des Seevölkerangriffs in Syrien und Kilikien errungen haben will, aller Wahrscheinlichkeit nach Fiktion; vermutlich hat Ramses III. ältere diesbezügliche Angaben Ramses' II. einfach kopiert. Allenfalls haben Ramses III. und seine Nachfolger die Festsetzung der Philister in Südwestpalästina geduldet, da sie sie doch nicht verhindern konnten, das heißt, sie haben gute Miene zum bösen Spiel gemacht. Zu sagen hatten sie den Philistern gewiß nichts mehr.

Einen Einheitsstaat haben die Philister in ihrer neuen Heimat nicht gegründet. Jede der genannten fünf Städte hatte vielmehr ihren eigenen Fürsten. Sein Titel wird im Alten Testament mit «Seren» wiedergegeben, und dieser Fürstentitel ist eines der ganz wenigen uns bekannten Worte der Philistersprache. Mit hoher Wahrscheinlichkeit entspricht «Seren» dem vorgriechischen kleinasiatisch-ägäischen «Tyrann», eine Bezeichnung, der von Hause aus nichts irgendwie Negatives anhaftete, ganz ähnlich wie dem mittelalterlich-griechischen Fürstentitel «Despot». Der Fürstentitel «Seren» deutet genau wie einige andere Indizien auf eine ägäisch-westkleinasiatische Vergangenheit der Philister hin. So klingt der

Philistername auffällig an die etwas verschwommene Bezeichnung «Pelasger» an, mit der die Griechen vorgriechische Bewohner der ägäischen
Welt bezeichneten. Und das Alte Testament sagt an mehreren Stellen,[47]
die Philister seien aus Kaphtor (Kreta) eingewandert und gebraucht gern
die Nebeneinanderstellung von Krethi und Plethi, «Kretern und Philistern». Erinnert sei auch noch einmal an die Kappe mit Federkrone, die
in den Reliefdarstellungen im Tempel Ramses' III. zu Medinet Habu als
typische Kopfbedeckung der Peleset (Philister) und Zeker erscheint, die
aber bereits auf dem Jahrhunderte älteren «Diskos von Phaistos» vorkommt. Alles zusammengenommen beweist, daß die Philister und Zeker
nicht erst zur Zeit des großen Völkersturmes aus weiter Ferne in den
ägäischen Raum eingedrungen sein können. Natürlich wird durch diese
Feststellung nicht ausgeschlossen, daß unter den Philistern, die Ägypten
bedrängten und dann in Südwestpalästina ansässig wurden, auch Menschen balkanischer Herkunft gewesen sein können. Noch einmal sei darauf verwiesen, daß es in jener turbulenten Zeit ganz zwangsläufig zu
allen möglichen Blutsmischungen gekommen sein muß. Man darf also
nicht mit einer geschlossenen Größe «die Philister» operieren, die zunächst in irgendeiner «Urheimat» gesessen hätten, dann auf Wanderschaft gegangen seien, Ägypten angegriffen und schließlich zu Herren
Südwestpalästinas geworden seien. In Wirklichkeit gab es einen fortlau-
fenden Vermischungsprozeß, der sich auch in der neuen Heimat der
Philister immer weiter fortsetzte.

Um so bezeichnender ist es, daß die Philister nicht auch ihren alten
Fürstentitel mit irgendeiner einheimisch-semitischen Bezeichnung für
Stadkönig, «Chazan» oder «Scharru» etwa, vertauschten. Daß die Philisterfürsten den alten Titel «Seren» beibehielten, ist kein Zufall, sondern
von tiefem Symbolgehalt. Denn auf staatlich-politischem Gebiet brachten die Philister etwas Neues nach Kanaan.

Zum ersten Mal in der Geschichte dieses Teils der alten Welt stoßen
wir seit dem Auftreten der Philister nicht mehr auf das bis dahin charakteristische, ewig kleinliche Durcheinander. Zwar haben die Philister ihr
Fünf-Städte-System beibehalten, wobei einmal diese, einmal jene Stadt
eine gewisse Vorrangstellung innehatte. Nichts aber erfahren wir von
Auseinandersetzungen zwischen den einzelnen Philisterstädten, nach außen traten diese vielmehr durchaus als Einheit auf. Und so war es nicht
irgendein Fürst von Aschdod oder irgendein Fürst von Gath, es waren die
Philister, die wenige Generationen nach ihrer Landnahme in Südwestpalästina daran gingen, im alten Lande Kanaan einen Staat von Format
zu schaffen. Bald nach Beginn des 11. vorchristlichen Jahrhunderts begann ihre große Zeit.

Die Philister waren hervorragende Krieger. Schon die Darstellungen
Ramses' III., die doch einzig und allein dem höheren Ruhm des Pharaos

dienen sollten, lassen eine gewisse Hochachtung des Gegners erkennen. Und eine solche leuchtet auch noch aus den von Furcht und Haß bestimmten Schilderungen der israelitischen Todfeinde der Philister hervor, den einzigen, die wir über das weitere Geschehen überhaupt haben «Aber die Philister sammelten ihr Heer zum Kriege, versammelten sich bei Socho (etwa 5 Stunden westlich von Bethlehem) ..., Saul aber und die Männer von Israel hatten sich versammelt ... und sie rüsteten sich zum Kampf gegen die Philister ... Da trat einer aus den Reihen der Philister hervor, der hieß Goliath aus Gath, war sechs Ellen und eine Spanne hoch, hatte einen Helm von Erz auf dem Haupt und trug einen Schuppenpanzer ... An den Beinen trug er eherne Schienen und einen ehernen Wurfspieß auf den Schultern ... und der Schildträger schritt vor ihm her. Der trat auf und rief den Reihen Israels zu: ‹Warum zieht ihr aus, euch zum Kampfe zu rüsten? Bin ich nicht der Philister und ihr seid Sauls Knechte? Wählt einen von euch aus, daß er zu mir herabkomme! Vermag er mit mir zu kämpfen und erschlägt mich, so wollen wir euch untertan sein; bin aber ich ihm überlegen und erschlage ihn, so werdet ihr uns untertan und müßt uns dienen!›»[48] Goliath erliegt, nicht aber in dem von ihm gesuchten ehrlichen Nahkampf Mann gegen Mann, sondern aus der Ferne durch des Hirtenknaben David Schleuderstein getroffen. «Entfernt man», sagt Professor Dr. Otto Eissfeldt in seiner meisterhaften Studie über das Thema «Philister und Phönizier»[49] dazu, «von der Goliath-Erzählung die proisraelitische und prodavidische Tendenz, so bleibt übrig ein einsatzbereiter, tapferer und ritterlicher Held, der sich wohl den Homerischen Helden an die Seite stellen läßt.» In der Tat muß die Sympathie eines unvoreingenommenen Betrachters dem Manne gelten, der die Entscheidung nicht im blutigen opferreichen Ringen zwischen zwei Heeren, sondern durch rückhaltlosen Einsatz der eigenen Person im Kampf gegen einen gleichrangigen Gegner herbeigeführt wissen will. Die Verherrlichung Davids, der aus der Ferne seinen Schleuderstein entsendet, wirkt dagegen peinlich. Im übrigen handelt es sich bei der Erzählung von Davids «Heldentat» nicht um einen geschichtlichen Vorgang. Das zeigt eine andere Stelle aus dem Alten Testament: «Als es dann abermals bei Gob zum Kampf mit den Philistern kam, erlegte Elchanan, der Sohn Jairs aus Bethlehem, den Goliath aus Gath, dessen Speerschaft einem Weberbaume glich».[50] Diese Version der Goliath-Erzählung spielt überdies an einem anderen Ort und zu einer anderen Zeit, als nämlich Saul bereits tot und David König war. Beide Versionen stehen also in mehr als einer Beziehung in krassem Widerspruch zueinander und schließen sich gegenseitig aus.

Allein schon diese Feststellung sollte vor einer kritiklosen Hinnahme der biblischen Berichte über die Philisterkämpfe warnen. Manches ist Legende, anderes tendenziöse Erfindung. Dennoch sind wir in der Lage, den wahren Sachverhalt wenigstens in seinen Grundzügen zu ermitteln, wenn auch manche Details unklar bleiben.

Seit das Pharaonenreich seine Rolle als Ordnungsmacht auf dem Boden Kanaans nicht mehr spielen konnte, herrschte dort ein blutiges Durcheinander. Immer noch gab es zahlreiche kanaanäische Kleinfürstentümer mit ihrer Städter- und Bauernbevölkerung. Doch wurden sie immer schwerer bedroht durch die Ibrim, «die Leute aus dem Land jenseits [des Jordanflusses]», die Hebräer. Das waren Stämme aus der weiten Wüstensteppe Arabiens, Nomaden, Beduinen, die schon seit dem 14. Jahrhundert v. Chr. in immer neuen Wellen vorgedrungen waren. Sie hatten viele Dörfer und Städte heimgesucht, ausgeplündert, zahlreiche Menschen totgeschlagen. Ihre Kriegführung war unvergleichlich härter als die der Ägypter oder der Hethiter. Sie war von äußerster Brutalität. «... so nahmen sie die Stadt Jericho ein. Und sie vollzogen an allem, was in der Stadt war, an Männern und Weibern, Jungen und Alten, wie an Rindern, Schafen und Eseln den Bann mit scharfem Schwert ... Nur die Hure Rachab aber und ihre Familie und alle ihre Angehörigen ließ Josua am Leben und so blieb sie unter den Israeliten bis auf den heutigen Tag, weil sie die Boten versteckt hatte, die Josua ausgesandt hatte, um Jericho auszukundschaften.»[51] Pharao Merenptah, der in seinem 5. Regierungsjahr (etwa 1219 v. Chr.) den ersten großen Ansturm der Libyer und der mit ihnen verbündeten «Seevölker» auf Ägypten abschlagen konnte, war es auch gelungen, im Lande Kanaan noch ein letztes Mal Ordnung zu schaffen. «Die Fürsten sind niedergeworfen und sagen ‹Schalom› (Frieden)! Kanaan ist mit allem Bösen erobert worden ... Israel ist verwüstet und hat keinen Samen mehr ...»[52] In dieser Zeit waren die aus der Wüstensteppe vorgedrungenen Stämme bereits keine Nomaden alten Schlages mehr. Wenigstens zum Teil waren sie in Kanaan seßhaft geworden, und wenn sie auch viele Dörfer und Städte zerstört hatten, so hatten sie doch einen Teil davon wiederaufgebaut und sich mit den Überlebenden aus der alten Bevölkerung vermischt. So wurden sie allmählich selbst zu Städtern oder Bauern. Es gab aber auch Städte, die immer noch in der Hand ihrer alten kanaanäischen Herren geblieben waren, so das hochgelegene schwer einnehmbare Jerusalem. In der Zeit, als der letzte Rest der ägyptischen Macht auf dem Boden Kanaans verschwand, bot das Land das Bild eines Neben- und Durcheinanders von solchen Städten, die noch unter kanaanäischen Herrschern standen, anderen Städten und Dörfern, die in die Hand ehemaliger Steppenbeduinen geraten waren, welche sich aber bereits mit alteinheimischen Kanaanäern vermischt hatten und seßhaft geworden waren, und schließlich von Stämmen, die noch das alte Nomadenleben ihrer Vorfahren führten. Vor diesem Hintergrund kam es etwa um die Mitte des 12. Jahrhunderts v. Chr. oder etwas später am Bache Kison in der alten Schlachtenebene Jesreel, bei Ta'anach unweit von Megiddo, zu einer Schlacht. Auf der einen Seite stand eine Gruppe kanaanäischer Kleinkönige, ihr Heer führte ein Feldherr namens Sisera. Ihnen gegenüber stand das Aufgebot verschiedener israelitischer Stämme; bei ihnen befand sich eine religiös begeisterte wortgewaltige Frau, Debora. Im wilden Getümmel unterlag das Heer der Kanaanäer, sein Feldherr Sisera wurde auf der Flucht von einer Beduinenfrau erschlagen, die ihn scheinbar gastfreundlich in ihr Zelt eingeladen und ihm dort eine Schale mit Milch angeboten hatte. Im Wechselgesang sangen Debora und ein gewisser Barak, Sohn des Abinoams, ein wildes, urtümliches Siegeslied: «Es kamen Könige, kämpften, damals kämpften die Könige Kanaans zu Ta'anach an den Wassern Megiddos: Beute an Silber machten sie nicht! Vom Himmel her kämpften die Sterne, von ihren Bahnen aus kämpften sie mit Sisera; der Bach Kison riß sie fort, ein Bach der Schlachten ist der Bach Kison ... Gepriesen vor den Weibern sei Jael ..., Wasser er (Sisera) heischte, und Milch gab sie, in prächtiger Schale reichte sie Sahne. Ihre Hand streckte sie aus nach dem Pflock, und ihre Rechte nach dem Arbeitshammer und hämmerte auf Sisera, zerschlug sein Haupt, zerschmetterte und durchbohrte seine Schläfe ...»[53] Deboras Lied ist das älteste Stück israelitischer Literatur, das wir kennen; es ist noch ganz erfüllt vom Geiste des wilden alten Beduinentums und zeugt gleichzeitig von der hohen dichterischen Begabung, wie sie auch sonst manchem Nomadenstamm aus Altarabien eigen war.

Der Untergang von Sisera und seiner Armee bedeutete den entscheidenden Schlag für die Kanaanäer, auch wenn sie noch weiterhin einzelne Städte hielten, zum Beispiel Jerusalem. Im übrigen ging die Verschmelzung zwischen Israeliten und Kanaanäern nach der Schlacht am Bache Kison immer weiter voran. Doch machten sich auch neue Beduinenstämme − die Midianiter, die Ammoniter, die Moabiter − bemerkbar, die von der Arabischen Halbinsel her vordrangen. In gewisser Weise übernahmen sie die Rolle, die ursprünglich die Kinder Israel gespielt hatten, letztere hingegen wuchsen allmählich immer mehr in die Rolle hinein, die von Hause aus die Kanaanäer gespielt hatten.

Das gilt auch in politischer Beziehung. Wie die Kanaanäer bei der Gestaltung ihres staatlichen Lebens nicht über das Nebeneinander kleiner Stadtstaaten hinausgekommen waren, die sich allenfalls einmal zu losen Koalitionen zusammenfanden, so gelang es jetzt auch den Israeliten nicht, einen in sich gefestigten größeren Staat aufzubauen. Es kam vielmehr zu allen möglichen Auseinandersetzungen zwischen den israelitischen Stämmen selbst. Sie gipfelten in der Vernichtung eines Teils des Stammes Benjamin durch die übrigen Stämme: «So betrug die Gesamtheit der Gefallenen von Benjamin an jenem Tag 25 000 Mann mit Schwertern Bewaffnete, was diese alle anlangt − tapfere Männer ... Die Männer von Israel aber kehrten zurück zu den noch übrigen Benjamini-

ten und hieben sie mit dem Schwert nieder, sowohl Menschen als Vieh,
als alles, was sich überhaupt vorfand; dazu steckten sie alle Städte, die sie
fanden, in Brand.»[54] Die Ausrottung zahlreicher Benjaminiten durch die
anderen Stämme Israels war nicht das einzige Ereignis dieser Art. So
machten bei einem Zwist zwischen den Stämmen Gilead und Ephraim
die Gileaditen jeden nieder, der das Wort «Schibboleth» — «die Ähre»
— als «Sibboleth» aussprach, weil sie an dieser Aussprache den Ephraimiten erkannten. Bei diesem Streit sollen angeblich sogar 42000 Ephraimiten den Tod gefunden haben. Wenn auch die angegebenen Zahlen der
bei den genannten Ereignissen ums Leben gekommenen Benjaminiten
und Ephraimiten mit Sicherheit stark überhöht sind, müssen die Vorgänge als solche doch im Prinzip als geschichtlich angesehen werden. Sie
zeigen, wieweit auch in der Zeit nach dem Untergang des Sisera und
seines Kanaanäerheeres das Land von geordneten und friedlichen Zuständen entfernt war. Es schien nicht einmal ausgeschlossen, daß es geradezu im Chaos stammesinterner Auseinandersetzungen versank. «Zu jener Zeit gab es keinen König in Israel; jeder tat, was ihm gutdünkte»,
bemerkte ein Redaktor abschließend zu der Schilderung der Auseinandersetzung der übrigen Israeliten mit dem Stamm Benjamin.[55]

In dieses wirre Durcheinander hinein stießen etwa seit Beginn des
11. Jahrhunderts v. Chr. die Philister. «Es begab sich aber in jenen Tagen, daß die Philister sich wider Israel zum Kampfe sammelten, und
Israel zog ihnen entgegen in den Kampf und lagerte sich bei Ebenha'eser,
während sich die Philister bei Aphek (in der Saron-Ebene etwa 20 Kilometer ostnordöstlich von Jaffa; heute Ras-el-Ain) gelagert hatten. Die
Philister stellten sich zur Schlacht Israel gegenüber auf; der Kampf aber
breitete sich aus und Israel unterlag den Philistern, die erschlugen in der
Schlacht auf freiem Felde gegen 4000 Mann.» Und bald danach: «Da
kämpften die Philister; Israel aber unterlag und floh, ein jeder in sein
Zelt. Die Niederlage war sehr schwer: es fielen von Israel 30000 Mann
Fußvolk.»[56] Diese beiden großen Niederlagen, die die Israeliten etwa um
1080 v. Chr. gegen die Philister erlitten, schälen sich als historischer Kern
aus einem Wust legendärer und halblegendärer Erzählungen heraus. Sie
hatten zur Folge, daß die Philister zu Herren der meisten Gebiete westlich
des Jordan-Flusses wurden. Gewissermaßen nebenbei wird im Alten Testament erwähnt, daß der alte israelitische Tempel von Silo (heute Selun,
etwa 30 Kilometer nördlich von Jerusalem) zerstört wurde, daß ein Statt-
halter der Philister in «Gibea Gottes» («Gotteshöhe», heute Tell-el-Ful)
dicht nördlich von Jerusalem saß, und daß eine Philisterbesatzung in
Bethlehem stationiert war.[57] Gerade weil diese Angaben mehr am Rande
gemacht werden, tragen sie deutlich den Charakter der historischen
Wahrheit.

Es versteht sich von selbst, daß das Alte Testament kein Wort findet für die Leistung, die die Aufrichtung eines so weite Gebiete überspannenden Staates durch das zahlenmäßig nur kleine Volk der Philister bedeutet hat. Der Historiker hingegen kann ihr seine Hochachtung nicht versagen. Zweifellos hat das große Können der Philister bei der Anfertigung eiserner Waffen eine Rolle gespielt, und die Erzählung, die Philister hätten den unterworfenen Israeliten das Schmiedehandwerk verboten,[58] mag einen wahren Kern enthalten. Aber mit ihrer technischen Überlegenheit allein läßt sich der Erfolg der Philister gewiß nicht erklären. Entscheidend waren wie immer in der Geschichte die Männer, die die Waffen führten. Aber die Philister waren nicht nur hervorragende Krieger, sie waren auch in ihren Fähigkeiten beim Aufbau eines Staates den Israeliten wie den Kanaanäern zweifellos überlegen. Wieder versteht es sich von selbst, daß man vom Alten Testament keine objektive Schilderung des Staatsbaus der Philister erwarten kann. Wir erfahren nur, daß er den Charakter eines Lehensstaates getragen haben muß, und daß es unter den Lehensleuten der Philister auch Israeliten gab. Niemand anders als der Judäer David, der spätere König von Israel, ist längere Zeit hindurch ein Lehensmann des Philisterkönigs Achis von Gath gewesen. Es wird glaubwürdig überliefert, daß er durchaus bereit war, mit seinen Leuten auf der Seite der Philister in den Kampf zu ziehen.[59] Das war gewiß kein Einzelfall, heißt es doch in anderem Zusammenhang: «Die Hebräer aber, *die es seit langem mit den Philistern gehalten hatten und die mit ihnen ins Feld gezogen waren»*, gingen nach einer Niederlage der Philister auf die andere Seite über.[60]

Die Herrschaft der Philister über die Gebiete westlich des Jordanflusses hat etwa 60 bis 70 Jahre lang Bestand gehabt. Das hat ausgereicht, um dem damals von ihnen beherrschten Land den Namen «Palästina», «das Land der Philister», zu geben, der beste Beweis dafür, daß ihr Staat in der Geschichte dieses Gebietes etwas Neues war. So groß die Unterschiede zwischen beiden Völkern und der Welt, in der sie lebten, auch gewesen sind, so erinnert das Schicksal der Philister doch in mancher Hinsicht an das der Ostgoten in Italien. Woran die einen wie die anderen schließlich scheiterten, war das krasse Mißverhältnis der Zahl ihrer Männer zu der von ihnen angefaßten Aufgabe.

Es begann damit, daß Jonathan, ein Sohn des einflußreichen Benjaminiten Saul, mit seinen Leuten einen Posten der zu «Gibea Gottes» («Gotteshöhe») nördlich von Jerusalem stationierten Philistertruppe überfiel und etwa 20 Mann erschlug.[61] Hieraus entwickelte sich ein erfolgreicher Aufstand der Stämme des israelitischen Gebirgslandes gegen die Philister, in dessen Verlauf Jonathans Vater Saul zum König der Stämme Israels proklamiert wurde. Wieder sind manche Berichte legendär oder halblegendär, manche Details bleiben unklar, aufs Ganze gesehen erhalten wir jedoch ein zutreffendes Bild. Wir erfahren, daß Saul in den Gebirgsdistrikten Innerpalästinas erhebliche Erfolge erzielte, daß aber die Macht der Philister in ihrem Kern ungebrochen blieb. Nicht nur das, sie rafften noch einmal alle Kräfte zusammen, um den großen Kampf um Palästina doch noch für sich zu entscheiden. «In jener Zeit nun zogen die Philister ihr Heer zu einem Kriegszug zusammen, um Israel anzugreifen. Achis (der König von Gath) sagte zu David (seinem Lehnsmann): ‹Du wirst wissen, daß du samt deinen Leuten im Heerbann mit mir ausziehen mußt.› David erwiderte Achis: ‹Gut, nun wirst du sehen, was dein Knecht zu leisten vermag.› Achis entgegnete David: ‹Gut, ich ernenne dich zu meinem Leibwächter die ganze Zeit über› ... Die Philister zogen also ihren ganzen Heerbann nach Aphek zusammen, während Israel sich an einer Quelle bei Jesreel gelagert hatte. Als nun die Fürsten der Philister mit ihren Hundertschaften und Tausendschaften vorüberzogen, und zuletzt auch David mit seinen Leuten bei Achis vorüberzog, riefen die Philisterfürsten: ‹Was sollen diese Hebräer?›» Und David und seine Leute wurden trotz des Einspruchs des Königs Achis von den mißtrauischen Philistern vor der Schlacht zurückgeschickt.[62]

Was sich kurz vor der großen Entscheidungsschlacht beim Berge Gilboa im Osten der blutgetränkten Ebene Jesreel zugetragen hat, wird in einer der packendsten Stellen der Weltliteratur geschildert. Eine nächtliche Szene, die an ein Drama von Shakespeare gemahnt: Saul, der bis dahin erfolgreiche König der Israeliten, wird von tödlichem Zweifel am Ausgang der bevorstehenden Schlacht übermannt und sucht nun Hilfe und Trost bei dem Geiste eines Toten: «Als aber Saul das Lager der Philister erblickte, geriet er in Angst, und sein Herz bebte sehr. Saul fragte Gott Jahwe, aber Jahwe antwortete ihm nicht ... Da sagte Saul zu seiner Umgebung: ‹Sucht mir nach einem Weibe, das über einen Toten-Geist verfügt (d. h. einen Toten beschwören kann), daß ich sie aufsuche und befrage.› Seine Umgebung erwiderte ihm: ‹In Endor (unweit des Berges Gilboa) ist ein Weib, das über einen Toten-Geist verfügt.› Da machte sich Saul unkenntlich, zog andere Kleider an und machte sich mit zwei Männern auf den Weg. Sie traten nachts bei dem Weibe ein, und er bat: ‹Wahrsage mir mit Hilfe des Toten-Geistes und lasse mir einen erscheinen, den ich dir nennen werde› ... Nun fragte das Weib: ‹Wen soll ich dir erscheinen lassen?› Er erwiderte: ‹Samuel (einen verstorbenen halblegendären Propheten und Richter Israels) laß mir erscheinen!› ... Das Weib antwortete Saul: ‹Einen Geist sehe ich aus der Erde aufsteigen.› Da fragte er sie: ‹Wie sieht er aus?› Sie sagte: ‹Ein alter Mann steigt herauf, in einen Mantel gehüllt.› Da erkannte Saul, daß es Samuel sei, und neigte sich mit dem Angesicht zur Erde und huldigte ihm. Samuel aber fragte Saul: ‹Was beunruhigst du mich, daß du mich erscheinen heißest?› Saul erwiderte: ‹Ich bin in großer Not. Die Philister liegen im Kampfe mit mir, und Gott ist von mir gewichen und antwortet mir nicht

mehr ...; so ließ ich dich rufen, damit du mir kündest, was ich tun soll.›
Samuel erwiderte: ‹Was fragst du mich? ... Morgen bist du samt deinen
Söhnen bei mir; auch Israels Lager wird Jahwe in die Hand der Philister
liefern!› Da fiel Saul voller Entsetzen seiner ganzen Länge nach zu
Boden ...»[63]

Und so nahm am nächsten Tag das Schicksal seinen Lauf: «Die Philister aber hatten Israel angegriffen und die Männer von Israel vor den
Philistern die Flucht ergriffen, und auf dem Berg Gilboa lagen Erschla-
gene umher. Da hefteten sich die Philister an Sauls und seiner Söhne
Fersen und die Philister erschlugen Sauls Söhne: Jonathan, Abinadab und
Malkisua. Als aber der Kampf heftig um Saul tobte und die Bogenschüt-
zen ihn entdeckt hatten, da ward er von den Schützen in den Leib getroffen. Da bat Saul seinen Waffenträger: ‹Zücke dein Schwert und durch-
bohre mich damit ...› Aber sein Waffenträger wollte nicht, weil er sich zu
sehr fürchtete. Da ergriff Saul das Schwert und stürzte sich darein ...»[64]

Noch einmal war der größte Teil Palästinas in der Hand der Philister.
Ein Vetter des gefallenen Sauls mit dem Namen Abner operierte mit
seinen Leuten vom Ostjordanland gegen Palästina. Dabei geriet er mit
dem Philistervasallen David in Konflikt, der in Hebron zum König von
Juda proklamiert worden war. Schließlich veranlaßte Davids Feldherr
Joab den Abner zu einer Zusammenkunft und stieß ihn bei dieser Gele-
genheit nieder. Zu ihrem Schaden verkannten die Philister, was es für sie
bedeutete, daß ihr Vasall David Zug um Zug seine Macht ausbaute.
Entscheidend war schließlich, daß dieser eine dank ihrer günstigen Lage
nur schwer einnehmbare und deshalb bis dahin noch in der Hand eines
Kanaanäerkönigs gebliebene Stadt in seinen Besitz brachte: Jerusalem.
Rasch baute er Jerusalems hochragende Bergfeste Zion noch weiter aus.
Als sich die Philister nun endlich gegen ihren früheren Vasallen wandten,
war es zu spät: gegen den Herrn von Zion hatten sie keine Chance mehr.
Zwar gab es noch Kämpfe in der Umgebung Jerusalems, aber die große
Entscheidung um Palästina war gefallen, als David Jerusalem und vor
allem Zion in seine Hand bekommen hatte. Die Philister hatten das Spiel
verloren.

Ihr altes Stammland, zumal ihre fünf Städte Gaza, Askalon, Aschdod,
Gath und Akkaron (Ekron), konnten die Philister allerdings behaupten,
während die Zeker-Stadt Dor weiter im Norden um die Mitte des
10. Jahrhunderts v. Chr. zum Königreich Salomos, des Sohnes und
Nachfolgers Davids, gehörte. «Krethi und Plethi» taten in der Leibwache
desselben Davids Dienst, der einst Vasall der Philister gewesen war. Die
Zeiten hatten sich gewandelt. Wie wir erfahren,[65] fanden Ende des 10.
und zu Beginn des 9. Jahrhunderts v. Chr. nochmals Kämpfe zwischen
den Philistern und den Israeliten statt, bei denen es um einen nicht genau
zu lokalisierenden Ort Gibbethon ging. Eine weitere Angabe[66] bezieht

sich darauf, daß die Judäer um die Mitte des 9. Jahrhunderts v. Chr. die Stadt Libna verloren, offensichtlich an die Philister. Aber das war nur noch Lokalgeschichte. Eine der fünf Philisterstädte, Gath, wurde um 800 v. Chr. durch die Aramäer zerstört, die übrigen bestanden weiter. Aber ihre Schicksale hatten mit der großen Vergangenheit der Philister kaum noch etwas zu tun. In den Adern der Nachkommen der Männer, die einmal fast ganz Palästina beherrscht hatten, floß jetzt weit mehr kanaanäisches als philistäisches Blut, und sie sprachen Kanaanäisch. Dann wechselten die Leute von Gaza, Askalon, Aschdod und Akkaron (Ekron) um die Mitte des 1. vorchristlichen Jahrtausends abermals ihre Sprache, indem sie das Kanaanäische zugunsten des Aramäischen aufgaben. Doch zu dieser Zeit waren die Philister ohnehin längst in der Masse der semitischen Bewohner Palästinas aufgegangen.

Zurück zu den alten Todfeinden der Philister. Als Saul zum König der Stämme Israels wurde, geschah das in der Reaktion auf die Herrschaft der Philister über das Land Palästina. Es ist sehr fraglich, ob es ohne den Druck von außen und das fremde Vorbild zur Ausbildung eines solchen straff organisierten Königtums gekommen wäre. Dieses erwuchs aus der Abwehr, aus dem Aufstand gegen die fremden Herren und aus der Nachahmung heraus, nicht aus eigenen Wurzeln. So hatte das die Stämme Israels und Judas überspannende Königtum auch nur drei Generationen lang Bestand. Schon zu Lebzeiten Davids wurde es von schweren inneren Erschütterungen heimgesucht. Da gab es Intrigen zwischen den Frauen des Königs, schwere Streitigkeiten unter Davids Söhnen, die sich bis zum Brudermord steigerten. Schließlich schritt der Prinz Absalom zum offenen Aufstand gegen den alternden David, er wurde nur durch das Einschreiten des energischen Feldherrn Joab niedergeworfen. Und nach Davids Tode kam es sofort zu Thronstreitigkeiten zwischen dem Kronprinzen Adonia und seinem jüngeren Halbbruder, dem von David im Ehebruch mit Batseba, der Gattin eines seiner Gefolgsleute, gezeugten Salomo. Adonia und auch Davids alter Feldherr Joab verloren hierbei das Leben. Ein Vierteljahrhundert regierte Salomo mit großem Prunk (etwa 960 bis 935 v. Chr.); mit Hilfe phönikischer Architekten errichtete er in seiner Hauptstadt Jerusalem einen riesigen Palast und einen Tempel für Gott Jahwe. In seinem Harem hielt sogar eine Pharaonentochter aus Ägypten Einzug, ein stolzer Prestigeerfolg. Einige Jahrzehnte lang konnte es so scheinen, als ob das israelitische Königreich den Rang und den Glanz der ehemaligen Großmächte des Orients erreicht habe. Doch innerlich zeigte bereits das Regime Salomos deutliche Zeichen der Erschlaffung.

Die Stämme Israels erwiesen sich als unfähig, das Erbe ihrer alten Feinde, der Philister, zu bewahren. Sie scheiterten nicht wie diese an einer zu geringen Zahl, sondern an ihrer mangelnden staatlich-politischen Begabung. Unmittelbar nach Salomos Tod zerbrach sein Reich (um 935 v. Chr.). Die israelitischen Nordstämme sagten sich von Salomos Sohn Rehabeam los und machten einen gewissen Jerobeam aus dem Stamm Ephraim zu ihrem König; dieser Jerobeam hatte schon gegen Salomo revoltiert, war dann nach Ägypten geflüchtet, von wo er nach Salomos Tod zurückkehrte. Salomos Sohn Rehabeam, dem Enkel Davids, verblieb nur die Herrschaft über Juda mit der Hauptstadt Jerusalem. Diesem Südreich Juda stand das etwas größere Nordreich Israel gegenüber, dessen Hauptstadt zunächst Sichem (heute Nablus), dann seit Anfang des 9. Jahrhunderts v. Chr. Samaria war. Beide Reiche waren nicht mehr als Kleinstaaten, zwischen denen nicht selten Kriegszustand herrschte. Zu diesen Kriegen zwischen Israel und Juda kamen Kämpfe zwischen Israel und den aramäischen Königen von Damaskus, zwischen Israel und Juda mit verschiedenen vom Ostjordanland her nach Palästina drängenden Stämmen. Wieder stand das ganze Geschehen im Zeichen des ebenso blutigen wie kleinlichen Durcheinanders, wie es vor dem Auftreten der Philister für die Geschichte Kanaans charakteristisch war. Zu allem Übel gab es auch im Inneren der Kleinstaaten Israel und Juda immer wieder Unruhen, Usurpationen, Königsmorde. Mehr als ein König von Israel gelangte nach der Ermordung seines Vorgängers, womöglich einschließlich dessen ganzer Familie, auf den Thron. Besonders berüchtigt ist die Revolution des Feldherrn Jehu kurz nach der Mitte des 9. Jahrhunderts v. Chr., hinter der religiöse Fanatiker standen. Ihr fielen König Joram von Israel und König Achazja von Juda zum Opfer; die Mutter Jorams, die phönikische Prinzessin Isebel, wurde auf Geheiß Jehus aus dem Fenster ihres Palastes gestürzt, und die Rosse gingen über ihren Leichnam hinweg. Die Bekenner anderer Götter als des eifersüchtigen Jahwe wurden mit List in einen Tempel gelockt und dann dort mit beispielloser Brutalität niedergemacht. Und das alles, der Treubruch und der Verrat Jehus, der zweifache Königsmord, das gewaltsame Ende der Königinmutter Isebel, das weitere Blutbad, wird im Alten Testament als Gott Jahwe wohlgefällig dargestellt, weil es im Dienste der Verehrung dieses einzigen Gottes geschah.[67] Gewalttätig genug verlief auch die Geschichte des Südreiches Juda. Hier behaupteten sich zwar die Nachkommen Davids und Salomos auf dem Thron, doch auch hier endete mehr als ein König durch Mord. Dem Nordreich Israel machte schließlich der Assyrerkönig Sargon ein Ende; Israels letzter König Hosea war bereits ein tributpflichtiger Vasall der Assyrer gewesen, hatte sich dann aber empört. Nach dreijähriger Belagerung wurde seine Hauptstadt Samaria von den Assyrern eingenommen und zerstört (722 v. Chr.) Der größte Teil des Volkes Israel wurde nach Mesopotamien und Nordwestiran deportiert, dort vermischten sich die Leute mit allen möglichen anderen Elementen.

So ging Israel auf in der formlosen Masse der Untertanen des Assyrer-großreiches, das Volk verschwand aus der Geschichte. Die nicht deportierten Israeliten vermischten sich ihrerseits mit angesiedelten Syrern und Arabern, und so entstand das Mischvolk der Samaritaner. Von ihnen findet sich heute noch eine Restgemeinde zu Nablus. Das kleine Südreich Juda überlebte den Untergang Israels, geriet aber um die Wende vom 7. zum 6. Jahrhundert v. Chr. zwischen die Mühlsteine der großen Politik der Mächte jener Zeit. Nachdem Jerusalem zum zweiten Mal gegen seinen Oberherrn, König Nebukadnezar von Babylon, revoltiert hatte, wurde die Stadt von ihm zerstört, der größte Teil der Judäer in die «babylonische Gefangenschaft» abgeführt (586 v. Chr.).

Ein letztes Mal zurück zu den Philistern. Ein schweres Schicksal hatte sie in ein Land weit weg von ihrer alten Heimat verschlagen, ein Volk, das zahlenmäßig nur klein gewesen ist, aber Großes geleistet hat, bis es einem übermächtigen Schicksal erlag. Seit langem sind die Spuren der Philister für immer verweht. Doch auch heute noch trägt das Land, in dem dank ihrer Tüchtigkeit zum ersten Mal in der Weltgeschichte ein Staat von Format erwuchs, den Namen Palästina, allen Tendenzen zum Trotz, diesen Namen aus dem internationalen Sprachgebrauch zu verdrängen.

Die Philister waren nicht das einzige unter den «Seevölkern», die um 1200 v. Chr. vergeblich gegen Ägypten anrannten, aber gerade in der Zeit nach ihrer Niederlage ihre große Zeit erlebten. Da gab es neben den «Peleset» und den «Zeker» unter anderem auch die «Turscha». In diesem Namen können wir die «Tyrsener» oder «Tyrrhener», wie die Griechen sagten, erkennen — die «Tusci» oder «Etrusci» des lateinischen Sprachgebrauches. Irgendwie und irgendwann zu einer Zeit nach 1200 v. Chr. muß eine Gruppe — vielleicht handelte es sich auch um mehrere Wellen — dieser «Turscha» über See an die Westküste der Apennin-Halbinsel gelangt sein. Ihr Verdienst und ihre Leistung ist es in erster Linie, daß das bis dahin abseits der großen Geschichte verharrende Italien Einzug in den Kreis der Kulturländer hielt. Diesem alten Italien müssen wir uns nunmehr zuwenden.

7. Frau Velia, Tomba dell'orco, Tarquinia

8. Szene aus dem etruskischen Alltagsleben

9. *Spätetruskisches Grab Tomba della Sirena bei Sovana*

Siebentes Kapitel

Die Tyrsener (Etrusker) und der Eintritt Altitaliens in die Weltgeschichte

Die Apennin-Halbinsel und der Name «Italia». — Die Sprachenkarte Altitaliens und die Volksstämme der Apennin-Halbinsel. — Land- und Seewege nach Italien. — Die Apennin-Halbinsel in vor- und frühgeschichtlicher Zeit. — Griechische Städtegründungen seit dem 8. Jahrhundert v. Chr. — Die griechischen Küstenstädte und das Binnenland. — Der Bericht Herodots über die Tyrsener. — Die Tyrsener (Etrusker) und die ägäisch-westkleinasiatische Welt. — Die etruskische Sprache. — Die Funde auf der Insel Lemnos. — Totenwohnungen, Religion und Kultus. — Einwanderer aus dem Osten und Alteinheimische in Italien. — Altitalische Dörfer und etruskische Städte. — Die küstennahen Etruskerstädte und ihre Bauten. — Etruskerstädte im Landesinneren. — Staaten, Könige und Adlige. — Das Bundesheiligtum im Hain der Schicksalsgottheit Voltumna. — Etruskische Frachtschiffahrt, Straßenverkehr und Bergbau. — Die Maremmenlandschaft und ihre Entwässerung. — Landwirtschaft und Viehzucht. — Großgrundbesitz und Bauernwirtschaft. — Etruskischer Lebensstil und etruskisches Lebensgefühl. — Die Wandmalereien in den Gräbern. — Festliche Bankette, Musik, Tanz, Akrobatik, Sport. — Schöne Literatur und Geschichtsschreibung? — Das etruskische Alphabet. — Erhaltene und verlorene Schriftdenkmäler. — Die Etrusker und die Epen Homers. — Die Geschichte der Brüder Vipinas. — Griechische Philosophie und Wissenschaft — etruskisches «magisches Denken». — Etruskische Kulturausstrahlungen auf andere Völker. — Die Falisker und ihre Stadt Alt-Falerii. — Umbrische und oskische Inschriften. — Die Bronzetafeln zu Gubbio. — Das Städtewesen in Altumbrien. — Etruskerstädte in Latium, Kampanien und Norditalien. — Die Seeschlacht gegen die Phokaier vor der Küste Korsikas

Die große Halbinsel, die in einer Länge von rund 1000 Kilometern in das zentrale Mittelmeer hineinragt und deren Rückgrat die sich von Nordwesten nach Südosten erstreckende Kette des Apennin-Gebirges bildet, führt seit mehr als zwei Jahrtausenden den Namen «Italia». Daß «Apennin-Halbinsel» und «Italia» identische Begriffe sind, erscheint uns selbstverständlich. In Wirklichkeit umschrieb der Name «Italia» von Hause aus ein sehr viel kleineres Gebiet. «Italia» bzw. «Vitalia» ist ein aus dem Sprachgebrauch der Önotrer — der alten Bewohner der heute Kalabrien genannten «Spitze des italienischen Stiefels» — stammender Begriff, der von den Griechen übernommen wurde. Der Ausdruck bezeichnete das durchschnittlich 1200 bis 1400 Meter hohe, für seine südliche Lage erstaunlich rauhe waldreiche Sila-Bergland, also nur den äußersten Süd-

westausläufer der Apennin-Halbinsel. Als sich die Griechen seit dem
8. Jahrhundert v. Chr. an den Küsten der Sila-Halbinsel und anderer
Landschaften der südlichen Apennin-Halbinsel niederließen, haben sie
den Namen «Italia» allmählich auf ein immer weiteres Gebiet bezogen.
Schließlich bezeichnete er die ganze Apennin-Halbinsel. Eine andere ältere entsprechende Bezeichnung hat es niemals gegeben. Es existierten
lediglich alle möglichen Namen für einzelne Landschaften. Und das ist
alles andere als ein Zufall.

Nicht bestätigt hat sich auch die frühere Annahme, es habe einmal
einen alten einheimischen Volksstamm gegeben, der den Namen «Italer»
geführt habe. Wohl aber bezeichneten die Griechen ihre eigenen, an den
Küsten der Apennin-Halbinsel ansässig gewordenen Landsleute als «Ita-
lioten». Erst im 3. Jahrhundert v. Chr. hat sich dann eine Nation der
«Italiker» herausgebildet. Das geschah als Folge der durch die Römische
Republik mit Gewalt erzwungenen Zusammenfassung der Apennin-
Halbinsel zu einem einheitlichen politischen Machtgebilde.[68] Wenn die
moderne Wissenschaft den Namen «Italiker» auch für frühere Zeiten
anwendet, so handelt es sich hierbei lediglich um einen theoretischen
Sammelbegriff. Ein Volk, das sich «Italiker» nannte, Menschen, die sich
als «Italiker» fühlten, hat es in vorrömischer Zeit nie gegeben. Vielmehr
bot die Völkerkarte der Apennin-Halbinsel in der Zeit vor dem Aufstieg
Roms zur Herrschaft ein überaus buntes Bild.

Seit Aufrichtung der Römerherrschaft wurde zwischen der Po-Ebene
und dem tiefen Süden Italiens — mit Ausnahme der Griechenstädte und
einiger abgelegener und daher «zurückgebliebener» Gebirgslandschaften
— bald einheitlich Lateinisch gesprochen, wenigstens nach Ablauf einer
gewissen Übergangszeit. In vorrömischer Zeit herrschten völlig andere
Verhältnisse. Da gab es die nicht zur indogermanischen Sprachfamilie
gehörenden im Nordwesten Italiens gesprochenen Dialekte des Liguri-
schen; sie sind niemals zu einer Schriftsprache geworden und uns nur
mangelhaft bekannt. Wichtiger waren die verschiedenen indogermanischen Sprachen. Einige von ihnen waren mit den illyrischen Dialekten der
Balkanhalbinsel verwandt; sie wurden im Veneterland in Nordostitalien
sowie in den Landschaften am Adriatischen Meer im Südosten der Halbinsel gesprochen. Noch bedeutender war die Gruppe der Oskischen und
Umbrischen Sprachen, die vor allem in den binnenländischen Gebirgslandschaften Mittel- und Süditaliens zu Hause waren. Eine andere
Gruppe ebenfalls indogermanischer Sprachen wurde vor allem im Bereich der Westküste der Apennin-Halbinsel gesprochen; zu ihnen zählte
unter anderem die Sprache der Bewohner der Landschaft Latium im
westlichen Mittelitalien.

Doch so differenziert die Bevölkerung Altitaliens in sprachlicher Hinsicht auch war, noch weit bunter war das Bild der Volksstämme auf der

Apennin-Halbinsel. Aus Inschriften und vor allem aus Erwähnungen bei griechischen und römischen Schriftstellern kennen wir eine verwirrende Fülle von Namen: Euganeer und Veneter im Nordosten, Picenter an der mittelitalienischen Adria-Küste, Prätuttier, Vestiner, Marruciner, Frentaner etwas weiter im Süden, Daunier, Peuketier, Messapier, Salentiner noch weiter im Südosten, Umbrer, Sabiner oder Sabeller, Äquer, Marser, Päligner, Herniker, Volsker, Caracener, Pentrer, Hirpiner in den binnenländischen Gebirgslandschaften der Apennin-Halbinsel, Falisker, Latiner, Ausoner oder Aurunker im westlichen Mittelitalien, die in anderem Zusammenhang bereits genannten Önotrer der Sila-Halbinsel im äußersten Südwesten, und andere mehr. Dabei ist zu bedenken, daß ein bestimmter Name zu verschiedenen Zeiten unterschiedliche Gruppen von Menschen bezeichnet haben kann, oder daß umgekehrt eine bestimmte Gruppe zu verschiedenen Zeiten unter anderen Namen aufgetreten sein mag. Nicht zu vergessen ist schließlich die Tatsache, daß — wie immer in der Geschichte — Blutsmischungen zwischen verschiedenen Stämmen an der Tagesordnung waren.

Die Landesnatur der Apennin-Halbinsel macht den Zugang von außen her leicht. Der Weg über die Alpen in die Po-Ebene ist in den Sommermonaten wirklich alles andere als beschwerlich. Wie in geschichtlicher Zeit, so haben sich auch in frühen Tagen immer wieder größere und kleinere Gruppen von Nordwesten, Norden oder Nordosten her auf dem Landweg Eingang in Italien verschafft. Das schmale Adriatische Meer — es ist an seinem Südausgang nur etwa 40 Seemeilen breit, und von Otranto aus sind an klaren Tagen die Küsten Albaniens deutlich zu sehen — läßt sich bei entsprechender Wetterlage selbst mit kleineren Fahrzeugen mühelos überqueren. Ohne Frage ist das seit alters her oft genug geschehen. So hat die Bevölkerung der Apennin-Halbinsel seit frühester Zeit immer neue Elemente in sich aufgenommen, die auf dem Landweg oder über See ins Land kamen.

In der Geschichte der frühen Mittelmeerkulturen hat die Apennin-Halbinsel jedoch bis ins ausgehende 2. Jahrtausend v. Chr. und noch darüber hinaus keine irgendwie bemerkenswerte Rolle gespielt. Die Pfahlbauten in der vielfach versumpften Po-Ebene, die Bauerndörfer und Hirtensiedlungen in verschiedensten Teilen Mittel- und Süditaliens, die dort aus Bronze und später auch aus Eisen hergestellten Geräte sowie die Töpferwaren — das alles erinnert ganz an vorgeschichtliche Lebensformen, wie sie auch in irgendeinem beliebigen anderen Land üblich waren. Irgendein Vergleich mit einer der individuellen Hochkulturen des Ostmittelmeerraums im 2. vorchristlichen Jahrtausend wäre fehl am Platze. Daß schon vor der Mitte des 2. Jahrtausends v. Chr. gelegentlich Seefahrer aus dem «minoischen» Kreta und nach ihnen in verstärktem Maße Frühgriechen der Mykenezeit nach Sizilien und Unteritalien gelangt sind, hat an der Gesamtlage auf der Apennin-Halbinsel wenig geändert. So haben diese Fahrten nicht dazu geführt, daß die Kenntnis des Lesens und Schreibens in Altitalien Eingang fand. Auf den Liparischen Inseln nördlich von Sizilien gefundene Gefäßtrümmer mit Schriftzeichen des im mykenezeitlichen Griechenland gebrauchten Systems beweisen zwar, daß die Seefahrer aus dem Osten diese für höher entwickelte Lebensformen so wichtige Errungenschaft mitbrachten. Doch ist das ohne Konsequenzen für die Stämme der Apennin-Halbinsel geblieben. Auch spricht nichts dafür, daß es zu irgendwelchen auch nur einigermaßen bedeutenden Staatsgründungen der Frühgriechen auf italienischem Boden gekommen ist. Noch war die Zeit nicht reif für den Aufstieg einer Hochkultur auf der Apennin-Halbinsel.

Erst im 8. Jahrhundert v. Chr. trat Italien aus dem Halbdunkel der Vor- und Frühgeschichte. Damals setzten sich griechische Auswanderer, vor allem solche von der großen Ägäisinsel Euboia, auf Ischia und seinen Nachbarinseln vor der Küste Kampaniens fest. Von dieser von den Griechen Pithekusen genannten Inselgruppe aus gründeten sie bald die Stadt Kyme an der gegenüberliegenden Festlandsküste. Kyme wurde seinerseits die Mutterstadt von Neapolis. Andere Griechen gründeten weiter im Süden einen ganzen Kranz von Küstenstädten. Zu ihnen zählte das im 7. Jahrhundert v. Chr. entstandene, wegen seiner gut erhalten auf unsere Zeit gekommenen drei dorischen Tempel berühmte Poseidonia (Paestum). Dieser Kranz griechischer Küstenstädte umgab das gesamte süditalienische Festland vom Golf von Neapel bis zum Golf von Tarent. Ganz ähnlich verlief die Entwicklung an den Küsten Siziliens. Hier wie dort entwickelten sich Städte und städtisches Leben, und überall in ihren Neugründungen führten die Griechen ihre Schrift ein, das einige Generationen zuvor von den Phönikern übernommene und für die Bedürfnisse der griechischen Sprache abgewandelte Buchstabenalphabet.

Zu einer ähnlichen Entwicklung kam es später, das heißt um 600 v. Chr., auch an der Küste der Riviera. Dort gründeten Ionier aus dem westkleinasiatischen Phokaia Massilia (Marseille), dieses dann seinerseits die Orte Nikaia (Nizza), Monoikos (Monaco) und andere.

Die neugegründeten griechischen Küstenplätze hatten von Hause aus vorwiegend den Charakter von Agrarstädten, nicht von Handelsemporien. Gleichwohl trieben die Griechen bald auch Handel mit den ihnen kulturell weit unterlegenen Bewohnern des jeweiligen Hinterlandes. Nirgends aber hat sich das griechische Städtewesen über den unmittelbaren Küstenbereich tiefer ins Binnenland hinein ausgebreitet. Das etwa 12 Kilometer von der Ostküste Siziliens entfernte Leontinoi hatte eine in diesem Zusammenhang schon als «extrem meeresfern» zu bezeichnende Lage. Wie auch sonst, galt für Sizilien, Unteritalien und die Riviera, daß alles, was hinter einem schmalen Küstengürtel im Landesinneren lag,

«schon Randgebiet war, Land, aus dem man Nahrung, Metall und Sklaven gewann, in das man Beutezüge unternahm, ein Absatzgebiet für
griechische Produkte, jedoch kein Land, in dem Griechen wohnten, sofern sie das irgendwie vermeiden konnten».[69] Für den späteren Aufstieg
Italiens war es von enormer Bedeutung, daß die Griechen das Buchstabenalphabet auf die Apennin-Halbinsel gebracht hatten. Sonst aber sollte
man sich davor hüten, die Rolle des Griechentums für Altitalien zu überschätzen, sie womöglich gar als allein entscheidend anzusprechen.

An der Westküste Italiens gibt es ein langgestrecktes Gebiet, in dem die
Griechen noch nicht einmal versucht haben, eine Siedlung zu gründen:
der Küstenstreifen zwischen dem Mündungsgebiet des Flusses Arno im
Norden und dem des Tiber im Süden. Aber gerade hier begann eine
Entwicklung, die für die Zukunft der Apennin-Halbinsel von schlechthin
entscheidender Bedeutung sein sollte. Am Anfang stand ein Vorgang, der
sich in den «dunklen Jahrhunderten» der Mittelmeerwelt seit 1200
v. Chr. abgespielt haben muß, in der Zeit nach dem großen Völkersturm
und dem von ihm ausgelösten Zusammenbruch der alten Kulturmächte.
Das muß etwa zur gleichen Zeit geschehen sein, als die Philister in dem
nach ihnen genannten Land Palästina erstmals in der Weltgeschichte
einen Staat von Format geschaffen haben. Was sich im Westen der mittleren Apennin-Halbinsel einerseits und im Südosten des Mittelmeers andererseits abgespielt hat, ist bei allen Unterschieden im Detail innerlich
verwandt und basierte auf der gleichen Ausgangslage.

Wir entsinnen uns: nachdem Pharao Ramses III. die Angriffe der «Seevölker» auf das Nilland abgewiesen und über seine Erfolge berichtet
hatte, schweigen die ägyptischen Quellen über das weitere Schicksal der
Angreifer so gut wie ganz. Nichts wüßten wir von den großen Leistungen
der Philister in Palästina, wäre nicht wenigstens ein Teil der Berichte
ihrer israelitischen Gegenspieler — soweit sie nämlich in den Kanon des
Alten Testaments Eingang gefunden haben — erhalten geblieben. Es versteht sich aber von selbst, daß die israelitischen Berichte über die anderen
«Seevölkerstämme» schweigen, weil sie mit diesen selbst nichts zu tun
gehabt haben. Aber nicht nur die israelitischen und die ägyptischen Quellen fallen für unser Thema aus, auch sonst stehen uns keinerlei irgendwie
aufschlußreiche Berichte aus den «dunklen Jahrhunderten» zur Verfügung.

Erst aus dem 5. Jahrhundert v. Chr. haben wir einen in unserem Zusammenhang interessanten Bericht. Wir verdanken ihn dem Griechen
Herodot von Halikarnass, der im 1. Buch seines Geschichtswerkes (Kapitel 94) schreibt: «Die [westkleinasiatischen] Lyder meinen, daß auch die
Spiele, die man jetzt bei ihnen und den Hellenen hat, ihre Erfindung
seien. Sie wollen sie zu derselben Zeit erfunden haben, als sie das Land
am Tyrsenischen Meer besiedelten, und das sei so gekommen. Zur Zeit

des Königs Atys, Manes' Sohn, herrschte in ganz Lydien große Hungersnot … So lebten sie achtzehn Jahre lang. Als die Not aber nicht nachließ,
sondern immer größer wurde, da schied der König das ganze lydische
Volk in zwei Gruppen und ließ das Los entscheiden: die eine Hälfte sollte
im Lande bleiben, die andere sollte auswandern. Der König selber trat
mit auf die Seite derer, die bleiben mußten, und gab den Auswandernden
seinen Sohn mit, namens Tyrsenos. Da zog dann die Hälfte, die das Los
zum Auswandern verurteilte, hinab nach Smyrna, baute dort Schiffe,
belud sie mit allen nützlichen Gerätschaften und fuhr aus, Lebensunter-
halt und Land zu suchen. An vielen Völkern schifften sie vorüber und
gelangten zum Lande der Ombriker. Dort siedelten sie sich an, bauten
Städte und leben dort bis auf den heutigen Tag. Sie änderten ihren Namen und nannten sich nach dem Sohn ihres Königs, der sie geführt hatte.
So erhielten sie den Namen Tyrsener.»

Seit den Tagen des Altertums ist dieser Bericht Herodots der Ausgangspunkt für den Streit um die «Frage nach der Herkunft» der Tyrsener
bzw. der Etrusker, wie wir sie im Anschluß an den lateinischen Sprachgebrauch meist nennen. Manche Schriftsteller wie z. B. Livius und Vergil
folgten im Prinzip der Ansicht Herodots. Dabei tauchte auch die Version
auf, Flüchtlinge aus dem zerstörten Troja seien die Ahnherren der von
den Römern Tusci oder Etrusci genannten Leute gewesen, die die Griechen als Tyrsener oder Tyrrhener bezeichneten. Dagegen lehnte der um
Christi Geburt lebende Historiker Dionysios von Halikarnass die Ansicht
von einer Einwanderung aus der Ägäis ab und vertrat die Auffassung, die
Etrusker hätten seit eh und je in Italien gesessen. Die Theorien Herodots
und Dionysios' sind bis heute die Grundlage, auf der die einander befeh-
denden Ansichten der modernen Wissenschaft aufbauen. Eine dritte, zeitweise mit Nachdruck verfochtene Theorie, die eine Etruskereinwande-
rung von Norden her glaubhaft machen wollte, kann inzwischen als
überholt beiseite gelassen werden.

Betrachten wir den Bericht Herodots, den ältesten und wichtigsten zu
unserem Thema überhaupt. Mehrere Momente müssen wir dabei voran-
stellen. Einmal die Tatsache, daß die Details sagenhaft sein können und
es nahezu mit Sicherheit auch sind. Das gilt sogar für die Angabe, das
Land Lydien sei die Heimat der tyrsenischen Auswanderer gewesen. Es
geht vielmehr einzig und allein darum, ob diese überhaupt aus einem
Gebiet der ägäisch-westkleinasiatischen Welt kamen, also aus einem Bereich, der viel größer ist als die Landschaft Lydien. Zum zweiten müssen
wir uns vergegenwärtigen, daß «die schwächste Seite der griechischen
Überlieferung die Chronologie ist», ganz besonders hinsichtlich aller Ereignisse in der Zeit vor der Mitte des 7. Jahrhunderts v. Chr.[70] Herodot
sagt (1. Buch, Kapitel 7), daß nach der Dynastie des Atys, zu dessen
Zeit Hungersnot und Auswanderung stattgefunden haben sollen, 22

Menschenalter lang eine von Herakles begründete Dynastie über Lydien geherrscht habe, bis dann die Herrschaft an den Mermnaden Gyges fiel. Im Gegensatz zu der absolut historischen Gestalt des Gyges, der in der ersten Hälfte des 7. Jahrhunderts v. Chr. regierte, sind bereits die Herakliden Gestalten der Legende. Es ist, obwohl das immer wieder geschieht, völlig abwegig, aus Herodots Angaben über Atyden und Herakliden irgendwelche chronologischen Schlüsse zu ziehen, im positiven wie im negativen Sinne.

Schließlich sei einmal mehr dem Dogma vieler Prähistoriker entgegengetreten, die Einwanderung einer geschichtlich bedeutsamen Menschengruppe in das Land ihrer späteren Wirksamkeit ließe sich an irgendwelchen materiellen Überresten, zumal an den oft allein zur Verfügung stehenden Keramikbruchstücken, ablesen. Hier sei daran erinnert, daß wir mit Hilfe dieser Methode weder die Einwanderung der Sumerer ins Zweistromland Mesopotamien noch die der indogermanische Sprachen sprechenden Vorfahren der Hethiter nach Anatolien oder die der Kinder Israel und Juda nach Kanaan in den Griff bekommen können. Dasselbe gilt für die Rolle der Wandalen und der Ostgoten in der spätrömischen Mittelmeerwelt. Die Reihe solcher Beispiele ließe sich noch beliebig fortsetzen. So haben wir auch keine Möglichkeit, eine Einwanderung ägäisch-kleinasiatischer Vorfahren der Etrusker mit Hilfe derartiger Methoden «archäologisch nachzuweisen» oder auch «zu widerlegen».

Gleichwohl können wir den entscheidenden Kern der von Herodot geäußerten Ansicht als richtig nachweisen. Wir können es mit Hilfe einer ganzen Reihe von Argumenten, von denen jedes für sich allein genommen nicht ausschlaggebend wäre, die aber alle zusammengenommen eine deutliche, klare Sprache sprechen. Fassen wir sie übersichtlich zusammen:

1. Es kann kaum ein Zufall sein, daß der von den Pharaonen Merenptah und Ramses III. unter den angreifenden «Seevölkern» genannte Name «Turscha» sprachlich der griechischen Bezeichnung «Tyrsener» entspricht. Diese «Turscha» erscheinen in der Gesellschaft anderer Gruppen, von denen wir mehrere mit Sicherheit oder doch mit hoher Wahrscheinlichkeit als aus der ägäisch-westkleinasiatischen Welt herkommend nachweisen können. In homerischer Zeit, also im 8. Jahrhundert v. Chr., waren überdies «Tyrsener» als Seeräuber im Ägäischen Meer bekannt; überdies ist die Anwesenheit solcher «Tyrsener» auf der Insel Lemnos (Limnos) seit der Wende vom 8. zum 7. Jahrhundert v. Chr. mit absoluter Sicherheit nachzuweisen, außerdem auch an verschiedenen anderen Punkten der nordostägäischen Welt.

2. Die seit dem ausgehenden 8. Jahrhundert v. Chr. in einem von den Kyme-Griechen entlehnten Alphabet niedergeschriebene Sprache der Etrusker in Italien können wir zwar fließend lesen, aber nur etwa 200

Worte davon verstehen und übersetzen. Immerhin reicht unsere Kenntnis
vom Aufbau und Wortschatz der etruskischen Sprache zu der sicheren
Feststellung aus, daß sie auf der Sprachenkarte Altitaliens einen Fremd-
körper darstellt. Sie ist weder mit den verschiedenen indogermanischen
Sprachen Altitaliens verwandt noch mit den nichtindogermanischen ligu-
rischen Dialekten. Das spricht sehr dafür, daß das Etruskische von Hause
aus die Sprache von nach Italien gelangten Zuwanderern gewesen ist.

3. Die einzige, mit dem Etruskischen verwandte Sprache läßt sich dagegen auf der Insel Lemnos (Limnos) nachweisen. Wichtigstes Zeugnis ist
eine 1885 in Kaminia im Osten der Insel gefundene Grabstele aus dem 7.
oder 6. Jahrhundert v. Chr. Sie zeigt einen mit einer Lanze bewaffneten
Krieger und trägt eine relativ ausführliche Inschrift. Leider wird dieses
überaus wichtige historische Dokument in einer Vitrine des Archäologischen Nationalmuseums zu Athen unter allen möglichen Vasen von der
Insel Lemnos, von denen «zwölf auf ein Dutzend gehen», aufbewahrt,
noch dazu ohne hinreichende Beschriftung! Im kleinen Museum zu Myrina auf Lemnos (Limnos) existieren noch einige weitere kurze Inschriften in der gleichen Sprache. Überdies beweisen auch verschiedenste andere zu Hephaistias an der Nordküste der Insel gemachte Funde aus dem
7. und 6. Jahrhundert v. Chr., daß die damalige Bevölkerung der Insel
den Etruskern Italiens eng verwandt gewesen sein muß. Das alles paßt
bestens zu den Angaben klassisch-griechischer Schriftsteller, wonach auf
Lemnos (und der Nachbarinsel Imbros) die gleiche Sprache gesprochen
worden wäre wie in Etruskeritalien, wobei speziell die Stadt Cortona
genannt wird.

4. Im voretruskischen Italien gab es sowohl «Erdbestattung» als auch
«Feuerbestattung» der Verstorbenen. Niemals aber hat man für die Verstorbenen besonderen Aufwand getrieben. Genau das Gegenteil war bei
den Etruskern der Fall. Seit dem 8. Jahrhundert v. Chr. entstanden die
mit ebenso großer Mühe wie Liebe errichteten Totenwohnungen. Diese
Bauwerke zeugen von einer ganz bestimmten Haltung gegenüber dem
Weiterleben nach dem Tode, wie sie dem voretruskischen Italien fremd
gewesen sein muß. Eine den Etruskern Italiens ganz verwandte Haltung
findet sich aber bei verschiedensten Völkern des Ostmittelmeerraums
einschließlich der ägäischen Welt, bei den Griechen der Mykenezeit genauso wie bei verschiedenen nichtgriechischen Völkern Westkleinasiens.
Der Gedanke des «Grabes als Wohnhaus der Ewigkeit» verbindet die
Etrusker mit diesen Menschen, während er dem nichtetruskischen Altitalien fern gelegen hat.

5. Sogar die Architektur der etruskischen Grabstätten folgt oft bis ins
Detail den Bauformen, wie sie in den Ländern des Ostens üblich waren.
Die zahlreichen etruskischen Kuppelgräber, zum Beispiel die bei Vetulo-
nia, stellen ganz unverkennbar eine Spätform des Kuppelgrabtypus dar,

der zur Mykenezeit in der ägäischen Welt weit verbreitet war, in Thessalien aber auch noch später, bis ins 5. Jahrhundert v. Chr., vorkam. Andere Etruskergräber in Hügelform, zum Beispiel die Rundgräber von Populonia, die Hügelgräber der Nekropole von Cerveteri, das sogenannte «Pythagoras-Grab» bei Cortona und andere mehr, erinnern auffallend an die Tumuli des Gräberfeldes Bin-Tepe — «Tausend Hügel» — bei der lydischen Königsstadt Sardes, das etwa im 6. Jahrhundert v. Chr. erbaute sogenannte «Tantalus-Grab» bei Smyrna (Izmir), das frühhellenistische Grab von Belevi nordöstlich von Ephesos, die noch jüngeren Rundgräber von Hierapolis, dem heutigen türkischen Pamukkale, das wiederum weit ältere bereits im 6. Jahrhundert v. Chr. erbaute sogenannte «Grab des Kleobulos» auf einem Kap nördlich der Akropolis von Lindos auf der Insel Rhodos. Die eindrucksvollen etruskischen Felsgräber zum Beispiel der Nekropolen von Sovana, Norchia, Castel d'Asso, Blera und San Giuliano bei Barbarano Romano, haben ihre Parallelen in den Felsgräbern der südwestkleinasiatischen Landschaften Karien und Lykien, etwa bei Kaunos, Telmessos (Fethiye), Myra oder Limyra.

6. Auch abgesehen von der Anlage und Ausstattung der Totenwohnungen weisen Religion und Kultus der Etrusker eine ganze Reihe von Eigentümlichkeiten auf, die den Vorstellungen östlicher Länder eng verwandt sind. Schicksalsgläubigkeit und komplizierte Methoden, die Zukunft im voraus zu deuten, erinnern immer wieder an altvorderasiatische Überzeugungen und Gepflogenheiten. Zum Teil handelt es sich dabei um so spezielle Dinge wie die Deutung der Zukunft aus der Beschaffenheit der Leber des geschlachteten Opfertieres. Diese Sitte war in Babylonien üblich, hatte sich von hier aus nach Kleinasien verbreitet, wo sie zum Beispiel bei den Hethitern eine wichtige Rolle spielte, findet sich aber auch im etruskischen Italien. Diese und andere Übereinstimmungen können schwerlich als Zufall angesehen werden.

7. Schließlich zeigt die Siedlungsgeographie, daß sich die etruskische Kultur von der Küste des Tyrrhenischen Meeres ins Binnenland ausgebreitet hat, nicht umgekehrt. Im allgemeinen ist es so, daß die ältesten Etruskerstädte sich in Küstennähe befinden, die ein wenig weiter landeinwärts gelegenen Plätze dagegen etwas jünger sind, die Gründungen der Etrusker nördlich der Apenninkette dagegen zu den jüngsten gehören.

Für sich allein genommen, kann man jede der hier besprochenen Erscheinungen wohl auch erklären, wenn man die These einer Einwanderung von Etruskervorfahren aus der ägäisch-westkleinasiatischen Welt nicht zu akzeptieren bereit ist. Faßt man dagegen alles zusammen ins Auge, fällt es bei unvoreingenommener historischer Denkweise schwer, die erstmalig von Herodot formulierte Ansicht in ihrem Kern zu verwerfen.

Selbstverständlich ist nicht das ganze Etruskervolk als fertig ausgebil-

dete geschlossene Größe aus Übersee nach Italien eingewandert. Wie alle
geschichtlich bedeutsamen Völker hat sich auch das etruskische Volk aus
einer Mischung verschiedener Elemente heraus entwickelt. Dabei haben
die auf der Apennin-Halbinsel bereits alteingesessenen Menschen die
überseeischen Ankömmlinge an Zahl weit übertroffen. Das gilt selbst für
den Fall, daß die letztgenannten nicht alle auf einmal, sondern in mehreren aufeinander folgenden Wellen über See nach Italien gekommen sind,
was durchaus möglich ist. Aber immer in der Weltgeschichte waren es die
kleinen, starken, befähigten und entschlossenen Minderheiten, die den
Gang der Dinge entscheidend vorantrieben. Als um die Mitte des 1.
vorchristlichen Jahrtausends das Etruskertum den größten Teil Italiens in
dieser oder jener Form kontrollierte oder doch wenigstens beeinflußte,
zählte es ohne Frage nach Millionen. Die Zahl der Etruskervorfahren, die
über See nach Italien eingewandert waren, belief sich dagegen allenfalls
auf einige Zehntausende. Bedauerlich ist nur, daß wir keinerlei Kenntnis
von großen Einzelpersönlichkeiten haben, die es fraglos in der etruskischen Frühzeit gegeben hat. Doch von ihnen werden wir nach Lage der
Dinge niemals etwas erfahren.

Die große Zeit der Philister, mit denen die «Turscha» einst gemeinsam
gegen Ägypten angerannt waren, hatte schon bald nach Beginn des
11. Jahrhunderts v. Chr. eingesetzt. Der Aufstieg der Tyrsener erfolgte
langsamer. Er ging erst im 8. und vollends im 7. Jahrhundert v. Chr. über
die weltgeschichtliche Bühne, als die große Rolle ihrer früheren Gefähr-
ten längst wieder ausgespielt war. Dafür dauerte die etruskische Blütezeit
weit länger. Kurz bevor an der Südwestküste Italiens die ersten Griechenstädte entstanden, blühten weiter im Norden, nicht weit entfernt von der
Küste des bis heute nach dem ältesten Hochkulturvolk Italiens genannten
Tyrrhenischen Meeres, die großen Städte der Etrusker prachtvoll auf.
Städte der «Etrusker» — diesen Namen wollen wir von nun an anstelle
des griechischen «Tyrsener» oder «Tyrrhener» und einer uns ebenfalls
bekannten Selbstbezeichnung jenes Volkes als «Rasenna» oder «Ra-
sennä» gebrauchen. Die Städte selbst sollen nach Möglichkeit sowohl mit
ihrem altetruskischen Namen als auch mit der späteren lateinischen oder
italienischen Bezeichnung vorgestellt werden.

Nur eine einzige wichtige Etruskerstadt lag unmittelbar am Meer:
Pupluna (Populonia) am hinreißend schönen Golfo di Baratti. Die anderen lagen ein Stück von der Küste entfernt. Allerdings wurden zwei weitere bedeutende Städte, deren Überreste heute ziemlich weit vom Meer
entfernt liegen, damals erheblich dichter am Wasser erbaut, nur wenige
Kilometer von einer inzwischen verlandeten Lagune entfernt: *Vatluna
oder Vetalu (Vetulonia)* und ein weiterer Ort, dessen etruskischen Namen wir nicht kennen und den wir deshalb nur auf Lateinisch *Rusellae*
oder auf Italienisch *Roselle* nennen können. Beide Städte liegen auf Hö-

henzügen, erstere 345 Meter, letztere 117 Meter über dem Meeresspiegel. Weiter im Süden als die drei genannten Orte gab es andere aufstrebende Etruskerstädte: *Velcha oder Velkse (Vulci)* in der Ebene am Unterlauf des Fiora-Flusses, *Tarchuna (Tarquinia)* auf einem Höhenzug östlich der im frühen Mittelalter entstandenen bis 1922 Corneto und seither Tarquinia genannten Stadt, schließlich noch weiter im Süden *Chaire oder Chisra (Caere bzw. Cerveteri)*. Ein wenig jünger war das schon etwa 25 Kilometer vom Meer entfernte *Veji oder Vejo* ein Stück westlich vom Unterlauf des Tibers. Die genannten sieben Städte nahe der Küste des Tyrrhenischen Meeres müssen als die führenden Etruskerzentren in der großen Zeit dieses Volkes bezeichnet werden.

Bei der Mehrzahl aller Etruskerstädte handelte es sich nicht um Neugründungen an vorher überhaupt noch nicht besiedelten Plätzen. Viel häufiger war es so, daß es an der Stelle einer neuaufsteigenden Etruskerstadt bereits vorher eine oder mehrere dörfliche Siedlungen gegeben hatte. Und doch bedeuteten die Etruskerstädte etwas Neues. Denn zwischen einem «Dorf» und einer «Stadt» besteht ein Wesensunterschied. Er beruht nicht auf dem Vorhandensein gut gebauter fester Häuser, einer Umwallung oder Ummauerung oder bestimmter Kunstfertigkeiten der Einwohner, sondern auf der «Andersartigkeit ihrer wirtschaftlichen, politischen und geistigen Funktion».[71] Und in der Tat spielten die neuen etruskischen Städte eine andere Rolle als die früheren altitalischen Dörfer.

Obwohl, wie gesagt, die genannten Etruskerstädte mit Ausnahme von Pupluna (Populonia) nicht direkt am Wasser lagen, waren sie doch mit dem Meer verbunden. So besaß Velcha (Velkse, Vulci) einen Vorhafen im Gebiet der heutigen Lagune von Orbetello, wo sich die Landschaft seit dem Altertum wesentlich verändert hat. Tarchuna (Tarquinia) hatte seinen Hafenplatz beim heutigen Porto Clementino bei Lido di Tarquinia; er wurde im Jahre 1969 wiederentdeckt. Chisra (Cerveteri) besaß gleich mehrere Vorhäfen: in Alsium, Punicum und vor allem Pyrgoi, heute Santa Severa genannt, wo 1957 bis 1964 wichtige Ausgrabungen durchgeführt worden sind. So trugen die bisher genannten Etruskerstädte also doch durchaus maritimes Gepräge, und im Dasein ihrer Bewohner spielten Seefahrt und Seehandel eine überaus wichtige Rolle.

Von den Wohnbezirken der etruskischen Städte, den Palästen ihrer Herrscher und auch den Tempeln ihrer Götter ist allerdings wenig genug zu sehen, vor allem aus den ersten Jahrhunderten der etruskischen Stadtgeschichte. Denn man baute Häuser, Paläste und Tempel mit Ausnahme der Fundamente und Grundmauern im wesentlichen aus Holz und anderen vergänglichen Materialien. Ausgegrabene Hausgrundrisse einer bereits gegen Ende des 6. Jahrhunderts v. Chr. verlassenen Siedlung zu Aquarossa bei Ferento (Viterbo) geben wenigstens eine gewisse Vorstellung davon, wie etruskische Wohnhäuser damals auch in den größeren Städten ausgesehen haben mögen. Wahrscheinlich haben sie auch hier, zumindestens in der älteren Zeit, vorwiegend den Typus kleinerer Einzelgebäude getragen.[72] Die ältesten erhaltenen Grundmauern etruskischer Heiligtümer kamen bei den 1966 begonnenen Ausgrabungen in Poggio Civitate bei Murlo südlich von Siena zutage und stammen aus der ersten Hälfte des 6. Jahrhunderts v. Chr.; andere Tempelgrundmauern datieren aus der Zeit um 550 v. Chr. und finden sich auf dem Gelände der um 396 v. Chr. von den Römern total zerstörten Stadt Veji. Wenigstens etwas besser erhaltene Tempelbauten wie zum Beispiel das der Gottheit Tinia gewidmete Heiligtum zu Orvieto stammen dagegen erst aus der Zeit nach 500 v. Chr. Auf die Errichtung von Befestigungen haben die etruskischen Städtebauer zunächst verzichtet; erst seit dem 6. und vollends dem 5. Jahrhundert v. Chr. entstanden die kilometerlangen Mauerringe, von denen einige zu den eindrucksvollsten auf unsere Tage gekommenen Monumenten der Etruskerzeit überhaupt gehören. Alles in allem müssen wir feststellen, daß wir aus der ersten großen Blütezeit der Etruskerkultur im 7. Jahrhundert v. Chr. an bemerkenswerten Bauwerken fast nur eine Reihe von Totenwohnungen besitzen, die in der Umgebung der Städte entstanden. Aber gerade diese Grabmonumente des 7. Jahrhunderts gehören zu den großartigsten Denkmälern, die jenes alte Kulturvolk überhaupt hinterlassen hat.

Das gilt für die mächtigen Rundgräber bei Pupluna (Populonia) unmittelbar am Ufer des Golfo di Baratti. Sie sind erst seit 1914 ausgegraben worden, lagen sie doch bis dahin über zweitausend Jahre lang metertief unter Bergen von Eisenschlacke begraben. Diese hatte man — weil sie sich nicht mehr fortschaffen ließ — nach der Gewinnung des Eisens über den alten Bauten angehäuft. Pupluna war mit seinen in der Nähe gelegenen Erzbergwerken, seinen «Hochöfen» und «Metallverarbeitungsbetrieben» ein Zentrum der etruskischen «Schwerindustrie». Daß die Gräber von Pupluna solange unter Schlacke begraben waren, hatte eine doppelte Folge: einerseits waren die Kuppeln der Gräber durch das Gewicht der auf ihnen angehäuften Massen eingedrückt worden, andererseits blieben dadurch nicht nur die steinernen Totenbetten erhalten, sondern auch die vor Plünderung bewahrten reichen Beigaben an Bronzen, Vasen und Terrakotten, die den Toten ins Grab gelegt worden waren. In der sogenannten «Tomba dei Carri» wurden sogar bronzene Zweiradkriegswagen gefunden. Die Schätze aus den Gräbern von Pupluna befinden sich heute im Museum zu Florenz, und bis zu einem gewissen Grade möchte man sie sogar dem Inventar im Grab des Pharao Tutanchamon an die Seite stellen. Von den zahlreichen Gräbern in der Umgebung von Vetalu (Vetulonia) gehören u. a. die mächtigen Kuppelgräber «La Pietrera» und «Tomba del Diavolino» dem 7. Jahrhundert v. Chr. an. Im erstgenannten Grab wurden mehrere kunstgeschichtlich besonders beachtliche Statuenfragmente gefunden, die ältesten uns bekannten größeren Steinskulpturen der Etrusker überhaupt. Aus einem weiteren, wahrscheinlich auch noch dem 7. Jahrhundert, spätestens dem beginnenden 6. Jahrhundert v. Chr. angehörenden Grab stammt die Stele eines mit Doppelaxt und Rundschild bewaffneten Kriegers. Er hieß laut Beischrift «Avle Feluske». Die ältesten monumentalen Gräber der riesigen Totenstadt von Chisra (Cerveteri), dank des guten Erhaltungszustandes zahlreicher Bauten die wohl eindrucksvollste aller etruskischen Nekropolen, gehören ebenfalls schon dem 7. Jahrhundert v. Chr. an. Die beiden ganz großen Tumuli in der «Monumentalzone» auf dem heute Banditaccia genannten Plateau sind um 600 v. Chr. errichtet worden. Etwa aus der gleichen oder einer wenig jüngeren Zeit datiert das «Grab der Schilde und der Stühle» außerhalb der «Monumentalzone»; es führt mit seinen steinernen Betten und vor allem Sesseln den Charakter des «Wohnhauses der Ewigkeit» besonders anschaulich vor Augen. Noch etwa ein halbes Jahrhundert älter ist das südlich von Cerveteri gelegene, 1836 entdeckte sogenannte Regolini-Galassi-Grab. Seine Bedeutung liegt vor allem darin, daß es niemals von Grabräubern entdeckt worden ist. Somit waren die dem hier bestatteten Fürstenpaar in reicher Fülle ins Grab mitgegebenen Kostbarkeiten aus Gold, Silber, Elfenbein, Bronze, Eisen, Keramik, Glas, Fayence und Bernstein unangetastet geblieben. Sie befinden sich heute im Museo Gregoriano Etrusco des Vatikans und vermitteln einen überwältigenden Eindruck vom Reichtum und vom Geschmack der führenden Kreise Altetruriens, aber auch vom meisterlichen Können der in ihrem Dienst stehenden Kunsthandwerker. Nicht zuletzt sind sie aber auch ein Zeugnis für den weitgespannten überseeischen Handelsverkehr, der die Etruskerstädte mit allen Kulturländern der damaligen Welt verband. Wieviele andere Gräber etruskischer Vornehmer mögen nicht minder reich ausgestattet gewesen sein, nur daß die den Toten gehörenden Schätze in die Hände von Grabräubern gefallen und somit für immer verloren sind!

So können wir uns doch ein Bild von der Höhe der Etruskerkultur in der Zeit des 7. vorchristlichen Jahrhunderts machen, obwohl wenig genug von den Stätten der Lebenden erhalten geblieben ist und wir keine aufschlußreichen schriftlichen Quellen über die etruskische Geschichte dieser Zeit besitzen. Turmhoch überragte das Etruskertum alles, was es im voretruskischen Italien jemals gegeben hatte, und vielleicht ist es sogar berechtigt, seine Leistungen mit denen der führenden Kulturen in der Zeit vor dem großen Völkersturm um 1200 v. Chr. in einem Atem zu nennen.

Zumindest in einer Beziehung übertraf das etruskische Städtewesen, das sich seit dem 8. Jahrhundert v. Chr. an der Küste des Tyrrhenischen Meeres entfaltete, an geschichtlicher Bedeutung auch die der griechischen

Städtegründungen an anderen Küsten der Apennin-Halbinsel bei weitem. Letztere haben sich immer nur auf den unmittelbaren Küstenbereich beschränkt, von den Etruskerstädten dagegen ging eine bemerkenswerte Ausstrahlungskraft tief ins Innere des Landes Italia aus. Auch hier verwandelte eine dörfliche Siedlung altitalischer Stämme des Binnenlandes nach der anderen allmählich ihr Gesicht und wurde zur etruskischen Kulturstadt.

Schon bald entwickelte sich nordöstlich der Küstenstadt Puplana (Populonia) gut 30 Kilometer von der Küste entfernt auf einem 555 Meter hohen Bergzug aus einer älteren Siedlung die neue zukunftsreiche Etruskerstadt *Velathri,* das heutige *Volterra.* Sie wurde dank des Erzreichtums der Colline Metallifere südlich der Stadt zum dritten Punkt des «Schwerindustrie-Städtedreiecks», dessen beide anderen Eckpunkte Puplana (Populonia) und Vetalu (Vetulonia) darstellten. Anders als in vielen sonstigen Etruskerstädten ist das wichtigste Monument des etruskischen Velathri nicht irgendein Grab, sondern der wohlerhaltene fast 9 Kilometer lange Stadtmauerring. Er wurde in der zweiten Hälfte des 6. Jahrhunderts v. Chr. begonnen und in etwa hundertjähriger Arbeit fertiggestellt; 4 Meter ist er dick und stellenweise in einer Höhe von 12 Metern erhalten. Von den Stadttoren hat sich die «Porta Diana» im Norden der Stadt wenigstens in ihren mächtigen Seitenpfeilern erhalten, viel eindrucksvoller ist aber die «Porta dell' Arco» an der anderen Seite der Stadt. Zwar ist der Torbogen über den mächtigen Seitenpfeilern des etruskischen Tores in römischer Zeit erneuert worden, doch hat man bei dieser Gelegenheit die drei alten Dämonenköpfe erneut eingemauert, und gerade sie geben dem «götterbewachten Tor von Volterra das Fluidum des sehr Alten und Geheimnisvollen».[73]

Von Volterra aus breitete sich das etruskische Städtewesen tiefer ins Binnenland hinein aus. So fallen die Anfänge von *Fiesole,* 8 Kilometer nördlich von Florenz, bereits ins frühe 7. Jahrhundert v. Chr., auch wenn es erst später größere Bedeutung erlangen sollte. Wie Fiesole ist auch *Arezzo* und vielleicht auch *Cortona,* dessen etruskischer Name *Curtun* gelautet haben dürfte, von Volterra aus gegründet worden; beide Städte entwickelten sich allmählich zu in späterer Zeit sehr wichtigen Zentren. Rascher und steiler verlief der Aufstieg einiger anderer Städte etwas weiter im Süden, mitten «im grünen Herzen Italiens».

Da ist vor allem *Chiusi,* das *Chamars* der Etrusker. Auf einem Höhenzug gelegen überragt die Stadt weithin sichtbar eine freundliche Bauernlandschaft, geprägt von Feldern, Weinreben und Ölbaumhainen. Trotz der besonders verkehrsgünstigen Lage Chiusis — heute führt je eine der wichtigsten Autostraßen und Eisenbahnlinien Italiens, die Florenz und Rom miteinander verbinden, dicht an der Stadt vorbei — trägt der Ort den Charakter einer liebenswerten stillen, aber keineswegs toten Kleinstadt. Was vom etruskischen Chamars an Bauten übriggeblieben ist, erscheint auf den ersten Blick nicht besonders spektakulär. So halten etwa die noch vorhandenen Partien der Stadtmauer keinen Vergleich mit dem eindrucksvollen Mauerring von Volterra aus. Und doch begegnet Chiusis Besucher auf Schritt und Tritt der etruskischen Vergangenheit. So zahlreich sind die erhalten gebliebenen Sarkophage, daß nur ein Teil von ihnen im Museum Platz finden konnte. Andere zieren Grundstücksmauern, Aschenurnen sind in Hauswände eingebaut, Grabsteine beschweren Dächer als Schutz gegen die Kraft des Windes. Unsichtbar bleibt dem Besucher Chiusis dagegen das unterirdische Chamars: ein weitverzweigtes labyrinthartiges Netz von Gängen. Außerhalb der Stadt haben sich verschiedene großartige Totenwohnungen erhalten. Zwar sind, anders als in Populonia oder Cerveteri, die oberhalb der Erde gelegenen Teile der Architektur weitgehend zugrunde gegangen. Doch die in leuchtender Farbenpracht erhaltenen Wandmalereien zweier Gräber aus dem 5. Jahrhundert v. Chr. im Norden und Osten der Stadt sind neben den Fresken in der Nekropole von Tarquinia die schönsten im ganzen Etruskerland überhaupt. Und die «Tomba del Colle» hat sogar noch ihre fast zweieinhalb Jahrtausende alten Türflügel aus Travertinplatten bewahrt, den Eingang in die Wohnung der Toten.

Trotz seiner Lage ziemlich weit entfernt vom Tyrrhenischen Meer hat sich Chamars (Chiusi) schon zu einem erstaunlich frühen Zeitpunkt vom Dorf zur Stadt entwickelt, gegen Ende des 8. Jahrhunderts v. Chr. Gewiß mit Recht läßt sich vermuten, daß der Anteil altitalisch-umbrischen Blutes in den Adern der Bevölkerung der Etruskerstadt Chamars besonders groß war. Nachkommen der Einwanderer aus der ägäisch-westkleinasiatischen Welt haben demgegenüber einen weit geringeren Prozentsatz ausgemacht als in den Städten unweit der Meeresküste. Mit dieser von den Verhältnissen näher an der Küste abweichenden Blutsmischung der Bevölkerung hängt vermutlich eine für das frühe Chiusi charakteristische eigentümliche Sitte zusammen: die Leichenverbrennung herrschte vor, wobei aber die Deckel der Aschenurnen in Form eines Menschenkopfes ausgestaltet und die Urnen häufig auf einen Thronsitz gestellt wurden.

Vierzig Kilometer südlich von Chiusi liegt eine weitere alte Etruskerstadt: das seinerzeit wahrscheinlich *Velzna* genannte *Orvieto*. Auch hier ist der im 7. Jahrhundert v. Chr. erfolgten Stadtgründung voretruskisches Dorfleben vorausgegangen. Nur wenige Städte in ganz Italien besitzen eine vergleichbare Lage. Orvieto liegt auf dem ziemlich ebenen Plateau eines hochragenden Tuffrückens, der nach allen Seiten steil, oft fast senkrecht abfällt. Von phantastischer Unwirklichkeit ist Orvietos Silhouette vom Bergzug im Südwesten der Stadt aus gesehen, über den die Straße zum Bolsena-See führt. Überwältigend zumal an einem nebligen Herbstmorgen, wenn die Türme und der mächtige Dom von Orvieto langsam aus dem Dunst emporsteigen, während die Landschaft rings um das Plateau noch in einem grauen Meer versunken ist. Orvieto hat mit seinen Türmen, Kirchen, Palazzi und engen Gassen viel von der Atmosphäre des späten Mittelalters bewahrt. Doch dicht neben dem zu Anfang des 16. Jahrhunderts v. Chr. auf Geheiß des Papstes Clemens VII. 68 Meter tief in das Gestein hinabgetriebenen «Pozzo», der die Wasserversorgung der Stadt auch im Falle einer Belagerung sicherstellen sollte, stehen noch die unteren Mauerpartien des im 5. Jahrhunderts v. Chr. der Gottheit Tinia erbauten Etruskertempels. Gut zu erkennen sind die Freitreppe, die auf das den Tempel tragende Podium führt, die Basen von acht Säulen der Vorhalle und dahinter die drei Zellen des Heiligtums. Hierher sowie von anderen wesentlich schlechter erhaltenen Tempeln stammen die Terrakotten, Statuen, Köpfe und Masken, die der Besucher im «Museo Faina» bewundert. An den Abhängen des Stadtberges liegen mehrere Nekropolen, so im Nordwesten die eindrucksvollen Kammergräber der «Crocefisso del Tufo» genannten Anlage. Die Straßen zwischen den häuserartig angelegten Totenwohnungen vermitteln völlig den Eindruck eines kleinen Stadtviertels aus der Blütezeit des etruskischen Orvieto im 6. und 5. Jahrhundert v. Chr. Eine andere, «Cannicella» genannte Nekropole im Südosten der Stadt ist seit 1977 Schauplatz neuer Ausgrabungen, die bereits vielversprechende Ergebnisse gezeitigt haben. Weitere Kammergräber vornehmer Etrusker finden sich einige Kilometer außerhalb der Stadt, wo seinerzeit ähnlich wie heute schöne Landgüter gelegen haben müssen.

Knapp zwanzig Kilometer südwestlich von Orvieto überragt die auf einem 620 Meter hohen Berg gelegene «Akropolis» einer alten Etruskerstadt das am gleichnamigen See gelegene mittelalterliche und moderne Städtchen *Bolsena*. Unterhalb der genannten «Akropolis» sind noch Stücke der etruskischen Stadtmauer des 4. Jahrhunderts v. Chr. erhalten geblieben, das nahegelegene Ausgrabungsgelände zeigt jedoch im wesentlichen das römerzeitliche Volsinii novi. Wichtiger als das etruskische Bolsena war *Sovana*, das alte *Suana*, etwa 25 Kilometer nordwestlich des Bolsena-Sees. Heute ist Sovana ein nur von wenigen hundert Menschen bewohntes Dorf, voller romantischer Erinnerungen. Die hochragende Burgruine am Ortseingang, der stimmungsvolle kleine Platz der Heiligen Maria mit seinem wappengeschmückten alten Palazzo Pretorio und dem kleinen Archiv-Palazzetto, der große Dom, einige hundert Meter weiter, verraten genug von dem mittelalterlichen Glanz des Ortes. Hier steht auch noch das Geburtshaus des gewaltigen Papstes Gregor VII., des Mannes, vor dem im Januar 1077 n. Chr. zu Canossa kein geringerer als Kaiser Heinrich IV. als Büßer erschien. Doch schon weit früher hatte Sovana die Zeit einer Hochblüte erlebt: als Etruskerstadt des 7. und 6. Jahrhunderts v. Chr. Die eindrucksvollen Felsgräber in den stillen waldigen Tälern bei Sovana stammen allerdings erst aus der etruskischen Spätzeit, als man hier zäher und hartnäckiger noch als an vielen anderen Orten die Traditionen einer großen Vergangenheit pflegte. Zwei Nachbarorte von Sovana, die Landstädtchen *Pitigliano* und *Sorano,* erinnern durch ihre Lage auf Tuffsteinrücken an Orvieto; auch sie gehen auf die Etruskerzeit zurück, konnten sich aber an Bedeutung mit Sovana nicht messen.

Es würde zu weit führen, wollte man alle etruskischen Städte auch nur erwähnen, die im 8., 7. oder 6. Jahrhundert v. Chr. im Dreieck zwischen Arno, Tiber und Tyrrhenischem Meer entstanden und aufblühten. Eine Stadt sei jedoch noch besonders gewürdigt: *Perugia* westlich des oberen Tibers. Wie Fiesole, Arezzo und Cortona gehört auch Perugia zu den relativ weit vom Meer entfernten Städten. Es war auch zu einem etwas späteren Zeitpunkt entstanden und erlebte erst allmählich seinen großen Aufschwung. Während aber die meisten der bisher erwähnten Etruskerzentren heute nur als Dorf oder Kleinstadt weiterleben oder wie Vulci oder Rusellae sogar völlig verlassen sind, ist das Perugia unserer Zeit eine lebhafte Mittelstadt, Sitz einer bedeutenden traditionsreichen Universität. Erhalten geblieben sind einige Partien des etruskischen Stadtmauerrings, auch mehrere Stadttore, die allerdings später umgestaltet oder eingebaut worden sind. So mischen sich im großartigen «Arco Etrusco» im Norden der Stadt, auch «Arco d'Augusto» genannt, die Arbeiten dreier Epochen: das eigentliche Stadttor ist etruskisch, die darüberliegenden Bauteile römisch, die Loggia noch weiter oben ein Werk des 16. Jahrhunderts n. Chr. Ein anderes spätetruskisches Stadttor, «Porta Marzia» genannt, wurde im 16. Jahrhundert als dekorative Fassade in eine Bastion eingebaut. Durch ein drittes Tor der Etruskerzeit, nunmehr von einem gotischen Spitzbogen überdeckt, führt ein Treppenweg durch ein hochgebautes, enges mittelalterliches Quartier oberhalb des Nordendes der Ausfallstraße Corso Cavour.

Wie groß die Einwohnerzahlen altetruskischer Städte waren, ist schwer zu sagen. Schätzungen, die bei einzelnen Orten bis in die Größenordnung von 100 000 Menschen hinaufreichen, dürften übertrieben sein. Wenn auch zum Beispiel das Stadtgelände von Cerveteri 150, das von Tarquinia 135 Hektar bedeckte,[74] somit beide Städte also nicht weit hinter der etwa 175 Hektar umfassenden Fläche der alten Hethiterhauptstadt Chattuscha (Bogazköy) zurückblieben, so müssen wir doch in Rechnung stellen, daß in den etruskischen Städten das niedrig gebaute Einzelhaus dominierte und es innerhalb der Städte auch Gärten und Weiden gegeben hat. Gewiß ist aber die Annahme nicht unrealistisch, daß in den größeren Etruskerstädten 25 000 Einwohner und mehr, in einzelnen Fällen vielleicht sogar 50 000 Menschen gelebt haben.

Einen das ganze Gebiet zwischen Tyrrhenischem Meer, Arno und Ti-

ber oder auch nur größere Teile davon überspannenden Staat, vergleich-
bar den Großreichen des alten Orients, haben die Etrusker niemals ausgebildet. Zu allen Zeiten gab es vielmehr eine größere Anzahl von Stadtfürstentümern. Sie wurden in der älteren Zeit beherrscht von Königen,
die den Titel Lauchme oder Lauchume führten, woraus im Lateinischen
Lucumo wurde. Ein weiterer Herrschertitel lautete Larth bzw. Lars. Von
Anfang an stand aber neben den Königen ein mächtiger Adel, und die
großen Adelsfamilien haben zumeist im Verlauf des 6. Jahrhunderts
v. Chr. an Stelle der Könige die Macht in die Hand genommen. Dabei hat
auch der Lukumonen-Begriff einen gewissen Bedeutungswandel erlebt
und ging auf die Angehörigen der großen Adelsfamilien über. Gewiß hat
es unter den Königen wie unter den Adligen Einzelpersönlichkeiten von
Format gegeben, doch haben wir bis tief ins 6. Jahrhundert v. Chr. hinein
keine Möglichkeit, Gestalt und Wirksamkeit einer Einzelpersönlichkeit
zu erfassen. Untereinander waren die verschiedenen Etruskerstaaten nur
durch einen losen Bund auf religiöser Grundlage miteinander verbunden.
Das zentrale Heiligtum dieses Bundes, gewidmet der Schicksalsgottheit
Voltumna, lag in einem Hain irgendwo zwischen Bolsena und Orvieto;
seine genaue Lage kennen wir nicht. Dort kamen alljährlich die Vertreter
der einzelnen Staaten zusammen und berieten über gemeinsame Angele-
genheiten. Doch war dieser Zusammenschluß nur lose, und vermutlich
hat es an Auseinandersetzungen zwischen den Einzelstaaten nicht gefehlt.
Allerdings haben wir kaum Anhaltspunkte dafür, daß es Kämpfe auf
Leben und Tod gab, die mit der Vernichtung eines Etruskerstaates durch
einen anderen endeten. Ausnahmen wird es gewiß gegeben haben, und
eine solche mag hinter dem Schicksal einer im 7. Jahrhundert v. Chr.
blühenden, aber um 600 v. Chr. verlassenen Etruskerstadt bei Marsi-
gliana an der Albegna in der Maremmenlandschaft, etwa 15 Kilometer
landeinwärts von Orbetello, stehen; es wird vermutet, daß die Bewohner
der untergegangenen Stadt das knapp 10 Kilometer weiter westlich gelegene Magliano in Toscana (Heba) gegründet haben. Doch wissen wir
nicht, was sich im einzelnen wirklich abgespielt hat. Ohne Frage waren
die Etrusker kampftüchtige Männer, die den Stämmen Altitaliens auch
militärisch überlegen waren. Gut gearbeitete Helme, Panzer, Schilde,
Lanzen und Schwerter sind in nicht geringer Zahl aufgefunden worden
und uns außerdem auch aus Abbildungen bekannt. Gleichwohl hat es
nicht den Anschein, daß die Etrusker in Kampf, Krieg und Eroberung
ihren eigentlichen Lebensinhalt gesehen haben. Dafür spricht vor allem,
daß in den Wandmalereien der Gräber aus der etruskischen Blütezeit
zwar alle Arten von Sport dargestellt werden, das Motiv von Krieg und
kriegerischer Heldentat hingegen kaum vorkommt. Offensichtlich gehörte das nicht zu denjenigen Seiten des Lebens, an denen man besondere
Freude hatte und womit man prahlen wollte.

Die Geschichte kennt Bauernvölker, erdverbundene Menschen, die fest an ihrer Scholle haften, fleißig und zäh, die aber losgelöst von ihrem heimatlichen Boden ein Nichts sind. Sie kennt auch ganz andersgeartete Völker, «deren Feld die Welt ist». Die Etrusker haben sowohl bei der Seefahrt als auch in der Landwirtschaft Großes geleistet.

Griechische Berichte lassen Furcht vor etruskischen Seeräubern erkennen, andere griechische und römische Angaben schreiben den Etruskern verschiedene Erfindungen auf dem Gebiet der Schiffstechnik zu. Das zeugt von einer mit gemischten Gefühlen verbundenen Hochachtung anderer Völker vor den seemännischen Leistungen der Etrusker. Tatsächlich ist zum Beispiel das älteste Dreimastsegelschiff, das uns überhaupt bekannt ist, etruskisch. Es findet sich als Abbildung in einer Wandmalerei in der erst 1958 bei Tarquinia entdeckten «Tomba della Nave» aus der ersten Hälfte des 5. Jahrhunderts v. Chr. Wie rege und weitgespannt die etruskische Handelsschiffahrt war, lehren uns die zahlreichen Funde etruskischer Metallwaren — Waffen, Geräte, Gefäße und kunstvolle Spiegel — in Griechenland und anderen Ländern der Ostmittelmeerwelt, von phönikischen, ägyptischen und vor allem griechischen Produkten — Vasen, Geräte aller Art und anderes mehr — im Etruskerland. Die früher mitunter geäußerte Ansicht, wonach dieser Warenaustausch so gut wie ganz nur an Bord phönikischer und griechischer Schiffe erfolgt sei und die etruskische Schiffahrt sich mehr oder minder auf die Küste des eigenen Landes beschränkt habe, läßt sich nicht aufrechterhalten; allein schon die genannte Abbildung eines ausgesprochenen Großseglers, vom Typus eines hochbordigen Frachtschiffes, in einem etruskischen Grab beweist das Gegenteil. Sie steht im übrigen nicht allein da. Auch in dem schon aus der Zeit um 600 v. Chr. stammenden «Tumulus della Nave» zu Cerveteri findet sich eine Schiffsdarstellung, doch ist der Erhaltungszustand dieser Malerei leider so schlecht, daß detaillierte Rückschlüsse auf den Typus des abgebildeten Fahrzeuges kaum möglich sind. In jedem Fall hat es eine etruskische Hochseeschiffahrt gegeben.

Nicht nur die Seeschiffahrt, sondern auch Straßen und Straßenverkehr waren von Belang. Unsere Kenntnisse vom Verlauf der etruskischen Straßen sind leider recht mangelhaft, da das spätere ganz auf die Stadt Rom hin ausgerichtete römische Straßennetz anderen Linien folgte, was zur Vernachlässigung und sogar Aufgabe der etruskischen Straßen führen mußte. Immerhin sind noch einige zum Teil tief in die Felsen eingeschnittene Hohlwege erhalten geblieben, besonders eindrucksvoll in der Umgebung von Sovana. Etruskische Reisewagen und Karren kennen wir aus einer ganzen Reihe von Abbildungen. In diesem Zusammenhang muß auch die kühn gewölbte hohe Brücke über die Fiora bei Vulci erwähnt werden. Zwar ist sie so, wie sie heute dasteht, das Werk einer zweimaligen Erneuerung, einmal zur Römerzeit und einmal im beginnenden

9. Jahrhundert n. Chr. Aber von Hause aus war sie ein Werk der Etrusker und muß daher in unserem Zusammenhang betrachtet werden.

Für die Verarbeitung im eigenen Land — zumal in den Betrieben des etruskischen «Schwerindustriedreiecks» Populonia-Vetulonia-Volterra — und für den Export gleichermaßen wichtig waren die Erzeugnisse des etruskischen Bergbaus. Besondere Bedeutung kam dabei den Kupfer-, Zinn-, Eisen- und Bleierzen der heute Colline Metallifere genannten Berge südlich des bei Cecina ins Tyrrhenische Meer mündenden gleichnamigen Flusses zu. Dazu kamen die Erzvorkommen der Insel Elba — ihr etruskischer Name Ilva bedeutet «Eisen» — und der Monti della Tolfa im Hinterland von Cerveteri und Tarquinia. Hinsichtlich ihres Wissens und Könnens als Metallurgen standen die Etrusker hinter keinem anderen Volk des Altertums zurück.

Ihre größte Leistung auf dem Gebiet der Landwirtschaft war die Entwässerung und Kultivierung der Maremmenlandschaft an der Küste des Tyrrhenischen Meeres. Schon zur Römerzeit waren diese Gebiete weithin versumpft, halbverödet, wegen der Malaria gefürchtet und wurden nach Möglichkeit gemieden. Das wurde seither niemals mehr anders, bis man schließlich im Jahre 1828 n. Chr. damit begann, die Sümpfe trockenzulegen. Doch dauerte es noch bis tief ins 20. Jahrhundert n. Chr. hinein, ehe man der Lage völlig Herr wurde und auch die Malaria ausrotten konnte. Allein schon die Tatsache, daß ein ganzer Kranz blühender volkreicher Etruskerstädte von Pupluna (Populonia) im Norden bis nach Chisra (Cerveteri) und Veji im Süden gerade in dieser Zone lag, beweist, daß die Maremmen zur Etruskerzeit schon einmal eine Kulturlandschaft ersten Ranges gewesen sein müssen. Und tatsächlich haben sich auch Teile des alten Drainagesystems erhalten. Es mag zwar sein, daß der «La Tagliata Etrusca» genannte Felskanal bei Cosa-Ansedonia einige Kilometer südöstlich der Lagunenstadt Orbetello nicht, wie oft angenommen, zum System der etruskischen Entwässerungsanlagen gehörte, sondern mit einer römischen Hafenanlage zusammenhing. Mit Sicherheit anders steht es dagegen bei dem wahrscheinlich im 6. Jahrhundert v. Chr. angelegten, im Volksmund «Ponte Sodo» genannten etwa 80 Meter langen, eine ganze Reihe von Metern hohen und breiten Felstunnel im Norden des Stadtgebietes von Veji. Er diente dazu, das Wasser des früher Cremera, heute Valchetta genannten Flüßchens so abzuleiten, daß die Gefahr von Überschwemmungen und Versumpfung gebannt war. Dieser «Ponte Sodo» war aber nur ein Bestandteil eines zu diesem Zweck angelegten ausgedehnten Systems. Zahlreiche offene und gedeckte Entwässerungskanäle — lateinisch cuniculi genannt — sind nämlich auch an anderen Stellen des Etruskerlandes nachgewiesen bzw. erhalten geblieben, so vor allem bei Blera knapp 20 Kilometer südlich von Viterbo. Seit Aufrichtung der Römerherrschaft über die Etruskerstädte wurde dieses ganze kunstvolle System vernachlässigt, mit verheerenden Folgen für die Maremmenlandschaft und ihre Menschen. Erst die neuere und neueste Zeit hat das wieder gut gemacht.

Die binnenländischen Gebiete des Etruskerlandes waren auch nach der Vernachlässigung der Maremmen durch die Römer weiterhin berühmt wegen ihrer reichen Getreideernten und ihrer vorzüglichen Weine. Olivenöl war hingegen vorwiegend Importgut aus Griechenland; bei den in sehr großer Zahl im Etruskerland gefundenen griechischen Vasen handelt es sich um die «Konservenbüchsen», in denen dieses Öl transportiert und aufbewahrt wurde. Auf eine Züchtung der Etruskerzeit dürften die in ganz Mittelitalien heute noch in großer Zahl anzutreffenden mächtigen weißen Rinder der «Maremmenrasse» zurückgehen. Im mittelitalienischen Binnenland dienen sie auch in unserer Zeit noch vielfach als Arbeits- und Zugtiere am Bauernwagen und am Pflug, ganz ähnlich wie zur Etruskerzeit, nur daß es sich bei den Pflügen damals um relativ leichte räderlose Apparate handelte.

In der etruskischen Spätzeit dominierte ganz und gar der Großgrundbesitz, und auch in den Jahrhunderten der Hochblüte spielte der wohlhabende Landadel eine überragende Rolle. Doch haben wir Anlaß zu der Vermutung, daß damals auch der mittlere und kleine bäuerliche Familienbetrieb vielfach eine Bedeutung besaß, die er später verlor.

Es wäre verfehlt, wollte man von Lebensstil und Lebensgefühl der Etrusker, zumal der maßgeblichen Adelskreise, ein Bild auf Grund griechischer und lateinischer Erzählungen gewinnen. Am wenigsten darf man einem solchen Versuch den — indirekt erhaltenen — Bericht eines Theopomp von Chios (etwa 380 bis 305 v. Chr.) über die Sitten und Gebräuche der Etrusker und noch mehr der Etruskerinnen zugrundelegen. Dieser liest sich wie der Sensationsbericht einer modernen Skandalillustrierten niedrigsten Niveaus.[75] Es berührt eigenartig, daß auch seriöse griechische Schriftsteller, Historiker und Philosophen, einem solchen Geschwätz kritiklos erlegen sind. Das ist nur zu erklären, wenn man sich die Grundschwäche aller griechischen Gelehrsamkeit vor Augen führt: kein Historiker, kein Philosoph hat eine fremde Sprache gelernt und nichtgriechische Quellen studiert. Das ist nicht einmal dann der Fall gewesen, als so geschichtsreiche Länder wie Ägypten und Mesopotamien unter griechisch-makedonische Herrschaft kamen. So haben die Griechen selbst eine Barriere aufgerichtet, die sie von einem wirklichen Verständnis fremder Völker und Kulturen nachhaltig trennte, ja ein solches Verständnis geradezu ausschloß. Im übrigen sollten wir uns bei der Bewertung griechisch-römischer Berichte über die Etrusker dasselbe vor Augen halten wie bei den Berichten des Alten Testaments über die Philister: in ihnen steckt ein gehöriges Maß an feindseliger Tendenz gegen einen gefürchteten und zeitweise sehr erfolgreichen Antagonisten.

Das Leben der Etrusker in der Blütezeit ihrer Kultur können wir einzig und allein auf einer anderen Basis rekonstruieren: aus den Wandmalereien in etruskischen Vornehmengräbern.

Die ältesten uns bekannten Grabmalereien gehören noch dem 7. Jahrhundert v. Chr. an. Sie finden sich zu Veji. Ein Fries mit einer Kolonne von fünf Enten hat dem Grab, an dessen hinterer Wand sich diese Malerei findet, den Namen «Tomba delle Anetre» («Entengrab») eingetragen. Jagd- und Reiterszenen weist die «Tomba Campana» auf, leider haben diese Malereien seit der Entdeckung des Grabes im Jahre 1843 stark gelitten. Weit interessanter sind jedoch die etwas jüngeren Malereien in den Gräbern bei Tarquinia, deren Reihe das um die Mitte des 6. Jahrhunderts v. Chr. errichtete «Grab der Stiere» und das nur wenige Jahrzehnte jüngere «Grab der Auguren» eröffnen. Letzteres verdankt seinen Namen der Darstellung zweier als Priester gedeuteter Männer, die links und rechts von einer Pforte stehen und in feierlicher Geste den Verstorbenen beklagen. Weitere Darstellungen zeigen den unheimlichen Unterweltsdämon Phersu, schließlich ein Ringkämpferpaar, das vor den Augen eines Schiedsrichters seine Kräfte mißt. Trotz dieser sportlichen Szene gemahnen die Darstellungen dieses Grabes an Tod und Jenseits, tragen einen ernsten Charakter.

Anders verhält es sich bei einem runden Dutzend weiterer Gräber aus dem ausgehenden 6. Jahrhundert v. Chr. bzw. der ersten Hälfte des 5. Jahrhunderts. Auch sie sind für uns gewissermaßen anonym, da wir nichts Näheres von den Persönlichkeiten und Familien wissen, die sich diese Totenwohnungen geschaffen haben. So müssen wir sie mit Namen wie «Grab des Barons», «Grab der Jagd und des Fischfangs», «Grab der Löwinnen» (eigentlich «Pantherinnen»), «Grab der Leoparden», «Grab der bemalten Vasen», «Grab der Olympiaden», «Grab der Akrobaten», «Grab der Zweigespanne», «Grab des Schiffes» und ähnlichen Bezeichnungen versehen, die in der Mehrzahl der Fälle an irgendein hervorstechendes Motiv ihrer Malereien anknüpfen. Zweifellos repräsentieren die in verschiedenen dieser Gräber dargestellten, einander flankierenden Raub- oder Fabeltiere irgendwelche geheimnisvollen übersinnlichen Mächte. Und doch bestimmen nicht diese Darstellungen den Gesamteindruck. Einmal abgesehen von dem «Grab der Auguren» herrscht in den Totenwohnungen dieser Zeit «die weltlich heitere Atmosphäre luxuriöser Behausungen eines dem verfeinerten Lebensgenusse huldigenden Volkes».[76] Sie zeigen das Leben, wie es die Etrusker liebten, und wie sie es in alle Ewigkeit weiterleben wollten, und wie sie es ihrer Überzeugung nach auch weiterleben konnten, sofern sie nur die magisch richtigen Hilfsmittel anzuwenden verstanden.

Da begegnet immer und immer wieder das Motiv des festlichen Banketts, an denen die Herren und ihre Damen in selbstverständlichem Miteinander gemeinsam teilnahmen. Wieviel näher stehen die Etrusker uns Menschen des 20. Jahrhunderts in dieser Hinsicht als die «klassischen» Griechen mit ihrer scharfen Trennung der Welt des Mannes und der Welt der Frau! Die Frage sei hier erlaubt, ob nicht mitunter die vielgepriesene enge Verbindung zwischen «Antike» und «Abendland» nur die Erfindung weltfremder Philologen ist. Man begreift, daß die etruskische Sitte der gemeinsamen Gelage das Kopfschütteln ihrer griechischen Zeitgenossen hervorrief und daß der Klatsch und Tratsch eines Schreiberlings vom Schlage eines Theopomp eine aufnahmebereite Leserschaft fand. Aber ein moderner Betrachter der Darstellungen etruskischer Bankette vermag hierbei nichts Anrüchiges und nicht einmal etwas Frivoles zu entdecken. Ohne Frage haben die Etrusker und die Etruskerinnen Freude an fröhlicher Geselligkeit, am guten Essen und am guten Trinken gehabt. Aber ist das ein Vorwurf?

Nicht minder groß war die Freude der Etrusker an Musik, Tanz und akrobatischen Vorführungen. Kein Gastmahl ohne Flötenspiel, und auch Saiteninstrumente wie Lyra und Kithara begegnen immer wieder. Offensichtlich war das alte Etruskerland nicht weniger von Musik und fröhlichem Lärm erfüllt wie das heutige Italien. Auch werden immer wieder Tänzer und hübsche Tänzerinnen sowie Akrobaten beiderlei Geschlechts dargestellt. Zweifellos hielten sich die großen Familien, von denen ja die prächtigen Totenwohnungen mit ihren Wandmalereien herrühren, eigene Truppen von Musikanten, Tänzern, Tänzerinnen und Artisten. Bei ihnen handelte es sich um gut ausgebildete Sklaven und Sklavinnen,[77] die natürlich in Rang und Wert höher standen als das einfache Dienst- und Küchenpersonal, das ebenfalls verschiedentlich abgebildet ist. Doch werden wir gewiß nicht fehlgehen, wenn wir annehmen, daß es auch Truppen freier Künstler und Artisten aller Art gab, die durchs Land zogen und bei Volksfesten auftraten.

Falsch würden wir die etruskischen Adligen jedoch beurteilen, wenn wir ihnen ein Lebensideal unterstellten, das nur im Genießen, nur im passiven Zuschauen bei tänzerischen und artistischen Darstellungen bestand. Betrachten wir die zahlreichen Abbildungen von Sport aller Art — Jagd, Fischfang, Wettlauf, Ringkampf, Diskuswerfen, Wagenrennen und anderem mehr — so drängt sich der Eindruck auf, daß es sich hier nur zum kleineren Teil um das Auftreten irgendwelcher «Profis» gehandelt haben kann. Unverkennbar haben viele vornehme junge Etrusker ihre leidenschaftliche Freude am selbst ausgeübten sportlichen Wettkampf gehabt. Dazu ist noch zu bemerken, daß der aktiv ausgeübte Sport eine Sache der Männer war und blieb, man sich also davor hüten sollte, den Begriff der «Emanzipation der Frau» im Sinne des 20. nachchristlichen Jahrhunderts auf die Etruskerinnen anzuwenden. Daß im Gegensatz zu den Motiven aus der Welt des Sportes Darstellungen von Krieg und kriegerischen Heldentaten ganz zurücktreten, ist bereits erwähnt worden.

Die weitaus meisten Wandmalereien, denen wir unsere Kenntnisse über etruskischen Lebensstil verdanken, haben sich bei Tarquinia erhalten. Wir kennen aber auch entsprechende Darstellungen in einigen Gräbern an anderen Orten, wo es nicht anders zuging. Besonders eindrucksvoll sind die Malereien in zwei Gräbern aus der ersten Hälfte des 5. Jahrhunderts v. Chr., bei der Stadt Chiusi, dem alten etruskischen Chamars; sehr zu Unrecht hat man sie mitunter geringer bewertet als die Malereien von Tarquinia. Es handelt sich einmal um die «Tomba del Colle» östlich der Stadt. Malerisch liegt dieses Grab inmitten bäuerlicher Felder, den alten Grabhügel krönt heute eine mächtige Pinie. Hinter der modernen Schutztür liegt noch in unseren Tagen die alte Pforte mit zwei mächtigen Flügeln aus schweren Travertinplatten. Im Hauptraum der alten Totenwohnung findet sich an den Wänden rechts die schönste Darstellung eines etruskischen Wagenrennens: drei mit jeweils zwei Pferden bespannte leichte Rennfahrzeuge, auf denen die Fahrer stehen. Schwung, Tempo und eine unbändige Freude der jungen Männer an ihrem Sport, bestimmen die Atmosphäre. An den Wänden links erscheint ein Ringkämpferpaar, der Schiedsrichter, ein weiterer Athlet, ein Flötenspieler, eine besonders hübsche junge Tänzerin mit schwarzer Lockenfrisur und mehrere andere Personen. Ein weiteres Grab, im Norden der Stadt an der Straße zum See von Chiusi gelegen, führt in die Welt eines fröhlichen Volksfestes. Eine vornehme Dame sitzt unter einem Sonnenschirm auf einem lehnenlosen Stuhl, die Füße auf einer kleinen Fußbank, und sieht dem bunten Gewimmel zu. Vor ihr steht auf einer Art Podest ein Flötenspieler, der zum Tanz einer jungen Artistin aufspielt, diese balanziert ein Türmchen auf dem Kopf, vielleicht einen Leuchter. Unter den übrigen Akrobaten, Musikanten, Ringkämpfern, Reitern und anderen Gestalten fällt besonders ein Zwerg auf, der einen Affen an der Kette führt — dieser Affe hat dem Grab den Namen «Tomba della Scimmia» eingetragen.

Mit Sicherheit stellen die bei Tarquinia, bei Chiusi und noch bei einigen anderen Etruskerstädten erhaltenen Wandmalereien nur einen winzigen Bruchteil der ursprünglich einmal vorhandenen dar. Ohnehin ist es fast ein Wunder, daß sich im mittelitalienischen Klima, das nichts mit der Trockenheit Oberägyptens gemeinsam hat, überhaupt solche Malereien erhalten haben, noch dazu wenigstens zum Teil in herrlich leuchtenden Farben. Immerhin genügt das, was wir vor Augen haben, um uns die Menschen Altetruriens nahe zu bringen, ihre Lebensfreude und ihre Lebensbejahung. Es waren Menschen, die an sich, an ihre Zukunft glaubten. Da ist nichts von Müdigkeit, von Resignation, von dem Wunsch nach Erlösung zu verspüren.

Offen bleibt eine weitere Frage. Wir kennen die Leistungen der Etrusker als Städtebauer, als Seefahrer, als Kulturtechniker, als Landwirte, als Metallurgen und Handwerker. Wir wissen etwas von ihrer Lebenskunst, von ihrer Fröhlichkeit, ihren sportlichen Passionen. Beschränkten sich die Leistungen der Etrusker auf das Materielle, und stand im übrigen ihr Dasein nur im Zeichen eines verfeinerten Lebensgenusses? Oder gab es auch eine etruskische Geistigkeit von Belang? Wie stand es um das Buch, die schöne Literatur, die Geschichtsschreibung?

Ob die ägäisch-westkleinasiatischen Vorfahren der Etrusker in ihrer alten Heimat einmal eine Schrift gehabt haben, wissen wir nicht. Es erscheint nicht ausgeschlossen, wenn wir uns an die Bilderschrift auf dem «Diskos von Phaistos» erinnern. Doch müssen wir auch daran denken, daß in den Stürmen der großen Völkerwanderungszeit um 1200 v. Chr. die Kunst des Lesens und Schreibens in der gesamten ägäisch-westkleinasiatischen Welt in Vergessenheit geraten war. So müssen wir wohl davon ausgehen, daß die aus dem Osten nach Italien eingewanderten Vorfahren der Etrusker bei der Ankunft in ihrer neuen Heimat zunächst Analphabeten waren. Fest steht, daß die Etrusker die Schrift im Verlauf des 8. Jahrhunderts v. Chr. von ihren Nachbarn auf italischem Boden übernommen haben, den Griechen von Kyme, der Mutterstadt Neapels. Dabei haben sie ihr Alphabet für die Schreibung ihrer vom Griechischen wie vom Phönikischen gleichermaßen grundverschiedenen Sprache nicht ohne Geschick modifiziert. Wir kennen heute etwa zehntausend Inschriften, aber der überwältigende Teil davon besteht aus kurzen Texten auf Stein oder auch auf Gefäßen. Ihrem Inhalt nach handelt es sich dabei zumeist um Grab- oder Widmungsinschriften mehr oder minder formelhaften Inhalts. Anders als zum Beispiel die Ägypter neigten die Etrusker nicht dazu, lange Texte in Steinwände einzugravieren. Die zu Magliano in Toscana entdeckte, heute im Museum zu Florenz befindliche Inschrift auf einer runden Bleiplatte, die einige 70 Worte umfaßt, oder gar der 1899 zu Capua gefundene Tonziegel mit einer Inschrift von etwa 330 Worten gehören zu den ganz seltenen umfangreicheren Etruskertexten, die wir besitzen. Wir können sie zwar lesen, aber nur höchst mangelhaft verstehen. Doch läßt sich immerhin feststellen, daß es sich auch bei den Inschriften auf der Bleiplatte aus Magliano und dem Tonziegel aus Capua nicht um irgendwelche als «Literatur» zu bezeichnende Texte handelt. Griechisch-römische Angaben besagen, daß die Etrusker Buchtexte auf Leinenrollen geschrieben haben. In der Tat gibt es eine ganze Reihe von Etruskersarkophagen, bei denen der Tote auf dem als Bett ausgebildeten Sarkophagdeckel ruhend mit einer Buchrolle in der Hand dargestellt wird. Auf Grund der klimatischen Verhältnisse im Etruskerland hat jedoch nur eine einzige etruskische Leinenrolle die Zeiten überdauert, und das lediglich dank eines geradezu kuriosen Zufalls. Sie ist nämlich irgendwie nach Ägypten gelangt und diente dort zum Einwickeln einer

Mumie. Diese Mumie gelangte um die Mitte des 19. Jahrhunderts als
Besitz eines kroatischen Reisenden nach Zagreb. Dort stellte man fest,
daß die Mumienbinde einen Text trug, aber erst 1892 erkannte der berühmte Wiener Ägyptologe und Orientalist Jakob Krall, daß es sich um
Etruskisch handelte. Von den etwa 1500 Worten des Textes können wir
nur einen Bruchteil übersetzen, immerhin läßt sich sagen, daß es sich
inhaltlich um eine Art Ritual in Kalenderform aus der etruskischen Spätzeit der letzten vorchristlichen Jahrhunderte handelt. Es wäre jedoch
leichtfertig, wollte man den Inhalt dieses einzigen erhalten gebliebenen
Leinenrollentextes als repräsentativ für den Inhalt aller eventuell vorhandenen Bücher der weit älteren Glanzzeit der etruskischen Kultur ansehen.

Wieder einmal hilft uns eine Wandmalerei in einem etruskischen Grab
weiter. In dem bereits erwähnten, aus der Mitte des 6. Jahrhunderts
v. Chr. stammenden «Grab der Stiere» bei Tarquinia findet sich eine die
ganze Szene beherrschende Darstellung aus Homers «Ilias». An einem
Brunnen lauert der schwerbewaffnete Achilleus dem zu Pferde ankom-
menden Troilos auf, dem jungen Sohn des Trojanerkönigs Priamos und
der Hekabe. Wir wissen nicht, was den uns im übrigen unbekannten
etruskischen Adligen, der sich dieses «Grab der Stiere» als letzte Ruhestätte erbauen ließ, bewogen hat, diese Szene darstellen zu lassen. Was
wir aber mit Sicherheit sagen können, ist, daß er Homers «Ilias» gekannt
und geschätzt hat. Hat er sie in griechischer Sprache gelesen oder hat es
eine Übersetzung ins Etruskische gegeben? Wie auch immer, die Darstellung im «Grab der Stiere» zu Tarquinia beweist die Aufgeschlossenheit
mancher etruskischer Adliger für die Werke der griechischen Literatur.
Darstellungen homerischer Motive auf etruskischen Monumenten sind
auch sonst nicht selten; besonders interessant sind alle möglichen heute
im Museo Torlonia zu Rom befindlichen Szenen aus Homers «Ilias», die
die Wände im sogenannten François-Grab zu Vulci schmückten. Sie wurden allerdings erst in der zweiten Hälfte des 4. Jahrhunderts v. Chr. ge-
malt, wohingegen die besondere Bedeutung der Achilleus-Troilos-Dar-
stellung im «Grab der Stiere» bei Tarquinia besonders auch im frühen
Zeitpunkt ihrer Entstehung liegt, das heißt lange vor Beginn der sogenannten «hellenistischen» Periode der etruskischen Kultur.

Doch kehren wir noch einmal zu den Malereien aus dem François-
Grab zu Vulci zurück. Hier befinden sich nicht nur Szenen aus Homer,
sondern auch durch Beischriften erläuterte Ereignisse aus der etruskischen Geschichte des ausgehenden 6. Jahrhunderts v. Chr.: die adligen
Brüder Caile und Aule Vipinas haben einen Aufstand gemacht, nach
einer Niederlage geriet Caile in Gefangenschaft, wurde aber von einem
Kriegshelden namens Macstrna befreit. Die Geschichte von «Caelius»
und «Aulus Vibenna» sowie «Mastarna» kennen wir aber auch, obwohl
offenkundig in manchen Details entstellt, aus verschiedenen römischen

Schriftstellern. Im Bereich eines Tempels zu Veji ist aber auch eine Weihe-Inschrift aus der zweiten Hälfte des 6. Jahrhunderts v. Chr. gefunden worden mit dem Namen des Stifters «Avile Vipitennas», was fraglos dem «Aule Vipinas» des François-Grabes und dem «Aulus Vibenna» der römischen Schriftsteller entspricht. Alles zusammengenommen gibt uns einen deutlichen Hinweis darauf, daß es bei den Etruskern ein die Jahrhunderte überspannendes Geschichtsbewußtsein gegeben haben muß.

In den Fragmenten aus dem Nachlaß Oswald Spenglers — sie stehen im Zusammenhang mit seinem nicht mehr zur Niederschrift gelangten Werk «Frühzeit der Weltgeschichte» — finden sich die Sätze: «Von der eigentlichen Literatur der Etrusker, Osker und anderer Spracheinheiten ist nichts erhalten. *Sie kann sehr viel bedeutender gewesen sein als die ‹römische› vor 200.*»[78] Genau mit dieser von Oswald Spengler angedeuteten Möglichkeit muß der nicht in der Enge klassisch-philologischer Denkweise verhaftete Historiker sehr ernsthaft rechnen, wenn er die uns bekannten Kulturleistungen der Etrusker in ihrer Gesamtheit ins Auge faßt und gleichzeitig daran denkt, von wie vielen Zufällen es abhängt, ob irgendein literarisches Werk und sogar eine ganze Literaturgattung eines alten Kulturvolkes uns erhalten geblieben oder der Nachwelt verloren gegangen ist.

Im ausgehenden 7. Jahrhundert und in der ersten Hälfte des 6. Jahrhunderts v. Chr., als die Etruskerkultur ihrem Höhepunkt entgegenging, lebte zu Milet in Ionien, damals der führenden Stadt der griechischen Welt, ein Mann namens Thales. Er und seine Schüler Anaximander und Anaximenes gehören zu den ganz großen Persönlichkeiten der Geschichte des menschlichen Geistes. Sie unternahmen, was niemals zuvor ein Mensch getan hatte: den Versuch, die Erscheinungen der Welt allein mit Hilfe der rationalen Überlegung zu erklären. Diese «ionischen Naturphilosophen» waren es, die das wissenschaftliche Denken begründet haben. Sie beschritten als erste einen Weg, der bis in unsere Gegenwart führt. Aber mit ihnen begann auch der unlösbare Widerspruch zwischen Wissen und Glauben, den in letzter Konsequenz noch nie ein Mensch hat überwinden können. Auch bei den Griechen waren in der Frühzeit die Götter gewaltige Mächte. Aber gerade die stürmische Entwicklung von Philosophie und Wissenschaft mußte bei der geistigen Elite die Religion immer mehr in den Hintergrund drängen. Es begann die Entwicklung, die Zeus, Apollon und alle die anderen Götter Griechenlands allmählich zu literarischen Gestalten degradierte. Die breiten Massen der Bevölkerung aber, deren religiöse Bedürfnisse weder von den verblassenden olympischen Göttern noch von der Philosophie befriedigt werden konnten, flüchteten sich in alle möglichen oft recht dunkel anmutenden Kulte und Mysterien. Das war der Preis, den das Griechentum für die «Entdeckung des Geistes» hat bezahlen müssen.

Und hier war und blieb ein entscheidender Unterschied zwischen Griechen und Etruskern. Beide Völker sind in Krieg und Frieden oft genug aufeinandergestoßen. Aber in ihrem innersten Wesen sind sie einander doch fremd geblieben. Für die Etrusker blieb immer die Religion, das «magische Denken», bestimmend. Für Homer und seine Zeitgenossen war es Zeus gewesen, der die Blitze schleuderte, ein Aristoteles aber erklärte diese als Entzündung brennbarer Dünste. Ein Etrusker hätte sich eine solche Erklärung niemals zu eigen gemacht. Hier waren und blieben es die Himmelsgötter, die die Blitze sandten. Und die Form der Blitze, ihre Farbe, die Himmelsrichtung, in der sie niedergingen, waren göttliche Zeichen des kommenden Geschehens, die der Kundige zu deuten vermochte.

Bis in unsere Gegenwart hinein galt die Haltung des Griechentums dem Weltgeschehen gegenüber mit Selbstverständlichkeit als ein Symbol absoluter Überlegenheit anderen Völkern und Kulturen gegenüber. Erst in allerjüngster Zeit ist der blinde Glaube an Naturwissenschaft und Technik und den auf ihr beruhenden «Fortschritt» gründlich ins Wanken geraten. «Die Tragödie des Menschen beginnt, denn die Natur ist stärker. Der Mensch bleibt abhängig von ihr, die trotz allem auch ihn selbst, ihr Geschöpf umfaßt», schrieb Oswald Spengler warnend schon im Jahre 1931.[79] Heute, fünf Jahrzehnte später, erinnern Naturwissenschaftler und Techniker, bei aller oft immer noch zur Schau gestellten arroganten Selbstsicherheit, mitunter schon verzweifelt an Analphabeten angesichts der schaurigen Flammenschrift, die über die Wand von Belsazars Festsaal züngelt, in dem die «moderne Menschheit» tafelt. «Sie werden den Mond in Trümmer schießen und einige neonbestrahlte Blechscheiben in den Weltraum hängen» sagt der Österreicher Emil Franzel in seinem liebenswerten und gedankenreichen Buch «Sehnsucht nach den alten Gassen»,[80] und «ich fürchte, daß eines Tages alles, was das Leben lebenswert macht, … zugrunde gegangen sein wird.» Am Anfang des Weges, der zu einer maßlosen Selbstüberschätzung des Menschen und schließlich zu der sich immer drohender abzeichnenden Gefahr seiner Selbstvernichtung gerade durch die von Wissenschaft und Technik erzeugten «Errungenschaften» geführt hat, standen die Griechen. Sollte man wirklich Völker wie zum Beispiel die Etrusker deshalb geringer einstufen, weil sie die allem menschlichen Geist immer überlegene Kraft der Götter stets anerkannten und respektierten? In den beiden letzten Jahrzehnten des 2. nachchristlichen Jahrtausends mag man diese Frage vielleicht schon ein wenig anders stellen als noch vor ganz kurzer Zeit, als weithin der naive Glaube an den «Fortschritt» die weitaus meisten Köpfe beherrschte.

Zurück zu der verschollenen Literatur der Etrusker. Mit an Sicherheit grenzender Wahrscheinlichkeit dürfen wir annehmen, daß es schöne Literatur verschiedener Art gegeben hat, ebenso wie Legenden und Mythen oder chronikartige Geschichtsdarstellungen. Fest steht aber auch, daß Philosophie und Wissenschaft im Sinne der Griechen den Etruskern fremd waren und blieben. Sie waren andere Menschen, und sie dachten anders als jene. Aber «düster, wollüstig, stumpf und ungeistig» waren sie in ihrer großen Zeit ganz und gar nicht.

Etruskische Kultur, etruskisches Städtewesen und die etruskische Schrift haben auch andere Völker Altitaliens in ihren Bann geschlagen. In ganz besonderem Maße gilt das für die Falisker. Obwohl sie eine vom Etruskischen grundverschiedene indogermanische, mit dem Lateinischen eng verwandte Sprache sprachen, sind sie kulturell doch fast im Etruskertum aufgegangen. Ihr Hauptort war das heute *Civita Castellana* genannte *Alt-Falerii*, gut 30 Kilometer nördlich von Rom, nicht weit westlich vom Tiber-Fluß gelegen. Unter etruskischem Einfluß hat es sich zu einer echten Stadt entwickelt. Leider sind von ihr aus der Faliskerzeit nur noch einige Tempelgrundmauern zu sehen. Denn allzugründlich war die Zerstörung der Stadt durch die Römer im Jahre 241 v. Chr.; erst im 8. nachchristlichen Jahrhundert wurde der Platz erneut besiedelt. Doch die im Museum der Villa Giulia zu Rom ausgestellten Tempel-Terrakotten aus der Zeit seit dem 5. Jahrhundert v. Chr. und andere zum Teil schon aus dem ausgehenden 8. und dem 7. Jahrhundert v. Chr. stammende Kunstwerke sprechen eine deutliche Sprache. In der Villa Giulia finden sich auch faliskische Inschriften in einem Alphabet, das mit hoher Wahrscheinlichkeit vom etruskischen, kaum vom griechischen abgeleitet worden ist.

Absolut fest steht, daß die zur Schreibung der umbrischen und der oskischen Sprache benutzte Schrift von der der Etrusker abhängig ist. Die Zahl der uns bekannten umbrischen und oskischen Inschriften macht allerdings nur einen Bruchteil der etruskischen aus; etwa 10 000 etruskischen Texten stehen nur ein paar hundert umbrische und oskische gegenüber. Dabei spielt gewiß eine Rolle, daß Grabinschriften längst nicht die gleiche Bedeutung hatten wie bei den Etruskern, wo sie einen hohen Prozentsatz aller uns bekannten Texte ausmachen. Die relativ geringe Zahl der auf unsere Zeit gekommenen oskischen und umbrischen Texte macht die Beantwortung der Frage schwierig, zu welchem Zeitpunkt die betreffenden Sprachen erstmalig zu Schriftsprachen geworden sind, zumal die Datierung der einzelnen Inschriften oft nicht leicht fällt. Die erhaltenen Texte stammen aus der Zeitspanne etwa zwischen 400 v. Chr. und 80 v. Chr., doch gehört die erste Ausbreitung der etruskischen Schreibkunst ins umbrische und oskische Sprachgebiet vermutlich schon in eine Zeit vor dem erstgenannten Datum. Bemerkenswert ist in jedem Fall, einen wie großen Raum sich die von Etrurien herkommende Schreibkunst erobert hat. Denn die oskischen und umbrischen Inschriften verteilen sich auf ein sehr weites Gebiet. Da gibt es zum Beispiel die im Museum von Nola aufbewahrte oskische Inschrift auf dem «Stein von Abella», einem Ort dicht nordöstlich von Nola in Kampanien. Da gibt es weiter das 1793 aufgefundene, ebenfalls in oskischer Sprache abgefaßte «Stadtrecht von Bantia» (Santa Maria di Banze etwa 30 Kilometer nord-nordöstlich von Potenza). Rund 400 Kilometer liegen zwischen diesem Platz und dem Fundort der wichtigsten umbrischen Inschriften: der sogenannten Tabulae Iguvinae. Sie wurden im Jahre 1444 n. Chr. in einem Gewölbe zu Gubbio aufgefunden, einer alten Stadt etwa 30 Kilometer nordöstlich von Perugia. Es handelt sich hierbei um sieben große Bronzetafeln mit langen Texten in umbrischer Sprache. Wahrscheinlich stammen sie aus dem ausgehenden 2. oder dem beginnenden 1. Jahrhundert v. Chr., doch hat man auch eine frühere Datierung erwogen. Die Tafeln werden heute im prachtvoll schönen, 1332 bis 1347 von Matteo di Giovanello erbauten Palazzo dei Consoli aufbewahrt. Vier von ihnen sind im altumbrischen, vom etruskischen abgeleiteten Alphabet beschrieben, zwei mit lateinischen Buchstaben, eine in beiden Schriften. Die Texte sind religiösen Inhalts und enthalten Vorschriften für priesterliche Kultbruderschaften, aber auch Gebete. Die lebhafteste Phantasie reicht kaum aus, um sich vorzustellen, welcher schier unglaublichen Kette glücklicher Zufälle wir die Erhaltung dieser Tafeln zu verdanken haben. Allenfalls 1 zu 100 mag die Chance gestanden haben, daß sie nicht einfach ihres Metallwertes halber eingeschmolzen wurden oder auf andere Weise zugrunde gegangen wären, zumal ja schon relativ bald nach der Abfassung der Texte niemand mehr da war, der die alte umbrische Sprache noch verstand. Einmal mehr drängt sich die Frage auf, was es an vergleichbaren Schriftdenkmälern noch gegeben haben mag, die längst für immer verloren gegangen sind.

Hand in Hand mit der etruskischen Schreibkultur drang das etruskische Städtewesen ins Innere der Apennin-Halbinsel vor. Allerdings ist von den unter etruskischem Einfluß zu Städten gewordenen altumbrischen Ortschaften aus vorrömischer Zeit nur noch wenig zu sehen. Das gilt für *Gubbio,* die alte Umbrerstadt *Ikuvium,* genauso für *Citta di Castello* (das alte Tifernum) weiter im Nordwesten, für *Sarsina* ganz im Norden Umbriens, desgleichen weiter im Süden für *Assisi,* die Stadt des Heiligen Franziskus, für *Nocera Umbra* (das alte Nuceria Camellaria), schließlich noch weiter im Süden für das heute zu einer größeren Industriestadt gewordene *Terni* (das alte Interamna Nahars), das prachtvoll schön gelegene *Narni* (das alte Nequinum) und seine Nachbarstadt *Otricoli* (das alte Ocriculum). Immerhin gibt es einige Ausnahmen. Eine solche ist vor allem *Amelia,* etwa 11 Kilometer nordwestlich von Narni auf einer Hügelkuppe gelegen. Amelias eindrucksvoller zyklopischer Mauerring ist zwar unter den Römern und erneut im Mittelalter ergänzt und erhöht worden, geht aber im Prinzip auf die altumbrische Zeit des 6. bis

4. Jahrhunderts v. Chr. zurück. Weiter stammt der älteste, nur das heutige Domviertel und seine Umgebung umfassende Mauerring von *Todi,* dem hochragenden altumbrischen *Tuder,* aus jener Epoche, ebenso einige Überreste der Stadtmauer von *Spoleto.* Die Armut an architektonischen Überresten in den altumbrischen Städten hängt nicht zuletzt damit zusammen, daß zwar etruskisches Städtewesen und etruskische Schreibkultur das Land erobert haben, nicht aber die etruskische Sitte, den Toten großartige, solide gebaute «Wohnungen für die Ewigkeit» zu errichten. Die Menschen Altumbriens haben wohl die Frage nach dem Weiterleben nach dem Tode ein wenig anders gestellt und beantwortet als weiter im Westen die Etrusker, von deren Kultur sie sonst so vieles übernahmen. In die Gebirgsgegenden östlich des mittleren und oberen Tiber-Flusses sind gewiß auch keine Menschen gekommen, in deren Adern auch nur ein Blutstropfen floß, der von irgendwelchen ägäisch-westkleinasiatischen Vorfahren herrührte.

Altumbrien verdankt seinen Kulturaufstieg den Etruskern, ist aber kein etruskisches Land geworden. In zwei andere Richtungen hat sich jedoch das Etruskertum selbst ausgebreitet: einmal nach Südosten, nach Latium und Kampanien, zum anderen in nördlicher Richtung über den Kamm der Apenninen hinweg in das Tiefland der Po-Ebene.

Die spätere römische Überlieferung nennt ein Brüderpaar namens Romulus und Remus als Gründer der Stadt Rom und rechnet als Gründungsjahr der Stadt das Jahr 753 v. Chr. heraus. Geschichtlicher Wert kommt dieser Überlieferung nicht zu. Wir wissen heute, daß es auf dem Boden der späteren Stadt Rom schon lange vor der Mitte des 8. Jahrhunderts v. Chr. altitalische Dörfer gegeben hat, daß die Stadtwerdung jedoch frühestens in der zweiten Hälfte des 7. Jahrhunderts v. Chr. erfolgte, wenn nicht erst zu Beginn des 6. Jahrhunderts. Fest steht, daß sie das Werk einer etruskischen Oberschicht war, und daß *«Ruma»* im 6. Jahrhundert v. Chr. eine etruskische Königsstadt gewesen ist, wenn auch ein beträchtlicher Teil der Stadtbevölkerung latinisch und nicht etruskisch war. Auch die spätere römische Überlieferung leugnet die Herrschaft etruskischer Könige über Rom nicht ab. Das Werk solcher Könige war die um 575 v. Chr. erfolgte erste Pflasterung des Forums, die Anlage eines Drainagesystems, zu dem die heute noch erhaltene Cloaca maxima gehörte, und der Bau einer Stadtmauer. Ob es sich hierbei um die etwa 8 Kilometer lange traditionsgemäß einem Herrscher namens Servius Tullius zugeschriebene Mauer handelt, von der noch Stücke vorhanden sind, ist eine wissenschaftliche Streitfrage. Vielfach möchte man die «Servianische Mauer» erst dem 4. Jahrhundert v. Chr. zuschreiben. Wenn man sich aber zum Beispiel an den in der zweiten Hälfte des 6. Jahrhunderts v. Chr. begonnenen nicht minder ausgedehnten Mauerring von Volterra erinnert, so scheint es doch nicht ausgeschlossen, daß auch die «Servianische Mauer» schon in der Etruskerzeit Roms begründet worden ist. Etruskische Inschriften aus «Ruma» sind uns bekannt, ein Beweis mehr für die etruskische Phase der Geschichte des frühen Roms. Im übrigen war «Ruma» eine etruskische Königsstadt unter vielen anderen, und gewiß konnte niemand ahnen, daß gerade sie einmal dem ganzen Etruskertum zum Schicksal werden sollte. Eine weitere Etruskerstadt in Latium war das nur 20 Kilometer weiter im Südosten gelegene *Tusculum,* dessen Name allein schon seinen Ursprung verrät. Ein altes Quellhaus daselbst dürfte noch auf die Etruskerzeit zurückgehen. Weit bedeutender als Tusculum und auch als Rom war das etwa 40 Kilometer östlich der Tiber-Stadt gelegene *Palestrina,* das alte *Praeneste.* Es ist in doppelter Hinsicht besonders bemerkenswert. Einmal, weil hierher die älteste uns bekannte lateinische Inschrift stammt; sie findet sich auf einer Fibel aus der Zeit um 600 v. Chr. Zum anderen wegen zweier noch etwas älterer eindeutig etruskischer Fürstengräber, genannt Tomba Bernardini und Tomba Barberini. Hier wurden überwältigend reiche Beigaben aus Gold, Silber, Elfenbein, Bronze, Eisen, Keramik, Glas, Fayence und Bernstein gefunden; sie gehören heute zu den wertvollsten Schätzen des Museums in der Villa Giulia zu Rom. Andere etruskische Altertümer werden in Palestrina selbst aufbewahrt. Auch Spuren der alten Stadtmauer sind noch vorhanden. Fraglos konnte noch die etruskische Königsstadt Ruma des 6. Jahrhunderts v. Chr. sich mit dem zeitgenössischen ebenfalls etruskisch beherrschten Palestrina nicht messen.

Noch etwa 150 Kilometer weiter im Südwesten, in Kampanien, verzahnte sich das Gebiet des bis hierher vorgedrungenen etruskischen Städtewesens eng mit dem Bereich der griechischen Küstenstädte. Im Hinterland von Kyme und seiner Tochterstadt Neapel lagen die etruskisch gewordenen Städte *Capua* — nicht an der Stelle des heutigen Capua, sondern südöstlich davon beim heutigen *Santa Maria Capua vetere* — und *Nola.* Am Meer selbst wurden die Orte Herculaneum und Pompeji zu Etruskerstädten, außerdem *Marcina,* am Golf von Salerno, ein Ort, dessen genaue Lage uns immer noch unbekannt ist. Diese Etruskerplätze lagen also zwischen den Griechenstädten Kyme und Neapel weiter im Nordwesten und Poseidonia (Paestum) weiter im Südosten. Architektonische Überreste der Etruskerstädte in Kampanien blieben zwar nicht erhalten, doch sind speziell in Alt-Capua zahlreiche wichtige Funde gemacht worden, darunter die bereits erwähnte, etwa 330 Worte umfassende etruskische Inschrift auf einem nach Berlin gelangten Tonziegel.

Jüngeren Datums als das Vordringen der etruskischen Städtekultur nach Kampanien ist ihre Ausbreitung über den Apennin hinweg in die norditalienische Ebene. Erst um 525 v. Chr. wurde aus einem altitalischen Dorf die Etruskerstadt *Felsina,* das heutige *Bologna.* Mit den Etruskern begann auch die Stadtgeschichte zahlreicher anderer noch heute führender Städte Norditaliens: *Rimini, Cesena, Ravenna, Adria, Modena* — sein etruskischer Name lautete *Mutina* —, *Parma, Mantova, Piacenza* und sogar *Milano*. Zu sehen ist in allen diesen Städten aus der Etruskerzeit allerdings so gut wie nichts mehr. Sehr viel anders ist die Lage auch nicht in einer weiteren, längst völlig verlassenen Stadt: *Spina* in der Lagune von Comacchio nördlich von Ravenna. Hier wurden vor allem in den Jahren 1954 bis 1960 in einem Wettlauf mit den rasch voranschreitenden Trockenlegungs- und Meliorationsarbeiten die alte Etruskerstadt und tausende von Gräbern untersucht. Die zahlreichen wertvollen Funde aus der Zeit zwischen 500 v. Chr. und dem beginnenden 3. Jahrhundert v. Chr. wurden ins Museum nach Ferrara gebracht. Einen Eindruck von der Stadt, ihren Kanälen und Hafenanlagen sowie ihren Nekropolen kann man jedoch fast nur bei der Betrachtung von Luftaufnahmen gewinnen, zu ebener Erde sieht der Besucher praktisch nichts. So bleibt nur ein einziger Ort, dessen Überreste ein wirklich plastisches Bild von einer nordetruskischen Stadt vermitteln: das um 525 v. Chr. gegründete und um 400 v. Chr. zugrunde gegangene *Marzabotto,* einstmals vielleicht *Misa* genannt, gelegen auf terrassenartigen Ebenen oberhalb des Reno-Flusses gut 20 Kilometer südwestlich von Bologna.

Zu Marzabotto sind zwei Nekropolen im Norden und Südosten des Ausgrabungsgeländes mit mächtigen Steinsarkophagen erhalten geblieben, weiter auch Reste der Stadtmauern und -Tore, schließlich sind auf der hochgelegenen Akropolis im Nordwesten noch die recht gut erhaltenen unteren Partien mehrerer Tempel bzw. Altäre zu sehen. Und doch sind sie nicht das eindrucksvollste, was der Platz seinem Besucher zu bieten hat. Marzabotto ist vielmehr die einzige von allen Etruskerstädten, wo wirklich noch etwas von den alten Wohnvierteln zu sehen ist. Es handelt sich um eine planmäßig angelegte Stadt mit sich im rechten Winkel kreuzenden, zum Teil bis zu 15 Meter breiten Straßen, zwischen denen Wohnquartiere und Werkstätten verschiedener Art lagen. Besonders beeindruckt das System der städtischen Kanalisation mit seinen Abwassergräben. Aber auch von der Frischwasserversorgung der Stadt läßt sich ein Bild gewinnen. Auf der hochgelegenen Akropolis findet sich ein «Pozzo», eine Art von Wasserklär- und Verteilungsanlage, von der aus mit Hilfe mehrerer, in steinernen Betten laufender Leitungen die einzelnen Viertel der Stadt versorgt wurden. Auch sind noch verschiedene Hausbrunnen zu erkennen. Man hat einmal Marzabotto etwas emphatisch «ein etruskisches Pompeji» genannt. Dieser Ausdruck erweckt insofern falsche Vorstellungen, als die Bauten von Marzabotto doch nur in ihren Grundmauern erhalten sind, nicht wie bei dem von der Lava des Vesuvs verschütteten Pompeji als hochragende Ruinen. Richtig ist aber, daß das etruskische Marzabotto des 5. Jahrhunderts v. Chr. bereits nicht wesentlich anders ausgesehen hat als jene unglückliche Stadt in Kampanien zur frühen römischen Kaiserzeit. Es wäre jedoch leichtfertig, ohne weiteres anzunehmen, alle etruskischen Städte hätten einen so regelmäßigen Grundriß aufzuweisen gehabt, wie ihn Marzabotto uns vor Augen führt.

Versetzen wir uns in die Zeit um die Mitte des 1. vorchristlichen Jahrtausends. Damals hatte das Verbreitungsgebiet der etruskischen Städte vom äußersten Nordwesten bis zum äußersten Südosten — zwischen dem westlichen Oberitalien bis zur Küste des Golfes von Salerno — eine Ausdehnung von rund 700 Kilometern. Das ist eine Entfernung, die sogar im Hinblick auf die Dimensionen altorientalischer Großreiche beachtlich ist. Nur hat eben die etruskische Welt niemals, auch nicht zur Zeit ihrer höchsten Blüte, ein großräumiges Staatsgebilde hervorgebracht. Der Aufbau eines machtvollen Imperiums war nicht ihre Sache. Und eben das sollte den Etruskern schließlich zum Schicksal, zum Verhängnis werden.

Das heißt jedoch nicht, daß die Etrusker auf militärisch-politischem Gebiet keine besonderen Leistungen hervorgebracht hätten. Zum Beispiel für die Griechen in Kampanien, wo sich — wie gesagt — das Gebiet der beiden Völker regelrecht ineinander verzahnte, waren sie ein harter und nicht selten erfolgreicher Gegner.

Eine kriegerische Auseinandersetzung zwischen Griechen und Etruskern ist auch das erste Einzelereignis der etruskischen Geschichte, von dem wir nähere Kunde haben. Die kühnsten griechischen Seefahrer, die wagemutigsten Städtegründer waren die Ionier aus dem westkleinasiatischen Phokaia am Eingang des Golfes von Smyrna. Sie hatten um 600 v. Chr. Massilia, das heutige Marseille, gegründet und sich sogar an verschiedenen Punkten der Ostküste Spaniens festgesetzt. Um 565 v. Chr. hatten sie auch auf Korsika an der Ostküste der Insel eine Kolonie angelegt: Alalia. Damit aber hatten sie mitten hinein in das ureigenste Interessensgebiet der Etrusker gegriffen, in den Seeraum des Tyrrhenischen Meeres. Auch die Belange der Karthager, die an verschiedenen Stellen der Küsten Sardiniens Stützpunkte unterhielten, waren bedroht. So kam es um das Jahr 540 v. Chr. vor der Ostküste Korsikas zu einer großen Seeschlacht, bei der 60 Schiffe der Phokaier auf je 60 Schiffe der verbündeten Etrusker und Karthager stießen. Fast versteht es sich von selbst, daß wir über diese Seeschlacht nur einen Bericht von griechischer Seite besitzen, und ihm zufolge endete das Treffen angeblich mit einem Sieg der Phokaier. Doch kann er nicht verschweigen, daß die Phokaier 40 ihrer 60 Schiffe einbüßten und auch die restlichen 20 nicht mehr gefechtsfähig waren. Im übrigen mußten die Phokaier Korsika mit ihrer Gründung Alalia räumen. Der Tag dieser Seeschlacht war ein weltgeschichtliches Datum: seither stand fest, daß die Zukunft des Westmittelmeerraums nicht vom Griechentum bestimmt werden sollte.

Für die Etrusker aber bedeutete die Seeschlacht bei Alalia den Höhepunkt ihrer politischen Geschichte. Die folgenden sechseinhalb Jahrzehnte waren die größte Zeit im Dasein dieses Volkes, das dereinst die Apennin-Halbinsel aus dem Dunkel der Vorgeschichte herausgeführt hatte.

Achtes Kapitel

Altsardinien und die Nuraghen-Kultur

Die Insel Sardinien und Italien. — Die Namen «Sardinien» und «Sarden». — Die «Schirdana» der ägyptischen Texte. — Schirdana-Einwanderung nach Sardinien? — Sardinien seit der Wende vom 2. zum 1. Jahrtausend v. Chr. — Die großen Nuraghen-Anlagen Su Nuraxi, Santu Antine und Losa. — Altsardinien, Griechen und Etrusker. — Die Schriftlosigkeit Altsardiniens und die sardische Sprache. — Staatliches und soziales Leben. — Die Sarden und das Meer. — Die Sarden und das Städtewesen. — Phönikische Faktoreien an der Süd- und Westküste Sardiniens. — Karthagos Aufstieg und die Insel Sardinien. — Die sardische Tragödie

Sardinien, die große Insel im Westen des Tyrrhenischen Meeres, ist die zweitgrößte des Mittelmeers und nur unwesentlich kleiner als Sizilien. Eine «Sichtbrücke» verbindet Nordsardinien mit Korsika, eine zweite Korsika mit Elba und dem italienischen Festland. Auch die direkte Seefahrt von Civitavecchia nordwestlich von Rom nach Golfo Aranci und Olbia, den Hafenplätzen Nordostsardiniens, ist nur etwa 125 Seemeilen lang. Seit es einen modernen Staat Italien gibt, gehört Sardinien politisch zu ihm. Und doch ist Sardinien auch heute noch eine andere Welt als das Festland der Apennin-Halbinsel.

Seiner Landesnatur nach kehrt Sardinien der Apennin-Halbinsel den Rücken zu. Mit vollem Recht zitiert ein modernes Handbuch für Sportschiffer als immer noch beste Charakterisierung der sardinischen Ostküste die Beschreibung des römisch-kaiserzeitlichen Reiseschriftstellers Pausanias: «Es handelt sich um eine ununterbrochene Kette unpassierbarer Berge, und segelt man an der Küste entlang, so findet man an dieser Seite der Insel keinen Ankerplatz, während von den Gipfeln der Berge heftige, aber unregelmäßige Böen auf das Meer einfallen».[81] Aber nicht allein die Landesnatur trennt Sardinien von Italien. Auch heute — leider muß es gesagt werden — hat allzuoft das bittere sardische Volkssprichwort mehr als ein Körnchen Wahrheit für sich: «Es ist noch niemals etwas Gutes übers Meer gekommen.»

Und doch müssen die ersten Bewohner Sardiniens über See auf die Insel gekommen sein. Wann das geschah, ist schwer zu sagen. Bis heute haben wir auf der Insel keinerlei Funde aus der Alt- und Mittelsteinzeit gemacht. Die ersten Menschen mögen im 6. oder 5. Jahrtausend v. Chr. die Insel besiedelt haben, vielleicht auch erst etwas später. Für die Geschichte ist diese Frage von untergeordneter Bedeutung. Aus dem 3. und

2. vorchristlichen Jahrtausend stammen Keramikfunde, und auch Idol-
figuren, die wohl eine Mutter- und Naturgöttin darstellen, haben sich
erhalten. Gewisse Ähnlichkeiten dieser altsardischen Figuren mit den
sogenannten Kykladen-Idolen aus der ägäischen Welt sind unverkennbar, doch sollte man sie nicht überbewerten. Recht alt dürfte auch der
größte Teil der auf Sardinien «domus de janas» — «Hexenhäuser» —
genannten Felshöhlengräber sein. Und um die Mitte des 2. Jahrtausends
v. Chr. wurden dann die ältesten seither für Sardinien charakteristischen
steinernen Wehrtürme erbaut. Ein solches Bauwerk nennen wir Nuraghe; die Bezeichnung — im Sardischen mit Artikel «su nurake» — ist
uralt und stammt aus dem vorindogermanischen Sprachgut der Insel.

Woher aber stammt der Inselname «Sardinien» — im Altgriechischen
lautete er «Sardo» — und der Volksname «Sarden»? Es gibt antike Deu-
tungen, zum Beispiel eine, die den Namen von einer auf der Insel vor-
kommenden giftigen Pflanze herleitet. Sie sind jedoch alles andere als
überzeugend. Wahrscheinlich hat die große, fast einem eigenen kleinen
Kontinent gleichende Insel in frühester Zeit überhaupt keinen die ganze
Insel bezeichnenden Namen getragen. Längst aber hat man darauf hingewiesen, daß der Name «Sardinien» in auffälliger Weise dem Namen eines
der alten «Seevölker» der ägyptischen Texte entspricht, dem Namen
«Schirdana». Diese «Schirdana» begegnen uns erstmalig in der Zeit des
Pharaos Amenophis III. (etwa 1402–1364 v. Chr.), unter dem sie als
Söldner Ägyptens in vorderasiatischen Garnisonen Dienst taten. Zu Beginn des 13. Jahrhunderts v. Chr. unternahmen «Schirdana» aber auch
von See aus einen Überfall auf die ägyptische Küste. Bald danach, in der
großen Schlacht zwischen Ramses II. und den Hethitern bei Kadesch um
das Jahr 1286 v. Chr., tauchen sie unter den Hilfstruppen der Hethiter
auf. Um 1219 v. Chr. und wieder um 1178 v. Chr. gehörten sie mit zu
den Angreifern, die im 5. Regierungsjahr Merenptahs bzw. im 5. Regierungsjahr Ramses III. zusammen mit libyschen Stämmen von Westen her
ins Nildelta eindrangen. Sechs Jahre nach ihrem letzten gescheiterten
Angriff auf Ägypten trugen dann gefangene und ins ägyptische Heer
eingegliederte «Schirdana» ihrerseits zur erfolgreichen Abwehr eines
neuen Libyeransturms auf das Nilland bei. Auch in der Folgezeit werden
Angehörige des Schirdana-Stammes noch gelegentlich als in Ägypten angesiedelte Soldaten erwähnt. In den ägyptischen Reliefdarstellungen werden die «Schirdana» mit großen spitzen Dolchmessern, Helmen mit Hör-
nern und charakteristischen runden Buckelschilden dargestellt. Letztgenannte kennen wir bereits als Schriftzeichen auf dem wohl schon aus dem
17. Jahrhundert v. Chr. stammenden berühmten «Diskos von Phaistos».
Alles zusammen deutet darauf hin, daß die «Schirdana» irgendwo im
Ostmittelmeerraum gesessen haben müssen, wahrscheinlich im ägäisch-
westkleinasiatischen Gebiet. Der Ortsname Sardes bzw. Sardeis, der wie-

derum an «Schirdana», «Sarden», «Sardinien» anklingt, ist als Name der
vor allem im 7. und 6. Jahrhundert v. Chr. bedeutenden Königsstadt der
westkleinasiatischen Lyder und heute noch als Dorfname auf der nord-
ägäischen Insel Lemnos (Limnos) belegt.

Es ist so gut wie ausgeschlossen, daß die «Schirdana», die im Verlauf
mehrerer Jahrhunderte immer wieder im Ostmittelmeerraum bis hin
nach Vorderasien und Ägypten auftauchen, etwa von Sardinien aus dorthin gekommen sind. Sehr viel wahrscheinlicher ist die umgekehrte Möglichkeit: daß nämlich «Schirdana» in der Zeit nach dem großen Völkersturm von Osten her auf die Insel Sardinien gelangt sind und daß sie ihrer
neuen Heimat den Namen gegeben haben. Das könnte in ganz paralleler
Weise zur Einwanderung der «Turscha», Kampfgenossen der «Schirdana» bei den Vorstößen gegen Ägypten, ins westliche Mittelitalien geschehen sein. Während wir aber die Wanderbewegung solcher Turscha-
Tyrsener mit an Sicherheit grenzender Wahrscheinlichkeit nachweisen
können, sind wir im Falle der «Schirdana» sehr viel schlechter dran.
Immerhin besitzen wir abgesehen von der auffälligen Namensgleichheit
«Schirdana» − «Sardinien» einige Anhaltspunkte. Diese gibt uns vor
allem ein Teil der aus dem 8.–5. Jahrhundert v. Chr. stammenden altsardischen Bronzefiguren, von denen allein das Museo Archeologico Nazio-
nale zu Cagliari etwa 400 besitzt. Unter ihnen finden sich Krieger mit
Hörnerhelmen und Buckelschilden, die den Waffen der «Schirdana» in
ägyptischen Darstellungen ähnlich sind. Sogar der ethnographische Typus der von den Ägyptern dargestellten «Schirdana» und mancher auf
Sardinien gefundener Bronzefiguren erinnern aneinander. So spricht
doch eine erhebliche Wahrscheinlichkeit dafür, daß eine Schirdana-
Gruppe von Osten her auf die Insel gelangt ist und ihr den Namen
gegeben hat. Letzte Sicherheit ist allerdings nicht zu erlangen.

Mit der Ankunft dieser Leute aus dem Osten der Mittelmeerwelt
könnte die Tatsache zusammenhängen, daß etwa seit der Wende vom 2.
zum 1. vorchristlichen Jahrtausend die Nuraghenbauten vielfach größere
Dimensionen und kompliziertere Bauformen aufzuweisen haben, daß seit
dieser Zeit im Schutze der Nuraghenfestungen größere Dörfer heran-
wuchsen, und daß damals auch Heiligtümer und Wallfahrtsorte von anscheinend überregionaler Bedeutung entstanden.[82] Ein besonders wichtiges Beispiel ist die «königliche Nuraghenfestung» Su Nuraxi bei Barumini am Nordrand der Marmilla-Ebene nördlich der Stadt Sanluri im
südlichen Inseldrittel. Hier entstand seit etwa 1000 v. Chr. um den älteren Mittelturm herum eine mächtige Maueranlage mit vier runden Eck-
türmen, in der Folgezeit eine größere Zahl runder steinerner Wohnhütten
an der Ostseite der Festungsanlage. In späteren Jahrhunderten hat Su
Nuraxi noch weitere Ausdehnung und Abänderung erfahren. Doch hat
die Anlage bereits in den ersten Jahrhunderten nach der Jahrtausend-

wende jenen großartigen Charakter erhalten, der einen modernen Reiseführer mit Recht zu folgender Feststellung veranlaßt: «Die Anlage erinnert in ihren Ausmaßen an die Burg von Mykene; sie ist eines der schönsten Beispiele für die megalithische Architektur.».[83] Kaum minder großartig als Su Nuraxi bei Barumini ist aber auch der Nuraghe Santu Antine bei Torralba ziemlich weit im Nordwesten der Insel, im Volksmund «Sa domu de su rei» — «Königspalast» — genannt. Hier wurde nach der Jahrtausendwende, etwa im 9./8. Jahrhundert v. Chr., um den älteren Mittelturm herum ein mächtiger Festungsbau in Dreieckform errichtet. Ein ähnliches Bild bietet auch der Nuraghe Losa bei Abbasanta, etwa 20 Kilometer südlich der Stadt Macomer. Auch hier ist um den ursprünglichen Mittelturm herum eine mächtige Dreiecksfestung gebaut worden, in diesem Fall vielleicht schon kurz vor der Jahrtausendwende. Weitere Außenwerke der Anlage und die dazugehörige Siedlung stammen wohl aus der Zeit des 8. bis 6. Jahrhunderts v. Chr.

Es ist völlig ausgeschlossen, auch nur die größten und wichtigsten unter den weiteren fast überall auf der Insel verstreuten Nuraghenbauten einzeln zu erwähnen, geschweige denn die vielen kleineren. Noch heute haben sich auf Sardinien 6500 bis 7000 derartige Anlagen erhalten, vielfach allerdings nur in dürftigen Überresten. Wenn auch die Mehrzahl dieser Bauten relativ klein ist, so überrascht doch ihre ungeheure Anzahl, selbst wenn man bedenkt, daß die Nuraghen im Verlauf von mehr als tausend Jahren erbaut bzw. ausgebaut worden sind. Wesentlich geringer, aber immer noch beachtlich ist die Zahl der Nuraghendörfer mit ihren steinernen Rundhütten, deren Form sich bis heute in den Pinedda oder Pinnetu genannten Schutzhütten der sardischen Hirten erhalten hat. Weiter sind uns reichlich dreißig größere und kleinere «Heilige Brunnen» oder «Brunnentempel» bekannt. Sie stammen alle aus der ersten Hälfte des 1. vorchristlichen Jahrtausends und deuten darauf hin, daß die Verehrung des Wassers in der altsardischen Religion von hervorragender Bedeutung gewesen sein muß. Von den mit Recht als «Tombas de sos gigantes» — «Gigantengräber» — bezeichneten mehr als dreihundert oberirdisch angelegten mächtigen Grabkammern stammt nur ein Teil aus der Nuraghenzeit, die anderen sind älter. Doch wurden zahlreiche «Gigantengräber» und auch «Hexenhäuser» genannte Felshöhlengräber oft noch viele Jahrhunderte nach ihrer Anlage weiterverwendet, hatten also auch zur Nuraghenzeit noch Bedeutung.

So entstand auf Sardinien vor allem um die Wende vom 2. zum 1. vorchristlichen Jahrtausend und in den folgenden Jahrhunderten eine Fülle bemerkenswerter Bauten. Das geschah in einer Periode, in der der große Aufschwung der etruskischen Kultur noch nicht eingesetzt hatte und auch in der griechischen Welt nur erst recht bescheidene Bauwerke errichtet wurden. Doch nicht nur die Architektur, auch die seit dem

8. Jahrhundert v. Chr. geschaffenen künstlerisch oft meisterhaften Bronzefiguren zeugen von einer beachtlichen Kulturhöhe des alten Sardentums in seiner großen Zeit, der ersten Hälfte des 1. Jahrtausends v. Chr.
Festzuhalten ist dabei, daß die Kontakte zwischen Altsardinien einerseits,
den Griechen und den Etruskern andererseits, recht lose waren und auch
blieben. Ob die Griechen jemals eine Niederlassung auf Sardinien gegründet haben, ist mehr als zweifelhaft. Zwar wird Olbia im Nordosten
der Insel als solche bezeichnet, doch ist die Richtigkeit dieser Angabe sehr
fraglich. Als bald nach der Mitte des 6. Jahrhunderts v. Chr. die Griechen
Westkleinasiens unter die Herrschaft des Perserreiches gerieten, wurden
Pläne geschmiedet, nach Sardinien auszuwandern. Verwirklicht wurden
sie nicht. Sehr begrenzt ist auch die Anzahl der auf Sardinien gefundenen
Gegenstände etruskischer Herkunft, ebenso die im Etruskergebiet gefundenen Werke aus Sardinien; zu den relativ wenigen Ausnahmen gehört
ein in einem Grab zu Vetulonia gefundenes Modell einer mit Tieren
beladenen Barke aus dem Ende des 7. Jahrhunderts v. Chr. Ob es, wie
mitunter behauptet wird, bei Siniscola an der Ostküste Sardiniens wirklich eine etruskische Kolonie gegeben hat, ist sehr zweifelhaft. Die Nuraghen-Kultur hat mit der der Etrusker wie mit der der Griechen so gut
wie nichts zu tun.[84]

Mit diesen überaus dürftigen Kontakten hängt eines der wichtigsten
Phänomene Altsardiniens zusammen: anders als viele Sprachen Altitaliens ist das Altsardische nie zu einer Schriftsprache geworden. Die Kunst
des Lesens und Schreibens blieb den Nuraghen-Erbauern fremd. Die heutige sardische Sprache, die übrigens aus mehreren zum Teil recht unterschiedlichen Dialekten besteht, ist eine eigenständige romanische Sprache, nicht etwa ein Dialekt des Italienischen. Die ältesten in dieser Sprache abgefaßten Schriftstücke stammen erst aus dem Anfang unseres
Jahrtausends. Das Sardische steht dem Lateinischen noch bedeutend näher als das Italienische, hat aber auch vorlateinisches nichtindogermani-
sches Sprachgut bewahrt. Dieses findet sich vor allem bei Bezeichnungen
von Tieren, Pflanzen und geographischen Begriffen nach Art von *mara*
«der Sumpf», *pentuma* «die Grotte», *garroppu* «der Wasserstrudel»,
kukkuru, *mogoro* und *zeppara* «der Hügel», *bakku* «das Tal». Auch die
Bezeichnungen der spezifisch sardischen Bauwerke Nuraghe (*nurake*, *nuraxi* u. ä.) und Pinedda (bzw. *pinnetu*) gehören dazu.[85] Mit der ebenfalls
nichtindogermanischen Etruskersprache sind die altsardischen Worte übrigens nicht verwandt. Aus dem Phönikischen bzw. Punischen, also einer
semitischen Sprache, sind nur ganz vereinzelte Worte ins Sardische eingedrungen. Bemerkenswert ist jedenfalls, daß eine ganze Reihe von Worten
aus der Sprache der Nuraghenzeit bis heute im Sprachgebrauch der Insel
erhalten geblieben ist. Das ist für Sardinien und die Sarden recht charakteristisch.

Altsardiniens Schriftlosigkeit bedingte, daß seine Kultur anders als die der Etrusker zwangsläufig manches entbehren mußte, was nun einmal zu einer «Hochkultur» gehört. Sicherlich hat die Unkenntnis des Lesens und Schreibens auch das staatliche und soziale Leben beeinflußt. Dieses können wir nur bedingt rekonstruieren. Zweifellos hat es auf der Insel stets eine größere Anzahl kleiner Fürstentümer nebeneinander gegeben. Entscheidend für das Zusammengehörigkeitsgefühl der Menschen waren jedenfalls die Stammesverbände, die untereinander gewiß in zahlreiche Fehden verstrickt waren. Dabei ging es wie immer bei solchen Hirtenkulturen in erster Linie um Weiden und um Vieh. Ohne Frage hat die Viehzucht, ausgeübt in Form des Wanderhirtentums mit Almwirtschaft im Sommer und Überwinterung in tiefer gelegenen klimatisch milderen Distrikten der Insel überwogen gegenüber dem Feldbau dauernd am gleichen Ort seßhafter Dörfler. Eine solche Hirtenkultur trägt ein sehr männliches, hartes und ernstes Gepräge. Die große Mehrzahl der Sarden hat zur Nuraghenzeit zweifellos ganz ähnlich gelebt wie noch heute die Schafhirten im gebirgigen Inselinneren. Ein Mann mußte immer wieder der Not ins Auge sehen, und wenn die Not an ihn herantrat, mußte er sich selbst helfen. Der noch heute berüchtigte sardische Banditismo ist oft nichts anderes als Notwehr, in unserem Jahrhundert vorzugsweise gegen Bodenspekulanten vom Festland, die sich die noch zu Beginn unseres Jahrhunderts formal-juristisch weithin herrenlosen Weidegründe mit oft mehr als zweifelhaften Mitteln angeeignet haben. Leicht und friedlich ist das Leben auf Sardinien aber zu keiner Zeit gewesen, auch nicht in der Blüteperiode der Nuraghenkultur.

Ein hervorstechender Charakterzug der Nuraghenkultur war, daß sie sich völlig vom Meer abwandte. Das überrascht um so mehr, als ja die frühesten Bewohner der Insel über See eingewandert sein müssen und überdies doch die Wahrscheinlichkeit für eine erneute Einwanderung über See gegen Ende des 2. vorchristlichen Jahrtausends spricht. Doch zweifellos war es schon zur Blütezeit der Nuraghenkultur nicht wesentlich anders als heute, wo die Feststellung gilt, daß kaum eine zweite Inselbevölkerung der Welt so wenig mit der See verbunden ist wie das Sardentum. Eine im vorigen Jahrhundert durchgeführte Sammlung von sardischen Sprichwörtern stellte fest, daß sich von etwa 3000 nur 2 auf das Meer beziehen. Es beruht gewiß nicht nur auf der dürftigen Quellenlage, daß wir nichts von altsardischen Seefahrern oder auch Seeräubern erfahren. Im Verhältnis zur See könnte man sich kaum einen größeren Unterschied vorstellen als den zwischen Sarden und Etruskern.

Doch kaum minder groß war ein zweiter. Abgesehen von den griechischen Städtegründungen an manchen Küsten der Apennin-Halbinsel waren es die Etrusker, die das in Altitalien zuvor noch unbekannte Städtewesen begründeten und städtische Lebensformen einführten. Auf Sardinien hat es auch in der größten Blütezeit der Nuraghenkultur keine Städte gegeben; der Ausdruck «Nuraghen-Dörfer» gibt den Tatbestand durchaus korrekt wieder. Die Ausstrahlungskraft des etruskischen Städtewesens, die zum Beispiel Umbrien so nachhaltig beeinflußte, erreichte Sardinien nicht. Selbst heute noch sind die Städte der Insel, vor allem die an der Küste, nicht eigentlich «sardisch». So ist zum Beispiel Castelsardo, früher Castelgenovese genannt, immer noch eher «genuesisch», die Inselhauptstadt Cagliari wesentlich «italienisch», Alghero sogar «katalanisch», um nur diese drei Namen zu nennen.

Mag sein, daß es im 8., 7. oder 6. Jahrhundert v. Chr. hier oder da auf Sardinien, vor allem in den Ebenen, schüchterne Ansätze zur Ausbildung von Städten und städtischen Lebensformen gab. Sollte dem so gewesen sein, dann sind diese Ansätze jedoch rasch erstickt worden.[86] Schon seit dem 8. Jahrhundert v. Chr., vollends seit dem 6. Jahrhundert v. Chr., erwies sich zum ersten Mal die bittere Wahrheit des bereits erwähnten sardischen Sprichwortes, wonach «noch niemals etwas Gutes übers Meer gekommen» sei.

Es begann scheinbar harmlos mit der Anlage einiger Flottenstützpunkte und Handelsfaktoreien an der Süd- und Westküste der Insel durch die Phöniker. Wahrscheinlich im 8. Jahrhundert v. Chr., zum Teil vielleicht auch erst später, entstanden Karalis (Cagliari), Nora bei Pula und Bithia an der Südküste, Sulkis auf der Sardinien im Südwesten vorgelagerten Isola di Sant'Antioco, Tharros an der Westküste und einige andere Orte; im Falle von Nora mag die erste Anlage eines kleinen Stapelplatzes bereits im 9. Jahrhundert vorausgegangen sein. Alle diese Phönikerorte waren zunächst weder volkreich noch sonst irgendwie bedeutend, und es ist zu vermuten, daß es bei ihrer Anlage nur zu Kämpfen mit den unmittelbaren sardischen Nachbarn kam. Aber zu ihrem Unglück — so muß man es vom Standpunkt der sardischen Hirten aus betrachten — besitzt die Insel vor allem in ihrem Südwestteil, in den heute Sulcis und Iglesiente genannten Distrikten, reiche Lagerstätten von Kupfer- und Eisenerzen, weiterhin silberhaltige Bleivorkommen und andere Mineralien. Das reizte die Begehrlichkeit eines so agilen und technisch begabten Händler- und Seefahrervolkes, wie es die Phöniker waren, und wertete die Insel in ihren Augen enorm auf. Doch wirklich gefährlich wurden die phönikischen Gründungen dem Sardentum erst dann, als sich im 6. Jahrhundert v. Chr. das in einer Entfernung von nur knapp 150 Seemeilen der Südküste Sardiniens gegenüberliegende Karthago zu einer politischen Macht entwickelte. Hätte es auf Sardinien nur Schafe, Ziegen und Feldfrüchte gegeben, die Karthager wären an einem Vordringen ins Inselinnere nicht im geringsten interessiert gewesen. So aber führte der Reichtum der Insel an Bodenschätzen dazu, daß die Karthager Zug um Zug die Bergbaugebiete und darüber hinaus die große Campidano-Ebene sowie andere relativ leicht zugängliche Teile der Insel militärisch besetzten. Die Nuraghen, von Hause aus als geschützte Zufluchtsstätten der Hirten bei den endlosen internen Streitigkeiten zwischen Stämmen und Großfamilien gedacht, wurden jetzt vielfach zu Verteidigungsanlagen gegen das planmäßige Vordringen der Karthager. Oft wurden sie zu diesem Zweck erneut ausgebaut und verstärkt. Doch bei aller Tapferkeit war das in sich völlig zerrissene Sardentum der Seemacht Karthago nicht gewachsen. Diese konnte ihre Söldnerheere immer dann und dort einsetzen, wo die Gelegenheit günstig war. Rückschläge, selbst verlustreiche Niederlagen blieben den Karthagern gewiß nicht erspart, aufs ganze gesehen waren sie jedoch erfolgreich. Auch im Inselinneren legten sie bald Garnisonsstädte an, so ist zum Beispiel die heutige Stadt Macomer aus einer Macopsisa genannten karthagischen Militärsiedlung entstanden. Das freie Sardentum aber zog sich mehr und mehr in die Gebirge im Inselinneren und im Norden zurück, in die «Barbagia» und die «Gallura». Dort führte es sein altes Hirtenleben weiter, ärmer und härter denn je. Zwar verkauften die Sarden des Gebirges die Produkte ihrer Viehwirtschaft auch in die karthagisch beherrschten Teile der Insel, doch trotz aller derartigen friedlichen Kontakte erscheint es zweifelhaft, ob der mitunter gewählte Ausdruck «sardisch-punische Integration» gerechtfertigt ist. So kam es auch um das Jahr 380 v. Chr., als ein großer Krieg zwischen Karthago und dem tatkräftigen Tyrannen Dionysios I. von Syrakus tobte, zu einem Sardenaufstand gegen die Karthager. Er wurde niedergeschlagen, doch ist er ein deutlicher Hinweis darauf, wie die Stimmung unter den Sarden war. Sehr bezeichnend ist im übrigen der Unterschied der Entwicklung auf Malta und auf Sardinien. Die maltesische Sprache und der maltesische Volkstyp sind weitgehend vom Phönikertum geprägt worden. Die maltesische Sprache hat bis heute ihren semitischen Grundaufbau bewahrt, und der auf Malta zu findende Menschenschlag hat schon mehr als einen Reisenden an die Phöniker des Altertums erinnert. Ins Sardische ist dagegen kein halbes Dutzend phönikischer bzw. punischer Worte eingedrungen, und ein sardischer Hirte ist ein vom Malteser grundverschiedener Mensch. Die jahrhundertelange Herrschaft Karthagos über Teile von Sardinien hat nicht einmal dazu geführt, daß das phönikische Alphabet zur Schreibung der sardischen Sprache Verwendung fand. Verschiedenste Völker Altitaliens haben den Etruskern unendlich viel zu verdanken, ihre Kultur hat sich am etruskischen Vorbild emporgerankt. Die Sarden, die doch auf dem Gebiet der Architektur und ebenso bei der Verfertigung ihrer kunstvollen Bronzefiguren Bedeutendes geleistet haben, verdanken den Phönikern bzw. den Karthagern so gut wie gar nichts. Im Gegenteil, nach dem 6. Jahrhundert v. Chr. war die große Zeit der sardischen Bronzekunst vorbei, wenn auch in den freien sardischen Gebirgsdistrikten noch weitere Werke im alten Stil entstanden sein dürften. Angesichts des konservativen Charakters dieser Kunst ist es im Einzelfall oft recht schwierig zu entscheiden, ob eine Bronzefigur aus dem 6. Jahrhundert v. Chr. stammt oder ob sie erst zu einem späteren Zeitpunkt im alten Stil geschaffen worden ist.

Die Frage muß unbeantwortet bleiben, ob die altsardische Kultur nach ihrer Blüteperiode in der ersten Hälfte des 1. Jahrtausends v. Chr. einen weiteren Höhenflug erlebt hätte, wären nicht die Phöniker und vor allem die Karthager auf die Insel gekommen. Tatsache ist, daß von dem Zeitpunkt an, als die Macht Karthagos hinter der Festsetzung der phönikischen Seefahrer und Händler an den Küsten Sardiniens stand, die Tragödie des Sardentums begann. Als die karthagische Macht schließlich durch die Römer gestürzt wurde, ist sie nur noch härter geworden. Und in den mehr als zwei Jahrtausenden, die seither ins Land gegangen sind, hat die sardische Tragödie nichts an Bitterkeit verloren, bis zum heutigen Tage.

Neuntes Kapitel

Die «Illyrier» der Balkanhalbinsel und die Völker und Kulturen an der Ostküste Italiens

Der Rumpf der Balkanhalbinsel und die illyrischen und thrakischen Stämme. — Die Balkanier und die alten Hochkulturen. — Völkerwege nach Süden und Südosten. — Dalmatinisches Küstenland und Adria. — Die Balkanier und die Apennin-Halbinsel. — Die albanische Sprache und das Altmessapische. — Frühe Seefahrt auf der Adria. — Die Kulturen an der Ostküste der Apennin-Halbinsel. — Die Veneter und ihre Zentren. — Die «Situlen». — Das Picenum und seine Kultur. — Der Kolossalkopf von Numana und die Kriegerstatue von Capestrano. — Die Kulturen in Daunia und Peucetia. — Die Salentinische Halbinsel und die Messapier. — Manduria und seine Megalithmauern und Nekropolen. — Andere messapische Städte und ihre Überreste. — Die Trulli-Gehöfte und Feldbauten. — Völker Altapuliens und die Griechen. — Tarent und seine Kämpfe mit den Messapiern

Anders als ihr südlicher Ausläufer ist der Rumpf der Balkanhalbinsel lange Zeit ein eigentümlich geschichtsloses Gebiet geblieben. Zwar sind vor allem auf dem Boden der heutigen Staaten Jugoslawien und Bulgarien nicht wenige archäologische Funde gemacht worden, die zum Teil in graue Vorzeit zurückführen. Aber sie gehören voll und ganz in das Arbeitsgebiet des Prähistorikers, von einer «Geschichte» der alten illyrischen und thrakischen Stämme, die seinerzeit jene ausgedehnten vorwiegend gebirgigen Landstriche bewohnten, kann kaum die Rede sein. Keine altbalkanische Sprache hat sich jemals zu einer Schriftsprache entwickelt. Als Ausnahme kann man allenfalls die Sprache der thrakischen Saer auf der nordostägäischen Insel Samothraki gelten lassen. Sie blieb dort als Kultsprache der Priester des Kabiren-Heiligtums noch lange nach der griechischen Festsetzung auf der Insel um 700 v. Chr. erhalten, und wir besitzen eine Reihe von mit griechischen Buchstaben geschriebenen Inschriften in saischer Sprache aus dem 6. bis 1. Jahrhundert v. Chr. Aber diese Ausnahme ist doch von ganz untergeordneter Bedeutung. Das staatliche Leben der frühen Balkanbauern und Gebirgshirten kam über recht schlichte Formen nicht hinaus. Es gibt auch nichts, was sich etwa mit den eigenständigen Schöpfungen der alten Sarden — die doch ähnlich wie die Balkanstämme schriftunkundige Hirten waren — auf dem Gebiet der Architektur oder der bildenden Kunst auch nur annähernd vergleichen ließe. Die kunstgeschichtlich bedeutsamen Funde aus der Zeit des 6.

und 5. Jahrhunderts v. Chr., die zu Trebenischte nördlich des Ohrid-Sees und an anderen Orten Jugoslawisch-Makedoniens gemacht wurden, dürfen in diesem Zusammenhang nicht herangezogen werden. Denn sie verraten auf den ersten Blick, daß bei ihnen Einflüsse aus der ägäisch-griechischen Welt entscheidend sind, nicht altbalkanisch-binnenländisches Kulturgut. So gerät der Historiker in Verlegenheit, sollte er etwas über die politische und kulturelle Geschichte der Binnenlandschaften der Balkanhalbinsel in der Zeit des früheren Altertums aussagen.

Und doch haben jene Landschaften und die dort beheimateten Menschen seit sehr alter Zeit den Gang der Weltgeschichte nachhaltig beeinflußt. Die frühesten uns im einzelnen nur indirekt erschließbaren Dialekte der griechischen Sprache wurden irgendwo im innerbalkanischen Binnenland gesprochen, nicht auf dem Boden des heutigen Griechenlands. Etwa um die Wende vom 3. zum 2. vorchristlichen Jahrtausend sind Menschen, die diese Dialekte sprachen, in die ägäische Welt eingedrungen, haben sich dort mit der älteren vorgriechischen Bevölkerung vermischt und ihre Sprache durchgesetzt. Ihre Nachkommen wurden die Träger der hochentwickelten mykenezeitlichen Kultur des 2. vorchristlichen Jahrtausends. Und der Völkersturm um 1200 v. Chr., der in allen Ländern rund ums östliche Mittelmeer das Leben in seinen Grundfesten erschütterte, wehte von der Balkanhalbinsel her, wo auch immer sein Ausgangspunkt zu suchen sein mag. Von der Balkanhalbinsel aus nahm das Verhängnis des mykenezeitlichen Griechenlands wie des großen Hethiterreiches in Anatolien seinen Lauf. So kam es dazu, daß die Landkarte der Kulturwelt im östlichen und auch im zentralen Mittelmeerraum bald ein völlig neues Bild bieten sollte.

Die innerbalkanischen Wanderstämme, die um 1200 v. Chr. die Staaten der Mykenezeit und das Hethiterreich in Trümmer schlugen, sind auf zwei uralten Völkerwegen vorgedrungen. Die einen zogen südwärts durchs Tal der Flüsse Morawa und Vardar, die anderen verließen das Morawa-Tal, bogen nach Südosten ab und folgten dann dem Lauf der Maritza nach Thrakien. Noch heute entsprechen die wichtigsten Straßen und Eisenbahnen Südosteuropas diesen Routen: von Belgrad über Nisch und Skopje nach Thessaloniki die eine, von Nisch über Sofia und Plovdiv nach Istanbul die andere. Seit frühester Zeit verbinden diese von der Natur vorgezeichneten Linien das Völkerreservoir der Balkanhalbinsel und des Donauraums mit den alten Kulturlandschaften der ägäischen Welt und Anatoliens.

In westlicher Richtung führen keine solchen natürlichen Wege aus dem Inneren der Balkanhalbinsel heraus. Das Dalmatinische Küstengebiet am Adriatischen Meer wird von seinem Hinterland durch die Gebirgsbarriere des Dinarischen Karstgebirges und seiner südlichen Fortsetzung, den Bergzügen von Montenegro und Albanien, getrennt. Nur das Tal des

Neretva-Flusses, der die Herzegowina durchzieht, dessen Mündungsgebiet aber bis in die Neuzeit hinein völlig versumpft war, und der Lauf des
südlich von Durazzo mündenden Schkumbi-Flusses durchbrechen diese
Gebirgsbarriere. Als Völkerwege können die Täler dieser Flüsse aber
keinen Vergleich mit Morawa, Vardar und Maritza aushalten.

Und doch sind seit alten Zeiten balkanische Stämme über die Adria
hinweg an die weithin ungegliederte hafenarme, gleichwohl aber alles
andere als ungastliche Ostküste der Apennin-Halbinsel gelangt. War erst
einmal die parallel zur Ostküste der Adria verlaufende Gebirgskette
überschritten, stellte die Überquerung des Meeres selbst kein ernsthaftes
Hemmnis mehr dar. Außerdem gibt es noch den Landweg rund um die
nördliche Adria herum, der von der Balkanhalbinsel in den Nordosten
Italiens führt.

Wir haben allen Anlaß zu der Annahme, daß zur Zeit des gewaltigen
Völkersturms um 1200 v. Chr. und in der Folgezeit der Seeweg über die
Adria und der Landweg um die nördliche Adria herum ebenfalls erhöhte
Bedeutung gewonnen haben. Auf beiden Routen sind Gruppen balkanischer Menschen in den Osten der Apennin-Halbinsel gelangt, nach Venetien im Norden und nach Apulien im äußersten Südosten. Schriftliche
Berichte darüber besitzen wir zwar nicht, doch sind wir auch keineswegs
auf die unsicheren und hinsichtlich von Völkerwanderungen oft recht
fragwürdigen Methoden der prähistorischen Archäologie angewiesen.

So hilft uns die Sprachwissenschaft weiter. Die einzige altbalkanische
Sprache, die nicht bereits gegen Ende des Altertums ausgestorben ist, ist
das Albanische bzw. Skipetarische. Sie gehört zur Familie der indogermanischen Sprachen, zerfällt in mehrere zum Teil stark voneinander abwei-
chende Dialekte und hat zur römischen Kaiserzeit einen beträchtlichen
Prozentsatz lateinischer Lehnworte in sich aufgenommen, später dann
auch slawisches, griechisches und türkisches Sprachgut. Abgesehen von
Niederschriften in albanischer Sprache auf dem Boden Italiens seit dem
17. Jahrhundert n. Chr. ist sie erst seit dem 19. nachchristlichen Jahrhundert zu einer Schriftsprache geworden. Gleichwohl ist es möglich, Charakter und Aufbau dieser Sprache zu erfassen und ihre Geschichte einigermaßen zu rekonstruieren. Dabei hat sich herausgestellt, daß die mit
dem Albanischen am engsten verwandte Sprache die der Messapier auf
der Salentinischen Halbinsel im äußersten Südosten Italiens war. Diese
ist zwar bereits in der Zeit um Christi Geburt ausgestorben, doch besitzen wir eine Reihe altmessapischer Inschriften, geschrieben in einem von
den Messapiern den Griechen in Italien entlehnten Alphabet. Wahrscheinlich ebenfalls mit dem Uralbanischen verwandt ist die Sprache der
Veneter in Nordostitalien, einst gesprochen vor allem im Raum von Este
und Padua. Diese Veneter haben uns ebenfalls Inschriften hinterlassen;
sie sind in einer Schrift abgefaßt, die die Veneter Ende des 6. Jahrhun-

derts v. Chr. von den Nordetruskern übernommen haben. Die enge Ver-
wandtschaft zwischen den Venetern Nordostitaliens mit Stämmen von
der Ostseite der Adria geht überdies auch aus Funden hervor, die zu
Nesazio beim heutigen Dorf Valtura 12 Kilometer nordnordöstlich von
Pula in Istrien gemacht wurden.

Von der frühen Seefahrt auf der Adria besitzen wir einige beachtliche
bildliche Darstellungen. Aus der Nekropole von Novilara bei Pesaro
stammt eine Stele mit Szenen aus der Schiffahrt und von einer Seeschlacht. Sie datiert aus dem 6. Jahrhundert v. Chr. und wird im Museo
Oliveriano zu Pesaro aufbewahrt. Besonders eindrucksvoll ist dabei die
Abbildung eines relativ großen Fahrzeugs mit einer ganzen Anzahl von
Ruderern und einem rahsegelgetakelten Mast. Vielleicht noch etwas älter
als die Stele aus Novilara ist eine zu Manfredonia aufbewahrte Grabstele
aus Siponto an der Südküste der Gargano-Halbinsel. Sie stammt aus dem
7. oder dem 6. Jahrhundert v. Chr. und zeigt ebenfalls ein Schiff mit
Ruderern und einem Mast mit Rahsegel.[87] Auch wenn diese Darstellungen mehrere Jahrhunderte jünger sind als die Zeit des großen Völkersturms, so können sie vielleicht bis zu einem gewissen Grade auch schon
zur Illustration der Seefahrt auf der Adria in jenem turbulenten Zeitalter
herangezogen werden.

Etwa zur gleichen Zeit, als im westlichen Mittelitalien der große Aufstieg der Etruskerkultur begann und weiter im Süden die Griechen ihre
Küstenstädte gründeten, blühten an der Ostküste der Apennin-Halbinsel
mehrere Kulturen auf. Mindestens zum Teil hängen sie mit der Einwanderung von zahlenmäßig gewiß kleinen, aber staatenschöpferischen und
auch sonst begabten Gruppen zusammen, die von Osten her auf dem
Landweg um die nördliche Adria herum oder über See gekommen sind.

Da gab es im Nordosten Italiens die *Veneter.* Wie bereits erwähnt, ist
eine mit ihnen zumindest nahe verwandte Gruppe auch in Istrien nachzuweisen, die entscheidenden Zentren der Veneter lagen aber im Ostteil der
Po-Ebene. Am wichtigsten war die Stadt *Este;* das dortige Museo Nazio-
nale Atestino besitzt übrigens auch die wichtigste Sammlung von Werken
der altvenetischen Kultur. Ein zweiter wichtiger Platz war *Padua,* wo in
den letzten Jahren zahlreiche altvenetische Gräber mit reichen Beigaben
freigelegt wurden. Die Anfänge der altvenetischen Kultur fallen in die
Zeit um die Wende vom 9. zum 8. vorchristlichen Jahrhundert. Ihren
Höhepunkt erreichte sie, als die Veneter gegen Ende des 6. Jahrhunderts
v. Chr. von den Nordetruskern die Schrift übernahmen. Damals wurde
Este ein neben den Etruskerstädten Spina und Adria führendes Handels-
zentrum mit intensiven Beziehungen auch zur griechischen Welt. Daß
von der altvenetischen Architektur nur ganz dürftige Spuren erhalten
geblieben sind, kann nicht überraschen, sind doch die geographischen
Gegebenheiten der Po-Ebene für die Erhaltung alter Bauten denkbar un-

10. *Tintenfaß (?) mit etruskischem Alphabet*

11. *Etruskischer Helm mit griechischer Weihinschrift*

12. *Stadtmauern der*
Etruskerstadt Roselle

13. *Wagenrennen, Tomba del Colle, Chiusi*

günstig. Die Veneter-Kultur beweist einmal mehr die Ausstrahlungskraft der etruskischen Kultur und wäre ohne deren Vorbild kaum zustandegekommen. Dennoch sind die eindrucksvollsten Schöpfungen der Veneter eine durchaus eigenständige Leistung: die «Situlen» genannten, oft reich mit Reliefdarstellungen verzierten bronzenen Gefäße, Kessel und Eimer. Ihretwegen spricht man mitunter regelrecht von der «Situlen-Kultur», und mit Recht weisen Kenner darauf hin, daß manche Szenen auf den «Situlen» einen im archaischen Italien seltenen, ausgesprochen erzählerischen Charakter besitzen.[88] Hat es womöglich auch eine mit diesen Darstellungen verwandte Literatur gegeben? Was wir besitzen, sind Inschriften, die nicht nur auf Stein, sondern gern auch auf Bronzetafeln eingraviert wurden. Unter ihnen finden sich zum Beispiel Weihinschriften für die Göttin Reithia von Este und andere Gottheiten. Aber vermutlich sind solche Inschriften längst nicht alles, was es einmal bei den Venetern an Texten gegeben hat. Die Schicksalswende für die Veneter bedeutete der Keltensturm um 400 v. Chr., dem die Etruskerstädte in der Po-Ebene und ihre Kultur total zum Opfer fielen. Demgegenüber wurde das Venetertum zwar nicht vernichtet, auch im 4. und 3. Jahrhundert v. Chr. entstanden noch beachtliche Metallarbeiten, vor allem auch Statuetten. Doch die große Zeit der Veneter war seit dem Keltensturm vorüber.

Etwa gleichzeitig wie die Veneter-Kultur blühte weiter im Süden, im *Picenum,* eine weitere Kultur auf. Sie ist uns vor allem aus Funden bekannt, die in verschiedenen Nekropolen gemacht wurden. Besonders wichtig ist die Nekropole von *Novilara* bei Pesaro, wo unter anderem die bereits erwähnte Stele mit den Schiffahrtsszenen gefunden wurde. Es gibt auch verschiedene Darstellungen mit Motiven von Kampf und Jagd. Besonders bemerkenswert sind aber monumentale Kriegerstatuen. Von einer solchen Kolossalstatue des 6. Jahrhunderts v. Chr. aus der Nekropole von Numana südöstlich von Ancona ist zwar nur der behelmte Kopf erhalten. Anders steht es jedoch mit der ebenfalls aus dem 6. Jahrhundert v. Chr. stammenden Kriegerstatue aus der Nekropole von *Capestrano* westsüdwestlich von Chieti, die fast unbeschädigt erhalten geblieben ist. Sie ist «von einer Monumentalität, wie wir sie von keiner anderen Schöpfung der italischen Welt kennen».[89] Im übrigen trägt sie eine der wenigen erhaltenen picenischen Inschriften; entscheidend ist dabei die Tatsache, daß genau wie das Venetische auch das Picenische zu einer Schriftsprache geworden ist. Womöglich noch mehr als für die altvenetische Kultur bedeutete für das Picenum der Keltensturm den großen verhängnisvollen Schlag.

Eine weitere vergleichbare Kultur war noch weiter im Süden zu Hause, im Bereich der *Gargano-Halbinsel,* dem «Sporn des italienischen Stiefels». Das wichtigste Zentrum der *Dauner* war *Siponto* südlich von Manfredonia. Im Mittelalter war die Küstenebene, in der Siponto liegt, stark verschlammt und versumpft, was für die Erhaltung der Monumente sehr ungünstig war. Bauliche Überreste sind erst aus der späten römischen Kaiserzeit übriggeblieben, doch besitzen wir aus altdaunischer Zeit bemerkenswerte Grabstelen und Statuenfragmente vor allem aus dem 7. und 6. Jahrhundert v. Chr. Sie halten durchaus den Vergleich mit den Funden im Picenum aus. Sehr zahlreich sind auch kunstvolle Vasen, die an verschiedensten Stellen Apuliens gefunden wurden, nicht nur im Lande der Dauner, sondern auch bei ihren südlichen Nachbarn, den *Peucetiern*. Bei diesen apulischen Vasen ist besonders bemerkenswert, daß ihre Formen von denen der griechischen Vasen völlig abweichen. Bandinelli und Giuliano verweisen dabei auch auf einen in *Gioia del Colle* gefundenen Krater, der vielleicht aus dem 6. Jahrhundert stammt und in Form und Dekor lokal bestimmt ist, bei dem aber über der eindeutig einheimischen Darstellung eines laufenden Tieres ein griechisches Wort aufgemalt erscheint. «Aller Wahrscheinlichkeit nach hat hier ein griechischer Künstler Keramiken von völlig autochthonem Stil bemalt. In diesem Fall sind die traditionellen Vorstellungen in ihr Gegenteil verkehrt: nicht mehr die Griechen zwingen einer eingeborenen Bevölkerung ihre Kunst auf, sondern sie, die Griechen, übernehmen die lokale Eigenart so gut, daß sie selbst ‹einheimische› Keramiken produzieren». – «In Apulien erweist sich die einheimische Kunst als selbstbewußt und überlegen.»[90]

Während sich nennenswerte Architektur der alten Veneter, Picener und Dauner nicht erhalten hat, steht das anders im äußersten Südosten der Apennin-Halbinsel. Schon der heutige Name von *Altamura*, einer alten Peucetier-Stadt westlich von dem schon genannten Gioia del Colle in der Provinz Bari, bezieht sich auf seine mächtige alte Mauer aus vorrömischer Zeit. Vor allem aber sind es im Bereich der Salentinischen Halbinsel, dem «Stiefelabsatz Italiens», in erster Linie nicht Grabstelen, Statuen oder Gefäße, sondern bauliche Überreste, die von einer weiteren alten Kultur künden: der der *Messapier*. Wie bereits erwähnt, ist die in einem von den Griechen Unteritaliens übernommenem Alphabet niedergeschriebene alte Sprache dieser Messapier die nächste Verwandte des Albanischen. Und aller Wahrscheinlichkeit nach haben Einwanderer, die über See von der Balkanhalbinsel nach Unteritalien gekommen sind, entscheidenden Anteil am Aufschwung der Messapierkultur gehabt.

Ihr großartigstes Denkmal ist der «mura megalitiche» genannte doppelte Mauerring, der auf weite Strecken wohlerhalten noch heute die Stadt *Manduria* im salentinischen Binnenland, knapp 30 Kilometer östlich von Tarent, umgibt. Sein Umfang kann sich durchaus mit den Mauerzügen etruskischer Städte messen, und an Mächtigkeit übertrifft er diese womöglich noch. Er ist spätestens im 5. Jahrhundert v. Chr., wenn nicht früher, begründet und in generationenlanger Arbeit ausgebaut wor-

den. Eigentümlicherweise wird Manduria heute von den wenigsten Ita-
lienreisenden beachtet. Dabei ist der Stadtmauerring nicht einmal alles,
was die alte Messapierstadt ihren Besuchern zu bieten hat. Denn vor den
Mauern liegen große Gruppen rechteckiger sorgfältig in den Stein hinein-
gearbeiteter kistenartiger Gräber. Diese riesigen Nekropolen sind ganz
anders als die der Etrusker, und dennoch fordern sie den Vergleich mit
deren Totenwohnungen heraus.

Mauerring und Nekropolen Mandurias würden allein schon genügen,
um die Existenz einer beachtlichen städtischen Kultur der alten Messapier unter Beweis zu stellen. Sie stehen aber keineswegs allein da. So
findet sich beispielsweise östlich von *Melendugno,* unmittelbar bei der
aus dem 14. Jahrhundert n. Chr. stammenden Küstenwachtfestung
Rocca Vecchia knapp 20 Kilometer nördlich von Otranto, der kilometer-
lange Mauerzug einer anderen Messapierstadt. Zwar sind die Mauern
und Tore nur in den unteren Partien erhalten geblieben, doch ihre mächtigen regelmäßig behauenen Quadern erinnern ganz und gar an Manduria, und auch hier gibt es ganz ähnliche Steinkistengräber. Auch sonst
gab es auf der Salentinischen Halbinsel eine ganze Reihe weiterer Messa-
pierstädte. Das heute von einem durch den Stauferkaiser Friedrich II.
begründeten, von Karl I. von Anjou weiter ausgebauten hochragenden
Kastell beherrschte *Oria* war die wichtigste Metropole. Es liegt nur 12
Kilometer nördlich von Manduria. Sein alter Name lautete Uria, der
Grieche Herodot nennt es Hyria. Sehr wichtig war auch die Stadt Neri-
ton weiter im Südosten, das heutige *Nardo.* Messapische Gründungen
sind weiterhin die Hafenstädte Hydrus und Brunda, also *Otranto* und
Brindisi. Erwähnenswert sind weiter *Mesagna,* wo es eine messapische
Nekropole gibt, *Ceglie Messapico,* das alte Caelia, wo Reste der 5 Kilometer langen «mure messapiche» erhalten geblieben sind, und *Carovi-
gno,* das alte Carbina, wo ebenfalls noch messapische Mauerreste zu
sehen sind. Auch die Anfänge der heute größten Stadt im binnenländischen Apulien, des von Ferdinand Gregorovius als «Florenz des Barock»
bezeichneten *Lecce,* gehen in die Messapierzeit zurück.

Erwähnung verdient auch eine Gruppe großer steinerner Sarkophage
aus dem 4. und 3. Jahrhundert v. Chr., die auf einem Platz in der kleinen
Stadt *Alezio* fünfeinhalb Kilometer von Gallipoli entfernt aufgestellt
sind. Es sind sorgfältig gearbeitete rechteckige Steinkästen; einer dieser
Sarkophage ist besonders wegen seiner eingravierten messapischen Inschrift bemerkenswert. Und dann gibt es noch ein geheimnisvolles mächtiges Steinbauwerk nicht weit entfernt von Cap Santa Maria di Leuca,
dem äußersten Südausläufer der Salentinischen Halbinsel. Es steht im
Städtchen *Patu* gegenüber der zur Normannenzeit des 12. nachchristlichen Jahrhunderts erbauten Kirche San Giovanni und wird im Volksmund «Centopietre» — «Hundert Steine» — genannt. Reste von Fresken

an den Wänden des Innenraums beweisen, daß das Bauwerk im Mittelalter als christliche Kirche gedient hat. Es fehlt nicht an Stimmen, die den
Bau für ein Werk des Mittelalters halten, der unter Verwendung von
mächtigen Steinplatten und -Blöcken älterer Gebäude errichtet worden
ist. Faßt man aber die mächtigen Stadtmauern von Manduria und anderen Messapierstädten sowie die monumentalen Sarkophage von Alezio
ins Auge, so erscheint es keineswegs ausgeschlossen, daß das geheimnisvolle Bauwerk auf die Messapierzeit zurückgeht. Vielleicht war es ursprünglich einmal als Grabmal eines Messapierfürsten errichtet worden.

Erinnert sei hier aber auch an die wohl eigenartigsten Bauwerke Apuliens: die als «Trulli» bezeichneten steinernen Rundhäuser, die zu tausenden zu sehen sind und die anders als die Stadtmauern, Nekropolen und
Sarkophage der Messapierzeit als touristische Attraktion ersten Ranges
gelten. Über häufig hellweiß gekalkten dicken Steinmauern erhebt sich
die für einen «Trullo» charakteristische graue kegelförmige Dachkuppel.
Oft trägt sie geheimnisvolle an Schriftzeichen erinnernde traditionsgehei-
ligte Symbole, die heute niemand mehr zu deuten vermag. In der Stadt
Alberobello bestehen ganze Viertel aus solchen Trulli, und wäre nicht der
nach Lage der Dinge wohl unvermeidliche Touristenrummel, der Besucher fühlte sich in eine märchenhafte Welt versetzt. Eigentlich ist aber der
«Trullo» kein städtisches Gebäude, sondern auf dem Lande zu Hause.
Und die zahllosen einzeln oder in Gruppen stehenden bäuerlichen Trulli-
Gehöfte haben sich ihren Zauber voll erhalten. Das Hauptverbreitungs-
gebiet der «Trulli» liegt zwischen Noci westlich von Alberobello und
Ceglie Messapico, der bereits genannten alten Messapierstadt. Mit diesen
bäuerlichen Trulli-Anwesen eng verwandte, wenn auch einfachere Feldbauten und Hirtenunterkünfte finden sich aber auch viel weiter im Südosten bis hin zum Ausläufer der Salentinischen Halbinsel. Zwar gehen
die heutigen Trulli nicht bis in die Zeiten des Altertums zurück, uralt ist
aber ihre Form und ihre Bauidee. Unverkennbar ist die innere Verwandt-
schaft mit den Nuraghen Altsardiniens, doch sind die Trulli weit weniger
festungsartig, nicht trutzig, sondern pastoral. Anders als im städtelosen
Altsardinien waren die Trulli, die es ohne Frage bereits zur Zeit der
Messapier gab, die ländliche Ergänzung zu den nicht wenigen Städten, in
denen die Kultur des Messapiertums ihre eigentlichen Zentren besaß.

Alles in allem können wir sagen, daß Apulien in vorrömischer Zeit eine
Bedeutung besaß, wie sie dieses Land erst wieder im späteren Mittelalter
erreichte, unter der Herrschaft der Normannen und der Staufer. Aber
auch sonst stellen wir — vielleicht nicht ohne Überraschung — fest, daß
im Bereich der gesamten Ostküste der Apennin-Halbinsel, vom Tiefland
der östlichen Po-Ebene bis hin zur Salentinischen Halbinsel, in der Zeit
vor und nach der Mitte des 1. vorchristlichen Jahrtausends eine Reihe
sehr beachtlicher Kulturen blühte. Sie verdanken den Etruskern bzw. den

Griechen nicht wenig, haben sie doch von diesen oder jenen das so wichtige Kulturelement der Schrift übernommen. Und doch unterscheiden sich die Kulturen der Veneter, der Picener, der Dauner, Peucetier und Messapier wesentlich von der etruskischen wie auch von der griechischen. So begrenzt unser Wissen im einzelnen auch ist, es reicht zu der Feststellung aus, daß hier begabte Völker Beachtliches geleistet und geschaffen haben, daß es sich bei ihnen ganz und gar nicht um kulturlose Barbaren gehandelt hat.

Hiermit hängt ein wichtiges Phänomen der altgriechischen Geschichte zusammen. Wir haben gesehen, daß in der Zeit seit dem 8. Jahrhundert v. Chr. zahlreiche Griechenstädte an der Küste Kampaniens, an den Küsten der «italienischen Stiefelspitze» und Siziliens sowie auch am Golf von Tarent entstanden, während die Griechen an der Küste des Etruskergebietes ganz und gar nicht zum Zuge kamen. Ein sehr ähnliches Bild zeigt sich auch an der italienischen Adria-Küste. Schon an der Westküste der Salentinischen Halbinsel glückte nur die um 700 v. Chr. erfolgte Gründung von Tarent, hinter der die Spartaner standen, später auch weiter im Süden die von Kallipolis, dem heutigen Gallipoli. Vom Cap Santa Maria di Leuca an nordwärts gelang es dagegen den Griechen so gut wie nirgends mehr, Fuß zu fassen, in Apulien sowenig wie in Daunia oder in Venetien. Eine der wenigen Ausnahmen, die die Regel bestätigen, die Stadt Ancona, ist erst zu Beginn des 4. Jahrhunderts v. Chr. gegründet worden, zur Zeit der höchsten Machtfülle des Tyrannen Dionysios I. von Syrakus. Dabei ist gerade die in mehr als einer Hinsicht besonders einladende Salentinische Halbinsel das Griechenland am nächsten gelegene Gebiet Italiens; die Entfernung zwischen Griechenland und Sizilien oder gar Kampanien beträgt ein Mehrfaches von der zwischen Kerkyra und Südapulien. Doch «in Apulien hatten es die Einwanderer aus Griechenland mit Volksgruppen zu tun, die für ihr Zusammenleben eigene organisatorische Formen entwickelt hatten.»[91] Und nicht nur politisch/militärisch, auch kulturell waren die einheimischen Völker zu hochentwickelt, stark und selbstbewußt, als daß die Griechen in Apulien ein ähnliches Übergewicht hätten erlangen können wie an den Küsten Siziliens und der «italienischen Stiefelspitze».

Über die Auseinandersetzungen auf der Salentinischen Halbinsel haben wir wenigstens einige Nachrichten, wie es sich von selbst versteht, leider nur von griechischer Seite. Dabei errangen die Griechen von Tarent mitunter einige Erfolge, doch im Jahre 473 v. Chr. erlitten sie und die mit ihnen verbündeten Griechen von Rhegion und Messana durch die Messapier eine fürchterliche Niederlage; es war «das größte Gemetzel unter Griechen von allen, von denen wir Kunde haben», sagt Herodot dazu. Als vier Jahrzehnte später Athen auf dem Höhepunkt seiner Macht stand und seine imperialistischen Ambitionen auch auf das griechische Unteritalien und Sizilien auszudehnen begann, schloß es einen gegen Tarent gerichteten Freundschaftsvertrag mit dem Messapierfürsten Artas. Der entsprechenden Angabe bei Thukydides verdanken wir es, daß wir endlich einmal auch den Namen einer messapischen Einzelpersönlichkeit erfahren. Dieser Artas dürfte ein mächtiger Fürst gewesen sein; noch im Jahre 413 v. Chr. erhielten die Athener bei ihrer schließlich mit einer Katastrophe endenden, gegen Syrakus gerichteten sizilischen Expedition eine Hilfstruppe von ihrem alten Verbündeten. Weitere sieben Jahrzehnte später verlor der in den Dienst der Tarentiner getretene Spartanerkönig Archidamos III. gegen die Messapier Schlacht und Leben (338 v. Chr.). Fünf Jahre später errang der nunmehr von Tarent zu Hilfe gerufene Molosser-König Alexander von Epiros, der Schwager Alexanders des Großen, zwar einige Siege über verschiedene Völkerschaften Unteritaliens (334/333 v. Chr.). Doch sein Traum von einem großen griechischen Reich in Unteritalien ging nicht in Erfüllung. Im Jahre 330 v. Chr. fand Alexander von Epiros den Tod durch Mörderhand. Zwar bewirkten seine Erfolge eine Stärkung der Macht Tarents zulasten der Messapier, eine definitive Entscheidung zwischen den beiden Rivalen fiel jedoch jetzt sowenig wie zuvor. Schließlich wurde beiden Gegnern eine dritte Macht zum Schicksal: die Römische Republik.

Doch mit dieser Feststellung sind wir dem Gang der geschichtlichen Entwicklung weit vorausgeeilt. Zunächst wollen wir jetzt dem alten Italien den Rücken wenden und den Blick wieder auf die Länder des Ostens richten.

Dritter Teil

Zeitgenossen und Gegenspieler der klassischen Griechen

Die Erben der Hethiter im westlichen und mittleren Kleinasien: Phryger-Lyder-Lykier-Karer

Die späthethitischen Kleinstaaten im Osten und Südosten des alten Staatsgebietes. — Das Felsrelief von Ivriz. — «Der Bauer» Gordios und sein Aufstieg zum König der Phryger. — Herkunft und Sprache der Phryger. — Die Stadt Gordion und ihre Hügelgräber. — Der Kimmeriersturm. — «Midas-Stadt» im phrygischen Yazilikaya-Gebirge. — Die Lyder und der Usurpator Gyges. — Gyges von Lydien, die Kimmerier und der Assyrerkönig Assurbanipal. — Sprache und Volkstum der Lyder. — Die Königsstadt Sardes und die Nekropole der «Tausend Hügel». — Die Riesengräber der Könige Alyattes und Gyges. — Lydische Kunst, Musik und Literatur. — Die Erfindung der Münze. — Das Lyderreich, die Griechenstädte Westkleinasiens und der große lydisch-medische Krieg. — König Kroisos und sein Reichtum. — Lykien und die Lykier. — Herodots Ansicht von der Herkunft der Lykier. — «Lukka» und «Lukki» seit dem 14. Jahrhundert v. Chr. — Die Lykier und die Städtegründungen der Griechen. — Der Bund der lykischen Stadtfürstentümer. — Die lykischen Städte und ihre Bauten. — Lykische Totenhäuser und Felsgräber. — Geistige Vorstellungswelt und Totenglauben der Lykier. — Mann und Frau in Lykien. — Der lykische Städtebund, die persischen Großkönige und die Seemacht Athen. — Das Grabmonument des Königs Cherei von Xanthos. — Der Ausgang der lykischen Geschichte. — Karien und die «mysteriösen» Karer. — Karische Monumente. — Karische Seefahrer und Söldner. — Karer und Altkreter. — Die Karer, die Großreiche der Lyder und der Perser und die griechische Kultur. — Die Fürsten Hekatomnos und Maussollos. — Das «Maussolleum»

Um 1200 v. Chr. war die große Hethiterhauptstadt Chattuscha (Bogazköy) in Flammen aufgegangen, und mit ihr die anderen Städte Inneranatoliens. Ein mächtiges Reich und seine blühende Kultur waren vernichtet. Wir wissen nicht, wie groß das Blutopfer war, das die Bevölkerung der Landschaften bringen mußte, die bis dahin den Kern des Hethiterreiches ausgemacht hatten. Wir können nur ahnen, daß es fürchterlich gewesen sein muß. Mindestens hundert Jahre lang lagen die Ruinen der niedergebrannten Städte wüst und leer, und auch dann setzte die Wiederbesiedelung nur zögernd ein. Es ist bezeichnend, daß später keine zentralanatolische Stadt einen Namen trug, der hethitischen Ursprungs ist. So ist auch der Name Chattuscha nicht mehr aufgelebt, als der Platz schließlich wieder neubesiedelt wurde, nicht einmal in irgendeiner abgewandelten

Form.[92] Allzu scharf war der Bruch zwischen der Hethiterzeit und den späteren Perioden der Geschichte Zentralanatoliens.

Nur im Osten und vor allem im Südosten des alten hethitischen Staatsgebietes ist der Hethitername nicht zugrundegegangen. Wenn auch erst nach einer völlig dunklen Zwischenperiode von etwa zweihundert Jahren begegnen uns hier einige hethitische Kleinstaaten. Ihre wichtigsten Zentren waren Milid, dessen Lage der heute Arslantepe genannte Hügel 5 Kilometer nordöstlich der türkischen Stadt Malatya bezeichnet, Karkemisch am mittleren Euphrat, unmittelbar an der heutigen türkisch-syrischen Staatsgrenze, zwei Plätze namens Sam'al (heute Sindschirli) und Markasi (heute Marasch) weiter im Westen bzw. Nordwesten, schließlich der erst 1946 wiederentdeckte Platz knapp 50 Kilometer vom Nordostwinkel des Mittelmeers entfernt, der heute den türkischen Namen Karatepe trägt. Blutsmäßig unterschieden sich die Menschen dieser Landschaften ein wenig von denen, die einst in den nunmehr zugrundegegangenen alten Hethiterzentren weiter im Westen gelebt hatten. Vor allem spielte der «luwische» und dann in zunehmendem Maße auch der «semitisch-aramäische» Einschlag eine Rolle; diese Bezeichnungen sind allerdings mit einer gewissen Vorsicht zu gebrauchen, da sie an sich Begriffe der Sprachwissenschaft sind. Immerhin dürfen die genannten Kleinstaaten als Erben des Hethiterreiches angesehen werden. Verschiedene ihrer Könige trugen Namen, die denen alter hethitischer Großkönige entsprechen, und das herrschende Schriftsystem war die weiterentwickelte Bilderschrift der schon zur Großreichszeit entstandenen «Hethiterhieroglyphen». Bemerkenswerterweise gibt es im Bereich dieser späthethitischen Kleinstaaten anders als in den Zentralgebieten des ehemaligen Großreiches auch Städtenamen, die sich von der Hethiterzeit bis in die Gegenwart erhalten haben, wenn auch in abgewandelter Form.

Zum politischen Hauptproblem aller dieser späthethitischen Kleinstaaten wurde mehr und mehr die Auseinandersetzung mit der kriegstüchtigen Macht der Assyrer, die vor allem seit der Zeit des Königs Assurnasirpal II. (etwa 884–858 v. Chr.) immer gefährlicher wurde. Dieser Macht erlagen die Späthethiterstaaten schließlich einer nach dem anderen, so im Jahre 717 v. Chr. das bis dahin doch recht bedeutende Karkemisch am mittleren Euphrat.

Die Monumente, die uns die späthethitischen Staaten hinterlassen haben, finden sich in ihrer Mehrzahl ziemlich weit im Osten Anatoliens sowie südöstlich des Taurus im anatolisch-syrischen Grenzgebiet. Wenigstens ein bedeutendes Denkmal dieser Zeit liegt aber am Nordwestabhang des Kilikischen Taurus, also in Inneranatolien. Es ist das aus der Mitte des 8. Jahrhunderts v. Chr. stammende großartige Felsrelief von Ivriz, etwa 160 Kilometer südöstlich von Konya. Es zeigt einen König Warbalawa von Tuvanuva vor dem großen Vegetationsgott Tarhun, der

Getreideähren und Weintrauben in den Händen hält; das Relief ist mit Beischriften in Hethiterhieroglyphen versehen. Nicht weit entfernt findet sich noch ein zweites mit jenem völlig identisches Relief, das jedoch viel schlechter erhalten ist. Die überaus dürftigen Überreste der später Tyana genannten Königsstadt Warbalawas liegen bei der Ortschaft Kemerhisar südlich von Nigde. Politisch hat der Staat des Königs Warbalawa kaum allzu große Bedeutung gehabt. Wichtiger mag, wenigstens zeitweise, sein mutmaßlicher Nachbar weiter im Nordosten gewesen sein. Das Gebiet dieses Staates lag etwa im Raum von Kayseri, sein Name Tabal wird von verschiedenen Assyrerkönigen als Kriegsgegner erwähnt. Leider ist das Bild, das wir uns von diesem Tabal machen können, bis jetzt noch ziemlich farblos.

Im Kerngebiet und in den ehemaligen Westprovinzen des alten Hethiter-Großreiches ging die Entwicklung einen anderen Gang als weiter im Osten und Südosten. Doch auch hier kam es so, wie es oft in der Weltgeschichte gekommen ist, wo Kulturstädte von barbarischen Eroberern zerstört wurden, denen zunächst jeder Gedanke an städtische Lebensformen fernlag. Fortschreitende Vermischung zwischen den Siegern und den Überlebenden aus den Kreisen der Unterworfenen führte zu einem langsamen Wiederanstieg der Kultur. Als die neue Mischbevölkerung dann allmählich wieder höhere Ansprüche an das Wohnen stellte, boten sich die Trümmer der zerstörten Städte als Baumaterial an. So entstand auch auf dem Boden des ehemaligen Chattuscha, zunächst im Bereich der Zitadelle, dann auch in der Unterstadt, eine neue nicht ganz bedeutungslose Siedlung. Möglicherweise bezieht sich der von Herodot genannte Ortsname Pteria auf sie, der alte Name Chattuscha hingegen lebte, wie gesagt, nicht wieder auf. Und niemand knüpfte hier an die alte hethitische Schreibkultur an, an die Keilschrift sowenig wie an die «Hethiterhieroglyphen.» Ähnlich ging es auch an einigen anderen Plätzen zu, zum Beispiel bei den heute Alaca-Hüyük und Kültepe genannten ehemaligen Hethiterstädten. Wichtiger waren aber einige Städte, die weiter im Westen neu entstanden. Die heutige türkische Hauptstadt Ankara gehört dazu, vor allem aber das knapp 100 Kilometer von Ankara entfernte Gordion und noch weiter im Westen «Midas-Stadt».

Eine spätere griechische Überlieferung berichtet von der Entstehung der Stadt *Gordion:* ein einfacher Bauer namens Gordios sei auf wunderbare Weise zum König der Phryger geworden. Ein göttliches Orakel habe nämlich die Phryger veranlaßt, den ersten Mann zu ihrem König zu machen, der ihnen auf dem Weg zum Tempel des «Zeus» auf einem Ochsenwagen begegnen würde. Das war dann jener Gordios, der — so wird weiter berichtet — die neue Residenzstadt Gordion gegründet habe. Seinen Wagen aber habe er daselbst im Tempel aufgestellt, und an den kunstvollen Knoten, der Joch und Deichsel miteinander verband, knüpfte sich die Sage, wer ihn zu lösen verstände, sei zum Herrn der Welt bestimmt.

Wer waren diese *Phryger?* Der Lyder Xanthos, der um 430 v. Chr. ein Geschichtswerk in griechischer Sprache schrieb, und sein Zeitgenosse Herodot von Halikarnass sind sich darin einig, daß die Phryger von Südosteuropa nach Kleinasien gelangt seien. Herodot sagt dazu noch, daß nach makedonischen Gewährsleuten die Phryger sich vor ihrem Übergang über die Meerengen Briger genannt und erst in Kleinasien ihren neuen Namen angenommen hätten. Zwar haben wir keine Möglichkeit, die balkanische Herkunft der Phryger mit den Hilfsmitteln der Archäologie nachzuweisen. Wohl aber hilft uns einmal mehr die Sprachwissenschaft weiter. Die Sprache der Phryger, so wie sie seit der Mitte des 8. Jahrhunderts v. Chr. in einem von den Griechen übernommenen Alphabet niedergeschrieben wurde, gehört zur indogermanischen Sprachfamilie und ist mit dem Thrakischen, Armenischen und Griechischen verwandt. Sie hat aber auch hethitisches und sonstiges kleinasiatisches Sprachgut in sich aufgenommen. Fraglos gehörte ein Teil der Vorfahren der Phryger zu den Wanderstämmen, die um 1200 v. Chr. das Hethiterreich über den Haufen warfen. Auf kleinasiatischem Boden haben sich die Eindringlinge dann mit Überlebenden der dortigen Bevölkerung vermischt. Das staatliche Leben und das kulturelle Niveau des allmählich entstehenden Mischvolkes blieben jedoch längere Zeit hindurch noch recht bescheiden.

Der entscheidende Aufstieg des Phrygertums erfolgte in der ersten Hälfte und um die Mitte des 8. vorchristlichen Jahrhunderts. Was die Griechen über den zum König gewordenen Bauern Gordios sagen, ist zwar in der Form legendär, im Kern aber durchaus historisch. Damals entstand im westlichen Innerkleinasien ein Großreich, das ausgedehnteste und machtvollste seit dem Zusammenbruch des alten Hethiterstaates. Es gab wieder Städte und — mit das wichtigste — man lernte wieder die Kunst des Lesens und Schreibens. Das basierte aber auf einer ganz anderen Grundlage als auf irgendwelchen Hethitertraditionen. Die Phryger übernahmen nämlich das Alphabet der Griechen, das diese ihrerseits zuvor von den Phönikern übernommen hatten, und modifizierten es zur Schreibung ihrer Sprache. Einmal in Gang gekommen, nahm der Aufstieg des Phrygertums einen steilen Verlauf. Schon in der Generation nach dem Großreichsgründer Gordios, zur Zeit seines Sohnes und Nachfolgers Midas, war der Höhepunkt erreicht.

Die Gestalt des Midas hat die Phantasie der Griechen noch mehr beschäftigt als die seines Vaters. So soll er den Wald- und Quelldämon Seilenos durch Mischung einer Quelle mit Wein betrunken gemacht und ihn gefangen genommen haben. Für seine Freilassung mußte ihm der Gott Dionysos die Gabe verleihen, daß alles, was König Midas berührte, sich in Gold verwandelte. Doch diese Gabe erwies sich als verhängnisvoll, als der König essen und trinken wollte. So mußte König Midas ein Bad im Fluß Paktolos nehmen, um von dem zum Fluch gewordenen Segen wieder befreit zu werden. Der Fluß Paktolos war seither goldhaltig, was später dem Lyderkönig Kroisos und seinem Reichtum zugute kam. Nach einer anderen Sage ließ Gott Apollo dem Midas Eselsohren wachsen, die dieser unter einer hohen «phrygischen» Mütze verbarg. Doch ganz abgesehen davon, daß die Griechen Wunderdinge über Macht und Reichtum des Phrygerkönigs Midas erzählten, bestanden sehr reale Beziehungen zwischen ihm und den Ländern westlich des ägäischen Meeres. Herodot berichtet (I, 14), Midas habe als erster ausländischer Herrscher ein Weihgeschenk nach Delphi gesandt, einen Thron, den der Historiker noch mit eigenen Augen im Schatzhaus des Kypselos gesehen hat. Auch war Midas mit einer Griechin aus Kyme auf Euboia verheiratet; ihr Name war Demodike, Tochter eines Fürsten Agamemnon. Diese engen Beziehungen der Phryger zu den Ländern des Westens haben kein Vorbild in der hethitischen Vergangenheit Anatoliens, waren doch seinerzeit die Interessen der Hethiter vorwiegend nach Osten und vor allem nach Südosten gerichtet.

Doch folgte der Phrygerkönig Midas auch den Spuren der alten Hethiterkönige. Der gewaltige assyrische Kriegsfürst Sargon II. (722–705 v. Chr.), der Vernichter Alt-Israels, berichtet von seinen kriegerischen Auseinandersetzungen mit «Mita, König der Muski». Der deutsche Assyriologe Hugo Winckler hat längst erkannt, daß es sich bei diesem Mita um den Phrygerkönig Midas handeln muß. Zwar spricht der Assyrer nicht von «Phrygern», sondern von «Muski». Diese «Muski» oder «Moscher» sind ein schon in der Zeit um 1100 v. Chr. in assyrischen Quellen genanntes kleinasiatisches Volk; der Name ist vermutlich von den Assyrern später in einem allgemeineren Sinne für kleinasiatische Völker benutzt worden, hat also seine Bedeutung geändert. Pisiris, der letzte König des späthethitischen Kleinstaates von Karkemisch, versuchte 717 v. Chr., bei seinem letzten Kampf gegen die Assyrer sich durch Rückhalt am Phrygerkönig Mita/Midas dem drohenden Verhängnis zu entziehen. Vergeblich, denn auch sein phrygischer Bundesgenosse erlitt mehrere Niederlagen und mußte schließlich im Jahre 709 v. Chr. einen Frieden abschließen, bei dem der Assyrerkönig eindeutig der gewinnende Teil war.

Trotz seiner Mißerfolge gegen die Assyrer war das Phrygerreich in der Zeit um die Wende vom 8. zum 7. Jahrhundert v. Chr. eine achtunggebietende Macht. Auf längere Sicht gesehen hatte sie alle Aussichten, trotz ihrer ganz anders gearteten Grundlage zu einem gleichrangigen Nachfolger des alten hethitischen Großreiches zu werden. Doch auch die kulturellen Leistungen der Phryger waren beachtlich, in mancher Hinsicht waren sie denen ihrer griechischen Zeitgenossen überlegen. Unter den

Erzeugnissen der Keramik finden sich Kunstwerke von Rang, die trotz mancher griechischen Einflüsse doch eigenständige Schöpfungen darstellen. Was die Ausgrabungen an Resten der Werke der phrygischen Bronzeschmiede, Elfenbeinschnitzer, Tischler und Weber zutage gefördert haben, nötigt Anerkennung, ja Bewunderung ab. Vor allem aber erreichte die Baukunst eine Höhe, die wir im gleichzeitigen Griechenland vergeblich suchen würden.

Die Ruinen der von den Archäologen lange Zeit vernachlässigten Phrygerhauptstadt *Gordion,* gelegen beim Dorf Yassihüyük unweit der Provinzstadt Polatli, sind seit 1949 von amerikanischen Forschern endlich systematisch ausgegraben worden. Sie förderten eine starke Mauer aus Kalksteinblöcken, ein monumentales Stadttor und mehrere Türme zutage, außerdem Paläste und andere Gebäude, auch Mosaik-Fußböden. Alles in allem bietet Gordion das Bild einer blühenden Stadt, wie sie Anatolien seit der Katastrophe der großen alten Hethiterzentren nicht mehr gekannt hatte. Noch eindrucksvoller als diese Stadtruinen ist aber eine größere Gruppe mächtiger Erdhügel unweit der Stadt. Die ganze Szenerie erinnert fast an ein ägyptisches Pyramidenfeld, und dieser spontane erste Eindruck ist auch der Sache nach richtig. Denn auch die Hügel zu Gordion sind von Menschenhand errichtet und stellen Gräber von Königen und Vornehmen dar. Besonders eindrucksvoll ist ein gut 50 Meter hoher Grabhügel. Von den amerikanischen Archäologen wurde er durch einen Stollen geöffnet, und dabei fand man eine Grabkammer, die außer reichen Beigaben die Gebeine eines Mannes enthielt, der etwa im Alter von 65 Jahren verstorben sein muß. Zwar läßt es sich nicht beweisen, aber doch mit hoher Wahrscheinlichkeit vermuten, daß es sich um die sterblichen Überreste von König Midas selbst handelt. Was an Grabbeigaben — Bronzegefäße und andere Bronzearbeiten, kunstvoll gearbeitetes Mobiliar und anderes mehr — entdeckt wurde, ist überwältigend. Und einmal mehr begegnet uns hier der Grundgedanke vom «Grab als Wohnhaus der Ewigkeit».

Zur Zeit des Königs Midas sprach alles für einen weiteren Aufschwung der Phryger, ihres Reiches wie ihrer Kultur. Doch dieser Höhenflug fand ein jähes Ende. Bereits im ersten Viertel des 7. Jahrhunderts v. Chr. fiel das Phrygerreich dem Ansturm der vom Kaukasus her vordringenden wilden Kimmerier, hinter denen die Skythen nachdrängten, zum Opfer. König Midas selbst hat diesen Zusammenbruch noch erlebt; der griechischen Überlieferung nach hat er Selbstmord begangen, als er sein Reich verloren sah. Etwas merkwürdig klingt allerdings die Behauptung, Midas habe durch Trinken von Stierblut seinem Leben ein Ende bereitet. Die Plünderung seiner Hauptstadt Gordion ist jedoch historisch; sie läßt sich anhand der Ruinen deutlich erkennen.

Zwar wurde Gordion wieder aufgebaut und lebte weiter. Auch mag die Beisetzung des Königs Midas in seinem Hügelgrab erst nach der Plünderung seiner Hauptstadt erfolgt sein, was das Fehlen von Grabbeigaben aus Gold und Silber erklären könnte. Auch sonst brachte der Kimmeriersturm nicht das totale Ende der Phrygerstädte mit sich. So stammt zumindest ein Teil der wichtigsten Bauten eines weiteren Phrygerzentrums, heute *«Midas-Stadt»* (türkisch Midas-Schehri) genannt, aus der Zeit nach dem Kimmeriersturm. Diese «Midas-Stadt» findet sich im phrygischen Yazilikaya-Gebirge, etwa 50 Kilometer südlich der heutigen Stadt Eskischehir. Hier liegt jetzt ein freundliches kleines Dorf, das um die Jahrhundertwende von Karatschai-Kaukasiern angelegt worden ist, die sich der russischen Herrschaft über ihr Heimatland durch Auswanderung ins Reich des Sultan-Chalifen aus dem Hause Osman entzogen hatten. Oberhalb dieses Karatschai-Dorfes ragt eine weithin sichtbare, mit Reliefschmuck versehene große Fassade empor, die aus einer Felswand herausgearbeitet worden ist. In ihrer Mitte befindet sich eine Scheintür, die einst den Anlaß zur Fehldeutung der Anlage als Grabmal gegeben hat. «Grab des Midas» lautet der populäre Name. In Wirklichkeit stand in der Nische vor der Scheintür ein Götterbild, aller Wahrscheinlichkeit nach das der «Großen Göttermutter Kybele», der Verkörperung der Fruchtbarkeit. Der einst vor der Fassade liegende Tempelvorbau ist heute bis auf geringe Reste verschwunden. An der Fassade des sogenannten «Midas-Grabes» sind Schriftzüge zu sehen, in der näheren und weiteren Umgebung finden sich noch andere Kultfassaden, vor allem aber eine große Anzahl von Felstreppen, Felstunneln und geheimnisvollen Höhlenanlagen. Ohne Frage haben sie bei den religiösen Kulten der Phryger eine Rolle gespielt. In einigen bizarr geformten Felsen der Gegend wollen die Bauern des Karatschai-Dorfes mitunter noch heute phantastische Bildnisse erkennen, beispielsweise das eines Löwen. Wir werden in der Annahme kaum fehlgehen, daß schon die Phryger derartige Vorstellungen hatten. Jedenfalls paßt die ganze, wunderlich zerrissene Szenerie gut zum Charakter der phrygischen Religion, der ein ausgeprägter Hang zur Mystik und zum Orgiasmus eigen war. Auswirkungen dieser Religiosität lassen sich übrigens noch lange Zeit verfolgen.

Abseits von «Midas-Stadt» liegen verstreut im Yazilikaya-Gebirge auch verschiedene reiche Felsgräber vornehmer Persönlichkeiten, zum Beispiel das Arslan-Tasch genannte Felsgrab, dessen Eingang von zwei Löwenfiguren flankiert wird.

Bedeutete auch der Kimmeriersturm nicht das Ende der phrygischen Kultur, so war doch die Stellung des Phrygerstaates dahin und zwar für immer. Herodot erwähnt noch einen Phryger königlicher Herkunft namens Adrastos, Sohn eines Gordios, Enkel eines Midas. Er war vermutlich ein Nachkomme des alten Königshauses und wurde am Hofe des lydischen Herrschers Kroisos (560–546 v. Chr.) freundlich empfangen.

Doch damals standen die Phryger westlich des Halys-Flusses bereits seit Jahrzehnten unter der Oberhoheit der Lyder-Könige, ihre Landsleute östlich des Halys unter der der iranischen Meder. Niemals wieder sollten die Phryger über ihre politischen Geschicke selbst bestimmen. Den Griechen, die sich doch über Gordios und Midas solche Wunderdinge erzählten, galten die Phryger bald nur mehr als Menschen, die einen erheblichen Teil der in Griechenland arbeitenden Sklaven stellten, geeignet vor allem für die schwere Arbeit in den Bergwerken. Die phrygische Sprache wurde allerdings auf dem Lande hier und da noch bis ins 3. nachchristliche Jahrhundert gesprochen.

Die Erbschaft der Phryger traten zunächst ihre westlichen Nachbarn, die *Lyder,* an. Die ältere Geschichte dieses Volkes liegt völlig im Dunklen. Wohl berichtet der Grieche Herodot von einer alten lydischen Königsdynastie, begründet von einem gewissen Atys, der dann 22 Menschenalter lang eine weitere Dynastie, begründet von Herakles, gefolgt sei. Doch diese Angaben sind für die Rekonstruktion der lydischen Geschichte unbrauchbar. Für uns beginnt die lydische Geschichte erst mit der Gestalt des letzten Herakliden namens Kandaules, Sohn des Myrsos. Von ihm, seiner schönen Gattin und einem seiner Leibwächter namens Gyges, Sohn des Daskylos, erzählt Herodot eine etwas pikante Geschichte (I, 7–12). Sie endet damit, daß Gyges den Kandaules tötete, dessen Gattin heiratete und sich selbst zum König von Lydien machte. Die Usurpation des Gyges als solche ist zweifellos Geschichte, die Details und alles aus der älteren Zeit Erzählte dagegen Legende. «Guggu, König von Luddi», das heißt Gyges von Lydien, wird um das Jahr 660 v. Chr. vom Assyrerkönig Assurbanipal in einem Text erwähnt. Der Lyder, der in schwerem Kampfe gegen die immer noch den Westen Kleinasiens plündernd durchziehenden Kimmerierhorden lag, hat damals dem Assyrerkönig gehuldigt, um von ihm Hilfe gegen die Kimmerier zu erlangen. Gyges hat auch zwei gefangene Kimmerierhäuptlinge in Ketten an den assyrischen Hof übersandt, militärische Hilfe jedoch offensichtlich niemals erhalten. Schließlich gelang es Gyges und seinen Lydern, sich selbst zu helfen. Um das Jahr 655 v. Chr. konnte Gyges eine lydische Hilfstruppe dem libysch-ägyptischen Fürsten Psammetich von Saïs und Memphis, von den Assyrern Pischamilki genannt, übersenden. Dieser Psammetich ging damals daran, die Oberhoheit Assurbanipals über das Nilland zu beseitigen. Schwerlich hätte Gyges so handeln können, wäre er nicht zuvor im eigenen Land Herr der Dinge geworden. Doch noch einmal wendete sich das Blatt: um das Jahr 652 v. Chr. fand Gyges bei einem neuen Vorstoß der Kimmerier im Kampfe den Tod, auch die lydische Hauptstadt Sardes fiel damals den Kimmeriern zum Opfer. Erst Gyges' Sohn und Nachfolger Ardys gelang es endlich, der Kimmerier Herr zu werden und das Lyderreich zu bewahren und zu konsolidieren.

Nach langen harten Kämpfen und schweren Rückschlägen war nunmehr die Entscheidung gefallen.

Ähnlich wie die Phryger haben auch die Lyder von den Griechen das Alphabet übernommen und durch verschiedene Zeichen ergänzt. Aus den uns erhaltenen lydischen Inschriften können wir Charakter und Aufbau der lydischen Sprache erkennen. Sie gehört zur indogermanischen Sprachfamilie, enthält aber auch zahlreiche nichtindogermanische Elemente. Ähnlich wie die Phryger waren auch die Lyder sicherlich ein Mischvolk, doch gab es unter den Vorfahren der letzteren kaum Einwanderer aus Südosteuropa. Die lydische Königsstadt war das von einem steilen hochragenden Burgberg überragte *Sardes,* in den lydischen Inschriften Sfard genannt. Sie liegt im westanatolischen Binnenland, etwa 86 Kilometer landeinwärts vom Golf von Smyrna (Izmir). Wann sie entstanden ist, wissen wir nicht. Schon die Funde aus der lydischen Königszeit des 7. und 6. Jahrhunderts v. Chr. sind spärlich genug, in noch frühere Zeiten führen sie nicht zurück. Die noch sichtbaren Ruinen im Stadtgelände wie der immer noch eindrucksvolle Artemis-Tempel stammen alle nicht aus der lydischen, sondern erst aus jüngerer Zeit. Der Burgberg, der einst die lydische Königsburg trug, hat starke Abbrüche erlebt, überdies hat die spätere bis in die byzantinische Zeit fortgesetzte Bautätigkeit längst alle Reste aus der Lyderzeit verschwinden lassen. Die Stadt selbst ist mehrfach durch Menschenhand oder Naturgewalten zerstört worden: 499 v. Chr. durch die gegen das Perserreich aufständischen Griechen, 215 v. Chr. durch den Seleukidenkönig Antiochos III., 17 n. Chr. durch ein vernichtendes Erdbeben, schließlich 1401 n. Chr. durch die Mongolen des fürchterlichen Timur. Seit der letztgenannten Katastrophe war Sardes völlig verlassen, erst in unserem Jahrhundert entstand das nahegelegene Türkendorf Sart. Immerhin haben die seit 1958 durchgeführten Ausgrabungen amerikanischer Archäologen einige altlydische Baureste zutage gefördert; vor allem haben sie den Nachweis erbracht, daß die altlydische Königsstadt offenkundig größer war als später das hellenistische und römerzeitliche Sardes.[93]

So würden wir aus der altlydischen Zeit so gut wie nichts mehr sehen, wäre nicht etwa 10 Kilometer nördlich der alten Königsstadt die große Nekropole, die der Türke «Bintepe» — «Tausend Hügel» — nennt. In Wahrheit beläuft sich die Zahl der Grabhügel auf knapp hundert, der größte unter ihnen ist der mächtige 43 Meter hochragende Grabhügel des Königs Alyattes (etwa 605–560 v. Chr.); sein Umfang beträgt mehr als tausend Meter. Schon Herodot berichtet von diesem Grabmal (I, 93): «Ein Werk gibt es allerdings in Lydien, das außer den ägyptischen und babylonischen Bauten nicht seinesgleichen hat. Das ist das Grabmal von Kroisos' Vater Alyattes. Sein Unterbau besteht aus großen Steinen, das Grabmal selbst aus aufgeschütteter Erde ...» Im Jahre 1858 n. Chr.

wurde die marmorne Grabkammer im Inneren der Anlage entdeckt, doch
war sie damals schon längst von Grabräubern ausgeplündert. Seit 1964
wurde der zweitgrößte etwa 40 Meter hohe Grabhügel erforscht, wobei
Inschriften mit dem Namen «Gugu» entdeckt wurden. Damit bestätigte
sich die alte Tradition, dieser Hügel sei die letzte Ruhestätte des um 652
v. Chr. im Kampf gegen die Kimmerier gefallenen Begründers der Mer-
mnaden-Dynastie, des Königs Gyges. In diesem Zusammenhang sei noch
einmal an die auffällige schwerlich auf Zufall beruhende enge Verwandt-
schaft zwischen der lydischen Fürstennekropole «Bintepe» bei Sardes
und altetruskischen Totenstädten, besonders der von Chisra-Cerveteri,
erinnert.

Was wir an Werken der lydischen Kunst besitzen, ist wenig, weit weniger als das, was uns das Phrygertum hinterlassen hat. In Sardes gefundene Keramik und Tonfriesplatten mit Figurenschmuck weisen starken
griechischen Einfluß auf. Griechische Berichte heben neben dem kauf-
männischen Unternehmungsgeist und dem Gewerbefleiß der Lyder ihre
Musikalität, ihren Hang zum Luxus und ihren oft geradezu raffinierten
Lebensgenuß hervor. Im einzelnen mag dieses Bild verzeichnet sein, aufs
ganze gesehen dürfte es zutreffen. Unter den uns erhaltenen lydischen
Inschriften gibt es einige in Versform, was auf die Existenz einer –
wieder einmal leider verschollenen – lydischen Literatur hindeutet.[94]
Das literarische Interesse der Lyder ergibt sich auch daraus, daß um 430
v. Chr. ein gewisser Xanthos eine Geschichte seines Lydervolkes verfaßt
hat; sie ist uns leider nur aus einigen Zitaten bei griechischen Schriftstellern bekannt. Allerdings ist das Geschichtswerk des Lyders Xanthos bereits in griechischer Sprache abgefaßt, die schon zu seiner Zeit das Lydische mehr und mehr zurückdrängte; bereits kurz vor Christi Geburt war
es dann völlig ausgestorben. Eine Erfindung der Lyder der Mermnaden-
zeit ist jedoch zu erwähnen, die weltweite Bedeutung erlangt hat: die
Münze.

Seit früher Zeit sind verschiedenste Völker beim Austausch von Waren
über das primitive System des Tauschhandels hinausgekommen und haben Edelmetalle als Zahlungsmittel verwendet. Dieses Edelmetall wurde
vielfach in Form von Barren oder Ringen gebracht, immer mußten aber
in jedem Einzelfall Gewicht und Feingehalt dieses Zahlungsmittels nach-
gewogen und nachgeprüft werden, wollte man es nicht einfach auf Treu
und Glauben annehmen, mit allen damit verbundenen Risiken. «Die
Münze ist dadurch entstanden, daß der Staat für die von ihm ausgegebe-
nen Stücke die Garantie übernimmt, indem er sein Wappen auf dieselben
setzt und sich verpflichtet, sie ohne weitere Prüfung als vollgültig anzunehmen. Es liegt im Wesen der Münze, daß sie nur von einem Gemeinwe-
sen oder von einem Herrscher geprägt werden kann und daß die vom
Staat geprägten Münzen innerhalb seines Gebietes notwendig Zwangs-

kurs haben.»[95] «Die Lyder sind die ersten Menschen, von denen wir
wissen, daß sie Gold- und Silbermünzen geprägt und verwendet haben»,
sagte hierzu der Grieche Herodot (I, 94), und diese Feststellung entspricht den Tatsachen. Einmal abgesehen von der phönikischen Schöpfung des Buchstabenalphabets haben wenige Leistungen des menschlichen Erfindergeistes einen solchen Siegeszug erlebt wie die von den Lydern erfundene Münze. Noch heute, im Zeitalter der Banknote aus Papier und des «Buchgeldes», ist die Münze aus dem Wirtschaftsleben
kaum fortzudenken, auch wenn sie jetzt in erster Linie die Rolle des
Kleingeldes übernommen hat. Sie ist uns heute nur allzu selbstverständlich, als daß wir ohne weiteres die Genialität nachempfinden könnten,
die hinter der ersten Münzprägung in der Geschichte aller Völker und
Kulturen überhaupt gestanden hat.

Daß die Lyder in späteren Jahrhunderten als verweichlicht und allein
dem luxuriösen Leben zugeneigt galten, darf nicht darüber hinwegtäuschen, daß sie zur Zeit der Mermnadenkönige auch militärisch Großes
geleistet haben. Wir haben bereits gesehen, daß sie nach schweren und
wechselvollen Kämpfen mit den Kimmerierhorden fertig geworden sind,
die zuvor ein so mächtiges Reich wie das des Phrygerkönigs Midas über
den Haufen geworfen hatten. Auch weiterhin war speziell die lydische
Lanzenreitertruppe eine hervorragende und überall respektierte Waffe.
Das bekamen auch die griechischen Küstenstädte in Westkleinasien zu
spüren. Schon Gyges hat die Stadt Kolophon nordwestlich von Ephesos
erobert, seine Nachfolger Ardys und Sadyattes errangen weitere Erfolge.
Unter Gyges' Urenkel Alyattes (etwa 605–560 v. Chr.) erreichte dann das
Lyderreich den Gipfel seiner Macht. Gegen ihn konnten sich nur ganz
wenige westkleinasiatische Städte unabhängig behaupten, so vor allem
Milet, damals die führende Griechenstadt überhaupt. Nach langen
Kämpfen einigten sich schließlich König Alyattes und Milet und schlossen sogar ein Bündnis miteinander. Die lydische Herrschaft über die
Griechenstädte war aber alles andere als drückend, im wesentlichen beschränkte sie sich auf eine Tributpflicht der letzteren. In gewissem Sinne
bedeutete die Lyderoberhoheit für die Griechenstädte sogar einen Gewinn, kam sie doch den wirtschaftlichen Verbindungen der Küstenstädte
mit dem weiten Hinterland entschieden zugute und hinderte obendrein
die Griechen Westkleinasiens an ihren ständigen gegenseitigen Auseinandersetzungen. Eine Rolle spielte dabei auch, daß Lydien ganz und gar
keine Seemacht war und es auch kaum lydische Handelsschiffe gab. So
konnten sich die seeverbundenen Griechenstädte und die weite Teile
Westkleinasiens umfassende lydische Landmacht zum beiderseitigen
Vorteil ergänzen.

Im Osten mußte sich das Lyderreich des Alyattes gegen die neuaufge-
stiegene Großmacht der iranischen Meder unter ihrem König Kyaxares

behaupten. Fünf Jahre lang, von 590–585 v. Chr., tobte ein großer Krieg. Dann soll die Sonnenfinsternis vom 28. Mai 585 v. Chr. — der griechische Naturwissenschaftler und Philosoph Thales von Milet hatte sie übrigens vorausberechnet — die beiden kampfbereit einander gegenüberstehenden Heere so beeindruckt haben, daß sich die Könige Alyattes und Kyaxares zum Frieden entschlossen. Doch dürfte in Wirklichkeit eher die diplomatische Vermittlung des Chaldäerkönigs Nebukadnezar von Babylon und des kilikischen Fürsten Syennesis den Ausschlag gegeben haben. Beim Friedensschluß wurde der Halys-Fluß, von den Türken Kizil-Irmak, der «Rote Fluß», genannt, als Grenze zwischen den beiden Reichen festgelegt. Die Ehe zwischen Alyattes' Tochter Aryenis und dem medischen Kronprinzen Astyages besiegelte die Aussöhnung zwischen den beiden Reichen. Angesichts der Macht und der Expansionsgelüste der Meder, in denen, wie wir aus Anspielungen im Alten Testament wissen, mancher Zeitgenosse bereits die kommenden Weltherrscher sah, bedeutete die im Friedensschluß festgelegte Halys-Grenze für den Lyderkönig entschieden einen Erfolg. Als Alyattes nach jahrzehntelanger Regierung 560 v. Chr. starb, war sein Reich eine achtunggebietende Großmacht. Alyattes' Sohn und Nachfolger Kroisos wurde für die Griechen zur legendenumwobenen Symbolgestalt für Reichtum und Glanz. In der Namensform «Krösus» ist er es in unserem Sprachgebrauch bis zum heutigen Tag geblieben. Sein Untergang und das Ende seines Reiches im Jahre 546 v. Chr. war ein von niemandem vorausgesehenes Ereignis, eine weltpolitische Sensation ersten Ranges. Doch davon später.

Eine einzige Landschaft in ganz Westkleinasien ist auch zur Zeit der größten Machtentfaltung des Lyderreiches unter Alyattes und Kroisos von diesen Königen unabhängig geblieben: *Lykien,* das Küstengebiet im äußersten Südwesten der großen Halbinsel. Hier erhebt sich das Taurus-Gebirge zu Höhen von über 3000 Metern. Die prachtvoll schöne buchtenreiche Küste Lykiens ist vom Binnenland her außerordentlich schwierig zu erreichen, noch heute führen nur einige überaus kurvenreiche, kaum als Straße zu bezeichnende Gebirgswege dorthin. Um so enger ist das Küstenland zwischen den Buchten von Marmaris und Fethiye im Westen und den Chelidonischen Inseln etwa 150 Kilometer östlich von Fethiye mit dem Meer verbunden. Die nicht wenigen Lykierstädte des Altertums, die vielfach aus der Zeit seit dem 6. Jahrhundert v. Chr. stammende Monumente aufweisen, sind ausgesprochen maritime Gebilde. Im Tal des den antiken Seeschiffen zugänglichen Xanthos-Flusses — heute ist die Mündung des von den Türken Koca-Tschay genannten Flusses völlig versandet — lagen die Städte Arna-Xanthos, Pinara, Tlos und Kadyanda, im Küstenbereich selbst Telmessos, Patara, Antiphellos, Aperlai, Myra, Limyra und Korydallos. Ihre Lage ist ein untrüglicher Hinweis darauf, daß sie nur von Leuten gegründet sein können, die von

See her, nicht aus dem Binnenland kamen. Das bestätigt die Ansicht Herodots, der selbst ein Sohn der Stadt Halikarnass an der Küste der Lykien benachbarten Landschaft Karien war. Er weiß zu berichten, die Lykier seien aus Kreta gekommen und hätten ursprünglich Termilen geheißen. Tatsächlich bezeichneten die Lykier in ihren eigenen Inschriften, die aus der Zeit seit dem 6. Jahrhundert v. Chr. stammen, sich selbst als Termilen bzw. Tramilen. An archäologischen Funden aus der Zeit vor dem 6. Jahrhundert v. Chr. besitzt Lykien so gut wie gar nichts. Zwar ist seit 1963 bei Karatasch-Semayük, etwa 7 Kilometer östlich von Elmali, eine prähistorische Siedlung erforscht worden. Sie wurde gegen Ende des 3. Jahrtausends v. Chr. durch Feuer zerstört, nur einige Behausungen blieben noch bis ins 2. Jahrtausend v. Chr. hinein bewohnt. Doch diese alte Siedlung liegt in einer sich mehr als 1000 Meter über dem Meeresspiegel erhebenden binnenländischen Gebirgsgegend, von der lykischen Küste ist sie durch ein in seinen höchsten Erhebungen mehr als 3000 Meter hohes Gebirge getrennt. Rein nach Kilometern gemessen erscheint die Entfernung zwar gering, sie beträgt nur einige 60 Kilometer. Tatsächlich aber liegen zwischen jenem vorgeschichtlichen Platz und dem Meer Welten. Die Küstenzone von Lykien und seiner westlichen Nachbarlandschaft Karien sind wohl bis tief ins 2. vorchristliche Jahrtausend hinein allenfalls sehr schwach besiedelt, wenn nicht ganz unbewohnt gewesen, eine Ansicht, die durch die Ergebnisse der 1952 von F. J. Tritsch und Ahmet Dönmez durchgeführten Untersuchungen erhärtet worden ist.

Doch haben wir bei der Besprechung des Pharaonenstaates und des Hethitergroßreiches in der Zeit vor 1200 v. Chr. bereits gesehen, daß verschiedene ägyptische und hethitische Berichte aus dem 14. und 13. Jahrhundert v. Chr. von einem Volk und einem Land namens «Lukka» bzw. «Lukki» sprachen. Dieses Volk trieb von einer Küstenlandschaft Südwestkleinasiens aus Seefahrt und Seeraub, stellte auch dem hethitischen Großkönig Hilfstruppen, eine Gruppe von ihnen war auch bei einem der «Seevölkerangriffe» gegen Ägypten mit dabei. Es kann kaum ein Zweifel daran bestehen, daß es sich hier um die Bewohner der uns in späterer Zeit unter dem Namen «Lykien» bekannten Landschaft gehandelt hat. Die Denkmälerlosigkeit Lykiens in der Zeit vor dem 6. Jahrhundert v. Chr. erklärt sich vor allem dadurch, daß die lykische Baukunst lange Zeit nur mit Holz gearbeitet hat, solche Holzkonstruktionen sich im lykischen Klima aber nicht erhalten konnten. Spätere lykische Steinsarkophage, die ein Haus darstellen, ahmen mit nicht zu überbietender Deutlichkeit Holzkonstruktionen mit Stützbalken, Ankern und Dachsparren nach. Die Form des gewölbten Satteldaches mit aufragendem First, die viele Sarkophage zeigen, entspricht weitgehend der, die wir auch als Schriftzeichen auf dem schon vor der Mitte des 2. vorchristlichen Jahrtausends geschaffenen «Diskos von Phaistos» und später von griechischen und sonstigen Häusern her kennen. Besonders eindrucksvoll ist in diesem Zusammenhang ein aus der Peloponnes stammendes tönernes Hausmodell aus dem 8. oder 7. Jahrhundert v. Chr.[96] Noch heute gibt es im alten Lykierland bescheidene Holzbauten, die an alte Bauformen anknüpfen, wie wir sie von lykischen Sarkophagen her kennen.

Nach Lage der Dinge wird uns die Kultur der Lykier erst ein plastischer Begriff, seit dieses Volk daran ging, Monumente aus Stein zu errichten, also seit dem 6. Jahrhundert v. Chr. Doch besitzen wir wenigstens einige Indizien zur lykischen Geschichte schon aus der vorausgegangenen Zeit. Bemerkungen in Homers «Ilias», wonach die Lykier Bundesgenossen der Trojaner waren, besagen zwar lediglich, daß die Lykier Homer und seinen Zeitgenossen ein Begriff waren, aber nicht mehr. Einen wichtigeren, wenn auch indirekten Hinweis gibt die Geschichte der griechischen «Kolonisationsbewegung» seit dem 8. Jahrhundert v. Chr.

Widerholt war bereits von der Gründung griechischer Pflanzstädte an verschiedensten Küsten des Mittelmeers die Rede. Wichtig war dabei die Feststellung, daß diese Entwicklung dort nicht zum Tragen kommen konnte, wo kulturell hochentwickelte und politisch-militärisch mächtige andere Völker saßen. Das war der Fall im Bereich der Küste des Etruskerlandes und an der italienischen Adriaküste, im Gebiet der Messapier und ihrer nördlichen Nachbarn. Ein ganz ähnliches Bild bietet die Südwestküste Kleinasiens. Schon an der den dorisch-griechischen Inseln Kos und Rhodos in Sichtweite gegenüberliegenden karischen Festlandsküste konnten sich griechische Ansiedler nur an vereinzelten Stellen festsetzen. Die wichtigste der dortigen Griechenstädte war Knidos nahe der Westspitze der gut 70 Kilometer langen, an ihrer Wurzel aber kaum einen einzigen Kilometer breiten Knidischen Halbinsel. Diese wäre sogar ganz zu einer Insel geworden, hätten die Knidier ihren im Jahre 546 v. Chr. bereits begonnenen Versuch, die Landzunge an ihrer schmalsten Stelle zu durchstechen, zu Ende geführt. Angeblich soll ein Orakelspruch der delphischen Pythia die Knidier zur Einstellung ihres Vorhabens bewogen haben. Östlich der Knidischen Halbinsel gelang den Griechen so gut wie keine Ortsgründung mehr, am wenigsten in der von Natur aus so einladenden Küste zwischen den Buchten von Marmaris und Fethiye im Westen und den Chelidonischen Inseln im Osten, das heißt im Lande der Lykier.

Erst jenseits der Chelidonischen Inseln, an der Westküste des weiten Golfes von Antalya, stoßen wir auf altgriechische Städte, vor allem auf das wahrscheinlich schon Anfang des 7. Jahrhunderts v. Chr. von Lindos auf Rhodos aus gegründete Phaselis. Wenn auch die heute noch sichtbaren Ruinen von Phaselis fast alle erst aus der römischen Kaiserzeit stammen, ist dieser Platz doch einer der romantischsten der Mittelmeerwelt. In dieser Hinsicht wird er allenfalls durch das an sich weniger bedeutende

Olympos — etwas weiter im Süden, aber auch noch nördlich der Chelidonischen Inseln gelegen — übertroffen. Seine ebenfalls meist römerzeitlichen Ruinen liegen zwischen herrlich blühendem Oleander in einem
dicht bewaldeten Flußtal. Östlich von Antalya, an der Küste von Pamphylien und Kilikien, gab es dann im krassen Gegensatz zu Lykien eine
ganze Reihe altgriechischer Plätze; wo Ruinen erhalten sind, stammen sie
allerdings auch hier im wesentlichen erst aus römischer Zeit.

Das Fehlen altgriechischer Städte zwischen der Knidischen Halbinsel
im Westen und Phaselis und Olympos im Osten bezeugt stumm und
dennoch deutlich genug die Macht und Bedeutung der lykischen Städte
schon in einer Zeit, aus der wir keine archäologischen Überreste von
ihnen haben. Zweifellos hat es in Lykien schon damals, ähnlich wie in
späterer Zeit, mächtige adlige Stadtherren gegeben. Der uns später be-
gegnende Bund der einzelnen Stadtfürsten, dessen Bundesheiligtum zu
Letoon am Westufer des Xanthos-Flusses lag, dürfte in eine recht frühe
Zeit zurückgehen. Einen lykischen Einheitsstaat hat es dagegen damals
gewiß ebensowenig gegeben wie in späterer Zeit. Diese ganze politische
Ordnung erinnert auffällig an die der Etrusker in Italien. Daß sich die
Lykierstädte gegen das unter Alyattes und Kroisos so mächtige Lyderreich unabhängig behaupten konnten, ist bereits erwähnt worden. Erst
der weltumspannenden Monarchie des Perserkönigs Kyros, des Bezwin-
gers des Lyderreiches wie des Chaldäerreiches von Babylon, mußten sie
sich beugen. Doch auch das geschah erst nach heroischem Widerstand.
Herodot berichtet (I, 176), wie sich im Jahre 545 v. Chr. die Männer von
Xanthos, der bedeutendsten Lykierstadt, in ihre Stadt zurückzogen, als
sie sich im offenen Feld nicht mehr gegen das weit überlegene Heer von
Kyros' General Harpagos behaupten konnten. Doch sie ergaben sich
nicht, sondern überließen ihre Stadt, ihre Angehörigen und ihren Besitz
den Flammen; die Xanthier machten einen Ausfall und fielen bis auf den
letzten Mann. Ihr Untergang erinnert fast an den letzten Kampf der
Ostgoten unter ihrem König Teja, so wie ihn Felix Dahn in den letzten
Kapiteln seines Romans «Kampf um Rom» schildert. Doch wurde die
Stadt Xanthos bald nach 545 v. Chr. wieder aufgebaut, und sogar der
lykische Städtebund blieb unter der Oberhoheit der Perserkönige bestehen. Später erlangte er sogar ein erhebliches Maß an Unabhängigkeit
wieder.

Auch in den lykischen Städten stammen viele der noch sichtbaren
Monumente erst aus der hellenistischen und vor allem der römischen
Zeit, einiges sogar erst aus der byzantinischen Periode. Das gilt nicht
zuletzt von dem besonders eindrucksvollen *Xanthos,* das erstmalig im
Jahre 1838, eingehend seit 1950 durch französische Archäologen erforscht wurde. Es gilt weiter für das lykische Bundesheiligtum zu *Letoon,*
die Hafenstadt *Patara* an der alten heute völlig versandeten Mündung

des Xanthos-Flusses, die Stadt *Myra* beim heutigen Dorf Demre und manchen anderen Ort mehr. So sind zum Beispiel die zum Teil wohlerhaltenen Theaterbauten nicht nur nach ihrer Entstehungszeit, sondern auch hinsichtlich ihres geistigen Hintergrundes nicht eigentlich lykisch, sondern griechisch-römisch. Ganz anders steht es dagegen um die in fast allen Lykierstädten in beträchtlicher Anzahl erhaltenen Sarkophage und Felsgräber. Sie finden sich unter anderem in und bei *Telmessos* (heute Fethiye), zu *Pinara* nordwestlich von Xanthos, in *Xanthos* selbst, zu *Antiphellos* (heute Kasch) gegenüber der Insel Kastelloriso, zu *Myra* und *Limyra* (15 Kilometer westlich bzw. 6 Kilometer nordöstlich der kleinen Hafenstadt Finike); im Sund zwischen der Insel *Kekova* und dem gegenüberliegenden Festland stehen alte lykische Sarkophage aufgrund von Küstensenkungen heute sogar im flachen Wasser. Erwähnenswert ist auch das Grabhaus zu *Trysa* (heute Gölbaschi) ein wenig von der Küste entfernt im Gebirge, dessen Reliefs sich seit 1882 im Museum zu Wien befinden.

Äußerlich weisen die lykischen Grabmäler zwei ganz verschiedene Formen auf, doch verkörpern sie gleichwohl denselben Grundgedanken. Einmal handelt es sich um freistehende Sarkophage, besser gesagt steinerne Totenhäuser, die aber alle möglichen Elemente hölzerner Hauskonstruktionen getreulich wiedergeben. Das ist vor allem bei den Grabhäusern mit spitzbogigem Satteldach der Fall, es gibt aber auch solche mit flachem Dach. Besonders schöne «Satteldachtotenhäuser» finden sich zu Telmessos (Fethiye), in Antiphellos (Kasch) und bei der Insel Kekova, aber auch an anderen Plätzen. Den Flachdachtypus repräsentiert zum Beispiel das auch als «Heroon» bezeichnete, bereits erwähnte Grabhaus von Trysa (Gölbaschi) sowie das ebenfalls reliefverzierte «Nereiden-Monument» aus Xanthos, das sich heute im Britischen Museum befindet. Den zweiten Typus lykischer Totenwohnungen stellen die in Felswände hineingearbeiteten Gräber dar, die prächtige Fassaden mit Scheintüren aufweisen und ebenfalls ein Haus darstellen. Besonders eindrucksvolle Felsgräber mit ihren Fassaden und dahinter liegenden Grabräumen finden sich bei der Stadt Telmessos (Fethiye) und bei Myra (Demre westlich von Finike), wo große Gruppen solcher Gräber in vier Stockwerken übereinander in die Wand hineingehauen sind; sie bieten einen Anblick von phantastischer Unwirklichkeit, wie er nicht einmal im etruskischen Italien zu finden ist.

Architektonisch sind die Grabbauten des 6. und des frühen 5. Jahrhunderts v. Chr. «rein lykisch» bestimmt. In der Folgezeit machten sich dann mehr und mehr Einflüsse der griechischen Baukunst bemerkbar. Viele Felsgräber erhielten jetzt Fassaden in Form eines ionischen Säulentempels. Ein gutes Beispiel bietet das sogenannte «Grab des Amyntas» zu Telmessos (Fethiye) aus dem 4. Jahrhundert v. Chr., außerdem auch andere in der Nähe befindliche Felsgräber aus der gleichen Periode. Griechische Einflüsse bezeugen auch die Reliefs und Skulpturen auf anderen lykischen Grabmonumenten dieser Zeit. Das geht bis hin zu der «völlig griechischen» Haltung und Kleidung der dargestellten Figuren. Beispiele bieten das schon erwähnte «Nereiden-Monument» aus Xanthos, das ebenfalls schon genannte «Heroon» von Trysa, zwei Felsgräber bei Limyra mit ihren im Relief dargestellten Figuren und andere Monumente mehr. Die Reliefs des «Heroons» stellen sogar inhaltlich Szenen aus der griechischen Heldensage dar. So entsteht immer wieder der Eindruck, daß Lykien in kultureller Hinsicht schon im 4. Jahrhundert v. Chr. mehr oder minder eine griechische Provinz war.

Und doch ist das nur die halbe Wahrheit. Mochten Architektur und Reliefschmuck der lykischen Totenwohnungen noch so sehr von der griechischen Kunst beeinflußt und geprägt sein, die geistige Haltung, die hinter diesen Bauten stand, war eine andere. In mancher Hinsicht erinnert sie an die religiöse Vorstellungswelt der Etrusker, ohne allerdings mit ihr identisch zu sein. So ist für den Totenglauben der Lykier vor allem die Vorstellung charakteristisch, der Verstorbene oder doch seine Seele würde von Vogeldämonen zum Himmel emporgetragen. Daher wurde der Leichnam auch immer im oberen Teil des Grabmals untergebracht, freistehende «Totenhäuser» setzte man auch gern auf einen Unterbau oder sogar auf meterhohe Pfeiler. Letzteres gilt zum Beispiel für das fälschlicherweise als «Harpyien-Monument» bezeichnete Grabmal in Xanthos aus der Zeit um 480/470 v. Chr., wo das «Totenhaus» auf einem fünfeinhalb Meter hohen pfeilerartigen Unterbau steht. Hier wie auch sonst finden sich Reliefdarstellungen der Szene, wie die Seele des Verstorbenen in Gestalt eines Kindes oder eines kleinen Menschen von geflügelten Genien zum Himmel emporgetragen wird. Die Vorstellung von solchen Vogeldämonen als Helfer der Verstorbenen hat dann auch im Volksglauben der Griechen Eingang gefunden. Dabei wurde der Name «Sirenen» auf sie übertragen, der in der griechischen Vorstellungswelt früherer Epochen, zum Beispiel in Homers «Odyssee», ganz andersartige Wesen bezeichnet hatte.

Was wir vom Leben der Lykier wissen, zeigt ebenfalls, daß Lykier und Griechen verschiedenartige Menschen waren. So zeigen lykische Reliefdarstellungen von Ehepaaren mit ihrem Nebeneinander von Mann und Frau, daß das Verhältnis zwischen den Geschlechtern ähnlich wie bei den Etruskern war, ganz und gar nicht so wie bei den Griechen der klassischen Zeit. Wenn aber griechische Quellen, vor allem Herodot (I, 173), behaupten, die Lykier erhielten ihren Familiennamen nach der Mutter und nicht nach dem Vater und der Stand eines Lykiers richtete sich nach dem seiner Mutter, nicht seines Vaters, so ist das mit dem, was aus Inschriften und bildlichen Darstellungen der Lykier selbst hervorgeht, kaum zu vereinbaren.[97] Das bedeutet auch, daß die früher stark beachteten Arbeiten aus der Feder des Rechtshistorikers Johann Jakob Bachofen über das «Mutterrecht»[98] hinsichtlich der Lykier auf Voraussetzungen basieren, die sich dank unserer inzwischen stark erweiterten Kenntnis lykischer Denkmäler als unzutreffend erwiesen haben. Auch sonst haben sich alle möglichen Sagen und Legenden der Griechen, die sich auf Lykien und die Lykier beziehen, als historisch unbrauchbar gezeigt. Das gilt keineswegs nur für eine Angabe wie die, lykische Kyklopen hätten die mächtigen Mauern von Tiryns erbaut, sondern auch für andere auf den ersten Blick weit glaubhafter erscheinende Berichte etwa zur Religionsgeschichte.

Blieb, wie gesagt, der lykische Städtebund unter der Oberhoheit der persischen Großkönige erhalten, war mitunter diese Oberhoheit während mancher Schwächeperiode der persischen Zentralgewalt sogar nur noch nominell, so konnten sich die Lykier auch gegen die führenden griechischen Staaten behaupten. Zwar haben sie nach der Vernichtung einer persischen Flotte und der Niederlage eines persischen Heeres im Mündungsgebiet des Eurymedon-Flusses im südkleinasiatischen Pamphylien durch die Athener (um 466 v. Chr.) zeitweise Tribute an die seemächtige Stadt in Attika entrichtet. Doch sobald es die Verhältnisse gestatteten, haben die Lykierstädte ihre Zahlungen eingestellt und sich lieber wieder unter die Oberhoheit des Perserkönigs gestellt, die ihr Eigenleben kaum noch beeinträchtigte. Als dann im Winter 430 auf 429 v. Chr. eine athenische Flotte in Lykien zu landen versuchte, um dort erneut Geld einzutreiben, haben sich die Lykier erfolgreich zur Wehr gesetzt; der athenische Admiral Melesandros − von den Lykiern wurde er Milasantra genannt − fand dabei den Tod. Anderthalb Jahrzehnte später, als ein karischer Dynast namens Amorges sich mit athenischer Hilfe gegen den persischen Großkönig empörte, 414 v. Chr., haben die Lykier dem letzteren sogar energisch Waffenhilfe geleistet. Dabei spielten sie aber eher die Rolle von Verbündeten als von Untertanen des Großkönigs. Über die Kriegstaten der Lykier in der Zeit um 430 v. Chr. und wieder um 414 v. Chr. haben wir ausnahmsweise sogar einmal einen Bericht von lykischer Seite. Denn die Ereignisse werden auf dem vier Meter hochragenden pfeilerartigen Grabmonument des Königs Cherei von Xanthos, Sohn des Harpagos, im Relief dargestellt. Außerdem berichten in lykischer Sprache abgefaßte Inschriften darüber auch im Wort. Leider können wir diese bis jetzt nur sehr mangelhaft verstehen. Doch zeigen die genannten Eigennamen wie Milasantra (der athenische Admiral Melesandros, der im Winter 430 auf 429 v. Chr. bei seinem Landungsversuch an der lykischen Küste den Tod fand), Amorges (der von den Athenern unterstützte karische Aufrührer des Jahres 414 v. Chr.) und Tissaphernes (der damalige persische Satrap von Sardes und Karien) mit aller Deutlichkeit, wovon die Inschriften sprechen. Einige Jahrzehnte später, während der größten Schwächeperiode des Perserreiches, schuf ein Fürst Perikles von Limyra — trotz seines griechischen Namens sehr wohl ein Lykier — zeitweise sogar einen fast ganz Lykien umfassenden praktisch unabhängigen Staat. Erst der harte, aber energische und befähigte Großkönig Artaxerxes III. Ochos (359/8–338 v. Chr.) brachte wie überall in den Provinzen des weiten Perserreiches auch in Lykien die persische Macht noch einmal stärker zur Geltung. Wenige Jahre, nachdem dieser Artaxerxes III. einem Mordanschlag zum Opfer gefallen war, schuf dann der Zug des Welteroberers Alexander auch für Lykien eine ganz neue Lage. Doch auch jetzt blieb der lykische Städtebund bestehen und errang im weiteren Verlauf der Geschichte der hellenistischen Monarchien sogar noch einmal ein gewisses Maß an Unabhängigkeit. Erst das Römische Kaiserreich bedeutete das Ende der lykischen Geschichte, und damals ist dann auch die lykische Sprache ausgestorben. Alles in allem haben die Lykier trotz aller auch bei ihnen stark wirksamen Einflüsse der griechischen Kultur und Kunst länger als alle anderen Völker Westkleinasiens eine gewisse Eigenständigkeit bewahrt.

Wenn auch unsere Kenntnisse über die Phryger, die Lyder und die Lykier beschränkt sind, so reichen sie dank der von diesen Völkern hinterlassenen Monumente und Inschriften sowie der — im Einzelfall allerdings oft nur mit Vorsicht und manchem Vorbehalt zu benutzenden — Angaben der Griechen aus, uns ein Bild von ihrer Geschichte, ihren Staaten und ihren Kulturleistungen zu machen. Weit größer sind die Schwierigkeiten, die uns die geschichtliche Erfassung eines in unserem Zusammenhang ebenfalls wichtigen Volkes bereitet. Es handelt sich um die *Karer,* die man mitunter sogar mit dem Beiwort «mysteriös» charakterisiert.

Karien ist die Landschaft zwischen Lydien und Lykien. Seine Grenze zu Lydien bezeichnet der Lauf des Flusses Maiandros (heute Büyük Menderes genannt), dessen tief eingeschnittenes Tal die hohen Gebirge im Norden und Süden voneinander trennt. Im Südosten reicht Karien bis zum Dalaman-Fluß, der westlich vom Golf von Fethiye ins Meer mündet; die Ufer dieses Golfes, an dessen Ostküste die alte Stadt Telmessos liegt, gehören bereits zu Lykien. Das binnenländische Karien ist ausgesprochen gebirgig und heute noch relativ waldreich, allerdings nicht ganz so schwer passierbar wie das Hinterland der lykischen Küste. Die Küste Kariens ist mit ihren tief einschneidenden Buchten und weit ins Meer hinein vorspringenden Halbinseln und Landzungen womöglich noch zerrissener als die seines südöstlichen Nachbarlandes.

Ähnlich wie die Phryger, Lyder und Lykier haben auch die Karer von den Griechen das Alphabet übernommen und es durch einige Zusatzzeichen ergänzt und abgewandelt. Doch ist die Zahl der uns bekannten, überdies meist sehr kurzen karischen Inschriften sehr gering; die Mehrzahl von ihnen stammt nicht einmal aus Karien selbst, sondern aus Ägypten und Nubien. Sie rühren von karischen Söldnern her, die im 7. und 6. Jahrhundert v. Chr. in den Dienst der libysch-ägyptischen Pharaonen jener Zeit getreten waren. Weit mehr als das Phrygische, Lydische und Lykische macht uns das Karische größte Schwierigkeiten sowohl hinsichtlich des Verständnisses der Inschriften als auch bei der sprachgeschichtlichen Einordnung. Diese Schwierigkeiten werden vielleicht niemals ganz zu überwinden sein.

Dabei haben vielleicht gerade die Karer sich früher als die drei anderen genannten Völker die Kunst des Lesens und Schreibens angeeignet. Bei den seit 1948 unter Leitung von Professor Axel W. Persson durchgeführten schwedischen Ausgrabungen des alten karischen Labranda (Labrauna), etwa 14 Kilometer nördlich der türkischen Provinzstadt Milas (des antiken Mylasa) schwer zugänglich im Gebirge gelegen, wurden zwei Tontafelbruchstücke gefunden. Sie stammen wahrscheinlich aus dem 8. Jahrhundert v. Chr. und sind mit den Zeichen zweier verschiedener Schriftsysteme beschrieben. Einmal handelt es sich um die auch sonst bekannte, von den Griechen übernommene karische Schrift. Die andere sonst unbekannte Schrift zeigt Anklänge sowohl an das phönikische Alphabet als auch an die cyprische Silbenschrift, die letztenendes auf die von den «minoischen» Kretern erfundene, von den mykenezeitlichen Griechen übernommene Schrift zurückgeht. Wahrscheinlich haben die Karer zu einer Zeit, die vor der Übernahme der griechischen Schrift durch Phryger, Lyder, Lykier und sie selbst lag, bereits eine andere ältere Schrift gehabt. Sie muß unter phönikischem und cyprischem Einfluß zustandegekommen sein und stellt, auch wenn sie wohl keine größere Bedeutung erlangt hat, eine sehr bemerkenswerte Kulturleistung dar.

Sehen wir uns indessen nach heute noch sichtbaren Monumenten der karischen Kultur um, so finden wir wenig genug. Wirklich nennenswert ist eigentlich nur eine ganze Reihe von Felsgräbern etwa aus der Zeit des 4. Jahrhunderts v. Chr., die sich in den küstennahen Gebieten Kariens unweit der lykischen Grenze finden. Die wichtigsten von ihnen sind in eine steile Felswand am westlichen Ufer des Dalyan-Flusses hineingehauen, der den See von Köycegiz mit dem Meer verbindet, wo der Fluß unweit der alten Stadt Kaunos mündet. Ähnliche Gräber liegen bei Idyma an der Straße, die von der türkischen Provinzstadt Mugla zum Hafenort Marmaris führt; leider wurde das berühmteste dieser Gräber beim Straßenbau von Steinmassen begraben. Wieder andere Gräber liegen bei Keramos (heute Ören) am Nordufer des großen Keramischen Golfes, der östlich der Insel Kos tief ins kleinasiatische Festland einschneidet, schließlich noch an verschiedenen weiteren Stellen. Diese karischen Felsgräber sind von den lykischen kaum zu unterscheiden; etwa die Gräber in

der Felswand oberhalb des Dalyan-Flusses ähneln mit ihren ionisch-grie-
chischen Fassaden sehr stark dem «Grab des Amyntas» und anderen
Gräbern beim lykischen Telmessos (Fethiye). Was sonst in verschiedenen
alten Karerstädten zu sehen ist, ist zwar oft eindrucksvoll, doch stammt
fast alles aus hellenistischer und vor allem römischer Zeit. Irgendwelche
«karischen» Momente weisen diese Denkmäler kaum auf. Das gilt zum
Beispiel für *Mylasa* (heute Milas), selbst für das bereits erwähnte *Labranda* bzw. *Labraunda* 14 Kilometer weiter nördlich, erst recht für die
weiter im Binnenland gelegenen Städte *Alinda* (beim heutigen Karpuzlu)
und *Alabanda* (beim heutigen Araphisar).

Altkarisch sind nur wenige Bauraste, so vor allem die aus der Zeit um
700 v. Chr. stammenden Palastruinen, die bei den schwedischen Ausgrabungen von *Labranda* zu Tage kamen und wo die beiden erwähnten
Tontafelfragmente gefunden wurden. Anderes liegt an abgelegenen Stellen der Halbinsel von *Halikarnass* (heute Bodrum). Doch alles in allem
wären wir nicht im Stande, mit Hilfe der wenigen uns bekannten Kunst-
und Bauwerke der Karer ein einigermaßen plastisches Bild von ihrer
Kultur zu gewinnen. So müssen wir uns in diesem Fall doch hauptsächlich auf die Angaben der Griechen verlassen, dürfen aber dabei die Pro-
blematik derselben nicht aus den Augen verlieren.

Unzweifelhaft richtig ist, daß die Karer tüchtige und unternehmungslustige Seefahrer und von den Griechen gefürchtete Seeräuber waren. Von
einem karischen Kapitän wissen wir Näheres: Skylax von Karyanda. Er
führte irgendwann um die Wende des 6. zum 5. Jahrhundert v. Chr. im
Auftrag des persischen Großkönigs Dareios I. eine Flotte durch das Fünf-
stromland, dann den Indus hinab, von dessen Mündung um Arabien
herum durch das Rote Meer nach dem Golf von Suez. Über diese Fahrt
hat Skylax eine in griechischer Sprache abgefaßte «Küstenbeschreibung
des äußeren Meeres» geschrieben, von der uns leider nur einige Fragmente erhalten geblieben sind. Dieser karische Kapitän muß jedenfalls zu
den ganz großen Seefahrern und Entdeckern der Geschichte gezählt werden. Die unternehmungslustigen Karer verdingten sich auch gern als
Söldner «nach Übersee»; solche karischen Söldner sind im Dienst des
Pharaos Psammetich II. (595 bis 589 v. Chr.) bis in den nördlichen Sudan
gekommen und haben bei ihrer Rückkehr Inschriften auf die Beine der
Ramseskolosse des großen Felsentempels von Abusimbel gekritzelt.

Nicht ganz falsch dürften auch griechische Angaben, zum Beispiel bei
Herodot (I, 171), sein, wonach die Karer ursprünglich auf den ägäischen
Inseln beheimatet gewesen sein sollen und von dort durch die Griechen
aufs kleinasiatische Festland zurückgedrängt worden seien. Das gilt zum
mindesten in dem Sinne, daß die vorgriechischen Inselbewohner mit den
Menschen auf dem gegenüberliegenden kleinasiatischen Festland nahe
verwandt waren. Unzweifelhaft hängt der karische Ortsname Labranda

bzw. Labraunda mit dem vorgriechischen Wort «labrys», «die Doppelaxt», zusammen. Der als Zeus bezeichnete große Gott von Labranda
wurde auch gern mit einer Doppelaxt dargestellt, was wir von Münzbil-
dern her wissen. Bekanntlich hat die Doppelaxt im alten «minoischen»
Kreta eine große Rolle gespielt. Irgendwelche Zusammenhänge sind
wahrscheinlich, doch darf man nicht in den Fehler verfallen, sich ein altes
einheitliches Volk auf den Inseln und in Karien vorzustellen. Vor einer
solchen Vorstellung sollte schon Herodots Bericht über die Leute in Kaunos warnen (I, 172/173). Darin sagt er nämlich, daß er selbst die Kaunier
für Ureinwohner halte, diese sich aber als Einwanderer aus Kreta ausgä-
ben. In ihren Sitten würden sich die Kaunier von den (übrigen) Karern
völlig unterscheiden, ihre Sprache hätten sie von den Karern übernommen oder umgekehrt, was Herodot nicht entscheiden mag.

Daß es den Griechen nur an einzelnen Stellen der karischen Küste
gelang, Niederlassungen zu gründen, ist bereits erwähnt worden. Doch
anders als die Lykier mußten sich ihre karischen Nachbarn der Macht
der Lyderkönige Alyattes und Kroisos beugen und ihre Oberhoheit aner-
kennen. In der Folgezeit nahm jedoch die Geschichte der Karer und der
Lykier einen ähnlichen Verlauf. Genau wie das lykische Xanthos leisteten
die Karerstädte Pedasos östlich von Halikarnass und Kaunos im Jahre
545 v. Chr. dem Feldherrn des Perserkönigs Kyros heroischen, aber ver-
geblichen Widerstand. Ähnlich wie die Lykier bewahrten aber auch die
Karer unter der Oberhoheit des Perserkönigs eine gewisse Selbständig-
keit. Sie besaßen ebenfalls eine vom Großkönig tolerierte Bundesversammlung. Ähnlich wie die Lykierstädte entrichteten die Karer zur Zeit
der größten Machtentfaltung der Athener diesen Tribute. Angesichts der
Geldgier der attischen Demokratie kehrten die meisten Karerstädte
ebenso wie die Lykier — bald nach 440/439 v. Chr. — freiwillig wieder
unter die als weniger drückend empfundene Oberhoheit des Großkönigs
zurück. In einer Hinsicht unterschied sich die Entwicklung in Karien
jedoch spürbar von der in seinem südöstlichen Nachbarland. Während
nämlich die Lykier trotz aller Aufgeschlossenheit für die griechische
Kunst zäh an ihrem Lykiertum festhielten und die lykische Sprache erst
zur römischen Kaiserzeit verschwand, wurden die Karer frühzeitg gräzi-
siert. Schon im 4. Jahrhundert v. Chr. wurden die in den karischen Städten erlassenen Dekrete in griechischer Sprache abgefaßt, und auch sonst
hat wohl schon damals das Griechische das Karische mehr und mehr
zurückgedrängt. Mit diesem frühzeitigen Siegeszug der griechischen
Sprache in Karien hängt sicher auch die geringe Zahl der uns erhaltenen
karischen Inschriften zusammen. Männer wie der halbunabhängige Dynast Hekatomnos von Mylasa, der von 391–377 v. Chr. die Macht in
Karien ausübte, noch mehr sein Sohn und Nachfolger Maussollos, der
von 377–353 v. Chr. die gleiche Stellung wie zuvor sein Vater innehatte,

waren schon mehr Griechen als Karer. Das nach dem Tode des Maussollos von seiner Witwe Artemisia vollendete Grabmal zu Halikarnass, das «Maussolleum», war das Werk des griechischen Architekten Pytheos, der auch den Athenatempel in der Ionierstadt Priene erbaut hat; die Reliefs an den vier Seiten des Grabmals wurden von griechischen Künstlern geschaffen. Zwar wurde das Bauwerk völlig abgetragen, als um 1400 n. Chr. die Johanniter-Ritter das mächtige Kastell von Halikarnass erbauten und dabei die Steine des antiken Grabmals verwendeten. Doch können wir dieses im Altertum zu den «Sieben Weltwundern» gezählte etwa 48 Meter hohe Grabmal anhand verschiedener Angaben antiker Schriftsteller zeichnerisch recht gut rekonstruieren.

So waren die einst von den Griechen gefürchteten Karer kulturell schon fast zu einem Volk der griechischen Welt geworden, noch ehe der Makedone Alexander zu seinem Welteroberungszug aufbrach. Ähnlich stand es zu diesem Zeitpunkt auch um die Lyder. Ihre Nachbarn im Osten, die einst politisch wie kulturell so bedeutenden Phryger, waren zwar noch als Volk vorhanden, hatten aber jede Bedeutung verloren. Somit war es nur das kleine Volk der Lykier, das in seinem abgelegenen Heimatland immer noch so etwas wie eine eigenständige Größe repräsentierte. Der eigentliche Gegenspieler der Griechen im Kampf um Kleinasien war aber schon seit der Mitte des 6. Jahrhunderts v. Chr. das Persertum, Träger des damals fast aus dem Nichts urplötzlich zu einer Weltmacht emporgestiegenen Staates der Achämenidenkönige. Ehe wir uns aber diesem Perserreich zuwenden, müssen wir uns noch einmal ins uralte Kulturland am unteren Nil zurückbegeben. Denn Ägypten, seit Jahrhunderten so gut wie aus der Weltgeschichte ausgeschieden, war um das Jahr 660 v. Chr. durch das Wirken eines genialen Mannes mehr libyscher als ägyptischer Abstammung noch einmal zu einer Macht von Format geworden.

Elftes Kapitel

Fürst Psammetich von Saïs und die «Renaissance» des Pharaonenreiches

König Gyges von Lydien und Fürst Psammetich. — Die Libyerherrschaft in Ägypten. — Die ägyptischen Priester und ihre geistige Haltung. — Die Könige von Napata in Südnubien und ihre Pyramiden. — Nordsudanesen und Assyrer. — Der Untergang des Fürsten Necho von Saïs. — Psammetichs Persönlichkeit und sein Weg zur Macht. — Psammetichs griechische und karische Soldatenkolonisten. — Ägyptisch-griechische Handelsbeziehungen. — Psammetichs große Politik und das Gleichgewicht der Mächte Vorderasiens. — Psammetichs Sohn und Nachfolger Necho. — Das «Janusgesicht» des saïtischen Ägyptens. — Pharaonen, Priester und Tempel. — Das «Serapeum» bei Memphis. — Griechische Mißverständnisse. — Herodot und die Cheops-Pyramide. — Amasis und die «griechischen Weisen». — Die Pharaonen von Saïs, Nebukadnezar von Babylon und die Judäer. — Nechos Flottenschöpfung und die erste Umsegelung Afrikas. — Der Fall Jerusalems. — Die Usurpation des Amasis. — Amasis, der Lebenskünstler und der Politiker. — Die Entstehung der Griechenstadt Naukratis im Nildelta. — Der Perserfürst Kyros und der Zusammenbruch der politischen Weltordnung. — Der Lyderkönig Kroisos und der Halys-Fluß. — Die Eroberung Ägyptens durch die Perser. — Der «persische Pharao» Dareios. — Das Pharaonenreich des 4. Jahrhunderts v. Chr. — Die Tempelinsel Philä. — Die Bildnisse des Pharaos Nektanebis I. — Die makedonische und die römische Herrschaft über Ägypten. — Der letzte Kampf der libysch-ägyptischen «Machimoi» und die letzten Pharaonen von Theben. — Das Ende der ägyptischen Geschichte

Als Gyges, der tatkräftige Ursupator auf dem lydischen Königsthron um das Jahr 655 v. Chr. bei seinen schweren Kämpfen gegen die Kimmerierhorden vorübergehend Luft gewonnen hatte, schickte er eine Truppe nach Ägypten. Sie sollte dort einen Fürsten namens Psammetich von Saïs und Memphis unterstützen; vom Assyrerkönig Assurbanipal, dessen Bericht wir die Kenntnis dieses Ereignisses verdanken, wurde er Pischamilki genannt. Das Assyrerreich war seit längerer Zeit die Vormacht im vorderen Orient und hatte seit 671 v. Chr. seine Macht auch auf das untere Niltal ausgedehnt. Doch jetzt schickte sich besagter Fürst Psammetich an, die assyrische Oberhoheit über Ägypten zu liquidieren. In der damit verbundenen Schwächung der Assyrermacht sah der Lyder Gyges mit Recht einen Gewinn auch für seinen eigenen Staat. Wer war dieser Psammetich, Sohn des Necho?

Zunächst müssen wir feststellen, daß weder sein Name noch der seines Vaters ägyptisch ist. Es handelte sich vielmehr um eine Familie libyscher Abkunft, die zwar schon seit vielen Generationen in Unterägypten heimisch, aber doch nur äußerlich ägyptisiert war. Wir erinnern uns, daß um das Jahr 950 v. Chr. der libysche General Schoschenk, «Großfürst der Maschwesch», den letzten Pharao ägyptischer Volkszugehörigkeit abgesetzt und die Herrschaft über das untere Niltal in die eigenen starken Hände genommen hatte. Seither waren fast dreihundert Jahre verflossen, vieles hatte sich ereignet, nur eines nicht: kein Ägypter hatte jemals wieder die Geschicke seines Landes bestimmt.

Der zum Pharao gewordene libysche General Schoschenk und seine Nachkommen hatten längere Zeit das Pharaonenreich wenigstens äußerlich zusammengehalten. Um 930 v. Chr., etwa fünf Jahre nach dem Tode des israelitischen Königs Salomo, hatte Schoschenk sogar noch einen erfolgreichen Kriegszug nach Palästina geführt. Doch in der zweiten Hälfte des 9. und vollends in der ersten Hälfte des 8. Jahrhunderts v. Chr. war Ägypten so gut wie völlig aus der Weltgeschichte ausgeschieden, das Land in ein Bündel von Kleinstaaten auseinandergefallen. Sie alle wurden von Nachkommen ehemaliger libyscher Söldnerführer regiert. Auch die Spitze der Beamtenschaft und vor allem die gesamte bewaffnete Macht bestand aus solchen Libyern. Diese Soldaten libyscher Abkunft hatten sich schon zu Beginn des 1. Jahrtausends v. Chr. zu einem erblichen Stand entwickelt, genannt die Ma, eine Abkürzung des libyschen Stammesnamens Maschwesch bzw. Maschawascha. Die Griechen nannten diesen Kriegerstand «Machimoi». Diese «Machimoi» lebten in geschlossenen Kriegerkolonien in den Gauen des Deltas; jeder Mann besaß ein steuerfreies Grundstück von etwa 3 Hektar.

Die Ägypter selbst hatten die Arbeiten zu verrichten, die die alljährliche Nilschwelle mit sich brachte, sie waren die Bauern, die Fellachen. Sie stellten auch die Handwerker und Gewerbetreibenden in den Städten, dazu das Heer der kleinen Beamten und Schreiber. Aber nur auf einer Ebene spielten sie noch eine führende Rolle in der Gesellschaft: als Diener der Götter, als Verwalter der nach wie vor riesigen Besitztümer der Tempel, als Priester. Sie waren die Hüter der altägyptischen Traditionen, doch war jetzt endgültig zum Durchbruch gekommen, was sich seit der gescheiterten Revolution Echnatons angebahnt hatte: geistige Erstarrung und Unbeweglichkeit, kaum noch zu überbietende Wertschätzung aller nur möglichen Formeln und Äußerlichkeiten des Kultus, die peinlich genaue «Erfüllung des religiösen Gesetzes». Der Einfluß dieser Priester auf die Massen, die immer primitiver geworden waren, passiv, aber dennoch zum Fanatismus neigend, war kaum zu überschätzen. Gegen die Priester konnte in Ägypten niemand regieren, und die Inhaber der politischen Macht versuchten es auch nicht. Einmal, weil die zu Königen und

Fürsten gewordenen Nachkommen der libyschen Söldner selbst in den
Bannkreis der alten ägyptischen Kultur geraten waren, dann aber auch
aus Klugheit. Schon Pharao Schoschenk hatte es verstanden, einen seiner
Söhne zum Hohenpriester des Gottes Amon von Theben zu machen, und
ähnlich verfuhren seine Nachfolger. So kam es auch zu einer gewissen
Vermischung zwischen den Trägern der staatlichen Macht, die libyscher
Herkunft waren, und den priesterlichen Exponenten des Ägyptertums.

Eine neue Entwicklung ging dann von der alten ägyptischen Kolonialstadt Napata im südlichen Nubien, unweit des 4. Nilkataraktes gelegen,
aus. Dieses Napata war zu Beginn des 1. Jahrtausends v. Chr. zum Zentrum eines eigenen Staates geworden. Er wurde zwar von Nubiern und
mit ihnen verwandten Nordsudanesen beherrscht, war aber in mancher
Hinsicht «ägyptischer als Ägypten selbst». Die Herrscher von Napata
führten die alte ägyptische Pharaonentitulatur und nannten sich «König
von Ober- und Unterägypten». Sie erbauten sich sogar Pyramiden als
letzte Ruhestätte; im Dunstkreis der Stadt Napata entstanden ganze Felder solcher Bauten, kleiner, schlanker und steiler als seinerzeit in Ägypten, aber sonst ganz nach uralter ägyptischer Tradition. Den ägyptischen
Göttern wurden Tempel im ägyptischen Stil errichtet und mit ägyptischen Reliefs geschmückt. Die Inschriften wurden in Hieroglyphen geschrieben, die geheiligte Sprache dieser Inschriften war das Ägyptische,
nicht einer der vom Volk gesprochenen einheimischen Dialekte. Die
mächtigste geistige Kraft im Reiche von Napata war die Priesterschaft
des großen Gottes Amon von Theben, der in Napata eine zweite Heimat
gefunden hatte. Die Pharaonen des nubisch-nordsudanesischen Reiches
betrachteten sich als die treuesten Diener Amons.

Um die Mitte des 8. Jahrhunderts v. Chr. drang ein solcher nubischer
Pharao namens Kaschta siegreich nach Oberägypten vor. Sein Nachfolger Pianchi — der Name bedeutet «der Lebende» — besiegte dann auch
die Libyerfürsten in Mittel- und Unterägypten und stellte sie bis ins Nildelta hinein unter seine Oberhoheit. Ein Jahrzehnt später erneuerte und
festigte Pianchis Nachfolger Schabaka nach einem weiteren siegreichen
Feldzug die nubische Macht über Ägypten. So war von Napata aus das
im Zeichen des Gottes Amon stehende Pharaonenreich vom Nordsudan
bis ans Mittelmeer wiederhergestellt — für ein halbes Jahrhundert. Im
Delta war allerdings die Macht der nubischen Pharaonen begrenzt; sie
mußten sich damit begnügen, daß die dortigen Libyerfürsten ihnen Tribute zahlten.

Damals stand in Vorderasien das kriegerische Großreich der Assyrer,
«die Gottesgeißel der Völker Vorderasiens», auf der Höhe seiner Macht.
Seinen kriegstüchtigen, vor keiner Brutalität zurückscheuenden Herrschern Tiglatpileser III. (745–726 v. Chr.), Salmanassar V. (726–722
v. Chr.), Sargon II. (722–705 v. Chr.), Sanherib (705–681 v. Chr.) und

Assarhaddon (681–669 v. Chr.) fiel überall in Vorderasien eine Stadt und ein Staat nach dem anderen zum Opfer. Da die Assyrer die Überlebenden der von ihnen Besiegten zum großen Teil in andere Provinzen ihres weiten Reiches deportierten, vor allem die jeweilige Oberschicht, bedeutete das vielfach auch den Tod der Völker. Was übrig blieb, war nur eine formlose Masse von Untertanen der assyrischen Herrenschicht. Nur zwei Beispiele für viele andere sind Altisrael, das 722 v. Chr., nach dem Fall seiner Hauptstadt Samaria als Staat und als Volk zugrundeging, und das späthethitische Karkemisch am mittleren Euphrat, das fünf Jahre später das Schicksal ereilte. Was es an der Peripherie des Assyrerreiches noch an Staaten gab, schwankte zwischen ängstlicher Unterwürfigkeit Assur gegenüber und Verzweiflungsaktionen hin und her. Dabei blickte man im südlichen Palästina, so zum Beispiel in Judas Hauptstadt Jerusalem, nach der einzigen Macht aus, die vielleicht Hilfe bringen konnte. Das war das von den Herrschern aus Napata erneuerte Pharaonenreich. Dieses war seinerseits an Palästina nicht uninteressiert, galt doch Gott Amon immer noch als der Herr nicht allein Ägyptens und Nubiens, sondern der ganzen Welt, zumal der früher einmal zum Pharaonenreich gehörenden Gebiete. Allerdings war das bloße Theorie, die kaum eine Chance auf Verwirklichung hatte. Mit berechtigtem Hohn konnten Abgesandte des Assyrerkönigs den widerspenstigen Judäern zurufen: «Verlaßt ihr euch auf Ägypten, diesen geknickten Rohrstab, der dem, der sich auf ihn stützt, durch die Hand fährt? Nichts anders ist der König von Ägypten für alle, die sich auf ihn verlassen!»[99]

Doch reichte die Macht der Pharaonen von Napata aus, um die Ruhe in den palästinensischen Grenzgebieten des Assyrerreiches stets von neuem empfindlich zu stören. So entschloß sich Assyriens König Assarhaddon zum Angriff auf Ägypten selbst. Einmal mißlang es (674 v. Chr.), beim zweiten Anlauf drangen die Assyrer in das Nilland ein und warfen die Streitkräfte des Pharaos von Napata weit nach Süden zurück (671 v. Chr.). Zweimal noch versuchten die Nubier, Ägypten zurückzugewinnen, zuletzt im Jahre 664 v. Chr. Dauernden Erfolg hatten sie nicht, im Gegenteil, die Assyrer drangen schließlich sogar siegreich nach Oberägypten vor und plünderten die altheilige Amons-Stadt Theben. Damit war die Rolle der Pharaonen von Napata in Ägypten ausgespielt. Im Nordsudan bestand ihr Reich jedoch noch ein volles Jahrtausend lang weiter, an die Stelle von Napata trat als Hauptstadt später Meroe, mehr als fünfhundert Kilometer weiter stromaufwärts gelegen. Dort wurde um 350 n. Chr. die letzte Pyramide erbaut, dreitausend Jahre nach der Entstehung der ersten Riesenbauten dieser Art, die sich die großen Pharaonen des Alten Reiches als letzte Ruhestätte und «Himmelstreppe» geschaffen hatten.

Die libyschen Fürsten des Nildeltas hatten bei den Kämpfen zwischen

den Pharaonen von Napata und den Assyrern eine Mittelstellung eingenommen, einmal diese, einmal jene Partei ergriffen, stets bestrebt, sich
selbst ein Höchstmaß an Unabhängigkeit nach beiden Seiten zu sichern.
Einer der bedeutendsten dieser Kleinfürsten, Necho von Saïs und Memphis, setzte dabei im Jahre 664 v. Chr. beim letzten Vorstoß der Nubier
nach Norden auf die falsche Karte: als Parteigänger des Assyrerkönigs
fand er im Kampf den Tod. Sein Sohn Psammetich mußte zu den Assyrern flüchten. Doch dann wendete sich das Blatt. Mit den siegreichen
Assyrern kehrte Psammetich zurück und erhielt von ihnen das mutmaß-
lich noch erweiterte Herrschaftsgebiet seines Vaters zurück. Als Vasall
des Assyrerkönigs, jetzt Assurbanipal (669–etwa 627 v. Chr.), wurde er
dann allmählich der heimliche Herr Ägyptens.

Denn bald nach der endgültigen Niederlage der Nubier in Ägypten
kam die Zeit, in der die Assyrer ihre gesamte Heeresmacht im Osten und
Südosten einsetzen mußten. Lange Jahre zogen sich dort die schweren
und wechselvollen Kämpfe hin. Erst 648 v. Chr. fiel nach einer zweijähri-
gen Belagerung das aufständische Babylon, und die Einnahme der hartnäckig verteidigten Elamiterhauptstadt Susa (im Südwesten des heutigen
iranischen Staatsgebietes) gelang den Truppen Assurbanipals gar erst im
Jahre 640 v. Chr. Doch damals konnte von einer assyrischen Oberhoheit
über Ägypten schon längst nicht mehr die Rede sein. Schon um 655
v. Chr., in der Zeit, als der Lyderkönig Gyges seine Hilfstruppe nach
Ägypten sandte, hatte Psammetich seine Tributzahlungen nach Assyrien
eingestellt.

Wie schon gesagt, war Psammetich kein Ägypter. Und doch ist er einer
der ganz großen Gestalten der ägyptischen Geschichte. Seine ganz persönliche Leistung war es, daß Ägypten für nicht weniger als hundertdrei-
ßig Jahre wieder zu einer der führenden Großmächte der damaligen Welt
wurde und daß das Land eine lange nicht mehr gekannte Wirtschafts-
blüte erlebte. Der schon im Erlöschen befindlichen uralten ägyptischen
Kultur war noch einmal eine große Zeit beschieden; wir bezeichnen sie
gern als «Saïtische Renaissance». Psammetich war einer der ausgeprägte-
sten Individualitäten, die die ägyptische Geschichte kennt. In dieser Hinsicht kann nur der hochgeistige Echnaton noch über ihn gestellt werden.
Doch während Echnaton an seinem Mangel an Wirklichkeitssinn, seiner
Blindheit für die «Welt der Tatsachen» gescheitert ist, äußerte sich Psammetichs Genialität darin, wie er diese «Welt der Tatsachen» mit sehr
individuellen Methoden in seinem Sinne zu gestalten und zu meistern
verstand.

Am Anfang seiner Laufbahn war Psammetich nur ein Duodezfürst
unter allen möglichen seinesgleichen, wenn auch sein Machtbereich im
zentralen und nordwestlichen Nildelta bedeutender war als der manches
anderen libysch-ägyptischen Kleinfürsten. Dazu war er eingekeilt zwi-

schen der ihm zunächst noch weit überlegenen Macht des Pharaos von Napata und des kriegerischen Großreiches der Assyrer. Die Weltlage gestaltete sich für den Mann aus Saïs günstig, als zuerst die große Niederlage des ersteren durch die Assyrer erfolgte, dann aber bald darauf die Schwierigkeiten der letzteren in Vorderasien begannen. Entscheidend war aber doch erst, daß Psammetich diese Weltlage zu nutzen verstand und gleichzeitig seine Rivalen im eigenen Land überspielen konnte. In einigen Fällen gelang das mit friedlichen Mitteln. So wissen wir, daß das in Mittelägypten bedeutende Fürstenhaus von Herakleopolis — wegen seines besonderen Einflusses auf die Flußschiffahrt auch «die Schiffsmeister» genannt — sich frühzeitig Psammetich anschloß. Näheres wissen wir von einem diplomatischen Meisterstreich, der im 9. Jahr seiner Regierung (656 v. Chr.) zur Einverleibung der alten oberägyptischen Metropole Theben und der ganzen Thebais in den Machtbereich Psammetichs mit friedlichen Mitteln führte.

In der alten Amons-Stadt Theben war die Machtstellung der Priester damals noch stärker ausgeprägt als irgendwo anders in Ägypten. Das besondere Treueverhältnis der Pharaonen von Napata zu Gott Amon hatte das noch weiter gesteigert. Auch nach der Zurückdrängung der nubischen Truppen in den Nordsudan und der Plünderung Thebens durch die Assyrer war das Ansehen der Amons-Priester ungebrochen. Hohe Autorität besaß dabei die «Gottesgemahlin des Amon», eine Priesterin, die unverheiratet blieb und ihre Würde durch Adoption vererbte. Jetzt gelang es Psammetich, die Inhaberin dieser Würde, eine nubische Prinzessin, zur Adoption seiner eigenen jungen Tochter Nitokris zu bewegen. Das geschah im März 656 v. Chr. in einer feierlichen Zeremonie, wobei der Saïtin auch das große Vermögen übertragen wurde, das mit der Stellung der geistlichen Fürstin verbunden war. Die Würdenträger der bisherigen «Gottesgemahlin» behielten zwar weiter ihre Stellungen, doch stellte sich bald heraus, daß das nur eine geschickt und höflich gehandhabte Formsache war. In Wirklichkeit sprachen von nun an neue Männer aus Unterägypten, das heißt aus Psammetichs engerer Heimat, die der jungen Nitokris als «Ratgeber» und «Ehrenbegleiter» ins oberägyptische Theben gefolgt waren, das entscheidende Wort, das heißt letzten Endes Pharao Psammetich selbst.

Doch noch vor diesen Ereignissen, die sich 656 v. Chr. zu Theben abspielten, waren diejenigen Kleinfürsten im Norden des Landes, die sich gegen Psammetich gestellt hatten, mit militärischer Gewalt unterworfen worden. Das war dem Saïten in kurzen Jahren gelungen, weil er es verstanden hatte, sich mit ganz neuartigen Mitteln eine tüchtige ihm persönlich ergebene Truppe zu verschaffen.

Es war damals die Zeit der großen griechischen Auswanderungsbewegung, der Gründung neuer griechischer Siedlungen an allen möglichen

Küsten des Mittelmeers. Doch das gelang nur dort, wo die Einheimischen des betreffenden Hinterlandes an politischer Organisation und militärischer Kraft unterlegen waren. Ähnlich wie an der Küste des Etruskerlandes oder an der Ostküste der Apennin-Halbinsel hätten die Griechen auch in Ägypten kaum Fuß fassen können, wären sie nicht dorthin eingeladen worden. Der Saïte Psammetich hat die Lage in der ägäischen Welt offenkundig richtig beurteilt und sie zu seinen Gunsten ausgenutzt. «Eherne Männer», meint Herodot, «ionische Griechen und Karer, seien in Ägypten gelandet und in Psammetichs Dienst getreten. Mit ihrer Hilfe habe Psammetich die Oberhand über seine Widersacher gewonnen.» So war es in der Tat. Zuerst hatte Psammetich damit begonnen, an der Deltaküste gelandete Piraten in seinen Dienst zu nehmen. Bald zog ein in Psammetichs Dienst getretener Grieche oder Karer zehn andere nach sich, sprach sich doch rasch herum, daß auswanderungswillige Männer in Ägypten das fanden, was sie suchten: Siedlungsland. Dazu kam noch die von Gyges übersandte Truppe; auch von ihr ist gewiß ein Teil auf die Dauer im Land am Nil geblieben. Die Griechen und Karer, neben ihnen in geringerer Zahl auch Nubier, Libyer, Phöniker, Syrer und Judäer, wurden in Soldatenkolonien angesiedelt. So entstanden zum Beispiel am Pelusischen Nilarm unterhalb der Stadt Bubastis, das heißt unweit der besonders gefährdeten Nordostgrenze Ägyptens, große «Heerlager». Das ganze System beruhte nicht auf der zeitweisen Anwerbung von Söldnern, sondern auf der dauernden Gewährung von Siedlungsland an militärisch einsatzfähige Fremde gegen Verpflichtung zum Kriegsdienst. Das Kommando über die ausländischen Soldatenkolonisten führten dabei libysch-ägyptische Offiziere aus dem engeren Kreis der Vertrauten des Herrschers. Zur Überwindung der sprachlichen Schwierigkeiten wurde für die Ausbildung besonderer Dolmetscher Sorge getragen. Das alles wissen wir teils aus griechischen Berichten, die hinsichtlich der ägyptischen Geschichte erstmalig für die Zeit Psammetichs brauchbare Angaben bieten, teils aus ägyptischen Inschriften, die sich auf Name, Herkunft, Dienstgrad und Tätigkeit von Offizieren des Psammetich und seiner Nachfolger beziehen.

Ganz selbstverständlich folgte dem Soldatenkolonisten der Kaufmann. So kam es zum Export von ägyptischem Getreide, daneben auch von Papyrus und Segelzeug; die Griechen bezahlten diese Lieferungen mit Silber. Bald war der Pharao aus Saïs in der griechischen Welt ein bekannter und berühmter Mann. Das zeigt nichts deutlicher als die Tatsache, daß der Neffe und Nachfolger des Tyrannen Periander von Korinth, des mächtigsten Mannes im Griechenland des ausgehenden 7. Jahrhunderts v. Chr., den Namen Psammetich erhielt.

Psammetichs Vorgehen war entschieden ein Erfolg, doch hatte es auch seine Nachteile. Nicht alle Angehörigen des alten libysch-ägyptischen

Kriegerstandes nahmen den Verlust ihrer früheren Monopolstellung hin, am wenigstens die Leute der anderen nunmehr von Psammetich entmachteten Deltafürsten. Ein in seinen Details etwas phantastischer Bericht Herodots, dessen Kern aber gewiß historisch ist, sagt, «240 000 Machimoi» hätten Psammetichs Ägypten verlassen und seien ins nubische Pharaonenreich von Napata gegangen. Auch das System der Soldatenkolonisten ausländischer Herkunft selbst hatte seine unvermeidlichen Schwächen, vor allem wegen der Auswirkungen des ständigen seßhaften Garnisonslebens, wobei die Männer — obwohl es ihnen eigentlich verboten war — oft auch allen möglichen Erwerbstätigkeiten und Geschäften nachgingen. Wenn der Prophet Jeremia Ägyptens Soldaten einmal mit gemästeten Stallkälbern vergleicht, die vor dem Feind davonliefen, war das zwar boshaft und übertrieben, gleichwohl steckte ein Körnchen Wahrheit in dieser Bemerkung. Aber Psammetich hatte kaum eine Wahl. Am wenigstens wäre es ein Ausweg gewesen, ägyptische Fellachen zu Soldaten zu machen. Psammetich hat es nicht einmal versucht, gewiß in der klaren — bis zum heutigen Tag immer wieder erneut bestätigten — Erkenntnis, daß diese Fellachen keinerlei Voraussetzungen für diese Rolle erfüllten. Daß sich Psammetich aber trotz seiner Erfolge über die Schwächen seiner Armee im Klaren war, zeigt deutlich die Außenpolitik seiner späteren Regierungsjahre.

In der Zeit um 630–625 v. Chr. drangen skythische Stämme plündernd durch Vorderasien und gelangten sogar bis nach Südpalästina, näherten sich also den Grenzen Ägyptens. Psammetichs Truppen gelang es jedoch, sie abzuweisen; auf der Verfolgung nahmen sie sogar die alte Philisterstadt Aschdod ein. Dagegen war das Assyrerreich schwer angeschlagen. 626 v. Chr. war Babylonien unter einem Chaldäerfürsten namens Nabupolassar von Assyrien abgefallen, und etwa gleichzeitig ging der neue König der iranischen Meder, Kyaxares, daran, die Gebirgsstämme im nordwestlichen Iran zum erstenmal in der Geschichte zu einem mächtigen Staatsgebilde zusammenzufassen. Spätestens zu diesem Zeitpunkt muß Psammetich klar erkannt haben, daß Assyrien längst keine Gefahr mehr für Ägypten bedeutete. Dazu kam aber die Erkenntnis, daß ein auf den Trümmern Assyriens errichtetes, neues vorderasiatisches Großreich sehr wohl zu einer tödlichen Gefahr für Ägypten werden könnte. Seit längerer Zeit schon lag im vorderasiatischen Orient die Idee des universalen Weltreiches ständig in der Luft. War ein solches aber erst einmal entstanden, würde es kaum an Ägyptens Grenzen Halt machen. Psammetichs Verhalten zeugt von einer tiefen Einsicht in die politische Lage im damaligen Vorderasien, aber auch in die geistigen Hintergründe der weltpolitischen Situation. Er entschied sich dafür, zugunsten der jeweils schwächeren Macht einzugreifen, um in Vorderasien ein Gleichgewicht der Kräfte aufrechtzuerhalten — im wohl verstandenen ägyptischen Lebensinteresse. Gelang das nicht und bildete sich ein neues universales Großreich heraus, dann war die Gefahr für das Nilland riesengroß.

So entsandte Psammetich — wir wissen es aus einer babylonischen Chronik — im Jahre 616 v. Chr. eine ägyptische Armee ins Zweistromland. Sie sollte dort den in schwere Kämpfe verwickelten Assyrern helfen. Tatsächlich gelang es den Assyrern mit Hilfe des pharaonischen Expeditionskorps, den Chaldäerkönig Nabupolassar zum Rückzug nach Babylonien zu zwingen. Doch auch Psammetichs Hilfe schaffte den Assyrern nur vorübergehend Entlastung. 614 v. Chr. eroberten die verbündeten Meder und Chaldäer die alte Assyrerhauptstadt Assur und zerstörten sie; 612 v. Chr. fiel auch Ninive und wurde dem Erdboden gleich gemacht. Mit Mühe behauptete sich westlich der verlorenen assyrischen Kernlande noch ein Prinz Assuruballit, der sich zu Charran, östlich des mittleren Euphrats, zum König ausrufen ließ. Doch verlor er 610 v. Chr. auch diese Stadt und mußte über den Euphrat nach Westen zurückgehen. Etwa zu diesem Zeitpunkt beschloß in Ägypten der Pharao Psammetich sein langes Leben. Doch sein Sohn und Nachfolger Necho (610–595 v. Chr.) führte die Politik seines Vaters weiter: im Sommer des Jahres 609 v. Chr. überschritt ein vereinigtes ägyptisch-assyrisches Heer noch einmal den Euphrat und besiegte eine babylonische Abteilung. Die Stadt Charran konnte es indessen nicht wieder gewinnen. So ging im Jahre 608 v. Chr. Pharao Necho persönlich auf den Kriegsschauplatz.

Unterbrechen wir hier die Schilderung der Ereignisse und blicken wir auf das Lebenswerk des großen Saïten zurück. Da bietet sich uns das Bild eines weltoffenen Mannes, der klar erkannte, was es auch für das Nilland bedeutete, wenn wandernde Barbarenstämme vom Kaukasus her in das Assyrerreich einbrachen, wenn sich in Babylonien die Chaldäer erfolgreich gegen Assur erhoben, wenn im Iran ein neues mächtiges Großreich entstand. Nicht minder aufmerksam beobachtete er die Lage in der ägäischen Welt und verstand es, sie mit völlig unorthodoxen Methoden zum eigenen Vorteil auszunutzen. Die neu errungene Stellung Ägyptens in der Welt war ganz und gar die Leistung eines Mannes, der nicht nur während seiner mehr als fünfzig Jahre währenden Regierungszeit die Politik seines Landes bestimmte, sondern ihr auch über seinen Tod hinaus die Wege wies. Denn sein Sohn und Nachfolger Necho folgte ganz und gar den Maximen Psammetichs.

Vergessen wir jedoch einmal die große Politik Psammetichs und Nechos und wenden wir uns den geistigen Strömungen, der Kultur und Kunst des saïtischen Ägyptens zu. Da drängen sich uns völlig andere Eindrücke auf. Mit Erstaunen sehen wir, daß man dort alle Kräfte daran setzte, ein in ferner Vergangenheit wurzelndes Lebensideal zu verwirklichen. Auch wir selbst leben in einer Zeit der «Nostalgie», auch bei uns herrschen in zunehmendem Maße Unbehagen an der Gegenwart, innere

Unsicherheit und steigende Furcht vor der Zukunft. Von der noch vor kurzer Zeit weit verbreiteten naiven Fortschrittsgläubigkeit ist wenig genug übriggeblieben. Weit verbreitet ist dagegen die Freude an «oldtimern» aller Art, an antiken Möbeln, Segelschiffen, Dampflokomotiven, alten Motorfahrzeugen und tausend anderen Dingen mehr. Doch das alles ist nichts im Vergleich zu dem, was sich im Ägypten der Saïtenzeit abgespielt hat.

Der Stil der damals geschaffenen Werke der bildenden Kunst schloß sich so eng wie möglich an die anderthalb bis zweieinhalb Jahrtausende zurückliegende Zeit des Alten und Mittleren Reiches der Pharaonen an. In Kleidung und Haartracht ließ man sich so darstellen, wie es in jenen längst verflossenen Tagen üblich gewesen war. Es gibt Statuen und Porträtköpfe, die es dem Kunsthistoriker unserer Gegenwart mitunter schwer machen zu entscheiden, ob das betreffende Kunstwerk aus dem Beginn des 2. vorchristlichen Jahrtausends oder aus der Zeit um 600 v. Chr. stammt. Die Amtsbezeichnungen der Würdenträger der Saïtenzeit wurden mit Titeln wiedergegeben, wie sie zur Zeit der Pyramidenerbauer üblich gewesen waren. Bei der Abfassung von Inschriften versuchte man, die längst nicht mehr gesprochene klassische Sprache und die dazu gehörige Form der Schrift nachzuahmen. Selbst ganze Texte, Totentexte zum Beispiel, wurden einfach wörtlich übernommen. Pyramiden und andere alte Bauwerke wurden sorgfältig ausgebessert, der religiöse Kult der vor Jahrtausenden verstorbenen Pharaonen ehrfurchtsvoll gepflegt.

Diese «Welle der Nostalgie» steht in einem krassen Widerspruch zum Bild des mitten in der Welt seiner Zeit stehenden *Staates* eines Psammetich und eines Necho. Auf den ersten Blick scheint dieses Rätsel unlösbar. Und doch gibt es eine Erklärung dafür.

Machtstellung und Einfluß der ägyptischen Priester waren nach wie vor ungebrochen. Religiosität und religiöser Formalismus waren sogar stärker denn je. Dazu kam eine immer schärfere Exklusivität, Ablehnung alles Fremden und aller Ausländer; diese galten als «unrein», schon weil sie sich selbstverständlich nicht an die Ritualvorschriften, Speisegebote und vor allem Speiseverbote der ägyptischen Religion hielten. Sehr bezeichnend ist, daß man die Zeit des Alten und des Mittleren Reiches, in der die Kontakte zwischen Ägypten und der Außenwelt von untergeordneter Bedeutung waren, als das große Vorbild empfand. Das Neue Reich hingegen mit seinen engen Verbindungen zu anderen Ländern lehnte man ab, speziell die Zeit der Ramessiden. So wurden die in jener Zeit ins ägyptische Pantheon eingedrungenen ausländischen Gottheiten jetzt verfemt. Selbst der uralte ägyptische Gott Seth, der besonders in der zweiten Hälfte des Neuen Reiches hoch verehrt worden war und mehreren Pharaonen den Namen gegeben hatte, wurde jetzt aus dem Götterhimmel verbannt. Das geschah nicht nur, weil er in der Mythologie die Rolle des

Mörders des Osiris spielte, sondern vor allem auch, weil er der «Gott des Auslands» war.

Pharao Psammetich und seine Nachfolger unterhielten aber lebhafte diplomatische Beziehungen zu den Staaten des Auslands, unterstützten sie gegebenenfalls sogar durch Entsendung eigener Truppen, ja sie holten die verhaßten Fremden selbst nach Ägypten, siedelten sie dort an und gewährten ihnen Privilegien! Sie taten also das krasse Gegenteil dessen, was die Priester als Ideal ansahen. Dafür, daß Psammetichs Maßnahmen politisch und militärisch notwendig waren, hatten die Priester kein Verständnis. Aber die saïtischen Pharaonen brauchten zum mindesten stillschweigende Duldung ihres Tuns durch die Priester, sonst war ihre Stellung unhaltbar.

So haben Psammetich und sein Haus die priesterlichen Gefühle geschont, die priesterlichen Ansprüche sogar noch gefördert, wo immer es ohne Gefahr für ihr politisches Werk möglich war. Staatliche Förderung der Archaisierungstendenzen bei der Abfassung von Inschriften, der Herstellung von Kunstwerken und der Formulierung von Titulaturen konnte nach Lage der Dinge nur nützlich sein. Vor allem aber versuchten die Saïten, durch Tempelbauten, Restaurierungsarbeiten an in Verfall geratenen Heiligtümern und großzügige Dotationen die Priester zu gewinnen. Daß von der Architektur der Saïtenzeit nur wenig auf unsere Tage gekommen ist, beruht allein darauf, daß der Schwerpunkt ihrer Bautätigkeit im Nildelta lag, wo die Voraussetzungen für die Erhaltung alter Bauwerke denkbar ungünstig sind. Nur dürftige Trümmer sind von der Königsstadt Saïs übriggeblieben, überhaupt nichts mehr zu sehen ist vom prächtigen Tempel der Stadtgöttin Neith, aber auch vom Palast der Pharaonen und von ihren Gräbern. Nicht wesentlich anders steht es um die Bauten in den seinerzeit führenden volkreichen Deltastädten Mendes, Sebennytos, Buto, Athribis, Bubastis und anderen mehr. Manche kennen wir überhaupt nur von Schilderungen durch Griechen, die diese Städte und ihre Bauten mit eigenen Augen gesehen haben. Selbst von den Tempeln zu Memphis, dem des Gottes Ptah und dem der Isis sowie den dort aufgestellten Riesenstatuen wissen wir fast nur etwas durch Herodots Bericht. Einzig und allein die unterirdische Grabanlage für die Mumien der Gott Ptah heiligen Apisstiere in der Wüste westlich von Memphis haben wir noch vor Augen, der dazu gehörige oberirdische Kulttempel ist aber ebenfalls längst verschwunden. Ramses II. hatte einst die Grabanlage für die Apisstiere anlegen lassen, doch erst Psammetich begann ihre Erweiterung, die ihr die gewaltigen Dimensionen gab. 350 Meter beträgt die Länge der 3 Meter breiten und 5,5 Meter hohen Gänge, die eigentlichen Sargkammern sind im Durchschnitt 8 Meter hoch. Die vierundzwanzig riesigen, aus einem einzigen Block herausgearbeiteten Sarkophage für die Stiermumien sind etwa 4 Meter lang, 2,30 Meter breit, 3,30

Meter hoch und etwa 65 000 Kilogramm schwer. Teilweise wurden diese Blöcke aus den fast 1000 Kilometer von Memphis entfernten Steinbrüchen bei Assuan im äußersten Süden des Landes herbeigeholt. Das später als «Serapeum» bezeichnete Riesenbauwerk — das einzige aus der Saïtenzeit, das wir wenigstens in seinen unterirdischen Teilen noch vor Augen haben — läßt, zusammen mit einigen schriftlichen Angaben über die den Tempeln zugeflossenen Stiftungen an Land, Menschen, Vieh und anderem mehr, eine Ahnung davon aufkommen, welchen ungeheuren Aufwand die Saïtenzeit für die Götter und die priesterlichen Verwalter ihrer irdischen Besitztümer getrieben hat.

Die Griechen haben Ägypten, das sie in dieser Zeit als Soldaten-Kolonisten, als Kaufleute und bald auch als Bildungsreisende kennengelernt haben, niemals richtig verstanden. Sie traten dem Nilland und seinen Menschen mit einer Mischung von erstauntem Kopfschütteln und verehrungsvoller Bewunderung entgegen. Groteske Fehlurteile finden sich selbst bei einem so klugen und gut beobachtenden Mann wie Herodot, der um die Mitte des 5. Jahrhunderts v. Chr. Ägypten in seiner ganzen Ausdehnung bereist hat, aber keineswegs nur bei ihm. So versetzt er zum Beispiel die großen Pyramidenerbauer des Alten Reiches in die Zeit kurz vor der Herrschaft der nubischen Pharaonen von Napata über Ägypten. Und dann erzählt er über Pharao Cheops (II, 124 ff.): «Cheops hat das Land ins tiefste Unglück gestürzt. Zunächst hat er alle Heiligtümer zuschließen lassen und das Opfern verhindert. Weiter hat er alle Ägypter gezwungen, für ihn zu arbeiten.» Dann folgt eine Schilderung, wie der Bau der Cheopspyramide vor sich gegangen sein soll, mit Hilfe eiserner Werkzeuge, hölzerner Gerüste und Hebevorrichtungen! Anschließend heißt es: «An der Pyramide ist in ägyptischen Buchstaben verzeichnet, welche Mengen von Rettichen, Zwiebeln und Knoblauch die Arbeiter verzehrt haben. Wenn ich mich recht an die Summe erinnere, die mir der Dolmetscher nannte, der die Inschriften entzifferte, so waren es eintausendsechshundert Talente Silbers. Wenn das richtig ist, welche Unsummen müssen dann erst für die eisernen Werkzeuge, für das Brot und für die Kleidung der Arbeiter ausgegeben worden sein! ... Cheops war ein so verruchter Mensch, daß er in seiner Geldnot die eigene Tochter in ein Freudenhaus brachte und ihr eine bestimmte Geldsumme — wieviel sagten die Priester mir nicht — zu schaffen befahl. Sie brachte die verlangte Summe zusammen und faßte auch den Entschluß, ebenfalls ein Denkmal für sich zu errichten. Jeden Mann, der sie besuchte, bat sie, ihr einen Stein für den großen Bau zu schenken. Aus diesen Steinen soll sie die mittlere der drei Pyramiden haben bauen lassen, die vor der großen Pyramide steht ...» Nicht besser war dann Cheops Nachfolger, «sein Bruder Chephren». «Die Ägypter hassen diese Könige so, daß sie ihre Namen nur ungern nennen.» Es folgte der gute Pharao Mykerinos, «der

Sohn des Cheops». Als seine Tochter starb, «war er tief bekümmert. Er wollte sie noch kostbarer begraben, als es sonst Sitte war, und ließ eine hohle Kuh aus Holz machen. Diese Kuh ließ er vergolden und setzte darin seine Tochter bei». Diese Kuh, so fährt Herodot fort, «steht noch heutigen Tags über der Erde, in Saïs nämlich, wo sie sich im Königspalast in einem kunstvoll verzierten Gemach befindet ... In einem anderen Raum nicht weit von dieser Kuh stehen Standbilder der Kebsweiber des Mykerinos, wie mir wenigstens die Priester in Saïs sagten.» Wenigstens diese letztgenannte Bemerkung gibt Herodot mit einiger Skepsis wieder. — Aber «die ägyptischen Priester», die mehrfach als Auskunftspersonen genannt werden! Sie erinnern fatal an die Kameltreiber unserer Zeit, die vor der Cheops-Pyramide die amerikanischen Touristen zu einem Ritt auf ihrem Kamel «Roosevelt», die Engländer auf Kamel «Churchill» und die Deutschen auf Kamel «Bismarck» oder Kamel «Mensch-Meier» animieren! Die wirklichen ägyptischen Priester, hochmütig, exklusiv und fremdenablehnend, hätten sich niemals dazu herabgelassen, mit einem dahergelaufenen griechischen Reisenden, der noch nicht einmal Ägyptisch verstand, Kontakte zu pflegen, geschweige denn ihm Einblick in ihre heiligen Geheimnisse zu gewähren. So ist es auch unfaßlich, daß die Angabe Platons, ägyptische Priester hätten dem Athener Solon etwas aus ihrem angeblichen Wissen über das geheimnisvolle «Atlantis» mitgeteilt, noch heute nicht wenige Gläubige findet. In Wahrheit hat Platon die betreffenden Angaben im Zusammenhang mit seiner Atlantis-Utopie aus schriftstellerisch-didaktischen Motiven heraus erfunden! Wer aber an dem neuerdings wieder einmal in Mode gekommenen Rätselraten um «Atlantis» Geschmack findet, wird wohl auch die unserem ganzen Wissen über die ägyptischen Priester der Saïtenzeit Hohn sprechende Angabe Platons für bare Münze nehmen. Doch dann erübrigt sich jede weitere Diskussion! Im übrigen werden auch sonst in griechischen Quellen allen möglichen Weisen Altgriechenlands persönliche Kontakte zum saïtischen Pharao Amasis (568–526 v. Chr.) zugeschrieben, außer Solon Pythagoras, Thales, Kleobulos, Bias und Pittakos. Daß das Legende ist, beweist in vielen Fällen allein schon die Chronologie. Und danc gibt es noch den angeblichen Brief des Pharao Amasis an den Tyrannen Polykrates von Samos, in dem der weise Amasis vor dem Neid der Götter warnt. Schiller hat diese Darstellung Herodots (III, 40 ff.) in seinem Gedicht vom «Ring des Polykrates» poetisch bearbeitet. Aber auch das in diesem Zusammenhang gebotene Bild des Amasis ist völlig verzeichnet. Wir werden noch sehen, wer dieser Pharao Amasis wirklich war und was dazu geführt hat, daß die Griechen soviele Fabeln über ihn erzählten.

Vergleichen wir unser heutiges Wissen über das Ägypten der Saïtenzeit mit allen möglichen Berichten der Griechen, so ergibt sich einmal mehr, daß es den Griechen schwer gefallen ist, zu einem wirklichen Verständnis fremder Länder und fremder Völker zu gelangen. Selbstverständlich heißt das nicht, daß *jede* Angabe aus griechischer Feder, die sich auf ein Land der nichtgriechischen Welt bezieht, auf Irrtum und Mißverständnis beruht. Aufs ganze gesehen aber haben die Griechen wie manche anderen Länder so auch Ägypten, seine Geschichte und seine Kultur völlig verkannt.

Zurück zur Geschichte der Pharaonen der Saïtenzeit. Psammetichs Sohn und Nachfolger Necho (610–595 v. Chr.) hat ganz im Sinne seines Vaters das um sein Leben kämpfende Assyrien des Königs Assuruballit weiter unterstützt. Dabei hat er im Jahre 608 v. Chr. sogar sein Heer persönlich nach Vorderasien geführt. Auf dem Weg zum Euphrat, bei Megiddo in der alten Schlachtenebene Jesreel, sah er sich durch einen Angriff des bisherigen Assyrervasallen Josia von Juda aufgehalten. Es gibt eine Angabe im Alten Testament,[100] Pharao Necho habe bei seinem Zug nach Norden den Judäerkönig darauf aufmerksam gemacht, er hege ihm gegenüber keine feindlichen Absichten und sein Unternehmen verfolge einen ganz anderen Zweck. Aber Josia, beseelt von der Idee, künftig *keinen* fremden Oberherrn mehr über sich zu dulden, griff das Heer des Pharaos an. Doch wurde er völlig geschlagen und fand dabei den Tod. Necho zog weiter nach Norden. Leider haben wir keine Angaben, was in diesem und im nächsten Jahr in Mesopotamien vorgefallen ist. Wir wissen nur, daß Assuruballits assyrischer Reststaat trotz der ägyptischen Hilfe in der Zeit zwischen 608 und 605 v. Chr. endgültig von der politischen Landkarte verschwunden ist.

Psammetich und Necho hatten sich nicht in Vorderasien engagiert, weil sie dort auf Eroberungen ausgehen wollten. Ihr Ziel war es vielmehr, dazu beizutragen, daß zwischen den Mächten Vorderasiens ein Gleichgewichtszustand herrschte. Durch Josias Vorgehen war Pharao Necho jetzt aber geradezu gezwungen, in Juda einzugreifen. Er ließ den neuen König Joachaz von Juda nach dreimonatiger Regierung gefangensetzen und legte seinem Nachfolger Jojakim einen Tribut auf. Als dann Ägyptens assyrischer Verbündeter zugrundegegangen war, stand Necho nur vor der Wahl, die bisherigen Besitzungen und Vasallengebiete der Assyrer in Syrien und Palästina den Chaldäern von Babylon, einer der Siegermächte über das vom Pharao unterstützte Assyrien, zu überlassen oder die betreffenden Gebiete jetzt der eigenen Oberhoheit zu unterstellen. Praktisch kam nur die zweite Möglichkeit in Betracht. 606 und Anfang 605 v. Chr. errangen die Truppen Nechos noch mehrere Erfolge, doch im Frühjahr oder Sommer 605 v. Chr. entschied das Glück der Waffen gegen sie. Der chaldäische Kronprinz Nebukadnezar — Anfang September 605 v. Chr. wurde er nach dem Tod seines Vaters Nabupolassar König von Bablon — schlug die Truppen des Pharaos bei Karkemisch am mittleren Euphrat bis zur Vernichtung. In den folgenden Jahren finden wir Nebukadnezar dann mehrfach in Syrien, wo er die lokalen Machthaber seiner Herrschaft unterwarf. 601 v. Chr. drang er bis zur Grenze Ägyptens vor, erlitt aber in einer für beide Seiten verlustreichen Schlacht einen Mißerfolg.

Bald danach muß es zu einem Friedensschluß zwischen Necho und Nebukadnezar gekommen sein. Dafür spricht vor allem, daß der Pharao ruhig zusah, als 598 v. Chr. Jojakim von Juda sich gegen seinen neuen Oberherrn Nebukadnezar empörte, dieser anschließend zwei oder drei Monate lang Jerusalem belagerte und es Mitte März 597 v. Chr. einnahm. 8000 judäische Vornehme, Kriegsleute und Waffenhandwerker wurden damals nach Babylonien deportiert. Im übrigen können wir das Motiv erkennen, das Necho und Nebukadnezar veranlaßte, einen Ausgleich miteinander zu suchen. Das war der Aufstieg der jungen iranischen Großmacht des Mederkönigs Kyaxares. Gemeinsam hatten Meder und Chaldäer das Assyrerreich vernichtet; ihr Bündnis bestand auch weiter fort, doch seine Grundlage – die gemeinsame Feindschaft gegen Assyrien – war jetzt nur mehr eine historische Erinnerung. Ein künftiger Aufstieg des Mederreiches zur universalen Weltmacht begann sich abzuzeichnen. König Nebukadnezar, ein Politiker von Format, erkannte gewiß, daß die eigentliche Gefahr für seinen Staat nicht von Ägypten, seinem bisherigen Feind, sondern von Medien, seinem früheren und gegenwärtigen Verbündeten, drohte. Für Pharao Necho lag seinerseits eine ähnliche Situation vor, wie sie früher seinen Vater Psammetich veranlaßt hatte, den Ausgleich mit Assyrien zu suchen.

Dafür beschritt Necho einen in der Geschichte Ägyptens neuen Weg, der gleichwohl auf der von Psammetich eingeleiteten Linie lag: Aufbau einer beachtlichen Seemacht. Es erübrigt sich zu sagen, daß Nechos Schiffe nicht durch ägyptische Fellachen bemannt wurden. So waren es auch phönikische Seeleute, die im Auftrag des Pharaos Necho die größte seemännische Leistung des Altertums vollbrachten: die Umsegelung Afrikas vom Roten Meer bis zum Mittelmeer in einer drei Jahre dauernden Fahrt. Herodot, dem wir die Kenntnis von diesem Unternehmen verdanken (IV, 42), wollte zwar nicht an die Angabe glauben, die Schiffer hätten bei ihrer Umsegelung Afrikas «die Sonne zur Rechten gehabt». Doch gerade dieser Hinweis auf Verhältnisse, wie sie auf der Südhalbkugel herrschen, bezeugt die Geschichtlichkeit des Unternehmens. Viel Aufsehen haben früher einmal zwei Skarabäen erregt mit Hieroglypheninschriften, die über die Afrika-Umsegelung durch Nechos Seeleute berichteten. Doch haben im Jahre 1908 Adolf Erman und Heinrich Schäfer die betreffenden Texte als moderne Fälschung und schlechten Scherz eines modernen Ägyptologen erkannt.[101]

Auf Necho folgte sein Sohn, der wie sein Großvater den Namen Psammetich trug (595–589 v. Chr.). Von einem Zug in den Nordsudan rühren griechische, karische und phönikische Inschriften her, die Soldaten Psammetichs II. auf die Beine der Ramseskolosse des großen Abusimbel-Tempels kritzelten. Als Psammetich II. Anfang Februar 589 v. Chr. starb, folgte ihm sein Sohn Apries, im Alten Testament Hophra genannt. Sein Regierungsantritt erfolgte in einer Zeit schwerer weltpolitischer Spannungen. In Kleinasien tobte seit 590 v. Chr. der große Krieg zwischen Lydern und Medern. Er mußte allen kritischen Beobachtern recht geben, die in den Medern die kommende Weltmacht sahen. Dazu kam ein folgenschweres Ereignis in Palästina: wie schon 598 v. Chr. erhoben sich zum zweiten Mal die Judäer von Jerusalem gegen ihren Oberherrn Nebukadnezar von Babylon. In dieser Lage folgte Apries anderen Maximen als Psammetich und Necho. Er brach mit dem Chaldäerkönig, sandte seine Flotte gegen die Phönikerstädte Sidon und Tyros aus, die Nebukadnezar untertänig waren, und brach selbst mit seiner Landarmee auf, um das seit dem 15. Januar 588 v. Chr. von Nebukadnezar belagerte, hartnäckig verteidigte Jerusalem zu entsetzen.

Diese Politik führte zum schwersten Rückschlag, den der Saïtenstaat bis dahin jemals erlebt hatte. Zwar war die Flotte des Pharaos gegen die Phönikerstädte anscheinend erfolgreich. Aber die Entscheidung fiel zu Lande. Nebukadnezar brach kurzentschlossen die Belagerung Jerusalems ab, zog dem pharaonischen Heer entgegen und zwang es zum Rückzug. Die Warnung des Propheten Jeremia an seine siegestrunkenen Landsleute erfüllte sich: «Siehe, das Heer Pharaos, das euch zu Hilfe ausgezogen ist, wird wieder heim nach Ägypten ziehen, und die Chaldäer werden wiederkommen und wider diese Stadt streiten und sie gewinnen und mit Feuer verbrennen!»[102] (586 v. Chr.). Der gefährliche Unruheherd im Chaldäerreich war beseitigt, die Mehrzahl der dortigen Bevölkerung in die «babylonische Gefangenschaft» abgeführt. Im folgenden Jahr gelang es der Diplomatie Nebukadnezars auch noch, wesentlich zum Friedensschluß zwischen dem Mederkönig Kyaxares und dem Lyderkönig Alyattes beizutragen. Bei diesem Friedensschluß, der die Halys-Grenze zwischen den beiden Reichen festlegte, war der eigentliche Gewinner Nebukadnezar, der Chaldäerkönig von Babylon.

Für das Pharaonenreich bedeutete die Niederlage seiner Armee einen schweren Prestigeverlust, der weitere Konsequenzen hatte. So kam es zu einer großen Meuterei der Garnison auf der Insel Elephantine am ersten Nilkatarakt gegenüber dem heutigen Assuan. Sie konnte nur mit Mühe dank des Verhandlungsgeschicks des Festungskommandanten Neshor beigelegt werden. Sie blieb aber nicht die einzige in der Regierungszeit des Pharaos Apries. Dieser sandte im Jahre 570 v. Chr. eine aus libysch-ägyptischen Machimoi bestehende Truppe aus, um einen Libyerfürsten namens Adikran gegen die Griechen von Kyrene zu unterstützen. Doch diese brachten der pharaonischen Truppe eine schwere Niederlage bei. Die Geschlagenen glaubten sich vom Pharao verraten und absichtlich ins

Verderben geschickt. Dabei entlud sich die ständig schwelende Rivalität zwischen dem alten libysch-ägyptischen Kriegerstand der Machimoi und den ausländischen Truppen des Pharaos zur offenen Feindseligkeit. Der innere Krieg, seit fünfundachtzig Jahren in Ägypten unbekannt, war da. Die Machimoi riefen einen Offizier namens Amasis aus Siuph bei Saïs zum Gegenkönig aus, während Griechen und Karer dem Pharao Apries treu blieben. Die Kämpfe spielten sich vor allem im Nordwestdelta ab, Amasis und seine Machimoi gewannen die Oberhand. Bei einem letzten Versuch, die Macht zurückzugewinnen, fand Apries den Tod, wahrscheinlich im Jahre 568 v. Chr.

Der neue Mann auf dem Pharaonenthron war ein Militär von einfacher Herkunft. Wenn auch die Charakterisierung des Amasis durch Herodot in mancher Hinsicht verzeichnet ist, so ist doch soviel daran richtig, daß er tatsächlich ein derbfröhlicher Zecher gewesen ist; so zeichnet ihn auch eine ägyptische historische Novelle aus dem 3. Jahrhundert v. Chr., «Amasis und der Schiffer». Sie berichtet, wie einmal die Höflinge ehrfurchtsvoll das Lager des offensichtlich erkrankten Amasis umstanden und mit wohlgesetzten Worten die Unpäßlichkeit Seiner Majestät beklagten. Amasis aber unterbrach ihre Reden und sagte in wenig gewählter Volkssprache: «Ach was, ich habe nur etwas zu viel Wein getrunken und habe jetzt einen mächtigen Kater!» Und dann verlangte er nach einem Geschichtenerzähler, der ihn durch einen lustigen Vortrag aufheitern sollte.[103] Aber wenn Amasis auch mitunter über den Durst trank und dann seine Hofleute mit seiner kräftigen Ausdrucksweise schockierte, er war ein befähigter Politiker. Er verzichtete auf jeden Versuch, in Vorderasien oder auch in der Kyrenaika auf Eroberungen auszugehen, folgte vielmehr wieder dem Weg Psammetichs und Nechos, den Apries zu seinem Schaden verlassen hatte. Auch er sah in der Erhaltung des Gleichgewichtes zwischen den Mächten Vorderasiens das wichtigste Ziel seiner Außenpolitik. Mit Babylonien gelangte er wahrscheinlich schon vor 562 v. Chr., dem Todesjahr Nebukadnezars, zu einer Aussöhnung. Fünfzehn Jahre später finden wir ihn als Verbündeten nicht nur des Lyderkönigs Kroisos, sondern auch des damaligen Babylonierkönigs Nabonid (547 v. Chr.). Auch als in der Stadt Kyrene schwere innere Wirren ausbrachen, widerstand er der Versuchung, in diese Auseinandersetzungen einzugreifen und für das Gemetzel des Jahres 570 v. Chr., das die Kyrenegriechen unter seiner eigenen, von Apries ausgeschickten Truppeneinheit angerichtet hatten, Rache zu nehmen. Übrigens soll eine seiner Frauen eine kyrenische Griechin namens Ladike gewesen sein; allerdings war diese nicht die Mutter des Kronprinzen Psammetich oder eines der anderen uns bekannten Kinder des Amasis. Nur die Insel Cypern, die außerhalb der Interessenssphäre der vorderasiatischen Landmächte lag, machte sich Amasis mit Hilfe der seit Nechos Zeiten beste-

14. Pflügender Bauer mit Ochsengespann, Arezzo

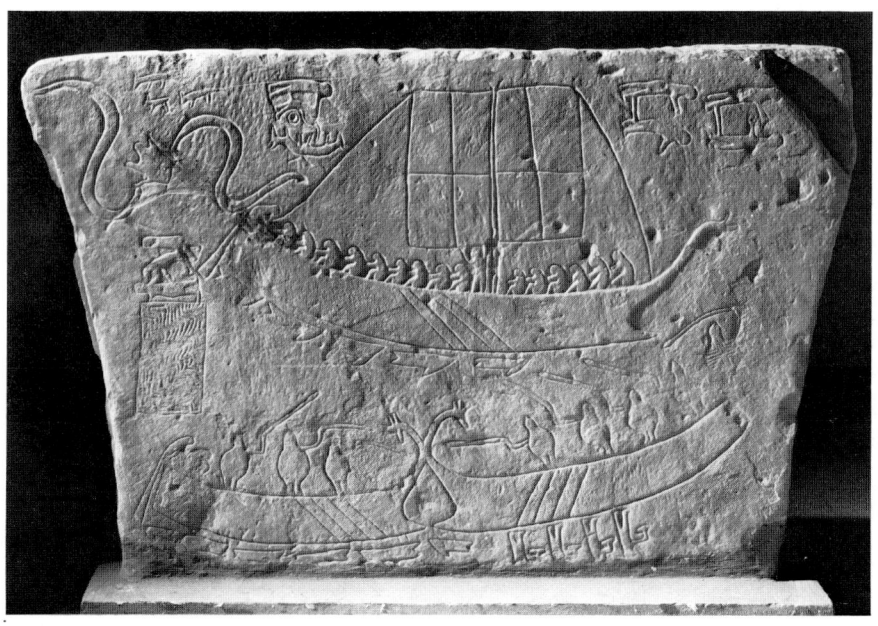

15. Seeschlacht-Relief-Stele aus Novilara

16. Messapier-Stadtmauerring,   17. Stadttor der Volsker-Stadt Arpino
Rocca Vecchia nördlich von Otranto

18. Großer Messapier-Steinsarkophag, Alezio in Apulien

henden starken Flotte tributpflichtig. Diese Angabe Herodots wird durch
verschiedene archäologische Funde vor allem aus Ostcypern erhärtet, die
einen in dieser Zeit gesteigerten ägyptischen Einfluß auf die Insel erkennen
lassen.

Amasis' Meisterstück war jedoch die Lösung der seit den Ereignissen
von 570 v. Chr. heikelsten innenpolitischen Frage: die Neuregelung der
Lage der in Ägypten ansässigen Griechen. Amasis verdankte ja seinen
Thron einer griechenfeindlichen Reaktion der libysch-ägyptischen Machimoi,
wogegen die Griechen und Karer der Armee bis zuletzt seinem
Gegenspieler Apries treu geblieben waren. In den an Wirren reichen
Jahren 570–568 v. Chr. wird auch sonst die weit verbreitete Fremdenfeindlichkeit,
die sich naturgemäß vor allem gegen die unter den Ausländern
im Lande besonders zahlreich vertretenen agilen Griechen richtete,
an Schärfe noch zugenommen haben. Doch Amasis wußte, wie wenig er
die Fremden entbehren konnte. Er löste das Problem, indem er die Reibungsflächen
zwischen diesen und den Einheimischen auf ein Minimum
reduzierte. Die an verschiedenen Punkten gelegenen «Heerlager» der
Griechen und Karer wurden aufgelöst, die griechischen und karischen
Truppen in der zentral gelegenen Stadt Memphis konzentriert. Von hier
aus konnten sie in relativ kurzer Zeit rasch nach allen Seiten hin eingesetzt
werden. Beseitigt wurden auch die griechischen Handelsfaktoreien
im Lande. Dafür übergab Amasis den Griechen eine bis dahin wenig
bedeutende Stadt im nordwestlichen Nildelta: sie wurde unter dem Namen
Naukratis eine reine Griechenstadt mit griechischen Heiligtümern
und anderen griechischen Bauten. Da ihr das Monopol für den gesamten
griechisch-ägyptischen Handel eingeräumt wurde, erlebte sie bald einen
steilen Aufstieg. Nennenswerte bauliche Überreste der Griechenstadt auf
ägyptischem Boden haben sich leider nicht erhalten. Die Griechen empfanden
die Auswirkungen einer Politik, die eigentlich der Fremdenfeindlichkeit
der Einheimischen ihren Tribut zollte, bald als Wohltat. So
wurde aus dem Mann, der im Kampf gegen die griechischen und karischen
Truppen des Pharaos Apries emporgekommen war, in griechischen
Augen ein «Philhellene», ein «Griechenfreund». Und so kam es auch
dazu, daß die Legende der Griechen aus dem derben, aber klugen und
politisch befähigten Militär einen Philosophen machte, mit dem die großen
Weisen der griechischen Welt Kontakte unterhielten und der einen
Polykrates von Samos vor dem Neid der Götter warnte. Der Realpolitiker
Amasis hat selbst an der Legende um seine Person mitgewoben. Wie
schon Pharao Necho sein Kriegsgewand aus seinem syrischen Feldzug
dem Apollo-Heiligtum der Branchiden bei Milet geweiht haben soll, so
hat Amasis Weihgeschenke an verschiedene griechische Heiligtümer
übersandt. Und als 548 v. Chr. der Apollo-Tempel zu Delphi abbrannte,
hat er den Wiederaufbau unterstützt. Doch das alles war Politik und
nicht «Griechenfreundschaft.»

Das Schicksal des saïtischen Ägyptens erfüllte sich, als in Vorderasien genau die Lage eintrat, die Psammetich, Necho und dann wieder Amasis — Usurpator und doch echter Erbe der ersten großen Saïten — so sehr gefürchtet hatten, und die zu verhindern das Leitmotiv ihrer Außenpolitik war. An die Stelle eines Systems mehrerer Großmächte, die sich gegenseitig ausbalancierten und in Schach hielten, trat schließlich doch ein universales Weltreich. Daß es eines Tages so kommen konnte, lag seit Generationen in der Luft, wie es aber geschah, hatte niemand erwartet. Dem Mederkönig Astyages, Sohn und Nachfolger des bald nach dem medisch-lydischen Friedensschluß von 585 v. Chr. verstorbenen Kyaxares, hat es gewiß mancher Zeitgenosse zugetraut, daß er — ungeachtet aller Verträge und dynastischen Eheverbindungen — seine unbestreitbare militärische Überlegenheit ausspielen würde. Astyages hat es nicht getan, auch dann nicht, als nach dem Tode des großen Königs Nebukadnezar (562 v. Chr.) in Babylonien mehrere Jahre lang immer wieder Thronstreitigkeiten und innere Wirren ausbrachen. Sicherlich aber hat es kaum jemand für möglich gehalten, daß der 553 v. Chr. ausgebrochene Aufstand des kleinen Vasallenfürsten der Landschaft Persis im südlichen Iran — heute Fars genannt — gegen den mächtigen Herrscher des großen Mederreiches anders enden würde als mit der baldigen Niederwerfung des Rebellen. Doch 550/549 v. Chr. ereignete sich eine weltpolitische Sensation ersten Ranges: Astyages fiel als Gefangener in die Hand jenes Kyros. Der ersten Sensation folgte die zweite: Das große Reich im Iran zerfiel nicht in ein Bündel von Kleinstaaten, sondern der Perser Kyros trat ganz einfach an die Stelle des Meders Astyages als Beherrscher des Ganzen. Nur galten für ihn, anders als für Astyages, alle Verträge und dynastischen Bindungen nicht. Das politische System, auf dem die Ordnung der Welt beruht hatte, war zusammengebrochen.

Das Bündnis zwischen den Herrschern der drei anderen Großmächte, Kroisos von Lydien, Nabonid von Babylonien und Amasis von Ägypten, kam militärisch nicht zum Tragen. Im Frühjahr 546 v. Chr. überschritt Kroisos mit seinen bewährten Truppen, darunter den berühmten lydischen Lanzenreitern, den Grenzfluß Halys. Das delphische Orakel hatte ihm den Sieg prophezeit: «Wenn du den Halys überschreitest, wirst du ein großes Reich zerstören.» Erst später, nachdem es ganz anders gekommen war, als man es zu Delphi und nicht nur dort erwartet hatte, bemühte man sich, den Spruch in dem Sinne umzudeuten, das eigene Reich des Kroisos sei gemeint gewesen. Nach anfänglichen Erfolgen der Lyder wendete sich das Blatt, im Herbst 546 v. Chr. fiel ihre Hauptstadt Sardes und mit ihr König Kroisos in die Hand des persischen Siegers. Rasch war fast ganz Kleinasien unterworfen, die heroische Tapferkeit vor allem einiger Plätze in Karien und Lykien nützte nichts. 539 v. Chr. zog dann König Kyros aus dem Hause der Achämeniden fast kampflos in Babylon ein. Sein Riesenreich war größer und mächtiger, als es selbst Assyrien auf dem Gipfel seiner Erfolge gewesen war. Der Untergang des Pharaonen-staates war eine Frage der Zeit, einer kurzen Zeit.

Der Einfall turanischer Nomaden aus Innerasien, bei deren Abwehr König Kyros 529 v. Chr. den Tod fand, hat Pharao Amasis davor be-wahrt, das Ende seines Staates noch erleben zu müssen. Als er im Novem-ber oder Dezember 526 v. Chr. starb, stand der Angriff des neuen Perser-königs Kambyses auf das Nilland unmittelbar bevor. Auch ohne den Verrat des griechischen Offiziers Phanes von Halikarnass hätte der neue Pharao Psammetich III., Amasis' Sohn, keine Chance gehabt. Eine einzige Schlacht, geschlagen etwa im Mai 525 v. Chr. bei Pelusium an der Nord-ostgrenze Ägyptens (etwa 40 Kilometer östlich des heutigen Port Said), genügte zur Vernichtung seines Heeres. Der Fall von Memphis und die Gefangennahme des Pharaos etwa vier Wochen später besiegelte das Ende jeglichen Widerstandes.

Für die Masse der ägyptischen Bevölkerung bedeutete es nicht viel, daß das Nilland nunmehr eine Provinz des Perserreiches war, hatte sie ja auch mit dem Staat der Saïten im Grunde genommen wenig zu tun gehabt. Nach den Wirren der Kriegs- und ersten Nachkriegszeit ging das Leben so gut wie unverändert weiter seinen Gang. Dies um so mehr, weil der Nachfolger des im Frühjahr 521 v. Chr. verstorbenen Kambyses, der neue Perserkönig Dareios – nach der Niederwerfung aller möglichen Aufstände in den östlichen Gebieten des großen Reiches saß er seit 519 v. Chr. fest im Sattel – in Ägypten ganz als Pharao auftrat. Genau so wie früher ein Psammetich, Necho oder Amasis hofierte er die ägyptischen Priester, überhäufte die Tempel mit Geschenken, ließ in Verfall geratene Heiligtümer der ägyptischen Götter restaurieren und sogar neue errich-ten. Dareios ließ auch durch die priesterlichen Gelehrten des Landes das frühere Recht Ägyptens aus der Zeit bis zum Ende der Regierung des Amasis neu aufschreiben und kodifizieren, und dieses Recht galt für das Leben im Lande Ägyptens.

Träger einer eigenen Geschichte des unteren Niltals waren die Ägypter ohnehin schon längst nicht mehr. Nur der alte libysche, wenn auch äu-ßerlich ägyptisierte Kriegerstand, aus dessen Reihen einst Psammetich und sein Haus sowie Amasis gekommen waren, und der vor allem im Westdelta unter der Perserherrschaft immer noch erhalten geblieben war, hatte auch jetzt noch nicht ganz ausgespielt. Diese Kreise waren die Träger dreier Aufstände gegen die Perser, einmal in den Jahren 486–484 v. Chr., dann wieder 463/2–454 v. Chr. und schließlich im Jahre 404 v. Chr. Damals war das Perserreich längst nicht mehr das, was es zur Zeit des großen Dareios gewesen war. So gelang es einem Fürsten Amyrtaios aus Saïs, der alten Heimat des Psammetich, noch einmal das Pharaonen-reich zu erneuern. Wenn es auch öfters Thronwirren gab und die herr-

schende Dynastie mehrmals wechselte, so blieb Ägypten doch sechs Jahrzehnte lang ein unabhängiger Staat. In verschiedenster Hinsicht knüpften
die Pharaonen dieser Zeit eng an die Traditionen der Saïtendynastie an.
Vor allem drei von ihnen, Hakoris (392–380 v. Chr.), Nektanebis I.
(380–362 v. Chr.) und Nektanebos II (360–343/2 v. Chr.) haben sogar
noch einmal eine große Bautätigkeit entfaltet. Von den Bauten dieser Zeit
sei wenigstens ein Komplex näher besprochen: von Pharao Nektanebis I.
stammen die ältesten erhalten gebliebenen Teile des großen Isis-Tempels
auf der Nilinsel Philä im Gebiet des ersten Kataraktes. (Die übrigen Teile
sind später auf Geheiß makedonischer Ptolemäer-Könige und römischer
Imperatoren errichtet worden). Bis zum Bau des ersten Assuan-Stau-
damms um die Jahrhundertwende galt die Tempelinsel Philä, auf der
übrigens auch eines der schönsten Märchen aus «1001 Nacht» spielt, mit
ihren zwischen herrlichen Palmen und Akazien stehenden wohlerhaltenen Bauten mit Recht als das «Kleinod Ägyptens». Dann versank sie für
den größten Teil des Jahres im aufgestauten Nil und tauchte nur für
einige Sommermonate wieder aus den schlammigen Fluten auf, doch die
schönen Bäume waren alle bald eingegangen. Erst in den letzten Jahren
sind die Tempel von Philä Stein für Stein abgetragen und auf einer höher
gelegenen Nachbarinsel wieder aufgebaut worden. Sollten auch die Palmen und Akazien wieder nachwachsen, könnte die Tempelinsel eines
Tages wieder das werden, was sie bis zum Ende des 19. Jahrhunderts
v. Chr. gewesen ist: der schönste und romantischste Platz im ganzen
Niltal.

Der Bauherr der ältesten erhalten gebliebenen Werke auf der Insel
Philä ist der einzige Pharao der Spätzeit, dessen Gesichtszüge wir heute
noch vor Augen haben. Wir wissen nicht, wie Psammetich, Necho oder
Amasis ausgesehen haben. Denn die Statuen und Reliefs der Saïtenzeit
stellen die Pharaonen in konventioneller «zeitloser» Form dar. Auch von
Nektanebis I. gibt es solche Darstellungen, zum Beispiel die zu Hermopo-
lis im mittleren Oberägypten ausgegrabene, etwa fünf Meter hohe Kolossalstatue dieses Pharaos. Doch von ihm gibt es auch einige Köpfe und
Reliefs, die unverkennbar individuelle Züge tragen.[104] Hierzu gehören
zwei kleine in Paris und in München aufbewahrte Porträtköpfe und eine
Reliefdarstellung im Britischen Museum zu London, vor allem aber ein
aus Gips gearbeiteter lebensgroßer Kopf, eines der schönsten und wichtigsten Stücke der Münchner Sammlung ägyptischer Kunst. Eine leicht
gebogene Nase, ein schmaler Mund, ein vorspringendes kräftiges Kinn
charakterisieren dieses Gesicht, dessen Ausdruck ruhige Würde, Energie
und ernste Entschlossenheit verrät. Dieser Nektanebis I. ist alles andere
als ein «echt ägyptischer Typ», er repräsentiert geradezu das Gegenteil
der Typen, die jeder Ägyptenreisende zu Tausenden zu sehen bekommt.
Die Bildnisse des Pharaos Nektanebis I. bestätigen uns einmal mehr, was

wir auch sonst wissen: die maßgeblichen Männer des spätzeitlichen Pharaonenstaates waren nach Abstammung und Typus längst keine wirklichen Ägypter mehr.

Mehr noch als seinerzeit die Saïten waren die Pharaonen des 4. Jahrhunderts v. Chr. auf griechische Soldaten angewiesen. Doch handelte es sich jetzt weniger um dauernd im Lande lebende Kriegerkolonisten, sondern um Söldner im eigentlichen Sinne des Wortes; sie wurden nunmehr auch von griechischen «Condottieri» geführt. Mit ihrer Hilfe gelang es den Pharaonen dreimal – in den Jahren 385–383 v. Chr., 373 v. Chr. und 351/350 v. Chr. – persische Angriffe auf das Nilland abzuwehren. Einmal, im Frühjahr 360 v. Chr., drang eine pharaonische Armee sogar siegreich nach Palästina, Phönikien und Syrien vor, doch mußte das Unternehmen wegen einer Empörung und der Ausrufung eines Gegenkönigs in Ägypten selbst bald abgebrochen werden. Erst im Winter 343/342 v. Chr. konnte der tatkräftige Perserkönig Artaxerxes III. Ochos, der seinerseits über starke griechische Söldnertruppen und hervorragende griechische Söldnerführer verfügte, in Ägypten eindringen und das Nilland wieder unter die persische Herrschaft stellen. Nach der Ermordung des gewalttätigen, aber befähigten Herrschers im Sommer 338 v. Chr. wechselte dann die Szene in rascher Folge. In den Jahren 337 und 336 v. Chr. herrschte ein Fürst namens Chababasch, vermutlich ein Nubier, in keinem Fall ein Ägypter, über das untere Niltal, nachdem er die Perser vertrieben hatte. Dann gewannen die letzteren noch einmal für wenige Jahre das Land zurück, bis schließlich gegen Ende des Jahres 332 v. Chr. der Makedonenkönig Alexander kampflos in Ägypten Einzug hielt.

Seither regierten im Land am Nil die Makedonen, nach Alexanders frühem Tod (323 v. Chr.) der klügste seiner Marschälle: Ptolemaios. Als dessen Haus nach fast dreihundertjähriger Herrschaft mit dem Untergang der berühmten letzten Kleopatra ausgespielt hatte (30 v. Chr.), traten die römischen Imperatoren an seine Stelle. Ptolemäer und römische Kaiser ließen noch ägyptische Tempel errichten und sich in den dort angebrachten Hieroglypheninschriften als «Pharaonen» bezeichnen. Der letzte «Pharao», der an einem ägyptischen Heiligtum – dem Chnum-Tempel im oberägyptischen Esne – gebaut hat, war der aus den Donauländern stammende Soldatenkaiser Decius (249–251 n. Chr.). Aber damals war das «Pharaonentum» schon seit Jahrhunderten bloße Fiktion geworden.

Nur die beiden Gruppen, die in den Jahrhunderten vor der Zeit Alexanders des Großen die Träger des Pharaonenstaates gewesen waren, haben reichlich ein Jahrhundert nach dem Tod des makedonischen Welteroberers noch eine Abschiedsvorstellung auf der Bühne der Geschichte gegeben. Um das Jahr 212 v. Chr., als zu Alexandria Ptolemaios IV. regierte, ein Mann, der wenig von den Fähigkeiten seines Vaters, Großvaters und Urgroßvaters besaß, erhoben sich im nördlichen Ägypten die Machimoi, die Angehörigen des alten libysch-ägyptischen Kriegerstandes. Lange Jahre tobten in den Gauen des Nildeltas fürchterliche, von beiden Seiten mit äußerster Brutalität geführte Kämpfe. Die Machimoi bauten die Stadt Lykopolis im mittleren Nildelta zu einer starken Festung aus und verteidigten sie hartnäckig. Gegen sie mußte die ptolemäische Armee ihre ganze hochentwickelte Belagerungstechnik einsetzen. Schließlich fiel Lykopolis im Sommer 197 v. Chr., zur Zeit einer besonders starken Nilüberschwemmung. Die Überlebenden wurden niedergemetzelt, die Anführer, die sich ergeben hatten, hingerichtet. Doch noch immer war der Widerstand der Machimoi nicht endgültig gebrochen.

Zur gleichen Zeit, als die Machimoi im Deltaland ihren letzten Kampf kämpften, war auch der größte Teil Oberägyptens der ptolemäischen Regierung entglitten. Im ausgehenden 3. Jahrhundert v. Chr. hatte das nordsudanesische Pharaonenreich von Meroe und Napata unter einer bedeutenden Herrschergestalt namens Ergamenes einen beachtlichen Aufschwung erlebt. Gestützt auf dessen Macht konnten nubische Scharen siegreich nach Oberägypten vordringen. In den Jahren 206–186 v. Chr. regierten in der alten Amons-Stadt Theben nacheinander zwei Pharaonen nubischer Abstammung mit Namen Harmachis und Anchmachis, zeitweise wahrscheinlich auch ein dritter Mann ähnlichen Schlages noch weiter im Norden, in Abydos; sein Name lautete Hurgonaphor. Erst 186 v. Chr. wurde Pharao Anchmachis von Theben besiegt und gefangengenommen, ganz Oberägypten bis an die Grenze Nubiens wieder der Ptolemäerherrschaft unterstellt. Etwa zwei Jahre später brach auch in Unterägypten der nochmals aufgeflammte Widerstand der letzten Machimoiführer Athinis, Pausiris, Chesuphos und Irobastos zusammen. Die Überlebenden wurden unter Bruch des ihnen bei der Kapitulation gegebenen Wortes grausam gemartert und hingerichtet. Seit dem Untergang des Pharaos Anchmachis und der letzten Machimoiführer war nun auch die Zeit endgültig vorüber, in welcher ägyptisierte Libyer und Nubier der alten ägyptischen Kultur noch einen staatlichen Rahmen gegeben hatten. Jetzt war es allein der Staat von Meroe und Napata, der weit entfernt im Nordsudan sich noch auf die Traditionen der großen Geschichte des Pharaonenreiches berief.

In Ägypten aber gab es nur mehr ein geschichtsloses Fellachentum. Was weiterhin den Namen einer «Geschichte Ägyptens» verdient, war bis tief in unser Jahrhundert hinein allein die Geschichte der fremden Herren des Landes.

Zwölftes Kapitel

Der Iran und das Großreich der Achämeniden-Könige

Kroisos, Kyros und das Delphische Orakel. — Der Eintritt Irans in die Weltge-schichte. — Das Mederreich. — Kyros und der Aufstieg Persiens zur Weltmacht. — Das Perserreich und die Griechen. — Schriftdenkmäler und Dokumente der Achämenidenzeit. — Das Felsrelief des Dareios zu Bisutun und die Suez-Kanal-Texte. — Das Perserreich und seine Untertanen. — Die zweihundertjährige Frie-denszeit für die Völker des Orients. — Verwaltung, Provinzeinteilung, Steuer-und Münzordnung, Verkehrsnetz, Rechtswesen. — «Kyros der Messias». — «Ky-ros der Erwählte des Marduk». — «Dareios der gute Pharao». — Dareios und die griechischen Götter. — Grundgedanken der Religionspolitik des Kyros und des Dareios. — Die Werke der achämenidischen Reichskunst und die Monumente in den Provinzen. — Zarathustra und das heilige Buch «Zend-Awesta». — Zarathu-stras Grundgedanken. — Die Achämeniden und Zarathustra. — Die Nachfolger des Dareios. — Der «Königsfrieden», der innere Niedergang des Perserreiches und sein Neuaufschwung unter Artaxerxes III. Ochos. — Die Griechenauswan-derung ins Perserreich. — Artaxerxes III. Ochos und seine griechischen Condot-tieri. — König Philipp II. von Makedonien, Werk und Persönlichkeit. — Philipps Ermordung und der Alexanderzug. — «Die Schicksalsfrage der antiken Welt». — Parmenion und Alexander. — Der Weltherrscher und die Makedonen. — Der Alexanderzug und die griechische Weltkultur. — Die Euphratlinie, eine histo-risch-politische und kulturelle Schicksalsgrenze. — Die iranischen Dynastien in Kappadokien und Pontos. — Die Fratadara, «die Hüter des heiligen Feuers», und ihre Erben. — Alexanders Entschluß und das künftige Schicksal der Mittelmeer-welt

Als im Jahre 547 v. Chr. das Delphische Orakel die Frage des Lyderkö-nigs Kroisos nach seinen Aussichten in einem Krieg gegen den Perser Kyros in einem für den Fragesteller sehr günstigen Sinne beantwortete, tat es das bestimmt in der absoluten Gewißheit, sich in keinem Falle zu irren. Denn das Lyderreich und seine Armee waren in der griechischen Welt seit Generationen wohlbekannt und wurden in jeder Weise respek-tiert. Man wußte, daß die Lyder mit den wilden Kimmeriern fertiggewor-den waren, daß sie in dem fünfjährigen Krieg mit dem großen Meder-reich des Kyaxares standgehalten hatten, und nicht zuletzt, daß sie sich auch den ionischen Städten an der westkleinasiatischen Küste als überle-gen erwiesen hatten. Kroisos' Gegner, der Perser Kyros, war dagegen in der griechischen Welt noch kaum ein Begriff.

Der Iran, das Hochland im Osten und Südosten des Zweistromlandes am Euphrat und Tigris, war — von den Mittelmeerländern aus betrachtet — unendlich weit entfernt. In der Weltgeschichte hatte er bis weit ins 1. vorchristliche Jahrtausend hinein niemals eine nennenswerte Rolle gespielt. Zwar hatten schon im 3. Jahrtausend v. Chr. verschiedene Herrscher der alten mesopotamischen Kulturstaaten Vorstöße in jene gebirgigen Länder hinein unternommen, waren umgekehrt dort beheimatete Stämme mehr als einmal ins Tiefland hinabgestiegen, hatten dort geplündert und sich sogar für kürzere oder längere Zeit als Eroberer festgesetzt. Aber im Iran selbst hatte sich vor dem 7. Jahrhundert v. Chr. noch kein politisch oder kulturell irgendwie bedeutendes Zentrum entwickelt.

Der Eintritt des Iraniertums in die Weltgeschichte ist mit dem Namen des Meders Kyaxares verknüpft, der seit etwa 625 v. Chr. die Gebirgsstämme des nordwestlichen Irans zum ersten Mal zu einem mächtigen Staat zusammenfaßte. Wenn auch die Chaldäer von Babylon mit zum Untergang des Assyrerreiches beigetragen hatten, die eigentlichen Bezwinger der Assyrer waren doch Kyaxares und seine Meder. Kyaxares' Residenz war eine mächtige Burg mit siebenfachem Mauerring inmitten einer sonst unbefestigten Siedlung, ihr Name war Ekbatana. Da an ihrer Stelle heute die Großstadt Hamadan liegt, sind Ausgrabungen dort leider so gut wie unmöglich, und auch sonst besitzen wir kaum bauliche Überreste und überhaupt keine Inschriften oder sonstigen Schriftdenkmäler aus der Mederzeit. Soviel können wir sagen, daß es im Mederland wie im übrigen Iran noch keine Städte gab, sondern daß Bauerndörfer und Ritterburgen die Szene beherrschten. Das Reich des Kyaxares war expansiv, im Osten hat es sich anscheinend bereits bis ins Gebiet des heutigen Afghanistan hinein erstreckt. Vor allem aber drang es nach Westen vor, nach Armenien und selbst Zentralanatolien. Wir haben gesehen, daß es dort mit dem Reich des Lyderkönigs Alyattes zusammenstieß (590 v. Chr.), daß aber nach fünf schweren Kriegsjahren ein Friedensschluß den Halys zum medisch-lydischen Grenzfluß bestimmte (585 v. Chr.) und daß auch Kyaxares' Sohn und Nachfolger Astyages sich stets an die betreffenden Vertragsbestimmungen hielt. So blieb das Mederreich trotz seiner großen Macht und Ausdehnung stets ein binnenländisches Gebilde. Zwischen ihm und dem Mittelmeer lag im Westen das Lyderreich, im Südwesten und Süden das Fürstentum Kilikien und das Chaldäerreich von Babylon, zu dem auch Syrien gehörte. Daran änderte sich nichts bis zu jenem denkwürdigen Jahr 550/549 v. Chr., in dem der medische Großkönig als Gefangener in die Hände seines aufständischen Vasallen Kyros gefallen war.

Dann aber ging es Schlag auf Schlag. Nur ein Jahr, nachdem der Lyderkönig Kroisos mit seinem Heer hoffnungsfroh und siegessicher nach Osten aufgebrochen war, war ganz Kleinasien bis zum Ägäischen

Meer im Besitz des Persers Kyros. Zu seinem Reich gehörte jetzt nicht nur das weite Lydien, sondern auch die ionischen Griechenstädte einschließlich von Milet, sogar Karien und die auf dem Landweg schwer erreichbaren bis dahin von niemandem bezwungenen Städte Lykiens. Der Fürst von Kilikien hatte in richtiger Einschätzung der Lage freiwillig die persische Oberhoheit anerkannt. 539 v. Chr. kam dann das sang- und klanglose Ende für das Babylonische Reich; seine Provinzen und Vasallengebiete in Syrien, Phönikien und Palästina fielen völlig kampflos dem Sieger anheim. Knapp anderthalb Jahrzehnte später — jetzt regierte in Persien Kyros' Sohn Kambyses — war das Pharaonenreich Psammetichs III. an der Reihe. Zwar mußte das Perserreich in der Zeit seit 522 v. Chr. noch eine große Krise durchmachen, als über seine zentralen und östlichen Provinzen eine Welle von Aufständen und Unruhen hinwegging. Doch Dareios, Angehöriger einer Seitenlinie des königlichen Achämenidenhauses, wurde ihrer Herr. Seit 519 v. Chr. konnte er systematisch an den großangelegten inneren Ausbau seines riesigen Staates gehen.

Allzulange und allzuoft hat man das Perserreich eines Dareios allein von der Warte der Griechen aus betrachtet. Diese aber haben mit dem Staat der Achämeniden lange und schwere Kriege geführt. Aus einem an sich unbedeutenden Anlaß brach im Jahre 500 v. Chr. der Aufstand der ionischen Griechenstädte gegen ihren persischen Oberherrn aus, wobei die aufständischen Untertanen des Großkönigs von zwei Städten im Westen der Ägäis, Athen und Eretria auf der Insel Euboia, militärische Unterstützung erhielten. Der gleiche Individualismus, der die Griechen zu ihren unerhörten geistigen und künstlerischen Leistungen beflügelte, machte es ihnen unmöglich, sich der geregelten Ordnung eines großen Staates zu fügen. Erst über ein halbes Jahrhundert nach Ausbruch des ionischen Aufstandes bereitete der nach dem athenischen Diplomaten Kallias benannte Frieden den Kämpfen zwischen Griechen und Persern — zunächst — ein Ende (449/448 v. Chr.). In diesem Frieden verzichtete der persische Großkönig auf die Ausübung seiner Hoheitsrechte über die Griechen in Westkleinasien und sagte darüber hinaus zu, kein Kriegsschiff vom Schwarzen Meer über den Eingang des Bosporus hinaus und vom Ostmittelmeer über die Chelidonischen Inseln hinaus in die Gewässer vor der lykischen Küste und weiter in die Ägäis fahren zu lassen.

Der Gang der kriegerischen Ereignisse soll hier nicht im einzelnen behandelt werden.[105] Es sei nur gesagt, daß von der klassischen Philologie herkommende Althistoriker und auch Kunstästheten früher oft von der «Auseinandersetzung zwischen asiatischer Barbarei und Unkultur nebst orientalischem Despotismus auf der einen Seite, abendländischer Kultur und Freiheitswillen auf der anderen Seite» gesprochen haben. Zu einem solchen nicht nur sehr einseitigen, sondern ausgesprochen verfehlten Urteil hat indirekt auch beigetragen, daß die Altorientalisten ihrerseits das Perserreich der Achämeniden nicht gerade in den Mittelpunkt ihrer Forschungen gestellt haben. Das hängt damit zusammen, daß aus der Achämenidenzeit nur wenige Urkunden und Texte erhalten geblieben sind, verschwindend wenig gegenüber den zigtausenden von Tontafeltexten zum Beispiel der Babylonier, Assyrer und Hethiter. Aus der Achämenidenzeit gibt es zwar auch noch babylonische Keilschrifttexte in nicht einmal geringer Anzahl, doch abgesehen von ganz wenigen Ausnahmen handelt es sich dabei fast nur um für die Geschichtsforschung wenig ergiebige Privaturkunden und ähnliche Dokumente. Die Perser haben zwar ein stark vereinfachtes, nur aus 36 Zeichen bestehendes Keilschriftsystem geschaffen. Doch die Verwaltung des Reiches arbeitete nicht mit Keilschrift und Tontafeln, jenen nahezu unzerstörbaren Schriftdenkmälern. Man schrieb vielmehr auf Papyros, Leder oder ähnliches vergängliches Material, wobei die Verwaltungssprache das Aramäische war, niedergeschrieben in der von der phönikischen abgeleiteten aramäischen Alphabetsschrift. Daraus resultiert, daß die Verwaltungsurkunden, Hofjournale, Chroniken und ähnliche Aufzeichnungen in den weitaus meisten Fällen verloren gegangen sind. Nur in Ägypten haben sich einige aramäische Papyri erhalten, einige Urkunden haben Eingang ins Alte Testament gefunden, in die Bücher Esra und Nehemia. Ganz vereinzelt geben auch griechische Inschriften einen persischen Erlaß wieder. Aber das alles bedeutet nur einen winzigen Bruchteil des ursprünglich Vorhandenen. Ganz gering ist auch die Zahl historisch aufschlußreicher Königsinschriften. Da gibt es einmal einen Tonzylinder mit einer Inschrift des Kyros in babylonischer Sprache und Keilschrift, eine Art «Antrittsproklamation» des Kyros nach seinem Einzug in Babylon 539 v. Chr.[106] Noch bedeutender sind die in drei Sprachen — Altpersisch, Babylonisch und Elamitisch — abgefaßten und in den drei zu diesen Sprachen gehörenden Keilschriftsystemen niedergeschriebenen Begleittexte des großartigen Felsreliefs von Bisutun. Relief und Texte finden sich in schwindelnder Höhe an einer Felswand oberhalb der Straße von Babylon nach Ekbatana, deren Verlauf die heutige Straße von Bagdad nach Hamadan folgt. Sie stammen von König Dareios und zwar aus der Zeit nach der Niederwerfung seiner Gegner und der Konsolidierung seiner Herrschaft im Jahre 519 v. Chr.. Das Relief zeigt König Dareios, gefolgt von zwei seiner Leibwächter. Er hat einen Fuß auf seinen am Boden liegenden Hauptgegner, den Magier Gaumata, gestellt; vor ihm stehen neun weitere — ethnisch Mann für Mann genau charakterisierte — besiegte Aufrührer mit auf dem Rücken gefesselten Händen und mit einem um den Hals gelegten Strick aneinandergefesselt. Über der Gruppe schwebt in einer geflügelten Sonnenscheibe Gott Ahuramazda, in der Hand den symbolischen Ring der Herrschaft, den er Dareios überreicht. Der Text berichtet, wie Dareios seine Widersacher überwand und im Dienste des

Gottes Ahuramazda, der Verkörperung des Guten, der Wahrheit und des Lichtes, die Herrschaft übernommen hat. Außer den Bisutun-Inschriften gibt es noch einen weiteren Bericht des Dareios aus der Zeit zwischen 518 und 512 v. Chr.. Er findet sich auf drei leider stark zerstörten Granitstelen, die an den Ufern des von Dareios erneuerten alten Pharaonenkanals vom Nildelta bei Bubastis durch das Wadi Tumilat und die Bitterseen zum Golf von Suez aufgestellt waren. Diese in altpersischer, babylonischer, elamitischer und ägyptischer Schrift und Sprache abgefaßten Texte berichten über das große Kanalbauwerk des Dareios, über das übrigens auch Herodot schreibt. Damit sind bereits alle historisch aufschlußreichen Königsinschriften der Achämeniden genannt, von den Nachfolgern des Dareios stammen nur einige Bauinschriften.

Und doch ist es möglich, das Bild des Achämenidenreiches zu zeichnen. Kein geringerer als der große deutsche Althistoriker Eduard Meyer hat als erster eine gerechte Würdigung dieses Großstaates als einer Kulturmacht von Format gegeben, ohne deshalb seine Schwächen zu verkennen.

Gewiß war das Perserreich der Achämeniden ein Staat, der auf Eroberung beruhte; für einen großen Teil seiner Untertanen bedeutete er eine Fremdherrschaft. Aber an das Leben unter einer fremden Oberschicht waren die weitaus meisten Völker des Orients damals längst gewöhnt. Und zum guten Teil unterschied sich die Herrschaft der Achämeniden von den vorausgegangenen Großreichen des Orients, zumal dem der Assyrer, in einem für die Untertanen sehr positiven Sinne. Einmal und vor allem dadurch, daß die rund zweihundert Jahre achämenidischer Herrschaft für die weitaus meisten Provinzen des Reiches und ihre Bewohner eine langandauernde Zeit des Friedens bedeuteten. Eine solche haben diese Länder weder vorher noch nachher jemals erlebt, und das bis zum heutigen Tag. Die Auseinandersetzungen mit den Griechen und mit den libysch-ägyptischen Fürsten spielten sich, betrachtet man das weite Staatsgebiet als ganzes, doch an der Peripherie ab. Und wenn es später, vor allem in der ersten Hälfte des 4. Jahrhunderts v. Chr., öfters zur Auflehnung unbotmäßiger Provinzstatthalter gegen die Zentralregierung kam, so zogen die damit verbundenen Kämpfe die Bevölkerung doch nur in Ausnahmefällen stärker in Mitleidenschaft.

In der Verwaltung des Achämenidenstaates hat es bestimmt nicht an Übergriffen der Provinzstatthalter, der Beamtenschaft und speziell der Steuereinnehmer gefehlt, ging es nicht ohne Korruption, Erpressung und Bedrückung der Untertanen ab. Im allgemeinen war jedoch die Verwaltung des Reiches gut organisiert, besser als in den meisten früheren Staaten des Orients. Ihr Niveau überragte aber auch bei weitem das in den griechischen Stadtstaaten übliche, vor allem die geradezu primitiven griechischen Methoden der Geldbeschaffung. In diesem Zusammenhang wäre keineswegs nur die in den Darstellungen des klassischen Athens ihrer Peinlichkeit halber gern verschwiegene, aber historisch gut beglaubigte Tatsache zu erwähnen, daß der hochgelobte Weise und Staatsmann Solon ein «Dikterion», daß heißt ein Bordell, einrichtete, um dem Staat Einnahmen zu verschaffen! Und auch die Finanzierung der klassischen Bauten auf der Athener Akropolis im Zeitalter des Perikles ist alles andere als ein Ruhmesblatt der griechischen Geschichte: es gab keine direkte Besteuerung der eigenen Bürger, dafür mit härtester Gewalt eingetriebene Zahlungen der Einwohner anderer Griechenstaaten, zumal auf den Inseln, die aus freien Bündnispartnern zu tributpflichtigen Untertanen der Athener gemacht worden waren. Europäisch-abendländische der orientalischen Barbarei natürlich weit überlegene Kultur?

Der eigentliche Organisator der persischen Reichsverwaltung einschließlich der Finanzverwaltung war Dareios (521/519 bis 485 v. Chr.). Auf ihn geht die Einteilung des Staatsgebietes in zwanzig Satrapien, Statthalterschaften, zurück. Der Satrap war für Ruhe und Ordnung in dem ihm anvertrauten Gebiet verantwortlich, ihm oblag auch die Einziehung der Steuern und Abgaben. Doch war ihm auch ausdrücklich die Aufgabe anvertraut, auf das wirtschaftliche Gedeihen seiner Provinz zu achten und namentlich die Landwirtschaft zu fördern. Für jede der zwanzig Satrapien war ein bestimmter alljährlich zu zahlender Steuersatz festgelegt. Er war am höchsten in dicht besiedelten Gebieten wie Babylonien und Ägypten, am niedrigsten in den wenig entwickelten wüstenreichen Gebieten im Osten. Die Grundlage des Systems bildete die neue Münzordnung des Dareios: wichtigste Münze war die «Dareikos» genannte Goldmünze, deren Wert zwanzig kleine silberne Münzen entsprachen, die Schekel genannt wurden. Die unverkennbare Schwäche des Systems lag in seiner mangelnden Elastizität, da es keine Unterschiede zwischen wirtschaftlich guten, ertragreichen Jahren und Jahren der Dürre und Mißernten machte. War im allgemeinen die Steuerlast zwar nicht gering, aber doch tragbar, so war es in schlechten Jahren für die ärmeren Landbezirke manchmal recht hart, die geforderten Steuern und Abgaben aufzubringen. Trotz seiner unverkennbaren Schwächen war aber das System des Dareios allem weit überlegen, was es in dieser Hinsicht in den klassischen griechischen Stadtstaaten gab. Sehr förderlich für Handel und Wirtschaft war, daß die persische Reichsverwaltung tatkräftig für Bau und Erhaltung von Straßen und Karawanseraien sowie für die öffentliche Sicherheit sorgte. So verlief die «Königsstraße» von der Küste des Ägäischen Meeres bei Ephesos über Sardes durch ganz Anatolien und Mesopotamien bis nach Susa im südwestlichen Iran. Andere Straßen führten bis an die Grenzen Indiens und nach Ägypten; im Nilland selbst war natürlich nach wie vor die Flußschiffahrt entscheidend. Die Erneuerung des alten, aber längst wieder versandeten Kanals vom Nil zum Roten

Meer durch Dareios ist bereits erwähnt worden. Noch niemals in der Weltgeschichte hatte es irgendwo im Orient oder im Mittelmeerraum ein Verkehrsnetz gegeben, das nur annähernd den Vergleich mit dem des Achämenidenreiches aushalten konnte.

Es versteht sich, daß die Untertanen der großköniglichen Regierung und ihren Organen gegenüber keine politischen Rechte besaßen. In aller Regel erwarteten sie das aber auch gar nicht, und die unpolitischen Untertanen — die überwältigende Mehrzahl von allen — lebten unter der Achämenidenherrschaft ganz gut. Wer pünktlich seine Steuern zahlte und nicht mit dem Strafrecht in Konflikt kam, konnte mehr oder minder tun und lassen, was er wollte. In das persönliche Leben der Menschen griff das Perserreich weit weniger ein wie jeder Staat unserer Gegenwart mit seiner «modernen» Bürokratie und seiner oft schon hart an die Grenze des Erträglichen gehenden «Datenerfassung».

Vor allem drängte das Perserreich seinen Untertanen in keiner Weise irgendeine «Ideologie» und ein darauf beruhendes System auf. So lebte zum Beispiel der Babylonier nach babylonischem Recht, der Ägypter nach ägyptischem. Wir haben bereits gesehen, daß Dareios das bis zur Zeit des Amasis im Nilland gültige Recht neu aufzeichnen und kodifizieren ließ; diese Arbeit wurde 503 v. Chr. mit einer in ägyptischer Volkssprache und in aramäischer Sprache erfolgten Aufzeichnung abgeschlossen. Und der Hirte in irgendeiner abgelegenen Gebirgslandschaft lebte nach den Sitten und dem schlichten Volksrecht seiner Väter wie eh und je.

Zur Rechtsordnung im Achämenidenreich sei noch darauf hingewiesen, daß «nach Niederwerfung des ionischen Aufstandes der Satrap Artaphernes einen Kongreß sämtlicher griechischer Städte nach Sardes berief, um ein allgemeines Verkehrsrecht zu vereinbaren, das die einzelnen Gemeinden zwang, bei Streitigkeiten zwischen Angehörigen verschiedener Städte ein geregeltes Gerichtsverfahren, wahrscheinlich vor dem Forum des Beklagten, anzunehmen; bis dahin war man über den alten Zustand der Selbsthilfe und der Gewinnung eines Faustpfandes noch nicht hinausgekommen.»[107] Selbsthilfe und Faustrecht auf der einen — der griechischen — Seite, Forderung der Einführung eines geregelten Verkehrsrechtes auf der anderen Seite, der der persischen Reichsverwaltung. Was ist höher zu veranschlagen?

Großzügigkeit und Ritterlichkeit gegenüber in ehrlichem Kampf unterlegenen Gegnern zeigt das Verhalten des Reichsgründers Kyros, der den von ihm besiegten letzten Königen von Lydien und von Babylonien sogar die Verwaltung von Städten und Provinzen seines eigenen Reiches anvertraute. Ein späterer Achämenidenkönig, Artaxerxes I. (465–425/424 v. Chr.) gewährte selbst dem Athener Themistokles ehrenvolles Asyl, dem gleichen Themistokles, der den Vater des Großkönigs bei Salamis geschlagen und zum Verlassen Griechenlands gezwungen hatte. Eine andere Behandlung erfuhren allerdings wieder unterworfene Rebellen, Abtrünnige und Verräter.

Innerhalb des großen Reiches genossen die Menschen weitgehende Freizügigkeit. So durften die seinerzeit von Nebukadnezar nach Babylonien deportierten Judäer und ihre Nachkommen nach dem Sieg des Kyros über den letzten König von Babylonien nach Palästina zurückkehren und dort ihre Stadt Jerusalem wieder aufbauen; auch ordnete Kyros die Erneuerung des 586 v. Chr. von den Chaldäern zerstörten Jahwe-Tempels an. Einige 42 000 Menschen haben von der Rückkehrerlaubnis des Kyros Gebrauch gemacht. Wer aber in den verflossenen Jahrzehnten im Lande am Euphrat und Tigris heimisch geworden war, durfte auch dort bleiben und wurde nicht etwa zur Rückkehr nach Palästina gezwungen. Tatsächlich sind nicht wenige Bekenner der Jahwe-Religion in Babylonien geblieben. Wie manche Jahwe-Gläubige im Babylonien dieser Zeit zu Kyros standen, zeigt der «Deuterojesaja» genannte Anhang zum Buch Jesaja im Alten Testament: er feiert den Perser Kyros als den von Gott Jahwe verheißenen und nunmehr auf der Erde erschienenen «Gesalbten des Herrn», den Messias![108] «So spricht Jahwe … zu Kyros: Mein Hirt, und mein Geschäft soll er ausrichten. So sprach ich zu meinem Gesalbten, zu Kyros, dessen rechte Hand ich ergriffen …» Also nicht der erwartete König aus Davids Haus ist für den Verfasser des Deuterojesaja-Buches der von Jahwe verheißene Erlöser, sondern der Achämenide Kyros!

Das Verhalten des Kyros gegenüber der Gemeinschaft der Jahwe-Gläubigen darf jedoch nicht als besonderes Naheverhältnis gerade zu diesem Gott und seiner Gemeinde mißdeutet werden. Die bereits erwähnte «Antrittsproklamation des Kyros zu Babylon», die wir von einem babylonisch beschrifteten Tonzylinder her kennen, stellt Kyros als den auserwählten Liebling des babylonischen Stadtgottes Marduk hin. Kyros sorgt für den Kult des Marduk und der anderen Gottheiten des Zweistromlandes und kümmert sich als babylonischer König um das Wohlergehen der Menschen im Lande am Euphrat und Tigris. Dieses Verhalten hat ihm bei Priesterschaft und Bevölkerung Beifall und Verehrung eingetragen.

Dareios, der übernächste Nachfolger des großen Kyros, hat dessen Weg weiter beschritten. In Babylon hat er am babylonischen Neujahrstag in feierlichem Zeremoniell die Hände der goldenen Marduk-Statue ergriffen und empfing auf diese Weise den göttlichen Auftrag und die Weihe als König von Babylon. Den von Kyros angeordneten, zunächst aber noch nicht in Angriff genommenen Wiederaufbau des Jahwe-Tempels zu Jerusalem ließ er gleich in den ersten Jahren seiner Regierung durchführen. Nicht nur das, die Bauarbeiten wurden sogar aus der

Staatskasse des Achämenidenreiches finanziert. Am 10. März 515 v. Chr. wurde der Tempel eingeweiht. In Ägypten hat Dareios die Tempel der ägyptischen Götter, wo immer es notwendig war, ausbessern und sogar neue Bauten errichten lassen. So stammt beispielsweise der große Amon-Tempel in der Oase El Chargeh westlich des Niltals von ihm. Als der gute, von den Göttern des Nillandes geliebte Herrscher, als der vorbildliche Pharao ist der Perser Dareios den ägyptischen Priestern noch lange im Gedächtnis geblieben. Wie gegenüber Marduk, Jahwe oder Amon verhielt sich Dareios auch gegenüber den griechischen Göttern. Eine griechische Inschrift hat uns einen Erlaß des Königs an Gadatas, den Verwalter eines königlichen Parks bei Magnesia am Mäander (etwa 30 Kilometer östlich des heute stark besuchten Touristenortes Kuschadasi) bewahrt: «Der König der Könige Dareios, Sohn des Hystaspes, sagt zu seinem Knecht Gadatas folgendes: Ich erfahre, daß du meinen Befehlen nicht in allem nachkommst. Denn daß du mein Land sorgfältig bestellst und Fruchtbäume ... anpflanzst, da lobe ich deine Absicht und dafür ist dir ein großer Dank im Königshause (im Archiv) niedergelegt. Daß du aber mein Verhalten gegen die Götter außer Kraft setzst, dafür werde ich dir, wenn du dich nicht änderst, einen Beweis meiner verletzten Stimmung zu kosten geben. Denn du hast von den heiligen Gärtnern (des Orakelheiligtums) Apollos Tribut erhoben und ihnen befohlen, profanes Land zu bearbeiten, indem du die Gesinnung meiner Vorfahren gegen den Gott außer acht ließest, der den Persern (durch seine Orakelsprüche) volle Untrüglichkeit verkündet hat ...»[109] Und als 490 v. Chr. die Flotte des Königs Dareios mit der auf ihr eingeschifften Armee die Ägäis überquerte, brachte der Feldherr Datis bei der Zwischenlandung auf der Insel Delos dem Apollo ein Opfer dar; sein Unternehmen richtete sich gegen Athen und Eretria, die aufständische Untertanen des Großkönigs unterstützt hatten, nicht gegen die griechische Welt und schon gar nicht gegen ihre Götter.

Wir wissen nicht, wo und welchen Göttern gegenüber sich Kyros und Dareios auch sonst in ähnlicher Weise verhalten haben. Wir können aber den Grundgedanken dieses Verhaltens erkennen, das sich nicht einfach nur mit dem Wort «Toleranz» bezeichnen läßt. Es war vielmehr bewußte Politik; die großkönigliche Regierung wollte die Menschen aller möglichen Völker und Zungen für sich gewinnen und mit ihrer Herrschaft versöhnen, indem sie ihre religiösen Gefühle nicht nur schonte, sondern alle mit diesen Gefühlen zusammenhängenden Gepflogenheiten sogar noch aktiv förderte. Erinnern wir uns einmal mehr daran, daß bei den weitaus meisten Völkern jener Zeit alle höheren Empfindungen sich auf die Religion und die religiösen Traditionen bezogen, kaum auf den Staat. Das heißt so war es im Orient, nicht aber bei den Griechen mit ihrer leidenschaftlichen Hingabe an den Polis-Gedanken, den unabhängigen

Stadtstaat, eine Hingabe, die aber nur allzu oft ins Chaos führte; es wurde schließlich für die griechische Welt geradezu charakteristisch.

Vielleicht muß man die leidvollen Erfahrungen des 20. Jahrhunderts n. Chr. gemacht haben, um den Staat eines Kyros und eines Dareios und die Maxime dieser großen Herrscher würdigen zu können: einen Staat, der den meisten seiner Menschen eine langandauernde Friedenszeit verschaffte, der sich kaum in ihre persönlichen Belange einmischte, der sie weitgehend nach ihren eigenen Gesetzen und Gepflogenheiten leben ließ, ihre Gefühle nicht nur schonte, sondern ihre traditionellen Vorstellungen sogar noch förderte. Die Achämenidenkönige herrschten absolut, aber ihr Staat war das gerade Gegenteil eines modernen totalitären Staates. Und vielleicht ist sogar die Frage erlaubt, ob das Leben unter einem Kyros oder einem Dareios wirklich schlechter war als in einem Staatswesen unserer Zeit, wo das Dasein in der sich tagtäglich wiederholenden Praxis nicht von noch so liberalen Verfassungstexten bestimmt wird, sondern von den Auswirkungen einer omnipotenten, sich in alles und jedes einmischenden Bürokratie.

Wenden wir uns den erhalten gebliebenen Werken der Architektur und anderer Künste der Achämenidenzeit zu, so dürfen wir den Aufbau des Achämenidenreiches nicht aus den Augen verlieren: ein Vielvölkerstaat mit einer politisch allein entscheidenden zahlenmäßig sehr kleinen Oberschicht, die aber abseits der Politik ihren Untertanen ihr Eigenleben beließ. Die persische Kunst der Achämenidenzeit war eine Reichskunst, keine Volkskunst. Ihre Werke finden sich fast ausschließlich in den königlichen Residenzstädten. Am wichtigsten sind die großartigen Palastanlagen zu Persepolis und Pasargadä, das heißt in der engeren Heimat der Achämeniden, in der heute Fars genannten Landschaft Persis. Dazu kommt noch ein weiterer Palast in Susa, der aus praktischen Gründen zur Residenz gemachten ehemaligen Elamiterhauptstadt ganz im Südwesten des Iran. Hier sollen diese Bauten, ihre Terrassen, die Säulenhallen, die Torhüter in Gestalt geflügelter Stierkolosse mit Menschenkopf, die sonstigen Skulpturen, die Reliefs, die Wände mit ihren Bildern in bunt überglasten Ziegeln nicht im einzelnen besprochen werden. Nur angedeutet sei auch, daß der großartigste dieser Paläste, der von Persepolis, in späteren Zeiten zweimal ein wahrhaft unwürdiges Schauspiel erlebt hat. Einmal im Jahre 330 v. Chr., als — ungeachtet der dringenden Mahnungen des nicht lange nach diesem Vorfall von Alexander ermordeten alten Marschalls Parmenion — der betrunkene Makedonenkönig und die nicht minder betrunkenen Männer und Weiber seines Gefolges die Brandfackel in jene prachtvollen, teilweise aus Holz errichteten Bauten warfen. Es war eine sinnlose Tat der Zerstörung, auch wenn bis heute immer wieder Versuche gemacht werden, sie als «symbolische Handlung der Rache» zu beschönigen. Und dann mußten die seit 1931 ausgegrabenen und teil-

weise restaurierten Ruinen vor gut anderthalb Jahrzehnten als Theater-
kulisse zur 2500-Jahr-Feier der iranischen Monarchie dienen, veranstal-
tet in wenig geschmackvoller Weise von einer nur ein halbes Jahrhundert
alten Dynastie, die in Wahrheit nichts mit den großen alten Traditionen
der Achämeniden zu tun hatte und die inzwischen bereits ihren wenig
glanzvollen Abgang aus der Geschichte erlebt hat. In unserem Zusammenhang ist es wichtig festzustellen, daß die persische Reichskunst bei
ihren Palastbauten verschiedenste Motive und Techniken aus der Kunst
ihrer Untertanenvölker übernommen hat, aus dem Zweistromland, aus
Ägypten, selbst aus der griechischen Welt, daß es dieser persischen
Reichskunst aber gleichwohl gelungen ist, «alle Bestandteile zu einer
organischen Einheit, zu einem neuen höheren Stil zu verschmelzen.» [110]

Neben den Palästen und dem Bisutun-Relief Dareios', das seinen
Triumph über die «Lügenkönige» feiert, müssen noch die Gräber der
Achämenidenkönige genannt werden. Das Grab des Kyros liegt bei Pa-
sargadä, ein sieben Meter langes Giebeldachhaus auf einem Unterbau
von sieben aufeinander gesetzten Terrassen. Ganz anders ist das Grab des
Dareios, ebenso die ihm nachgebildeten Gräber seiner Nachfolger. Das
Grab Dareios' I. und die seiner nächsten Nachfolger Xerxes, Artaxer-
xes I. und Dareios II. befinden sich bei Naksch-i-Rustem südwestlich von
Persepolis, die der Könige Artaxerxes II. und Artaxerxes III. bei Persepolis selbst. Es handelt sich um Felsgräber mit einer großartigen Fassade in
Form eines Kreuzes. Der querliegende Mittelteil dieses Kreuzes ist im
Relief als Säulenhalle ausgebildet, zwischen den mittleren Säulen führt
eine Tür in die eigentliche Grabkammer. Der obere Teil der Fassade zeigt
eine weitere Reliefdarstellung, zwei Reihen von Untertanen mit erhobenen Armen scheinen den obersten Teil der Darstellung zu tragen. Dieser
zeigt den König in Gebetshaltung vor einem Feueraltar, darüber schwebt
− genau wie im Bisutun-Relief − Gott Ahuramazda in der geflügelten
Sonnenscheibe. Feueraltäre, wie sie uns die Reliefs der Achämenidenkönige zeigen, haben sich zu Naksch-i-Rustem und zu Pasargadä erhalten.
Einen anderen Bautypus, nämlich einen Tempel, der aber ebenfalls der
Verehrung des heiligen Feuers gewidmet war, kennen wir aus Susa.

Abseits der königlichen Residenzen und ihrer Umgebung finden wir
nur wenige Monumente, die typisch achämenidenzeitlichen Charakter
tragen. Die schlichten iranischen Bauernstämme der Ostprovinzen waren
noch nicht so weit, Bauten zu schaffen, die die Zeiten überdauern konnten. Was aber in den weiter westlich gelegenen Provinzen entstand, trug
den Charakter der dort heimischen Kunst- und Stilrichtungen. Daß etwa
der große Amon-Tempel in der Oase El Chargeh von Dareios erbaut
worden ist und nicht von Psammetich oder Amasis, wissen wir nur aus
den Inschriften. Der aus Mitteln der persischen Staatskasse finanzierte
Neubau des Jahwe-Tempels zu Jerusalem erfolgte ganz nach dem Muster

des 586 v. Chr. zerstörten Salomonischen Tempels, wenn auch vielleicht nicht in den alten Dimensionen. Der um 400 v. Chr. zu Sardes im alten Lyderland errichtete, übrigens auch von Xenophon erwähnte Altar der Artemis — der in Ruinen erhaltene Tempel selbst ist erst in frühhellenistischer Zeit erbaut worden — läßt durch nichts erkennen, daß er unter achämenidischer Herrschaft entstanden ist. Einige lykische Fürsten der Achämenidenzeit führten zwar persische Namen und trugen wohl auch, wie Reliefdarstellungen zeigen, persisches Kostüm. Aufs ganze gesehen entstanden in Lykien auch jetzt lykische Bauten und Kunstwerke, und wenn sich bei ihnen fremde Einflüsse bemerkbar machen, so sind das vor allem die der griechischen Kunst. Auch wenn wir noch sehr viel mehr Bauwerke aus den westlichen Provinzen des Achämenidenreiches vor Augen hätten, als das tatsächlich der Fall ist — fast alle Bauten in zahlreichen westkleinasiatischen Städten wurden durch das fürchterliche Erdbeben des Jahres 17 n. Chr. vernichtet, das Erhaltene stammt nahezu ausnahmslos aus der Zeit nach dem späteren Wiederaufbau —, würde sich das Bild doch nicht wesentlich ändern. Wir würden immer wieder Werke der Untertanenvölker und ihrer Kunst sehen.

Nur wenige Ausnahmen bestätigen die Regel. Zu ihnen gehört ein im Museum zu Ankara aufbewahrter Feueraltar, der zu Bünyan 35 Kilometer nordöstlich von Kayseri gefunden wurde, im Hochland von Kappadokien. Wir wissen, daß sich dort zur Achämenidenzeit iranische Menschen angesiedelt haben, daß aber auch Einheimische zum Ahuramazda-Glauben übergetreten sind. In der Satrapenresidenzstadt Sardes, zur Perserzeit Sparda genannt, verrät das Grabmal des Abradates und seiner Frau Pantheia, daß es während der Achämenidenzeit errichtet worden ist. Es handelt sich um eine Stufenpyramide, die leider nur in ihren unteren Teilen erhalten geblieben ist. Aus Sardes stammt auch ein Fund goldener Plättchen, unter denen ein typisch achämenidischer schwebender Ahuramazda besonders bemerkenswert ist.[111] Aus der Landschaft Mysien südlich des Marmarameeres stammen Reliefbruchstücke, von denen eines Männer und Frauen in typisch persischer Tracht zeigt, ein anderes einen Altar, vor dem zwei den Feuerkult ausübende «Magier» stehen. Noch einmal: die «eigentlich achämenidischen» Monumente in den westlichen Provinzen des Reiches sind spärlich, und das entspricht durchaus dem gesamten Charakter des riesigen Staates.

Aber die schlichten iranischen Bauernstämme des Ostens haben einen Mann hervorgebracht, der zu den bedeutendsten Geistesheroen der Geschichte aller Völker und Zeiten gehört: Zarathustra, von den Griechen Zoroaster genannt. Von seinen äußeren Lebensumständen wissen wir wenig, fast gar nichts. Selbst der Ansatz seiner Lebenszeit schwankte noch vor gar nicht langer Zeit zwischen etwa 1000 v. Chr. und dem 6. Jahrhundert v. Chr. Wenigstens diese Streitfrage dürfte jedoch seit der

Entdeckung einer arabischen Übersetzung aus einer im 3. Jahrhundert n. Chr. von dem syrisch-hellenistischen Philosophen Porphyrios verfaßten Chronik entschieden sein. Hiernach ist Zarathustra im Jahre 522/521 v. Chr. verstorben, war also ein Zeitgenosse des großen Kyros. Das heilige Buch der späteren Bekenner der Zarathustra-Religion «Zend-Awesta», das heißt «Kommentar-Grundtext», ist zwar erst in den ersten nachchristlichen Jahrhunderten verfaßt worden. Doch sind in ihm auch die tatsächlich von Zarathustra selbst stammenden «Gathas», seine in Versform abgefaßten Reden oder Predigten, enthalten.

Das ist Zarathustras Grundgedanke: die Welt ist ein immerwährender Kampf zwischen dem großen Gott des Guten, der Wahrheit und des Lichts und dem bösen Gott der Lüge und der Finsternis. Sechs Mächte, «die gute Gesinnung», «die rechte Ordnung», «das Gottesreich», «die Frömmigkeit», «die Gesundheit» und «die Unsterblichkeit» stehen Ahuramazda, der Verkörperung des guten Prinzips, im Kampf zur Seite. Aber auch sein Gegenspieler Angramanju oder Ahriman hat solche Helfer: es sind die Dämonen der Lüge und des Betrugs, der Finsternis und der Kälte, der Krankheit, des Todes und der üblen Leidenschaften. Der Mensch darf und kann bei diesem Kampf nicht zusehen, jeder einzelne muß in diese Auseinandersetzung eingreifen. Auf welche Seite er sich stellt, liegt allein bei ihm. Die Entscheidung aber fällt der Mensch durch seine Taten. Männliches Handeln, saubere Haltung im tätigen Leben, nicht passives Versinken ins Gebet, nicht Warten auf Hilfe von der Gottheit, auf Erlösung ist es, worauf es ankommt. Nichts ist vorausbestimmt, jeder einzelne Mensch steht vor der Aufgabe, sich im Kampf zwischen Gut und Böse zu bewähren. Seine Herkunft, sein Stand, seine Volkszugehörigkeit sind dabei nicht von Belang. Am Ende der Zeiten, am Tage des «Jüngsten Gerichts», fällt dann die endgültige Entscheidung, die den Sieg des Guten über das Böse bringen wird.

Zarathustras Grundgedanken sind von ungeheurer Wirkung gewesen. Jede einzelne der späteren großen Weltreligionen, das Judentum, das Christentum wie der Islam, ist von ihnen nachhaltig beeinflußt worden. Keine einzige der drei genannten Religionen wäre ohne Zarathustras Gedanken das geworden, was sie geworden ist. Die Zahl der Menschen, die sich heute noch zu Zarathustra bekennen, ist sehr gering geworden. Aber seine Gedanken wirken immer noch weit über jenen kleinen Kreis hinaus.

Es ist in neuerer Zeit eine wissenschaftliche Streitfrage geworden, ob die Achämenidenkönige und ihre Leute Bekenner der Lehre Zarathustras gewesen sind oder nicht. Dabei ist mitunter mit übertriebenen philologischen Spitzfindigkeiten operiert worden. Was wir berücksichtigen müssen, ist die Tatsache, daß die Zarathustra-Lehre erst in späterer Zeit in allen Details durchgebildet wurde und zum System erstarrte; das geschah in den ersten nachchristlichen Jahrhunderten unter den späteren Arsaki-den-Königen und den seit etwa 227 n. Chr. auf die Arsakiden folgenden ersten Herrschern aus dem Hause der Sasaniden. Wenn sich also das, was aus den Inschriften eines Dareios hervorgeht, nicht in allen Einzelheiten mit dem späteren System deckt, so ist das nicht entscheidend. Es ist auch nicht ausschlaggebend, daß weder Dareios noch ein anderer Achämeni-denkönig den Namen des Zarathustra nennt. Von Bedeutung ist allein, ob die Grundgedanken eines Dareios sich mit denen der Zarathustra-Lehre decken oder ihnen doch nahe verwandt sind. Und diese Frage läßt sich eindeutig im positiven Sinne beantworten. In seiner Bisutun-Inschrift wie in seiner Grabinschrift zu Naksch-i-Rustem beruft sich Dareios im-mer wieder auf Ahuramazda, den Schöpfer des Himmels und der Erde, der ihn zum König gemacht und ihm seine Hilfe hat angedeihen lassen, in dessen Dienst er steht; er beruft sich weiterhin auf seinen Kampf gegen die Mächte Ahrimans, gegen die Lüge und das Böse. Daß Dareios dabei seine eigene Sache mit der Wahrheit und dem Recht, die seiner Gegner mit der Lüge und dem Unrecht gleichsetzt, sollte man ihm nicht verübeln — das ist die Denkweise und die Sprache eines Mannes, der zutiefst an sich und sein Werk glaubt, und ohne diesen Glauben hat noch niemals ein Mann Großes erreicht. In jedem Fall spricht aus Dareios' Inschriften eine Auffassung, die den Grundgedanken Zarathustras zum mindesten sehr nahesteht. Die Nichterwähnung des Namens Zarathustra durch Dareios oder einen seiner Nachfolger mag mit der politischen Konstella-tion der Wirrejahre 522–519 v. Chr. zusammenhängen: der Hauptgeg-ner des Dareios, der «Magier» (das heißt Angehöriger eines bestimmten Priesterstandes) Gaumata scheint sich seinerseits auf Zarathustra berufen zu haben.[112] Dem Gedankengut Zarathustras aber hat sich Dareios nicht entzogen.

Die Achämenidenkönige und ihre Perser waren von einem stolzen Selbstbewußtsein erfüllt, von der Überzeugung, daß Gott Ahuramazda ihnen die Welt zu Füßen gelegt habe. Sicher lebten sie in dem Gefühl der Überlegenheit ihres Glaubens über die Vorstellungen der anderen Völker. Daß sie gleichwohl deren religiöse Gefühle achteten, ihre religiösen Tra-ditionen und Kulte sogar noch förderten, ist Zeugnis für eine Großher-zigkeit und Klugheit, wie sie in der Geschichte selten sind.

Als die Perser in die Geschichte eintraten, waren sie nicht mehr als ein zahlenmäßig kleiner Volksstamm; unter den schätzungsweise gut 50 Mil-lionen Einwohnern des Achämenidenreiches gab es vielleicht eine halbe Million Perser. Es war zu erwarten, daß diese wenigen Perser im Laufe einiger Generationen in der Masse ihrer Untertanen aufgingen, daß sie aus der Geschichte verschwanden. Tatsächlich hat noch nicht einmal die Zertrümmerung des Achämenidenreiches durch den Makedonen Alexan-der dieses Ergebnis gezeitigt. Das Persertum war bereits so fest gefügt, daß es selbst diese Katastrophe überstand. Doch unvermerkt war es zu einer Gemeinschaft ganz neuer Art geworden. Die Perser der Anfangszeit waren ein blutsmäßig bestimmter Volksstamm gewesen, ähnlich wie die Meder und zahlreiche andere uns mit Namen bekannte iranische Stämme. Das Band, das die Perser späterer Jahrhunderte zusammenhielt, war demgegenüber kein blutsmäßiges, sondern ein geistiges: der Persername bezeichnete nicht mehr die Angehörigen eines bestimmten Volksstammes, sondern die Bekenner Ahuramazdas. Der Name der Meder verschwand aus der Geschichte, ebenso alle die anderen iranischen Stammesnamen, von denen wir ein paar Dutzend kennen. Aber nicht nur die Angehörigen der verschiedenen iranischen Stämme gingen in dem neuartigen Persertum auf, auch in Mesopotamien oder Anatolien beheimatete Elemente, die sich zu Ahuramazda bekannten. Und dieses neuartige Perservolk war schließlich so fest gefügt, daß es später sogar seine politische und geistige Unterwerfung durch den Islam überstand; die Gemeinschaft blieb bestehen, obwohl ihre Grundlage beseitigt wurde. Aber nicht zufällig bezeichnet der Name «Parsen» die auf indischem Boden, hauptsächlich in Bombay, ansässigen Menschen, die sich auch heute noch zur Religion Zarathustras bekennen.

Die erste und entscheidende Periode für die Ausbildung der neuartigen auf geistiger Grundlage beruhenden Gemeinschaft der Perser war die Zeit der Achämeniden. Ihr müssen wir uns wieder zuwenden.

Die Nachfolger des Dareios, schon sein Sohn Xerxes, besaßen nicht sein persönliches Format. Das Haus der Achämeniden stellte auf Generationen hinaus nur mehr Durchschnittsmenschen. Die gleichzeitig großzügige und kluge Religionspolitik des Kyros und des Dareios den Untertanenvölkern gegenüber hat schon Xerxes nicht mehr in gleicher Form fortgesetzt, wenn auch der Grundsatz der Glaubensfreiheit und der religiösen Toleranz im Achämenidenreich stets erhalten blieb. In der Zeit nach Dareios finden wir auch nichts, was im Bereich der Kunst und Kultur des Perserreiches etwas Neues bedeutet oder auch nur das unter Dareios Erreichte fortentwickelt hätte. Auf allen Gebieten waren nunmehr Stillstand, innere Erschlaffung und schleichender Verfall charakteristisch. Dennoch hat das Perserreich den Tod des Dareios mit nur geringen äußeren Einbußen um mehr als anderthalb Jahrhunderte überlebt.

Und gerade einem der schwächsten Nachfolger des Dareios, seinem Ururenkel Artaxerxes II. (404–359/8 v. Chr.), fiel das in den Schoß, was schon wenige Jahre nach dem Tode des Dareios für immer verloren gegangen zu sein schien. Nach den persischen Niederlagen bei Salamis und bei Plataiä war die militärische Initiative ganz an die griechischen Gegner des Achämenidenreiches übergegangen. Im Kallias-Frieden von 449/448 v. Chr. hatte der Großkönig auf die Ausübung seiner Hoheitsrechte über die Griechen Westkleinasiens, die er de facto ohnehin schon seit längerer Zeit nicht mehr hatte praktizieren können, verzichtet. Athen stand auf dem Höhepunkt seiner Macht – und es verlangte von den Griechenstädten Westkleinasiens, sie sollten ihre Mauern niederreißen, ohne Rücksicht darauf, daß das diese Städte im Falle eines neuen Krieges mit dem Perserreich einem Angriff von der Landseite her fast wehrlos auslieferte. Was Athens Herrschaft bedeutete, beleuchtet wohl am besten die Tatsache, daß nach dem Kallias-Frieden eine ganze Reihe von Städten in Karien und Lykien es vorzog, sich freiwillig unter die Herrschaft des persischen Großkönigs zurückzubegeben, daß diese Städte sich also aus freien Stücken dem persischen Steuersystem unterwarfen, nur um den – auch in finanzieller Hinsicht – unerträglichen Druck Athens los zu werden! Schon längst waren aber auch die innergriechischen Auseinandersetzungen im Gang. Mit dem Ausbruch des großen Peloponnesischen Krieges im Jahre 431 v. Chr. – mehr als jeder andere war hierfür der gleiche Perikles verantwortlich, der den Bau der klassischen Tempel auf der Athener Akropolis inauguriert hatte – nahmen diese Kämpfe zwischen den Staaten der griechischen Welt ein immer schlimmeres Ausmaß, immer brutalere Formen an. Das Perserreich sah ihnen lange Zeit untätig zu und blieb neutral, bis es schließlich durch das Volk von Athen selbst in diese Kämpfe hineingezogen wurde. Im Jahre 414 v. Chr. erhob sich der karische Dynast Amorges gegen den Großkönig. Damals wiegte sich das Volk von Athen in stolzen Großmachtshoffnungen; auf Sizilien stand ein starkes Expeditionskorps, das die Stadt Syrakus und letztenendes die ganze Insel den Athenern untertänig machen sollte. In seiner Verblendung unternahm es das Volk von Athen, sich außer Syrakus und den Peloponnesiern unter Führung Spartas auch noch den persischen Großkönig zum Feinde zu machen. Es unterstützte den karischen Rebellen und brach damit den von persischer Seite nicht in Frage gestellten Kallias-Frieden von 449/448 v. Chr. Das führte fast automatisch zum Zusammengehen des Großkönigs mit den griechischen Gegnern Athens. Schon 412 v. Chr. war das ionische Westkleinasien fast ganz in der Hand des zu Sardes residierenden Satrapen Tissaphernes, und die dortigen Griechenstädte mußten wieder Tribute an den Großkönig entrichten. Von nun an gingen die verworrenen Kämpfe jahrzehntelang fast pausenlos weiter. Die Konstellationen wechselten, stets aber war eine Partei der griechischen Welt mit dem persischen Großkönig gegen eine andere griechische Gruppierung verbündet. Das ging so weiter bis zum Jahre 386 v. Chr., in dem in der Satrapenstadt Sardes ein «allgemeiner Frieden» geschlossen wurde. Sein Motto lautete: «Artaxerxes II., der Großkönig, hält es für gerecht, daß die (griechischen) Städte Kleinasiens ihm gehören ..., die anderen Griechenstädte aber ... sollen autonom sein ... Wer aber diesen Frieden nicht annimmt, den werde ich bekriegen zusammen mit den Bundesgenossen» ... Dieser «Königsfrieden» machte somit nicht nur den

Achämenidenkönig zum Herrn der seit Generationen verlorenen Griechenstädte Westkleinasiens, sondern auch zum Schiedsrichter in den Gebieten westlich des Ägäischen Meeres. Hundert Jahre zuvor waren der große Dareios und sein Nachfolger Xerxes in Griechenland gescheitert. Nun war der gleiche Artaxerxes II., der nicht in der Lage war, die schon 404 v. Chr. vom Perserreich abgefallenen libysch-ägyptischen Deltafürsten wieder zu unterwerfen, der schwache Regent eines zwar immer noch großen, aber innerlich schon weitgehend verrotteten Staates, der letztenendes entscheidende Mann in der griechischen Welt.

Dabei steigerte sich die Schwäche des Perserreiches noch weiter. In den drei auf den «Königsfrieden» folgenden Jahren erlebten seine Truppen bei einem Angriff auf Ägypten eine glatte Abfuhr, und dieses Schauspiel wiederholte sich in den nächsten Jahrzehnten noch mehrmals. In den 60er Jahren des 4. Jahrhunderts v. Chr. war das Perserreich sogar drauf und dran, in seiner Westhälfte in ein Bündel halbunabhängiger Staaten auseinander zu fallen, deren Herren die zu nahezu selbständigen Machthabern gewordenen Satrapen waren; diese unterhielten sogar eigene private Söldnerheere. In den Jahren 363 bis 361 v. Chr. waren praktisch alle Gebiete westlich des Euphrats der Kontrolle der Reichszentrale weitgehend entglitten. Erst dem seit 359/358 v. Chr. regierenden neuen Großkönig Artaxerxes III. Ochos, einem ebenso harten und brutalen wie energischen und befähigten Mann, gelang es, die Satrapen wieder zur Unterordnung zu bringen. 356 v. Chr. erzwang er auch die Entlassung ihrer Söldnerheere, auf denen ihre Hausmacht beruhte. Und 355 v. Chr. zwang er Athen durch ein scharfes Ultimatum, die Unabhängigkeit der Inseln Rhodos, Kos und Chios sowie der Stadt Byzanz anzuerkennen und sich weiterer Feindseligkeiten gegen diese zu enthalten. 343/342 v. Chr. gelang es ihm auch, Ägypten zurückzuerobern. Noch einmal stand das Perserreich im Inneren gefestigt und nach außen mächtig da, wie niemals mehr seit den Tagen des großen Dareios. Die Welt der griechischen Staaten hingegen bot ein wahrhaft kläglisches Bild.

Gleichzeitig aber war schon in der zweiten Hälfte des 5. Jahrhunderts v. Chr. und vollends in der ersten Hälfte des 4. Jahrhunderts v. Chr. eine stille, aber nachhaltige griechische Eroberung der westlichen Provinzen des Perserreiches über die Bühne gegangen. Wir haben schon gesehen, daß die westkleinasiatischen Lyder und Karer kulturell und bald auch der Sprache nach allmählich fast zu einem Bestandteil der griechischen Welt geworden waren, daß aber auch die Kunst eines so eigenständigen und selbstbewußten Volkes, wie es die Lykier waren, starken griechischen Einflüssen unterlag. Doch das Griechentum wirkte noch viel weiter. Je verzweifelter und chaotischer die Lage in Griechenland wurde, desto mehr suchten unternehmungslustige griechische Männer ihr Glück in der weiten Welt. Jeder politische Umschwung in den zahlreichen griechischen Staaten löste eine Welle von Verbannungen und Diskriminierungen aus, einmal bei dieser, einmal bei jener Gruppe. Und mancher, der nicht gezwungen oder halb gezwungen ging, ging freiwillig, weil es zu Hause unerträglich war. Dann begab er sich mit Vorliebe in eine der kleinasiatischen Provinzen des Perserreiches oder auch zu den Pharaonen nach Ägypten. Der griechische Kaufmann, der griechische Matrose, der griechische Handwerker, der griechische Künstler, der griechische Arzt, die griechische Schauspielertruppe bis hin zum Tingeltangel — sie waren überall willkommen. Nicht selten kam auch ein griechisches Mädchen in den Harem eines orientalischen Großen, vor allem auf dem Weg des Sklavenhandels, geschah es doch bei den innergriechischen Kriegen immer häufiger, daß nach Einnahme einer Stadt die überlebenden Männer umgebracht wurden, Frauen und Kinder hingegen auf den Sklavenmarkt kamen. Mitunter gelang es einem zur Haremsdame gewordenen griechischen Sklavenmädchen, Einfluß auf ihren orientalischen Herrn zu gewinnen, vielleicht sogar eine Rolle zu spielen, die eine griechische Bürgersfrau in der Abgeschiedenheit des Gynäkeions, des Frauengemaches, niemals hätte spielen können. So gelangten griechische Menschen und griechischer Einfluß auf tausend Wegen in die Länder des Ostens. Am meisten aber wurden die griechischen Reisläufer, die griechischen Condottieri, zu einer vertrauten Erscheinung im ganzen vorderen Orient. Sie traten in immer größerer Zahl in die Dienste der Satrapen der Westprovinzen des Achämenidenreiches, der libysch-ägyptischen Pharaonen des 4. Jahrhunderts v. Chr. und nicht zuletzt der Großkönige selbst. So wurden zum Beispiel die Kämpfe zwischen den Reichen der Achämeniden und der Pharaonen immer mehr zu einer Auseinandersetzung zwischen den auf beiden Seiten zu findenden griechischen Kerntruppen. Schon die persisch-griechischen Kämpfe des 5. Jahrhunderts v. Chr. hatten die Überlegenheit des griechischen Soldaten und der griechischen Waffentechnik selbst über die anerkannt tapferen Perser erwiesen, und seither trat diese Überlegenheit immer deutlicher zutage. Der endliche Erfolg des Perserreiches gegen Ägypten im Winter 343/342 v. Chr. beruhte nicht zuletzt auf der brillanten Zusammenarbeit zwischen dem Großkönig Artaxerxes III. Ochos, der den Oberbefehl führte, und seinen griechischen Strategen Lakrates von Theben, Nikostratos von Argos und Mentor von Rhodos. Demgegenüber stand auf der Gegenseite Pharao Nektanebos II. sich schlecht mit seinen wichtigsten griechischen Offizieren, dem Athener Diophantos und dem Spartaner Lamios. Bei den Kämpfen um die ägyptische Grenzfestung Pelusium spielte sich übrigens eine Szene ab, die ebenso bezeichnend für die Gesamtlage als auch für den oft zu schwarz gezeichneten Charakter des Großkönigs Artaxerxes III. Ochos ist. Lakrates von Theben hatte die hartnäckig verteidigte Festung eingenommen, wobei er seinem militärischen Gegenspieler Philophron und seinen Männern bei der Kapitulation freie Rückkehr nach Griechenland zusicherte. Als sich persische Soldaten nicht an diese Bedingungen hielten und das Gepäck der Abziehenden plünderten, ließ Lakrates seine Leute auf die Plünderer einhauen. Deren persischer Befehlshaber beschwerte sich beim Großkönig über Lakrates, dieser aber billigte das scharfe Vorgehen seines griechischen Condottiere und ließ die persischen Plünderer hinrichten.

Besonders hervorgehoben wird auch das hervorragende persönliche Verhältnis zwischen Artaxerxes III. Ochos und seinem Strategen Mentor von Rhodos. Dabei darf auch nicht übersehen werden, daß es schließlich der Großkönig gewesen war, der 355 v. Chr. die Heimatinsel des Mentor vor dem Zugriff der Athener bewahrt hatte. Man sollte sich also davor hüten, im Dienst griechischer Soldaten und Strategen für den Großkönig «Landesverräterei» zu sehen. Mentor erwirkte übrigens auch, daß sein Bruder Memnon vom Großkönig zurückgerufen und voll rehabilitiert wurde — er hatte zuvor im Dienste eines rebellierenden Satrapen gestanden und war mit diesem zusammen nach Makedonien geflüchtet. Dieser Memnon von Rhodos sollte einige Jahre später der Mann sein, an dessen strategischen Fähigkeiten der Eroberungszug des Makedonen Alexander um ein Haar gescheitert wäre.[113] Kurz und gut: es ist ein Fehlurteil, wenn man meint, erst Alexander der Große habe den griechischen Menschen und der griechischen Kultur die Länder des Orients geöffnet. Gesetzt den Fall, Memnon von Rhodos hätte gleich nach dem Erscheinen der makedonischen Truppen in Kleinasien seine strategischen Pläne durchführen können und die Truppen des Großkönigs — damals Dareios III., Artaxerxes III. Ochos war 338 v. Chr. einem Mordanschlag zum Opfer gefallen — zum Siege geführt, das Achämenidenreich wäre in seiner Westhälfte auch dann weithin und immer stärker ein Gebiet der griechischen Kultur gewesen und geblieben.

Es ist anders gekommen. Von einem Randgebiet der griechischen Welt — Makedonien — ging eine neue Entwicklung aus. Wir wissen, daß die Makedonen nach Abstammung und Sprache mit zu den Griechen zu zählen sind. Die Griechen der klassischen Stadtstaatenwelt waren nicht unbedingt dieser Meinung, für sie waren die Makedonen nicht viel besser als andere «Barbaren». In der Tat war in Makedonien fast alles ganz anders. Es gab dort keine Städte, wenigstens keine Städte im Sinne der griechischen Polis, keine bedeutenden Künstler, Dichter, Philosophen. Dafür gab es ein schlichtes rustikales Königtum, wie es in Hellas seit Jahrhunderten nicht mehr bekannt war, es gab adlige Grundbesitzer, es gab Bauern und Hirten. Es war eine altväterliche Gesellschaft, nicht unähnlich der der iranischen Stämme in der Anfangszeit ihrer Geschichte. Wohl interessierten sich die Makedonenkönige und auch einige Landadlige für griechische Kultur, beriefen auch griechische Künstler,

Dichter und Philosophen in ihr Land. Doch als der Makedonenkönig Philipp II. (359–336 v. Chr.) die griechischen Stadtstaaten besiegte und seinem Willen unterwarf, empfanden das nur wenige Griechen anders als die Aufrichtung einer Fremdherrschaft. Dieser Philipp II. war hart als Krieger, ebenso verschlagen und skrupellos wie hochbegabt als Politiker, ein Machtmensch reinsten Wassers, derb in seinen Umgangsformen, aber auch bereit, ein offenes Widerwort zu akzeptieren, wenn es nur aus ehrlicher Gesinnung kam. Am Abend des 2. August 338 v. Chr., nach seinem blutigen Sieg über die verbündeten Heere der Thebaner und der Athener auf dem Schlachtfeld bei Chaironeia in Böotien, war er der Herr Griechenlands. Doch was sich anschließend ereignete, zeigt, daß er den Beinamen «der Große» verdient hätte, den ihm die Geschichte versagt hat. Seine Größe liegt darin, daß er auch und gerade im Augenblick seines größten Triumphes den Sinn für Maß und Grenzen bewahrte. Er verstand sich auf die seltene, in unserer Zeit wohl ganz ausgestorbene Kunst, nach einem gewonnenen Krieg den Frieden zu gewinnen. Er bewies es, als er auf jede Demütigung seiner besiegten Gegner verzichtete, die formelle Eigenstaatlichkeit aller griechischen Stadtstaaten, über die sie mit so empfindlicher Eifersucht wachten, respektierte, makedonische Truppen in Griechenland nur an drei strategisch besonders wichtigen Plätzen stationierte. Aber er untersagte auch den Griechenstaaten alle gegenseitigen Auseinandersetzungen, und der Garant dieses Friedens war er, der Makedonenkönig Philipp II., und seine makedonische Armee. Dem Bund der griechischen Staaten, den Philipp ins Leben gerufen hatte und dessen Protektor er war, gab er ein positives, auch in Griechenland populäres Ziel. Philipp war ein Machtpolitiker, sein Ziel die Erweiterung seines Reiches über Makedonien hinaus, und hierfür bot sich weniger der rauhe kulturell zurückgebliebene Innerbalkan an als das reiche und kultivierte Kleinasien. Das bedeutete Krieg mit dem Perserreich. Indem Philipp dieses Vorhaben, das in Wirklichkeit der Erweiterung seiner eigenen Macht dienen sollte, als Rachekrieg für die von Xerxes in den Jahren 480 und 479 v. Chr. − fast anderthalb Jahrhunderte zuvor − in Griechenland angerichteten Zerstörungen deklarierte, machte er Stimmung für sein Vorhaben.

Die Ermordnung Philipps im Theater zu Ägä im Jahre 336 v. Chr., in einem Augenblick, als die Vorhut seiner Armee bereits die Dardanellen überschritten hatte, vereitelte zunächst die Durchführung des großen Plans. Wie dann Philipps Sohn und Nachfolger Alexander im Frühjahr 334 v. Chr. zu seinem Eroberungszug aufbrach, in den folgenden Jahren das Achämenidenreich vernichtete, bis nach Indien vordrang und noch weiter vorgestoßen wäre, hätten nicht schließlich am Fluße Hyphasis im heutigen Pakistan seine Makedonen das aberwitzige Vordringen bis ans Ende der Welt verweigert, sei hier nicht verfolgt. Nur ein Moment dieses

Welteroberungszuges darf auch in diesem Zusammenhang nicht unerwähnt bleiben. Es waren jene Tage des Jahres 332 v. Chr., in denen «die Schicksalsfrage für die antike Welt» gestellt und entschieden wurde.[114]

Nach der Schlacht bei Issos, als der Sieger Alexander im Begriff stand, durch Syrien nach Ägypten vorzustoßen, erreichte ihn ein Friedensangebot seines Gegners Dareios III.. Der Lauf des Flusses Euphrat sollte fortan die Grenze bilden, die Länder im Westen sollten Alexander gehören, die Länder im Osten aber dem Perserreich verbleiben. Gewichtige Stimmen in Alexanders Umgebung sprachen für die Annahme dieses Angebotes, allen voran der bewährte alte Feldherr Parmenion, der der engste Vertraute und Freund Philipps II. bis zu dessen Ermordung gewesen war. «Aus einer Zusammenfassung der Gebiete um das Ostbecken des Mittelmeers mit Makedonien und Griechenland hätte wohl ein einheitliches Reich auf der Basis der griechischen Kultur erwachsen können, das sich als dauernd lebensfähig behaupten mochte» (Eduard Meyer). Diese Beurteilung der realen Möglichkeiten der damaligen Weltlage ist gewiß nicht nur die Einsicht des Historikers, der die Dinge aus der Rückschau betrachtet. Das hat Parmenion mit seiner in der Stunde der Entscheidung abgegebenen Stellungnahme bewiesen. Und aus seinem Munde sprach noch eine andere Stimme: die Stimme des ermordeten Philipp, der in dieser Situation gewiß den gleichen Sinn für Maß und Grenzen bewiesen hätte wie damals nach Chaironeia. Alexander aber lehnte ab, er jagte dem Ziel der Weltherrschaft nach. Und er erreichte es, aber nur für einen kurzen Augenblick. Und die von ihm zurückgewiesene Euphratgrenze wurde auf längere Sicht hin doch zu einer Schicksalsgrenze.

Parmenion, der beste Mann des Makedonenvolkes und geistig mehr der Erbe des ermordeten Königs Philipp als dessen Sohn Alexander, wurde wenige Jahre später von Alexander, dem der alte General unbequem geworden war, umgebracht. Er blieb nicht der einzige, der einer unverhüllten oder formell in die Form eines Prozessurteils gekleideten Mordtat Alexanders zum Opfer fiel. So war Philotas, der Sohn des Parmenion, seinem Vater im Tode vorausgegangen, so starb der «schwarze» Kleitos, der durch seinen Mut Alexander in der Schlacht am Granikos einst das Leben gerettet hatte, so starb der Historiker Kallisthenes, der Neffe von Alexanders Lehrer Aristoteles, der Alexander offen und mannhaft das Unwürdige seines Verhaltens vorgeworfen hatte, mit dem «der Sohn des Gottes Amon» von seinen Männern die fußfällige Verehrung verlangt hatte, so starb noch mancher andere. Und da waren auch die etwa 30 000 Soldaten, die in der glutheißen wasserlosen Wüste von Gedrosien (Belutschistan) zusammen mit vielen das Heer begleitenden Frauen und Kindern elend zugrunde gingen. Alexander hatte sie, obwohl er sehr wohl gewußt hatte, was seine Leute in Gedrosien erwartete, auf diesen fürchterlichen Todesmarsch geführt — durch ein Land, das sonst immer nur kleine Gruppen auf schnellen Kamelen durchritten. War dieses aberwitzige Unternehmen Anzeichen einer beginnenden geistigen Verwirrung? Spielte bei Alexander der Ärger über derbe Soldatenwitze mit, die den sehr freien Lebenswandel seiner Mutter Olympias im Zusammenhang mit Alexanders angeblicher «Gottessohnschaft» verspotteten, oder auch der Ärger darüber, daß die Soldaten sich ihm am Hyphasis-Fluß verweigert hatten, als er immer weiter, bis ans Ende der Welt, ziehen wollte? Wir wissen es nicht, was wir aber wissen, ist, daß aller Blendwirkung des äußeren Erfolges zum Trotz sich Alexander seinen Makedonen schon zutiefst entfremdet hatte. Was wir weiter wissen, ist, daß Alexanders übergroßes Reich zu der Zeit, als Alexander mit dem Rest seiner Leute aus Indien nach Babylonien zurückkehrte, schlimme Korruptionserscheinungen zeigte. Die Zeit war gekommen, in der die Aufgabe des Herrschers allein in einer nur durch lange harte Arbeit zu erreichenden inneren Konsolidierung gelegen hätte. Aber Alexander dachte immer an neue Eroberungen. Als er, noch nicht 33 Jahre alt, zu Babylon der Krankheit verfiel, die ihm am 10. Juni 323 v. Chr. den Tod brachte, lag seine Flotte zur Umsegelung der Arabischen Halbinsel bereit, stand sein Heer vor einem neuen Wüstenabenteuer, diesmal in den Weiten Arabiens. Und dann sollte — wir wissen es aus den (indirekt erhaltenen) Aufzeichnungen seines Kanzleichefs Eumenes von Kardia, den «Hypomnemata» — auch der gesamte zentrale und westliche Mittelmeerraum erobert werden. Nicht weil Alexander jung starb, ist sein Riesenreich rasch zerfallen, sondern weil sein Begründer längst jedes Maß und jeden Sinn für die jedem Menschen gesetzten Grenzen verloren hatte.

Wahr ist, daß der Alexanderzug die Ausbreitung der griechischen Weltkultur ungeheuer intensiviert hat, daß sie vor allem in unendliche Fernen vorgedrungen ist, die sie ohne Alexander nicht erreicht hätte. Falsch ist jedoch, daß Alexander diesen Siegeszug der griechischen Kultur in die Länder des vorderen Orients erst ausgelöst hat; in Wirklichkeit war er schon seit Generationen im Gang, ehe Alexander auch nur das Licht der Welt erblickt hatte.

Die von Alexander gegen den Rat Parmenions zurückgewiesene Euphratgrenze hat sich jedoch, auf längere Sicht betrachtet, als eine historisch-politische und kulturelle Schicksalsgrenze ersten Ranges erwiesen. Schon seit der Mitte des 2. vorchristlichen Jahrhunderts war sie die Linie, östlich derer sich die Erben des großen Eroberers nicht behaupten konnten. Seither war es auch nur noch eine Frage der Zeit, wann die griechische Kultur östlich dieser Linie endgültig absterben würde. In den Landschaften des inneren und östlichen Anatoliens, an denen der Alexanderzug im wesentlichen vorbeigegangen war, entwickelten sich schon in der ersten Hälfte des 3. Jahrhunderts v. Chr. Staaten, die von einer iranischen Oberschicht getragen wurden. Die betreffenden Fürstenfamilien führten ihre Abkunft — teils zu Recht, teils zu Unrecht — auf Angehörige der alten Achämeniden-Dynastie zurück. Die Fürsten von Kappadokien, dem Hochland des östlichen Zentralanatoliens, trugen meist den Namen Ariarathes, die Könige von Pontos, dem Hinterland der ostkleinasiatischen Küste des Schwarzen Meeres, meist den Namen Mithridates. Ähnliche Staaten unter solchen iranischen Herrschern gab es auch in Armenien und in Aserbeidschan. Aber die von Königen iranischer Abkunft regierten Staaten westlich und nordwestlich des Euphrats, die Staaten Kappadokien und Pontos, sind ungeachtet ihrer der Abstammung nach völlig ungriechischen Oberschicht schon im weiteren Verlauf des 3. Jahrhunderts v. Chr. kulturell weitgehend hellenisiert worden. So pflegten auch verschiedene Angehörige der Häuser des Ariarathes und des Mithridates betont gute Beziehungen zu den Zentren des griechischen Geisteslebens, besonders zu Athen. Und als im Jahre 88 v. Chr. die Truppen des Königs Mithridates VI. Eupator von Pontos auf griechischem Boden erschienen, richteten sich in Griechenland alle Hoffnungen auf ihn als Befreier Griechenlands von der fürchterlichen Herrschaft, die die römische Republik über Hellas ausübte.

In der alten Stammlandschaft der Achämeniden, der Persis, aber tauchte schon bald nach der Zeit Alexanders ein kleines Fürstenhaus auf. Politisch war es von ganz untergeordneter Bedeutung, und von den Großen dieser Zeit wurde es kaum beachtet. Aber der Name dieser Fürsten war ein Programm: Fratadara, «Hüter des heiligen Feuers des Ahuramazda-Glaubens». Ihr wichtigstes Heiligtum lag unweit der Stelle, wo die Achämenidenkönige des 5. Jahrhunderts v. Chr., Dareios und seine Nachfolger, ihre letzte Ruhestätte hatten. Das wenige, was wir von diesen Fratadara und ihren Nachkommen wissen, zeigt, daß sie sich der alten Tradition stets bewußt blieben. Fünfeinhalb Jahrhunderte nach dem Tode Alexanders war die Stunde für einen Nachfahren jener Fratadara gekommen: Ardaschir, Sohn des Papak, Nachkomme des Sasan (etwa 227 bis 241 n. Chr.), wurde der Begründer des bedeutendsten Staates und der hervorragendsten Kulturmacht, die seit langer Zeit irgendwo im vorderasiatischen Orient erwachsen ist. Und sein Werk war von Dauer: mehr als vierhundert Jahre lang blieb das Reich der Sasaniden eine Großmacht, die dem Gang der Weltgeschichte mehr als einmal die Wege wies. Zarathustras Religion war die im Sasanidenreich alles beherrschende geistige Grundlage. Die mit dem Namen der Sasaniden verbundene grandiose Kunst war trotz aller hellenistischen Detail-Einflüsse in ihrer Thematik, ihrer Ausführung und vor allem in der ihr zugrundeliegenden Ideenwelt alles andere als ein Ableger der hellenistischen Kunst. Sie folgte eigenen und andersartigen Gesetzen. Zu ihren besten Leistungen gehören Felsreliefs; nicht wenige von ihnen zeigen den

Sasanidenkönig vor Gott Ahuramazda, der ihm den Ring der Herrschaft überreicht — so wie einst dem Achämeniden Dareios. Ein solches Relief Ardaschirs I. findet sich auch zu Naksch-i-Rustem, in unmittelbarer Nachbarschaft der Felsgräber des Dareios und seiner Nachfolger. Und hier existiert auch ein Felsrelief mit einer anderen Thematik: vor König Schapur I. (241–272 n. Chr.), dem Sohn und Nachfolger Ardaschirs, kniet der von dem Sasaniden besiegte und gefangengenommene Valerianus, der Imperator Augustus, der Kaiser des römischen Weltreiches (260 n. Chr.). Das war in iranischen Augen die Rache für den Untergang des letzten Achämeniden, den Alexander herbeigeführt hatte. Und von tiefer Symbolik ist es, daß Schapurs Siegesrelief gerade dort zu finden ist, wo die Gräber der alten Achämenidenkönige liegen: Geschichtsbewußtsein, das sich anders als in der Abfassung von Büchern äußert.

Zurück zu jener Schicksalsstunde der antiken Welt im Jahre 332 v. Chr., als sich Alexander für die Eroberung der Welt entschied, gegen den Aufbau eines Staates, der zwar groß und mächtig, aber nicht übergroß und eben deshalb zukunftsreicher gewesen wäre. Was er nicht wissen konnte, war, daß er mit seinem Entschluß nicht nur über das künftige Schicksal der Länder des Ostens, sondern auch über das der ganzen Mittelmeerwelt entschied.

Etwa zwei Jahre nach dem Tode Alexanders zu Babylon ereignete sich in einer Talenge beim heutigen Ort Montesarchio in Kampanien, durch die jetzt die Autostraße von Caserta nach Benevento führt, ein merkwürdiges Schauspiel. In den «Kaudinischen Pässen» war eine Armee der römischen Republik von den tapferen Samnitern, einem Bergvolk des inneren Italiens, eingeschlossen und zur Kapitulation gezwungen worden. Zum Zeichen der Schande mußten die Besiegten ohne Waffen unter einem niedrigen galgenförmigen «Joch» hindurchgehen. Dann wurden sie nach Hause entlassen, eine Großmut der samnitischen Sieger, die — wie sich zeigen sollte — diesem Gegner gegenüber wenig am Platze war. Damals hat gewiß niemand geahnt, daß die Besiegten der Kaudinischen Pässe einmal die Bezwinger der Erben Alexanders werden würden.

Das führt uns aus den Ländern des Ostens wieder auf die Apennin-Halbinsel zurück.

Vierter Teil

Altitaliens Völker und ihre Unterwerfung durch Rom

Dreizehntes Kapitel

Völker, Staaten und Kulturen auf der Apennin-Halbinsel und die Römische Republik

Immer wieder in der Weltgeschichte sind Seeschlachten Tage weitreichender Entscheidungen gewesen. So war es auch um das Jahr 540 v. Chr., als vor der Ostküste Korsikas die verbündeten Flotten der Etrusker und der Karthager über die Schiffe der griechischen Phokaier triumphierten. Der Ausgang dieser Schlacht entschied darüber, daß die weitere Zukunft des Westmittelmeerraums nicht vom Griechentum bestimmt werden sollte. Für die Etrusker aber begann mit dieser Seeschlacht vor Alalia die größte Zeit ihrer Geschichte. Zwar bauten sie auch jetzt kein großräumiges Staatsgebilde auf. Aber die Welt ihrer zahlreichen mittleren und kleineren Staaten umspannte nun von Milano im Nordwesten bis nach Capua und Pompeji im Südosten einen Raum, dessen äußerste Punkte etwa 700 Kilometer voneinander entfernt waren.

Ein noch weiteres Gebiet aber hatte die etruskische Kultur erobert. Im Nordwesten hatten die Veneter von Este und Padua von den Etruskern die Schrift übernommen und auch sonst manches gelernt; ihre Kultur ging jetzt dem Höhepunkt entgegen. Sogar nördlich über die oberitalienische Tiefebene hinaus, ins Alpenland hinein, wirkte die Etruskerkultur. Inschriften und sonstige Funde aus dem Gebiet von Bozen und dem gut 150 Kilometer weiter im Westen gelegenen Sondrio, das heißt aus dem Land der Räter, beweisen das.

Noch intensiver waren die Ausstrahlungen der etruskischen Kultur auf weite Teile des gebirgigen Inneritaliens. Vor allem stand ganz Umbrien im Zeichen von Städten und städtischen Lebensformen nach dem Vorbild der Etrusker. Nicht ganz so intensiv, aber doch durchaus spürbar, wirkte die etruskische Kultur von den Städten in Latium und Kampanien aus in das Gebiet am Abhang der Abruzzen hinein, sogar bis ins Hochgebirge selbst. Wollte man eine buntfarbige Karte Altitaliens in der Zeit um die Mitte des 1. vorchristlichen Jahrtausends zeichnen und dabei das etruskische Herrschaftsgebiet in einer bestimmten Farbe, den noch darüber hinausreichenden Ausstrahlungsbereich der etruskischen Kultur in einer schwächeren Tönung der gleichen Farbe kolorieren, das Kartenbild der Apennin-Halbinsel wiese großteils diese Farbe auf.

In jeder Beziehung hatte das etruskische Leben in dieser Zeit seinen Höhepunkt erreicht. Die Wandmalereien in den Gräbern — unsere aufschlußreichste Quelle — verraten etwas von Menschen, die erfüllt waren von Lebensfreude und Lebensbejahung, die an sich und ihre Zukunft glaubten.

Aber die Geschichte ging weiter. Bei ihren Kämpfen gegen die Griechenstädte in Kampanien, vor allem das wichtige Kyme, errangen die Etrusker keine durchschlagenden Erfolge, sie erlitten im Gegenteil empfindliche Schlappen. Doch entscheidend waren sie nicht. Die große Schicksalswende bedeutete erst eine neue Seeschlacht. Sie fand im Jahre 474 v. Chr. in den Gewässern vor Kyme bei Neapel statt. Gegen die etruskische Flotte standen die Schiffe der Griechen von Kyme und von Syrakus. Und diesmal endete die Seeschlacht mit einer vernichtenden Niederlage der Etrusker.

Es war eine Niederlage mit außerordentlich weitreichenden Folgen. Niemals gelang es den Etruskern, sie wieder gutzumachen. Von nun an waren ihre Küsten jeder Plünderung von See aus fast hilflos ausgesetzt. Solche Raubzüge führten vor allem die Syrakusaner durch. Sie begannen in den letzten Jahren vor der Mitte des 5. Jahrhunderts v. Chr. und erreichten einen Höhepunkt 384 v. Chr., als Dionysios, Tyrann von Syrakus, verschiedene etruskische Hafenplätze fürchterlich heimsuchte. Das Ende der etruskischen Kriegsmacht zur See bedeutete auch den steilen Niedergang der Handelsschiffahrt. Dieser hatte wiederum höchst nachteilige Folgen für die gesamte Wirtschaft, was wir sehr deutlich am Rückgang der Importe ausländischer Waren ins Etruskerland erkennen können.

Die große Niederlage zur See hatte aber auch sehr ernste Rückwirkungen für die Stellung der Etrusker auf dem Festland. Sie bedeutete den endgültigen Verlust der Oberhoheit über die Stadt «Ruma» und ihre Umgebung. Dieses «Ruma» hatte sich dank des Wirkens der Etrusker aus einer Reihe latinischer Dörfer zu einer echten Stadt entwickelt. Wahrscheinlich gegen Ende des 6. Jahrhunderts v. Chr. – das scheinbar genaue Datum 510 v. Chr. ist eine spätere Konstruktion – hatte ein Aufstand zur Vertreibung der etruskischen Oberschicht geführt. Die spätere römische Überlieferung erzählt den Sturz des Königs Tarquinius Superbus, «des Übermütigen», im Stil einer «vaterländischen Schauermär». Sie schildert den König in den schwärzesten Farben als grausamen und willkürlichen Gewaltherrscher, wobei auch Geschichten auf ihn bezogen werden, die griechische Schriftsteller von griechischen Tyrannen erzählten. Noch schlechter kommt einer seiner Söhne weg, dessen übles Betragen gegenüber der schönen und tugendhaften Römerin Lucretia den Aufstand ausgelöst haben soll. Dazu hat man auch den heldenhaften Befreier Lucius Junius Brutus erfunden, der sich blödsinnig stellte, gleichwohl aber zum Reiterobersten gemacht wurde. Dieser Brutus wurde dann zum ersten Konsul in der Geschichte der Römischen Republik. Historisch ist bei alledem nur die Tatsache, daß offensichtlich ein vorübergehend erfolgreicher Aufstand gegen die etruskische Oberschicht der Stadt über die Bühne gegangen ist. Bemerkenswert bei der Überlieferung ist im übrigen die hemmungslose Selbstverherrlichung der Römer und die ebenso hemmungslose Verunglimpfung ihrer etruskischen Gegenspieler.

Es war nur ein vorübergehend erfolgreicher Aufstand – denn nun zog gegen Rom Lars Porsenna, der König von Chamars (von den Römern Clusium genannt, heute Chiusi). Über das, was weiter geschah, erfand die römische Überlieferung wieder eine Reihe von schaurig-schönen Heldentaten. Als die vordringenden Männer des Porsenna bereits den Janiculus gewonnen hatten, hielt sie Publius Horatius Cocles, «der Einäugige», an der Sublicischen Brücke allein standhaltend, so lange auf, bis die Römer hinter ihm die Brücke abgebrochen hatten. Worauf dann der Held in den Fluß sprang und zu den Seinigen hinüberschwamm. Weiter trat der todesmutige Jüngling Gajus Mucius Scävola auf, «der Linkshänder». Im Zuge einer Verschwörung gegen das Leben Porsennas hatte er versehentlich statt des Königs einen von dessen Leuten erstochen. Gefangen vor den Etruskerkönig geführt, erschreckte er ihn zutiefst, indem er zum Zeichen seines unerschütterlichen Mutes seine eigene rechte Hand in ein Opferfeuer legte, bis diese verkohlt war. Noch dreihundert andere nicht minder mutige römische Jünglinge hätten sich gegen Porsenna verschworen, soll Scävola dabei gesagt haben.

Porsenna aber war so beeindruckt, daß er mit Rom Frieden schloß und abzog. Und dann gibt es noch eine andere kaum minder schöne Geschichte von der dem Porsenna als Geisel überlieferten römischen

Jungfrau Clölia. — Die Wirklichkeit sah anders aus, und sie war für die
Römer weit weniger schmeichelhaft. Aus einigen in anderem Zusammenhang gemachten Angaben bei Tacitus und Plinius dem Älteren ergibt sich
nämlich, daß Rom sich dem Porsenna ergeben hat und die Waffen ausliefern mußte. Plinius erzählt auch, daß Porsenna den Römern jeden Gebrauch des Eisens außer für Ackergeräte untersagt habe — genau wie es
im Alten Testament von den Philistern und den von ihnen besiegten
Israeliten berichtet wird.

Heute gibt uns die Analyse der in Rom gemachten archäologischen
Funde einen wichtigen Hinweis. Aus ihnen ergibt sich nämlich, daß sich
ein Bruch in den Lebensformen der Stadt etwa um 470 v. Chr. bemerkbar
macht, nicht aber vorher. Das war also etwa in der Zeit der großen
Etruskerniederlage zur See gegen griechische Gegner. Bis zu dieser Zeit
hat offensichtlich die etruskische Oberschicht noch in der Stadt gelebt,
dann aber sank diese auf das wesentlich bescheidenere Niveau einer
latinischen Stadt herab. Mit hoher Wahrscheinlichkeit werden wir die
Dinge richtig sehen, wenn wir annehmen, daß nach einem nur vorübergehend erfolgreichen Aufstand gegen die etruskische Herrenschicht — ein
solches Ereignis läßt sich aus dem Bodenbefund natürlich nicht ablesen,
ist aber mit diesem durchaus vereinbar — der mächtige Kriegsfürst Porsenna die etruskische Herrschaft über Rom wiederhergestellt hat. Daß
sich die Kämpfe Porsennas in Latium mit der Auseinandersetzung zwischen den Etruskern und den Griechen von Kyme verknüpften, zeigt ein
Bericht, wonach Porsennas Sohn Aruns bei Aricia in den Albanerbergen
südwestlich von Rom eine Niederlage durch die Kyme-Griechen unter
ihrem Tyrannen Aristodemos und mit ihnen verbündete Latiner erlitten
hat. Der endgültige Umschwung zuungunsten der Etrusker auch zu
Lande ist dann schließlich mit hoher Wahrscheinlichkeit durch die Katastrophe ihrer Flotte vor Kyme 474 v. Chr. ausgelöst worden. Porsenna
mag zu dieser Zeit schon nicht mehr unter den Lebenden geweilt haben.

Daß das Auftreten des Königs Porsenna für Rom und die Römer keine
vorübergehende, rasch vergessene Episode war, ergibt sich auch daraus,
daß sich die Phantasie noch nach Jahrhunderten mit diesem Mann und
seinen Werken beschäftigt hat. Nicht nur, daß die Nennung des Namens
«Clusium», den die Römer für Porsennas Stadt Chamars gebrauchten,
noch in weit späterer Zeit Schrecken ausgelöst haben soll, auch über das
Grabmal Porsennas existiert eine Schilderung von phantastischer Unwirklichkeit; sie geht auf Marcus Terentius Varro (116 bis 27 v. Chr.)
zurück. Hier heißt es: «König Porsenna liegt unter der Stadt Clusium
begraben und hat ein Monument aus Quadersteinen hinterlassen, an
jeder Seite 360 Fuß breit und 60 Fuß hoch. In dem rechtwinkligen,
gleichseitigen Grundbau befindet sich ein Labyrinth, aus dem niemand
ohne Knäuel den Ausweg finden kann. Über diesem Grundbau stehen

fünf Pyramiden, vier an den Ecken, eine in der Mitte, jede an der Basis 75 Fuß breit, jede 150 Fuß hoch. Und jede trägt oben eine Bronzekugel. Über das Ganze ist eine eherne Scheibe gelegt, von der an Ketten Glocken herabhängen, die ... beim Wehen des Windes weithin ertönen. Auf dieser Scheibe erheben sich abermals vier Pyramiden, jede 100 Fuß hoch, und darüber wiederum auf einem Boden noch fünf Pyramiden.»[115] Einem unbedeutenden oder auch nur erfolglosen Mann hätte man schwerlich einen solchen Wunderbau zugeschrieben.

In jedem Fall hatte sich um 470 v. Chr. die Gesamtlage der Etrusker entscheidend verschlechtert. Nicht nur war ihre Macht zur See zusammengebrochen, nicht nur hatten Handel und Wirtschaft einen schweren Schlag erlitten, auch das Etruskergebiet auf dem Festland war auseinandergerissen. Denn zwischen ihrem alten Stammbesitz weiter im Norden und den Etruskerstädten in Kampanien lag nun das ihnen feindliche Gebiet von Rom und Umgebung. Schon die Etruskerstadt Ruma war eine Vormacht für einen Teil Latiums gewesen, und das republikanische Rom schickte sich an, diese Rolle zu übernehmen. Zwar ging das nicht ohne Kämpfe mit anderen Latinergemeinden ab, doch konnte Rom seine Ansprüche im wesentlichen durchsetzen. So befanden sich die Etruskerstädte im Südosten bis hin nach Capua, Nola und Pompeji in einer schwierigen Lage. Vom etruskischen Hauptgebiet waren sie zu Lande durch Rom und den von Rom beherrschten Teil Latiums abgeschnitten. Den Seeweg beherrschten die Griechen, und deren Städte wie Kyme und Neapolis waren den Etruskern in Kampanien jetzt auch zu Lande eindeutig überlegen. Es war nur mehr eine Frage der Zeit, wie lange sich die letzteren noch behaupten konnten. Und nun kam zu allem Überfluß auch noch eine steigende Bedrohung durch verschiedene Gebirgsvölker Inneritaliens hinzu.

Von den Etruskerstädten in Latium und Kampanien aus hatte die etruskische Kultur auch auf die Gebirgslandschaften weiter im Inneren der Apennin-Halbinsel ausgestrahlt. Da gab es das Volk der Herniker, die «Felsenbewohner». Ihr Gebiet war die ungefähr der heutigen Provinz Frosinone entsprechende Landschaft Ciociaria − der Name ist von der Bezeichnung einer alten Fußbekleidung der dortigen Landleute abgeleitet. Sie wird überragt von den stellenweise über 2000 Meter hohen Monti Ernici, den «Herniker-Bergen». Eine Reihe der am Südwestabhang dieser Berge gelegenen Orte entwickelte sich, gewiß unter dem Einfluß der etruskischen Kultur, zu echten Städten. Das gilt zum Beispiel für den Hernikerhauptort Anagnia, das heutige Anagni. Nicht anders stand es um Ferentino, Alatri und Veroli etwas weiter im Osten. In diesen drei Städten haben sich auch sehr eindrucksvolle Reste der zyklopischen Stadtmauern der Hernikerzeit erhalten, teilweise allerdings in mittelalterliche Befestigungen eingebaut. Vor allem die fast zwei Kilometer langen

Zyklopenmauern von Alatri und seine mächtige Akropolis, errichtet aus riesigen Steinblöcken, gehören zu den bedeutendsten Monumenten Altitaliens. Von dem Leben in diesen alten Hernikerstädten wissen wir leider nur wenig, aber allein schon Umfang und Bauweise der genannten Stadtmauerringe sollten uns davor warnen, das Niveau dieses städtischen Lebens zu unterschätzen. Wenn übrigens in der römischen Geschichtsschreibung berichtet wird, die Herniker hätten sich schon frühzeitig mit den Römern verbündet, so verdient diese Angabe großes Mißtrauen.

Die Herniker waren nicht das einzige Volk, das in diesem Teil der Apennin-Halbinsel städtisches Leben entwickelte. Nicht anders stand es um ihre Nachbarn im Südosten, die Volsker. Sie waren ursprünglich tiefer im Gebirge beheimatet, drangen dann aber immer weiter in Richtung auf die Küstengebiete vor. Auch sie haben bemerkenswerte Bauwerke hinterlassen. Zu ihren vermutlich ältesten Städten zählten die östlich des Hernikergebietes gelegenen Orte Sora, Arpino und Atina am Westabhang der Abruzzen. Zu Sora sind Stadtmauerreste erhalten, desgleichen zu Atina, wo sich auch ein in spätere Mauerzüge eingebautes altes Stadttor findet. Weitaus eindrucksvoller ist aber der Stadtmauerring des alten Arpino. Arpino bietet eines der schönsten Städtebilder Italiens. Auf einem Höhenzug liegt in 450 Meter Höhe das mittelalterliche und heutige Arpino. Es wird aber noch erheblich überragt von einem weiteren Höhenzug: hier liegt Civitavecchia, das heute nur noch schwach besiedelte «Alt-Arpino». Es wird von einem den ganzen Höhenzug umringenden kilometerlangen Mauerzug umgeben, der zwar im Mittelalter durch Türme kriegstechnisch modernisiert worden ist, aber auf das vorrömische Altertum zurückgeht. Deutlich heben sich die mächtigen Blöcke der alten Megalithmauer von den kleineren Steinen der mittelalterlichen Zubauten ab. Das Glanzstück von Alt-Arpino ist ein hohes schmales Spitzbogentor, durch das der Weg ins Innere der alten Volskerstadt führt. Seine Bautechnik erinnert fast an die sogenannten Kasematten in der mykenezeitlichen Burg von Tiryns in der Argolis. Von der Höhe Alt-Arpinos aus erblickt der Besucher tief unter sich das neuere Arpino, wendet er sich aber um, sieht er die hochragenden Abruzzen. Oft sind sie noch schneebedeckt, während bei Arpino selbst schon alles grünt und blüht. Auch Aquino — die Stadt des Kirchenlehrers Thomas — und das im zweiten Weltkrieg total zerstörte und seither wiederaufgebaute Cassino sind von Hause aus alte Volskerstädte.

Seit der ersten Hälfte des 5. Jahrhunderts v. Chr. erstreckte sich das Volskergebiet auch noch viel weiter nach Westen, hinein in die an Kastanienwäldern reichen Monti Lepini. Zu den dortigen alten Volskerstädten gehört Segni, ehemals Signia genannt. Auch hier gibt es einen kilometerlangen zyklopischen Mauerring. Stadtmauerreste sind auch zu Cori sowie beim heutigen Norma, dem alten Norba, erhalten; letzteres liegt noch oberhalb des malerischen mittelalterlichen Ninfa, das 1620 n. Chr. wegen der Malaria von seinen Bewohnern verlassen wurde. Aus einer anderen, noch etwas weiter im Westen gelegenen Stadt, Velletri, dem alten Veliträ, stammt eine Bronzeinschrift in volskischer Sprache. Sie beinhaltet eine von zwei, den Titel Medix führenden Oberbeamten erlassene Ritualordnung für den Dienst der Göttin Decluna; hier handelt es sich um ein durch einen glücklichen Zufall erhalten gebliebenes schriftliches Dokument aus dem Leben einer solchen alten Stadt. Weitere volskische Stadtmauerreste finden sich auch zu Sezze, dem alten Setia oder Suessa Pometia, und zu Privernum dicht nördlich des heutigen Priverno. Im 5. Jahrhundert v. Chr. und noch bis tief ins 4. Jahrhundert v. Chr. hinein waren die Volsker die hauptsächlichen und zeitweise sehr erfolgreichen Gegner der Römer und Latiner. Zur Zeit ihrer größten Machtentfaltung war sogar die Küste des Tyrrhenischen Meeres von Anzio bis Terracina, als Volskerstadt Anxur genannt, längere Zeit in der Hand der Volsker.

Von den Volskern in die Monti Ausoni und Monti Aurunci im Hinterland der Küste des Tyrrhenischen Meeres zurückgedrängt wurde das Volk der Aurunker, von den Griechen Ausoner genannt. Zu ihren Städten gehörten Ausonia, Suessa Aurunca (heute Sessa Aurunca) und die Küstenorte Minturnä (heute Minturno) und Sinuessa (nordwestlich von Mondragone).

Bei aller Mangelhaftigkeit unserer Kenntnisse im Detail, fest steht, daß sich bei Hernikern, Volskern und Aurunkern in einer nicht geringen Zahl von Orten ein beachtliches städtisches Leben entfaltet hat. Stumme und doch sehr eindrucksvolle Zeugnisse hierfür sind allein schon die zahlreichen ebenso mächtigen wie kunstvoll gebauten Mauerringe und Stadttore.

In den Hochgebirgslandschaften weiter im Inneren der Apennin-Halbinsel, in den Abruzzen und in Molise, wo sich die Berge bis in Höhen von über 2000 Meter erheben, bot sich ein anderes Bild. Im Gegensatz zu Umbrien oder dem Gebiet der Herniker und der Volsker konnten sich echte Städte hier kaum ausbilden. Diese waldreichen Gebirgsdistrikte waren Schauplatz von Hirtenkulturen. Im Sommer gingen die Hirten mit ihren Herden, vor allem Schafen und auch Schweinen, hinauf auf die Alm, wenn dann im Gebirge Schneefall und Winterkälte einsetzten, zogen die Hirten hinab ins Tal. Es war die gleiche Lebensweise, wie wir sie auch aus dem Inneren Sardiniens und dem Pindosgebirge auf der südlichen Balkanhalbinsel kennen; zum Teil haben sich diese Lebensformen bis heute erhalten. Es wäre ein grober Fehler, in solchen Wanderhirten kulturlose Barbaren zu sehen. So waren diese Männer Meister nicht nur bei der Herstellung von Waffen, sondern auch von bronzenen Kunstwerken, die vor allem als Grabbeigaben dienten. Besonders haben uns das zwei Ausgrabungsstätten gelehrt: Carsoli etwa 50 Kilometer südwestlich von L'Aquila und Alfedena etwa 30 Kilometer östlich von Pescasseroli, dem Hauptort des heutigen Abruzzen-Naturparks, in dessen Gebirgswäldern es heute noch vereinzelt Bären und Wölfe gibt. Besonders beachtlich ist, daß sich der etruskische Kultureinfluß bis in dieses so gut wie städtelose Gebirgsland hinein erstreckte: auch hier verbreitete sich die Kunst des Lesens und Schreibens. Wie solche Hirtenvölker vielfach auch sonst, unterhielten die Abruzzenstämme weitgespannte Handelsbeziehungen zu den Kulturlandschaften im Westen wie im Osten der Apennin-Halbinsel. So standen sie in Kontakt mit Etrurien und Kampanien so gut wie mit dem Picenum und anderen Adria-Küstenlandschaften.

Charakteristisch für solche Hirtenvölker ist, daß ihre staatliche Organisation auf der Stammeseinheit basiert, mit der in solchen Fällen typischen Rolle der Stammesältesten. Charakteristisch für sie ist weiter, daß die Männer gern in die Ferne zogen und dann mit Vorliebe als Söldner in den Dienst irgendwelcher Machthaber traten, bei denen sie ihrer Kriegstüchtigkeit halber wohl gelitten waren. Aber nicht nur einzeln oder in kleineren Gruppen zogen sie als Reisläufer in die Welt, sie gingen auch in größeren Scharen hinab in die Kulturländer, deren Reichtum auf sie eine große Anziehungskraft ausübte. Wenn es möglich war, ließen sie sich dann dort auch als Eroberer und Herrenschicht auf Dauer nieder, wobei sie durchaus gewillt und befähigt waren, städtische Lebensformen anzunehmen.

Ein solches Vordringen inneritalischer Hirtenstämme hatte es schon immer gegeben, in verstärktem Maße aber setzte es in der Zeit um 500 v. Chr. ein, in der Epoche der Kämpfe der Etrusker mit den aufständischen Römern sowie mit den Griechen von Kyme. Dabei war es für die Bergstämme letzten Endes gleichgültig, gegen wen sich ihr Vordringen richtete. Das ergab sich aus der Lage des Einzelfalles, wobei es auch durchaus zu Bündnissen zwischen den Hirtengruppen und irgendwelchen Städten und Staaten des Tieflandes gegen andere kam.

Aus der Gegend von Avezzano, in dessen Umgebung der 1875 n. Chr. trockengelegte große See von Fucino lag, stießen die Äquer vor; in ihrem Gebiet liegt übrigens die erwähnte Fundstätte von Carsoli. Ihre Vorstöße richteten sich gleichermaßen gegen die latinischen Städte östlich von Rom wie gegen Tusculum und Palestrina (Praeneste), die wir früher schon als etruskisch kennengelernt haben. Die letzteren wurden ebenso wie die zwischen ihnen liegenden Orte Bola und Labici zu Äquerstädten. Auch die Volsker hatten ursprünglich zu den Gebirgsstämmen des Landesinneren gehört, waren aber zum Teil schon frühzeitig zu Stadtbewohnern am Westabhang des Apennin geworden. Von ihrem weiteren Vordringen ins Gebiet der Monti Lepini und bis ans Tyrrhenische Meer war schon die Rede. Doch hinter ihnen drängten bereits andere Gebirgsstämme nach, bekannt unter den Sammelnamen Sabiner, Sabeller oder Samniter; von den Einzelstämmen sind vor allem die Kaudiner, Pentrer und Hirpiner zu nennen. Ihre Heimat lag in den südöstlichen Abruzzen einschließlich der Landschaft Molise. Während Äquer und Volsker vielfach zusammen gingen, kam es zwischen Volskern und den nachdringenden Samnitern zu manchen Zusammenstößen. So sollen die Samniter die Volskerstadt Fregellä südwestlich von Arpino zerstört haben; andere Volskerstädte tauchen später als Städte der Samniter auf, so Arpino und Sora.

Andere Stämme der Samnitergruppe stießen nach Kampanien vor. Nacheinander fielen ihnen die dortigen Etruskerstädte anheim, Capua wahrscheinlich 438 v. Chr., Nola vermutlich zur gleichen Zeit, Pompeji und Herculaneum um 425 v. Chr. Das war das Ende der Geschichte der Etrusker in Kampanien, nicht aber der Untergang ihrer Städte. Diese lebten weiter, nur jetzt von einer neu entstehenden Mischbevölkerung aus Alteinheimischen und Eroberern bewohnt. Keinen Gewinn aus dem Ende der Etruskerzeit in Kampanien konnten aber ihre alten Rivalen ziehen, die Städte der Griechen. Im Gegenteil kam die Reihe bald an sie. Wahrscheinlich 421 v. Chr. wurde Kyme erstürmt, und seither hörte der traditionsreiche Ort auf, eine Griechenstadt zu sein. Er wurde nunmehr zu einer von einer italischen Mischbevölkerung bewohnten Stadt namens Cumä. Auch die anderen Griechenstädte an der Küste Kampaniens erlitten ein ähnliches Schicksal, mit einer einzigen Ausnahme: Neapel. Dagegen kam für das wegen seiner wohlerhaltenen griechischen Tempel auch heute weithin bekannte und berühmte Poseidonia um 400 v. Chr. das Ende als Griechenstadt: aus Poseidonia wurde das von Lukanern, Verwandten der Samniter, bewohnte Pästum. Wie wir erfahren, war daselbst schon gegen Ende des 4. Jahrhunderts v. Chr. die griechische Sprache der Vergessenheit anheimgefallen. Daß auch die neuen Bewohner von Pästum keine kulturlosen Barbaren waren, zeigen aber die uns erst seit verhältnismäßig kurzer Zeit bekannten Wandmalereien aus Gräbern des 4. Jahrhunderts v. Chr.; sie befinden sich zum Teil im Museum von Pästum, zum Teil in Neapel. Sie zeigen in leuchtenden Farben Darstellungen aus dem Bereich von Götter-, Todes- und Jenseitsvorstellungen, darunter eine weibliche Todesgottheit in einem Boot, Begräbnisprozessionen und Totenklagen, Darstellungen von Panthern und Greifen, die gewiß ebenfalls im Zusammenhang mit der Religion stehen, aber auch Krieger zu Fuß und zu Pferd auf dem Marsch, Kampfszenen, Wagenrennen und anderes mehr.[116] Einflüsse der griechischen wie der etruskischen Kunst auf diese Wandmalereien sind unverkennbar, dennoch sind diese aber weder griechisch noch etruskisch. Ebenfalls aus dem 4. Jahrhundert v. Chr. sowie aus der Folgezeit stammen Votivstatuen und -statuetten, die an anderen Orten Kampaniens gefunden wurden. Es handelt sich gewiß um keine Kunstwerke ersten Ranges, wohl aber um durchaus beachtliche Arbeiten. Auch das mit Ausnahme von Neapel lukanisch gewordene Kampanien blieb ein Gebiet mit städtischer Kultur.

Von den Einzelereignissen des 5. Jahrhunderts v. Chr. haben wir nur dürftige Kunde. Aus griechischen Quellen erfahren wir vor allem das, was die Griechenstädte direkt betraf. Die spätere römische Geschichtsschreibung betrachtet die Ereignisse ganz vom Standpunkt der Tiberstadt aus und arbeitet auch hier wieder mit mancher tendenziösen Verfälschung. Zum Beispiel die Gestalt des Römers Coriolan, der zu den Volskern übergeht, einer ihrer Anführer wird, aber dann auf Betreiben seiner Mutter und seiner Gattin nach Rom zurückkehrt, ist bloße Erfindung. Was wir von den verworrenen Kämpfen erfahren, Erfolg oder Mißerfolg dieser oder jener Seite, hängt weitgehend vom Zufall ab. Die überlieferten Jahreszahlen sind sehr unsicher, meist beruhen sie auf späterer Konstruktion. Aufs ganze gesehen können wir jedoch erkennen, daß bis über die Mitte des 5. Jahrhunderts v. Chr. hinaus der Erfolg in erster Linie auf der Seite der Volsker lag, auch auf der der mit ihnen verbündeten Äquer. Seit Ende des 5. Jahrhunderts v. Chr. wendete sich jedoch das Blatt zugunsten der Römer und der von ihnen abhängigen Latiner. Um 400 v. Chr. hatte Rom schon eindeutig das Übergewicht, wenn auch die Kämpfe mit den Äquern und Volskern noch bis tief ins 4. Jahrhundert v. Chr. hinein andauerten.

Die alten Etruskerstädte in Kampanien blieben nach ihrer Eroberung durch die Abruzzenstämme erhalten, und auch in den ehemaligen Griechenstädten Kyme und Poseidonia erlosch das städtische Kulturleben nicht. Eine andere große Stadt, eines der ältesten Kulturzentren Italiens, ereilte dagegen eine fürchterliche, eine totale Katastrophe. Es war das alte etruskische Veji, und die Verantwortung für seine völlige Vernichtung trug die Römische Republik.

Veji war eine der führenden Städte im Süden des alten etruskischen Stammlandes, volkreich und wohlhabend. Aus Veji stammen die ältesten uns erhalten gebliebenen etruskischen Grabmalereien, hier findet sich auch der «Ponte Sodo» genannte Felstunnel, ein Bestandteil des von den Etruskern angelegten großartigen Entwässerungssystems. Von Rom war dieses Veji nur etwa 15 Kilometer entfernt. Gleich nach Ende der etruskischen Oberhoheit über Rom hatten offensichtlich schon kriegerische Auseinandersetzungen zwischen den beiden Nachbarstädten begonnen. Die überlieferten Jahreszahlen dieser Kämpfe verdienen wieder einmal kein Vertrauen, in der Regel auch nicht die in diesem Zusammenhang überlieferten Details. Historisch wird jedoch der Name des Königs Tolumnius von Veji sein — er entspricht dem etruskischen Titel und Namen Lars Tulumnes —, der irgendwann in der zweiten Hälfte des 5. Jahrhunderts v. Chr. im Kampf gegen die Römer den Tod gefunden hat. Doch schon die Angabe, er sei im Zweikampf gegen den römischen Konsul Aulus Cornelius Cossus gefallen, klingt mehr nach Heldenkult als nach sachlicher Geschichtsschreibung. Nicht anders steht es um die Schilderung des letzten Kampfes um Veji. Die Belagerung soll zehn Jahre gedauert haben — wiederholt hat man auf die Parallele zu der legendären, ebenfalls zehn Jahre währenden Belagerung Trojas hingewiesen. Schließlich sei eine römische Truppe durch einen unterirdischen Gang bis an eine Stelle dicht unterhalb des Tempels der Stadtgöttin Uni gelangt. Dort hätten die Männer, ihrerseits noch unbemerkt, gehört, wie ein Priester aus der gerade von ihm ausgedeuteten Opferleber die Prophezeiung ablas, dem Besitzer dieser Leber würde der Sieg zufallen. Daraufhin seien die römischen Soldaten aus ihrem Versteck aufgetaucht, hätten sich der Opferleber bemächtigt und der Prophezeiung entsprechend die Stadt eingenommen. Tatsächlich kann noch nicht einmal das überlieferte Datum — 396 v. Chr. — als gesichert angesehen werden, wenn es wohl auch nicht allzuweit von der Wahrheit abweicht. Richtig ist dagegen, daß Veji bei seinem letzten Kampf allein durch seine nächsten Nachbarn, die Falisker von Capena und Falerii, unterstützt wurde, während die anderen Etruskerstädte abseits standen. Vor allem aber ist eines grausame Wahrheit: daß nämlich das eroberte Veji, soweit es nicht schon bei der Erstürmung in Flammen aufgegangen war, nach Verschleppung seiner Kunstwerke von den Siegern systematisch zerstört wurde. Ein großer Teil der Bevölkerung war bei der Erstürmung ihrer Stadt niedergemetzelt worden, der Rest verfiel der Sklaverei. Vejis Untergang war total, daß später an der verödeten Stätte zeitweise einige römische Kolonisten saßen, war ohne Belang. Nach Vejis Einnahme folgten noch Plünderungszüge gegen die Faliskerstädte, um diese für die Unterstützung Vejis zu bestrafen. Die Begleitumstände des Untergangs von Veji gehören zu den brutalsten und unerfreulichsten Vorgängen, die wir aus der Geschichte Altitaliens kennen. Und mit Vejis Untergang begann die Umwandlung der Maremmen aus einer reichen Kulturlandschaft in eine malariaverseuchte menschenfeindliche Öde, da die etruskischen Entwässerungsanlagen von den Römern vernachlässigt wurden und verfielen.

Nach dem Fall von Veji war Roms Macht der aller übrigen Staaten auf der Apennin-Halbinsel schon weit überlegen. Die Äquer und Volsker hatten bereits einen großen Teil ihres alten Besitzes verloren und waren ganz in die Verteidigung gedrängt. Die entscheidende Schwäche der Etruskerstaaten — die Ereignisse beim letzten Kampf um Veji hatten es überdeutlich gezeigt — war, daß sie mehr denn je einer politisch wirksamen Einheit entbehrten. Keine 30 Kilometer trennten Veji von seiner nächsten wichtigen Nachbarstadt Chisra (Cerveteri), und doch war man sich hier wie anderen Ortes über den römischen Macht- und Vernichtungswillen völlig im Unklaren. Zunächst aber traf die Etruskerstädte des

Nordens ein Schlag, der nicht minder vernichtend war als der, der Veji getroffen hatte.

Um 400 v. Chr. überschritten keltische Stämme die Alpen und brachen in Oberitalien ein. In verschiedenen Ländern Mittel- und Westeuropas hatten die Kelten immerhin beachtliche Kulturleistungen vollbracht, doch die in Italien eindringenden Stämme — von den Römern Gallier genannt — hatten damit nichts zu tun. Es waren wilde barbarische Kriegerscharen, in ihrem Niveau weit unter den Hirtenstämmen der Abruzzen stehend. Die Stadtstaaten der Etrusker in der Po-Ebene brachen vor ihrem Ansturm völlig zusammen. Nur die Veneter im Osten konnten sich leidlich behaupten, doch auch für sie und ihre Kultur bedeutete der Kelteneinbruch einen schweren Schlag. Weiter im Westen aber erlosch jedes städtische Leben bald so gut wie ganz. Die Ruinen des von den Kelten zerstörten Marzabotto, südwestlich von Bologna, erzählen deutlich genug die Geschichte vom Tod einer Kulturstadt. Ein Teil der etruskischen Bevölkerung Oberitaliens mag zwar am Leben geblieben sein, aber das war ein Leben von Knechten unter barbarischen Herren. Anderen Etruskern gelang die Flucht nach Süden, wieder andere entkamen ins Alpengebiet zu den Rätern, die sich ja der etruskischen Kultur gegenüber als aufgeschlossen erwiesen hatten. Die Po-Ebene hingegen wurde rasch zum keltischen Siedlungsgebiet, zum «Gallien diesseits der Alpen», wie es die Römer nannten. Als nahezu einziges Erbe der Etrusker blieb das vom etruskischen abgeleitete keltische Alphabet; daß es entstehen konnte, ist immerhin ein Zeichen dafür, daß auch die in Norditalien eingedrungenen Kriegerscharen nicht völlig kulturunfähig waren.

Daß der Fall von Veji und der von Melpum (Milano) am gleichen Tag erfolgt sein soll, ist eine der in der griechischen und römischen Geschichtsschreibung auch sonst beliebten Spielereien mit Daten. Richtig ist jedoch, daß das Etruskertum fast zur gleichen Zeit aus unterschiedlichen Richtungen von zwei gleichermaßen vernichtenden Schlägen getroffen wurde. Überdies zogen nun die Kelten weiter nach Süden und brachen in Umbrien ein. Und jetzt geschah das Unfaßliche: Chamars (Chiusi), die alte Stadt Porsennas, wandte sich in seiner Angst an Rom um Hilfe; an das gleiche Rom, das wenige Jahre zuvor der Etruskerstadt Veji ein so fürchterliches Schicksal bereitet hatte, überdies einige Jahre später auch schon gegen Chamars' Nachbarstaat Velzna (Orvieto), von den Römern Volsinii genannt, kriegerisch vorgegangen war und dessen Truppen geschlagen hatte. Fürwahr, die Zeiten des großen Kriegsfürsten Porsenna lagen weit zurück.

Die Kelten aber zogen gegen Rom. Sie schlugen das römisch-latinische Heer am Bach Allia, der nördlich von Rom in den Tiber mündet, und drangen in die Stadt selbst ein. Nur das Kapitol konnten sie mit ihrer völlig unentwickelten Belagerungstechnik nicht einnehmen. Wie so vieles

andere gingen beim großen «Gallierbrand» Roms auch die vom Priester-
kollegium der Pontifices geführten Annalen in Flammen auf, ein Um-
stand, der mit dazu beigetragen hat, daß die in der römischen Geschichtsschreibung genannten Jahreszahlen aus älteren Zeiten so wenig zuverlässig sind. Auch die Gallierkatastrophe Roms können wir nicht mit absoluter Sicherheit datieren, am wahrscheinlichsten ist ihr Ansatz in das Jahr
387 v. Chr. Die vergebliche Belagerung des Kapitols durch die Gallier
und ihr schließlicher Abzug aus Rom wird in der Überlieferung wieder
mit allerlei Histörchen verbunden. Da gibt es die berühmten kapitolini-
schen Gänse, die durch ihr Schnattern eine nächtliche Überrumpelung
der Burg vereitelten. Da gibt es weiter die hochdramatische Szene, wie bei
den Lösegeldverhandlungen, durch die der Abzug der Gallier erkauft
werden sollte, der Keltenführer Brennus mit den Worten «vae victis!»
(«wehe den Besiegten!») sein Schwert in die Waagschale geworfen habe.
Doch erscheint natürlich im richtigen Moment der heldenhafte Erretter
Camillus, der den Galliern das gezahlte Gold und die gemachte Beute
wieder abnahm.

Daß die Kelten das verwüstete und niedergebrannte Rom wieder verließen, versteht sich fast von selbst. Auch wenn sich die Stadt in einem
weniger traurigen Zustand befunden hätte, wäre es den Kelten wohl
kaum in den Sinn gekommen, sich hier niederzulassen. So zogen sie
wieder ab. Und jetzt kam das zum Tragen, was für die Römer charakteristisch war: ihre ungeheure Härte und Zähigkeit, ihr ungebrochener Wille
zur staatlichen Macht. Dabei kam ihnen ein Glücksumstand zu Hilfe: das
Jahr 384 v. Chr. erlebte den Plünderungszug einer Flotte des Tyrannen
Dionysios von Syrakus gegen die Küste des Etruskerlandes, wo sie gewaltige Zerstörungen anrichtete.

Äquer und Volsker, die alten Gegner Roms im Osten und Südosten,
versuchten, die durch die vorübergehende Einnahme der Tiberstadt
durch die Gallier entstandene Lage für sich auszunutzen und ihren alten
an die Römer verlorenen Besitz wiederzugewinnen. Auch die Herniker
und sogar ein Teil der Latiner wandten sich gegen Rom. Alles kam jetzt
auf die Haltung und die Tatkraft der Etruskerstaaten an. Aber nur ein
einziger von ihnen zeigte Entschlossenheit: Tarchuna (Tarquinia). Nach
dem Fall von Veji hatten die Römer die kleinen Orte Sutri und Nepi
nördlich des Bracciano-Sees im Bereich der Monti Cimini eingenommen
und zu Festungen gemacht. Sutri liegt an der auch heute außerordentlich
wichtigen Straße von Rom nach Viterbo, Nepi dicht östlich derselben.
Wer dieses Gebiet beherrscht, hat den entscheidenden südlichen Zugang
zum Kerngebiet des Etruskerlandes in der Hand. Jetzt eroberten die
Truppen von Tarchuna (Tarquinia) wenigstens vorübergehend Sutri zurück. Hätte Tarchuna die energische Unterstützung seines Nachbarn
Chisra (Cerveteri) gefunden, wäre eine Schicksalswende zugunsten der

Etrusker wenigstens in ihrem alten Stammland nicht ausgeschlossen gewesen. Aber Chisra, das schon beim Fall von Veji tatenlos zugesehen hatte, verlegte sich aufs Taktieren; überdies wurde gerade sein Gebiet durch den Plünderungszug der syrakusanischen Flotte besonders hart getroffen. So blieb Tarchuna allein und konnte seinen Anfangserfolg nicht ausnutzen. Auch alle weiteren Anstrengungen seiner Armee waren umsonst.

Rückschauend betrachtet läßt sich erkennen, daß diese unentschlossene Haltung von Chisra das weitere Schicksal der Etrusker und darüber hinaus ganz Mittelitaliens vorausbestimmt hat. Denn so konnten die Römer allmählich auch die Oberhand über die Äquer, Herniker, Volsker und die von ihnen abgefallenen Latiner gewinnen.

Der Verlauf dieser Kämpfe soll hier nicht im einzelnen verfolgt werden, zumal auch für diese Zeit noch gilt, daß viele Details und vor allem Daten nicht restlos gesichert sind. Um die Mitte des 4. Jahrhunderts v. Chr. stand Rom jedenfalls mächtiger da als vor der Gallierkatastrophe. Tarchuna (Tarquinia) mußte einen Friedensvertrag unterzeichnen, der nicht viel weniger als eine Unterwerfung bedeutete. Nicht besser erging es Chisra (Cerveteri), das sich ähnlichen Bedingungen beugen mußte — sein Taktieren hatte ihm nichts genützt. Äquer, Herniker, Volsker und die von Rom abgefallenen Latiner waren besiegt und unterworfen. Ein nochmaliger Aufstand der Latiner fällt wahrscheinlich in die Jahre 341 bis 338 v. Chr., er war vergeblich. Als letzte Volskerstadt leistete schließlich noch Privernum Widerstand, es wurde 329 v. Chr. erstürmt. Sogar Neapel, die letzte bedeutende Griechenstadt an der Küste Kampaniens, erlebte 326 v. Chr. eine Belagerung durch die Römer. Es wurde besiegt und mußte einen Vertrag abschließen; zwar blieb Neapel ein selbständiger «mit Rom verbündeter» Staat, doch mußte es eine römische Garnison dulden. Um diese Zeit waren auch die Gallier, die in den vorausgegangenen Jahrzehnten noch mehrfach plündernd durch Mittelitalien gezogen waren, für Rom keine Gefahr mehr; sie waren jetzt ganz und gar auf die oberitalienische Tiefebene beschränkt.

In dieser Zeit — es waren die Jahre der Weltherrschaft und des frühen Todes Alexanders des Großen — galt Roms Befehl schon im größten Teil Mittelitaliens. Vom südlichen Etrurien bis an den Golf von Neapel übte es in dieser oder jener staatsrechtlichen Form die tatsächliche Herrschaft aus. Darüber hinaus waren zwei der früher wichtigsten Etruskerstaaten — Chisra und Tarchuna, Cerveteri und Tarquinia — fast zu Satelliten der römischen Macht herabgesunken. Und dennoch mußte Rom noch einmal einen harten und langandauernden Kampf um seine Vormachtstellung auf der Apennin-Halbinsel führen.

Die in den Abruzzen und in der Molise beheimateten Stämme der Samniter — so wollen wir sie von nun an der Einfachheit halber nennen

— hatten mehrfach in einer Art Interessengemeinschaft mit den Römern gestanden, die sich gegen die Volsker richtete. Dieser gemeinsame Gegner war nun weggefallen. Jetzt grenzten der Machtbereich Roms und das Gebiet der Samniterstämme unmittelbar aneinander. Was die römische Geschichtsschreibung über den Ausbruch der Kämpfe zwischen Rom und den Samnitern berichtet, ist fragwürdig und offenkundig tendenziös. Begnügen wir uns mit der Feststellung, daß die große Auseinandersetzung in der Zeit um 325 v. Chr. begann; sie sollte jahrzehntelang andauern.

Oft und nicht zu Unrecht hat man die samnitischen Stämme mit den Schweizern in der Zeit an der Schwelle vom Mittelalter zur Neuzeit verglichen. Die Heimat der Samniterstämme lag im Gebirge, sie waren schlichte Hirten und Bauern, aber keineswegs kulturlos und schon gar nicht kulturunfähig. Die Samniter hatten allmählich einen Bundesstaat ausgebildet, der wieder an die Schweizer Eidgenossenschaft erinnert. Im Landesinneren stand das Städtewesen noch in den Anfängen, doch waren im ehemaligen Volskergebiet und in Kampanien mehrere alte Kulturstädte zu Samniterstädten geworden. Im Bereich der kampanischen Städte entzündete sich auch der Kampf zwischen Rom und den Samnitern. Dabei kam es nach wenigen Jahren — wahrscheinlich im Jahre 321 v. Chr. — zu dem für die Römer so peinlichen Schauspiel der Kapitulation einer römischen Armee in den «Kaudinischen Pässen» mit ihren schimpflichen Begleitumständen, wovon bereits die Rede war. Es war der schwerste Rückschlag und vor allem der größte Prestigeverlust für Rom seit der Gallierkatastrophe. Aber der Krieg ging, wenn auch wohl erst nach einer mehrjährigen Unterbrechung, weiter und nahm allmählich immer größere Ausmaße an: zwischen Latium und dem Gebiet der Dauner in Nordapulien spielten sich die Kämpfe ab.

Eine neue Phase begann im Jahr 311 v. Chr. Spät genug, aber schließlich doch griffen mehrere Etruskerstaaten in den Krieg ein, am energischsten das von den Römern Volsinii genannte Velzna (Orvieto). Auch verschiedene andere von den Römern längst unterworfene Völker und Städte regten sich erneut, so die Äquer und etwas später auch die Herniker. Mehr und mehr wurde aus dem Duell zwischen der Römischen Republik und den Samnitern ein Kampf der bunten Völkerwelt Altitaliens gegen die sich immer drohender abzeichnende Übermacht Roms im größten Teil der Apennin-Halbinsel überhaupt.

Wie schon in der Zeit nach der Gallierkatastrophe Roms konzentrierten sich die Kämpfe zwischen den Römern und ihren etruskischen Gegnern im Jahre 310 v. Chr. um das Gebiet der strategisch so wichtigen Festungsstadt Sutri und den Übergang über die Monti Cimini. Mehrmals wechselte Sutri den Besitzer. Schließlich errangen die Römer die Oberhand und erzwangen den Durchzug durch das waldreiche Gebirge. Der

Einbruch ins Innere Etruriens war gelungen. Nicht lange, und drei Staaten Inneretruriens, Perugia, Cortona und Arezzo, baten um Waffenstillstand. Im Jahre 308 v. Chr. gaben auch die übrigen Etruskerstaaten den Kampf auf, unter ihnen Tarchuna (Tarquinia), dessen Rolle in der Geschichte nunmehr ausgespielt war. Im gleichen Jahr fiel mit dem östlich von Pompeji gelegenen Nuceria die letzte Samniterstadt in Kampanien, 306 v. Chr. auch die Hernikerstadt Anagni. 305 v. Chr. räumten die Samniter die ehemals volskischen Städte Sora und Arpino, nachdem die Römer schon tief in die samnitischen Gebirge selbst eingedrungen waren. 304 v. Chr. waren auch die aufständischen Äquer am Ende. Das Schicksal der Völker Mittelitaliens schien besiegelt. Und die Hand des römischen Siegers war hart.

Aber die Samniter hatten noch nicht aufgegeben. 298 v. Chr. entbrannten die Kämpfe aufs neue. Und jetzt erkannten auch einige der noch übrig gebliebenen Etruskerstaaten, was sie früher nicht erkannt hatten, nämlich daß es auch für sie ums Letzte, um Sein oder Nichtsein ging. Unter Führung von Vulci, etruskisch Velcha oder Velkse genannt, und Velzna (Orvieto) nahmen auch sie den Kampf gegen ein übermächtiges Schicksal auf. Sie bewaffneten, was sich nur bewaffnen ließ, nahmen auch − gewiß unter großen materiellen Opfern − gallische Söldner in Dienst. Weiteren Zuzug erhielten sie aus den Apennindörfern Umbriens. So begann der Schwanengesang des Etruskertums.

Die Samniter erkannten ihrerseits den vollen Ernst der Lage und führten in einem kühnen Zug nach Norden die Vereinigung ihrer Truppen mit dem Aufgebot der Etrusker, Umbrer und Gallier herbei. So fiel die eigentliche Entscheidung im östlichen Umbrien, bei Sentinum, das etwa 35 Kilometer östlich von Gubbio bei Sassoferrato liegt. Das war im Jahre 295 v. Chr.. In einer wilden blutigen Schlacht, die zunächst mit einem erfolgreichen Vordringen gallischer Streitwagenkämpfer begann, siegten schließlich die Römer um den Preis eigener schwerer Verluste. Es war die Entscheidung, aber noch nicht das Ende. Im binnenländischen Etrurien kam es auch weiterhin zu blutigen Kämpfen, sogar noch zu einem letzten Sieg der Etrusker: 284 v. Chr. wurde bei Arezzo eine römische Armee durch Etrusker und ihre gallischen Söldner vernichtet, der Feldherr Lucius Caecilius fiel. Im folgenden Jahre, 283 v. Chr., zog ein etruskisch-gallisches Heer gegen Rom. Doch bei dem kleinen Vadimonischen See unweit des mittleren Tibers und des heutigen Städtchens Orte wurde es geschlagen. Das war das Ende. Im Jahre 280 v. Chr. war alles vorüber.

Schon im Jahr nach der Schlacht bei Sentinum waren die römischen Legionen in die Berge des Samniterlandes eingedrungen. Jeder Schritt mußte mit Blut erkauft werden. Immer noch kam es zu dieser oder jener Schlappe der Römer. Bergfeste auf Bergfeste mußte einzeln erstürmt werden. Nach blutigen Metzeleien während der Kämpfe selbst wüteten Hin-

19. *Altsardischer Krieger, Bronzefigur*

20. *Hannibal-Büste*

richtungskommandos. Gavius Pontius, der 292 v. Chr. noch einmal einen Sieg über die Römer erfochten hatte, war nicht der einzige Samniter, der nach seiner Gefangennahme schließlich den Tod durch Henkershand erlitt. Seit 290 v. Chr. herrschte in den verwüsteten Bergdörfern die Ruhe des Grabes. Der Kampf der samnitischen Eidgenossen gegen Rom war anders ausgegangen, als anderthalb Jahrtausende später der Kampf der Schweizer Eidgenossen gegen Habsburg ausgehen sollte.

Nachspiel im Etruskerland: im Jahre 265 v. Chr. gaben schwere soziale Unruhen in Velzna-Volsinii den Römern die erwünschte Handhabe zum Eingreifen. Sie erstürmten die Stadt, verschleppten die Kunstwerke nach Rom, darunter angeblich zweitausend Statuen, dann verwüsteten sie das Stadtgebiet ähnlich systematisch wie seinerzeit Veji. Der Rest der Bevölkerung mußte das hochragende Plateau, auf dem die Stadt gelegen hatte, verlassen und in die bis dahin wenig bedeutende Stadt oberhalb von Bolsena am gleichnamigen See übersiedeln. Die dortigen Ausgrabungen zeigen im wesentlichen das Bild des römerzeitlichen Volsinii novi. Wo einst Velzna gelegen hatte, entstand erst in sehr viel späterer Zeit eine neue Siedlung: Urbs vetus, aus dessen Namen sich der des mittelalterlichen und heutigen Orvieto entwickelt hat. Dieses Orvieto besitzt bekanntlich einen der schönsten Dome Italiens und andere spätmittelalterliche Bauten mehr. Ähnliches wie 265 v. Chr. zu Velzna ereignete sich 241 v. Chr. in der ebenfalls auf einer Bergeshöhe gelegenen alten Faliskerstadt Falerii. Auch sie wurde von den Römern zerstört, die Bewohner zur Umsiedlung in das in der Ebene gelegene Falerii novi gezwungen. Erst im beginnenden Mittelalter wurde der Platz, wo einst das alte Falerii gelegen hatte, neubesiedelt; es entstand das heutige Civita Castellana.

Unter dem Eindruck der zeitgenössischen «nationalen Einigung» Deutschlands und Italiens hat die Geschichtsschreibung des 19. Jahrhunderts die Vorgänge auf der Apennin-Halbinsel im 4. und beginnenden 3. Jahrhundert v. Chr. unter das Motto «Einigung Italiens durch Rom» gestellt. Dieser Ausdruck ist verfehlt und denkbar schlecht gewählt. Mit dem Werk eines Bismarck oder eines Camillo Cavour haben die damaligen Vorgänge wenig gemeinsam. In Wahrheit handelte es sich nicht um die «Einigung einer potentiell vorhandenen Nation», sondern um die gewaltsame Unterwerfung einer bunten Welt höchst unterschiedlicher Völker und Kulturen und ihre anschließende Nivellierung. Roms historische Rechtfertigung liegt dabei in seinem machtpolitischen Erfolg, und dieser hat wie so oft auch das Urteil der Nachwelt bestimmt.

Daß es auch nach 280 n. Chr. dem Namen nach noch etruskische Staaten als «Verbündete des römischen Volkes» gab, ist herzlich gleichgültig; diese Gebilde verdienen den Namen eines Staates kaum noch. Wichtiger ist, daß im Etruskerland auch jetzt noch Felsgräber entstanden, mit Reliefs verzierte Sarkophage, sowie Wandmalereien in Grab-

kammern. Kunstgeschichtlich betrachtet lassen sich sehr starke hellenistische Einflüsse feststellen, doch geistig ist das nicht entscheidend. Viel
wichtiger ist die jetzt allgemein herrschende Atmosphäre: Tod, Jenseits,
Düsternis, Trauer und Hoffnungslosigkeit. Nichts spricht eine so deutliche Sprache wie die Wandmalereien, mit denen ein Grab bei Tarchuna
(Tarquinia) ausgeschmückt wurde; mit Recht hat man ihm den Namen
«Tomba dell' Orco» gegeben, «Grab der Unterwelt».

Dieses in unmittelbarer Nähe des modernen Friedhofes von Tarquinia
gelegene Grab weist zwei miteinander verbundene Kammern auf, die eine
mit Wandmalereien etwa aus der Mitte des 4. Jahrhunderts v. Chr., die
andere mit solchen aus der Zeit um 300 v. Chr.. Leider hat der Unver-
stand des modernen Entdeckers des Grabes den Malereien viel Schaden
zugefügt, weitere Schäden hat die Luftfeuchtigkeit angerichtet. Trotz allem läßt sich aber die Meisterschaft dieser Malereien noch erkennen. Da
gibt es Szenen aus Homers «Odyssee», so die Darstellung von Agamemnon und dem Seher Teiresias in der Unterwelt und die Blendung des
Kyklopen Polyphem durch Odysseus, in der Beischrift «Uthuste» genannt. Das Dominierende sind aber die düsteren Gestalten der Unterwelt, der unerbittliche Todesbote Charu mit seinem Hammer, der noch
unheimlichere geierköpfige Dämon Tuchulcha, das göttliche Herrscher-
paar der Unterwelt, die Göttin mit züngelnden Schlangen um ihr Haupt,
der Gott, der einen Wolfskopf mit aufgerissenem Rachen als Helm trägt.
Manche Gestalten entstammen der griechischen Vorstellungswelt, die
Gesamtauffassung ist aber alles andere als griechisch. Was die Malereien
im «Tomba dell' Orco» zeigen, ist eine für die etruskische Spätzeit und
ihre Stimmung typische Darstellung der Hölle.

Und in dieser trostlosen Umgebung das eindrucksvolle, tief ergreifende
Porträt einer schönen jungen Frau: Velia Velcha, Angehörige einer Adels-
familie von Tarchuna. Ein im Profil gezeichnetes feines Gesicht, braune
Haare, um das Haupt ein Lorbeerkranz, um den Hals eine goldene Kette.
Nichts aber beeindruckt so sehr wie der unverkennbare Zug der Resignation und des schwermütigen Ernstes, den der Mund verrät. Velia Velcha
war Teilnehmerin eines Festmahles, dessen Darstellung, abgesehen von
dem Kopf der jungen Dame, leider weitgehend zerstört ist. Und doch
zeigt allein schon dieser Kopf, daß zwischen diesem Totenmahl und den
in älteren Darstellungen gezeigten Banketten mit ihrer fröhlichen Fest-
stimmung Welten liegen. Frau Velia Velcha ist die Symbolgestalt des
Etruskertums dieser Zeit, ihr Anblick sagt mehr als alle Angaben griechischer und lateinischer Schriftsteller über irgendwelche Einzelvorgänge
der etruskischen Geschichte dieser Epoche.[117]

Doch verdanken wir griechisch-römischen Schriftstellern vor allem der
Kaiserzeit auch die Kenntnis etruskischer Vorstellungen, die gerade angesichts der Malereien im «Grab der Unterwelt» zu Tarquinia von beson-

derer Bedeutung sind. Es ist der Glaube an das Fatum, das unerbittliche Schicksal, dazu die Vorstellung, daß dem einzelnen Menschen so gut wie einem Volk und endlich dem gesamten Kosmos eine bestimmte Zeit zugemessen ist. Diese ist in bestimmte Abschnitte, in «Säkula» (Einzahl «Säkulum»), unterteilt. Zwölf Säkula von je tausend Jahren währt das Weltgeschehen, wobei jedes Säkulum im Zeichen eines Tierkreisbildes steht. Sechs Säkula hat die Schöpfung gedauert, wobei die Menschheit ein Geschöpf des sechsten Säkulums ist; sie hat anschließend noch weitere sechs Säkula zu leben. Ebenfalls zwölf Säkula, in diesem Fall je sieben Jahre umfassend, sind dem Einzelmenschen beschieden. Zehn Säkula lang kann der Mensch immerhin durch Sühneopfer das Fatum beeinflußen, dann muß er alles hinnehmen, wie es kommt. Das Leben eines Volkes, und gedacht ist natürlich vor allem an das Etruskervolk, währt acht oder zehn Säkula – diese Angabe schwankt – von unterschiedlicher Länge. Die Parallele zum Leben eines Einzelmenschen liegt dabei auf der Hand. Und irgendwie fühlt man sich dabei an Oswald Spenglers Auffassung von Jugend, Blüte und Alter einer Kultur erinnert.

Die Schilderungen, denen wir unsere Kenntnisse des Glaubens an Fatum und Säkula verdanken, datieren aus sehr später Zeit. Eindeutig steht aber fest, daß das ihnen zugrundeliegende Gedankengut sehr alt ist. Ebenso eindeutig sind enge Zusammenhänge mit uralten Vorstellungen des vorderasiatischen Orients – ein weiterer wichtiger Hinweis darauf, daß wenigstens ein kleiner Teil der Vorfahren der Etrusker aus der Welt des Ostens stammt. Bei den uns vorliegenden späten Wiedergaben des etruskischen Gedankengutes mögen Details entstellt worden sein, nicht aber das Grundsätzliche.

Der Glaube an das Fatum, an die Macht des unerbittlichen Schicksals, wonach letzten Endes alles vorausbestimmt ist, erinnert eigentümlich an den Kismet-Begriff der islamischen Welt. Und die Geschichte und Gegenwart der islamischen Völker lehrt uns, daß aus einer solchen Vorstellung ganz gegensätzliche Verhaltensweisen entspringen können. «Es ist alles vorausbestimmt, also brauche ich keine Furcht zu haben, denn mein Erfolg ist gewährleistet» kann genauso zutreffen wie «Es ist alles vorausbestimmt, also lohnt es sich nicht, eine Aufgabe anzupacken». So kann der Glaube an das Kismet höchste Aktivität und äußerste Tapferkeit genauso auslösen wie volle Passivität und Resignation. «Gazi – im Zeichen des Islams kämpfende Grenzkrieger – können es – durch Allahs Gunst». So sagte der fromme Scheich der Derwische am Ufer des rasch dahinströmenden Sakarya-Flusses in Nordwestkleinasien irgendwann um 1300 n. Chr. dem türkischen Bannerherrn Osman-Gazi auf dessen Frage, ob er mit seinen Leuten den Fluß durchreiten könne.[118] Und Osman und seine Männer riskieren es, und wieder einmal wird ihr kühnes Reiterunternehmen im Kampf gegen byzantinische Gegner ein Erfolg.

«Kismet» sagt der an die gleiche islamische Religion glaubende ägyptische Fellache angesichts irgendeiner Widrigkeit und unternimmt nichts mehr, um ihrer Herr zu werden. «Uns ist es vom Schicksal beschieden, mit den Römern fertig zu werden», mögen junge adlige Etrusker gedacht haben, als sie mit Porsenna gegen die Tiberstadt zogen — Männer, die sich Totenwohnungen wie die «Tomba del Colle» bei Chiusi anlegten mit Darstellungen von frisch-fröhlichen Wagenrennen, artistischen Wettkämpfen, Musikanten und hübschen Tänzerinnen. So liebten sie ja das Leben, so wollten sie es in Ewigkeit fortführen. Eine Familie wie die, die zu einer Zeit, als ihre Stadt Tarchuna (Tarquinia) Roms Macht gegenüber resignierte, ihr Grab anlegte und mit finsteren Höllendarstellungen ausmalen ließ, begegnete dem Fatum gewiß völlig anders. Trotz aller auch jetzt im Einzelfall immer noch aufflammenden Tapferkeit, hatten aufs ganze gesehen die Etrusker dieser Zeit den Glauben an sich, ihren Erfolg und ihre Zukunft verloren. Die Schläge, die sie seit der verlorenen Seeschlacht vor Kyme immer wieder hatten einstecken müssen, waren schließlich zu hart gewesen. Und so erfüllte sich das Fatum eines alt und müde gewordenen Volkes.

Seit dem Ausscheiden der Etruskerstaaten aus der Geschichte und der blutigen Unterwerfung der Samniterstämme gab es auf der Apennin-Halbinsel für Rom keinen Gegner mehr. Wenn Rom doch noch einmal in Gefahr geriet, alles wieder zu verlieren, dann deshalb, weil ihm auf dem Boden der Apennin-Halbinsel ein Mann aus einem Land außerhalb Italiens entgegentrat: Hannibal, der Sohn des Hamilkar Barkas aus dem nordafrikanischen Karthago.

Vierzehntes Kapitel

Hannibal und sein großer Krieg für die Unabhängigkeit der Völker und Staaten

Karthago und seine ältere Geschichte. — Die Seefahrten der Karthager auf dem Mittelmeer und dem Atlantik. — Ruinenstätten in Nordwestafrika. — Inschriften und Literatur der Karthager. — Das agrarwissenschaftliche Lehrbuch des Mago und die Seefahrtsbücher des Hanno und des Himilko. — Die Kämpfe zwischen Karthagern und Westgriechen. — König Pyrrhos von Epiros. — Die «Marsmänner» von Messana. — Der Ausbruch des «ersten Punischen Krieges». — Friedensschluß, Notlage Karthagos und Roms «Recht des Stärkeren». — Hamilkar Barkas und die Iberische Halbinsel. — Hannibals Knabenschwur. — Karthago, das Ptolemäerreich und die hellenistische Weltkultur. — Hellenistische Monarchen und die Barkiden. — Hamilkars Werk und seine Erben. — Roms erstes Fußfassen auf der Balkanhalbinsel und die Unterwerfung der Kelten der Po-Ebene. — Hannibal und der Ausbruch des «zweiten Punischen Krieges». — Hannibals Alpenübergang und die Befreiung der Kelten der Po-Ebene. — Hannibals Sieg am Trasimenischen See. — Die Selbstaufgabe der Etrusker. — Hannibals Marsch ins Picenum und nach Apulien. — Die große Vernichtungsschlacht bei Cannae und ihre politischen Folgen. — Die Erhebung der Völker Unteritaliens gegen Rom. — Der Sardenaufstand des Hampsicora. — Der Kriegseintritt des Königreiches Makedonien. — Jahre der Entscheidung. — Die Geldleute Karthagos. — Hannibals Verbündete und seine griechischen Zeitgenossen. — Hannibal und die römische Seeherrschaft. — Der Untergang des Sardenheeres Hampsicoras. — Marcus Claudius Marcellus auf Sizilien. — Der Fall von Casilinum, Capua und Tarent. — Der spanische Kriegsschauplatz. — Hasdrubals Alpenübergang und Tod. — Die Schlacht bei Zama und das Ende. — Die Vernichtung der Städte Karthago und Korinth durch die Römer. — Roms Triumph – Italiens Niedergang. — Roms politisches Leitmotiv. — König Mithridates VI. von Pontos. — Noch einmal «Schicksalsgrenze am Euphratfluß». — Innere Zersetzung und Selbstvernichtung der Römischen Republik. — Die Zeit der römischen Kaiser. — Kaiser Claudius und sein Werk über die Etrusker.

Von den phönikischen Handelsfaktoreien, die seit dem ausgehenden 2. Jahrtausend v. Chr. an den Küsten des «fernen Westens» entstanden, war das unweit vom heutigen Tunis gelegene Kartchadascht — «die Neustadt», das heißt Karthago — nicht die älteste und lange Zeit hindurch auch keineswegs die wichtigste. So war nach einer Angabe, die auf die Annalen von Tyros zurückgeht, Utika an der tunesischen Nordküste 287 Jahre älter als das 814/813 v. Chr. gegründete Karthago, das etwa zwei Jahrhunderte lang auch keine irgendwie herausragende Rolle spielte.

Erst im Verlauf des 6. Jahrhunderts v. Chr., als die alten Phönikerstädte des Ostens wie Tyros und Sidon ihre große Zeit bereits hinter sich hatten, veränderte sich das Bild. Aus der ehemaligen Handelsfaktorei wurde nicht nur eine große Stadt, sondern auch eine politische Macht. Seit der Mitte des 6. Jahrhunderts v. Chr. war Karthago das Zentrum eines Territorialstaates, der etwa ein Viertel des heutigen Tunesiens umfaßte. Vor allem war Karthago aber ein Staat der Seefahrer und Händler. Ihm gehörten verschiedenste Plätze an der nordwestafrikanischen Mittelmeerküste und an der Südostküste der Iberischen Halbinsel, ferner die Malta-Inselgruppe und die West- und Südküste Sardiniens, von wo aus die Karthager auch in die an Bodenschätzen reichen Distrikte des Inselinneren vordrangen sowie schließlich der Küstenbereich des westlichen und südwestlichen Siziliens.

Ihre seemännischen Leistungen weisen die Karthager als echte Angehörige des Phönikervolkes aus. Sie befuhren nicht nur alle Teile des Mittelmeers, sie gingen auch in den Atlantik hinaus bis nach Madeira, den Kanarischen Inseln und sogar zu den Azoren. An der Westküste Afrikas trieben die Karthager Tauschhandel mit den Eingeborenen, hier besorgten sie sich Sklaven, Elfenbein und Gold. Noch wichtiger waren die Fahrten nach Norden, zu den «Zinninseln» vor der Westküste der Bretagne und weiter bis Irland und England. Bauern waren die Karthager sowenig wie andere Phöniker. Doch richteten sie im fruchtbaren Hinterland ihrer Stadt große Plantagen ein, bewirtschaftet durch unfreie einheimische Ackerknechte. So verfügten die großen Geldleute von Karthago, die in jeder Hinsicht den Ton angaben, auch über die Produkte einer reichen Landwirtschaft.

Von der alten großen Stadt Karthago — man schätzt die Zahl ihrer Bewohner auf etwa 120000, doch ist der Unsicherheitsfaktor sehr groß — haben wir praktisch nichts mehr vor Augen. Allzu gründliche Arbeit haben die Römer geleistet, als sie im Jahre 146 v. Chr. die von ihnen erstürmte Stadt systematisch dem Erdboden gleichmachten. Was heute an Ruinen zu sehen ist, stammt so gut wie ausschließlich von der später durch Caesar und Augustus neugegründeten Stadt der römischen Kaiserzeit. Vom alten Karthago sind nur einige Opferplätze und Gräber übriggeblieben. Auch zeichnet sich noch die Stelle des alten Kriegs- und Handelshafens im Gelände ab. Aber wenn wir nicht wüßten, daß bis zum Jahre 146 v. Chr. hier eine blühende Großstadt gelegen hat — die dürftigen Überreste Altkarthagos würden es uns niemals verraten.

Zwar zählt Nordwestafrika von Marokko bis nach Libyen zu den an alten Bauwerken reichsten Gebieten der Mittelmeerwelt überhaupt. Doch das weitaus meiste stammt erst aus den Jahrhunderten der römischen Kaiserzeit. Weitaus spärlicher sind schon die Überreste aus der Zeit des Numiderkönigs Masinissa (203 bis 149 v. Chr.) und auch der folgenden Generationen. So stammt zum Beispiel das Grabmal des Ateban, Sohn des Jepmatath, zu Thugga (heute Dougga, 110 Kilometer südwestlich von Tunis), etwa aus der Zeit um 200 v. Chr. Allenfalls gleichaltrig ist das Kbor Roumia — «Grab der Christin» — genannte eindrucksvolle Mausoleum etwa 60 Kilometer westlich von Algier; vielleicht ist aber doch die ältere Ansicht richtig, die in dem Bau das Grabmal des Römervasallen König Juba II., eines Zeitgenossen des Augustus, sehen wollte. Wesentlich älter ist wenigstens ein Teil der nordafrikanischen Steinkistengräber (Dolmen), andere Bauten dieses Typs stammen jedoch erst von den numidischen Untertanen der römischen Kaiser, also aus erheblich jüngerer Zeit.

In keinem Fall sind wir — von Karthago selbst einmal ganz abgesehen — in der Lage, an Hand archäologischer Funde aus der Zeit vor den «Punischen Kriegen» ein auch nur leidlich anschauliches Bild davon zu gewinnen, wie eine seinerzeit zu Karthagos Reich gehörende Stadt einmal ausgesehen hat. Am meisten ist noch von zwei Plätzen an der Süd- und an der Westküste Sardiniens zu sehen, von Nora bei Pula und von Tharros, doch sind auch hier die karthagerzeitlichen Ruinen vielfach von römischen Bauten überlagert. Dazu kommen noch die Überreste auf der Insel San Pantaleo in der Lagune Stagnone nördlich von Marsala an der Westküste Siziliens; sie stammen von Lilybaion, der karthagischen Nachfolgestadt des 397 v. Chr. zerstörten altphönikischen Motye.

Den Phönikern verdankt die Welt die Erfindung der alphabetischen Buchstabenschrift. Es gibt auch zahlreiche karthagische Inschriften, ihrem Inhalt nach handelt es sich aber nur um monotone Weih- und Grabtexte, die über Geschichte, Kultur und Religion fast nichts aussagen. Daß es eine Literatur gegeben hat, geht daraus hervor, daß die Römer bei der Erstürmung der Stadt im Jahre 146 v. Chr. Bibliotheken vorfanden. Von ihrem Inhalt ist aber nur ein ins Lateinische übersetztes agrarbetriebswirtschaftliches Lehrbuch erhalten geblieben, das ein gewisser Mago vermutlich im 3. Jahrhundert v. Chr. verfaßt hat und das die Römer wegen ihrer eigenen Latifundien interessierte. Sonst kennen wir nur zwei ins Griechische übersetzte Schilderungen aus der Mitte des 5. Jahrhunderts v. Chr. von den Seefahrten eines Hanno zur Westküste Afrikas und eines Himilko zur Küste der Bretagne. In der Originalsprache hat sich dagegen noch nicht einmal das Bruchstück auch nur eines einzigen karthagischen Buches erhalten.

So sind wir hinsichtlich Karthagos so gut wie ganz auf die Berichte von griechischer und römischer Seite angewiesen. Und das ist insofern sehr problematisch, als die Karthager zuerst jahrhundertelang die großen Kriegsgegner der Westgriechen waren und dann mit den Römern einen

Kampf auf Leben und Tod führten, der nur mit dem Untergang der einen oder der anderen enden konnte und auch geendet hat.

Der Kampf zwischen Westgriechen und Karthagern begann, als um 540 v. Chr. eine verbündete karthagisch-etruskische Flotte bei Alalia vor der Ostküste Korsikas die Schiffe der Phokaier schlug und diese zum Rückzug aus dem Tyrrhenischen Meer zwang. Später kam es im nordwestlichen Mittelmeer auch zu Kämpfen zwischen Karthago und Phokaias Tochterstadt Massilia (Marseille). Hauptschauplatz der griechischkarthagischen Auseinandersetzungen war aber die Insel Sizilien, wo es im Jahre 480 v. Chr. zum ersten großen Zusammenstoß zwischen Griechen und Karthagern kam. Der Verlauf der wechselvollen Kriege und Kämpfe der folgenden zwei Jahrhunderte soll nicht im einzelnen verfolgt werden; hier sei nur gesagt, daß sie keine definitive Entscheidung brachten, weder für die eine, noch für die andere Seite.

So kam das Jahr 280 v. Chr. heran, die Zeit, als Rom zum Herrn des weitaus größten Teils der Apennin-Halbinsel geworden war. Jetzt sah sich auch die Griechenstadt Tarent im äußersten Südosten Italiens schwer bedroht und rief den hellenistischen König Pyrrhos von Epiros zu Hilfe. Pyrrhos' Ziel war es, im griechischen Westen ein Königreich von der Art zu schaffen, wie es die Marschälle Alexanders des Großen und ihre Söhne in den Ländern des Ostens getan hatten. Mit seinem kampftüchtigen Heer erschien er in Unteritalien. Das bedeutete zwangsläufig den Krieg mit Rom, und in zwei großen Schlachten − noch 280 v. Chr. bei Herakleia am Siris und 279 v. Chr. bei Ausculum in Apulien − blieb der hervorragende Feldherr Pyrrhos Sieger. Die einheimischen Stämme Südwestitaliens, die Bruttier und Lukaner, schlossen sich ihm an, und sogar die Samniter, so fürchterlich ihre Blutopfer auch gewesen waren, regten sich wieder. Noch einmal gab es Hoffnung; auch für die Samniter wäre ein unteritalisches Reich in der Hand eines so ehrenhaften und ritterlichen Mannes wie König Pyrrhos weit annehmbarer gewesen als die Herrschaft Roms. Schwierigkeiten erwuchsen dem Epiroten dagegen bald aus der Haltung der gleichen Tarentiner, die ihn zu Hilfe gerufen hatten. Sobald die unmittelbare Gefahr für ihre Stadt in den Hintergrund getreten war, wollten sich die Tarentiner nicht mehr der von Pyrrhos verlangten Disziplin fügen. Doch Ende 278 v. Chr. begann schon eine zweite Phase des Unternehmens des Epirotenkönigs. Denn jetzt riefen die Griechenstädte Siziliens um Hilfe. Diese sahen sich von zwei Seiten her bedrängt. Einmal durch die Karthager, dann durch die Mamertiner, «die Marsmänner». Das waren ehemalige Söldner des 289 v. Chr. verstorbenen Königs Agathokles von Syrakus, die sich nach dem Tod ihres Brotherren der alten Griechenstadt Messana bemächtigt, die Männer totgeschlagen und die Frauen unter sich verteilt hatten. Plündernd und mordend zogen sie durch Sizilien. Wieder bewies Pyrrhos sein Format. Er trieb die Karthager in den äußersten Westen der Insel zurück, und die Mamertiner konnten sich kaum noch aus Messana herauswagen. Doch dann mußte der König mit den Siziliengriechen dasselbe erleben wie zuvor mit den Tarentinern. Eifersüchtig auf ihre Autonomie machten sie dem Epiroten Schwierigkeit auf Schwierigkeit. Die Griechen Unteritaliens und Siziliens erkannten nicht, daß die Zeit autonomer Stadtstaaten unwiderruflich vorüber war, daß sie nur die Wahl zwischen der Herrschaft eines hellenistischen Monarchen und der Unterwerfung unter eine nichtgriechische Macht hatten. So waren schließlich alle Siege des Pyrrhos über Römer, Mamertiner und Karthager wertlos. Im Herbst 276 v. Chr. kehrte er auf das Festland Italiens zurück, wobei er auf der Überfahrt schwere Verluste durch die karthagische Flotte erlitt. Noch einmal drang er nach Norden vor, doch im Sommer 275 v. Chr. wurde er bei Maleventum, dem späteren Beneventum, von den Römern geschlagen. Er kehrte nach Griechenland zurück, seine letzten Truppen mußten 272 v. Chr. die Zitadelle von Tarent räumen. Das bedeutete nicht nur den Zusammenbruch aller Hoffnungen für die Samniter und die anderen Stämme Unteritaliens, die nun die Rache Roms zu spüren bekamen, es war auch das Ende für die letzten bis dahin noch selbständigen Griechenstädte auf dem Festland Süditaliens. Tarent mußte Waffen und Schiffe ausliefern und seine Mauern niederreißen, dann durfte es die Rolle eines «Verbündeten des römischen Volkes» spielen.

Blieb Sizilien. Dort hatten nach dem Abzug des Pyrrhos und seiner Armee Mamertiner und Karthager freie Hand, erstere für ihre Raubzüge, letztere für die systematische Ausweitung ihrer Macht. Von den Griechenstaaten hatte allein noch Syrakus Bedeutung. Und hier übernahm 268 v. Chr. ein junger energischer Offizier namens Hieron das Kommando über die Truppen, 266/265 v. Chr. auf dieser Basis dann die Königsherrschaft. Ihm gelang es, nach und nach der Mamertiner Herr zu werden. 264 v. Chr. wandte sich ein Teil der in die Enge getriebenen Mamertiner um Hilfe an die Karthager, die daraufhin eine Besatzung in die Burg von Messana legten. Andere Mamertiner hatten sich jedoch ihrerseits an Rom gewandt. Dort stand man nun vor einer folgenschweren Entscheidung.

Zwischen Rom und Karthago bestanden schon seit der Anfangszeit der Republik Handels- und Schiffahrtsverträge, die später erneuert und modifiziert worden waren. Kriegerische Auseinandersetzungen zwischen den beiden Mächten hatte es nie gegeben, und gegen Pyrrhos hatte man sich sogar zusammengetan. Jetzt stand man in Rom vor der Frage, ob man zugunsten der Räuber- und Mörderbande der Mamertiner mit Karthago brechen sollte, was überdies bedeutete, daß man sich dann außerhalb des Festlandes Italiens militärisch engagieren mußte. Doch alle zunächst durchaus vorhandenen Bedenken und Skrupel wurden über Bord geworfen in Erwartung eines raschen militärischen Erfolges und reichen Landgewinns auf Sizilien. Damit fiel die Entscheidung für den Krieg.

Entgegen aller Erwartung zog sich dieser «erste Punische Krieg» vierundzwanzig Jahre lang hin. Er wurde, nachdem die auf dem Wasser bis dahin kaum in Erscheinung getretenen Römer sich mächtige Kriegsflotten geschaffen hatten, zum größten Seekrieg des Altertums. Er brachte aber auch die fürchterlichsten Verluste, die es bis dahin in der alten Welt bei irgendeinem Krieg gegeben hatte. Nach einer letzten großen Seeschlacht im Frühjahr 241 v. Chr. blieb Rom schließlich Sieger, aber etwa 300000 Römer und Italiker waren im Verlauf des Krieges gefallen oder ertrunken. Die Menschenverluste der Karthager, die vorwiegend mit Söldnern kämpften, waren geringer, aber um so härter war der Handelsstaat wirtschaftlich getroffen. Der 241 v. Chr. geschlossene Friede bestimmte, daß Karthago die dank der hervorragenden Leistungen des Feldherrn Hamilkar Barkas bis dahin immer noch gehaltenen Positionen auf Sizilien räumen mußte und daß Karthago die Zahlung einer immensen Kriegsentschädigung auferlegt wurde. Sizilien wurde römische Provinz, nur das griechische Syrakus, das nach den ersten Niederlagen der Karthager seinen Frieden mit Rom gemacht hatte, blieb ein der Form nach selbständiger, «mit Rom verbündeter» Staat.[119]

Für das schwer mitgenommene Karthago gab es auch nach dem Friedensschluß keine Ruhe. Bald brach ein furchtbarer Aufstand der libyschen Untertanen und der nach Kriegsende schlecht bezahlten Söldner aus, der bald auch auf die karthagischen Garnisonen in Sardinien übergriff. Verträge hin, Verträge her, für Rom war die Gelegenheit günstig, um erneut zuzugreifen. Mit der Drohung, den Krieg wieder zu beginnen, zwang die Römische Republik die Karthager zur Abtretung Sardiniens und zur Zahlung einer noch höheren Kriegsentschädigung, als sie in den Friedensbedingungen von 241 v. Chr. festgelegt war. Karthago mit seinen meuternden Söldnern war militärisch hilflos und mußte sich beugen. Das war im Jahre 238/237 v. Chr., und die Römer benutzten die Gelegenheit, außer Sardinien auch Korsika zu besetzen. Was zählte, war einzig und allein das «Recht des Stärkeren», und nach Lage der Dinge war Rom der unvergleichlich Stärkere.

Es existiert eine umfangreiche Literatur über die Frage, wer an dem knapp zwei Jahrzehnte nach diesen Ereignissen ausgebrochenen «zweiten Punischen Krieg» «schuld» war. Sofern sich diese Diskussion auf die Ereignisse des Jahres 219/218 v. Chr. beschränkt, geht sie an dem Entscheidenden vorbei. Durch sein Verhalten 238/237 v. Chr. hatte Rom überdeutlich unter Beweis gestellt, daß es Verträge nur solange zu halten gewillt war, wie es ihm machtpolitisch vorteilhaft zu sein schien. Nur wer bereit war, sich selbst zu betrügen, konnte ernsthaft damit rechnen, daß ein friedliches Nebeneinander von Rom und Karthago auf die Dauer möglich war. Die in Karthago maßgeblichen Geldkreise neigten allerdings zu einer Haltung des «Friedens um jeden Preis». Aber die Weltgeschichte lehrt mit unerbittlicher Härte, daß eine solche Haltung noch niemals einen Krieg verhindert hat. Für eine entschlossene und skrupellose gegnerische Macht ist sie vielmehr lediglich eine Aufforderung, zuzuschlagen, wenn die Gelegenheit günstig ist und das Risiko gering erscheint. Rom beherrschte seit der letzten großen Seeschlacht des ersten Punischen Krieges, geschlagen 241 v. Chr. bei den Ägatischen Inseln vor der Westspitze Siziliens, eindeutig das westliche Mittelmeer. Dadurch war es jederzeit in der Lage, den Augenblick zu wählen, um in Nordafrika Truppen zu landen und Karthago zur bedingungslosen Unterwerfung oder zu einem Verzweiflungskampf unter ungünstigsten Voraussetzungen zu zwingen. Wer Rom kannte — und spätestens seit den Ereignissen von 238/237 v. Chr. mußte man es eigentlich kennen — wußte, daß die Zukunft nicht von der Alternative «Frieden oder Krieg» bestimmt sein würde, sondern allein von der Frage, wann und unter welchen Voraussetzungen der nächste Krieg zwischen Rom und Karthago stattfinden würde.

Hamilkar Barkas — «der Blitz» —, der im ersten Punischen Krieg bis zuletzt auf Sizilien ausgehalten und später auch die Söldneraufstände in Nordafrika niedergeschlagen hatte, gehörte nicht zu den Männern, die sich Illusionen machten. Er wußte, daß der nächste Krieg mit Rom so oder so kommen mußte. Nach dem Verlust Siziliens und — was noch schwerer wog — der Seeherrschaft auf dem westlichen Mittelmeer, gab es nur eine Möglichkeit, die Ausgangsbasis Karthagos für die neue Auseinandersetzung zu verbessern. Das war der systematische Ausbau der karthagischen Stellung auf der Iberischen Halbinsel. Seit 237 v. Chr. nahm Hamilkar Barkas diese Aufgabe energisch in Angriff. Dabei sei dahingestellt, ob er das im Auftrag der karthagischen Regierung unternahm oder — wahrscheinlicher — auf eigene Initiative. Glaubhaft erscheint die Überlieferung, wonach Hamilkar Barkas bei seinem Aufbruch von Karthago seinen damals neun Jahre alten Sohn Hannibal am Altar des Baal schwören ließ, ewig Roms Feind zu sein.

Hamilkar Barkas war Karthager und doch kein Karthager. Mit den Kaufmannskreisen Karthagos und ihrer Denkweise hatte er kaum etwas gemeinsam, um so mehr dagegen mit einem Pyrrhos von Epiros. Karthager und Griechen waren jahrhundertelang nicht nur Kriegsgegner gewesen, sondern hatten sich auch sonst in jeder Hinsicht fremd gegenübergestanden. Doch seit der Wende vom 4. zum 3. Jahrhundert v. Chr. bahnte sich ein Wandel an. Damals war die führende See- und Wirtschaftsmacht des Ostmittelmeerraums der Staat, den Ptolemaios, Alexanders klügster Marschall, geschaffen hatte. Von Alexandria aus und mit dem reichen Agrarland Ägypten im Hintergrund kontrollierte Ptolemaios und nach ihm sein Sohn und sein Enkel das Ostmittelmeer und darüber hinaus den Handel mit Arabien und weiter bis nach Indien. Bald waren das Ptolemäerreich und Karthago, das die Seerouten des Westens bis hin nach Westafrika und Westeuropa beherrschte, zu Partnern geworden. Wir können beobachten, daß sich die Importe Karthagos an gewerblichen Erzeugnissen griechischer Fertigung in frühhellenistischer Zeit gewaltig steigerten und daß sich die neugeprägten karthagischen Münzen an das ptolemäische System anlehnten. Umgekehrt waren die Rohstoffe des «fernen Westens» in Alexandria begehrt. Doch diese Verbindungen zwischen der hellenistischen Monarchie und Karthago beschränkten sich bald nicht allein auf den Güteraustausch. Die hellenistische Weltkultur begann, auch Karthago in ihren Bannkreis zu schlagen. Unter ihrem Einfluß kam die unerfreulichste Sitte der phönikischen Religion in Karthago allmählich außer Gebrauch: das «Opfer» der erstgeborenen Kinder. Noch im Jahre 310 v. Chr., als Agathokles von Syrakus mit seinem Heer in Afrika erschien und Karthago schwer in Bedrängnis brachte, hatte man zur Versöhnung der Götter große Scharen von Kindern abgeschlachtet. Seit Beginn des 3. Jahrhunderts v. Chr. ersetzte man die Kinderopfer mehr und mehr durch Tieropfer. Selbst in den dunkelsten Stunden des ersten und später auch des zweiten Punischen Krieges war das Kinderopfer kaum noch üblich. Und noch eine Eigentümlichkeit des hellenistischen Ostens begann auf Karthago abzufärben: gegenüber der Zeit der klassisch-griechischen Stadtstaaten war die Kriegführung der hellenistischen Monarchen bei weitem humaner, Zerstörung eroberter Städte und Verkauf von Kriegsgefangenen in die Sklaverei waren selten. Auch die karthagische Kriegführung war immer von barbarischer Grausamkeit gewesen. Doch ein Hamilkar Barkas und vor allem sein Sohn Hannibal verhielten sich auch in dieser Beziehung wie Männer vom Schlage des Pyrrhos. Schon während des ersten Punischen Krieges waren es vor allem die Römer gewesen, die — wie bei ihnen auch sonst üblich — eroberte Städte niederbrannten und ausmordeten; das fürchterliche Schicksal des 262 v. Chr. von den Römern erstürmten Akragas (Agrigent) ist nur ein Beispiel für viele. Im übrigen wissen wir auch, daß Hannibal Griechisch gelernt hat und kennen den Namen seines Lehrers Sosylos. Dieser und der Siziliengrieche Silenos begleiteten später Hannibal auf seinem Feldzug nach Italien und hatten dabei den Auftrag, die Geschichte dieser Ereignisse in griechischer Sprache aufzuzeichnen.

Neun Jahre hatte Hamilkar Barkas seit seinem Übergang nach Spanien noch zu leben. In diesen neun Jahren hat er im Süden und Osten Spaniens ein großräumiges Staatsgebiet aufgebaut, das ihm und nur ihm gehörte. Auch als Städtegründer betätigte er sich, so geht wahrscheinlich die Stadt Alicante auf ihn zurück. Als Hamilkar Barkas 229 v. Chr. bei einem Unternehmen gegen einen einheimischen Stamm den Tod fand, folgte ihm sein Schwiegersohn Hasdrubal — nicht zu verwechseln mit dem ebenfalls Hasdrubal genannten zweiten Sohn Hamilkars. Er gründete die Hafenstadt Neukarthago, das heutige Cartagena. Als Hasdrubal 221 v. Chr. einem Mordanschlag zum Opfer gefallen war, folgte ihm Hamilkars ältester Sohn, der fünfundzwanzig Jahre alte Hannibal. Das spanische Reich war schon fast zu einer Erbmonarchie hellenistischen Stils geworden.

Rom hatte mißtrauisch dieser Entwicklung zugesehen. Doch hatte schon Hamilkar Barkas darauf hingewiesen, daß nur der Besitz der spanischen Silberminen Karthago in die Lage versetzte, die ungeheuren Kriegsentschädigungen an Rom zu zahlen. Hamilkars Nachfolger Hasdrubal hatte sich überdies 226 v. Chr. verpflichtet, den «Ebro-Fluß» nicht zu überschreiten. Dabei ist es sehr fraglich, ob der «Ebro-Fluß» dieses Vertrages tatsächlich mit dem später und auch heute diesen Namen führenden Fluß identisch ist, ob es sich vielleicht nicht eher um den weiter im Süden ins Mittelmeer mündenden Jucar gehandelt hat.[120]

Inzwischen hatte die Römische Republik ihr Machtgebiet weiter ausgebaut. In den Jahren 230 bis 228 v. Chr. hatte sie den Illyrierstaat der Königin Teuta, Witwe und Nachfolgerin des Königs Agron, niedergeworfen. Dieser Staat hatte das Gebiet um Skodra (Scutari) herum zusammengefaßt und in der Adria und im Ionischen Meer im großen Stil Seeraub getrieben. Im Anschluß an die Niederwerfung dieses Staates hatte Rom die Städte an der südillyrischen Küste mit ihrem Hinterland, darunter Epidamnos und Apollonia, sowie die Insel Kerkyra (Corfu) okkupiert. Damit war Rom aber bereits in das unmittelbare Interessensgebiet des Königreiches Makedonien eingedrungen; ein neuer Konflikt zeichnete sich ab.

Im Jahre 225 v. Chr. machte sich Rom an ein weiteres Unternehmen: die Unterwerfung der Gallier der Po-Ebene. Die in Oberitalien seßhaft gewordenen Keltenstämme hatten sich inzwischen mit Angehörigen der älteren Bevölkerung vermischt; das oberitalienische Tiefland stand nunmehr weitgehend im Zeichen eines arbeitsamen Bauerntums. Seit Ende des ersten Punischen Krieges war die berechtigte Furcht weit verbreitet, das Keltenland am Po sei über kurz oder lang das nächste Ziel der römischen Expansionspolitik. So ergriffen die Kelten selbst die Initiative. In Rom war die alte Gallierfurcht immer noch nicht überwunden. Sie führte dazu, daß man zwei Menschenpaare, ein gallisches und ein griechisches, den Göttern «opferte», indem man sie lebendig begrub; ein gleiches «Opfer» zweier lebendig begrabener Menschenpaare erfolgte übrigens neun Jahre später, nach der römischen Niederlage bei Cannae. Bei Chiusi errangen die nach Mittelitalien vorgedrungenen Gallier einen Sieg über ein römisches Heer, doch dann wurden sie bei Talamone an der Küste des alten Etruskerlandes 225 v. Chr. schwer geschlagen. Von nun an

führten die Römer ihre Pläne zur Eroberung der Po-Ebene durch und
eroberten bis 222 v. Chr. das ganze Land einschließlich von Milano im
Nordwesten.

Man darf annehmen, daß Hamilkar Barkas, wäre er noch am Leben
gewesen, die große Chance genutzt hätte, die sich aus den Gallierkämp-
fen Roms für die Sache Karthagos ergab. Hasdrubal war indessen nicht
der Mann dafür. Als 221 v. Chr. der junge Hannibal an seine Stelle trat,
war Oberitalien von den Römern bereits zur Gänze unterworfen. Rom
war nicht nur im Besitz der absoluten Seeherrschaft, es war jetzt als
Beherrscherin Norditaliens bis zu den Alpen auch zu Lande praktisch
unangreifbar. Angesichts der expansiven Politik Roms hieß das, daß
auch für Karthago früher oder später die Stunde schlagen würde.

Es gab nur noch eine Chance, die letzte, und Hannibal hat sie ergriffen.
Die Kelten Oberitaliens waren zwar besiegt und unterworfen, noch aber
war Roms Herrschaft über die Po-Ebene nicht konsolidiert. Einige wenige Jahre noch bestand die Hoffnung, daß die Kelten noch einmal den
Kampf für ihre Unabhängigkeit aufnehmen würden, wenn ihnen von
außen her Hilfe gebracht würde. So bereitete sich der «zweite Punische
Krieg» vor, der «Hannibalische Krieg».

Eduard Meyer, der große Meister der Universalgeschichte des Altertums, hat die Lage folgendermaßen charakterisiert: [121] «...nicht die Welt
zu erobern, wie Alexander, ist Hannibal ausgezogen, sondern um der
Aufrichtung der römischen Weltherrschaft rechtzeitig entgegenzutreten.
Der Krieg, den er begann, war ein Krieg für die Unabhängigkeit der
Völker und Staaten. Es galt ..., Ost und West zu gemeinsamer Aktion
zusammenzuführen, aber nicht ... zur Aufrichtung eines Weltreichs, sondern umgekehrt für die Aufrechterhaltung des bisherigen Staatensy-
stems.» Diesem Urteil ist auch heute nichts hinzuzufügen.

In der ostspanischen Hafenstadt Sagunt waren innere Streitigkeiten
ausgebrochen, wobei es eine karthagerfreundliche und eine römerfreund-
liche Partei gab. Letztere hatte mit römischer Rückendeckung die Oberhand gewonnen und ihre Gegner umgebracht oder vertrieben. Daraufhin
begann Hannibal im Mai 219 v. Chr. die Belagerung von Sagunt, die sich
lange hinzog, wahrscheinlich bis Januar 218 v. Chr. Durch eine Gesandt-
schaft stellte Rom Karthago ein Ultimatum: Räumung des inzwischen
von Hannibal erstürmten Sagunts und Auslieferung Hannibals oder
Krieg mit Rom. Annahme dieses Ultimatums hätte die Selbstaufgabe
Karthagos bedeutet. Der «zweite Punische Krieg» war da.

Und nun begann eines der kühnsten Unternehmen der Kriegsge-
schichte, Hannibals berühmter Alpenübergang. Der Marsch durch Nord-
spanien, der Übergang über die Pyrenäen, der Zug durch Südfrankreich
kosteten Zeit, viel Zeit. Es war Oktober, als Hannibal mit seinem Heer
die Alpen erreicht hatte. Der Zug über das bereits verschneite Gebirge —

bis heute wissen wir nicht, welche Route Hannibal benutzt hat — kostete schwere Verluste. Nur mit 20 000 Infanteristen und 6 000 Reitern kam Hannibal ans Ziel. Noch vor Ende des Jahres 218 v. Chr. errang Hannibal in zwei Treffen am Ticino und an der Trebbia, Nebenflüssen des Po, seine ersten Siege über die römischen Heere. Und die Gallier schlossen sich ihm, wie erwartet, in hellen Scharen an. Die römische Herrschaft in Oberitalien war zusammengebrochen. Der erste Teil der Rechnung Hannibals war trotz der schauerlichen Verluste seines Heeres beim Übergang über die Alpen aufgegangen. Aber das war erst der Anfang.

Nach Überwinterung im Keltenland drang Hannibal im folgenden Frühjahr 217 v. Chr. mit seinem durch zahlreiche Gallier verstärkten Heer über den Apennin vor und erschien im alten Etruskerland. Am Trasimenischen See — wahrscheinlich an seinem Nordufer zwischen Tuoro und Passignano — faßte er das ihm zahlenmäßig weit überlegene Römerheer unter dem Kommando des Konsuls Gaius Flaminius. 15 000 Römer fielen, unter ihnen der Feldherr, 15 000 Mann gerieten in Gefangenschaft. Die römische Vorhut in Stärke von 6000 Mann, die zunächst durchbrechen und entkommen konnte, wurde am folgenden Tag umzingelt und zur Kapitulation gezwungen. Kurz nach der Schlacht wurde noch eine weitere römische Truppe von 4000 Mann erledigt oder gefangengenommen. Unter geringen eigenen Verlusten hatte Hannibal ein römisches Heer nicht nur geschlagen, sondern vernichtet. Soweit die Gefangenen nicht römische Bürger waren, entließ Hannibal sie ohne Lösegeld nach Hause, ein deutliches Zeichen für den politischen Hintergrund seines Unternehmens.

Denn darauf kam nun alles an: würde es gelingen, die von Rom niedergetretenen altitalischen Völker wieder zu aktivieren? Und hier mußte Hannibal gerade nach seinem grandiosen Sieg am Trasimenischen See seine erste große Enttäuschung erleben: die Etrusker blieben passiv. Was sich 283 v. Chr. ereignet hatte, daß nämlich mit Galliern verbündete Etrusker noch einmal gegen Rom zogen, wiederholte sich nicht. Nichts zeigt so deutlich wie die Haltung der Etrusker nach Hannibals mitten in ihrem eigenen Land über die Römer errungenen großen Erfolg, daß ihre Zeit unwiderruflich abgelaufen war. Die Etrusker hatten endgültig resigniert, sie hatten sich selbst aufgegeben.

Ein Vorstoß gegen das volkreiche, von der acht Kilometer langen «Servianischen» Stadtmauer umgebene Rom wäre für Hannibal allenfalls in Frage gekommen, wenn sich große Teile der Etrusker auf seine Seite geschlagen und ihn militärisch energisch unterstützt hätten. So wie die Dinge lagen, wäre ein solches Unternehmen für Hannibal und sein zahlenmäßig nicht besonders großes Heer, das überdies keinerlei Belagerungsgerät mit sich führte, Selbstmord gewesen. Der Stratege Hannibal hat auf ein solches Abenteuer verzichtet. Der Politiker Hannibal aber mußte nach der ihm von den Etruskern bereiteten Enttäuschung erkennen, daß er in Mittelitalien keine tragfähige Basis für seine weiteren Unternehmungen finden konnte. So bog er ostwärts ab und zog ins Picenum an die Küste des Adriatischen Meeres. Nach einer Ruhepause, die er zur Reorganisation seiner Armee benutzte, zog er weiter nach Süden, nach Apulien. Das eröffnete politisch und strategisch eine doppelte Aussicht: einmal, daß sich die Stämme der Samniter, die Völker Apuliens und die Lukaner nicht als so passiv erwiesen wie die Etrusker. Zum anderen näherte sich Hannibal auf diese Weise dem jenseits der Adria gelegenen Bereich Makedoniens, und er wußte, daß der 221 v. Chr. auf den Thron gelangte junge König Philipp V. schon längst mit begründetem Argwohn die steigende Macht Roms beobachtete. An Philipps Hof befand sich überdies der 219 v. Chr. von den Römern von seiner Heimatinsel Pharos (italienisch Lesina, serbokratisch Hvar) vertriebene Dynast Demetrios, dessen Stimme bei dem Makedonenkönig Gewicht hatte. Wenn Hannibal mit seiner Armee in Apulien stand, erhöhte das die Aussicht, daß Makedonien seinerseits in den Krieg gegen Rom eintrat.

Dann kam der 2. August 216 v. Chr., das weltgeschichtliche Datum, an dem Hannibal in Apulien am Flusse Aufidus, dem heutigen Ofanto, sein militärisches Meisterstück lieferte. Bis in unser Jahrhundert hinein ist der Name Cannae Symbol geblieben für die Vernichtung einer weit stärkeren feindlichen Armee durch eine gut geführte Minderzahl. Mit nicht mehr als 40000 Infanteristen und 10000 Kavalleristen trat Hannibal den 80000 Infanteristen und 6000 Reitern der römischen Befehlshaber Paullus und Varro entgegen. Am Abend des 2. August waren von den 86000 Mann des römischen Heeres 70000 gefallen und 10000 gefangen, die restlichen wenigen Tausend in wilder Flucht. Der Sieger Hannibal hatte nur knapp 6000 Mann verloren.

Und jetzt reifte auch die politische Frucht der gewaltigen militärischen Leistungen Hannibals. Die Enttäuschung, die ihm nach der Schlacht am Trasimenischen See die Etrusker bereitet hatten, wiederholte sich in Unteritalien nicht. Nach Cannae erklärte sich der größte Teil der Bevölkerung für Hannibal: Die Messapier im äußersten Südosten der Apennin-Halbinsel, ihre Nachbarn im übrigen Apulien, die Lukaner und die Bruttier im Südwesten Italiens. Auch die große volkreiche Stadt Capua machte es nicht anders. Sogar die Samniter, so fürchterlich sie durch Rom dezimiert waren, hatten den Mut, noch einmal den Kampf um ihre Freiheit aufzunehmen. Rom blieben im wesentlichen nur die von Latinern besiedelten Festungsplätze, die zur Niederhaltung der Einheimischen angelegt worden waren, außerdem Neapel und die Griechenstädte im äußersten Süden Italiens. Doch erklärten sich später Tarent, Metapont und Thurioi auch für Hannibal, weil die Römer Geiseln aus Tarent und Thurioi wegen eines Fluchtversuchs hingerichtet hatten.

Auch auf Sizilien und Sardinien geriet Roms Herrschaft ins Wanken. In Syrakus war wenige Monate nach der Cannae-Schlacht der alte König Hieron gestorben, der schon seit dem ersten Punischen Krieg Rom gegenüber kaum mehr als eine Satellitenrolle gespielt hatte. Die Berater seines Nachfolgers, es war Hierons junger Enkel Hieronymos, verständigten sich mit Karthago. Später folgten ihnen auch andere Griechenstädte Siziliens auf diesem Wege. Auf Sardinien hatte man seit 238/237 v. Chr. die bittere Erfahrung machen müssen, daß die Römer noch weit härtere Herren waren als die Karthager. Ihre «Strafexpeditionen» hatten auf der Insel genauso gewütet wie in den Bergen des Samniterlandes. Jetzt kam es zu einem größeren offenbar gut organisierten Sardenaufstand unter Führung eines Grundbesitzers Hampsicora; endlich lernen wir einmal den Namen einer altsardischen Einzelpersönlichkeit kennen. Hampsicora gelang es auch, die Hirten des Inselinneren für sich zu gewinnen.

Die wichtigste Folge der Cannae-Schlacht aber war, daß König Philipp V. von Makedonien aus seiner Reserve heraustrat. Im Frühjahr 215 v. Chr. schloß er mit Hannibal einen Bündnisvertrag ab, in dem er zusagte, mit 200 Schiffen und einem Heer in Italien zu landen.

So begann sich dank der Entschlußkraft und der gewaltigen Leistungen Hannibals das Bild einer neuen Welt abzuzeichnen. Einer neuen oder, besser gesagt, einer erneuerten alten Welt. Einer Welt, in der zahlreiche Völker und Staaten nebeneinander lebten und alle Möglichkeiten freier kultureller Entfaltung besaßen. Dabei versteht es sich nach Lage der Dinge von selbst, daß ein dominierendes Element dieser bunten Welt die hellenistische Kultur sein würde. Aber allein schon die Mannigfaltigkeit der Volkscharaktere mußte es ausschließen, daß sich eine öde Einheitszivilisation entwickelte, wie sie später für das römische Weltreich charakteristisch war.

Seit der Cannae-Schlacht setzte erst recht ein ungeheures Ringen ein. Noch in der Rückschau nach über zweitausend Jahren ist es ein atemberaubendes Schauspiel. Einige Jahre zitterte die Waage der Weltgeschichte im Gleichgewicht und wußte nicht, nach welcher Seite sie sich neigen sollte. Hüben stand die geniale Einzelpersönlichkeit, die es gewagt hatte, einem übermächtigen Schicksal in den Arm zu fallen, noch zu einem Zeitpunkt, als alles schon unabänderlich zu sein schien. Drüben stand die trotz aller Verluste immer noch weit größere Zahl, stand eine ungeheure Härte und Entschlossenheit, ein ungebrochener Wille zur Macht, verbunden mit einer vor nichts zurückschreckenden Brutalität.

Zweifellos war selbst nach Cannae die Aufgabe Hannibals die schwierigere. Auch jetzt wäre ein Marsch auf Rom immer noch ein mehr als bedenkliches Abenteuer gewesen, und der Stratege Hannibal hat mit Recht davon Abstand genommen. Aber das war nicht alles. Die Großkaufmannskreise in Karthago unterstützten ihn nur mit halbem Herzen, fürchteten sie doch einen siegreichen Hannibal als künftigen Herrn des karthagischen Reiches — aller Voraussicht nach würde er sich zu Hause auf die breiten Volksmassen gegen die großen Geldleute stützen. Sie fürchteten ihn fast so sehr wie eine Niederlage gegen Rom. Hannibals Verbündete waren weit verstreut — in der Po-Ebene, auf Sardinien, in Unteritalien, auf Sizilien, auf der Balkanhalbinsel. Viele von ihnen — die Kelten und noch mehr die Samniter und auch die Lukaner — hatten seit Generationen fürchterlich geblutet, bevor ihnen in Hannibal wider Erwarten noch einmal ein Helfer erstand. Und Hannibals wichtigster Verbündeter, der Makedonenkönig, bekam die ganze Kleinlichkeit und Kurzsichtigkeit griechischer Politik zu spüren. Wohl gab es auch in Griechenland weitsichtige Männer wie jenen Agelaos von Naupaktos, der warnend auf die «im Westen aufgestiegenen Wolken», die der ganzen griechischen Welt von Rom her drohende Gefahr hinwies und sich leidenschaftlich für das Ende der ewigen innergriechischen Auseinandersetzungen einsetzte. Mit seinen Mahnungen trug er wesentlich dazu bei, daß zwischen dem Makedonenkönig und dem westgriechischen Bundesstaat der Ätoler nach längeren Kämpfen im Jahre 217 v. Chr. Friede geschlossen wurde. Aber seine Richtung setzte sich auf die Dauer nicht durch. Gerade die Ätoler, deren Stratege Agelaos von Naupaktos zeitweise gewesen war, schlossen 212 v. Chr. mit Rom einen gegen Makedonien gerichteten regelrechten Räuberpakt ab — das eroberte Land den Ätolern, die Gefangenen und die transportable Beute den Römern. Es gab noch weitere Gegner Makedoniens in Griechenland, unter ihnen auch zwei tief gesunkene Träger großer Namen: Athen und Sparta. Zu ihnen zählte weiter König Attalos I. von Pergamon, ein Mann, dessen politische Kurzsichtigkeit und dessen Mangel an Urteilsvermögen ebenso hochentwickelt waren wie sein Kunstsinn. Die Könige der beiden größten hellenistischen Reiche aber, der Seleukide Antiochos III., der weite Teile Vorderasiens beherrschte, und Ptolemaios IV., Besitzer von Ägypten und dessen Nebenländern, zeigten sich an dem gewaltigen Geschehen im Westen gänzlich uninteressiert. Zur Zeit der Schlacht am Trasimenischen See schlugen sich ihre Heere bei Rapheia in Palästina um den Besitz dieses zwischen Seleukiden und Ptolemäern oft umstrittenen Landes. Auch die Schlacht bei Cannae und ihre Folgen berührten Antiochos III. und Ptolemaios IV. nicht. Ersterer ging in den Jahren seit 209 v. Chr. nach Osten, zu einem neuen Alexanderzug, der ihn bis Indien führte und ihm den nur zwei Jahrzehnte später lächerlich wirkenden Beinamen «der Große» eintrug. Ptolemaios IV. hingegen unterstützte Rom mit Getreidelieferungen und war im übrigen immer weniger imstande, im eigenen Land Ordnung zu halten. Um 212 v. Chr. brach im Nildelta der Aufstand des libysch-ägyptischen Kriegerstandes der Machimoi aus, der erst nach einem Vierteljahrhundert endgültig zusammenbrach. Von wenigen Ausnahmen abgesehen ließen die Männer der griechisch-hellenistischen Welt, die die Zeitgenossen eines Hannibal waren, jedes Format und jeden Weitblick vermissen. Es liegt eine ausgleichende Gerechtigkeit darin, daß sie früher oder später alle für ihre Haltung bezahlen mußten: die Ätoler, die Städte Griechenlands, das Haus des Attalos, der Seleukide Antiochos III. und die Dynastie der Ptolemäer.

Zurück in die Jahre der großen Entscheidung. Trotz aller Hypotheken, die auf seinem Werk lasteten, wäre Hannibal vielleicht doch aller Schwierigkeiten Herr geworden, wäre nur eines nicht gewesen: die auch nach Cannae ungebrochene Herrschaft der Römer über die See. Ihr hatte auch das Genie eines Hannibal nichts entgegenzusetzen, und sie hat letztenendes gegen ihn entschieden.

Gewiß konnte auch die weit überlegene römische Kriegsflotte nicht jede karthagische Truppenbewegung über See verhindern. So gelangten zum Beispiel kleinere karthagische Kontingente nach Sardinien und Sizilien, sogar nach Unteritalien. Doch das waren Operationen von untergeordneter Bedeutung.

Absolut entscheidend war dagegen, daß die römische Seeherrschaft die vorgesehene Landung der Makedonen in Italien unmöglich machte. Wäre im Jahre 215 oder 214 v. Chr. die kampfkräftige makedonische Armee auf der Apennin-Halbinsel erschienen, die Weltgeschichte hätte nach menschlichem Ermessen einen anderen Verlauf genommen. Das strategische Genie eines Hannibal, sein bei Cannae siegreiches Heer, die durch Cannae noch einmal ermutigten alten Gegner Roms in Unteritalien und die hervorragende Streitmacht Makedoniens — diese Kombination hätte vermutlich ausgereicht, Rom in die Knie zu zwingen. Aber Brundisium (Brindisi), noch heute der wichtigste Hafen für die Überfahrt von Süditalien nach Epiros, war eine von Latinern besiedelte römische Festungsstadt, und eine hier stationierte römische Flotte beherrschte die Straße von Otranto. Sie vereitelte von vornherein jeden Versuch des Makedonenkönigs, sein Hannibal gegebenes Versprechen einzulösen. Umgekehrt konnte sie Truppen in die römischen Besitzungen östlich der Adria hinüberführen mit dem Ergebnis, daß König Philipp V. auch bei seinen Operationen in Illyrien erfolglos blieb. Indirekt war es auch auf die römische Seeherrschaft zurückzuführen, daß im Herbst 212 v. Chr. der Bundesstaat der Ätoler und andere Griechen auf Seiten der Römer in den Krieg gegen Makedonien eintraten; denn die Rückendeckung durch die römische Kriegsflotte verringerte für alle griechischen Gegner Makedoniens das Risiko entscheidend. Der römische Flottenführer Valerius Laevinus erschien 212 v. Chr. persönlich bei der Bundesversammlung der Ätoler und brachte den bereits erwähnten «Räuberpakt» zustande. Die römische Flotte war auch in der Lage, in den folgenden Jahren die zu Philipp haltenden griechischen Küstenstädte zu plündern und zu brandschatzen, wo und wann immer sie es wollte. Im übrigen standen die Jahre 212–205 v. Chr. im Zeichen wirrer sinnloser Auseinandersetzungen zwischen Griechen und Griechen, bis ein Friedensschluß sie vorübergehend unterbrach. Mit ihrem in jenen Jahren an den Tag gelegten jämmerlichen Verhalten haben die Griechen das Urteil über die weitere Zukunft auch ihres eigenen Landes selbst gesprochen. Hätte in den entscheidenden Jahren nach Cannae nicht eine römische, sondern eine karthagische Flotte die Straße von Otranto und das zentrale Mittelmeer beherrscht, der weitere Gang auch der griechischen Geschichte wäre ein anderer gewesen.

Die Herrschaft über das Tyrrhenische Meer erlaubte es den Römern, eine Armee unter dem Kommando des Titus Manlius Torquatus nach Sardinien zu schicken. In einer blutigen Schlacht im Süden der Insel, nicht weit von Cagliari, erlag 215 v. Chr. das Aufgebot der Sarden des Hampsicora. Nur die schwer zugänglichen Hirtenlandschaften im gebirgigen Inselinneren entzogen sich noch Roms Kontrolle, und hier dauerte der verzweifelte Kleinkrieg der Sarden gegen die Römer noch länger als hundert Jahre an; völlig wurde ihr Widerstand niemals gebrochen. Die «sardische Tragödie» ist bis zum heutigen Tage nicht beendet.

Auf Sizilien aber operierte seit 214 v. Chr. ein römisches Heer unter Marcus Claudius Marcellus. Für seine Kriegführung bezeichnend ist, daß er 213 v. Chr. nach der Eroberung der alten Griechenstadt Leontinoi 2 000 Bürger zu Tode peitschen ließ; seit diesem Unglücksjahr spielte die alte Stadt, deren Überreste beim heutigen Lentini, etwa 35 Kilometer nordwestlich von Syrakus liegen, in der Geschichte kaum noch eine Rolle. Ein weiteres Blutbad richtete ein anderer römischer Offizier im binnenländischen Enna an. Nicht besser erging es Syrakus und Akragas (Agrigent). Ersteres wurde nach langer Belagerung 212 v. Chr. von den Soldaten des Marcellus erstürmt. Unter den zahllosen Toten war auch der berühmte Mathematiker und erfindungsreiche Techniker Archimedes, den ein plündernder Soldat erschlug. Die Kunstschätze von Syrakus wurden nach Rom verschleppt, die einstmals führende Griechenstadt Siziliens sank zu einem traurigen Provinznest herab. Akragas (Agrigent) fiel 210 v. Chr., die überlebende Bevölkerung wurde in die Sklaverei verkauft. Auf Sizilien herrschte jetzt die Ruhe des Grabes. Marcus Claudius Marcellus, der Schlächter von Leontinoi und Syrakus, fiel 208 v. Chr. bei einer ihm durch Hannibal in Unteritalien beigebrachten Niederlage; dieser Prototyp eines «Kriegsverbrechers» hätte ein schlimmeres Schicksal verdient gehabt.

Hannibal aber hat — obschon die römische Seeherrschaft die Landung der Makedonen in Italien und jede sonstige ins Gewicht fallende Verstärkung seines Heeres unmöglich gemacht hatte — auch in den Jahren nach Cannae unter immer schwierigeren Bedingungen seine strategische Meisterschaft unter Beweis gestellt. Jede Stadt, jede Gemeinde, die sich ihm angeschlossen hatte, wußte, was ihr bevorstand, wenn sie den Römern in die Hände fiel. Sie alle erwarteten Hilfe und Schutz von Hannibal. Aber auch er konnte mit seinem kleinen Heer nicht überall sein. 214 v. Chr. fiel Casilinum und wurde von den Römern ausgemordet. Seither hatte der Ort keinerlei Bedeutung mehr, bis an seinem Platz 856 n. Chr. das heutige Capua gegründet wurde — es liegt nicht an der Stelle der antiken Stadt gleichen Namens. So ging es weiter. Immer noch teilte Hannibal harte Schläge aus, immer noch konnte er auch diesen oder jenen Ort noch einmal vor den Römern retten. Im Falle des seit 212 v. Chr. von den Römern belagerten Capuas — gelegen an der Stelle des heutigen Santa Maria Capua vetere — gelang ihm das nicht mehr. Zur Entlastung der sich hartnäckig verteidigenden Stadt unternahm Hannibal einen Scheinvorstoß gegen Rom; damals erscholl in Rom der Schreckensruf «Hannibal ad portas!» — «Hannibal vor den Toren!». Aber die Römer durchschauten den Sinn des Manövers und hoben die Belagerung von Capua nicht auf. Was sich 211 v. Chr. bei der Erstürmung von Capua und im Anschluß daran abspielte, war eine Wiederholung der Vorgänge beim Fall von Syrakus und so vieler anderer Städte. Zwei Jahre später (209 v. Chr.) fiel Tarent, 30 000 seiner Bewohner wurden in die Sklaverei verkauft.

Hannibal, dessen Heer nur einen Bruchteil der römischen Streitkräfte ausmachte, hatte jetzt keine Hoffnung mehr auf einen Umschwung. Aber die Römer waren trotz ihrer gewaltigen Übermacht immer noch von der Furcht vor dem Sieger von Cannae erfüllt. Auch jetzt hatten sie es letztenendes nur ihrer Seeherrschaft zu verdanken, daß für sie ein siegreiches Kriegsende in Sicht kam.

Schon seit der ersten Phase des «Hannibalischen Krieges» war auch die Iberische Halbinsel Kriegsschauplatz geworden. Die Beherrschung des Seewegs erlaubte es den Römern, Truppen nach Spanien zu verlegen und auch nach dem Verlust des oberitalienischen Keltenlandes im Bedarfsfall weiter zu verstärken. Siege und Niederlagen wechselten auf dem spanischen Kriegsschauplatz miteinander ab. Entscheidend war aber weniger der Ausgang dieser oder jener Schlacht, sondern die Tatsache, daß kein karthagisches Heer den Zug Hannibals von Spanien aus über die Alpen nach Italien — das war angesichts der römischen Seeherrschaft der allein zur Verfügung stehende Weg — wiederholen konnte. Im Jahre 212 v. Chr. schien sich dank zweier glänzender Siege der von Hannibals jüngeren Brüdern Hasdrubal und Mago sowie einem anderen Hasdrubal, Sohn des Gisko, geführten Karthager — es waren die größten karthagischen Erfolge seit Cannae — diese Möglichkeit endlich zu eröffnen. Die römische Seeherrschaft machte auch diese Hoffnung zunichte. Denn nach einem Abzug der karthagischen Truppen aus Spanien in Richtung auf die Alpen konnte jederzeit eine neu über See geworfene römische Truppe die karthagischen Positionen auf der Iberischen Halbinsel besetzen und ausschalten. So mußten Hasdrubal und seine Mitfeldherren auch jetzt auf den heiß ersehnten Zug nach Italien verzichten. Dann kam das Jahr 210 v. Chr., in dem Rom dem jungen Publius Cornelius Scipio das Kommando in Spanien anvertraute. Er sollte sich als der erste römische Feldherr erweisen, der selbst einem Hannibal ebenbürtig war. Und er war auch der erste Römer, der eine in diesem Krieg eroberte Stadt nicht zerstörte und ausmordete. Diese Stadt war keine andere als das Zentrum der karthagischen Macht in Spanien: Neukarthago (Cartagena). In kühnem Zugriff überrumpelte er sie, wobei wieder die Flotte eine wichtige Rolle spielte. Seither errang er Vorteil auf Vorteil, 208 v. Chr. schlug er in einer Schlacht auch das von Hannibals Bruder Hasdrubal geführte Heer. Spanien war für Karthago verloren. Jetzt unternahm Hasdrubal das einzige, was ihm noch möglich war: mit den ihm verbliebenen etwa 10 000 Mann löste er sich vom Feind, überschritt die Alpen und versuchte, sich bis zu seinem in Unteritalien stehenden Bruder durchzuschlagen. Es gelang nicht. Im Frühjahr 207 v. Chr. verlor er nach tapferstem Kampf am Metaurus (Metauro) bei Sena gallica (Senigallia nordwestlich von Ancona) Schlacht und Leben. Die römischen Sieger schändeten seine Leiche: sie schlugen Hasdrubals Haupt ab und warfen es Hannibals Vorposten vor die Füße — Hannibal hatte die Leichen der im Kampf gefallenen römischen Feldherren Paullus, Gracchus und Marcellus ehrenvoll bestatten lassen.

Mit dem Untergang seines Bruders Hasdrubal war auch Hannibals Schicksal besiegelt. Doch noch bis zum Jahre 203 v. Chr. behauptete er sich mit dem Rest seines Heeres in Bruttien, der Landschaft im äußersten Südwesten der Apennin-Halbinsel. Aber schon 204 v. Chr. war, von keiner feindlichen Flotte behindert, Scipio in Afrika gelandet und hatte auch dort große Erfolge erzielt. Zwar brachte Hannibal seine letzten Truppen schließlich über See nach Hause zurück. Doch die letzte große Schlacht des zweiten Punischen Krieges, geschlagen im Oktober 202 v. Chr. bei Zama in Tunesien, konnte auch er nicht mehr gewinnen. Der Friedensschluß bedeutete nicht der Form nach, wohl aber in der Sache das Ende Karthagos als selbständige Macht.

Aber Karthago ging später auch als Stadt zugrunde, weil Rom seinen Untergang *wollte*. Die Geschichte dessen, was als «dritter Punischer Krieg» bezeichnet wird, ist ein weiteres Zeugnis für die beispiellose römische Perfidie. Karthago hatte sich im Friedensvertrag verpflichten müssen, ohne Genehmigung Roms keinen Krieg mehr zu führen. Aber Rom schickte später seinen Vasallen, den Numiderfürsten Masinissa vor, um Karthago durch dauernde kleine Angriffe zu quälen und zu reizen, wobei es den Angegriffenen jede Verteidigung verbot. Als sich die Karthager in ihrer Verzweiflung schließlich doch zur Wehr setzten, erklärte Rom den Vertrag für gebrochen und verlangte 149 v. Chr. von Karthago die bedingungslose Einstellung aller Kampfhandlungen, Auslieferung aller Waffen und Geiselstellung. Nachdem Karthago das alles auf sich genommen hatte, verlangte Rom nunmehr, die Karthager müßten ihre eigene Stadt zerstören und die Bevölkerung habe sich auf Dörfer zu verteilen; das bedeutete für eine großstädtische Bevölkerung nichts anderes als Hunger und äußerstes Elend. Mit dem Mut der Verzweiflung gingen daraufhin die Karthager in ihren letzten hoffnungslosen Kampf. Es war ein grausiger Todeskampf, der 146 v. Chr. mit dem totalen Untergang der Stadt und der Ermordung oder Versklavung ihrer Bewohner endete. Im gleichen Jahre wurde von einem anderen römischen Heer auch die Stadt Korinth dem Erdboden gleichgemacht. In unmittelbarer Nähe dieser Stadt hatte genau fünfzig Jahre zuvor bei den Isthmischen Spielen der Römer Titus Quinctius Flamininus nach der Niederwerfung Makedoniens Hellas für «frei» erklärt, unter dem brausenden Jubel seiner törichten griechischen Zuhörer.

Hannibals Niederlage hatte auch schon über das kommende Schicksal der hellenistischen Monarchien des Ostens entschieden. Sie wurden eine nach der anderen mit nicht allzugroßer Mühe von Rom im Krieg besiegt, gedemütigt und entwaffnet, schließlich früher oder später ganz liquidiert. Auf die Dauer half es auch keinem König des hellenistischen Ostens, wenn er sich durch kriecherische Unterwürfigkeit Rom gegenüber zu Hause an der Macht halten wollte. Die Haltung eines solchen Jämmerlings mit Königstitel, des Königs Prusias I. von Bithynien in Nordwestkleinasien, hatte schon 183 v. Chr. Hannibals Lebensende herbeigeführt: um sich der von Rom verlangten, von Prusias zugestandenen Auslieferung zu entziehen, nahm er Gift. Kaum mehr Würde als dieser Prusias besaßen die Könige von Pergamon; wer ihre Haltung vor Augen hat, mag wohl beim Anblick des von ihnen erbauten großen Zeus-Altars auch weniger Freude empfinden als ein reiner Kunstästhet. Schließlich vermachte 133 v. Chr. Pergamons letzter König Attalos III. sein Reich testamentarisch den Römern. Auch sonst hatte keiner der Erben Alexanders mehr eine Zukunft. Als Hannibal sein großes Spiel verloren hatte, war Roms Weltherrschaft eine unabänderliche Tatsache.

Aber auch Italien hatte keinen Gewinn davongetragen. Von «einem erschreckenden Sinken des Lebens- und Kulturniveaus» sprechen Ranuccio Bianchi Bandinelli und Antonio Giuliano in ihrem großen kunsthistorischen Werk «Etrusker und Italiker vor der römischen Herrschaft» und sagen weiter «Rom triumphiert, aber Italien ist zugrunde gerichtet».[122] Ergänzend muß man hierzu sagen, daß dieser Niedergang nicht nur auf die Menschenverluste zumal der italischen Bauernschaft in den langen schweren Kriegsjahren zurückzuführen ist, sondern vor allem auf Roms

Verhalten gegenüber den zu Hannibal übergegangenen Städten und Gemeinden. Viele Städte und Dörfer hatte Rom systematisch zerstört, den Landbesitz der Gemeinden eingezogen und anschließend zu Schleuderpreisen an hauptstädtische Spekulanten vergeben oder verpachtet. In immer größeren Gebieten Italiens dominierten mehr und mehr jene fürchterlichen Latifundien, Großgüter, die durch Verwalter mit großen Scharen unfreier, miserabel behandelter Ackerknechte bewirtschaftet wurden. Ihre Besitzer waren nicht Landwirte, sondern saßen in Rom, wo sie das erwirtschaftete Geld mit vollen Händen ausgaben, sehr häufig im Dienste einer politischen Karriere. Immer konkurrenzunfähiger wurde der Rest des italischen Bauerntums, das unter dieser Entwicklung womöglich noch stärker litt als seinerzeit durch die Kampfhandlungen und ihre unmittelbaren Folgen. In immer größerer Zahl zogen die in ihrer Existenz vernichteten Bauern nach Rom, rapide schwoll dort das Großstadtproletariat an. Zum guten Teil lebte es nicht von irgendwelcher Arbeit, sondern von «Brot und Spielen» nebst anderen Wahlgeschenken, die die Kandidaten der durch Wahlen besetzten Staatsämter im Interesse ihrer politischen Laufbahn immer freigiebiger an das «Volk von Rom» verteilten.

Das 2. Jahrhundert v. Chr. war die Periode des tiefsten Niedergangs der Kulturländer der alten Welt seit der großen Völkerwanderung ein Jahrtausend zuvor. Doch damals war er die Folge eines Elementarereignisses gewesen − die aus ihren Wohnsitzen aufgescheuchten Wanderscharen, die das Hethiterreich und die Staaten der Mykenezeit über den Haufen gerannt und das Pharaonenreich in seinen Grundfesten erschüttert hatten, waren gleichzeitig Akteure und Opfer der Ereignisse. Diesmal handelte es sich um die Konsequenz einer ganz bewußten Politik. Denn seit dem Hannibalischen Krieg war es das Leitmotiv des römischen Verhaltens, dafür zu sorgen, daß kein zweiter Staat in der Welt mehr politisch gesund, militärisch kräftig und wirtschaftlich blühend sein durfte, weil er sonst womöglich Rom gefährlich werden könnte. Zur Erreichung dieses Ziels war Rom jedes Mittel recht, und angesichts des nach Hannibals Niederlage in der Mittelmeerwelt gegebenen Kräfteverhältnisses war der Erfolg gewährleistet.

Für unser Thema bedeutet der Ausgang des Hannibalischen Krieges, daß die Geschichte der nicht-griechischen und nicht-römischen Kulturvölker der Mittelmeerwelt zuende war. Nur weit im Osten liefen die Dinge anders. Ein äußerlich hellenisierter Iranier, König Mithridates VI. von Pontos (Nordostkleinasien), wurde seit dem Jahre 88 v. Chr. zum ersten wirklich gefährlichen Gegner Roms seit Hannibal. Fast ein Vierteljahrhundert lang konnte er sich mit schier unglaublicher Zähigkeit behaupten, griff aus scheinbar bereits hoffnungsloser Lage heraus immer wieder an, bis er schließlich im Jahre 66 v. Chr. gegen Gnäus Pompejus unterlag; er fand seinen Tod 63 v. Chr. auf der Krim. Aber auch ein Mithridates konnte nur deshalb solange durchhalten, weil die Römische Republik innerlich schon so tief gesunken war, daß der König die innenpolitischen Auseinandersetzungen zu Rom für sich auszunutzen vermochte. Und eines konnte auch die römische Weltmacht schließlich nicht überwinden: die berühmte «Schicksalsgrenze» am Euphratfluß. Der erste Römer, der es versuchte, Marcus Licinius Crassus, erlag 53 v. Chr. bei Carrhä mit seinem Heer dem Pfeilhagel der schnellen Reitertruppen der iranischen Parther. Selbst die bedeutendsten römischen Kaiser konnten später die Euphratlinie bestenfalls vorübergehend überschreiten, ein wirklich durchschlagender Erfolg und dauernder Gewinn blieb auch ihnen versagt.

Im gleichen Zuge aber, in dem die Römische Republik zur Herrschaft über die ganze Mittelmeerwelt emporgestiegen war, erlebte dieser Staat einen fortschreitenden inneren Zersetzungsprozeß. Die Römische Republik ist das geradezu klassische Beispiel für einen Staat, der sich durch das Treiben seiner eigenen politischen Repräsentanten allmählich selbst zugrunde richtet. So gehörte auch die Zukunft schließlich nicht mehr dieser Republik, sie gehörte den großen Einzelpersönlichkeiten. Als Gajus Julius Caesar zu Beginn des Jahres 49 v. Chr. mit seiner Armee den Rubicon überschritt, fiel das verrottete morsche Gebäude der Republik wie ein Kartenhaus zusammen. Doch nicht Caesar, sondern die Korruption ihrer eigenen Politiker hatte sie zugrundegerichtet.

Die römischen Kaiser haben manches wieder gutgemacht, was die Republik zerstört hatte. Zu den von der Republik vernichteten, aber von den Cäsaren wieder aufgebauten Städten gehörten Capua, Karthago und Korinth. Augustus und seine Nachfolger schenkten der Mittelmeerwelt, was sie noch niemals erlebt hatte: eine zweihundertjährige Friedenszeit. Rein materiell betrachtet war diese auch kulturell die Zeit des größten Glanzes, der prächtigsten Bauten, der freigiebigsten Stiftungen. Wer aber näher zusieht, erschrickt vor der geistigen Öde, der Uniformität, die aus den auf den ersten Blick so eindrucksvollen Bauten und sonstigen Werken der römischen Kaiserzeit von der Iberischen Halbinsel im Westen bis nach Syrien/Jordanien im Osten spricht.

Gerade angesichts dieser geistigen Armut der äußerlich so glanzvollen römischen Kaiserzeit soll ein Akt der «geistigen Wiedergutmachung» an dem alten Kulturvolk der Etrusker nicht übersehen werden, dem Rom soviel verdankte und das so besonders hart unter Rom zu leiden gehabt hatte. Kaiser Claudius (41 bis 54 n. Chr.) — ein gehemmter und schüchterner Mann, aber wie wir heute wissen eine um Verwaltung und Aufbau hochverdiente Persönlichkeit, deren Lebenstragik in der Hilflosigkeit seiner emanzipierten lebenslustigen jungen Kaiserin Messalina gegenüber lag — hat diese Leistung vollbracht. Er lernte die zu seiner Zeit schon nahezu ausgestorbene etruskische Sprache und schrieb ein großes Werk über das einstmals führende alte Kulturvolk Italiens. Daß es nicht auf unsere Tage gekommen ist, gehört zu den bedauerlichsten Verlusten in der von so vielen Zufällen bestimmten Geschichte der Überlieferung antiker Texte. Daß aber dieses Werk geschrieben wurde, und zwar gerade von einem Träger der römischen Kaiserwürde, ist ein versöhnliches Moment angesichts des Dunkels, in dem das alte Hochkulturvolk, dem es gewidmet war, schließlich versunken ist.

Anmerkungen

1. (S. 17) Hermann Bengtson, Einführung in die alte Geschichte, München 1949, S. 3/4; 8., durchges. u. erg. Aufl. 1979
2. (S. 17) München 1933, S. 151.
3. (S. 33) Die Jahreszahlen für die Pharaonen dieser Zeit werden nach E. Hornung, Untersuchungen zur Chronologie und Geschichte des Neuen Reiches, Wiesbaden 1964, angegeben, trotz gewisser im einzelnen hier nicht zu erörternder Bedenken. Sie setzen z. B. die Zeit Ramses' II. von 1301–1234 v. Chr. auf 1290 bis 1224 v. Chr. herab.
4. (S. 43) Meyers Ägypten, 3. Auflage, Leipzig und Wien, 1895, S. 215.
5. (S. 48) Die in älteren Darstellungen öfters zu findende, von assyriologischer Seite mehrfach aufgestellte Behauptung, der vorderasiatische Weltherrscher Naramsin von Akkad (etwa 2270–2230 v. Chr.) habe einen siegreichen Kriegszug gegen Ägypten unternommen und damit zur Auflösung des Alten Reiches der Pharaonen beigetragen, beruht auf einer verfehlten Interpretation der in den Keilschrifttexten genannten Ländernamen. Tatsächlich dürfte das Ziel der betreffenden Feldzüge Naramsins in den Küstengebieten des Persischen Golfes, vielleicht sogar im südlichen Indusgebiet, zu suchen sein. Vgl. W. F. Leemans, Foreign Trade in Old Babylonian Times. Leiden 1960, S. 159–166; Journal of the Economic and Social History of the Orient 3, 1960, S. 23–30; Otto Edzard, Fischer-Weltgeschichte Bd. 2, Die Altorientalischen Reiche I, Frankfurt a. M., 1965, S. 87.
6. (S. 52) Hermann Grapow, Wie die alten Ägypter sich anredeten, wie sie sich grüßten und wie sie miteinander sprachen. Akademie-Verlag Berlin, zweite Ausgabe 1960, S. 39, S. 49.
7. (S. 53) Aus den im Archiv von Amarna gefundenen Keilschriftbriefen. Übersetzung nach Erich Ebeling, in Altorientalische Texte zum Alten Testament, Berlin und Leipzig, 1926, S. 373 ff.
8. (S. 54) Alexander Scharff (und Anton Moortgat), Ägypten und Vorderasien im Altertum, München 1950, S. 162 f.
9. (S. 55) Eduard Meyer, Geschichte des Altertums. Band II, 1, 3. Auflage, Stuttgart 1955, S. 500.
10. (S. 56) Eduard Meyer, a. a. O., S. 506.
11. (S. 58) Ulrich Mann, Das Erbe von Hattusa. In Türkei, Land früher Kulturen. Zeitschrift Karawane, 13. Jahrgang, 1972, Heft 1, S. 17.
12. (S. 61) Schilderung nach den seit dem Jahre 1928 gewonnenen eingehenden Erfahrungen des Landwirtschafts- und Türkeiexperten Prof. Dr. Fritz Christiansen-Weniger. Hierzu sein Aufsatz «Das Sprichwort als Erfahrungsübermittler in Anatolien», in «Mitteilungen» der Deutsch-Türkischen Gesellschaft e. V., Bonn, Heft 86, Dezember 1971, S. 4 ff. Hier weist der Verfasser auch darauf hin, daß der traditionelle Erfahrungsschatz des Anatoliers unter den Einflüssen der modernen Entwicklung rasch verloren gegangen ist.

13. (S. 61) K. Ziegler, in Länder und Völker, Bd. Vorderasien I, Luzern o. J., S. 144.

14. (S. 62) Carl J. Burckhardt, Kleinasiatische Reise, München, 1964, S. 33.

15. (S. 66) Edward Bacon, Digging for history, A survey of recent world archaeological discoveries 1945–1959. London 1960, S. 163.

16. (S. 67) George E. Bean, Aegaean Turkey. An archaeological Guide. London, 2. Ausgabe 1967, S. 57.

17. (S. 67) Mitteilungen der Deutschen Orientgesellschaft, Berlin 1967, S. 5 ff.

18. (S. 67) Ekrem Akurgal, Ancient Civilisations and ruins of Turkey. From prehistoric times until the end of the Roman empire. Istanbul, 2. Auflage, 1970, S. 11.

19. (S. 71) Textübersetzung nach H. Otten bei Thomas Beran, Das Felsheiligtum von Yazilikaya. Deutung und Datierung. In «Die Türkei». Zeitschrift für Kulturaustausch des Instituts für Auslandsbeziehungen, Stuttgart, Heft 2–3, Jahrgang 12, 1962, S. 146 ff; vorzügliche sehr übersichtliche Darstellung des Pantheons von Yazilikaya bei Kurt Bittel, Bogazköy-Führer. Ankara, o. J., S. 56 ff., besonders S. 60–63.

20. (S. 72) Noch 1950, das heißt nach dem in den 20er und 30er Jahren erfolgten Ausbau des anatolischen Eisenbahnnetzes, mußte die Türkische Republik 224 000 Tonnen Getreide einführen. In jener Zeit verrotteten aber in Zentralanatolien immer wieder große Mengen Getreide, weil die Eisenbahn durch den Eisenerztransport in das 1937–1939 zu Karabük errichtete große Eisen- und Stahlwerk Karabük total überlastet war. Erst seit dem in den 50er Jahren forciert erfolgten Ausbau des anatolischen Straßennetzes und der gleichzeitig stark gesteigerten Motorisierung sind diese Verhältnisse überwunden. Hierzu F. K. Kienitz, Türkei. Anschluß an die moderne Wirtschaft unter Kemal Atatürk. Hamburg 1959, u. a. S. 72 und 116.

21. (S. 74) Mit Recht vergleicht M. I. Finley, Die Griechen. Eine Einführung in ihre Geschichte und Zivilisation, deutsche Ausgabe München 1976, S. 10, den Hellenenbegriff des Altertums mit der mittelalterlichen «Christenheit» oder der heutigen «Arabischen Welt».

22. (S. 80) Standardwerk zu diesen Fragen ist Albin Lesky, Thalatta. Der Weg der Griechen zum Meer. Wien 1947.

23. (S. 82) Gute Abbildung bei Pierre Demargne, Die Geburt der griechischen Kunst. Universum der Kunst, herausgegeben von André Malraux und Georges Salles. Verlag C. H. Beck, München, 2. Auflage 1975, S. 148, Abbildung 166.

24. (S. 83) Vgl. Pierre Demargne, a. a. O., S. 161.

25. (S. 83) Vgl. hierzu z. B. M. I. Finley, Fischer-Weltgeschichte Bd. 3, Die Altorientalischen Reiche II, Frankfurt am Main 1966, S. 333.

26. (S. 84) Gute Abbildung bei Pierre Demargne, a. a. O., S. 168, Abb. 187.

27. (S. 87) M. I. Finley, Die Griechen. Eine Einführung in ihre Geschichte und Zivilisation. Deutsch von Karl-Eberhardt und Grete Felten, Beck'sche Elementarbücher, München 1976, S. 17 und 15.

28. (S. 90) M. I. Finley, a. a. O., S. 10.

29. (S. 91) Grieben-Reiseführer, Griechische Inseln, München, Ausgabe von 1969, S. 122 bzw. 128; der Band ist von so ausgezeichneten praktischen Ägäiskennern wie Johannes Gaitanides und Fritz Funk bearbeitet.

30. (S. 91) Historien, I, 149.

31. (S. 96) Als Beispiel dafür, welche gewaltsamen Hypothesen zur Rettung der Homerischen Darstellungen für die Geschichte aufgestellt werden, sei hingewiesen auf die These, die sich an das hölzerne Pferd knüpft, mit dessen Hilfe Trojas Fall herbeigeführt wurde. Danach sei dieses Pferd ein Symbol für den «Erderschütterer» Poseidon, der durch das von ihm ausgelöste Erdbeben den Griechen zur Einnahme Trojas verholfen habe. Vgl. Fritz Schachermeyr, Poseidon und die Entstehung des griechischen Götterglaubens. München, 1950, S. 194 ff.

32. (S. 96) M. I. Finley, Fischer Weltgeschichte, Bd. 3, Die altorientalischen Reiche II. Das Ende des 2. Jahrtausends. Frankfurt a. M., 1966, S. 340.

33. (S. 98) Vgl. August Köster, Das antike Seewesen. Berlin 1923, S. 60.

34. (S. 98) VII, 92.

35. (S. 99) Näheres hierzu siehe bei Friedrich-Karl Kienitz, Das Mittelmeer. Schauplatz der Weltgeschichte von den frühen Hochkulturen bis ins 20. Jahrhundert. C. H. Beck, München, 1976, S. 57 ff., «Lykien und das Volk der Lukka», vgl. S. 32 f.

36. (S. 106) Vgl. hierzu Wolfgang Helck, Die Beziehungen Ägyptens zu Vorderasien im 3. und 2. Jahrtausend v. Chr., Wiesbaden 1962, S. 248.

37. (S. 119) Kapitel 27.

38. (S. 121) Siehe Theodor Wiegands unmittelbar nach seinem Besuch von Amrit am 24. Mai 1917 an seine Frau geschriebenen Brief. Abgedruckt in: Halbmond im letzten Viertel. Briefe und Reiseberichte aus der alten Türkei von Theodor und Marie Wiegand 1895–1918, herausgeg. von Gerhard Wiegand, München 1970, S. 253.

39. (S. 124) Salomos Bauten geschildert 1. Buch der Könige, Kap. 5, 15 ff., Kap. 6, Kap. 7; Salomos Vielweiberei 1. Buch der Könige, Kap. 11, 1 ff. – Zeichnerische Rekonstruktionen der Salomonischen Bauten z. B. in «Die Heilige Schrift des Alten Testaments». Übersetzt von E. Kautzsch, 4. umgearbeitete Auflage, herausgegeben von A. Bertholet, Tübingen 1922, Band 1, S. 504, 505, 506, 508, 510.

40 (S. 124) E. Speich, in Länder und Völker, Bd. Vorderasien I, Luzern o. J., S. 428.

41. (S. 125) Eduard Meyer, Geschichte des Altertums, 2. Band, 2. Abteilung, Der Orient vom zwölften bis zur Mitte des achten Jahrhunderts. Auflage von 1931, S. 131, 132, 133.

42. (S. 130) Historien, VI, 47.

43. (S. 130) Historien, II, 44.

44. (S. 131) Zu Salomos Ophir-Fahrten: 1. Buch der Könige, Kapitel 9, 26 ff., Kapitel 10, 11, Kapitel 10, 22. Zu Josaphats gescheitertem Ophir-Unternehmen: 1. Buch der Könige, Kapitel 22, 49.

45. (S. 136) Moses I. Finley, Fischer-Weltgeschichte, Bd. 3, Die altorientalischen Reiche II, Frankfurt a. M., 1966, S. 315.

46. (S. 146) 1. Buch der Könige, 4, 11. – Bibelzitate nach Die Heilige Schrift des Alten Testaments, übersetzt von E. Kautzsch, 4., umgearbeitete Auflage, herausgegeben von A. Bertholet. 2 Bände, Tübingen 1922/23.

47. (S. 150) Besonders Amos 9, 7; Jeremia 47, 4; vgl. auch Samuel, I, 30, 14; Samuel, II, 8, 18; 15, 18; 20, 7 und 23; Zephanja 2, 5; u. a.

48. (S. 151) Samuel, I, 17, 1–9.
49. (S. 151) Otto Eissfeldt, Philister und Phönizier. Der Alte Orient, Band 34, Heft 3, Leipzig 1936, S. 28.
50. (S. 151) Samuel, II, 21, 19.
51. (S. 152) Josua, 6, 21 und 25.
52. (S. 152) Übersetzung der im Museum Kairo befindlichen sog. «Israel-Stele» nach Abraham Malamat, Fischer-Weltgeschichte, Band 3. Die altorientalischen Reiche II. Das Ende des 2. Jahrtausends. Frankfurt a. M., 1966, S. 200.
53. (S. 153) Richter, 5, 19 ff., 24 ff.
54. (S. 154) Israel und der Stamm Benjamin: Richter, 19 bis 21, das Textzitat Richter, 20, 44 ff.; das «Schibboleth-Ereignis» Richter, 12, 4 ff.
55. (S. 154) Richter, 21, 25.
56. (S. 154) Die beiden Niederlagen der Israeliten gegen die Philister Samuel I, 4, 1/2 und 10.
57. (S. 154) Zerstörung des Tempels von Silo Jeremia 7, 14 und 26, 6; Philister-Statthalter in «Gibea Gottes» Samuel I, 10, 5; Philister-Garnison in Bethlehem Samuel II, 23, 14.
58. (S. 155) Samuel, I, 13. 19 ff.
59. (S. 155) Samuel, I, 27, 1/2 und 29, 1 ff.
60. (S. 155) Samuel, I, 14, 21.
61. (S. 155) Samuel, I, 14.
62. (S. 156) Samuel, I, 28, 1/2; 29, 1 ff.
63. (S. 157) Samuel, I, 28, 5 ff.
64. (S. 157) Samuel, I, 31, 1 ff.
65. (S. 157) Könige, I, 15, 27 und 16, 15.
66. (S. 157) Könige, II, 8, 22.
67. (S. 159) Schilderung der Revolution Jehus und der sich hieran anschließenden Vorgänge Könige II, 8, 28 ff. und die folgenden Kapitel.
68. (S. 162) Vgl. hierzu Eduard Meyer, Geschichte des Altertums, 3. Band, 3. Auflage, herausgeg. von Hans Erich Stier, Stuttgart 1954, S. 464.
69. (S. 165) Moses I. Finley, Die Griechen. Eine Einführung in ihre Geschichte und Zivilisation. Deutsch von K. E. und G. Felten, C. H. Beck, München 1976, S. 10.
70. (S. 166) Eduard Meyer, a. a. O., Seite 130, vgl. S. 205.
71. (S. 171) Friedrich-Karl Kienitz, Städte unter dem Halbmond, C. H. Beck, München 1972, S. 44.
72. (S. 172) Vgl. Ranuccio Bianchi Bandinelli/Antonio Giuliano, Etrusker und Italiker vor der römischen Herrschaft. C. H. Beck, München 1974, S. 361; Jacques Heurgon, Die Etrusker. Deutsch von Irmgard Rauthe-Welsch, Reclam-Ausgabe, Stuttgart 1971, S. 200.
73. (S. 174) Sibylle von Cles-Reden, Das versunkene Volk. Welt und Land der Etrusker. Frankfurt am Main, Auflage von 1956, S. 152.
74. (S. 177) Jacques Heurgon, a. a. O., S. 198.
75. (S. 181) Hierzu Jacques Heurgon, a. a. O., S. 52 ff., «Die Klatschgeschichten des Theopomp», vgl. Seite 107 ff.
76. (S. 182) Sibylle von Cles-Reden, a. a. O., S. 57.
77. (S. 183) Jacques Heurgon, a. a. O., S. 83.

78. (S. 187) Oswald Spengler, Frühzeit der Weltgeschichte. Fragmente aus dem Nachlaß. Unter Mitwirkung von Manfred Schröter herausgegeben von Anton Mirko Koktanek. C. H. Beck, München, 1966, S. 299.
79. (S. 188) Der Mensch und die Technik. Beitrag zu einer Philosophie des Lebens. C. H. Beck, München 1931, S. 35/36.
80. (S. 188) Emil Franzel, Sehnsucht nach den alten Gassen. Wien 1964, S. 7.
81. (S. 196) H. M. Denham, Das Tyrrhenische Meer, Küsten, Häfen und Inseln. Deutsch von Karl F. Kohlenberg. Bielefeld und Berlin 1969, S. 102.
82. (S. 198) Vgl. hierzu Rainer Pauli, Sardinien. Geschichte, Kultur, Landschaft. Köln 1978, S. 65 f.
83. (S. 199) Grieben, Sardinien. Verbesserter Nachdruck von 1973, S. 89.
84. (S. 200) Vgl. Ranuccio Bianchi Bandinelli/Antonio Giuliano, Etrusker und Italiker vor der römischen Herrschaft. C. H. Beck, München 1974, S. 63.
85. (S. 200) Ein instruktives kleines sardisches Vokabular findet sich bei Rainer Pauli, a. a. O., S. 258 ff., vgl. S. 18 ff.
86. (S. 202) Vgl. hierzu Rainer Pauli, a. a. O., S. 127.
87. (S. 208) Gute Abbildungen bei R. B. Bandinelli, A. Giuliano, a. a. O., S. 99, Abb. 110, bzw. Seite 89, Abb. 97, die Stele aus Siponto auch bei Friedrich-Karl Kienitz, Das Mittelmeer. C. H. Beck, München 1976, Tafel 8 nach S. 112.
88. (S. 209) R. B. Bandinelli/A. Giuliano, a. a. O., S. 51.
89. (S. 209) R. B. Bandinelli/A. Giuliano, a. a. O., S. 106.
90. (S. 210) R. B. Bandinelli/A. Giuliano, a. a. O., S. 93/95, vgl. S. 91.
91. (S. 213) R. B. Bandinelli/A. Giuliano, a. a. O.., S. 87.
92. (S. 218) Vgl. hierzu Ekrem Akurgal, Ancient Civilizations and ruins of Turkey. From prehistoric times until the end of the Roman empire. Istanbul, 2. Auflage 1970, S. 13; Kurt Bittel, Bogazköy-Führer, Ankara, o. J., S. 11.
93. (S. 225) Vgl. George E. Bean, Aegean Turkey. An Archaeological Guide. 2. Auflage, London 1967, S. 269.
94. (S. 226) George E. Bean, a. a. O., S. 276/277.
95. (S. 227) Eduard Meyer, Geschichte des Altertums. 3. Band, 3. Auflage, herausgeg. von Hans Erich Stier, Stuttgart 1954, S. 168/169.
96. (S. 230) Vgl. hierzu Kurt Wilhelm Blohm, Städte und Stätten der Türkei. DuMont-Kunstreiseführer, 2. überarbeitete Auflage Köln 1973, S. 58/59, mit einer sehr instruktiven zeichnerischen Gegenüberstellung eines lykischen Sarkophags aus dem 4./3. Jahrhundert v. Chr., des genannten Hausmodells aus dem 8./7. Jahrhundert v. Chr. aus Perachora in der Peloponnes und des betreffenden Schriftzeichens auf dem «Diskos von Phaistos».
97. (S. 234) Hierauf weist vor allem ein so hervorragender Kenner Altanatoliens wie Ekrem Akurgal wiederholt hin; vgl. aber auch bereits Eduard Meyer, Geschichte des Altertums, 1. Band, 1. Hälfte, 6. Auflage, Stuttgart 1955, S. 23 Mitte.
98. (S. 234) Johann Jakob Bachofen, Das Mutterrecht, eine Untersuchung über die Gynäkokratie der alten Welt, nach ihrer religiösen und rechtlichen Natur. Stuttgart 1861, 2. Abdruck Basel 1897; derselbe, Das lykische Volk und seine Bedeutung für die Entwicklung des Altertums. Freiburg i. Br. 1862.
99. (S. 243) 2. Buch der Könige, 18, 21; Anhang zum Buch Jesaja, 36, 6.
100. (S. 253) 2. Buch der Chronik, 35, 20/21.

101. (S. 254) Adolf Erman/Heinrich Schäfer, Der angebliche ägyptische Bericht über die Umschiffung Afrikas. Sitzungsberichte der Preussischen Akademie der Wissenschaften, Berlin 1908, XXXIX, S. 1–12.
102. (S. 255) Jeremia, 37, 6–8.
103. (S. 256) Das Zitat ist eine freie Wiedergabe der betreffenden Stelle des Textes. Näheres siehe bei Wilhelm Spiegelberg, Die sog. Demotische Chronik des Papyrus 215 der Bibliothèque nationale zu Paris nebst den auf der Rückseite des Papyrus stehenden Texten. Demotische Studien, Heft 7, Leipzig 1914, besonders S. 26–28. Vgl. weiter die geschichtliche und kulturgeschichtliche Würdigung der Texte bei Eduard Meyer, Kleine Schriften, Band II, Halle 1924, S. 69 ff., besonders S. 93.
104. (S. 260) Hierzu Hans Wolfgang Müller, Bildnisse König Nektanebos' I. (380–362 v. Chr.). In Pantheon, Internationale Zeitschrift für Kunst, XXVIII/2, München 1970, S. 89–99, mit hervorragenden Abbildungen. (Auch als Sonderdruck erschienen).
105. (S. 265) Eine Schilderung dieser Ereignisse durch den Verfasser dieses Buches siehe «Das Mittelmeer. Schauplatz der Weltgeschichte von den frühen Hochkulturen bis ins 20. Jahrhundert», C. H. Beck, München 1976, S. 91–97.
106. (S. 266) Gute deutsche Übersetzung durch Erich Ebeling, Altorientalische Texte zum Alten Testament, herausgegeben von Hugo Gressmann, Berlin und Leipzig 1926, S. 368–370.
107. (S. 269) Eduard Meyer, Geschichte des Altertums, 4. Band, 1. Abteilung, 4. Auflage, herausgegeben von Hans Erich Stier, Stuttgart 1944, S. 53.
108. (S. 270) Jesaja 44, 24 ff. und die folgenden Kapitel.
109. (S. 271) Übersetzung nach Eduard Meyer, König Darius I., in Meister der Politik, herausgeg. von Erich Marcks und Karl Alexander von Müller, 3. Band, Stuttgart und Berlin 1923, S. 30/31.
110. (S. 273) Eduard Meyer, Geschichte des Altertums, 4. Band, 1. Abteilung, 4. Auflage, Stuttgart 1944, S. 113.
111. (S. 274) Abbildung bei Kurt Bittel, Grundzüge der Vor- und Frühgeschichte Kleinasiens. Tübingen, Auflage von 1945, Abbildung 46. Vgl. zu den achämenidischen Funden aus Kleinasien den Text S. 89/90.
112. (S. 276) Hierzu Franz Altheim, Zarathustra und Alexander. Fischer-Bücherei, Frankfurt a. M., 1960, S. 39–41.
113. (S. 281) Würdigung des Memnon von Rhodos und Schilderung seiner Leistungen als Gegenspieler Alexanders Friedrich Karl Kienitz, Das Mittelmeer. Schauplatz der Weltgeschichte von den frühen Hochkulturen bis ins 20. Jahrhundert. C. H. Beck, München 1976, S. 107–109.
114. (S. 283) Eduard Meyer, Blüte und Niedergang des Hellenismus in Asien, Berlin 1925, besonders S. 7 ff. Eingehende Stellungnahme des Verfassers zur Bedeutung der Euphratlinie von Alexander d. Gr. bis in die Türkenzeit in der Festschrift für Hermann Aubin zum 80. Geburtstag, Wiesbaden 1965, S. 597–614, «Die Euphratlinie — eine historisch-politische und kulturelle Schicksalsgrenze»; ferner in «Städte unter dem Halbmond, Geschichte und Kultur der Städte in Anatolien und auf der Balkanhalbinsel», C. H. Beck, München 1972, S. 127–133, «Schicksalsgrenze am Euphratfluß». (In der Reihe „Beck'sche Sonderausgaben")

115. (S. 293) Übersetzung nach Sibylle von Cles-Reden, Das versunkene Volk. Welt und Land der Etrusker. Frankfurt am Main, Ausgabe von 1956, S. 104.

116. (S. 297) Hervorragende Abbildungen bei R. B. Bandinelli/A. Giuliano, Etrusker und Italiker vor der römischen Herrschaft. C. H. Beck, München 1974, Abb. 268 bis 275 auf S. 235 bis 240.

117. (S. 306) Großformatige farbige Darstellungen der Velia Velcha, des Agamemnon in der Unterwelt und der Blendung des Polyphem durch Odysseus in der «Tomba dell' Orco» zu Tarquinia bei R. B. Bandinelli/A. Giuliano, a. a. O., Abb. 305 bis 307 auf S. 267 bis 269.

118. (S. 307) Aus der Chronik des im 15. Jahrhundert lebenden Derwisch Ahmed, genannt Aschik-Pascha-Sohn, «Denkwürdigkeiten und Zeitläufte des Hauses Osman», deutsche Übersetzung von Richard F. Kreutel, Osmanische Geschichtsschreiber, Band 3, Graz-Wien-Köln, 1959, S. 33.

119. (S. 314) Schilderung des ersten Punischen Krieges und besonders der Ereignisse zur See durch den Verfasser siehe «Das Mittelmeer. Schauplatz der Weltgeschichte von den frühen Hochkulturen bis ins 20. Jahrhundert», C. H. Beck, München 1976, S. 117ff.

120. (S. 317) Diese sehr einleuchtende, in ihren Konsequenzen für die Beurteilung der Vorgänge des Jahres 219 v. Chr. wichtige These stammt von Jérôme Carcopino, Les Etapes de l'Imperialisme romain. Paris ohne Jahr (1961), S. 19–67.

121. (S. 318) Eduard Meyer, Hannibal und Scipio. In Meister der Politik, herausgegeben von Erich Marcks und Karl Alexander von Müller, 1. Band, Stuttgart und Berlin 1922, Seite 65 bis 117, Zitat auf S. 80.

122. (S. 327) R. B. Bandinelli/A. Giuliano, Etrusker und Italiker vor der römischen Herrschaft. C. H. Beck, München 1974, S. 4.

Zeittafel

v. Chr.

Ca. 1290–1224	Pharao Ramses II.
Ca. 1286	Schlacht bei Kadesch (Ramses II. gegen den Hethiterkönig Muwatalli).
Ca. 1275–1250	Hethiterkönig Chattuschili III.
Ca. 1270	Friedensschluß zwischen Ramses II. und Chattuschili III.
Ca. 1250–1220	Hethiterkönig Tutchalija IV. – Kämpfe mit «Achchijawa». – Skulpturenschmuck des Felsheiligtums Yazilikaya bei Chattuscha – Bogazköy.
Ca. 1224–1214	Pharao Merenptah.
Ca. 1219	Erster Angriff von Libyer- und «Seevölker»-Stämmen auf Ägypten.
Ca. 1220–1205	Hethiterkönig Arnuwanda III. – Kämpfe mit «Achchijawa», Schlappen der Hethiter in Südwestkleinasien, Seezug des Attarischschija von «Achchijawa» gegen Alaschia (Cypern).
Ausgehendes 13. Jh.	Zerstörung der Siedlung Troja VII A, vermutlich durch eindringende Balkanierstämme.
Ca. 1200	Schuppiluljuma II., der letzte Hethiterkönig.
Ca. 1200 oder bald danach	Untergang der Burgen des mykenezeitlichen Griechenlands, der Hethiterstädte in Inneranatolien, Vernichtung des Hethitergroßreiches, Zerstörung von Alaschia (Enkomi) auf Cypern und zahlreicher Küstenstädte an der Ostküste des Mittelmeers.
Ca. 1182–1151	Pharao Ramses III. – Tempelbau zu Medinet Habu.
Ca. 1178, 1175 und 1172	Schwere Angriffe von Libyern bzw. «Seevölker»-Stämmen auf Ägypten.
12. Jh.	Beginn der phönikischen Hochseeschiffahrt ins zentrale und westliche Mittelmeer. – Festsetzung der Philister in Südwestpalästina.
Ca. 1085	Zerfall des einheitlichen Pharaonenstaates.
Ca. 1080	Seereise des ägyptischen Priesters Wen-Amon nach Byblos.
Ca. 1080	Große Niederlagen israelitischer Stämme gegen die Philister. Philisterherrschaft in Palästina.
Ca. 1010	Große Philisterschlacht beim Berge Gilboa, Niederlage und Tod des Israelitenkönigs Saul. – In der Folgezeit Aufstieg des Philistervasallen David zum Herrn von Jerusalem, dann Zurückdrängung der Philister auf Südwestpalästina.

Ca. 1000	Großangelegter Ausbau verschiedener Nuraghen-Anlagen auf Sardinien, eventuell im Zusammenhang mit Einwanderung ostmittelmeerischer Schirdana stehend.
Ca. 960–935	König Salomo. – Fahrten phönikischer Schiffe nach Ophir.
Ca. 950	Der libysche General Schoschenk wird Pharao. Seither Herrschaft einer äußerlich ägyptisierten fremdstämmigen Oberschicht über das untere Niltal.
Ca. 935	Zerfall des Reiches der Könige David und Salomo unmittelbar nach Salomos Tod. Kleinstaaten Israel und Juda.
814/813	Gründung von Karthago durch Phöniker aus Tyros.
Mitte 8. Jh.	Beginn des Aufstiegs der Kultur der Tyrsener (Etrusker) im westlichen Mittelitalien.
Mitte 8. Jh.	Phrygerkönig Gordios, Entstehung des phrygischen Großreiches in Anatolien, Gründung der Phrygerhauptstadt Gordion.
722	Vernichtung von Israel durch die Assyrer.
717	Ende des letzten späthethitischen Kleinstaates (Karkemisch am mittleren Euphrat).
Ca. 700	Hochblüte des Phrygerreiches unter König Mita-Midas. Große Grabhügel bei der Phrygerhauptstadt Gordion.
7. Jh.	Große Aufstiegsperiode der Tyrsener- (Etrusker-)Stadtstaaten im Hinterland der Küste des Tyrrhenischen Meeres. Allmähliche Ausbreitung des etruskischen Städtewesens ins Innere der Apennin-Halbinsel. Entstehung großer «Totenwohnungen» bei Populonia, Vetulonia, Cerveteri und anderen Etrusker-Städten. – Blühende Tyrsener-Kultur auf der nordägäischen Insel Lemnos.
Erstes Viertel des 7. Jh.	Kimmeriersturm, Zusammenbruch des Phrygerreiches.
674–664	Kämpfe zwischen den nubischen Pharaonen von Napata und den Assyrern um das untere Niltal.
Ca. 660–652	Lyderkönig Gyges, Kämpfe mit den Kimmeriern.
664–610	Pharao Psammetich von Saïs, nochmalige Zusammenfassung Ägyptens zu einem einheitlichen Staat, Ansiedlung ausländischer Kriegerkolonisten in Ägypten durch die Saïten, «Restauration» der altägyptischen Kultur.
Ende des 7. Jhs.	Älteste erhalten gebliebene Wandmalereien in etruskischen Vornehmengräbern.
614 bzw. 612	Zerstörung der Assyrerhauptstädte Assur und Ninive durch Meder und Chaldäer, Ende des Assyrergroßreiches.
610–595	Pharao Necho von Saïs. Afrika-Umsegelung durch phönikische Seeleute in Nechos Auftrag.
Ca. 625–585	Mederkönig Kyaxares, Entstehung des Meder-Großreiches.
Ca. 605–560	Lyderkönig Alyattes, Machthöhepunkt des Lyderreiches. Nekropole «Bin-tepe» bei der Lyderhauptstadt Sardes.
590–585	Medisch-lydischer Krieg, Festlegung der Halys-Grenze beim Friedensschluß.
605–562	Chaldäerkönig Nebukadnezar II. von Babylon.

586	Einnahme Jerusalems durch Nebukadnezar, Untergang Judas, «Babylonische Gefangenschaft der Judäer».
570/568–526	Pharao Amasis.
550–529	Achämenidenkönig Kyros, Begründung des Altpersischen Großreiches.
546	Niederlage des Lyderkönigs Kroisos, Ende des Lyderreiches.
539	Ende des Neubabylonischen Reiches.
Ca. 540	Seeschlacht bei Alalia (Ostkorsika), Niederlage der Phokaier-Griechen gegen Etrusker und Karthager.
525	Einverleibung Ägyptens ins Perserreich durch König Kambyses, Ende des Pharaonenreiches der Saïten.
6. Jh.	Hochblütezeit von Staaten und Kultur der Etrusker. Ausbreitung des etruskischen Städtewesens auf immer größere Teile der Apennin-Halbinsel (Umbrien, Latium, Kampanien, seit etwa 525 v. Chr. auch Norditalien). Nachhaltige Ausstrahlung der etruskischen Kultur auf verschiedene altitalische Völker (Falisker, Umbrer, Veneter u. a.). – Gut erhaltene Wandmalereien in etruskischen Vornehmengräbern, vor allem bei Tarquinia.
6. Jh.	Älteste erhaltene (nunmehr aus Stein errichtete) Monumente in verschiedenen Städten der lykischen Stadtfürstentümer in Südwestkleinasien, u. a. in dem nach der Zerstörung durch die Perser (545 v. Chr.) wieder aufgebauten Xanthos. Bestand des lykischen Städtebundes auch zur Perserzeit.
Seit Mitte des 6. Jhs.	Karthago Zentrum eines Territorialstaates, Kämpfe gegen die Griechen auf Sizilien, Zurückdrängung der Sarden ins Inselinnere durch die Karthager.
521–486	Dareios I. König des Altpersischen Großreiches der Achämeniden, seit 500 v. Chr. langandauernde Auseinandersetzungen mit verschiedenen Griechenstaaten.
Ende des 6. Jhs.	Vorübergehend erfolgreicher Aufstand gegen die etruskische Oberschicht von Ruma (Rom).
Ca. 500	Wiedereinnahme Roms durch König Porsenna von Chamars (Chiusi), der ersten uns bekannten Einzelpersönlichkeit der etruskischen Geschichte.
474	Seeniederlage einer Etruskerflotte im Golf von Neapel gegen die Griechen von Kyme und Syrakus. Endgültiger Verlust der etruskischen Oberhoheit über Rom.
473	Schwere Niederlage der Griechen von Tarent, Rhegion und Messana gegen die Messapier in Apulien.
486–484 und 463–454	Aufstände in Ägypten gegen die Perserherrschaft.
449/448	Persisch-Athenischer Friedensschluß. «(Kallias-Frieden»).
Seit der ersten Hälfte des 5. Jhs.	Verstärktes Vordringen inneritalischer Gebirgsvölker nach Kampanien.
Bald nach 449/448	Herodot von Halikarnass in Ägypten.
430/429	Mißerfolg eines Landungsunternehmens der Athener in Lykien.

Zweite Hälfte des 5. Jhs.	Ende der Etruskerzeit in Kampanien.
Ca. 400	Totale Zerstörung der Etruskerstadt Veji durch die Römer. Einbruch keltischer Stämme in Oberitalien, Untergang der dortigen Etruskerstädte, schwere Schädigung der altvenetischen Kultur in Nordostitalien und der Kultur im Picenum.
Ca. 387	«Gallierbrand» Roms.
404–359/8	Perserkönig Artaxerxes II., Verfallserscheinungen im Achämenidenreich.
404–343/2	Ägypten unter Pharaonen libyscher Abstammung vom Perserreich unabhängig.
386	Persisch-griechischer «Königsfrieden».
384	Plünderungsfahrt einer syrakusanischen Flotte gegen die etruskische Küste. Etwa in den gleichen Jahren Kämpfe zwischen Tarquinia und Rom.
Ca. 341–338	Letzter Latineraufstand gegen Rom.
334	Beginn des Alexander-Zuges gegen das Perserreich. Schlacht am Granikos.
333	Schlacht bei Issos. Von Alexander abgelehntes Friedensangebot des Perserkönigs Dareios III. «Die Schicksalsstunde der alten Welt».
331	Schlacht bei Gaugamela. Untergang des Achämenidenreiches.
Ca. 325	Beginn der langandauernden Kämpfe zwischen Rom und den Samnitern.
323	Tod Alexanders zu Babylon.
Ca. 321	Kapitulation eines römischen Heeres in den Kaudinischen Pässen gegen die Samniter.
311	Beginn der entscheidenden Kämpfe zwischen Rom und den Samnitern, Etruskern und anderen italischen Völkern.
295	Entscheidungsschlacht bei Sentinum in Umbrien. Niederlage der Samniter, Etrusker, Umbrer und Gallier.
292	Letzter Samnitersieg durch Gavius Pontius über eine römische Truppe.
290	Zusammenbruch des Widerstandes der samnitischen Eidgenossenschaft.
284	Letzter Etruskererfolg über eine römische Truppe.
283	Letzter etruskisch-gallischer Vorstoß gegen Rom, in der Schlacht am Vadimonischen See zusammengebrochen.
Seit 280	Das ganze Etruskergebiet endgültig von Rom unterworfen.
280–275	Kämpfe des Königs Pyrrhos von Epiros in Unteritalien und auf Sizilien gegen Römer, Mamertiner und Karthager.
265	Zerstörung der Etruskerstadt Volsinii durch die Römer.
264–241	«Erster Punischer Krieg» zwischen Rom und Karthago. Die Karthager aus Sizilien verdrängt.
241	Zerstörung der Faliskerstadt Falerii durch die Römer.
238/7	Besetzung Sardiniens und Korsikas durch die Römer.
237–229	Hamilkar Barkas auf der Iberischen Halbinsel.

225–222	Unterwerfung der Gallier in der Po-Ebene durch Rom.
218	Ausbruch des «zweiten Punischen Krieges», «Hannibals Krieg für die Unabhängigkeit der Völker und Staaten». – Hannibals Alpenübergang im Spätherbst und seine Siege über die Römer am Ticino und an der Trebbia. Anschluß der Gallier an Hannibal.
Frühjahr 217	Hannibals erste große Vernichtungsschlacht gegen die Römer am Trasimenischen See. Die Etrusker bleiben passiv.
2. August 216	Hannibals zweite große Vernichtungsschlacht gegen die Römer bei Cannae in Apulien. Messapier, Lukaner, Bruttier, Samniter, später auch einige Griechenstädte schließen sich Hannibal an. Sardenaufstand unter Führung des Hampsicora gegen die römische Herrschaft. Verständigung zwischen Syrakus und Karthago.
Frühjahr 215	Bündnisvertrag zwischen Hannibal und König Philipp V. von Makedonien, der jedoch wegen Roms Seeherrschaft militärisch nicht zum Tragen kommt.
215	Niederlage der Sarden, Tod des Hampsicora. Weiterhin Kleinkrieg der Sarden des Inselinneren gegen die Römer.
214–210	Unterwerfung Siziliens durch die Römer, schwere Zerstörungen in Syrakus und anderen Städten.
211	Erstürmung und Vernichtung von Capua durch die Römer trotz Hannibals Scheinvorstoßes gegen Rom. «(Hannibal ad portas!»).
208	Die gesamte Iberische Halbinsel für Karthago verloren. Hasdrubals Alpenübergang.
Frühjahr 207	Niederlage und Tod Hasdrubals am Metaurus.
203	Hannibal verläßt mit dem Rest seines Heeres Italien.
Oktober 202	Hannibals Niederlage bei Zama (Tunesien).
201	Ende des «zweiten Punischen Krieges». Roms Herrschaft über die gesamte alte Kulturwelt seit Hannibals Niederlage entschieden und im Verlauf des 2. und 1. Jhrh. v. Chr. Zug um Zug verwirklicht, nur die «Euphratgrenze» auch für Rom unüberschreitbar.
2. und beginnendes 1. Jahrhundert v. Chr.:	Größte Niedergangsperiode der Kulturländer der alten Welt seit der großen Völkerwanderungszeit um 1200 v. Chr., Neuaufstieg erst seit Beginn der römischen Kaiserzeit.
41–54 n. Chr.	Kaiser Claudius, Verfasser eines Werkes über die Geschichte der Etrusker (verloren).

Literaturhinweise

Vorbemerkung: Die im Folgenden gegebenen Literaturhinweise sind nicht im Sinne einer Bibliographie zu verstehen, die irgendwelche Ansprüche auf eine auch nur annähernde Vollständigkeit erhebt. Eine Aufzählung der zahlreichen bei der Ausarbeitung dieses Buches herangezogenen Spezialabhandlungen ist allein schon aus räumlichen Gründen völlig ausgeschlossen. Im Folgenden werden in erster Linie zusammenfassende Darstellungen in deutscher Sprache genannt, die dem Leser dieses Buches empfohlen werden, ohne daß sich der Verfasser in jedem Einzelfall mit dem Inhalt der genannten Werke voll identifiziert.

Gesamtdarstellungen zur Geschichte und Kulturgeschichte

Eduard Meyer, Geschichte des Altertums. Bd. I–V. Neue Aufl. Stuttgart 1965–1969. (Nach wie vor die durch keine neuere Arbeit übertroffene Gesamtgeschichte des Altertums bis zum 4. Jahrhundert v. Chr., Eine wertvolle Ergänzung bietet Eduard Meyer, Blüte und Niedergang des Hellenismus in Asien. Berlin 1925).

Fischer-Weltgeschichte, Frankfurt am Main, 1965 ff. (Sammelwerk; im Zusammenhang mit dem vorliegenden Buch besonders wichtig Band 3, Die Altorientalischen Reiche II. Das Ende des 2. Jahrtausends; Band 4, Die altorientalischen Reiche III. Die erste Hälfte des 1. Jahrtausends; Band 5, Griechen und Perser. Die Mittelmeerwelt im Altertum I; Band 6, Der Hellenismus und der Aufstieg Roms. Die Mittelmeerwelt im Altertum II. – Jeder Band mit reichen bibliographischen Einzelangaben.

Alexander Scharff und Anton Moortgat, Ägypten und Vorderasien im Altertum. Neuauflage München 1959.

Friedrich-Karl Kienitz, 5000 Jahre Orient. Ein Gang durch Geschichte und Kultur des Nahen Ostens von den Pharaonen bis zur Gegenwart. München 1962.

Friedrich-Karl Kienitz, Das Mittelmeer. Schauplatz der Weltgeschichte von den frühen Hochkulturen bis ins 20. Jahrhundert. München 1976.

Zu den Kapiteln 1, 4 und 11 über Ägypten seit dem Zeitalter Ramses' II. bis zum Ende der pharaonischen Geschichte

Alexander Scharff, Ägypten. Handbuch der Archäologie, herausgeg. von Walter Otto, Bd. I, München 1939.

Jean Leclant (Herausgeber), Ägypten. (In Universum der Kunst). Bd. II: Das Großreich. 1560 bis 1070 v. Chr., München 1980.

Bd. III: Spätzeit, Hellenismus und Christentum. 1070 v. Chr. bis zum 4. Jh. n. Chr., München 1981.

J. H. Breasted, Ancient Records of Egypt, Bd. 1–5. Chicago 1906–1907. (Englische Übersetzung wichtiger altägyptischer Quellen mit Kommentar, in Details veraltet, aber durch kein neueres Werk ersetzt).

Sir Alan H. Gardiner, Geschichte des Alten Ägypten. Deutsche Ausgabe Stuttgart 1965.

Wolfgang Helck, Die Beziehungen Ägyptens zu Vorderasien im 3. und 2. Jahrtausend v. Chr., Wiesbaden 1962.

Georg Steindorff, Die Blütezeit des Pharaonenreiches. Monogr. z. Weltgeschichte, Nr. 10, 2. Aufl., Bielefeld 1926.

Georg Steindorff-Seele, When Egypt ruled the East. Chicago 1941.

U. Hölscher, Medinet Habu. Morgenland, Heft 24, Leipzig 1933.

J. A. Knudtzon, Die El-Amarna-Tafeln. Leipzig 1915. (Umschrift und deutsche Übersetzung der Korrespondenz der Pharaonen Amenophis III. und IV. in babylonischer Sprache).

Torgny Säve-Söderbergh, Ägypten und Nubien. Lund 1941.

Helene von Zeissl, Äthiopen und Assyrer in Ägypten. Glückstadt 1944.

Friedrich-Karl Kienitz, Die politische Geschichte Ägyptens vom 7. bis zum 4. Jahrhundert vor der Zeitwende. Berlin 1953.

Adolf Erman, Die Literatur der Ägypter. Leipzig 1923. (Deutsche Übersetzungen aus der altägyptischen Literatur).

Friedrich Wilhelm Freiherr von Bissing, Altägyptische Lebensweisheit. Zürich 1955. (Deutsche Übersetzungen aus der altägyptischen Literatur).

Adolf Erman, Die Hieroglyphen. Samml. Göschen Bd. 608. 2. durchgesehener Neudruck, Berlin und Leipzig 1923. (Einführung in Entzifferung, Wesen und Entwicklung der altägyptischen Schrift).

Alexander Scharff, Archäologische Beiträge zur Frage der Entstehung der Hieroglpyhenschrift. München 1942.

Zu den Kapiteln 2, 10 und 12 über Anatolien in hethitischer und nachhethitischer Zeit und über Alt-Iran

Barthel Hrouda, Vorderasien I. Mesopotamien, Babylonien, Iran und Anatolien. Handbuch der Archäologie, begründet von Walter Otto, München 1971.

Kurt Bittel, Grundzüge der Vor- und Frühgeschichte Kleinasiens. 2. Aufl., Tübingen 1950.

Kurt Bittel, Die Ruinen von Bogazköy, der Hauptstadt des Hethiterreiches. Berlin und Leipzig 1937.

Kurt Bittel, Die Hethiter. Die Kunst Anatoliens vom Ende des 3. bis zum Anfang des 1. Jahrtausends v. Chr. (Universum der Kunst). München 1976.

Ekrem Akurgal, Ancient Civilizations and ruins of Turkey. From prehistoric times until the end of the Roman empire. Istanbul, 2. Auflage 1970.

Ekrem Akurgal, Die Kunst der Hethiter. Aufnahmen von Max Hirmer. München 1961.

Ekrem Akurgal, Die Kunst Anatoliens von Homer bis Alexander. Berlin 1961.

Ekrem Akurgal, Späthethitische Bildkunst. Anakara 1949.

Ekrem Akurgal, Phrygische Kunst. Ankara 1955.

Helmuth Theodor Bossert, Altanatolien. Kunst und Handwerk in Kleinasien von den Anfängen bis zum völligen Aufgehen in der griechischen Kultur. Berlin 1942.

Margarete Riemschneider, Die Welt der Hethiter. Stuttgart 1954. (Große Kulturen der Frühzeit).

Ferdinand Sommer, Hethiter und Hethitisch. Stuttgart 1947.

Ulrich Mann, Das Erbe von Hattusa. In Türkei, Land früher Kulturen. Karawane, 13. Jahrgang 1972, Heft 1.

Friedrich-Karl Kienitz, Die Phryger, Staat, Kultur, Ruinenstätten. In Türkei, Land früher Kulturen. Karawane, 13. Jahrgang 1972, Heft 1.

Friedrich Wilhelm Freiherr von Bissing, Ursprung und Wesen der persischen Kunst. München 1927.

Eduard Meyer, König Darius I. In: Meister der Politik, herausgeg. von E. Marcks und K. A. von Müller, Bd. III. Stuttgart und Berlin 1923.

P. J. Junge, Dareios I., König der Perser. Leipzig 1944.

P. Eberhardt, Das Rufen des Zarathustra. (Die Gathas des Awesta). Jena 1924.

Franz Altheim, Zarathustra und Alexander. Eine ost-westliche Begegnung. Fischer-Bücherei, Frankfurt 1960.

Roman Ghirshman, Iran I. Protoiranier, Meder, Achämeniden. (Universum der Kunst). München 1964.

Zu Kapitel 3 über die frühe ägäische Welt

Spyridon Marinatos und Max Hirmer, Kreta, Thera und das Mykenische Hellas. 2. Auflage, München 1973.

Carl W. Blegen, Troy and the Trojans. London 1963.

Pierre Demargne, Die Geburt der griechischen Kunst. Die Kunst im ägäischen Raum von vorgeschichtlicher Zeit bis zum Anfang des 6. vorchristlichen Jahrhunderts. (In Universum der Kunst). München, 2. Auflage 1975.

Albin Lesky, Thalatta. Der Weg der Griechen zum Meer. Wien 1947.

Moses I. Finley, Die Griechen. Eine Einführung in ihre Geschichte und Zivilisation. München 1976.

Moses I. Finley, Early Greece: The Bronze and Archaic Ages. London 1970.

Friedrich Matz, Kreta, Mykene, Troja. Die minoische und homerische Welt. 6. Auflage, Stuttgart 1965.

G. E. Mylonas, Mycenae and the Mycenaean Age. Princeton 1966.

George E. Bean, Aegean Turkey. An archaeological guide. 2. Auflage, London 1967.

J. Kerschensteiner, Die mykenische Welt in ihren schriftlichen Zeugnissen. München 1970.

Zu Kapitel 5 und 6 über Phöniker, Philister und zur Geschichte der Schrift

Otto Eissfeldt, Philister und Phönizier. Der Alte Orient, Bd. 34, 3. Leipzig 1934.

André Parrot, Maurice H. Chéhab, Sabatino Moscati, Die Phönizier. Die Entwicklung der phönizischen Kunst von den Anfängen bis zum Ende des Dritten Punischen Krieges. (Universum der Kunst). München 1977.

Eduard Meyer, Die Israeliten und ihre Nachbarstämme. Halle 1906.

Eduard Meyer, Die Entstehung des Judentums. Halle 1896.

Johannes Friedrich, Ras Schamra. Ein Überblick über Funde und Forschungen. Der Alte Orient, Bd. 33, 1/2. Leipzig 1934.

Hans Bauer, Das Alphabet von Ras Schamra, seine Entzifferung und seine Gestalt. Halle 1932.

E. Kautzsch, Die Heilige Schrift des Alten Testaments. 4 umgearbeitete Auflage, herausgeg. von A. Bertholet, I–II. Tübingen 1922/23.

Hugo Gressmann (Herausgeber), Altorientalische Texte und Bilder zum Alten Testament. 2 Bände, 2. Auflage Berlin und Leipzig 1926/27. (Hervorragende Sammlung wichtiger ägyptischer, babylonisch-assyrischer, nordsemitischer und südarabischer Textquellen in deutscher Übersetzung sowie systematisch geordneten bildlichen Quellenmaterials).

Hans Jensen, Die Schrift in Vergangenheit und Gegenwart. 3. neubearbeitete und erweiterte Auflage. Berlin 1969.

Karoly Földers-Papp, Vom Felsbild zum Alphabet. Die Geschichte der Schrift von ihren frühesten Vorstufen bis zur modernen lateinischen Schreibschrift. Stuttgart 1966.

Zu Kapitel 7, 8, 9, 13 und 14 über die Apennin-Halbinsel, Sardinien und den Hannibalischen Krieg

Ranuccio Bianchi Bandinelli-Antonio Giuliano, Etrusker und Italiker vor der römischen Herrschaft. Die Kunst Italiens von der Frühgeschichte bis zum Bundesgenossenkrieg. (Universum der Kunst). München 1974.

Raymond Bloch, Die Etrusker. (Die großen Kulturen der Welt. Archaeologia mundi). Genf 1970. Auch als Heyne-Taschenbuchausgabe, 1977.

Jacques Heurgon, Die Etrusker. Deutsche Ausgabe Stuttgart 1971.

Otto-Wilhelm von Vacano, Die Etrusker in der Welt der Antike. Hamburg 1957.

Sibylle v. Cles-Reden, Das versunkene Volk. Welt und Land der Etrusker. Frankfurt a. M., 1956.

Robert Hess, Das etruskische Italien. Entdeckungsfahrten zu den Kunststätten und Nekropolen der Etrusker. Du Mont Kunst-Reiseführer. Köln 1973. (In seinem Wert weit über den Charakter eines Reiseführers hinausgehend!)

Rainer Pauli, Sardinien. Geschichte, Kultur, Landschaft. Du Mont Kunst-Reiseführer. Köln 1978. (Vgl. das zu R. Hess, Das etruskische Italien, Bemerkte!).

Sibylle von Reden, Die Megalith-Kulturen. Zeugnisse einer verschollenen Urreligion. Neuauflage Köln 1979.

Eduard Meyer, Hannibal und Scipio. In: Meister der Politik, herausgeg. von E. Marcks und K. A. von Müller, Bd. I, Stuttgart und Berlin 1922.

Abbildungsverzeichnis

19. Altsardischer Krieger, Bronzefigur. *(Bei S. 304)*
    Foto: Editions Gallimard – L'U.D.F., Paris.
20. Hannibal-Büste. Museo Nationale, Neapel. *(Bei S. 305)*
    Foto: R. Berger, Köln.

Textabbildung

S. 105: Landmarsch der Seevölker mit Ochsenkarren. Aus: ‹Earlier Historical Records of Ramses I.› (Fotonachweis s. o. bei 2.)

Register

Vorbemerkung: Namen, die im Text laufend erscheinen wie z. B. «Ägypter», «Etrusker» u. ä. bleiben unberücksichtigt.

Völker- und Ortsnamen

Sadd-el-Ali 41
Saer, Volksstamm 205
Sagunt 318
Saïs 26, 240, 244 ff., 250, 252, 259
Salamis 269
Salentiner, Volksstamm 163
Sam'al (Sindschirli) 218
Samaria 159, 243
Samniter siehe Sabeller, Sabiner, Sam-
niter
Samos 83, 143, 252, 257
Samothraki 91, 130, 250
San Giuliano 169
Sant Antine/Torralba (Sardinien) 199
Sardes, Sardeis 66, 107, 169, 197, 224,
258, 268 f., 274, 278
Sarsina 190
Sawjet-Umm-el-Racham 35
Scheklesch, Volksstamm 57, 104 f.
Schirdana, Volksstamm 25, 57, 98,
104 ff.
Sebennytos 47, 250
Segni (Signia) 294
Semne 36
Sena gallica (Senigallia) 326
Sentinum östlich Gubbio 304
Seped, Volksstamm 105
Sesklo 79
Sessa (Suessa) Aurunca 295
Sichem/Nablus 159
Sidon (Saida) 116 f., 119, 122 ff.,
142 f., 255, 310
Silo (Selun) 154
Sinai-Halbinsel 137
Siniscola (Sardinien) 200
Sinuessa/Mondragone 295
Siponto 208 f.
Siuph bei Sais 250
Sivas 61
Skodra (Scutari) 317
Skopje 206
Skorwa/Mgarr (Malta) 128
Skythen, Volksstamm 247
Smyrna (Izmir) 66 f., 91, 93, 166, 169,
194, 225
Socho bei Bethlehem 151
Sofia 206

Sondrio 290
Sora 294
Sorano 177
Sovana (Suana) 169, 176 f., 179
Sparta 322
Spina/Comacchio 193, 208
Spoleto 191
Sulkis/Isola di Sant'Antioco 202
Sumerer 167
Su Nuraxi/Barumini 198 f.
Susa 244, 272 f.
Sutri 301, 303
Syrakus 214, 278, 313 f., 324 f.
Syros 98

Ta'anach bei Megiddo 152 f.
Tabal/Kayseri 219
Talamone 317
Tanis 40, 111
Tarent 164, 213 f., 312 f., 320, 325
Tarquinia (Tarchuna, Corneto) 171,
175, 177, 179 f., 182, 184, 186,
301 ff., 306 ff.
Tarschisch (Tartessos) 126, 131, 143
Tarsos (Tarsus, Gözlükule) 84, 102
Tarxien (Malta) 128
Tell-el-Amarna siehe Amarna
Tell-Kamid-el-Loz 137
Tell Reschidije 119
Telmessos-Fethiye 169, 228, 230,
232 f., 235, 237
Tenedos 91, 96, 130
Terni (Interamna Nahars) 190
Terracina (Anxur) 295
Tharros (Sardinien) 202, 311
Thasos 91, 130, 132
Theben (Oberägypten) 39 f., 43, 49,
51, 54, 57, 111, 121 ff., 145, 242 f.,
245, 262
Theben (Böotien) 77, 87, 101
Thera (Santorini) 80 ff., 89
Thermi (Lesbos) 92 ff.
Thessaloniki 206
Thugga (Dougga, Tunesien) 311
Ticino (Fluß) 319
Tingis (Tanger) 126
Tiryns 16, 76, 101, 234, 294

Götter- und Personennamen

Barak, Sohn des Abinoams 153
Batseba, Gattin Davids 158
Beder, Fürst der Zeker 145 f.
Benteschina, König von Amurru 63
Bias, griechischer Weiser 252
Bittel, Kurt 67
Bismarck, Fürst 305
Blegen, Carl William 87, 95
Branchiden, Priestergeschlecht 257
Brea, Luigi Bernabo 92
Brennus, Gallierführer 301
Brutus, Lucius Junius, Römer 291
Burckhardt, Carl Jakob 62

Caecilius, Lucius, Römer 304
Caesar, Gajus Julius 310, 329
Camillus, Römer 301
Cavour, Camillo 305
Chababasch, Nubierfürst 261
Chadwick, John 88
Charu, etruskischer Todesgott 306
Chattuschili I., Hethiterkönig 62
Chattuschili III., Hethiterkönig 34, 36, 58, 62
Cheops, Pharao 112, 251 f.
Chephren, Pharao 251
Cherei, Sohn des Harpagos, König von Xanthos 234
Chesuphos, Machimoiführer 262
Chiram I., König von Tyros 126, 130 f.
Chnum, ägyptischer Gott 261
Claudius, römischer Kaiser 19, 23, 329 f.
Clemens VII., Papst 176
Clölia, Römerin 292
Cocles, Publius Horatius, Römer 291
Coriolan, Römer 298
Cossus, Aulus Cornelius, römischer Konsul 299
Crassus, Marcus Licinius, Römer 329

Dagon, vorderasiatischer Gott 148
Dahn, Felix 231
Dareios I., Sohn des Hystaspes, Perserkönig 27, 237, 259, 265 ff., 268 ff., 271 ff., 276 f., 279, 286
Dareios III., Perserkönig 281, 283

Daressy 121
Datis, persischer Feldherr 271
David, König von Israel 147, 151, 155 ff., 158 f.
Debora, Beduinin 20, 153
Decius, römischer Kaiser 261
Decluna, volskische Göttin 295
Delila, Philisterin 147
Demetrios von Pharos, Dynast 320
Demodike von Kyme, Gattin des Phrygerkönigs Midas 221
Dionysos, kleinasiatischer Gott 220
Dionysios I., Tyrann von Syrakus 203, 213, 290, 301
Dionysios von Halikarnass, Historiker 166
Diophantos von Athen, Söldnerführer 280
Dönmez, Ahmed 229
Dunand, M. 138

Echnaton siehe Amenophis IV. Echnaton
Eißfeldt, Otto 151
Elchanan, Sohn Jairs aus Bethlehem 151
Erman, Adolf 254
Eschmun, phönikischer Gott 119
Esra, Priester 266
Esther 20
Eumenes von Kardia, Kanzleichef Alexanders d. Gr. 284
Ezechiel, Priester 119

Finley, Moses I. 89, 136
Flamininus, Titus Quinctius, Römer, 327
Flaminius, Gajus 319
Flinders-Petrie, Sir 107
Franzel, Emil 188
Friedrich II., Stauferkaiser 211

Gadatas, persischer Beamter 271
Gaulle, Charles de, Staatsmann 17
Gaumata, Magier 266, 276
Geiserich, Wandalenkönig 104
Gilgamesch, Legendengestalt 68

KARTE

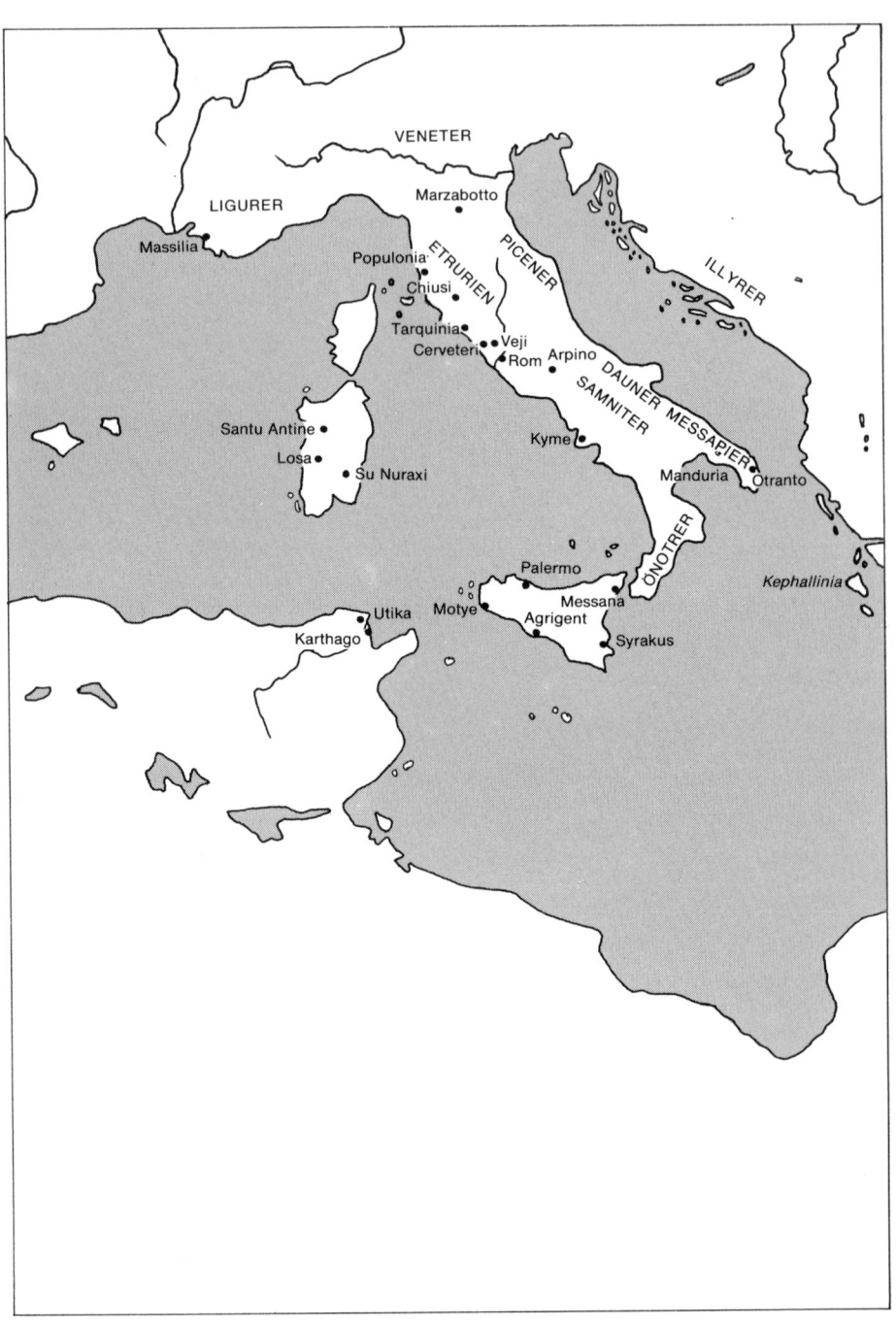

VENETER

LIGURER

Massilia

Marzabotto

Populonia
Chiusi
Tarquinia
Cerveteri

ETRURIEN

PICENER

ILLYRER

Veji
Rom

Arpino DAUNER MESSAPIER

SAMNITER

Santu Antine

Losa
Su Nuraxi

Kyme

Manduria
Otranto

Palermo

Messana
Agrigent

Syrakus

Motye

Utika

Karthago

ÖNOTRER

Kephallinia

THRAKER

Sinope

Byzanz

Chattuscha-Boğazköy

Lemnos
Troja
Gordion
PHRYGIEN
Midas-Stadt
Kanisch

Jolkos
Lesbos
LYDIEN
Sardes
Karkemisch

Gla
Chios
Aleppo
KILIKIEN

Athen
Mykene
Milet
KARIEN
Ugarit

Pylos
LYKIEN
Alaschia
Kadesch

Knossos
Karpathos
Arados
Kition
Byblos
PHÖNIKIEN
Phaistos
Sidon
Damaskus
Tyros

Samaria
Jerusalem

Kyrene

Tanis
Saïs

Memphis

Theben

Vom gleichen Autor liegen bereits in den
Beck'schen Sonderausgaben vor:

Städte unter dem Halbmond

*Geschichte und Kultur der Städte in Anatolien und auf der Balkanhalbinsel
im Zeitalter der Sultane 1071–1922.
1972. 304 Seiten mit 9 Abbildungen und einer Karte. Leinen*

«Historisches Wissen und unmittelbare Anschauung verbinden sich in dieser
Darstellung zahlreicher Städte in der Türkei, in Griechenland und in Jugoslawien, deren politische Geschichte und kulturelle Entwicklung unter moham-
medanischer Herrschaft vergegenwärtigt, durch alte Zeugnisse und Dokumente illustriert und durch anekdotische Apercus aufgelockert werden. Vom
heutigen Zustand der Städte ausgehend, zeigt der Autor deren einstige Größe
und Glanz. Über die kulturhistorische Darstellung hinaus erhält so dieser
Band der Beckschen Sonderausgaben Bedeutung auch als Handbuch für den
Reisenden, dem eine Zeittafel, Literaturhinweise sowie ein Orts- und ein
Personenregister besonders nützlich sein werden.» *Neue Zürcher Zeitung*

Das Mittelmeer

*Schauplatz der Weltgeschichte von den frühen Hochkulturen bis ins
20. Jahrhundert. 1976. 345 Seiten mit 24 Abbildungen. Leinen*

«Von der Pharaonenzeit bis in die Gegenwart ist das Mittelmeer ein Zentrum
europäischer Wirtschafts-, Kultur- und Sozialgeschichte gewesen. Phöniker
und Etrusker, Griechen, Karthager und Römer, Venezianer und Genuesen
haben das Meer befahren: es war Schauplatz ihrer Kriege und Eroberungs-
züge. Kienitz hat dieses Kapitel europäischer Geschichte überaus lebendig
dargestellt.» *Rhein Zeitung, Koblenz*

Inhalt: Die Pharaonen und das Meer – Die Kykladen-Inseln in der Frühzeit –
Altkreta – Die Welt von Mykene – Der Trojanische Krieg – Der große Seevölkersturm – Die Phöniker und der «ferne Westen» – Die Etrusker – Seefahrten und Seekriege im klassischen Griechenland – Hellenistische «Welt-
wirtschaft» – Rom und Karthago – Der römische Kaiserfrieden – Germani-
sche Völkerwanderung – Byzanz und die Araber – Die Normannen in Sizilien
und Unteritalien – Italiens Kaufmannsrepubliken – Genua und Venedig –
Weltmacht Spanien – Die Admirale der Osmanen-Sultane – Napoleon und
Großbritannien – Der Suez-Kanal – Das Erbe Peters des Großen

Verlag C. H. Beck München